William H. McNeill
Krieg und Macht

WILLIAM H. McNEILL

# Krieg und Macht

## Militär, Wirtschaft und Gesellschaft
## vom Altertum bis heute

Aus dem Englischen übersetzt
von Christian Spiel

VERLAG C. H. BECK MÜNCHEN

Der Übersetzung liegt folgende Ausgabe zugrunde:
William H. McNeill, The pursuit of power
The University of Chicago Press, Chicago 60637
Basil Blackwell Publisher Limited
Für die Originalausgabe:
© 1982 William H. McNeill

CIP-Kurztitelaufnahme der Deutschen Bibliothek

*MacNeill, William H.:*
Krieg und Macht: Militär, Wirtschaft und Gesellschaft vom
Altertum bis heute
William McNeill. [Aus d. Engl. übers. von Christian Spiel].
– München: Beck, 1984.
  Einheitssacht.: The pursuit of power ‹dt.›
  ISBN 3 406 30224 6

ISBN 3 406 30224 6

Für die deutsche Ausgabe:
© C. H. Beck'sche Verlagsbuchhandlung (Oscar Beck), München 1984
Satz und Druck: C. H. Beck'sche Buchdruckerei, Nördlingen
Printed in Germany

# Inhalt

# Vorwort

Das vorliegende Buch steht mit meiner früheren Arbeit *Plagues and Peoples* [dt. Die großen Epidemien, 1983] in engem Zusammenhang. Hier war der Versuch gemacht worden, die Interaktion zwischen menschlichen Populationen und *Mikro*parasiten aufzuhellen, vor allem die relativ abrupten *Veränderungen* bestimmter Organismen in den Blick zu bekommen, die dann auftreten, wenn eine neue Mutation oder die Assimilation an eine neue geographische Umwelt es diesen Kleinparasiten gestatten, sich für eine Weile den traditionellen ökologischen Bedingungen zu entziehen. Dieses Buch nun beschäftigt sich mit den Veränderungen *makro*parasitischer Muster beim Menschen. Krankheitserreger sind die elementarsten Mikroparasiten, mit denen der Mensch es zu tun hat. *Makro*parasiten der Gesellschaft hingegen nenne ich die Menschen, deren Beitrag darin besteht, an kriegerischen Auseinandersetzungen ihren Lebensunterhalt zu verdienen, nicht aber aktiv an der Produktion der Güter teilzunehmen, die ja auch sie verbrauchen. Eine Untersuchung des Makroparasitentums in der menschlichen Gesellschaft wird deshalb naturgemäß zu einer Studie über die Organisation bewaffneter Macht. Sie wird sich vor allem mit den Veränderungen in der Waffentechnologie beschäftigen, denn diese Veränderungen sind den Mutationen von Mikroorganismen vergleichbar, weil durch sie neue geographische ‚Nutzungszonen‘ erschlossen werden, beziehungsweise die frühere Machteinschränkung aufgehoben wird, die auf die begrenzte Wirkung bestimmter Waffen zurückging.

Dennoch habe ich darauf verzichtet, bei der Beschreibung von Veränderungen innerhalb der Organisation bewaffneter Macht die Sprache der Epidemiologie und der Ökologie zu verwenden, denn damit bekäme der Begriff ‚Makroparasitismus‘ so etwas wie eine metaphorische Aura. Zum anderen faßt der Begriff Symbiose nicht eng genug die Beziehungen zwischen einer wirksamen bewaffneten Macht und der Gesellschaft, von der sie lebt: er geht weit über die parasitäre Beanspruchung der Ressourcen hinaus, die für den Unterhalt dieser Macht ausgebeutet werden. Die mikroparasitische ‚Symbiose‘ spielt auch im Krankheitshaushalt eine bedeutende Rolle. In meinem Buch über die Epidemien in der menschlichen Gesellschaft vertrete ich denn auch die These, daß zivilisierte – das heißt, krankheitserfahrene – Völker immer dann eine todbringende Überlegenheit über isolierte Gemeinschaften hatten, wenn ein Kontakt diese Völker Infektionen aussetzte, die ihnen unbekannt waren. Eine gutausgerüstete und durchorganisierte Streitmacht, die auf eine waffentechnisch und militärisch schlechter organisierte Gesellschaft trifft, wirkt ebenso verheerend auf diese Gesellschaft wie Erreger einer krankheitserfahrenen Population auf eine unberührte Umwelt. Über die schweren Menschenverluste hinaus, die Folge solcher epidemischen Invasionen sind, büßt eine Gesellschaft, die nicht imstande ist, sich mit Gewalt gegen fremde Angriffe zu verteidigen, außerdem noch ihre Autonomie ein – verliert vielleicht sogar ihre nationale Identität.

Kriegführung, also organisierte menschliche Gewalt, ist durchaus ambivalent. Einerseits erlangt gemeinsames Handeln seinen besonderen Ausdruck in heroischen Taten, in der Selbstaufopferung und der Tapferkeit des einzelnen. Die Solidarität unter Kriegern hat etwas Urtümliches. Ja, kollektive Triebanlagen treten gerade dann elementar hervor, wenn Haß, Angst und Vernichtungswillen sich auf *einen* Feind konzentrieren und wenn Gefahr und Triumph im Kampf in ein Gruppenschicksal eingehen. Andererseits aber ist eine organisierte, gezielte Vernichtung von menschlichem Leben und Eigentum dem heutigen Kulturbewußtsein widerwärtig, zumal der Mensch in den Kriegen unserer Zeit fähig geworden ist, unpersönlich und auf Distanz zu töten. Denn die moderne Kriegstechnik schließt den heroischen Einsatz der eigenen Kräfte, jene atavistische Wildheit aus, die einst den Kampf Mann gegen Mann geprägt hat. Die Industrialisierung des Krieges, erst ein gutes Jahrhundert alt, hat frühere soldatische Realitäten beseitigt, ohne die alten psychischen Neigungen zu kollektiver Gewaltanwendung zu verändern. Daraus ergibt sich eine gefährliche Instabilität. Ob bewaffnete Macht, Waffenentwicklung und menschliche Gesellschaft überhaupt noch miteinander zu vereinbaren sind, ist deshalb eine der lebenswichtigen Fragen unserer Zeit.

Das Dilemma ist mit einer Untersuchung des Machtstrebens in der Vergangenheit und einer Analyse des Wandels der Relation zwischen Technik, bewaffneter Macht und Gesellschaft selbstverständlich nicht zu lösen. Gleichwohl kann eine solche Untersuchung den Blick schärfen – und das Bewußtsein für die Geschichtlichkeit wird vielleicht zu der Einsicht führen, daß schlichte Lösungen und radikale Verzweiflung minder unvermeidlich erscheinen. Zudem ist es von Nutzen, die Vorgeschichte unserer gegenwärtigen Lage zu kennen, eine Kenntnis, die möglicherweise ein Fundament für klügeres Handeln schafft.

Die Entstehung dieses Buches, an dem ich fast zwei Jahrzehnte gearbeitet habe, geht zurück auf eine Besprechung meiner Arbeit *The Rise of the West*, in der mir vorgehalten worden war, ich hätte merkwürdigerweise die Interaktion zwischen militärischer Technik und politischen Strukturen in der Moderne aus den Augen verloren, nachdem ich diesen Zusammenhang in früheren Epochen besonders deutlich gemacht hatte. Dieses Buch versucht, das Versäumte nachzuholen.

Im Laufe der Jahre ist mein Denken über Technologie, militärische Macht und Gesellschaft enorm bereichert worden, nicht zuletzt durch seine Wirkung auf meine Studenten an der Universität Chicago, die darauf mit einer höchst anregenden Mischung aus Interesse, Begeisterung, Skepsis und Irritation reagiert haben. Sehr viel verdanke ich auch den Dissertationen von Barton C. Hacker, Walter McDougall, Stephen Roberts, Howard Rosen und Jon Sumida, die mir wichtige Erkenntnisse vermittelt haben.

Das Manuskript wurde – neben den oben Genannten – auch von Kollegen in Chicago durchgesehen, John Boyer, Ping-ti Ho, Halil Inalcik und Emmet Larkin. Außerdem haben mir Michael Howard und Hartmut Poggo von Strandmann, Oxford, Paul Kennedy, East Anglia, John Guilmartin, von der Luftwaffe der Vereinigten Staaten, und Dennis Showalter vom Colorado College großzügig ihre Spezialkenntnisse vermittelt. Auch gilt mein Dank drei Fachleuten für die chinesische Geschichte, Hugh Scogin und James Lee, Chicago, und Steven Sagi, Hawaii, die Anteil an meinen Recherchen für Kapitel 2 hatten und mir geholfen haben, die komplizierten Feinheiten der chinesischen Geschichtsschreibung zu erfassen. Auch Robin Yates, Cambridge, stellte großzügig seine Zeit zur Verfügung, um dieses Kapitel zu verbessern.

Schließlich traten neben die Alma mater Chicago sowohl die Universität Hawaii, die mich einlud, als Burns Visiting Professor im Winter 1979 über die Thematik des vorliegenden Buches zu lesen, als auch das Balliol College in Oxford, das mir während meiner Zeit als Eastman Professor 1980/81 die gleiche Gastfreundschaft gewährte.

Dank solch ermutigendem Ansporn hat das Buch nun seine endgültige Form gefunden. Es erübrigt sich zu sagen, daß noch bestehende Mängel und Ungeschicklichkeiten allein mir anzurechnen sind. Sie wären zwar noch zahlreicher ohne das wachsame Auge meiner Frau Elizabeth und meiner Tochter Ruth.

# 1. Kapitel
# Waffen und Gesellschaft in der Antike

Die Industrialisierung des Krieges ist fast ebenso alt wie die Zivilisation, denn das Aufkommen der Bronzeverarbeitung machte Handwerker mit speziellen Fertigkeiten für die Herstellung von Waffen und Rüstungen unentbehrlich. Zudem war Bronze selten und kostspielig. Nur ein paar Privilegierte konnten sich in vollem Glanz damit schmücken. So ergab es sich, daß neben metallurgischen Spezialisten solche des Krieges erschienen: Die eine Klasse verfügte praktisch über ein Monopol auf das Produkt der anderen, zumindest in den Anfängen.

Doch der Ausdruck ‚Industrialisierung des Krieges' läßt sich freilich kaum auf die antiken Hochkulturen – Mesopotamien, Ägypten, Indien oder China – anwenden. Zum einen konkurrierten Priester und Tempel als Konsumenten von Bronze und anderen Handwerksprodukten mit Kriegern und Heerführern; und die frühen Herrscher stützten ihre Macht vermutlich mehr auf ihre religiöse als ihre militärische Rolle. Zum andern blieb innerhalb der Gesamtgesellschaft die große Mehrheit landwirtschaftlich tätig und rackerte sich damit ab, Nahrung für den eigenen Lebensunterhalt zu produzieren. Die Überschüsse waren gering, und die Zahl der Herrschenden – ob priesterlichen oder militärischen Charakters oder beides – und Handwerker hielt sich in relativ bescheidenen Grenzen. Dazu kam, daß innerhalb dieser kleinen Gruppe das ‚industrielle' Element nicht hervortrat. Waffen und Rüstungen hielten lange Zeit, und selbst wenn sie stumpf oder im Kampf verbeult wurden, ließen sie sich ohne große Mühe wieder schärfen oder zurechthämmern. So blieb die Zahl der Waffenschmiede, selbst im Blick auf die Zahl der Krieger, gering.

Da Zinn- und Kupfererze gewöhnlich nicht am selben Ort vorkamen und Zinn zudem vergleichsweise knapp war und häufig über weite Entfernungen herangeschafft werden mußte, war die Verfügbarkeit geeigneter Metallblöcke oder Erze für die antike Metallverarbeitung und Kriegsgeräteerzeugung von weitaus größerer Bedeutung als handwerkliches Können. Mit anderen Worten, Händler und Fuhrleute zählten mehr als Handwerker. Die Politik der Herrschenden mußte die Beziehungen zu potentiellen Metallieferanten in Rechnung stellen, die außerhalb des unmittelbaren eigenen Herrschaftsbereichs lebten. Auch die Sicherung von Handelswegen gegen Rivalen und Räuber war wichtig und bisweilen schwierig. Hingegen ließ sich in der Regel damit rechnen, daß erfahrene

Metallbearbeiter zur Verfügung standen, sobald sich eine handwerkliche Tradition in der Gemeinschaft entfaltet hatte.

Die Kriege wurden normalerweise mit den vorhandenen Beständen an Waffen und Rüstungen geführt, deren Umfang sich nur durch Beute oder Verluste im Verlauf der Kampfhandlungen änderte. Was ein Heer auf dem Marsch brauchte, waren Proviant und Fourage. Die zur Verfügung stehende Nahrung bestimmte naturgemäß die Ausdehnung kriegerischer Aktionen und die Größe der Heere. Hin und wieder veränderte der Ausbruch einer Epidemie abrupt die militärischen Möglichkeiten – das geschah zuweilen in wunderbarer Weise, wie die biblische Schilderung des assyrischen Mißerfolgs vor Jerusalem, 701 v. Chr., bezeugt.[1]

Den Priestern oblag es, durch religiöse Riten und Gebete Krankheiten und andere Äußerungen göttlichen Unwillens abzuwehren; das Amt der Herrscher und Heeresverwalter war, die lokale Versorgung mit Nahrungsmitteln zu verbessern. Am einfachsten war dabei stets die Gewaltanwendung: den Einheimischen wurde ihr Getreide oder ihr Vieh weggenommen, und das Abgepreßte wurde an Ort und Stelle oder sehr bald verbraucht. Ein solches Heer mußte Widerstand rasch niederzwingen und dann weiterziehen, denn es erschöpfte schnell die lokalen Ressourcen und ließ ein verwüstetes Land hinter sich. Den Bauern, die um ihre Vorräte gebracht wurden, drohte der Hunger, und sie hatten ohne Zweifel die größten Schwierigkeiten, Saatgut für die Felderbestellung im kommenden Jahr aufzutreiben.

Die Herrschaft Sargons von Akkad, der gegen 2250 v. Chr. alles mesopotamische Gebiet im Umkreis seiner Hauptstadt Kisch ausplünderte, illustriert die Möglichkeiten und Grenzen dieser Art organisierter Räuberei. In einer ihm gewidmeten Inschrift heißt es:

„Sargon, König von Kisch, hat in vierunddreißig Schlachten den Sieg davongetragen, die Mauern, die er zerstörte, sind fern wie die Küsten des Meeres. Gott Enlil hat Sargon, den König, vor der Hand der Rivalen bewahrt. Vierundfünfzigtausend Männer nähren sich täglich an seinem Hof."[2]

Eine stehende Streitmacht von 54000 Kriegern verschaffte dem großen Eroberer eine sichere Überlegenheit über jeden lokalen Rivalen – so erklären sich seine vierunddreißig siegreichen Kriegszüge. Doch der Unterhalt eines so großen Heeres erforderte auch alljährliche Kampagnen und die Verwüstung vieler fruchtbarer Landstriche, um Verpflegung für die Soldaten zu beschaffen. Die Belastung der Völker war offenbar immens. Sargons Heere lassen sich durchaus mit einer verheerenden Epidemie vergleichen, die einen bedeutenden Teil des Wirtsvolks dahinrafft, doch gerade durch ihren Durchzug auch eine langfristige Immunität mit sich bringt. Das gleiche taten Sargons Heere, da es die auf eine solche Ausplünderung folgende Produktivitätsminderung für ein Heer von ähnlicher Größe untunlich erscheinen ließ, noch einmal diesen Weg zu nehmen,[3] ehe die Bevölkerung und das bebaute Land sich erholt hatten. Doch was für eine epidemische Krankheit gilt, die endemisch wird, wenn die Interaktion zwischen dem infizierenden Organismus und dem Wirtsvolk massiv und eng genug wird, gilt auch für den Krieg. Wenn wir daher das Augenmerk von der Zeit Sargons auf das Achämenidenreich (539–332 v. Chr.) richten, konstatieren wir, daß in dieser langen Zeitspanne Kriege für die Untertanen eines großen Königs weniger destruktiv geworden waren. Als beispielsweise Xerxes seinen berühmten Zug nach Griechenland (480–479 v. Chr.) beschloß, wies er von seinem Palast in Persepolis aus seine Satrapen an, in den ihnen unterstehenden Gebieten Nahrungsmittelvorräte anzulegen und sie zu bestimmten Stationen längs der geplanten Marschroute, der ‚Königsstraße‘, schaffen zu lassen. Infolgedessen war es Xerxes möglich, in Griechenland mit einem etwas größeren Heer als dem Sargons einzumarschieren, ohne die Landstriche zu verwüsten, die er durchzog. Allerdings konnte er in einem Land mit so karger Nahrungsmittelproduktion wie Hellas eine solche Streitmacht nur ein paar Wochen unterhalten. Als sich eine kleine Zahl griechischer Städte im äußersten Süden dem Großkönig nicht beugte, mußte er einen erheblichen Teil seines Invasionsheeres abziehen, weil er keine Möglichkeit sah, die gesamte Armee den Winter über im Feld zu verköstigen.[4]

So weit sich das sagen läßt, unterbrach der Durchzug des persischen Heeres nicht den Fluß der Steuer- und Pachtleistungen in den Regionen, durch die es marschierte. Ganz im Gegenteil, gerade die Regelmäßigkeit dieser Abgaben, die in Magazine längs der Marschroute geleitet wurden, sicherte die ortsansässige Bevölkerung vor zerstörerischem Marodieren. Der wechselseitige Vorzug eines solchen Systems geregelter Zwangsabgaben im Vergleich mit Sargons Plünderungsmethoden liegt auf der Hand. Das Heer des Großkönigs wurde zuverlässiger mit Nahrungsmitteln versorgt, konnte größere Entfernungen bewältigen und traf im Kampfgebiet in besserer Verfassung ein, als wenn es sich unterwegs mit Plünderungen aufgehalten hätte. Und die bäuerliche Bevölkerung, die einen mehr oder minder fest bemessenen Teil ihrer Ernteerträge Steuer- und Pachteintreibern aushändigte, entging auf diese Weise sporadisch auftretenden Notlagen und der Gefahr des Verhungerns. Wie schwierig es auch gewesen sein mag, solche Leistungen aufzubringen – und es läßt sich annehmen, daß die Lebensverhältnisse der Kleinbauern in antiken Reichen dicht am Minimum des Lebensnotwendigen lagen –, Berechenbarkeit und Regelmäßigkeit der jährlichen Steuer- und Pachtleistungen ließen Xerxes' imperiales System vorteilhafter erscheinen als die – wenn auch nur sporadische – hemmungslose Ausplünderung durch Sargons Armee. Deshalb mußte, obwohl die erzwungenen Steuern und Pachten die Interessen der Herrscher und Grundherren in einen scharfen Gegensatz zu denen der bäuerlichen Produzenten brachte, beiden Seiten daran liegen, die Methode des Plünderns durch geregelte Zwangsabgaben zu ersetzen.

Die Entwicklung von Steuer- und Pachtsystemen in anderen Imperien der antiken Welt ist in den erhalten gebliebenen Dokumenten weniger anschaulich belegt als in den Quellen, die uns aus dem Vorderen Orient überliefert sind. Dennoch ist klar, daß sich ähnliche imperiale, bürokratische Systeme im alten China, in Indien und dann auch, mit dem Aufstieg Roms, in der Welt des Mittelmeeres herausgebildet haben. Auch die indischen Hochkulturen, allerdings zeitlich weit davon entfernt, brachten vergleichbare administrative Systeme für den Transfer von Agrarüberschüssen an Beauftragte eines fernen Herrschers hervor, der die Nahrungsmittel und sonstigen Produkte, die auf diese Weise für ihn verfügbar wurden, für die Kriegführung oder die religiösen Opferriten verwendete.

Der Hinweis ist angebracht, daß die Kriegführung nicht immer Vorrang hatte. Hin und wieder zogen Herrscher es vor, kunstvoll ausgeklügelte religiöse Zeremonien und grandiose Bauvorhaben zu organisieren, statt ihre Mittel für den Unterhalt von Heeren zu verwenden. Im alten Ägypten, wo die geographischen Verhältnisse die Grenzverteidigung zu einer relativ leichten Aufgabe machten, mobilisierten Pharaonen der 5. Dynastie die Arbeitskräfte des Landes für den Bau von Pyramiden – eine in der Regierungszeit jedes Pharao –, deren imposante Größe bezeugt, welche Massen von Arbeitern sie für diese Aufgabe aufzubieten vermochten. Selbst im kriegsgeschüttelten Mesopotamien konkurrierte der Tempelbau mit militärischen Operationen beim Verbrauch von Steuereinkünften. Auch in anderen Perioden und Gegenden war die Aufteilung der Ressourcen auf Kriegs- und gemeinnützige Zwecke[5] während des Altertums ebenso vielfältig wie in späteren Zeiten.

Sicher ist aber, daß öffentliche Aktivitäten – einerlei für welche Zwecke die Ressourcen eingesetzt wurden – stets auf dem Weg des Dekrets zustande kamen. Der Herrscher oder ein von ihm beauftragter Untergebener erließ einen Befehl, und andere gehorchten. Die Menschen sind vermutlich auf diese Art der Lenkung von oben durch ihre Kindheitserfahrungen eingestellt, da Eltern routinemäßig Befehle und Anweisungen erteilen, die die Kinder, oft unter Zwangsanwendung, befolgen. Eltern wissen mehr und sind körperlich stärker als Kinder; die Herrscher des Altertums wußten ebenfalls mehr, weil sie in ungleich höherem Maß Zugang zu Informationen hatten, die in der Verwaltungshierarchie nach oben und unten vermittelt wurden; und mit Hilfe einer professionalisierten Streitmacht waren sie auch stärker als ihre Untertanen. Übermächtig nicht zuletzt erschienen sie den Untertanen, die in ihnen nicht selten lebende Gottheiten sahen.

Schwierig zu lenken innerhalb dieser Struktur waren der Fernhandel und die Menschen, die ihn betrieben. Dabei hatten manche Einfuhren aus fernen Landen eine enorme Bedeutung. So ließ sich etwa das zur Herstellung von Bronze notwendige Zinn zumeist nicht in der Nähe beschaffen. Mit Befehlen waren ferne Völker nicht zu zwingen, das Erz zu schürfen, es in Blöcke zu gießen und dann über Meer oder Land an den Ort zu schaffen, den Könige und Hohepriester bestimmt hatten. Auch andere rare Produkte ließen sich keineswegs dieser simplen Mechanik von Befehl und Gehorsam einbinden. Die Herrscher und andere Mächtige mußten lernen, mit den Besitzern solcher Güter auf mehr oder weniger gleichem Fuß zu verhandeln und ihre dekretiven Methoden durch diplomatische Formen zu ersetzen.

Der Übergang war ohne Zweifel langsam und schwierig. In sehr früher Zeit organisierten Könige militärische Expeditionen, um benötigte Güter aus fernen Gebieten herbeizuschaffen. Folgendermaßen bereitete sich beispielsweise Gilgamesch, König von Uruk (ca. 3000 v. Chr.?), auf einen Zug vor, um aus fernen Zedernwäldern Bauholz zu beschaffen:

,,Ich will Hand anlegen, die Zeder abhaun,
Einen Namen, der dauert – mir will ich ihn setzen!
Jetzt, mein Freund, will ich zum Waffenschmied mich aufmachen!
Beile soll man gießen vor uns."
Sie faßten sich an, zu den Schmieden zu eilen:
Da saßen die Meister, pflogen Rats,
Beile, große, gossen sie,
Äxte zu drei Talenten gossen sie;
Schwerter, große, gossen sie ...[6]      [Übers. Albert Schott]

Doch Raubzüge, die seltenen Gütern galten, waren überaus riskante Unternehmungen. Gilgamesch, so erfahren wir aus der Erzählung, verlor nach der Rückkehr aus dem Zedernwald seinen Freund und Gefährten Enkidu – gewissermaßen ein Akt poetischer Gerechtigkeit, denn Enkidu hatte sich gegen eine friedliche Übereinkunft ausgesprochen, wie aus der folgenden Stelle hervorgeht:

Enkidu tat seinen Mund auf zu reden und sprach zu Gilgamesch:
,,Mein Freund, Chumbaba ist der Wächter des Zedernwaldes.
Zermalme ihn, töte ihn, zermahle ihn ...''[7]   [Übers. Albert Schott]

Worauf die beiden Helden Chumbaba töteten und im Triumph nach Uruk zurückkehrten, vermutlich samt den Zedernstämmen.

In dem Entschluß, Chumbaba zu töten, spiegelte sich eine höchst instabile Machtkonstellation. Gilgamesch konnte nicht lange im Zedernwald bleiben. Nur für den Augenblick und nur mit Mühe war es ihm möglich, seine Machtüberlegenheit zur Geltung zu bringen. Sobald seine Expeditionsstreitmacht wieder abgezogen war, wäre Chumbaba wieder imstande gewesen, sich Wünschen von Fremden zu widersetzen, hätten Enkidu und Gilgamesch ihn nicht getötet. Offenbar war es schwierig, mit solchen

Methoden eine zureichende Holzzufuhr für Uruk zu sichern, einerlei, ob Gilgamesch Chumbabas Unterwerfungsangebot akzeptierte oder ablehnte.

Eine zuverlässigere Möglichkeit, knappe Güter aus Regionen zu beschaffen, die zu fern gelegen waren, um sie in den eigenen Herrschaftsbereich einzugliedern, bestand darin, irgendein materielles Gut zum Tausch anzubieten, das heißt, gewaltsame Wegnahme durch Handel zu ersetzen. Was zivilisierte Gesellschaften anbieten konnten, waren, ihrer Art entsprechend, Produkte spezialisierter handwerklicher Fertigkeiten, ursprünglich zum Ergötzen von Göttern und Herrschern entwickelt.

Solche Luxusgegenstände waren natürlich selten; nur einige wenige konnten sie je ihr eigen nennen. Deshalb beschränkte sich lange Jahrhunderte der Handel weitgehend auf den Austausch knapper Güter zwischen Herrschern und Administratoren zivilisierter Länder einerseits und Potentaten in fernen Gegenden andererseits. Jene hatten als einzige Zugriff zu Luxusprodukten, die auf Befehl von erfahrenen Handwerkern hergestellt wurden. Zudem waren Herrscher und Amtsträger in zivilisierten Gebieten daran interessiert, solche Güter nur jenen fernen Machthabern anzubieten, welche die Arbeitskräfte zum Erzabbau, zum Holzfällen oder für all jene anderen Arbeiten organisieren konnten, die das fragliche Gut für den Abtransport zu zivilisierten Konsumenten vorbereiten und auf den Weg bringen sollten. Solche Handelsformen wurden dann zum Anlaß, zivilisierte Befehlsstrukturen in angrenzenden menschlichen Gemeinschaften zu kopieren.

Die Bedingungen für den Warenaustausch richteten sich nach Angebot und Nachfrage, aber auch nach Macht-, Prestigeerwägungen und rituellen Gesichtspunkten. Abhängigkeit von geographisch weit entfernten Produzenten, die den Befehlen der imperialen Zentralgewalt nicht zuverlässig unterworfen waren, beschränkte die wirtschaftliche Lenkungsfähigkeit in den Reichen der Antike. Doch zumeist standen die für den Unterhalt von Armee und Verwaltungsbürokratie – den beiden tragenden Pfeilern der Macht Xerxes' und jedes anderen großen Herrschers – wirklich wichtigen Güter innerhalb der Staatsgrenzen zur Verfügung und konnten per Befehl mobilisiert werden. Dabei waren Nahrungsmittel bei weitem am wichtigsten.

Der Unterschied zwischen Handelsbeziehungen mit Landesfremden und der Verwaltungsstruktur innerhalb der Staatsgrenzen war nicht so groß, wie man aus den Darlegungen oben schließen könnte. Gouverneure und andere Administratoren, die als Beauftragte des Herrschers in ihren Amtsbereichen wirkten, mußten für ihre Dienste durch eine geeignete Mischung von Vergünstigungen, Lob und Bestrafung entlohnt werden. Das System funktionierte ja nur dann, wenn den Befehlen auch Folge geleistet wurde; und dieser Gehorsam mußte häufig zu einem Preis erkauft werden, der sich nur graduell von jenem unterschied, den man weiter entfernten und selbständigeren Potentaten zu zahlen hatte.

Die frühen Hochkulturen lebten vom Transfer von Nahrungsmitteln von den Produzenten zu den Herrschern und anderen Mächtigen, die zusammen mit einer Gefolgschaft militärischer und handwerklicher Spezialisten von der so beschafften Nahrung lebten. Zuweilen wurde auch die Arbeitskraft der Nahrungsmittel produzierenden Bevölkerungsmehrheit für öffentliche Arbeiten irgendwelcher Art herangezogen: den Bau eines Kanals, die Befestigung einer Stadt, die Errichtung eines Tempels. Dieser Basistransfer, der Ressourcen von den vielen zu einigen wenigen umleitete, wurde durch die Zirkulation von Luxusgütern unter den Angehörigen der herrschenden Eliten ergänzt – teils Geschenken der Großen an Gefolgsleute und Untergebene, teils Tributzahlungen Untergebener an die Großen. Der Handel über die Staatsgrenzen hinweg war im Grunde genommen nur eine Spielart innerhalb dieses größeren Musters des Austauschs zwischen den Mächtigen. Er unterschied sich davon insofern, als er leichter zu unterbrechen und minder stark von Haltungen der Ehrerbietung und der Herablassung gefärbt war, wie sie innerhalb der herrschenden Eliten zivilisierter Staaten obwalteten.[8]

Ein anderer Wesenszug antiker Imperien verdient hervorgehoben zu werden – das Faktum nämlich, daß es für solche Herrschaftsverbände eine optimale Größe gab. Sollte die steuereintreibende Verwaltung reibungslos funktionieren, mußte der Herrscher zumindest einen Teil jedes Jahres in seiner Hauptstadt residieren. Notwendige Informationen für die Zumessung von Belohnungen und Bestrafungen an wichtige Diener der Krone waren am besten an ein und demselben Ort zusammenzuführen. Solche Dinge mußten prompt erledigt werden, weil sonst der Verwaltungsapparat rasch erlahmte und nicht mehr imstande war, die Ressourcen in einem auch nur annähernd maximalen Volumen zu konzentrieren. Ebenso wichtig war der Unterhalt einer Leibgarde für den Herrscher, stark genug, um jeden mutmaßlichen Rivalen, der auf eine Revolte sann, im Zaum zu halten oder notfalls zu überwältigen. Auch dies ließ sich am besten dadurch erreichen, daß sich der Herrscher einen großen Teil der Zeit an irgendeinem zentral gelegenen Ort aufhielt, wo natürliche Verkehrswege, insbesondere Wasserstraßen, es ermöglichten, jahrein, jahraus aus dem Umland Nahrungsmittel zu beschaffen und Vorräte anzulegen.

Doch wenn eine Hauptstadt ebenso wie die regelmäßige Anwesenheit des Herrschers von elementarer Bedeutung war, dann wurde dadurch zwangsläufig die Ausdehnung des Reichsgebietes begrenzt. Um seine souveräne Macht mit Erfolg auszuüben, mußte ein Herrscher imstande sein, überlegene Kräfte möglichst konzentriert einzusetzen, wenn seine Stellung entweder durch eine Revolte im Innern oder durch einen Angriff von außen bedroht wurde. Wenn aber der Souverän und seine Leibwache gezwungen waren, zumindest einen Teil des Jahres in der Hauptstadt zuzubringen, wurde ein Einsatz, der das Heer mehr als rund neunzig Tagesmärsche fortführte, zum Risiko.

Als Xerxes seinen Einfall nach Griechenland unternahm, überschritt er bei weitem diesen Neunzig-Tage-Radius, dessen Ausgangspunkt seine Hauptstadt in Persien war.[9] Dadurch wurde die Zeit, die für den Kriegszug selbst zur Verfügung stand, zu knapp und ein entscheidender Sieg unmöglich. Mit der Invasion Griechenlands hatten die Perser denn auch die zweckmäßige Begrenzung ihres Reiches überdehnt. Andere Reiche in anderen Weltgegenden hingegen hielten sich an die naturgegebenen Schranken der Expansion, es sei denn, es gab außerhalb der Grenzen des Imperiums keinen Gegner, mit dem man zu rechnen hatte. In solchen Fällen konnten vergleichsweise bescheidene Garnisonen und peripher eingesetzte Expeditionstruppen (wie die Streitmacht, die Xerxes nach Griechenland führte) genügen, um die Souveränität durchzusetzen und zu erweitern. So scheint es sich beispielsweise in Südchina während der meisten Phasen der chinesischen Expansion über den Yangtse hinaus verhalten zu haben. Wenn die Chinesen jedoch auf wirkungsvollen örtlichen Widerstand stießen, erlitten ihre Heere das gleiche Schicksal wie das persische in Griechenland. Diesem Faktum verdankt Vietnam seine historische Unabhängigkeit.

Transportmöglichkeiten und Proviantbeschaffung vor allem begrenzten mithin den Erfolg von Herrschern und Heeren im Altertum. Die Versorgung mit Metallen und Waffen war zwar von wesentlicher Bedeutung, doch als Variable selten ausschlaggebend. Einen eigentlich ,industriellen' Aspekt der Kriegführung gab es also nicht. Dennoch kann man in den Annalen der Geschichte eine Reihe bedeutsamer Veränderungen in den Waffensystemen entdecken, Ergebnis sporadischer technischer Entdeckungen und Erfindungen, die einen Wandel bestehender Bedingungen für Kriegführung und Heeresorganisation herbeiführten. Natürlich waren solche Veränderungen begleitet von weitreichenden sozialen und politischen Umwälzungen, und die für den heutigen Betrachter verwirrende Geschichte der Dynastien und Imperien im Altertum wird am durchsichtigsten, wenn man Aufstieg und Niedergang von Reichen im Blick auf die systematischen Veränderungen untersucht, die sich im militärischen Bereich der politischen Macht vollzogen haben.[10]

Ein erster Wandel dieser Art wurde durch das schon erwähnte Aufkommen von Bronzewaffen und -rüstungen herbeigeführt. Dies begann in der Vorgeschichte der Hochkulturen, etwa um 3500 v. Chr. in Mesopotamien. Noch ehe imperiale Befehlsstrukturen von der Art, wie sie bei Xerxes dann üblich waren, im alten Mesopotamien etabliert worden waren, trat der nächste bedeutsame Wandel der Waffensysteme ein. Er war das Ergebnis einer effizienten Konstruktion von Streitwagen. Mobilität und Schußkraft waren kurz nach 1000 v. Chr. durch die Erfindung leichter, aber robuster zweirädiger Wagen, die ohne umzustürzen oder zusammenzubrechen hinter einem Pferdegespann über das Schlachtfeld jagen konnten, wesentlich verbessert worden. Der Streitwagen wurde zu einem überlegenen Kampfmittel, vor allem durch die Erfindung des Speichenrades, das durch seine Naben- und Achsenkonstruktion bedeutend mehr Laufruhe hatte als die Holzscheibenräder. Die Herstellung von Nabenrädern aus Holz, vollkommen rund und so exakt ausgewuchtet, daß sie auch bei rascher Fahrt und mit mehreren Zentnern Last nicht zusammenbrachen, konnte nur von hochqualifizierten Stellmachern ausgeführt werden. Der zusammengesetzte Bogen – kurz, aber schußkräftig – war ein kaum weniger wichtiger Teil der Ausrüstung der Streitwagenkrieger, und seine Anfertigung verlangte gleichfalls großes handwerkliches Geschick.[11]

Als die Konstruktion der Streitwagen vervollkommnet war, konnte ein guter Bogenschütze, der neben dem Wagenlenker stand, gegnerische Fußtruppen mit Pfeilen überschütten, während er selbst, dank der raschen Fahrt des Wagens, relativ ungefährdet war. In freiem Gelände konnten schnelle Streitwagen feindliches Fußvolk mühelos umfahren oder es von seiner Nachschubbasis abschneiden. Sie waren durch nichts aufzuhalten – zumindest in den ersten Jahren, als Kriegswagen noch neu waren –, wenn auch unebenes Terrain oder steile Hänge immer sicheren Schutz vor ihnen boten. Doch da zu der Zeit, als der Streitwagenkampf aufkam, alle großen Zivilisationszentren auf ebenem Gelände angesiedelt waren, hatte diese Einschränkung keine ausschlaggebende Bedeutung. Ein kritischer Punkt dagegen war, daß ständig Pferde, aber auch gut ausgebildete Stell- und Bogenmacher zur Verfügung standen. Auch die Bronzemetallurgie behielt ihre Bedeutung, denn die Streitwagenkrieger waren mit Schwertern und Speeren ausgerüstet und schützten sich mit Metallrüstungen, wie es die Krieger zivilisierter Länder seit langem zu tun pflegten.

Die besonderen Vorteile des Streitwagenkampfes lagen für Steppenvölker auf der Hand, die sich ihrer Lebensform wegen leicht Pferde verschaffen konnten. So überrannten denn auch Wellen erobernder Barbaren, die mit Streitwagen ausgerüstet waren, zwischen 1800 und 1500 v. Chr. alle zivilisierten Länder des Vorderen Orients. Die einströmenden Barbaren gründeten eine Reihe von ‚Feudalstaaten‘, in denen eine kleine Elite von Streitwagenkriegern die maßgebliche militärische Macht darstellte und sich in die praktische Ausübung der Souveränität mit Oberherren teilte, deren Befehle nur dann Wirkung hatten, wenn eine Mehrheit der Streitwagen besitzenden Klasse damit einverstanden war. Indem siegreiche Scharen von Streitwagenkriegern sich über die eroberten Länder im Vorderen Orient ausbreiteten, zogen sie den größten Teil der verfügbaren landwirtschaftlichen Überschüsse an sich, entweder als Plünderungsgut (beim ersten Angriff) oder in Form von Pachtleistungen (wenn die Zwangseintreibungen etwas geregelter wurden). Dies schwächte natürlich die Zentralautorität, wenngleich es auch im Vorderen Orient, wo sich bereits bürokratische Traditionen imperialer Herrschaft zu entwickeln begonnen hatten, nicht lange dauerte, bis die wiedererstarkten Zentralgewalten sich die neue Kampftechnik zu eigen machten. Beispielsweise warb nach 1250 v. Chr. das ägyptische Neue Reich mit nubischem Gold Streitwagenkrieger an und verschaffte sich damit eine stehende Streitmacht aus Berufskriegern, die sich mehrere Generationen lang allen Gegnern als überlegen erwies.

In China und Indien bezeichnete das erste Auftreten von Streitwagen einen drastischeren Wandel. In Indien richteten Streitwagenkrieger um 1500 v. Chr. die ältere Induskultur zugrunde, worauf ein mehrere Jahrhunderte währendes ‚dunkles Zeitalter‘ folgte, bis sich ein neues Muster zivilisierten Lebens herauszubilden begann. In China vollzog sich eine umgekehrte Umwandlung, denn in der Shang-Dynastie, die Streitwagen einsetzte, entwickelte sich eine differenziertere Gesellschaft, als sie vordem im Tal des Gelben Flusses bestanden hatte. Das gestiegene Luxus- und Einkommensniveau der Adelsklasse der Shang-Streitwagenkrieger machte es möglich, daß mehrere der für die spätere chinesische Zivilisation charakteristischen Kulturmerkmale sich klarer herausbildeten als vorher.

In Europa spielten die Streitwagen anscheinend eine minder bedeutende Rolle. Mit dem Übergang von der minoischen zur mykenischen Hegemonie im ägäischen Raum oder kurze Zeit danach erschienen zwar in Griechenland zum erstenmal Streitwagen, und einige Jahrhunderte später traten sie auch im fernen Skandinavien und im randständigen Britannien auf. Doch wenn zutrifft, was Homer uns über die mykenische Kampftaktik berichtet, dann verzichteten die europäischen Krieger darauf, sich die Mobilität und Schußkraft, die sich beim Streitwagen wirkungsvoll verbanden, zunutze zu machen. Statt dessen stiegen Homers Helden von ihren Wagen herab, um zu Fuß mit dem Speer und dem Schwert zu kämpfen. Sie benutzten ihre Streitwagen nur, um damit zu prunken und um das Schlachtfeld bequem erreichen und verlassen zu können.[12]

Die Streitwagen waren kostspielig, einerseits wegen des Arbeitsaufwandes für ihren Bau und andererseits der Kosten wegen, die aufgewendet werden mußten, um in Landstrichen ohne ganzjährigen Graswuchs die Pferde mit Getreide ernähren zu können. Von Streitwagenkriegern beherrschte Gesellschaften waren deshalb ausgeprägt aristokratisch. Eine sehr kleine Kriegerklasse beanspruchte den Löwenanteil an den landwirtschaftlichen Überschüssen, die sich den bäuerlichen Produzenten abpressen ließen, für sich. Handwerker und Händler, Barden und sogar Priester umdienerten die herrschenden Kriegereliten. Wenn solche Eliten anderer ethnischer Abkunft waren als die Mehrheit – ein häufiger Fall –, entwikkelte sich eine herzliche gegenseitige Abneigung zwischen den Herrschenden und den Beherrschten.

Die gesellschaftlichen Verhältnisse veränderten sich rasch in die entgegengesetzte Richtung, als der nächste große Wandel in den Waffensystemen der antiken Welt eine radikale Demokratisierung der Kriegführung brachte. Die Entdeckung, wie sich aus Eisen brauchbare Geräte und Waffen herstellen ließen, wurde um das Jahr 1400 v. Chr. irgendwo im östlichen Kleinasien gemacht, doch die neue Technik breitete sich erst gegen 1200 v. Chr. auch in andere Länder aus. Da Eisenerzvorkommen weit verbreitet waren, verbilligte sich das Metall enorm – auch die für das Schmelzverfahren notwendige Holzkohle war leicht zu produzieren. Zum erstenmal gab das einfachen Leuten die Möglichkeit, zumindest in kleinen Mengen Metall zu erwerben und zu benutzen. Eiserne Pflugscharen verbesserten die Bodenbestellung und ermöglichten die Ausdehnung des Ackerbaus auch auf schwere Lehmböden. Dies führte zu allmählich wachsendem Wohlstand. Die kleinen Landwirte begannen zum erstenmal aus Dingen Nutzen zu ziehen, die sie nicht selbst anfertigen konnten. Anders gesagt, die Bauern profitierten nun spürbar von der Differenzierung der Fertigkeiten, die das Kennzeichen der Zivilisation war. Diese Entwicklung führte überdies zu einer zunehmenden Stabilisierung der Sozialstrukturen. Der Sturz einer herrschenden Elite gefährdete nun nicht mehr sofort das ganze gesellschaftliche System, wie das früher – zum Beispiel im Industal – zuweilen eingetreten war.

Für die Kriegführung konnte sich nun, weil Eisen billig war, ein relativ großer Teil der männlichen Bevölkerung Waffen und Rüstungen aus Metall anschaffen. Bauern und Hirten wuchs damit eine bis dahin unbekannte Kampfkraft zu, und das veränderte die bislang aristokratisch bestimmte Gesellschaftsstruktur des Zeitalters der Streitwagen vollkommen. Eine demokratische Epoche zog herauf. Invasoren, die sich auf die Eisenverarbeitung verstanden, stürzten die herrschenden Eliten, deren Machtmonopol sich auf den Besitz von Streitwagen gegründet hatte.

Gebirgsbewohner und andere Barbaren, die an den Rändern der zivilisierten Gesellschaft lebten, zogen den unmittelbarsten Nutzen aus der Verbilligung der Metallbereitung. In solchen Gemeinschaften bestand eine feste, ungezwungene Solidarität zwischen den Führern und ihrer Gefolgschaft, da eine traditionsgeprägte, schlicht egalitäre Lebensform die gesamte Bevölkerung verband. Die Streitwagenkrieger konnten es sich nicht leisten, ihre an Zahl überlegenen Untertanen zu bewaffnen, um den so unvermittelt kriegstüchtigen, mit Metallpanzern geschützten Barbaren Paroli zu bieten: Es hätte nur bewirkt, daß es zu einer Rebellion

gegen ihre Machtstellung gekommen wäre. Daher wurden die Streitwa-
gen-Aristokratien, denen es an zuverlässiger Unterstützung von unten
fehlte, von Angehörigen barbarischer Stämme gestürzt, deren Eisenschil-
de und -helme sie so gut gegen die Pfeile der Streitwagenkrieger schützten, daß die vormals unbesiegbare Kriegswagentaktik auf dem Schlachtfeld ihre Wirkung einbüßte.

Im Vorderen Orient löste daher die Ausbreitung der Eisenbearbeitung
zwischen 1200 und 1000 v. Chr. eine neue Runde von Invasionen und
Migrationsbewegungen aus. Neue Völker – die Hebräer, Perser, Dorer
und viele andere mehr – traten in die Geschichte ein und führten ein
ausgesprochen egalitäres barbarisches Zeitalter herauf. So schreibt der
Verfasser des Buches der Richter am Ende einer blutigen Schilderung von
Gewalttat und heilloser Unordnung:

Zu der Zeit war kein König in Israel;
ein Jeglicher tat, was ihm recht däuchte.[13]

Doch soziale Gleichheit und lokale Gewalttätigkeiten schwanden dahin. Schon bald trat der überlegene Wert professionalisierter Truppen ins
Licht. Zentralstaatliche Traditionen, die in Ägypten und Babylonien
noch aus der Zeit vor den Streitwagen-Invasionen fortbestanden, kamen
ehrgeizigen Staatengründern wie Saul und David sowie ihren verschiedenen Rivalen zustatten. So begannen nach 1000 v. Chr. abermals bürokratische Monarchien im Vorderen Orient zu dominieren, jede gestützt auf
ein stehendes Heer, in Notzeiten ergänzt durch ausgehobene Milizen. Da
die Mittel für den Unterhalt des Berufsheeres aus der Besteuerung
stammten, war der Weg für die Entwicklung jener Art von Befehlsstruktur offen, die Xerxes' gewaltiges Reich trug.

Am erfolgreichsten betrieben assyrische Könige die Kunst der bürokratischen Orgnisation bewaffneter Macht in der frühen Bronzezeit. Sie
entwickelten ein Heer, in dem Rangbezeichnungen bestimmten, wer befehlen sollte und wer zu gehorchen hatte. Eine Standardausrüstung, standardisierte Einheiten, ein abgestuftes Beförderungssystem, das den Begabten offenstand – diese vertrauten bürokratischen Prinzipien der Organisation eines Heeres wurden offenbar alle von assyrischen Herrschern
eingeführt oder zur Norm gemacht. Eine parallele Zivilbürokratie brachte es zuwege, Nahrungsmittelvorräte für geplante Kriegszüge anzulegen,
Straßen zu bauen, um militärische Operationen über weite Entfernungen
zu erleichtern, und Arbeitskräfte für den Bau von Befestigungen zu mobilisieren.

Bis ins 3. Jahrhundert v. Chr. lassen sich Beispiele für viele der administrativen Strukturen zurückverfolgen, welche die Assyrer zur Regel
machten, doch das Urteil der Historiker ist zumeist von den herabsetzen-
den Schilderungen der grimmigen Eroberer in der Bibel bestimmt, die
722 das Königreich Israel zerstörten und 701 v. Chr. dem Reich Juda um

ein Haar das gleiche Schicksal bereitet hätten. Dennoch ist es wohl keine Übertreibung zu sagen, daß sich die grundlegenden administrativen Instrumente für die Ausübung imperialer Macht, die im größten Teil der zivilisierten Welt bis zum 19. Jahrhundert die Norm blieben, zum erstenmal zwischen 935 und 612 bei den Assyrern deutlich herausbildeten. Die Eroberkönige wandten auch beträchtlichen Ideenreichtum an die Entwicklung neuer militärischer Ausrüstungsgegenstände und Formationen. Sie erfanden beispielsweise ein komplexes Aufgebot von Geräten für die Belagerung befestigter Städte und führten, wenn sie in den Krieg zogen, wie selbstverständlich einen Belagerungstrain mit sich. Insgesamt war die Militärorganisation Assyriens offenbar von einem durch und durch rationalen Denken bestimmt. Die Heere gehörten zu den imposantesten und diszipliniertesten, die die Welt bis dahin gesehen hatte.

Ironischerweise beschleunigte die Offenheit für neue militärische Experimente möglicherweise Assyriens Sturz. Berittene Krieger, die ohne Sattel zu Pferd saßen, waren ein neues Element in der militärischen Koalition, die 612 v. Chr. die Hauptstadt Ninive einnahmen, plünderten und zerstörten und Assur damit für immer vernichteten. Niemand kann mit Gewißheit sagen, wann der Brauch entstand, auf einem Pferd zu reiten, noch, wo das geschah. Schon frühe Darstellungen zeigen assyrische Krieger zu Pferde.[14] Es ist daher wahrscheinlich, daß die Assyrer bei ihrer rastlosen Suche nach effektiveren Möglichkeiten der Kriegführung es lernten, ein Pferd zu reiten und in der Gewalt zu behalten, selbst dann, wenn der Reiter mit beiden Händen den Bogen führen mußte. Zunächst geschah dies so, daß sie zwei Reiter zusammenspannten, von denen der eine die Zügel beider Tiere hielt, während der andere den Bogen spannte. In dieser Verbindung wiederholte sich das Zusammenwirken von Lenker und Bogenschütze auf dem Streitwagen. Solche Reiterpaare waren eigentlich Streitwagenkrieger ohne Streitwagen. Als sie gelernt hatten, ihre Gespanne zu reiten, konnten sie einfach den Wagen abspannen, der überflüssig und hinderlich geworden war.[15] Danach spielten sich Mann und Pferd so gut aufeinander ein, daß Einzelreiter es wagten, die Zügel fallenzulassen und beide Hände zum Spannen des Bogens zu gebrauchen.

Die meisten Historiker nehmen an, daß Steppenvölker, die von der ‚Reiterei-Revolution‘ in spektakulärem Maße profitierten, die Wegbereiter dieser neuartigen Nutzung von Pferden, ihrer Ausdauer und Schnelligkeit waren. Dies mag zutreffen, belegen aber läßt sich eine solche Ansicht nicht. Der Umstand, daß Nomaden in späteren Epochen zu wahren Virtuosen im Reiten und Schießen wurden, beweist nicht, daß sie die Technik erfunden haben; es zeigt nur, daß sie aus dieser neuen Form des Kriegführens mehr Vorteile zu ziehen vermochten als andere Völker. Daß Reiter-Paare zum erstenmal im assyrischen Heer eingesetzt wurden, spricht stark dafür, daß sie die bedeutendsten Wegbereiter dieser neuarti-

gen Nutzung der Beweglichkeit und Schnelligkeit von Pferden zu
Kriegszwecken gewesen waren.

Selbst nachdem Steppennomaden in ausreichender Zahl zu Reitern geworden waren, so daß sie massive Einfälle in zivilisierte Länder unternehmen konnten, vergingen noch mehrere Jahrhunderte, bis sich die
Techniken des Reiterkriegs über die Grassteppen Eurasiens ausbreiteten. Zu Reiterangriffen aus der Steppe kam es erstmals um 690 v. Chr.,
als ein von den Griechen Kimmerier genanntes Volk den größten Teil
Kleinasiens überrannte. Dies geschah, nebenbei bemerkt, beinahe zwei
Jahrhunderte nachdem die Assyrer damit begonnen hatten, ganze Rei-
terheere im Krieg einzusetzen. Die Kimmerier lebten in der südrussi-
schen Steppe und kehrten dorthin zurück, nachdem sie das Königreich
Phrygien verwüstet hatten. Dann zog ein anderes Volk, die Skythen, aus
der Altai-Region in Zentralasien westwärts und überrannte die Kimmerier.

Diese beiden großen Einfälle kündeten für den Vorderen Orient in
militärischer Hinsicht eine neue Ära an, die durchweg bis ins 14. Jahrhundert währte. Für den Fernen Osten werden die Zeugnisse über Rei-
tereinfälle aus der Mongolei und aus den angrenzenden Gebieten erst im
4. Jahrhundert v. Chr. unzweideutig, obwohl manche Historiker die
Ansicht vertreten, der Zusammenbruch der westlichen Chou-Dynastie,
771 v. Chr., sei Folge eines Einfalls skythischer Reiterei aus der Altai-
Region gewesen.[16]

Die Folgewirkungen der ‚Reiterei-Revolution‘ in Eurasien waren
weitreichend. Sobald Steppenvölker die Reitkunst beherrschten und die
Fertigkeit erworben hatten, aus regional vorhandenem Material, Bogen,
Pfeile und alle notwendigen Ausrüstungsgegenstände zu fertigen, verfügten sie über eine billigere und mobilere Streitmacht, als zivilisierte
Völker ohne große Kraftanstrengung aufzubieten vermochten. Krieger
aus der Steppe konnten daher beinahe ungestraft zivilisierte Länder
heimsuchen, die im Süden lagen, bis es den einheimischen Herrschern
gelang, in ihrem eigenen Heerwesen den gleichen Grad von Beweglichkeit und soldatischer Moral zu erreichen.

Einen Dieb dafür anzustellen, einen anderen zu fangen, lag als Taktik
nahe. Ihrer bedienten sich tatsächlich Xerxes und seine achämenidischen
Vorgänger zum Schutz ihrer exponierten Grenze zur Steppe. Die meisten chinesischen Herrscher handelten ebenso. Indem man Stammesgruppen für die Verteidigung der Grenze gegen einfallüsterne Barbaren
bezahlte, ließ sich längs des Grenzsaums ein undurchdringlicher Schirm
errichten. Doch diese Politik konnte jederzeit versagen. Die Wächter
der Grenze waren – trotz ihres bezahlten Auftrags – ständig in Versuchung, gemeinsame Sache mit den Barbaren auf der anderen Seite zu
machen. Kurzfristig versprach Plündern einen reicheren Gewinn, als sie

je erhoffen durften, wenn sie mit den staatlichen Behörden um eine Neu-
festsetzung der Zahlungen feilschten.

Innerhalb dieses allgemeinen Rahmens entwickelten sich im Lauf der
folgenden zwei Jahrtausende die unterschiedlichsten militärischen, diplomatischen und wirtschaftlichen Beziehungen zwischen Stämmen aus der
Steppe und Herrschern und Bürokraten zivilisierter Gesellschaften.
Schutzzahlungen wechselten mit Einfällen, gelegentlich verheerende
Plünderungen verursachten Armut und Hunger. Entstehung und Verfall
von Kriegsbündnissen der Steppenvölker, die sich um einzelne, oft cha-
rismatische Führer wie den größten von ihnen, Dschingis-Khan
(1162–1227), bildeten, brachten eine weitere Variable ins Spiel. Doch
trotz vielfältiger Schwankungen in den politischen und militärischen Beziehungen zwischen Grasland und Ackerland hatten die Steppenbewoh-
ner dank ihrer überlegenen Mobilität und billig zu beschaffenden militärischen Ausrüstung einen unübersehbaren Vorteil. So wiederholten sich
Eroberungen zivilisierter Gebiete durch Nomaden stets nach dem gleichen Muster.

Immer wenn an einzelnen Stellen die Verteidigung der Grenze schwächer wurde, war damit zu rechnen, daß Nomadeneinfälle sich mit den
Jahren verstärkten, während die Kunde von beutereichen Plünderungs-
zügen sich über die Steppe verbreitete. Brach an einzelnen Abschnitten
der Grenzschutz völlig zusammen, gingen die Eindringlinge wohl auch
dazu über, die Gebiete, die zur Selbstverteidigung außerstande gewesen
waren, auf Dauer zu okkupieren. Anschließend wurden die Eroberer
natürlich zu Herrschern, und schon bald erkannten sie, wie lohnend es
für sie war, das Plündern durch Besteuern zu ersetzen und ihre steuerzahlenden Untertanen vor rivalisierenden Räubern zu schützen. Unter
solchen Umständen war eine lokal tatkräftige Verteidigung zu erwarten,
zumindest für einige Zeit, bis dann die neuen Herren ihren stammesmä-
ßigen Zusammenhalt verloren und ihre kriegerischen Gewohnheiten zugunsten der Annehmlichkeiten des Stadtlebens ablegten – in diesem Fall
war eine Wiederholung des Zyklus von feindlichen Einfällen und Eroberung wahrscheinlich.

Auch ein zweites Muster blieb auf Steppenbevölkerungen nicht ohne
Wirkung. Temperatur wie Niederschlagsmenge nahmen im Bereich der
Steppe in west-östlicher Richtung ab. In der Mongolei wurden die klima-
tischen Bedingungen für Mensch und Tier unangenehm hart. In der östlich gelegenen Mandschurei machten die zunehmenden Regenfälle die
Weiden üppiger, und die Temperaturen wurden etwas milder. Diese geographischen Gegebenheiten hatten zur Folge, daß Stammesgruppen,
wenn sie die Wahl hatten, lieber die Mongolei verließen und entweder im
Osten oder im Westen bessere Weidegründe suchten. Die Skythen reagierten vermutlich auf den lockenden Reiz der westlichen Steppengebie-

te, als sie im 8. Jahrhundert v. Chr. aus dem Altai in die Ukraine wanderten. In späteren Jahrhunderten folgten ihnen weitere, zuerst indogerma-
nisch sprechende Völkerschaften, dann Turkvölker und schließlich Mongolen nach Osteuropa. Jedes dieser Völker gehorchte den Geboten des
geographischen Gefälles der eurasischen Steppe.

Diese beiden Ströme der Bevölkerungsverschiebung waren eine Folge
der ,Reiterei-Revolution'. Sporadisch gelang es Stämmen aus der Steppe,
das eine oder andere der angrenzenden zivilisierten Länder zu erobern –
China, den Vorderen Orient, oder Gebiete in Europa, je nachdem, wie
der Fall lag. Mit dieser Bewegung vom Weide- zum Ackerland ging ein
Ost-West-Migrationsstrom innerhalb der eigentlichen Steppe einher. Im
einen Fall mußten Nomaden ihre hergebrachte Lebensform aufgeben, da
sie zu Grundbesitzern und Herrschern in zivilisierten Landstrichen wurden, im andern konnten sich die vertrauten nomadischen Lebensmuster
unter etwas gelockerten Bedingungen halten. Versuche von Herrschern
und Heeren zivilisierter Staaten, dem Druck der Nomaden standzuhalten, hatten nur sporadisch Erfolg. Selbst die Große Mauer Chinas vermochte Einfälle und Eroberung nicht zu verhindern.

Die geographischen und die soziopolitischen Bedingungen bewahrten
ein – wenn auch schwankendes – Gleichgewicht zwischen Grassteppe
und Ackerland. Wegen der unzureichenden Niederschlagsmenge war in
weiten Bereichen der Steppe an Landwirtschaft nicht zu denken. Allerdings war in Regionen, wo es reichlicher Wasser gab, wie in der Ukraine,
der Getreideanbau sehr ertragreich. Demgemäß konkurrierte in dieser
Region wie auch in ähnlichen Gebieten in der Mandschurei, in Kleinasien
und in Syrien die nomadische Besiedlung des natürlichen Graslandes mit
dem Getreideanbau als alternativer Bodennutzung. Nomadenkrieger, die
beschlossen, sich in diesen marginalen Ackerbaugebieten niederzulassen,
vertrieben in vielen Fällen die Ackerbauern ganz und gar, doch die höhere Kapazität der Nahrungsmittelerzeugung in einem kultivierten Landstrich bewirkte, daß immer wieder – in Friedenszeiten und in Perioden
des Bevölkerungswachstums – Felder sich in die Grassteppe hinausscho-
ben, bis dann irgendeine militärisch-politische Umwälzung neue Einfälle,
neuerliche Zerstörung und in dem betreffenden Gebiet eine Rückkehr
zur Weidewirtschaft brachte.

So kam es mehr als 2000 Jahre lang, zwischen 900 v. Chr. und 1350
n. Chr., in ziemlich ausgedehnten Regionen des Vorderen Orients und
Osteuropas immer wieder zu Verschiebungen der Grenzen zwischen Ak-
kerbauern und Hirten. Im ganzen gesehen, führte der militärische Vorteil, den die kavalleristische Taktik den Nomaden während dieser langen
Periode verschaffte, zur Expansion des Weidelands, während die landwirtschaftliche Nutzung des Bodens immer beträchtlich unterhalb der
Grenzen blieb, die das Klima zuließ.

Im Fernen Osten bewirkte der Monsunregen einen härteren Übergang zwischen bewirtschaftetem Boden und Grasland. Zudem waren die vergleichsweise hohen Erträge, die die ausgeklügelten chinesischen Ackerbaumethoden dem Lößboden der halbunfruchtbaren Nordprovinzen abrangen, allem, was die Weidewirtschaft dem gleichen Landstrich abgewann, weit überlegen. So wurde in dieser Grenzzone Chinas anscheinend jedesmal, nachdem Nomadeneinfälle die Bewirtschaftung der Lößböden zum Erliegen gebracht hatten, die landwirtschaftliche Nutzung relativ rasch wiederaufgenommen.[17]

Nicht nur geographische und sozioökonomische Faktoren bestimmten das schwankende Gleichgewicht zwischen Nomadenstämmen und bodenständigen Ackerbauern. Dazu kam abermals ein Wandel in den Waffensystemen, der zwar nicht so weitreichende Folgen wie die bereits erwähnten früheren Veränderungen hatte, doch so bedeutsam war, daß er in großen Teilen Westasiens und im größten Teil Europas soziostrukturelle Muster umformte. Zwischen dem 6. und dem 1. vorchristlichen Jahrhundert züchteten persische Grundbesitzer und Krieger eine kräftige Pferderasse heran, die imstande war, einen Mann mit Rüstung zu tragen.[18] Solche Pferde waren vielfach mit irgendeiner Art Panzerung gegen Pfeilschüsse geschützt. Bei dieser Belastung konnten sie es zwar nicht mit dem unbehinderten Galopp der Steppenponys aufnehmen; gleichwohl aber stellte eine Streitmacht aus gepanzerten, zumindest teilweise gegen Pfeile geschützten Reitern, die ihrerseits mit Bogen oder Lanze zum Angriff übergehen konnten, eine ungleich wirkungsvollere Form lokaler Selbstverteidigung gegen angreifende Nomaden dar, als zivilisierte Länder bis dahin hatten aufbieten können. Die Schlachtrösser brauchten natürlich Futter, und in den meisten agrarischen Gegenden waren Weidegründe selten. Doch da die Pferde angepflanztes Futterkraut – vor allem Luzerne – konsumierten, konkurrierten sie nicht mehr mit dem menschlichen Getreideverzehr.[19] Der Anbau von Luzerne verbilligte mithin den Unterhalt der Pferde ernorm und ermöglichte es den Persern, in landwirtschaftlich genutztem Gebiet eine zahlreiche und schlagkräftige gepanzerte Reiterei zu unterhalten. Diese Krieger waren imstande, die Bauern der Gegend vor den meisten nomadischen Plünderertrupps zu beschützen, woran sie ein klares Interesse hatten, denn ihr eigener Lebensunterhalt hing unmittelbar von der Arbeit dieser Bauern ab.

Schwergepanzerte Reiterei persischer Art war daher für Populationen, die Angriffen aus der Steppe ausgesetzt waren, durchaus die Kosten wert. Doch wo Stadtmauern dem politisch aktiven Teil der Bevölkerung Schutz gaben, war die militärische Überlegenheit, die ein solches System der lokalen Selbstverteidigung den Besitzern von Kriegspferden verschaffte, zuweilen unerwünscht. Daher breiteten sich die neuen Techniken nur langsam bis in die mediterranen Küstenländer aus. Die römi-

schen Heere experimentierten mit der gepanzerten Reiterei neuen Stils
erstmals in der Zeit Hadrians (117–138 n. Chr.),[20] doch die Zahl der
Kataphrakten, wie diese schweren Reiter auf griechisch genannt wurden,
hielt sich überhaupt in Grenzen. Zudem wurden sie in der römischen und
der frühbyzantinischen Zeit mit Bargeld entlohnt, nicht aber, wie in
Persien, direkt von den Dorfbewohnern, deren Schutz sie übernommen
hatten und unter denen sie lebten.[21] Zu einer durchgreifenden feudalen
Umgestaltung der byzantinischen Gesellschaft kam es erst nach dem Jahr
900, in weitem zeitlichen Abstand zu Lateineuropa, das diesen Weg in
den hundert Jahren nach 732 gegangen war, als Karl Martell die neue
Reiterei in Europa einführte.

Allerdings verwendeten die Franken das Kriegsroß auf eine neue
Art. Die Ritter der lateinischen Christenheit waren nicht mit Bogen be-
waffnet, sondern zogen den Kampf mit Lanze, Streitkolben und Schwert
vor. Diese Abkehr von östlichen Formen der Kriegführung entsprach der
Verachtung der homerischen Helden für das Bogenschießen. Sie unterschied sich aber von der offensichtlichen Widervernunft, mit der bei
Homer die Streitwagen verwendet wurden, insofern, als die ritterliche
Kampftaktik tatsächlich höchst wirkungsvoll war. Der Grund lag darin,
daß die Attacke eines Ritters, in vollem Galopp vorgetragen, eine enorme
Stoßkraft in die Lanzenspitze legte. Nur ein Heer aus ähnlich ausgerüste-
teten Männern durfte hoffen, solch konzentrierter Wucht zu widerstehen. Um im Augenblick des Aufpralls fest im Sattel zu bleiben, mußte
der Ritter seine Füße gegen ein Paar schwerer Steigbügel stemmen. Die
Steigbügel wurden anscheinend erst an der Wende vom 5. zum 6. Jahrhundert erfunden und verbreiteten sich so rasch über Europa, daß sich
heute unmöglich bestimmen läßt, wo diese scheinbar so simple Vorrich-
tung in Gebrauch kam. Die Erfindung gab der Attacke abendländischer
Ritter auf dem Schlachtfeld eine enorme Stoßkraft und verstärkte auch
die Effizienz der Steppenreiterei, denn ein Bogenschütze konnte genauer
zielen, wenn Steigbügel seine Position auf einem galoppierenden Pferd
stabilisierten.[22]

Der Aufstieg der schwergepanzerten Reiterei im westlichen Asien und
in Westeuropa wiederholte die massive Wirkung des Streitwagenkampfes
auf die sozialen und politischen Strukturen 1800 Jahre vorher. Immer
wenn überlegene Macht in die Hände einiger anspruchsvoll ausgerüsteter
Einzelpersonen gelangte, wurde es für die Zentralgewalten schwierig, sie
davon abzuhalten, daß sie den größten Teil der landwirtschaftlichen
Überschußproduktion vereinnahmten und an Ort und Stelle konsumierten. ‚Feudalismus‘ hieß das Ergebnis, obwohl in Persien wie auch im
Mittelmeerraum alte imperiale Formen und Ansprüche fortlebten, die
Vorbilder und Präzedenzfälle für die Wiedererrichtung einer stärkeren
Autorität lieferten, wenn das Gleichgewicht der Kräfte in militärischen

Dingen sich wieder zugunsten zentralisierter Regierungsformen verlagerte.[23]

Der Ferne Osten nahm eine andere Entwicklung. Trotz Kaiser Wu-tis Expedition im Jahr 101 v. Chr., die die großen persischen Kriegspferde nach China brachte, gewannen diese Tiere im Fernen Osten nie große Bedeutung. Armbrüste, deren Geschosse einen gepanzerten Krieger auf eine Distanz von knapp hundert Metern von seinem Pferd werfen konnten, waren in China leicht verfügbar. Dies minderte stark die Wirkung schwergepanzerter Reiterei. Außerdem zogen chinesische Herrscher es vor, die durch die Besteuerung in ihre Hände gelangenden Ressourcen dazu zu verwenden, eine günstige Balance zwischen Zahlungen an einen professionalisierten Grenzschutz einerseits und diplomatisch begründeten Geschenk-Zahlungen andererseits aufrechtzuerhalten. Entsprechende Relationen zwischen Steuerzahlern und Steuerverbrauchern innerhalb der chinesischen Gesellschaft, wie sie die Han-Kaiser (202 v. Chr.–220 n. Chr.) festlegten, wurden lange beibehalten und selbst nach sporadischen Zusammenbrüchen infolge von Korruption in der Bürokratie oder ungewöhnlich ernsten Barbarenangriffen rasch wiederhergestellt.

Innerhalb des Rahmens, den ein dominierendes Waffensystem bestimmte, bildeten Schwankungen in Disziplin und militärischer Ausbildung wichtige lokale Variablen, und das gelegentliche Auftreten großer Kriegsherren gab der politisch-militärischen Szene eine weitere dramatische Dimension. Alexander der Große (336–323 v. Chr.) war eine solche Persönlichkeit, und es ist schwer vorstellbar, daß ohne ihn die kulturelle Prägekraft des Hellenismus so weit ins Innnere Asiens vorgedrungen wäre, wie es im Gefolge seiner Heere geschah.

Noch eindrucksvoller war der Weg, den Mohammed und die sich um ihn bildende Gemeinschaft der Gläubigen nahmen. Die muslimischen Siege beruhten ausschließlich auf einer neuen gesellschaftlichen Disziplin und einer neuen Religion, die sämtliche Stämme Arabiens zu einem einzigen bewaffneten Gemeinwesen zusammenschlossen, ohne daß sich an der Waffenkonstruktion auch nur das geringste verändert hätte. Dennoch schufen die Muslimen ein neues, relativ zentralisiertes Imperium im Vorderen Orient und in Nordafrika und stärkten in einem weitgespannten Territorium, vom Irak bis nach Spanien, die städtischen, merkantilen und bürokratischen Elemente – zu einer Zeit, da die militärischen Kräfteverhältnisse in den umliegenden Ländern eine feudale Dezentralisierung begünstigten.

Unmißverständlicher als alle anderen großen Ereignisse in der Weltgeschichte beweisen der Aufstieg des Islam und die Errichtung des frühen Kalifats, daß in den menschlichen Dingen auch Ideen ihre Rolle spielen, mitunter entscheidend in die Konstellation der Kräfte eingreifen und lange fortwirkende, tiefreichende menschliche Verhaltens- und Denkmuster festlegen. An einem bestimmten Zeitpunkt und Ort, wo unterschiedliche Gesellschaftsstrukturen miteinander konkurrieren, können bewußte Wahl und gefühlstiefe Überzeugung den Ausschlag geben, welches Muster sich durchsetzen wird. Aufstieg und Ausbreitung des Islam bewirkten dies im Vorderen Orient, gaben dem urbanen und bürokratischen gegenüber dem feudalen Prinzip militärischer und gesellschaftlicher Organisation den entscheidenden Antrieb.

Die Macht des Islam wurde niemals eindrucksvoller demonstriert als in Persien, wo die Bekehrung berittener ländlicher Krieger zu der neuen Religion die Folge hatte, daß sie die militärische Lebensform aufgaben, die Jahrhunderte für einen wirkungsvollen Grenzschutz gegen Einfälle von der Steppe her gesorgt hatte. Dies führte dazu, daß Persien wieder für Infiltrationen aus der Steppe zugänglich wurde, was das Erscheinen türkischer Eroberer und Herrscher vom 10. Jahrhundert an demonstrierte.

Bis zum Jahr 1000 n. Chr. stand das Übergewicht von Kommandosystemen zur Mobilisierung menschlicher und materieller Ressourcen für große Unternehmungen nie in Frage. Auf Befehl wurden Kriege geführt, Steuern eingehoben, öffentliche Bauten errichtet, Grenzregionen besiedelt.[24] Wenn Herrscher feststellten, daß irgendein benötigtes Gut nicht durch Befehlserteilung zu erlangen war, mußten sie es natürlich durch Übereinkunft zu erhandeln versuchen, und ein großer Teil der inneren Regierungstätigkeiten war, sogar in den effizientesten bürokratisierten Staaten, auf (stillschweigende oder explizite) Vereinbarungen zwischen der Zentralgewalt und einzelnen Gouverveuren, Grundherren, Stammeshäuptlingen, Priesterschaften und anderen Mächtigen angewiesen.

Machtbeziehungen über die staatlichen Grenzen hinweg hatten den gleichen Charakter, nur mit dem Unterschied, daß die Mittler, die die Trennlinien zwischen den einzelnen Herrschaftsbereichen in beiden Richtungen überschritten, sich aus der Unterordnung unter die betreffenden staatlichen Kommandosysteme lösen konnten, in deren Nischen sie ihre Geschäfte betrieben. Statt nach Rang, Würden und Einkünften zu streben, die einer Position in den bestehenden Befehlshierarchien angemessen waren, konnten solche Personen ihre Energien einfach darauf richten, ihren materiellen Gewinn aus Transaktionen an beiden Enden ihrer Reiseroute oder unterwegs zu maximieren.[25]

Doch dies hatte seine Grenzen. Jeder, der großen Reichtum ansammelte und dabei von militärisch-politischen Befehlsstrukturen unabhängig blieb, sah sich dem Problem gegenüber, das Erworbene zu sichern. Konnte ein Handelsmann nicht auf den Schutz irgendeines Mächtigen rechnen, vermochte nichts lokale Machthaber davon abzuhalten, sich sein Eigentum anzueignen, sobald sich die Möglichkeit dazu bot. Und wirkungsvoller Schutz war in aller Regel kostspielig – so kostspielig, daß dadurch eine umfassende Akkumulation von Privatkapital behindert wurde.

Zudem stand in den meisten zivilisierten Gesellschaften dem Prestige der Mächtigen, das heißt, der Beamten und Grundherren, und der Ehrerbietung, die ihnen gezollt wurde, eine allgemeine mißtrauische Geringschätzung der Kaufleute und Händler gegenüber. Jeder, dem es gelang, mit Gewinn Handel zu treiben, sah deshalb wahrscheinlich den Vorteil, der darin lag, Grund zu erwerben oder auf irgendeinem anderen Weg eine Position in der jeweiligen Befehlshierarchie zu erlangen.

So blieben Handel und marktgesteuertes Verhalten, obwohl sie schon sehr früh auftraten,[26] in den zivilisierten Gesellschaften vor 1000 n. Chr. marginal und untergeordnet. Die meisten Menschen gingen durchs Leben, ohne in irgendeiner Weise auf Marktanreize zu reagieren. Das Hergebrachte, Gewohnheitsmäßige beherrschten das allgemeine Verhalten. Trat ein tiefgreifender Wandel im menschlichen Verhalten ein, dann eher in der Art wie man auf Befehle reagierte, die von oben kamen, als infolge irgendeiner Veränderung im Bereich von Angebot und Nachfrage, Kauf und Verkauf.

Ungleich wichtiger als alles menschliche Tun waren im Leben der meisten Naturkatastrophen wie Mißernten und der Ausbruch von Epidemien. Auch die gelegentlichen Verheerungen durch bewaffnete Plünderungstrupps – die aus dem Nichts auftauchten und, wenn sie ihr Werk getan hatten, wieder verschwanden – hatten aus der Sicht der Ackerbauern, die die Hauptopfer waren, etwas von Naturkatastrophen. Der Spielraum für bewußtes, gezieltes Handeln blieb sehr klein. Die Menschen waren Teil eines ökologischen Gleichgewichtssystems, dessen harte Auswirkungen auf ihr eigenes Leben und Überleben durch nichts gemildert wurde, was sich mit unseren heutigen Hilfsmitteln – moderne Kenntnisse, Organisation, Kapital – vergleichen ließe. Die Sitte und das seit undenklichen Zeiten Altgewohnte lieferten in den meisten Lebenslagen präzise Leitlinien. Ein Wandel der Verhältnisse, ob bewußt gewollt und im Einklang mit dem Wollen eines andern oder aus Verzweiflung herbeigeführt, wenn alte Lebensmuster zusammengebrochen waren, blieb eine seltene Ausnahme.

Genug zu essen zu haben war das Hauptanliegen im Leben der meisten Menschen, ein Problem, das sich immer wieder aufs neue stellte. Alles andere trat dahinter zurück. Die ‚industriellen‘ Voraussetzungen für großangelegte Unternehmungen, wiewohl real genug – öffentliche Bauten erforderten ebenso Werkzeuge, wie Heere Waffen brauchten –, waren insofern ohne Belang, als die Verfügbarkeit von Werkzeugen und Waffen nur selten als ein Faktor empfunden wurde, der dem, was Menschen unternehmen konnten und tatsächlich unternahmen, wirklich Grenzen zog.

Die Kommerzialisierung – und dann, zu gegebener Zeit, die Industrialisierung – des Krieges kam im eigentlichen Sinn erst nach dem Jahr 1000 n. Chr. in Gang. Der Wandel vollzog sich zunächst langsam, eine nicht mehr zu bändigende Schnelligkeit gewann er erst in den letzten Jahrhunderten. Im folgenden Kapitel wird versucht, einen Überblick über die großen ‚trigonometrischen Punkte‘ dieser überaus folgenschweren Veränderung zu geben.

## 2. Kapitel

# Das Zeitalter der Vorherrschaft Chinas
## 1000–1500

Etwa um das Jahr 1000 vollzogen sich in der chinesischen Industrie und Waffenherstellung bemerkenswerte Veränderungen, die europäische Leistungen auf dem gleichen Gebiet um mehrere hundert Jahre vorwegnahmen. Doch verfielen die neuen Produktionsstrukturen schließlich ebenso rasch, wie sie sich gebildet hatten, denn die staatliche Politik begann sich zu wandeln, und in dem neuen gesellschaftlichen Umfeld, das sich zu bilden begann, gediehen Innovationen nicht mehr. China büßte infolgedessen seine führende Stellung in Industrie, Großmachtpolitik und Kriegführung ein. Früher randständige, halbbarbarische Gebiete – Japan im Osten und im fernen Westen Europa – lösten die Mongolenherrschaft in China als die streitbarste Militärmacht der Welt ab.

Doch ehe Chinas Überlegenheit über andere Zivilisationen gänzlich verblaßte, begannen neue Einflüsse einen kraftvollen Wandel herbeizuführen. Sie gelangten über die südlichen Meere, die den Fernen Osten mit Indien und mit dem Vorderen Orient verbinden, nach China. Es war ein zunehmender Strom von Gütern, aber auch von Menschen, die vor allem auf die offenbar günstigen Handelschancen reagierten. Auf der Suche nach Reichtümern oder auch nur nach einem Auskommen trug ein wachsender Schwarm von Kaufleuten und kleinen Händlern eine viel größere Mannigfaltigkeit in das Leben und die Beziehungen der Menschen, als das in früheren Jahrhunderten geschehen war.

Das erstaunliche Wachstum an Wohlstand und technologischen Fähigkeiten in China beruhte auf einer umfassenden Kommerzialisierung der chinesischen Gesellschaft insgesamt. Deshalb scheint die Vermutung einleuchtend, daß die starke Ausbreitung marktbezogenen Verhaltens vom Japanischen und Südchinesischen Meer über den Indischen Ozean bis zu den europäischen Meeren entscheidenden Anstoß von dem empfing, was in China geschah. Auf diese Weise wurden hundert Millionen Menschen[1] immer stärker in ein Netz des Handels gezogen. Sie kauften und verkauften zur Ergänzung ihres Unterhalts und entwickelten damit eine wirtschaftliche Lebensform, die sie deutlich von einem großen Teil der zivilisierten Welt abhob, die nicht über diese Möglichkeit verfügte. Die These ist erlaubt, daß die rasche Entwicklung der chinesischen Gesellschaft zu einem marktgesteuerten Verhalten – etwa zwischen 900 und 1100 – an einem kritischen Punkt der Weltgeschichte von ausschlaggebender Wirkung war. Zu vermuten ist, daß das Vorbild Chinas die Menschheit zu einem rund tausend Jahre während Experiment veranlaßte, das die Erkenntnis zum Ziel hatte, was zu erreichen sei, wenn der Preis einer Ware und das Verständnis vom persönlichen Vorteil – sei es nun der eines einzelnen oder einer Gruppe von Kaufleuten – das Verhalten in größerem Maßstab bestimmten.

Natürlich blieben Befehl und Gehorsam institutiv. Die Wechselwirkung zwischen befohlenem und marktbedingtem Verhalten verlor nichts von ihrer komplexen Ambivalenz. Für die politischen Machthaber jedoch wurde es immer problematischer, sich den Zwängen der Geldwirtschaft zu entziehen, und die Geldwirtschaft war immer stärker auf den Strom der Güter zu Märkten angewiesen, die von Herrschern nicht mehr kontrolliert werden konnten. Auch sie verstrickten sich, wie einfachere Mitglieder der Gesellschaft, zusehends in ein Netz von Barzahlung und Kredit, denn mit Geld ließen sich Ressourcen und Menschen für die Kriegführung und andere staatliche Unternehmungen viel wirkungsvoller mobilisieren als mit jedem anderen Mittel. Neue Formen der Lenkung von Menschen und Material und neue politische Methoden mußten erdacht werden, um die anfängliche Antipathie zwischen militärischer und finanzieller Macht zu überwinden, und die Gesellschaft, die dieses Verfahren am erfolgreichsten zu beherrschen lernte – die westeuropäische –, erlangte dann auch zu gegebener Zeit die Weltherrschaft.

Dieser Aufstieg wird das Thema des folgenden Kapitels sein. Hier geht es darum, die Triebfedern und Grenzen des Wandels, der sich in China vollzog, und seine ersten Auswirkungen auf die übrige Welt zu untersuchen.

## Markt und Staat im mittelalterlichen China

Wenn man zu verstehen versucht, was China zunächst die Führung verschaffte und warum sein technischer Vorsprung gegenüber der übrigen zivilisierten Welt später dahinschmolz, gerät man schon bald in Schwierigkeiten. Die Historiker, die sich mit China beschäftigen, müssen sich, mit den richtigen Fragen gewappnet, zunächst einmal durch das umfangreiche dokumentarische Material aus der Zeit der T'ang- (618–907), Sung- (960–1279), Yüan- (1260–1368) und Ming-Dynastie (1368–1644) durcharbeiten. Es wird mindestens eine, wenn nicht mehrere Generationen brauchen, bis man ein klares Bild gewonnen hat von den regionalen Sonderentwicklungen und den sozialen und ökonomischen Veränderungsprozessen, die dem Aufstieg und Verfall einer technisch hochentwickelten Eisen- und Kohleproduktion und einer zeitweiligen maritimen Hegemonie über den ganzen Indischen Ozean zugrunde lagen. Bis dahin ruht die einzige Hoffnung auf dem Erarbeiten von Hypothesen.[2]

Dennoch haben Wissenschaftler, die auf diesem Feld arbeiten, einige erstaunliche Daten über die chinesischen Errungenschaften zusammengetragen. Robert Hartwell zum Beispiel ist in drei bemerkenswerten Artikeln[3] der Geschichte der Eisenherstellung in Nordchina während des 11. Jahrhunderts nachgegangen. Die technische Basis für die Entwicklung im Maßstab von Großunternehmen war in China bereits sehr alt. Schmelzöfen mit einem ingeniös erdachten Gebläse, das einen kontinuierlichen Luftstrom erzeugte, waren schon an die tausend Jahre bekannt,[4] bevor die nordchinesischen Eisenhersteller während der ersten Dekaden des 11. Jahrhunderts für solche Öfen Koks zu verwenden begannen und damit ein seit langem bestehendes Problem der Brennstoffbeschaffung in der an Bäumen armen Landschaft im Becken des Gelben Flusses lösten. Koks war auch seit mindestens zweihundert Jahren zum Kochen und Heizen verwendet worden, bevor er für die Eisenmetallurgie eingesetzt wurde.[5]

Mochten die einzelnen Techniken auch alt sein, so war die Kombination doch neu, und als Koks zum Schmelzen verwendet wurde, nahm die Eisen- und Stahlproduktion offenbar enorm zu, wie die folgenden Zahlen über die Eisenproduktion in China zeigen:[6]

| Jahr | Tonnen |
|------|--------|
| 806 | 13 500 |
| 998 | 32 500 |
| 1064 | 90 400 |
| 1078 | 125 000 |

Diese Zahlenangaben entstammen den amtlichen Steuerdokumenten; möglicherweise geben sie die Produktion zu niedrig an, denn kleine ‚Hinterhof'-Schmelzöfen sind sicher nicht selten der behördlichen Aufmerksamkeit entgangen. Andererseits kann die Zunahme zum Teil auch ein statistisches Kunstprodukt sein, falls sich aus diesem oder jenem Grund das amtliche Interesse an der Eisen- und Stahlproduktion verstärkt haben sollte.[7] Doch selbst wenn das Wachstum teilweise auf eine gründlichere Erfassung durch amtliche Beauftragte zurückging, so hat Hartwell doch gezeigt, daß innerhalb einer relativ kleinen nordchinesischen Region, im nördlichen Honan und südlichen Hopei, die Produktion der Steinkohlenreviere (Steinkohle eignet sich zur Koksherstellung) und in angrenzenden Gebieten bis 1018 von Null auf jährlich 35 000 Tonnen stieg. Dort entstanden Großunternehmen, die Hunderte ganztätig arbeitender Industriearbeiter beschäftigten, während in anderen Gegenden Chinas das Eisenschmelzen anscheinend in der Regel eine Teilzeitbeschäftigung von Kleinbauern blieb, die in der landwirtschaftlich nicht genutzten Zeit des Jahres Eisen herstellten.

Privatunternehmen von dieser Größe konnten nur florieren, wenn es einen aufnahmebereiten Markt für große Mengen Eisen und Stahl gab.

Dies hing wiederum von den Transportmöglichkeiten und von Kosten-Preis-Relationen ab, die es für Familien (möglicherweise, wie Hartwell meint, ursprünglich Grundbesitzer) rentabel machten, die neuen metallurgischen Betriebe zu errichten und zu leiten. Ungefähr ein Jahrhundert lang bestanden diese Voraussetzungen tatsächlich. Kanäle verbanden K'aifeng, die Hauptstadt der Nördlichen Sung-Dynastie, mit den neuen Zentren der Eisen- und Stahlproduktion in Honan und Hopei, und die Hauptstadt bot einen gewaltigen Absatzmarkt für Metall. Eisen wurde zur Münzprägung,[8] für Waffen, im Bauwesen und für die Herstellung von Werkzeugen verwendet. Staatliche Beamte überwachten mit scharfem Auge die Münzprägung und die Waffenherstellung, und hielten es 1083 sogar für angebracht, den Verkauf aus Eisen gefertigter landwirtschaftlicher Geräte zum Monopol zu machen.

Die chinesische Geschichte lieferte reichlich Vorbilder für diese Entscheidung. Seit den Zeiten der Han-Dynastie (202 v. Chr. – 220 n. Chr.) hatte das Eisen in Konkurrenz mit dem Salz die amtliche Aufmerksamkeit auf sich gezogen. Durch die Monopolisierung der Distribution dieser beiden Wirtschaftsgüter, die zu willkürlichen Preisen verkauft wurden, ließen sich die Staatseinkünfte ohne große Mühe erhöhen. Die Entscheidung von 1083 stellte mithin eine Rückkehr zu alten, in der Tradition verankerten Formen der Besteuerung dar,[9] obwohl viel dafür spricht, daß die sich daraus ergebenden hohen Preise die Ausdehnung privatwirtschaftlicher Nutzung von Eisen und Stahl behinderten und so dazu beitrugen, jede weitere Produktionszunahme in Grenzen zu halten.

Hartwell hat nicht abzuschätzen versucht, welchen Verwendungszwecken Eisen und Stahl im 11. Jahrhundert letztlich zugeführt wurden. Nur vereinzelte Daten haben sich erhalten. Ein Einzelauftrag über 19 000 Tonnen Eisen zur Herstellung von Geldstücken und eine Erwähnung von zwei staatlichen Arsenalen, in denen pro Jahr 32 000 Rüstungen hergestellt wurden, gewähren einen kleinen Einblick in die umfangreichen staatlichen Aktivitäten in K'ai-feng gegen Ende des 11. Jahrhunderts, als Eisen aus den neuen Gießereien in stetig wachsenden Quantitäten in die Hauptstadt strömte. Doch solche Hinweise erlauben keine Schätzung, wieviel davon für Kriegsmaterial im Vergleich zur Münzprägung, zum Bauwesen und zu den dekorativen Künsten verwendet wurde.[10] Wieviel Eisen und Stahl den staatlichen Werkstätten entging und in den Privatsektor gelangte, läßt sich gleichfalls nicht feststellen, wenn Hartwell auch annimmt, daß dies in einem gewissen Umfang geschah.

Selbst wenn die Entscheidung von 1083, den Verkauf landwirtschaftlicher Geräte zum Staatsmonopol zu machen, zu einer Produktionseinschränkung führte, ist doch die Feststellung angebracht, daß die behördliche Regulierung der Wirtschaft im mittelalterlichen China bereits einen hohen Grad an bewußter Planung und Verfeinerung erreicht hatte. Die Theorie formulierte Po-Chü-i (um 801) konzise:

„Getreide und Tuch werden von der landwirtschaftlichen Klasse produziert, natürliche Ressourcen werden von der Handwerkerklasse verarbeitet, Reichtum und Waren werden von der Kaufmannsklasse in Umlauf gebracht, und über das Geld bestimmt der Herrscher. Der Herrscher bestimmt über eines dieser vier Dinge, um so die anderen drei zu lenken."[11]

Die Währungspolitik nahm moderne Züge an. Papiergeld war in Teilen Chinas bereits 1024 eingeführt worden, später, 1107, wurde sein Gebrauch auf die hauptstädtische Region selbst ausgedehnt.[12] Der Übergang von Natural- zu Geldsteuern machte rasche Fortschritte. Einer Berechnung zufolge stiegen die jährlichen Steuereinnahmen in bar von sechzehn Millionen Schnüren Geld (eine Schnur hatte 1000 Kupferstücke) in der Frühzeit der Sung-Dynastie (das heißt, kurz nach 960) auf etwa sechzig Millionen jährlich in der Dekade 1068–78.[13] Zu dieser Zeit bestand vermutlich mehr als die Hälfte der gesamten Staatseinkünfte aus Barzahlungen.[14]

Solche Veränderungen zeigten offensichtlich einen weitreichenden Wandel in Gesellschaft und Wirtschaft an, zumindest in den stärker entwickelten Teilen Chinas. Anscheinend vollzog er sich so, daß mit der Verbesserung des Verkehrswesens, durch Kanalbauten und die Beseitigung natürlicher Schiffahrtshindernisse in kleineren und größeren Flüssen die lokalen Verschiedenheiten der Topographie und Ressourcen es sogar den kleinen Leuten erlaubten, ihre Produktion zu spezialisieren. Die landwirtschaftlichen Erträge stiegen merklich, da unterschiedliche Fruchtsorten, für unterschiedliche Böden und Klimata geeignet, einander zu ergänzen begannen. Auch die Verbesserung des Saatguts und die systematische Anwendung von Kunstdünger wirkten wahre Wunder, zahllose Bauern begannen, das für die Selbstversorgung Produzierte durch Käufe auf lokalen Märkten zu ergänzen. Dazu kam noch, daß für Millionen handwerkliche Nebenbeschäftigungen das in der Landwirtschaft erzielte Einkommen vermehrten. Die starke Ausbreitung von Tauschgeschäften – lokal, regional und überregional – ermöglichte spektakuläre Steigerungen der Gesamtproduktivität, alle Vorteile der Spezialisierung, die Adam Smith später so überzeugend analysierte, kamen zur Wirkung.[15]

Das Anwachsen der Bevölkerung hatte zur Folge, daß die Armut nicht verschwand, im Gegenteil. Während manche durch geschickte Marktmanipulationen zu Reichtum kamen, fielen andere dem Pauperismus anheim. Ihr Elendslos wurde in der Hauptstadt und in anderen Städten zu einem schrecklichen Anblick. Verarmte Menschen vom Land strömten in der Hoffnung auf Erwerbsmöglichkeiten in die Städte und mußten bet-

teln oder Hunger leiden, wenn sie keine Arbeit fanden. Bemühungen, ihr
Schicksal zu lindern, die schon 1103 einsetzten, hatten nur sporadisch
Erfolg, wie aus einer Denkschrift aus dem Jahr 1125 klar hervorgeht: „Im
Winter geschieht nichts für die Menschen, die zusammenbrechen. Die
Bettler fallen zu Boden und schlafen auf den Straßen unter dem kaiserli-
chen Wagen. Jedermann sieht sie, und die Leute bemitleiden und bekla-
gen sie."[16]

Unter dem gnadenlosen Druck der Verhältnisse waren daher auch die
geringsten Angehörigen der chinesischen Gesellschaft gezwungen, sich in
den Markt einzugliedern, sobald sie dies nur konnten, immer bestrebt,
ihr materielles Wohl zu verbessern. Ein Zeitungsschreiber drückte es im
frühen 14. Jahrhundert folgendermaßen aus:

„Allenthalben, wo sich heutzutage eine Siedlung aus zehn Haushalten
findet, gibt es auch einen Markt für Reis und Salz ... In der entsprechenden Jahreszeit tauschen die Leute das, was sie haben, gegen das, was
ihnen abgeht. Sie erhöhen oder senken die Preise – je nachdem wie sie
Eifer oder Scheu anderer beurteilen –, um nur ja den letzten, kleinsten
Profit herauszuschlagen. Das ist natürlich die Art, wie es gewöhnlich in
der Welt zugeht. Ting-ch'iao ist zwar keine große Stadt, aber sein Fluß
hat doch Platz für Boote, und seine Fahrwege können von Karren benutzt werden. So dient es auch als ein Ort für Bauern, die tauschen, und
für handeltreibende Handwerker."[17]

Oder an anderer Stelle:

„Die Leute im Distrikt An-chi können alle Maulbeerbäume propfen.
Manche von ihnen ernähren sich einzig von der Seidenraupenzucht. Für
das Lebensnotwendige muß eine zehnköpfige Familie zehn Kästen Sei-
denraupen züchten. Sich auf diese Weise Nahrung und Kleidung zu verschaffen, verbürgt einen hohen Grad der Stabilität. Ein Monat Mühsal ist
besser als ein ganzes Jahr Plackerei auf dem Feld."[18]

Über diesem Bereich lokaler Tauschgeschäfte erhob sich eine urbane
Hierarchie, von kleinen Landstädten über Provinzstädte bis hinauf zu ein
paar wirklich metropolitanen Zentren längs des Großen Kanals, der das
Yangtse-Tal mit dem des Gelben Flusses verband. An der Spitze des
gesamten Austauschsystems stand K'ai-feng, die Hauptstadt der Nördlichen Sung-Dynastie.[19] Nach 1126 spielte die Stadt Hangtschou, am anderen Ende des Großen Kanals, wo die Südliche Sung-Dynastie ihren Sitz
aufschlug, eine ähnlich beherrschende Rolle.

Angesichts dieser kommerziellen Expansion und landwirtschaftlichen
Spezialisierung wirkt das Wachstum der Eisen- und Stahlerzeugung im
11. Jahrhundert weniger erstaunlich. Es war schließlich nur Teil einer
allgemeinen Zunahme von Wohlstand und Produktivität, Folge der Spezialisierung von Fertigkeiten und der umfassenderen Nutzung natürlicher Hilfsquellen, welche durch den sich verstärkenden marktmäßigen

Tauschverkehr ermöglicht und gefördert wurde. Doch das energische Streben nach privatem Vorteil auf dem Markt, besonders wenn er es einzelnen Emporkömmlingen ermöglichte, auffälligen Reichtum anzuhäufen, lief dem traditionellen chinesischen Kulturverhalten zuwider. Zudem war dieses Verhalten im chinesischen Staatswesen fest institutionalisiert. Beamte, die durch eine auf den klassischen konfuzianischen Schriften beruhende Prüfung in den Staatsdienst gelangt waren, pflegten voll Mißtrauen auf die dreisteren Manifestationen des kommerziellen Denkens zu blicken. So schrieb beispielsweise ein hoher Beamter namens Hsia Sung († 1051): ,,... seit der Vereinigung des Reiches ist das Regiment über die Kaufleute noch nicht befriedigend durchgesetzt. Sie führen ein luxuriöses Leben, genießen erlesene Nahrung, köstlichen Reis und Fleisch, besitzen schmucke Häuser und viele Wagen, schmücken ihre Ehefrauen und Kinder mit Perlen und Jadeschmuck und kleiden ihre Sklaven in weiße Seide. Morgens sinnen sie darüber nach, wie sie zu einem Vermögen kommen können, und am Abend erdenken sie Mittel, um den Armen das Fell über die Ohren zu ziehen ... Bei der Zuweisung von Frondiensten werden sie von der Regierung viel besser behandelt als durchschnittliche Haushalte auf dem Land ... Da diese lockere Kontrolle über die Kaufleute vom Volk als allgemeine Regel betrachtet wird, verachtet es Arbeit in der Landwirtschaft und legt großen Wert darauf, müßig vom Handel zu leben."[20]

Da nach der offiziellen Doktrin der Kaiser ,,das Reich so betrachten sollte, als bilde es einen einzigen Haushalt",[21] stand die Befugnis kaiserlicher Beamter, in bestehende Produktions- und Handelsstrukturen einzugreifen und sie zu verändern, nie in Zweifel. Es kam einzig darauf an, ob eine bestimmte Politik praktisch durchsetzbar war und ob sie dem Allgemeininteresse dienen würde. Eine konfiskatorische Besteuerung unrechtmäßig erzielter Gewinne jedoch schmeckte immer nach Strafe und Vergeltung. Die offenkundige Not der Armen stärkte zwar die Argumente gegen die reichen Kaufleute und Monopolherren, die den Markt rücksichtslos beherrschten, aber die Sung-Beamten erkannten, daß ein pauschaler Rekurs auf solche Methoden die Steuereinkünfte in späteren Jahren mindern und damit den Staat teuer zu stehen kommen könnte. Sie bemühten sich deshalb, Gerechtigkeit mit fiskalischer Zweckdienlichkeit, Vorteile auf lange mit solchen auf kurze Sicht halbwegs zu verbinden. Eine Zeitlang, während des 11. Jahrhunderts, ermöglichte diese Politik eine rasche technische Entwicklung und Ausdehnung der Eisen- und Stahlproduktion in geographisch begünstigten Regionen, die von der Hauptstadt aus erreichbar waren. Hartwell hat für uns das wahrhaft spektakuläre Ergebnis erhellt.

Doch kommerzielle und industrielle Großunternehmen waren aus den gleichen Gründen, aus denen sie aufgeblüht waren, auch anfällig für Ver-

fallserscheinungen. Eine Unterbrechung der Verkehrswege zur Hauptstadt oder ein Zusammenbruch der staatlichen Nachfrage nach Eisen-
und Stahlprodukten mußte die Industrie lahmlegen. Veränderungen der
Steuersätze oder der von der Regierung gezahlten Preise konnten die
Produktion strangulieren – vielleicht langsamer, doch nicht minder zuverlässig.

Zwar veränderten sich die Verhältnisse nicht so, daß das Wachstum der
Eisen- und Stahlproduktion in der Wirtschaftsregion um K'ai-feng während des 12. Jahrhunderts verkümmerte, doch nach 1078 bleiben Zahlenangaben aus, weil die erhalten gebliebenen Dokumente lückenhaft sind.
Achtundvierzig Jahre später, 1126, wurde die geregelte Verwaltungstätigkeit unterbrochen, als ein Stammesverband aus der Mandschurei, die
Dschurdschen, K'ai-feng eroberte und in Nordchina ein neues Regime
installierte, die Chin-(Kin-)Dynastie. Die besiegten Sung zogen sich in
den Süden zurück und machten den Huai-Fluß zur Nordgrenze ihres
geschrumpften Territoriums. Ein Jahrhundert später besiegten Dschingis-Khans Heere die Dschurdschen, und das Gebiet, in dem die Eisenwerke lagen, wurde einem Mongolenprinzen als Apanage zugeteilt. Als
später Dschingis-Khans Enkel Kublai, der Begründer der Yüan-Dynastie, den Thron bestieg (1260) und die Eroberung Südchinas in Angriff
nahm, wurde die eisenproduzierende Region Hopei und Honan abermals
unmittelbar der Reichsverwaltung unterstellt. Demgemäß ist eine Schätzung des Ausstoßes während der Dekade 1260–70 wieder möglich. Zu
dieser Zeit war die Eisenproduktion des Gebiets von dokumentarisch
belegten 35 000 Tonnen im Jahr 1078 auf 8 000 Tonnen pro Jahr geschrumpft und, wie zu erwarten, ausschließlich dazu bestimmt, die Mon-
golenheere mit Rüstungen und Waffen zu versorgen.[22]

Der militärische Bedarf der Yüan-Dynastie an Eisen und Stahl genügte
an und für sich nicht, um die Produktion ihrem früheren Stand auch nur
halbwegs anzunähern. Ein Grund, warum es nicht dazu kam, war die
Lahmlegung des Kanal-Transportsystems in Nordchina. Dies wiederum
war Teil einer gewaltigen Katastrophe im Jahr 1194: Der Gelbe Fluß
hatte die Deiche durchbrochen, weite Gebiete des fruchtbarsten Landes
in Nordchina überflutet und sich schließlich einen neuen Weg zum Meer
gebahnt. Die für eine Wiederherstellung des Kanalsystems notwendigen
Arbeiten wurden nie in Angriff genommen. Daher blieb die Eisenproduktion in Honan und Hopei fortan auf einem relativ niedrigen Niveau.
1736 wurden dann die einst so fleißig produzierenden Schmelzöfen, Ko-
kereien und Stahlmanufakturen ganz stillgelegt, obwohl weiterhin reichlich Kokskohle zur Verfügung stand und Eisenerzlager nicht weit entfernt waren. Erst im 20. Jahrhundert wurde die Produktion wiederaufgenommen.

Die urkundlichen Informationen sind so fragmentarisch, daß man sich keinen rechten Begriff davon machen kann, was sich eigentlich, in der Zeit der Expansion und des technischen Durchbruchs wie in der Periode des Schrumpfens und des Niedergangs abspielte. Klar jedoch ist, daß die staatliche Politik immer von ausschlaggebender Bedeutung war. Das Mißtrauen, mit dem Beamte erfolgreiche Unternehmen zu betrachten pflegten, bedeutete, daß jedem Unternehmen die Gefahr drohte, in ein Staatsmonopol überführt zu werden. Eine andere Möglichkeit bestand darin, es einer Besteuerung zu unterwerfen und amtliche Preise zu verfügen, die es unmöglich machten, das bestehende Niveau der Betriebstätigkeit zu halten. Dies widerfuhr anscheinend den technisch innovativen Eisenwerken im Norden des Landes, die, bei anhaltender Expansion, China reichlicher mit billigerem Stahl und Eisen hätten versorgen können, als es bis dahin irgendeinem anderen Volk der Erde beschieden gewesen war.

Die Verkümmerung der mit Koksfeuerung betriebenen Eisenproduktion war um so erstaunlicher, als die von der Nördlichen Sung-Dynastie unterhaltene Armee bis auf eine Stärke von mehr als einer Million Mann anwuchs und einen enormen Bedarf am Eisen und Stahl hatte. Die militärische Nachfrage wurde allerdings dadurch reguliert, daß sie nur mit der Zustimmung von Regierungsbeamten wirksam werden konnte, und die Beamten, die schon die Industriekapitäne verachteten, standen den militärischen Befehlshabern mit lebhaftem Mißtrauen und mit Furcht gegenüber, da sie sich bewußt waren, daß ein organisiertes Militärwesen eine potentielle Gefahr für ihre eigene Herrschaft über die chinesische Gesellschaft darstellte.

Nach den ersten Jahren der Wiedervereinigung (960–70), die eine offensive Kriegführung mit sich brachte, wurde die Militärpolitik der Sung streng defensiv. Das Hauptproblem bestand wie immer darin, die Nomaden jenseits der Nordwestgrenze von Einfällen in besiedelte chinesische Landstriche abzuhalten. Die Nomadenreiterei war zwar den chinesischen Fußtruppen überlegen, aber Fußsoldaten, mit Armbrüsten bewaffnet und in befestigten, in der ganzen Grenzzone dicht verteilten Garnisonsposten stationiert, konnten Reitereiattacken recht wirkungsvoll abweisen. Und wenn ein Angreifertrupp solche Posten umging, um tiefer nach China hinein vorzustoßen, antwortete die Sung-Regierung zunächst mit einer Politik der ‚verbrannten Erde‘, die das Ziel hatte, alles Wertvolle hinter Stadtmauern zu bergen.[23] Blieben die Eindringlinge länger im Land, konnte die zentrale kaiserliche Feldarmee, normalerweise im Umkreis der Hauptstadt stationiert, in Marsch gesetzt werden, um sie aufzureiben oder zurückzutreiben. Die Feldarmee bestand zum Teil aus betrittenen Truppen; sie hatte die Aufgabe, einerseits potentiell rebellische Grenzeinheiten einzuschüchtern oder ihnen entgegenzutreten und andererseits das Landesinnere gegen eindringende Barbarentrupps zu schützen.[24]

Diese Strategie verfehlte ihr Ziel nur dann, wenn Trupps von Eindringlingen sich zu wirklich großen Invasionsheeren auswuchsen, so gut organisiert und bewaffnet, daß sie Stadtmauern mit Erfolg zu berennen vermochten. Das geschah zum Beispiel, als die Dschurdschen 1127 K'ai-feng eroberten. Als Vorkehrung gegen solche Katastrophen stützte sich die Politik der Sung auf die Diplomatie und erwirkte mit ‚Geschenken' an mächtige benachbarte Barbaren, daß das Land von Einfällen verschont blieb. Vom Standpunkt eines Nomadenhäuptlings erschienen Luxusgüter, die er im Zuge des diplomatischen Verkehrs als Geschenke entgegennahm (allerdings im Austausch gegen Pferde oder andere Gegengaben, damit die Transaktion ausgewogen sei), häufig vorteilhafter als die bei einer Plünderung willkürlich zusammengerafften Dinge.

Aus der Sicht der chinesischen Beamtenschaft hatte eine passive Verteidigungspolitik den Vorteil, daß sie es erleichterte, die zivile Herrschaft innerhalb Chinas zu sichern. Ein Heer, das Garnisonsdienst zu tun hatte und nur selten ins Feld zog, ließ sich durch sorgfältiges Regulieren seiner Versorgung am Gängelband halten. Zivilbeamte, die den Auftrag hatten, lokale Kommandeure mit Lebensmitteln und Waffen zu beliefern, konnten bei jedem Streitfall einen Militär gegen einen anderen ausspielen. Dies machte es verhältnismäßig einfach, aufrührerische Pläne im Keim zu ersticken, sollte irgendein Befehlshaber in die Versuchung geraten, mit Waffengewalt auf den Entscheidungsprozeß im kaiserlichen Zentrum einzuwirken.[25] Wenn diese Verhaltensnorm einen Verlust an Mobilität im Felde zur Folge hatte und die Armee bei massiven, gutorganisierten Nomadenangriffen verwundbarer machte, so waren die Sung-Behörden bereit, den Preis zu zahlen. Nur so ließ sich die nicht-militärische Autorität innerhalb Chinas sichern, nur so konnten die Mandarine gewiß sein, alle Fäden in der Hand zu behalten.

Zwei Aspekte dieser Situation verdienen einen Kommentar. Zum ersten unterschied sich aus der Sicht der herrschenden Elite die Politik gegenüber chinesischen Kommandeuren grundsätzlich nicht von ihrer Politik gegenüber Barbarenführern außerhalb der Reichsgrenzen. Während die unzuverlässigen Elemente durch die Verteilung von materiellen Vergünstigungen, Titeln und rituellen Rollen an militärische Befehlshaber friedlich gestimmt wurden, war *divide et impera* das Rezept, an das sich die Sung-Beamten hielten, ob es nun um Dinge innerhalb oder außerhalb der chinesischen Grenzen ging. Diese Politik verlangte, möglichst wenig an materiellen Gütern und Prestige zu gewähren, soweit dies ratsam war. Die Beamten an Ort und Stelle waren immer der Versuchung ausgesetzt, wertvolle Güter für sich und ihre Familie abzuzweigen, selbst wenn dies das Risiko einer bewaffneten Reaktion, ob von diesseits oder jenseits der Reichsgrenzen, nach sich zog.

Chinesische Militärs und Barbarenhäuptlinge sahen sich genau paral lelen Versuchungen ausgesetzt. Raubzüge oder Rebellionen konnten einen unmittelbaren Zugriff auf Beute und Plünderungsgut bieten, wertvoller als alles, was sich den widerstrebenden chinesischen Beamten jemals abringen ließ. Andererseits war eine Bereicherung dieser Art risikoreich und konnte nicht endlos währen. Jeder von dieser Situation Betroffene mußte daher langfristigen Vorteil gegen kurzfristigen Gewinn abwägen. Da die Urteile schwankend ausfielen, blieb selbst das ausgeklügelteste Verteidigungssystem potentiell instabil. Jähe Veränderungen des militärischen Gleichgewichts längs der Grenze waren immer möglich, wenn Grenzwächter den Widerstand gegen die feindlichen Barbaren aufgaben, oder wenn es diesen gelang, sich zu wirklich bedrohlichen Armeen zusammenzuschließen. Die unerwarteten Siege, welche die Dschurdschen nach 1122 errangen und die in der Eroberung K'ai-fengs, nur vier Jahre später, gipfelten, machen diese inhärente Instabilität besonders deutlich.[26]

Zum zweiten unterschied sich die Sung-Politik gegenüber waffentragenden Männern und der organisierten Gewalt nicht grundsätzlich von der staatlichen Politik gegenüber Kaufleuten und anderen, die sich durch gekonntes oder vom Glück begünstigtes Manipulieren des wachsenden chinesischen Marktsystems bereicherten. Ebenso wie der Einsatz organisierter Gewalt verletzte privater Reichtum, erworben durch geschicktes Kaufen und Verkaufen, die Konventionen der konfuzianischen Moral. Solche Leute konnten toleriert, ja, sogar ermuntert werden, wenn ihre Aktivitäten offiziellen Zwecken förderlich waren. Aber Kaufleuten oder Manufakturbesitzern zu gestatten, zuviel Macht zu erwerben, zuviel Kapital zu akkumulieren, war ebenso unklug wie zuzulassen, daß ein Befehlshaber oder ein Barbarenhäuptling über zu viele bewaffnete Männer gebot. Eine weise Politik war darauf ausgerichtet, Anhäufungen von Reichtum zu zerschlagen, ebenso wie eine intelligente Diplomatie und eine gut konstruierte Militärorganisation die Aufgabe hatten, eine bedrohliche militärische Machtbildung, unter wessen Befehl auch immer, zu verhindern. Das Motto *divide et impera* galt für die Wirtschaft des Reiches ebenso wie für das Militärische. Beamte, die gemäß diesem Prinzip handelten, konnten auf ein breites Verständnis im Volk zählen, da plündernde Heere und skrupellose Kapitalisten bei den einfachen Menschen beinahe gleichen Abscheu erregten.

Auch die chinesische Waffentechnik war geeignet, die bürokratische Suprematie zu erhalten. Seit der Han-Ära – und vielleicht schon früher – war die Armbrust die wichtigste weittragende Waffe der chinesischen Heere.[27] Die Armbrust hatte zwei hervortretende Eigenschaften. Erstens war sie ungefähr so leicht zu handhaben wie eine moderne Handfeuerwaffe. Es bedurfte keiner besonderen Kraftanstrengung, sie zu spannen, denn das geschah mit Hilfe eines Hebels. Der Umgang mit einem Langbogen verlangte jahrelanges Üben, bis der Schütze genügend Kraft in Daumen und Fingern entwickelte, um den Bogen bis zur vollen Krümmung zu spannen. Bei der Armbrust, sobald sie gespannt war, mußte der Schütze nur den Pfeil in Schußposition bringen und – am Schaft entlang – das Ziel anvisieren. Schon ein paar Stunden Übungsschießen genügten in der Regel, recht wirkungsvoll mit einer Armbrust umzugehen. Die chinesischen Armbrüste des 13. Jahrhunderts waren bis auf eine Entfernung von etwa 365 Metern tödliche Waffen.[28]

Allerdings standen dem geringen Geschick, das für den Umgang mit einer Armbrust vonnöten war, das hochentwickelte Können gegenüber, das ihre Herstellung erforderte. Ein Armbrustschützen-Heer war darauf angewiesen, daß die Armbrustmacher äußerst präzise bei der Anfertigung der Auslösemechanik und der anderen Teilen der Waffe arbeiteten. Zudem war es nicht einfach, diese Handwerker so mit Material zu versorgen, daß sie in der Lage waren, Armbrüste in großer Zahl zu produzieren. Eine schußstarke Armbrust bestand aus laminiertem Holz, Bein, Horn und der Sehne. Die Kunst, solche zusammengesetzten Bogen herzustellen, war in den eurasischen Steppengebieten hochentwickelt. Was die Armbrust auszeichnete, war ihre Auslösevorrichtung, die so stark gemacht werden mußte, daß sie der hohen Belastung standhielt, wenn sich der Bogen in gespanntem Zustand befand.[29]

Ein freier Handel, der sich über verschiedene Landstriche erstreckte, war besser in der Lage, eine ausreichende Zufuhr der benötigten Materialien in die Werkstätten der Handwerker zu sichern als eine dirigistisch geführte Wirtschaft, es sei denn, diese erreichte das Äußerste an Effizienz. Das gleiche galt für die verschiedenen Wurfgeräte, für Steine, Pfeile und Brandsätze, mit denen die chinesischen Heere des 11. Jahrhunderts gleichfalls ausgerüstet waren.[30] Zu diesem Waffenarsenal traten etwa um das Jahr 1000 – mit der Erfindung des Schießpulvers – explosive Geschosse. Gegen Ende des 13. Jahrhunderts begannen die Chinesen die Treibkräfte des Schießpulvers zu nutzen; anscheinend wurden damals die ersten richtigen Geschütze erfunden.[31]

Die technische Innovation in China scheint sich in der Sung-Periode überhaupt auf Waffen konzentriert zu haben. Technologische Fortschritte bei Nachbarvölkern nötigten möglicherweise die Chinesen zu einer Anstrengung, um an der Spitze der Entwicklung zu bleiben. Jedenfalls erlangten die Dschurdschen, bevor sie 1126 Nordchina eroberten, ebenso wie andere barbarische Nachbarn Chinas zunehmend Zugang zu chinesischen Produkten handwerklichen Könnens. Verbesserte Rüstungen und ein stärkerer Zustrom von Metall für die Waffenherstellung zeigten vor allem diese Veränderung an. Die Sung-Herrscher waren offenkundig mit einem geringer werdenden technischen Vorsprung vor ihren Hauptrivalen konfrontiert – ein Vorsprung, der praktisch verschwand, nachdem die

Barbaren Nordchina erobert hatten. Angesichts dieser Drohung begannen die Sung-Behörden systematisch Erfinder neuer Waffen zu belohnen, wie die folgende Stelle illustriert: „Im dritten Jahr der K'ai Pao-Periode in der Regierungszeit von Sung Tai-Tse [das heißt, im Jahr 969] schlug der General Feng Chi-Sheng zusammen mit einigen anderen Offizieren ein neues Brandpfeil-Modell vor. Der Kaiser ließ es prüfen, und sie erhielten (da die Prüfung erfolgreich ausging) Gewänder und Seide als Geschenk."[32]

Bei solch erlauchter Patronage blühte natürlich die Innovation. Die auf die Städte gestützte defensive Strategie der Sung förderte gleichfalls den technischen Experimentiergeist. Es war sinnvoll, Ideenreichtum und Ressourcen für die Herstellung komplizierter und mächtiger Kriegsmaschinen zur Verteidigung von Stadtmauern und anderen festen Stellungen aufzuwenden, wohingegen solche Maschinen zunächst viel zu schwerfällig waren, als daß sie von Heeren eingesetzt werden konnten, die in den Krieg ziehen und sich rasch durch offenes Gelände bewegen sollten. Erst später, als Katapulte und Pulverwaffen wirklich effektiv geworden waren, demonstrierten dann die Mongolen, daß man mit Hilfe dieser Kriegsgeräte Stadttore und Mauern ebenso zerstrümmern wie verteidigen konnte.[33]

Die Organisation eines Heeres, das schließlich mehr als eine Million Männer zählte und schwere Waffen zur Abwehr mobiler Angreifer einsetzte, hing offensichtlich ab von einer spezifischen Ausbildung des chinesischen Wirtschaftsystems unter den Sung – durch Marktbeziehungen, Verbesserungen des Transportwesens und eine technisch tüchtige Administration. Neue Formen der Beamtenrekrutierung mittels Prüfungen trugen dazu bei, dem Staat eine relativ leistungsfähige Zivilverwaltung zu verschaffen,[34] aber trotz allen Geschicks und aller Listen der Mandarine hat die Aufgabe, das Heer zu versorgen, die prekäre Balance zwischen militärischen und zivilen Befehlselementen in der chinesischen Gesellschaft einerseits und dem rascher sich entfaltenden Marktverhalten von Privatpersonen andererseits möglicherweise belastet. Der berühmte Reformminister Wang An-Shih (gest. 1086) schrieb: „Die gebildeten Männer des Landes betrachten das Waffentragen als entehrend", doch in der Dekade nach 1060 enthüllte eine amtliche Berechnung, daß achtzig Prozent der staatlichen Einkünfte, 58 Millionen Schnüre Münzen, für den Unterhalt der mehr als eine Million verachteten Soldaten notwendig waren, die sich in den Garnisonen Chinas befanden.[35] Besorgte Beamte, die danach trachteten, die Militärausgaben zu stutzen, waren in der Lage, die Eisenproduktion und -verarbeitung in Honan und Hopei einfach dadurch zu unterdrücken, daß sie Preise von prohibitiver Höhe festsetzten. Freilich kann niemand sagen, ob dies wirklich geschah oder ob irgend etwas anderes die Industrie lahmlegte.

Wie kostspielig diese Politik auch auf die Dauer gewesen sein mag: Menschen aus dem Westen des 20. Jahrhunderts können sicherlich Verständnis für das Dilemma aufbringen, in das die konfuzianischen Beamten mit dem Versuch gerieten, die Balance zwischen zwei störenden Elementen – der professionalisierten Gewalt und dem professionalisierten Gewinnstreben – zu halten. Keines von beiden entsprach den traditionellen Werten und Konventionen. Im Gegenteil, Kaufleute und Militärs trugen häufig – und unbekümmert um die Interessen anderer – ihre moralischen Mängel wie ein Luxusgut zur Schau. Ein ungehindertes Zusammengehen von militärischem und kommerziellem Unternehmertum, wie in Europa vom 14. bis zum 19. Jahrhundert, wäre den leitenden chinesischen Beamten als eine Katastrophe erschienen. Solange Männer, die in den Traditionen konfuzianischer Staatsführung erzogen worden waren, politisch das Heft in der Hand behielten, wurde ein solch gefährliches Zusammenspiel nicht zugelassen. Statt dessen wurden in das chinesische System der politischen Administration systematisch Hemmnisse für die Expansion von Industrie, Kommerz und Militärwesen eingebaut.

Aufstieg und Fall des Eisenhüttenbesitzers Wang Ko im 12. Jahrhundert machen an einem Beispiel anschaulich, wie dieses System funktionierte, wenn hier auch offensichtlich ein Extremfall vorliegt. Wang Ko, der ganz klein anfing, stieg zu einem ziemlich bedeutenden Eisenfabrikanten im südlichen Zentralchina auf, der an die 500 Mann beschäftigte. Seine Schmelzöfen verwendeten Holzkohle, nicht Koks; ja, sein Aufstieg hatte überhaupt damit begonnen, daß er einen bewaldeten Berghang in seinen Besitz brachte, an dem sich Holzkohle produzieren ließ. Aus Gründen, die aus dem erhalten gebliebenen Dokument nicht klar hervorgehen, geriet Wang Ko 1181 mit Lokalbeamten in Streit. Als sie eine Abteilung Soldaten aussandten, um ihren Willen durchzusetzen, mobilisierte er seine Werkleute, die den Trupp vertrieben, und ging anschließend zum Angriff auf die Kleinstadt über, wo die Beamten ansässig waren. Seine Werkleute ließen ihn jedoch im Stich; er mußte fliehen, wurde später ergriffen und hingerichtet.[36] Dieses Beispiel zeigt, wie Unternehmertum und irreguläre Anwendung von Waffengewalt ineinander übergehen konnten und wie eine traditionsfeste Beamtenschaft gegen beide Formen der Traditionswidrigkeit ihren Willen durchsetzte.

Doch der Übergang zum Barzahlungsprinzip, der sich im 11. Jahrhundert im staatlichen Finanzwesen vollzog, brachte die Gefahr mit sich, daß die Beamtenschaft selbst vom Kommerzdenken angesteckt wurde. Dies trat am klarsten in Südchina zutage. Südlich des Yangtse verhinderte die gebirgige Topographie den Gütertransport auf Kanälen und Flüssen. Die Kaufleute mußten daher aufs offene Meer ausweichen, und sobald der Seehandel zwischen den chinesischen Küstenprovinzen einmal festen Fuß gefaßt hatte, war es leicht, Handelsbeziehungen auf fernere Gegenden auszudehnen. Ja, aus dem Handelsverkehr mit Völkern, die nicht der kaiserlichen Regierung unterstanden, ließen sich durch die Erhebung von Akzisen ansehnliche Beiträge zu den Staatseinkünften ziehen. Die Beamten, die für diese Abgabe verantwortlich waren, bemühten sich manchmal darum, den Überseehandel in einem Geist zu fördern, der beinahe an das merkantilistische Europa denken läßt. Sie gingen sogar so weit, öffentliche Gelder in Unternehmungen zu investieren, die die staatlichen Revenuen aufzubessern versprachen und begehrte seltene Güter ins Land brachten. Dem Kaiser persönlich werden die Worte zugeschrieben: ,,Die Gewinne aus dem Seehandel sind sehr hoch. Wenn man die Sache richtig anpackt, können sie in die Millionen gehen. Ist es nicht besser, als das Volk zu besteuern?"[37] Der Herrscher wußte, wovon er sprach, denn im Jahr 1137 stammte schon ein rundes Fünftel der Einnahmen seines Reiches aus den Akzisen, mit denen der Seehandel belegt war.[38]

Diese partielle Fusion merkantilen und bürokratischen Denkens erreichte ihren Höhepunkt unter den Mongolen (der Yüan-Dynastie, 1227–1368), die die konfuzianische Verachtung für geriebene Händler nicht teilten. Marco Polos Aufnahme am Hofe Kublais illustriert dies. Er war ja nur einer von den vielen ausländischen Kaufleuten, die Kublai zu Steuereinnehmern ernannte oder auf andere administrative Schlüsselposten in seinem Reich berief.[39] Unter den Ming (1368–1644) setzte die Reaktion gegen das Bündnis zwischen Handel und Militär ein, allerdings nicht sogleich, denn einige seiner spektakulärsten Resultate erzielte es im 15. Jahrhundert, als chinesische Flotten zu politisch-kommerziellen Zwecken den Indischen Ozean erkundeten.

Der chinesische Vorstoß in den Indischen Ozean ging zurück auf eine maritime Tradition aus der Zeit der Südlichen Sung-Dynastie. Als 1126 K'ai-feng an die Dschurdschen verlorenging, floh ein Sproß des Herrscherhauses in den Süden. Es gelang ihm, die Reste des Reiches an den Flußgrenzen zu verteidigen, die ihm damals noch Schutz vor den Barbaren des Nordens gewährten. Dies erreichte der Herrscher durch den Bau einer Flotte. Statt sich auf Infanterietruppen zu stützen, die in befestigten Stützpunkten längs einer Landesgrenze stationiert waren, wie das bei den Nördlichen Sung üblich gewesen war, setzte die Südliche Sung-Dynastie nun auf speziell konstruierte Kriegsschiffe als Schutz gegen die Reiter der Dschurdschen.

Zunächst wurde die Sung-Flotte vorwiegend auf Binnenwasserstraßen eingesetzt. Neue Schiffstypen, darunter gepanzerte, angetrieben von Schaufelrädern, wurden für den Kampf auf Flüssen und Kanälen entwickelt. Armbrustschützen und Pikeniere bildeten das wichtigste offensive und defensive Element, doch auf die größeren Fahrzeuge wurden auch Katapulte von der Art montiert, wie sie seit langem bei Belagerungen und zur Verteidigung befestigter Plätze verwendet wurden. Im allgemeinen

handelte es sich um eine Adaptation von Methoden der Kriegführung zu
Lande, wobei jedes Schiff die Rolle eines mobilen Stützpunkts übernahm.
Die Ausrüstung einer solchen Kriegsflotte, die Hunderte von Schiffen
zählte und mit nicht weniger als 52000 Mann bemannt war,[40] erforderte
eine noch komplexere Fülle von Rohmaterialien und vorgefertigten Teilen als die Feldarmee der Nördlichen Sung: Bauholz verschiedener Sor-
ten, Taue, Segel, Schiffszubehör. Eine urbane Basis und ein marktmäßig
strukturiertes Versorgungssystem waren von noch größerer Bedeutung
als vorher, doch die passive Verteidigungspolitik, die die Nördlichen
Sung betrieben hatten, änderte sich insofern, als die neuen Kriegsschiffe
recht beweglich und gegen einen Angreifer viel leichter zu konzentrieren
waren als Fußtruppen.

Als dann die Heere Dschingis-Khans das Herrschaftsgebiet der
Dschurdschen in Nordchina überrannten und, nach einer Pause von einem halben Jahrhundert, auch den Süden angriffen, mußten sie als erstes
die Kriegsflotte – das wichtigste Bollwerk des Sung-Regimes – niederzwingen. Die nötigte Kublai Khan, sich eine eigene Flotte zuzulegen. Mit
ihrer Hilfe belagerte er Hsiang-yang, eine der Schlüsselfestungen der
Sung am Yangtse, fünf Jahre lang, bis ihm der Durchbruch gelang. Anschließend ging der größte Teil der Sung-Flotte zu den Siegern über, was
die letzten Phasen der Eroberung vergleichsweise mühelos machte.[41]

Nach dem Sieg baute Kublai seine Flotte weiter aus, veränderte aber
ihren Charakter, denn seine weiteren maritimen Unternehmungen waren
Vorstöße übers Meer. Dementsprechend wurden Schiffe, die dazu bestimmt waren, die offene See zu befahren, zum Rückgrat der chinesischen
Flotte.[42] Doch trotz eines wahrhaft imperialen Bauvolumens – aus Dokumenten geht hervor, daß am Versuch der Invasion Japans, 1281, insgesamt 4400 Schiffe beteiligt waren – war Kublais Flottenexpeditionen kein
dauerhafter Erfolg beschieden. Japanische Krieger im Verein mit einem
Taifun, der sich zur rechten Zeit einstellte, zerstörten die Invasionsflotte,
und ein späteres Unternehmen gegen Java, 1292, konnte zwar zunächst
Siege verbuchen, doch die dauerhafte Beherrschung dieser fernen Insel
nicht sichern.

Was auf lange Sicht bedeutsamer hätte sein können (aber, wie sich
zeigte, nicht war), war die Verwendung hochseetüchtiger Schiffe zur
Ergänzung der Getreidetransporte auf den Wasserstraßen des Binnenlan-
des, von Süden nach Norden. Im frühen 14. Jahrhundert wurde ebensoviel Getreide auf seetüchtigen Schiffen wie auf den Kanälen befördert.
Die Verbesserung der Navigationstechniken verkürzte die Fahrt von der
Yangtse-Mündung nach Tientsin auf zehn Tage – ein Transport auf dem
Großen Kanal dauerte viel länger. Doch lokale Rebellionen und Unruhen
im Süden begannen schon bald den Ferntransport von Getreide und
anderen Gütern zu beeinträchtigen, und auch die Piraterie entwickelte

sich zu einem Problem. Infolgedessen war der Transport über See schon vor dem endgültigen Zusammenbruch der Mongolenherrschaft in China (1368) zur Belanglosigkeit geschrumpft. Ja, das gesamte Steuersystem, das zusätzliches Getreide zur Verfügung der Regierung im Norden konzentrierte, brach zusammen. Lokale Warlords machten sich selbständig; einem von ihnen gelang es, seine Rivalen zu verdrängen und ganz China unter einer neuen, einheimischen Dynastie zu einen, den Ming (1368–1644).

Die neue Dynastie verband zunächst die Militärpolitik der Südlichen mit der der Nördlichen Sung. Dementsprechend planten die ersten Ming-Kaiser, eine gewaltige Infanteriearmee zum Grenzschutz gegen die Nomaden wie auch eine furchtgebietende Flotte zu unterhalten, die die Wasserstraßen im Innern des Reiches und die hohe See überwachen sollte. 1420 umfaßte die Ming-Flotte nicht weniger als 3800 Schiffe, davon 1350 Kampfeinheiten einschließlich 400 besonders großer ‚schwimmender Festungen' sowie 250 ‚Schatzschiffe', die für Fahrten über weite Distanzen dienten.[43]

Der berühmte Admiral Cheng Ho kommandierte die Schatzschiffe auf seinen Fahrten in den Indischen Ozean (1405–33). Seine größten Fahrzeuge hatten vermutlich eine Wasserverdrängung von rund 1500 Tonnen (Vasco da Gamas Flaggschiff, das am Ende desselben Jahrhunderts den Indischen Ozean erreichte, hingegen nur 300 Tonnen). Alles an diesen maritimen Expeditionen stellte den Umfang der späteren portugiesischen Unternehmungen in den Schatten. Mehr Schiffe, mehr Kanonen, größere Besatzungen, größere Ladekapazität verbanden sich mit einer Seemannskunst und einer Seetüchtigkeit, die allem ebenbürtig waren, was Europäern in der Zeit des Kolumbus oder Magellans zu Gebote stand. Überall, wohin Cheng Ho kam – von Borneo nach dem heutigen Malaysia, Ceylon und weiter bis zu den Gestaden des Roten Meeres und zur afrikanischen Küste –, errichtete er eine Art chinesischer Oberlehnsherrschaft und besiegelte die Beziehung mit einem Tribut-Handelsverkehr. In den wenigen Fällen, in denen seine mächtige Armada auf Widerstand stieß, wandte er Gewalt an; beispielsweise bemächtigte er sich 1411 des widerspenstigen Herrschers von Ceylon und brachte ihn zur Bestrafung an den kaiserlichen Hof.[44]

Neben solch offiziellem Verkehr blühte etwa seit dem 13. Jahrhundert ein privater Überseehandel. Kaufleute und Kapitalisten bauten und betrieben eine große Handelsflotte. Standardprozeduren für den Umfang mit Besatzung und Ladung, für die Risiko- und Gewinnteilung und die Regelung von Streitfällen, die aus Geschäften über weite Distanzen resultierten, bildeten sich heraus.[45] Länder, die von der Küste Chinas nicht weit entfernt waren – die Mandschurei, Korea, Japan –, wurden häufig besucht, doch die chinesische Hochseeschiffahrt hatte schon etliche Dekaden zuvor, ehe Cheng Hos kaiserliche Geschwader zum erstenmal dorthin segelten, den Indischen Ozean erreicht. Der Umfang der chinesischen Handelstätigkeit in Südasien und Ostafrika scheint nach der Mitte des 12. Jahrhunderts schlagartig zugenommen zu haben. Den besten Beleg dafür liefern Scherben von chinesischem Porzellan, die längs der afrikanischen Küste gefunden wurden. Sie lassen sich ziemlich genau datieren und zeigen, daß der Handel bereits im 8. Jahrhundert einsetzte (vermutlich auf muslimischen Schiffen). Doch quantitativ nahm er nach 1050 enorm zu, als chinesische Schiffe die malaiische Halbinsel zu umfahren und in den Indischen Ozean einzulaufen begannen, statt daß die beförderten Güter über die Landenge von Kra transportiert wurden, wie es in früheren Jahrhunderten die übliche Praxis gewesen war.[46]

Ebenso wie die rasche Zunahme koksbefeuerter Schmelzöfen im 11. Jahrhundert jemanden, der von der europäischen Geschichte ausgeht, zu der Folgerung veranlaßt, darauf hätte eigentlich eine industrielle Revolution von allgemeiner Bedeutung folgen müssen, gibt das Übersee-Imperium, das die Chinesen bis zum frühen 15. Jahrhundert geschaffen hatten, automatisch zu der Überlegung Anlaß, was wohl geworden wäre, hätten die Chinesen sich entschlossen, ihre Erkundungsfahrten noch weiter auszudehnen. Ein chinesischer Kolumbus hätte durchaus ein halbes Jahrhundert als der reale, der auf seiner vergeblichen Suche nach Cathay per Zufall auf Hispaniola stieß, die amerikanische Westküste entdecken können. Zweifellos gab es chinesische Schiffe, die seetüchtig genug waren, über den Pazifik und zurück zu segeln. Ja, wenn Expeditionen à la Cheng Ho wiederaufgenommen worden wären, hätten chinesische Seefahrer sehr wohl Afrika umrunden und Europa entdecken können, bevor Heinrich der Seefahrer starb (1460).

Doch die führenden Leute am kaiserlichen Hof entschieden anders. Nach 1433 schickten sie keine Expeditionen mehr in den Indischen Ozean, und 1436 erging ein Dekret, das den Bau hochseetüchtiger Schiffe untersagte. Die Besatzungen der Flotte wurden auf die Schiffe abkommandiert, die den Großen Kanal befuhren, und die seetüchtigen Kriegsschiffe ließ man verrotten, ohne sie durch neue zu ersetzen. Die Schiffsbaukunst verfiel schon bald, und in der Mitte des 16. Jahrhunderts war die chinesische Flotte außerstande, der Piraten Herr zu werden, die in zunehmendem Maß die chinesische Küste heimsuchten.[47]

Dieser Rückzug war zum Teil Folge bürokratischer Machtkämpfe zwischen rivalisierenden Cliquen von Höflingen. Cheng Ho war ein gebürtiger Muslim, vermutlich mongolischer Abstammung.[48] Dies gab seinen überseeischen Abenteuern den Anstrich des ‚Fremden‘, und bei konfuzianischen Amtsträgern wuchs das Mißtrauen gegen alles Fremde. Zudem war er ein Eunuche, und auch die Eunuchen gerieten am Ming-Hof unter Beschuß, als einer von ihnen 1449 eine schlecht überlegte Expedition gegen die Mongolen führte und damit nur bewirkte, daß die Barbaren den Kaiser selbst gefangennahmen.[49] Doch diese Episode verwies auf einen tiefer liegenden Grund, warum man Abenteuer in Übersee künftig mied. Längs der Landgrenze gab es einen gefürchteten Feind, auf See hingegen – bis zum Aufkommen des ‚japanischen' Piratentums im späten 15. Jahrhundert – keinen Rivalen, den die Chinesen hätten fürchten müssen.

So trieb das Problem zu einer Entscheidung zwischen einer offensiven und einer defensiven Militärpolitik. Im Jahr 1407 unternahm die Ming-Flotte eine Expedition nach Annam (dem heutigen Vietnam), doch zwischen 1420 und 1428 mußten die Chinesen dort eine Reihe von Rückschlägen hinnehmen. Schließlich wurde 1428 der Rückzug beschlossen. Vor diesem Hintergrund liest sich eine Denkschrift für den Kaiser, 1426 verfaßt, als die Kämpfe in Annam in ein kritisches Stadium eingetreten waren, für amerikanische Augen seltsam vertraut: ,,Waffen sind die Werkzeuge des Bösen, deren der Weise sich nur bedient, wenn er genötigt ist. Die edlen Herrscher und klugen Minister von ehedem vergeudeten nicht die Kraft des Volkes an Waffentaten. Das war eine weitsichtige Politik ... Euer Majestät Minister hofft, Euer Majestät ... werden sich nicht dem Streben nach kriegerischen Erfolgen hingeben, noch die Entsendung von Expeditionen in ferne Länder als rühmlich betrachten. Laßt ab von den unfruchtbaren Landen jenseits der Grenzen und gewährt dem chinesischen Volk Schonung, so daß es sich dem Ackerbau und den Schulen widmen kann. Auf solche Art gäbe es keine Kriege und kein Leiden im Grenzland und kein Murmeln in den Dörfern, die Befehlshaber würden nicht nach Ruhm trachten und die Soldaten nicht ihr Leben in der Fremde opfern. Von weither würden die Menschen kommen und sich freiwillig unterwerfen, und ferne Länder würden in unseren Pferch gelangen, und unsere Dynastie würde 10000 Generationen währen.''[50]

Angesichts der Wahl zwischen der Verteidigung einer gefährdeten Grenze nahe der neuen Hauptstadt Peking und kostspieligen Offensiven in Übersee ist es nicht schwer zu verstehen, warum die Ming-Regierung sich für eine Selbstbeschränkung entschied.

Eine weitere Überlegung spielte möglicherweise eine Rolle: 1417 wurde der Bau von Tiefwasserschleusen in der gesamten Länge des Großen Kanals vollendet, der das Tal des Yangtse mit dem des Gelben Flusses verband. Diese Schleusen waren eine neue Erfindung, und ihr Bau machte es möglich, daß Schiffe das ganze Jahr hindurch den Kanal befahren konnten, ohne daß man sich um den Wasserstand zu kümmern brauchte. Bis dahin waren die Wasserstraßen alljährlich sechs Monate für große Schiffe unpassierbar gewesen, und bisweilen war der Verkehr ganz zum Erliegen gekommen, bis die Regenfälle den Pegel wieder steigen ließen. Der Bau der neuen Schleusen sicherte die Getreidelieferungen nach Nor-

den über Binnenwasserstraßen. Die Hochseeschiffahrt zur Ergänzung
der Transporte durch den Großen Kanal wurde überflüssig, und es war
auch nicht mehr notwendig, die hohe See zu überwachen, um eine ausreichende Nahrungsmittelversorgung der Hauptstadt zu sichern. Die führenden Beamten sahen daher keinen zwingenden Grund, die hohen Ausgaben zu bewilligen, die notwendig waren, um die Flotte einsatzbereit zu
halten. So ließ man sie in aller Stille verrotten.
   Wie stand es mit dem Interesse der Privatunternehmer an der Hochseeschiffahrt? Der Lebensunterhalt mehrerer tausend Menschen hing ja vom
Überseehandel ab, der in den südchinesischen Küstenstädten so lebhaft
floriert hatte. Diese Händler und Seeleute fügten sich nicht willfährig, als
die Regierung 1371 den Außenhandel untersagte – ein Verbot, das in den
folgenden beiden Jahrhunderten in periodischen Abständen bekräftigt
wurde.[51] Die Fahrten übers Meer wurden fortgesetzt, wenn auch in ver-
ringertem Ausmaß, da Geschäfte, die das Gesetz nicht deckte, erheblich
kostspieliger waren als vorher. Beamte zu bestechen, damit sie bei illegalen Transaktionen ein Auge zudrückten, kostete mehr als die zehn- bis
zwanzigprozentige Naturalabgabe, mit denen unter den Sung, als der
Überseehandel so rasch zugenommen hatte, ausländische Güter belastet
gewesen waren.[52] Die Möglichkeiten, aus den Gewinnen der Handels-
schiffahrt große Kapitalien zu akkumulieren, schwanden entsprechend
dahin, da ja jeder Beamte die illegal erworbenen Gewinne eines Kauf-
manns konfiszieren konnte, sobald sie zu einer Kenntnis gelangten.
   Etwa zwei Jahrhunderte, von 1371 bis 1567 – als die Ming-Regierung
wieder zuließ, daß chinesische Schiffe gemäß entsprechenden Vorschriften nach fremden Ländern segelten –, mußten daher die chinesischen See-
und Kaufleute das Gesetz übertreten, wenn sie ihr bisheriges Leben wei-
terführen wollten. Dies taten so viele, daß sie für die Regierung zu einer
Plage wurden. Die Beamten bezeichneten sie als ‚japanische Piraten‘,
womit sie vertuschen wollten, daß sie nicht fähig oder nicht willens waren, dem Treiben ein Ende zu bereiten. Wohl gesellten sich ein paar
Japaner zu den ‚Piraten‘, doch die meisten Seeleute, die im 15. und
16. Jahrhundert vor der chinesischen Küste ihrem illegalen Geschäft
nachgingen, waren ethnisch Chinesen. Wie der Eisenfabrikant Wang Ko
und seine Werkleute besaßen diese chinesischen ‚Piraten‘-Händler nicht
genug Rückhalt in der Bevölkerung, um jemals die organisierte Macht der
Ming-Regierung ernsthaft herausfordern zu können. Als nach 1567 ein
mehr oder minder zufriedenstellender modus vivendi zwischen den Beamten und den Überseekaufleuten erzielt wurde, nahm die Piraterie ab,
und die Krise ging vorüber. Doch die zwei Jahrhunderte illegaler Aktivitäten behinderten offensichtlich die Entfaltung des chinesischen Überseehandels bis zu diesem Zeitpunkt und machten es europäischen Kaufleuten viel leichter, im Fernen Osten Fuß zu fassen.[53]

In der Eisenerzeugung wie im Seewesen bewirkten mithin chinesische Errungenschaften, die spätere technische Triumphe Europas vorwegnahmen, auf lange Sicht nicht viel innerhalb der allgemeinen Entwicklung Chinas. Die chinesischen Kaufleute und Fabrikanten waren selbst mit dem Wertesystem einverstanden, das ihre Rolle in der Gesellschaft auf relativ bescheidene Proportionen beschränkte. Sie bewiesen dies damit, daß sie ihr Geld in Grund und Boden und in die Ausbildung ihrer Söhne investierten, die dadurch in die grundbesitzende Klasse eintraten und um einen Platz in den Rängen der Beamtenhierarchie konkurrieren konnten.[54]

Die Folge war, daß die traditionelle Ordnung der chinesischen Gesellschaft niemals wirklich in Frage gestellt wurde. Die staatliche Befehlsgewalt, die (zuweilen vielleicht prekär) über einer üppig sprießenden Marktwirtschaft schwebte, behielt letztlich immer die Zügel in der Hand. Eisenfabrikanten und Schiffsbauer waren, wie alle Angehörigen der chinesischen Gesellschaft, zu keiner Zeit autonom. Wenn die Bürokratie es gestattete, konnten der technische Fortschritt und die Ausweitung der Aktivitäten ein frappierend rasches Tempo annehmen. Änderte sich aber die amtliche Politik, dann vollzog sich die Verteilung von Ressourcen entsprechend den veränderten Prioritäten mit der gleichen Schnelligkeit wie der Aufschwung der Eisen- und Stahlproduktion im 11. und des Schiffsbaus im 12. bis 15. Jahrhundert.

Diese Episoden illustrierten die Vorzüge einer komplexen marktmäßigen, doch auf politische Anweisungen reagierenden Wirtschaft. Die Ressourcen des Reiches konnten so der Ausführung irgendwelcher öffentlicher Projekte – ob des Baues einer Flotte, der Verbesserung des Großen Kanals, der Verteidigung der Grenze gegen die Nomaden oder der Errichtung einer neuen Hauptstadt – in einem großartigen, wahrhaft imperialen Maßstab zugeleitet werden. Der blühende Wirtschaftsverkehr unterhalb der staatlichen Befehlsgewalt stärkte die Flexibilität der Ökonomie des Reiches. Er mehrte auch den Reichtum und die Ressourcen des Landes insgesamt. Aber er verdrängte nicht die Bürokratie aus ihrer beherrschenden Stellung. Im Gegenteil, neuer Reichtum und verbesserte Kommunikationen erhöhten die praktische Macht, über die die chinesischen Beamten geboten. Die Tatsache, daß China von den Sung bis in die Gegenwart – von relativ kurzen Perioden der Desintegration während des Überganges von einem Regime zum nächsten abgesehen – geeint blieb, bezeugt die erhöhte Macht, die die staatlichen Funktionsträger ausübten. Diskrepanzen zwischen den Idealen des Marktes und jenen des Staates waren zwar durchaus real, doch solange Beamte überlegene Polizeigewalt einsetzen konnten, um lokale oder private Widersetzlichkeiten zu ahnden, behielt das Element des Befehls die sichere Dominanz. Marktverhalten und privates Streben nach Reichtum hatten sich an die von den Inhabern der politischen Macht gezogenen Grenzen zu halten.

Aus diesem Grund konnte sich der ‚autokatalytische' Charakter, den die kommerzielle und industrielle Expansion in Europa zwischen dem 11. und dem 19. Jahrhundert zeigte, in China nicht herausbilden. Die chinesischen Kapitalisten erfreuten sich nie lange der Freiheit, ihre Gewinne nach Belieben reinvestieren zu können. Jeder, der ein Vermögen ansammelte, zog die Aufmerksamkeit der Behörden auf sich, in verschiedener Form. Es kam vor, daß Beamte an den glücklichen Umständen einer Privatperson durch die Annahme von Bestechungen teilhaben wollten; Beamte konnten Steuern und Preise so regulieren, daß der Staat an dem neuen Reichtum partizipierte; oder sie hielten eine Übernahme des fraglichen Unternehmens in staatliche Regie für angebracht und verwandelten es kurzerhand in ein öffentliches Monopol. In besonderen Fällen ließen sich immer unterschiedliche Kombinationen aushandeln. Doch bei jeder Konfrontation war der Privatunternehmer in der schlechteren Position gegenüber dem Beamten. Der tiefere Grund lag darin, daß die meisten Chinesen die Anhäufung privaten Reichtums aus Handel oder Manufakturwesen unmoralisch fanden, denn sie sei nur dadurch möglich, daß der Unternehmer systematisch andere betrog, indem er billig ein- und teuer verkaufte. So wirkten offizielle Ideologie und Volksempfinden zusammen und verstärkten den Vorteil, den die Beamten in ausnahmslos allen Fällen hatten, wenn sie mit reichen Leuten aneinandergerieten, die nur Privatpersonen waren.

## Marktmobilisierung jenseits der chinesischen Grenzen

Obwohl so der Geist des Kapitalismus fest am Zügel gehalten wurde, bewirkten Aufstieg und Ausbreitung der Marktwirtschaft im China des 11. Jahrhunderts eben doch, daß das globale Verhältnis zwischen befohlenem und marktgerechtem Verhalten auf eine kritisch bedeutsame Art verändert wurde. China entwickelte sich rasch zum reichsten, technisch fortgeschrittensten und volkreichsten Land der Erde. Außerdem machte sich das Wachstum der chinesischen Wirtschaft und Gesellschaft auch jenseits der Grenzen Chinas bemerkbar, und mit der Verbreitung technischer Geheimnisse der Chinesen im Ausland erschlossen sich in anderen Teilen der Welt, am deutlichsten in Westeuropa, neue Möglichkeiten.

Schon bevor Schießpulver, Kompaß und Buchdruck zivilisierte Gesellschaften jenseits der chinesischen Grenzen zu revolutionieren begannen, führte in einer Vorphase der verstärkte Fernhandel die Bedeutung von Marktbeziehungen auf neue Höhen und bahnte den Weg für einen ökonomischen Aufschwung, länger und nachhaltiger als der, der innerhalb der Grenzen Chinas stattfand.

Leider ist über das Wachstum des Handels in den südlichen Meeren nicht viel bekannt. Arabische und vor ihnen griechisch-römische und indonesische Seefahrer hatten schon viele Jahrhunderte, bevor die Chinesen hier zum erstenmal erschienen, den Indischen Ozean und die anderen Meere dieses Weltteils überquert. Höchstwahrscheinlich waren bereits ganz am Beginn der Geschichte der Hochkulturen die Sumerer mit Völkerschaften aus dem Indus-Tal in Verbindung gestanden, und auch Angehörige verschiedener indischer Völker befuhren die tropischen Gewässer, wo die Sommer- und Wintermonsune, die etwa je das halbe Jahr abwechselnd in entgegengesetzten Richtungen wehen, die Seefahrt selbst für leichtgebaute Fahrzeuge relativ sicher und einfach machten.

Es scheint festzustehen, daß der Umfang des Handels in den südlichen Meeren etwa vom Jahr 1000 an ständig und stetig zunahm, trotz zahlloser zeitweiliger Rückschläge und lokaler Katastrophen. Ein auf die Fortführung dieses Handels abgestimmtes Verhalten wurzelte sich immer fester in die Alltagsgewohnheiten des menschlichen Lebens ein. Die Produktion von Gewürzen wie etwa Pfeffer, Gewürznelken, Zimt und all den anderen Spezereien, die eine so stark hervortretende Rolle im Handel des mittelalterlichen Europa spielten, begann das Leben vieler tausend Menschen in Südostasien und auf den umliegenden Inseln zu beherrschen. Für alle, die diese Nutzpflanzen anbauten und zur Verschiffung vorbereiteten, zusammen mit Seeleuten, Händlern sowie all jenen, die mit dem Sammeln, Sortieren und dem Versand von Gewürzen zu tun hatten, hing das tägliche Brot in wachsendem Maß von nicht ungefährdeten Verbindungen zu Konsumenten ab, die Tausende von Meilen entfernt lebten. Das gleiche galt für die Produzenten einer Fülle weiterer Handelsgüter, die Eingang in das Netz des Fernhandels fanden, von Raritäten wie Rhinozeroshorn bis zu Massenprodukten wie beispielsweise Baumwolle und Zucker.[55]

In dieser Spezialisierung und wechselseitigen Abhängigkeit wiederholte sich, was früher in China geschehen war, allerdings mit dem Unterschied, daß der Handel im Südchinesischen Meer und im Indischen Ozean staatliche Grenzen überschritt. Dies hatte zur Folge, daß die Kaufleute zwar einerseits eine größere Unsicherheit auf sich nehmen mußten, andererseits aber auch mehr Freiheit genossen. Malaiia und andere wichtige Stationen längs der Handelsrouten – Ceylon und Südindien zusammen mit Häfen an der afrikanischen Küste wie auch im südlichen Arabien – wurden von Herrschern regiert, deren Einkünfte in sehr hohem Maße von den Abgaben der Schiffahrt abhängig wurden. Doch sobald ein Schiff aufs offene Meer hinausfuhr, verloren die lokalen Herrscher die Kontrolle darüber, während die Kapitäne innerhalb ziemlich weit gezogener Grenzen nach Belieben den billigsten Hafen anlaufen und dort Geschäfte tätigen konnten. Wurde ein Herrscher zu geldgierig, ließ sich für Kapitäne, die ihm das verübelten, leicht ein anderer Anlaufhafen finden. Bei dieser Lage der Dinge konnten sich Handelsströme in Reaktion auf politische Veränderungen rasch verlagern und ebenso rasch neue Stapelplätze Bedeutung gewinnen.

Dies geschah beispielsweise in Malakka. Dieser Stapelplatz, errichtet in einem trostlosen Sumpfgebiet und von Land her beinahe unzugänglich, gewann erst an der Wende vom 14. zum 15. Jahrhundert Bedeutung. Es war zunächst ein Piratennest, wo auf See erbeutete Handelsgüter neusortiert und zu vorteilversprechenden Bestimmungsorten in Marsch gesetzt werden konnten. Dann, in den ersten Jahren des 15. Jahrhunderts, entwickelte sich ein stärkerer Zustrom von Schiffen, die zu friedlichen Zwecken unterwegs waren, und schon nach wenigen Jahrzehnten beherrschte Malakka den Handel der umliegenden Region. Es wurde zum wichtigsten Stapelplatz für die auf den weiter östlich gelegenen ‚Gewürzinseln‘ produzierten Spezereien. Malakkas Aufstieg vollzog sich natürlich auf Kosten anderer Häfen. Da es sicheren Schutz bot und nur maßvolle Abgaben erhob, zog es den Handelsverkehr an; dazu kam noch, daß bewaffnete Fahrzeuge, die die Straße von Malakka zwischen Sumatra und dem Festland überwachten, mit Zwang nachhalfen, den Hafen anzulaufen. Zwang also im Verein mit Schutz vor Piraten trug viel zum Aufstieg Malakkas bei. Die ‚Seepolizei‘ mußte mit Abgaben unterhalten werden, mit denen die Güter belegt wurden, die den Hafen passierten. Ein delikates Gleichgewicht zwischen beiden Elementen bestimmte das Volumen des Handels und die Zahl der Schiffe, die Malakka anliefen und Abgaben zahlten.[56]

Obwohl keine Details mehr zu eruieren sind, kann man vernünftigerweise annehmen, daß ein Prozeß von ‚Versuch und Irrtum‘ allmählich die akzeptablen Grenzen für die Abgaben zog, die ein lokaler Machthaber durchreisenden Kaufleuten und Händlern abverlangen konnte. Senkte er die Schutz- und Hafengebühren, konnte er auf vermehrte Geschäfte hoffen; nahm er zuviel, mußte er erleben, daß der Schiffsverkehr drastisch zurückging.[57] Ein Herrscher, der zuwenig verlangte (falls es je einen solchen gab), war vielleicht außerstande, sein Territorium und das angrenzende Seegebiet unter bewaffneter Kontrolle zu halten. Einem, der zuviel forderte, konnte es genauso ergehen, wenn es Schiffen und Kaufleuten gelang, sich – zum Schaden seiner Einkünfte – seinem Zugriff zu entziehen. Mit anderen Worten, unter den Herrschern an den Küsten des Indischen Ozeans setzte sich eine Art Markt durch, der das, was man als ‚Schutzabgabe‘ bezeichnen könnte, auf einem Niveau festsetzte, das die Fortdauer und (etwa nach dem Jahr 1000) die stetige Ausdehnung des Handels ermöglichte.[58]

Viel spricht dafür, daß dieses System sehr alt war. Vermutlich begannen schon altmesopotamische Könige und Kapitäne in den frühesten Phasen eines organisierten Fernhandels Schutzabgaben festzulegen. Mit Sicherheit brachten die Muslime, als sie den Vorderen Orient eroberten, eine klar umrissene Vorstellung mit, wie der Handel betrieben werden sollte. Der Koran lieferte die entsprechende Sanktionierung,[59] und Mohammeds frühe Zeit als Kaufmann bot ein sittlich unanfechtbares Vorbild. Der Impuls zu einer Expansion des Marktverhaltens, den die Kommerzialisierung Chinas gab, war somit eher eine Verstärkung als etwas Neues.

Ja, die Umformung der chinesischen Wirtschaft und Gesellschaft in der Sung-Zeit läßt sich am besten als eine Ausweitung merkantiler Prinzipien, die im Vorderen Orient seit langem heimisch waren, auf China begreifen. Buddhistische Mönche und zentralasiatische Karawanenhändler waren die ersten Mittler.[60] Ihre Verbindungen zu Nomaden der offenen Steppe führten zur Bildung einer weiteren, strategisch bedeutsamen handelsgeneigten Gemeinschaft, deren Wirkung auf China und andere zivilisierte Populationen der alten Welt durch die militärische Effektivität, welche die nomadische Lebensweise den Steppenbewohnern verlieh, gesichert wurde.

Das Neuartige im 11. Jahrhundert war also nicht das Prinzip der marktmäßigen Ausformung menschlichen Tätigkeitsstrebens über weite Entfernungen, sondern das Ausmaß, in dem diese Art des Verhaltens sich auf das Leben vieler Menschen auszuwirken begann. Chinas verspäteter Schritt zu einer marktmäßigen Entfaltung seiner Wirtschaft wirkte wie ein großer Blasebalg, der glimmende Kohle zu einem flammenden Feuer anfachte. Neuer Reichtum, der unter den hundert Millionen Chinesen entstand, begann über die Meere (und in bedeutendem Umfang auch über Karawanenrouten) nach außen zu strömen und führte marktbezogenem Verhalten neue Kraft zu, während er zugleich sein Betätigungsfeld erweiterte.[61] Dutzende, Hunderte, ja, vielleicht Tausende von Schiffen begannen im Japanischen und im Südchinesischen Meer, im indonesischen Archipel und im Indischen Ozean von Hafen zu Hafen zu segeln. Die meisten Fahrten waren vermutlich relativ kurz, und die beförderten Güter wurden auf dem Weg vom Produzenten zum Endverbraucher auf vielen verschiedenen Stapelplätzen umgeschlagen. Die geschäftlichen Organisationsformen blieben einfache, oft familiäre Partnerschaften. Daher bedeutete ein zunehmender Güterstrom, daß eine Vielzahl von Personen auf Schiffen hin- und herfuhr oder in den Basaren saß und um Preise feilschte.

Bekanntlich kam es zu einem ähnlichen Aufschwung kommerzieller Aktivität während des 11. Jahrhunderts im Mittelmeerraum, getragen vor allem von italienischen Kaufleuten, die von Venedig, Genua und anderen Hafenstädten aus operierten. Sie spannten in den folgenden drei Jahrhunderten über den größten Teil der europäischen Halbinsel ein immer dichteres Handelsnetz. Es war eine bemerkenswerte Leistung, doch nur ein kleiner Teil des größeren Phänomens, das offenbar dem marktgesteuerten

Verhalten bei den zivilisierten Völkern einen Umfang und eine Bedeutung gab, wie sie vordem noch nie erreicht worden waren. Die Herrscher altmodischer – auf die Institutionalisierung von Befehl und Gehorsam hin organisierter – Gesellschaften waren einfach außerstande, menschliches Verhalten so umfassend zu lenken wie in früheren Zeiten. Kleinhändler und Kaufleute machten sich Herrschern ebenso nützlich wie deren Untertanen und konnten sich nun gegen eine konfiskatorische Besteuerung und Beraubung dadurch sichern, daß sie in dem einen oder anderen Schutzhafen längs der Seewege und Karawanenstraßen Zuflucht suchten, wo die lokalen Machthaber gelernt hatten, den Handel, von dem inzwischen ihre Einkünfte und ihre Macht abhängig waren, nicht übermäßig mit Abgaben zu belasten.

So kam es, daß um das Jahr 1000 ein bis dahin glimmendes Feuer, aus dem nur sporadisch Flammen züngelten, allmählich bei den Mächtigen außer Kontrolle geriet und sich, um im Bild zu bleiben, allmählich in ein Flammenmeer verwandelte. Im 19. Jahrhundert endlich hatte die allgemeine Entwicklung des Marktverhaltens die ihm feindlich gesinnte Befehlsstruktur des Chinesischen Reiches überwunden – aber immerhin dauerte es neun Jahrhunderte, bis dieser Umwandlungsprozeß im konfuzianischen China vollzogen war.

In ihren Anfangsphasen schien die kommerzielle Umwandlung den Chronisten und Schriftstellern von nur geringer Bedeutung. Daher können die Historiker die Vorgänge nur dadurch rekonstruieren, daß sie verstreute Quellen heranziehen und aus Bruchstücken ein allgemeines Bild dessen zusammenfügen, was sich abgespielt hat. Dies ist im Fall des mittelalterlichen Europa geschehen – vor allem im Verlauf der vergangenen dreißig bis vierzig Jahre –, im übrigen jedoch nicht. So wissen die Historiker heute viel darüber, wie die Westeuropäer ihre Handelsbeziehungen untereinander und mit den Muslimen an der Ostküste des Mittelmeeres entwickelten. Just im 11. Jahrhundert, als in China der Übergang zum Bargeldverkehr rasch in Gang kam, machten europäische Seeleute und Händler das Mittelmeer zu einer Miniaturkopie dessen, was sich vermutlich zur gleichen Zeit auf den südlichen Meeren abspielte.[62] Ein systematischer Übergang von der Piraterie zum Handel vollzog sich beinahe gleichzeitig längs der dem Atlantik zugewandten Seite Europas, wo vorher die Wikinger die christlichen Länder mit ihren Einfällen heimgesucht hatten.[63] Diese einzelnen Seehandelsnetze wurden dann nach 1291 zu einem in Wechselwirkung stehenden Ganzen vereint, als ein genuesischer Kapitän einem muslimischen Herrscher, der Schiffen von Christen die Durchfahrt verwehrt hatte, die Kontrolle über die Straße von Gibraltar entriß.[64] Wenn man also den Aufstieg des Handels in der östlichen Hemisphäre synoptisch betrachtet, stand den vielfachen Verbindungen, die innerhalb

Chinas durch Verbesserungen der Binnenwasserstraßen zwischen Nord und Süd entstanden, eine ähnliche Entwicklung im ‚Fernen Westen' einige Jahrhunderte später gegenüber. Die Flüsse Europas und das offene Meer, das sie miteinander verband, boten ein Netz natürlicher Wasserstraßen, das erheblich weniger künstliche Verbesserungen brauchte, als dies in China der Fall war. Im späten 14. Jahrhundert wurden dann Wolle, Metalle und andere Rohstoffe aus dem Norden und Westen gegen Wein, Salz, Gewürze und feine Gewebe aus dem Süden getauscht; und ein sich ständig verfeinernder Getreidehandel, überall durch expandierende Fischereien ergänzt, versorgte die Stadtbevölkerungen. Der europäische Binnenmarkt stand wiederum in Verbindung zu muslimischen Handelsnetzen im Vorderen Orient und in Nordafrika und zum Handel der südlichen Meere. Die gleichen italienischen Städte, die den interregionalen europäischen Handelsverkehr organisierten, waren die wichtigsten Partner muslimischer und jüdischer Kaufleute im östlichen Mittelmeer. Diese Levantiner standen ihrerseits mit Gebieten tiefer im Innern Asiens und Afrikas in Handelsbeziehungen, die zwischen dem 11. und dem 15. Jahrhundert all die so unterschiedlichen Völker der Ökumene enger und enger miteinander verknüpften.

Ein mehr oder minder homogenes Organisationsmuster und technisches Niveau wurden offenbar zu einer Art Schmiermittel für den Handel auf allen südlichen Meeren, von der südchinesischen Küste bis zum Mittelmeer. Die regelmäßige Verwendung des Dezimalsystems mit numerischer Notation und der Rechentafel war eine der wichtigsten Begleiterscheinungen dieses Handelswachstums. Der Wert solcher Hilfsmittel für die Erleichterung von Rechenvorgängen aller Art läßt sich kaum überschätzen und nur mit der Verbreitung der Schriftbeherrschung vergleichen, welche die Erfindung der alphabetischen Schrift rund 2300 Jahre früher ermöglicht hatte.

Der Fernhandel auf den südlichen Meeren hing, von dieser Vereinfachung des Rechnens abgesehen, von einer Vielzahl institutionalisierter Konventionen ab. Regeln für Geschäftspartnerschaften, Mittel zur gerichtlichen Regelung von Vertragsstreitigkeiten und Wechsel, die unter minimaler Mitnahme harter Währung die Begleichung von Schulden über weite Entfernungen ermöglichte, waren vermutlich weltumspannend verbreitet. Das gleiche gilt für die Organisation auf den Schiffen – den Modus der Gewinnaufteilung an die Besatzung, die Kommandogewalt, die Versicherung gegen Schiffsverluste und dergleichen mehr. Die muslimischen und christlichen Gepflogenheiten auf diesem Gebiet waren nahezu identisch; das wenige, was man von der Art weiß, wie die Chinesen den maritimen Fernhandel betrieben, scheint dem ziemlich genau zu entsprechen.[65]

Dabei waren die Meere nicht das einzige wichtige Medium des Fernhandels. Schon um den Beginn der christlichen Zeitrechnung hatten erste Karawanenzüge China mit dem Vorderen Orient und mit Indien verbunden. Tragtierkolonnen, die durch die Wüsten oder Halbwüsten Zentralasiens von Oase zu Oase zogen, ähnelten Schiffen auf der Fahrt von einem Hafen zum andern. Die Bedingungen für erfolgreiche Unternehmen dieser Art waren ähnlich. Die Schutzabgaben mußten sich durch den üblichen Prozeß einpendeln, bis eine Höhe gefunden war, auf der die jeweiligen Herrscher und die Fernhändler einander am effizientesten von Nutzen sein konnten.

Solche Vereinbarungen waren allzeit störanfällig. Lokale Machthaber waren immer in der Versuchung, Karawanen auszuplündern oder Handelswaren ohne Umstände zu konfiszieren, und alternative Überlandrouten ließen sich schwerer finden als neue Wege auf offener See. Dennoch wurden die Karawanen-Verbindungen zwischen China und Westasien nach den ersten erfolgreichen Versuchen nie auf lange Zeit unterbrochen. Im Laufe des folgenden Jahrtausends drangen die Bräuche und Einstellungen, die das Gedeihen des Karawanenhandels ermöglichten, allmählich nordwärts in die Steppen- und Waldzonen Eurasiens vor. Nach und nach trat ein Nord-Süd-Handel mit Sklaven und Fellen im Austausch gegen die Güter der Zivilisation zu dem ost-westlichen Warenstrom, der ursprünglich den Karawanenverkehr getragen hatte.

Allerdings sind die Belege dürftig und gleichsam nur indirekt. Das nach Norden gerichtete Vordringen von Handelsbeziehungen zeigte sich vor allem in der Ausbreitung zivilisierter Religionen unter den Oasen- und Steppenvölkern Asiens – des Buddhismus, Nestorianismus, Manichäismus, Judaismus und, am erfolgreichsten, des Islam. Tributgesandtschaften, wie sie schon die Han-Epoche gekannt hatte, als Nomadenführer die chinesische Hauptstadt aufsuchten und vom Kaiser ,Geschenke' empfingen, die sie ihrerseits mit ,Geschenken' vergalten, bezeugen gleichfalls, daß eine ritualisierte und stark politisierte Art des Handels in die Steppe vordrang. Im wesentlichen aber wissen wir nicht sehr viel darüber, wie Nomaden und Händler symbiotische Beziehungen zueinander eingingen.[66]

Doch Hirtennomaden fanden die Vorteile des Handels mit zivilisierten Bevölkerungen sehr überzeugend. Vom symbolischen Wert von Luxusgegenständen und dem praktischen Nutzen von Metall für die Herstellung von Werkzeugen und Waffen abgesehen, konnte ein nomadischer Stammesverband seine Versorgung mit Nahrungsmitteln auf eine breitere Basis stellen, wenn er seine höchst proteinreiche Kost dadurch modifizierte, daß er einige von seinen Tieren und tierischen Produkten gegen Getreide eintauschte. Die oberen Klassen der zivilisierten Gesellschaften – namentlich in China, wo die Viehzucht unterentwickelt war – waren bereit, großzügig für Tiere und Tierprodukte zu zahlen, weil ihre Arbeitskräfte gleichwertige Viehbestände nicht annähernd so billig züchten konnten.

Chinas Handel mit den Nomaden erreichte unter den Han einen ziemlich hohen Organisationsgrad,[67] aber es ist unmöglich, die Schwankungen insgesamt oder die regionalen Fluktuationen zu verfolgen, die extrem gewesen sein müssen. Vermutlich nahmen die Handelsbeziehungen zwischen Steppe und Ackerbaugebieten während des ersten Jahrtausends christlicher Zeitrechnung eher an Gewicht zu. Der prominente Rang, den Kaufleute zur Zeit ihres höchsten Ansehens in der mongolischen Gesellschaft einnahmen, bezeugt, daß Handel und Händler bei den Erben Dschingis-Khans in guter Hut waren.

Die Eroberung Chinas durch die Mongolen im 13. Jahrhundert erschloß Angehörigen nomadischer Stämme neue Möglichkeiten. Unter Kublai und seinem Nachfolger erhielt beispielsweise die Garnison in Karakorum pro Jahr mehr als eine halbe Million Scheffel Getreide aus China, transportiert auf Fuhrwerken, die für die Hin- und Rückfahrt vier Monate brauchten.[68] Solche Lieferungen ergänzten das Fleisch und die Milchprodukte, die an Ort und Stelle verfügbar waren, so daß mehr Menschen in der Steppe überleben konnten, als dies sonst möglich gewesen wäre. Doch die Abhängigkeit von Getreidelieferungen aus großer Entfernung bedeutete auch, daß eine Katastrophe eintreten konnte, wenn sie unterbrochen wurden. Solange Mongolen China beherrschten, war die Getreidezufuhr gesichert, doch als die Ming-Dynastie an die Macht kam (1368), gerieten chinesische Mächtige in die Versuchung, mittels eines Getreideembargos ihre Nachbarn in der Steppe unter Druck zu setzen. Dies taten sie tatsächlich im Jahr 1449. Die mongolische Antwort war Krieg, mit dem Ergebnis, daß die Person des Kaisers gefangengenommen wurde.[69] Jede schwächere Reaktion hätte zumindest für einen Teil der Steppenbevölkerung den Hungertod bedeutet.

Der Hinweis ist angebracht, daß die Nomaden (und ebenso die Viehzüchter im mediterranen Europa, die mit ihren Herden wanderten) diese Verwundbarkeit mit den Stadtbewohnern gemeinsam hatten. Auch über urbane Einwohnerschaften brach eine Katastrophe herein, wenn die Nahrungsmittelzufuhr längere Zeit unterbrochen wurde. Städte, namentlich Großstädte, konnten nur mittels eines ungestört funktionierenden Transportsystems bestehen, das Nahrungsmittel aus großen Entfernungen herbeischaffte. Nomaden und Viehzüchter eigneten sich besonders gut dafür, den Überlandverkehr zur Versorgung von tief im Land liegenden Städten zu übernehmen, da sie Tragtiere in großer Zahl besaßen. Man kann also sicher sagen, daß ein soziales Bündnis zwischen Stadtbewohnern und Viehzüchtern zum Rückgrat der islamischen Gesellschaft wurde. Dieses Bündnis verbreitete sich von seinem Entstehungsort in Arabien über den größten Teil des Vorderen Orients, indes die Stadtbewoh-

ner überzeugt oder gezwungen wurden, im Zusammenwirken mit Nomaden die Getreide anbauende Bevölkerung auszubeuten. Was die jeweiligen Ackerbauern betraf, so waren sie praktisch wehrlos, durch den
alltäglichen Ablauf des Lebens im Boden verwurzelt und außerstande, die
Mobilität (oder Beteiligung am Markt) zu erlangen, von dem das Leben
des Städters wie des Viehzüchters schließlich abhängig wurde.[70]

Vorwegnehmend, was sich im 11. Jahrhundert auf den Meeren abspielte, scheinen die Verbindungen zwischen Steppenvölkern und zivilisierten
Gebieten im 10. Jahrhundert eine kritische Schwelle überschritten zu haben. Um das Jahr 960 drangen Turk-Stämme in die zentralen Regionen
der islamischen Welt in solcher Zahl ein, daß sie in Persien und Mesopotamien die Macht an sich reißen konnten. Ein anderes Turkvolk, die
Petschenegen, strömte 970–80 in die Ukraine ein und schnitt die Russen
von Byzanz ab. Gleichzeitig bildete sich längs der chinesischen Nordwestgrenze eine Reihe neuer, beunruhigend mächtiger Staaten, beginnend mit dem Reich der Kitan (907–1125).

In diesen politischen Ereignissen spiegelte sich der Umstand, daß in
China wie im Vorderen Orient (allerdings vielleicht nicht bei den Petschenegen) im 10. Jahrhundert die militärische Organisation und Tüchtigkeit der Nomaden über frühere Stammesgrenzen hinausdrängten. Dies
hing zum Teil mit einer Verbesserung der Ausrüstung zusammen. Mit
Metall bedeckte Brustpanzer und Helme beispielsweise wurden zur All-
tagserscheinung, als der Handel mit zivilisierten Gesellschaften Nomaden wie den Kitan den Zugang zu solchen Produkten erschloß. Die Kitan
lernten auch den Umgang mit Belagerungsmaschinen – Katapulten und
dergleichen – und überwanden damit die frühere Machtlosigkeit berittener Nomadentrupps, wenn sie auf befestigte Plätze stießen. Doch die
neue militärische Ausrüstung war minder wichtig, als es neue Muster der
gesellschaftlichen und militärischen Organisation waren. Im Laufe des
10. Jahrhunderts schlugen zivilisierte Vorbilder der Kommandostruktur
und militärischen Disziplin bei Steppenvölkern Wurzeln und verdrängten alte Stammesstrukturen oder modifizierten sie zumindest. Die Kitan
beispielsweise organisierten ihr Heer nach dem Dezimalsystem, mit
Kommandeuren für Einheiten aus zehn und hundert Männern und so
fort, ebenso wie die alten Assyrer es getan hatten. Die Türken, die sich in
Persien und Mesopotamien zu Herren aufschwangen, wurden noch radikaler enttribalisiert. Sie waren zu Sklavensoldaten im Dienst von Herrschern zivilisierter Lande geworden, bevor sie selbst die Macht an sich
rissen.[71]

Die Stärkung der nomadischen Militärmacht durch eine wechselseitige
Durchdringung mit zivilisierten Gesellschaften fand ihren Höhepunkt im
13. Jahrhundert. Dschingis-Khan (1206–27) vereinte beinahe alle Steppenvölker unter einer einzigen militärischen Befehlsstruktur. Sein Heer

war gleichfalls nach dem Dezimalsystem gegliedert, auf allen Stufen (Zehner-, Hunderter-, Tausendereinheiten) von Männern geführt, die sich den Anspruch auf ein Kommando durch Erfolge im Feld erworben hatten. Während dieses furchtgebietende Heer, ständig an Stärke zunehmend (besiegte Gegner aus der Steppe wurden einfach in die Struktur eingegliedert und begannen von der Pike auf als einfache Soldaten), in zivilisierte Gebiete Nordchinas und Zentralasiens eindrang, übernahmen die mongolischen Befehlshaber jede neue Waffenart, der sie begegneten. So brachten sie auf ihrem Kriegszug im Jahr 1241 chinesische Sprengstoffe nach Ungarn, und in China setzten sie muslimische Belagerungsmaschinen ein – machtvoller als alle, die die Chinesen bis dahin erlebt hatten –, als sie 1268–73 gegen das Südliche Sung-Reich marschierten. Ähnlich eignete sich, wie wir schon erwähnt haben, Kublai Khan die Flotte der Südlichen Sung an und verwandelte sie dann in eine Hochseemarine, um Japan und andere Gebiete in Übersee anzugreifen.

Doch die gewaltigen Erfolge, die den mongolischen Waffen im 13. Jahrhundert zufielen, trugen bereits ihre eigene Rache in sich. Wie es schon anderen Eroberern aus der Steppe widerfahren war, untergruben nach zwei, drei Generationen die Genüsse und Annehmlichkeiten der Zivilisation den kriegerischen Geist und Zusammenhalt in den mongolischen Garnisonen. Dies war normal und nicht anders zu erwarten. 1371 war der letzte mongolische Soldat aus China hinausgetrieben. In Westasien und Rußland wurden die Mongolen nicht vertrieben, sondern am Ende des 13. Jahrhunderts, als das Untertanenverhältnis zum Großkhan in Peking sogar seine rituelle Bedeutung eingebüßt hatte, von der zahlenmäßig überlegenen türkisch sprechenden Kriegerbevölkerung der westlichen Steppe aufgesogen.

Doch zusätzlich zu diesem normalen Lauf der Dinge, wonach Eroberer aus der Steppe von zivilisierten Gemeinschaften teils absorbiert, teils zurückgeschlagen wurden, schwächten zwei zufällige Nebenprodukte der Mongolenherrschaft in Asien die Steppenvölker gegenüber ihren zivilisierten Nachbarn radikal. Das eine war die demographische Katastrophe, die mit dem ersten Auftreten der Pest (1346) über die eurasischen Nomaden hereinbrach. Der Pestbazillus wurde vermutlich im 14. Jahrhundert zum erstenmal unter Nagetier-Populationen der Steppe epidemisch. Die Infektion war mutmaßlich von mongolischen Reitern von ihren Kriegszügen in Yünnan und Burma eingeschleppt worden, wo die Pest unter Nagern bereits endemisch war. Sobald sich der Bazillus in der Steppe festsetzte, sahen sich nomadische Populationen einer höchst bedrohlichen Infektion ausgesetzt, wie man sie dort noch nie erlebt hatte. Die Folge waren eine radikale Entvölkerung, ja, sogar die völlige Preisgabe einiger der besten Weidegründe Eurasiens.

Vielleicht entwickelte sich bei Steppenvölkern nach und nach eine spezielle Lebensweise, die sie wirksam gegen die neue Infektion abschirmte. Zweifellos geschah dies im mandschurischen Teil der Steppe, wo in den zwanziger Jahren entsprechende Praktiken geübt wurden, als der letzte ernste Ausbruch der Pest bei einer menschlichen Population in diesem Teil der Welt stattfand. Doch eine solche Umstellung brauchte ihre Zeit. Nach 1346 wurden die Steppenvölker zwei Jahrhunderte lang oder noch länger offenbar von einer neuartigen und tödlichen Krankheit dezimiert, welche die mongolische Expansion über bis dahin unüberwindliche Distanzen eingeschleppt hatte.[72]

Die dadurch bewirkte Unterbrechung der demographischen Bewegung aus der Steppe zu Ackerbaugebieten legte eine der seit langem anhaltenden Grundströmungen menschlicher Migration in der östlichen Hemisphäre lahm. Als dann die demographische Erholung der Steppenvölker einsetzte, kam ein neuer Faktor ins Spiel, der sich gleichfalls auf den Ausbruch der Mongolen aus älteren geographischen Begrenzungen zurückführen läßt: der Gebrauch von Feuerwaffen, die auf dem Schlachtfeld gegen nomadische Bogenschützen eingesetzt werden konnten. Wirkungsvolle Handfeuerwaffen standen den Heeren zivilisierter Länder insgesamt zwar erst nach etwa 1550 zur Verfügung, doch während sie sich ausbreiteten, erlebte die Überlegenheit der Nomaden im Kampf ihre endgültige Erosion. Nun drangen nicht mehr Nomaden, wie es ihnen seit ungefähr 800 v. Chr. möglich gewesen war, in Ackerbaugebiete vor, sondern Bauern begannen in die kultivierbaren Teile der eurasischen Grassteppe einzudringen und Äcker anzulegen, wo es vordem fast ausschließlich Weideland gegeben hatte. Die ostwärts gerichtete Expansion Rußlands und die westwärts gerichtete Chinas unter der Mandschu-Dynastie, zwischen 1644 und 1911, waren politischer Ausdruck dieser Umkehrung der Migrationsverläufe. Es hat etwas Ironisches, wenn man bedenkt, daß die Verbreitung der Feuerwaffen, die Mitte des 18. Jahrhunderts endgültig zum Niedergang der Steppenvölker führte, ein Nebenprodukt der militärischen Erfolge der Mongolen und der radikalen Rationalität war, die sie in der Waffenkonstruktion, in Logistik und Befehlsstruktur gezeigt hatten. Und doch war es so.

Im Vorderen Orient und in Indien errangen zwischen dem 10. und dem 16. Jahrhundert türkische Krieger im Verein mit städtischen Bevölkerungen aus Arabern, Iranern und Indern die Macht. Krieger nomadischer Abstammung eigneten sich die islamische Stadtkultur an und verbanden sich dann mit Kaufmannschaft und Handwerk der Städte, um gemeinsam die kleinbäuerlichen Getreideproduzenten des flachen Landes mit einer Rücksichtslosigkeit auszubeuten, die vielleicht eine Drosselung der wirtschaftlichen Entwicklung in den mittleren Regionen Eurasiens zur Folge hatte.[73] Ob aus diesem oder aus anderen Gründen, im arabischen Herzland des Islam trat anscheinend eine ökonomische Zersplitterung ein.

Kaufleute im heutigen Irak und in umliegenden Gebieten brachten es im
10. und 11. Jahrhundert zu höherem Wohlstand und Sozialprestige als
jemals vorher, doch nach 1200 ging es mit ihrem gesellschaftlichen Rang
und wahrscheinlich auch mit ihrem Wohlstand bergab.[74] Das Bewässe-
rungssystem im Irak verfiel, und entsprechend nahm die potentiell hohe
Produktivität des Landes ab. Vielleicht brachte der Klimawechsel, der im
13. Jahrhundert Nordwesteuropa besonders begünstigte, mit warmen,
trockenen Sommern und entsprechend guten Getreideernten, dem Vorderen Orient Dürre und Verfall der Landwirtschaft. War dem so, dann
müssen sich, selbst in der näheren Umgebung von Städten, die Weidege-
biete auf Kosten der Getreidefelder ausgeweitet haben, und diese Entwicklung dürfte tendenziell das nomadische Element innerhalb der politisch organisierten Gesellschaft belebt und gestärkt haben.[75]

Jedenfalls versäumte es die muslimische Welt, die neuen technischen
Möglichkeiten, die sich mit der Verbreitung chinesischer Fertigkeiten im
Gefolge der Einigung Eurasiens durch die Mongolen erschlossen, voll
auszunutzen. Zwar machten sich die osmanischen Türken Verbesserungen der Geschützkonstruktion zunutze, um 1453 Konstantinopel zu erobern, doch die Kanonen für Mohammed den Eroberer goß ein Ungar.
Anscheinend hatten bereits Mitte des 13. Jahrhunderts Geschützgießer in
der lateinischen Christenheit einen technischen Vorsprung vor denen in
anderen Gegenden der zivilisierten Welt, einschließlich Chinas, gewonnen.

Wie die lateinische Christenheit dieses überlegene Können erlangte und
mit welcher Rücksichtslosigkeit sie in den folgenden Jahrhunderten daran ging, die Kriegführung effektiver und mit größerer Begeisterung als
alle anderen Völker der Erde zu kommerzialisieren, das ist das Thema des
nächsten Kapitels.

# 3. Kapitel

# Das Geschäft des Krieges in Europa
## 1000—1600

Um das Jahr 1000 war das christliche Abendland überwiegend ländlich geprägt. Fast alle Menschen lebten in Dörfern. Ihre sozialen Rollen wurden bestimmt durch die Wechselwirkung von Tradition und persönlicher Fähigkeit. In Zeiten der Not mußte jeder, der physisch dazu in der Lage war, Hilfe bei der örtlichen Verteidigung leisten – ob er nun Dinge von Wert in Sicherheit brachte oder sich der Bürgerwehr anschloß. Die Ausbreitung des Rittertums freilich machte die Verteidigung gegen räuberische Elemente zu einer Sache weniger Männer, die im Kriegshandwerk ausgebildet waren. Ihre Waffen und Rüstungen wurden von Waffenschmieden hergestellt; über die Art der Herstellung und Distribution der Waffen und Harnische, deren die Ritter sich bedienten, ist nur sehr wenig bekannt.[1] Die Dorfbewohner unterstützten die neuen militärischen ‚Experten‘ mit Naturalienbeiträgen. Umfang und Art solcher Abgaben nahmen rasch Gewohnheitscharakter an und stabilisierten die gesellschaftlichen Beziehungen auf der Basis des Unterschieds zwischen Rittern und Gemeinen.

Priester, Mönche und Barden fügten sich mühelos in diese einfache soziale Hierarchie ein, doch die Handvoll Kaufleute und die umherziehenden Händler, die gleichfalls in dieser ländlichen Gesellschaft ihr Auskommen suchten, stellten einen potentiellen Störfaktor dar, denn ein marktbestimmtes Verhalten war der sozialen Mentalität des Dorflebens völlig fremd. Die Kaufleute oder ambulanten Kleinhändler kamen als Fremde in eine Umgebung, die ihnen mißtrauisch begegnete. Um ihre Verteidigung mußten sie sich selbst kümmern. Dies führte ein zweites relativ gut bewaffnetes Element in die Gesellschaft ein. Mit der Ritterschaft des flachen Landes war es nur durch eine Reihe ausgehandelter, doch instabiler Stillhalteabkommen verbunden.

Man kann es auch so beschreiben: Mehrere Jahrhunderte vor und nach dem Jahr 1000 zwang die militärische Schwäche der großen Territorialgebilde in West- und Mitteleuropa die Kaufleute, Schutzabgaben in vergleichsweise kurzen Abständen immer wieder neu auszuhandeln. Die europäischen Kaufleute, die sich in einer kriegerischen, zur Gewalt neigenden Gesellschaft bewegten,[2] hatten die Alternative, eine ausreichende Gefolgschaft um sich zu scharen und zu bewaffnen oder aber den jeweiligen lokalen Machthabern einen Teil ihrer Handelsgüter für sicheren

Durchzug anzubieten. In anderen zivilisierten Gesellschaften (Japan möglicherweise ausgenommen) zeigten sich die Kaufleute weniger bereit, selbst von Waffen Gebrauch zu machen, und mehr Neigung, die auf Pacht- und Steuerleistungen gestützten Autoritäten mit Abgaben zu befriedigen, um dafür Schutz zu erhalten.

Die Verschmelzung des militärischen mit dem kommerziellen Geist, die für die europäischen Kaufleute kennzeichnend war, hatte ihre Wurzeln in einer barbarischen Vergangenheit. Wikinger als Räuber und Händler waren die Vorfahren der Kaufleute der nördlichen Meere im 11. Jahrhundert. Ein erfolgreicher Pirat mußte immer irgendwo einen Teil seiner Beute veräußern, um davon anderes kaufen zu können. Im Mittelmeerraum ging die unscharfe Trennung von Handel und Piraterie bis auf die Mykener zurück. Zwar verdrängte der Handel die Seeräuberei, als es den Römern im 1. Jahrhundert gelang, die organisierte Gewalt zu monopolisieren, doch die alten Mehrdeutigkeiten lebten im 5. nachchristlichen Jahrhundert wieder auf, als die Vandalen ihre Flotte auf See schickten. Danach, vom 7. bis zum 19. Jahrhundert, diente die wechselseitige kulturelle Abneigung von Christen und Mohammedanern als Rechtfertigung dafür, auf dem Meer, das Europa im Süden begrenzte, einen permanenten Raubkrieg zu betreiben.

Die Rittergesellschaft des christlichen Abendlandes, die sich ungefähr in den letzten hundert Jahren vor 1000 herausbildete, unternahm ausgedehnte Eroberungszüge und Kolonialisierungsunternehmungen. Das bekannteste Beispiel ist die Normanneninvasion Englands 1066, doch geographisch weiter gespannt war die Expansion östlich der Elbe, wo in der Mitte des 13. Jahrhunderts deutsche Ordensritter und Siedler ihre Herrschaft über die norddeutsche Ebene bis nach Preußen ausdehnten. Weiter östlich und nördlich, längs der baltischen Küste bis zum Finnischen Meerbusen, wurde die eingesessene Kleinbauernschaft im selben Jahrhundert von deutschen Rittern unterworfen. Auch in anderen Grenzsäumen zeigten Christen eine bemerkenswerte Aktivität: in Spanien und in Süditalien auf Kosten von Mohammedanern und Byzantinern und am spektakulärsten in der fernen Levante, wo der Erste Kreuzzug (1096–99) ein Ritterheer bis nach Jerusalem führte.

Doch gegen das Jahr 1300 hatte diese Expansionsbewegung ihre Grenzen erreicht. Klimatische Hindernisse stellten sich einer unbegrenzten Ausdehnung des mit dem Streichblechpflug kultivierten Ackerlandes in den Weg, das die Grundnahrung für die westeuropäische Bevölkerung lieferte. Wenn das Verhältnis zwischen Saatgut und Ertrag zu tief sank (wie es in den wenig fruchtbaren Gegenden Spaniens oder im kalten Nord- und Osteuropa der Fall war), mußten die schweren Pflüge samt den Zugtieren weniger aufwendigen landwirtschaftlichen Techniken weichen. In den gleichen Grenzgebieten ging das relativ dicht besiedelte

Land in dünner bevölkerte Landstriche über, wo Viehzucht, Jagd, Sammeln und Fischen eine wichtigere Rolle spielten als in der europäischen Zentralregion. Überall dort, wo vom Rittertum getragene Eroberungen die Nutzungsmöglichkeit des Streichblechpfluges hinter sich ließen, unterschieden sich die gesellschaftlichen Strukturen von denen der westeuropäischen Herzlande. Die politischen Regimes, die dort entstanden, waren vielfach instabil und kurzlebig, so in der Levante, wo die Kreuzfahrerstaaten nach 1291 verschwanden, oder auf dem Balkan, wo die Lateinerherrschaft, Folge des Vierten Kreuzzugs (1204), bereits 1261 weitgehend durch eingesessene Fürsten verdrängt war. In Spanien und Irland hingegen sowie längs der östlichen Küste des Mare Balticum entwickelten sich die aus Eroberung entstandenen Gesellschaften zu dauerhaften Randgebilden der europäischen Christenheit. Ähnlich nahmen in Polen, Böhmen und Ungarn Königreiche, die sich im Abwehrkampf gegen deutsche Ritter konsolidierten, eine Form an, die von der ritterlich-bäuerlichen Struktur des westlichen Europa verschieden, doch mit ihr eng verwandt war.[3]

## Das Geschäft des Krieges in Norditalien – Wegbereiter

Die militärische Expansion der europäischen Christenheit im 11. Jahrhundert ging einher mit einer Ausdehnung der Entfaltungsmöglichkeiten für marktorientiertes Verhalten. Wie in China während der gleichen Periode übernahmen Gegenden, in denen Transport und Verkehr vergleichsweise wenig behindert waren, die Führung. Im mediterranen Bereich wurde die kommerzielle Entwicklung auch dadurch gefördert, daß man bereitwillig von höherentwickelten Gesellschaften (vor allem von der byzantinischen und muslimischen) Fertigkeiten übernahm. Diese Konfiguration gab Italien zunächst den Vorrang. Ein sekundäres Handelszentrum entstand in den Niederlanden mit den schiffbaren Flüssen Rhein, Maas und Schelde. Überlandrouten verbanden diese beiden Hauptzentren kommerzieller und handwerklicher Aktivitäten, und der Wirtschaftsverkehr zwischen diesen Regionen erreichte seinen Höhepunkt auf einer Reihe von Messen, die in der Champagne abgehalten wurden. Schritt für Schritt wurden immer mehr Zeit und Mühe an eine für Märkte bestimmte Produktion gewandt, zuweilen auch für Märkte in ziemlich großer Entfernung. Die Spezialisierung führte zu vermehrtem Wohlstand und veränderte die gesellschaftlichen Verhältnisse zugunsten kapitalistischer Kaufleute. Gegen Ende des 12. Jahrhunderts wurde in den rührigsten Wirtschaftszentren die Vorrangstellung der Ritterschaft in Frage gestellt und damit Machtverhältnisse, die auf ländlichen Beziehungen beruhten.

Diese sozialen und ökonomischen Veränderungen gewannen angesichts einer fortschreitenden Schwächung des Rittertums im Krieg an Bedeutung. Im 11. Jahrhundert hatten es ein paar Hundert normannische Ritter zuwege gebracht, Süditalien und Sizilien ihrer Herrschaft zu unterwerfen; ein paar Tausend reichten hin, am Ende des Jahrhunderts Jerusalem zu erobern und zu behaupten. Doch im 12. Jahrhundert (1176) erlitt beim norditalienischen Legnano ein Ritterheer eine unerwartete Niederlage, als es vergebens gegen Pikeniere anstürmte, die der Lombardische Städtebund ins Feld geschickt hatte. Dabei hatte die so demonstrierte militärische Macht des Bundes im Grunde defensiven Charakter. Das gleiche galt für die Stadtmauern, die man überall zu errichten begann, innerhalb derer Händler und Handwerker so zahlreich geworden waren, daß sie dieses Schutzes bedurften und dafür zahlten.

Die Folge war, zumindest in Italien, daß eine Pattsituation zwischen älteren und neueren Formen der Krieg- und der gesellschaftlichen Führung eintrat. Bewaffnete Städter trachteten danach, das umliegende Land unter ihre Kontrolle zu bringen. Denn wie anders sollten sie auch den Transport ihrer Handelswaren und die pünktliche Anlieferung von Nahrungsmitteln in die Städte sichern? Zuweilen erwies sich eine Übereinkunft zwischen den ländlichen Grundbesitzern und den Oberhäuptern nahegelegener Städte als möglich; mitunter zogen adelige Grundbesitzer in die Stadt, um mit der städtischen Patrizierklasse zu konkurrieren. Dazu kam noch, daß vom 11. Jahrhundert an die rivalisierenden Ansprüche von Kaiser und Papst Italien spalteten. Beide strebten nach einer umfassenden Hegemonie über die Vielzahl der Herrschaftsbereiche, konnten aber nur sporadisch eine Oberherrschaft durchsetzen.

Das militärische Gleichgewicht der Kräfte innerhalb Italiens war ebenso unsicher wie das politische. Kaufleute, Handwerker und ihr Anhang in den großen Städten konnten sich gegen Angriffe von Rittern verteidigen, solange sie die Disziplin hielten, die vonnöten war, um die Stadtmauern zu bemannen oder einen Trupp Pikeniere gegen den Feind aufzubieten. Doch dies war nicht leicht in einer Welt, in der die engen sozialen Bindungen rasch einem marktorientierten Verhalten wichen, das Menschen und Geschehnisse auf Hunderte von Meilen beeinflußte. Innerer Hader schwächte die Wehrbereitschaft der Städte. Die Parteiungen wurden genährt von den größeren politischen Kontroversen auf der Halbinsel und vielfach noch durch Interessenkollisionen zwischen reich und arm, Brotherren und Abhängigen vergiftet. Unter diesen Umständen gewann die Praxis, Fremde in Dienst zu nehmen, die für die Bürgerschaft kämpften, zunehmend an Bedeutung. Doch dies hieß, daß die zweideutige Beziehung zwischen Dienstherr und Dienstnehmer, die schon in das Leben innerhalb der wohlhabenderen italienischen Städte Zwist trug, sich auch auf militärische Fragen ausdehnte.

Und während die Spezialisierung in Handel und Handwerk sich auf immer mehr Menschen auszuwirken begann, verfiel der wirksame Regulator der primären Beziehungen innerhalb der lokalen Gemeinschaften, der das Alltagsverhalten der Menschen steuerte. Dies führte zu enormen Problemen der Lenkung von Gesellschaft und Militärwesen. Einige Städte in Norditalien fanden darauf eine wirkungsvolle, ja bahnbrechende Antwort, denn innerhalb ihrer Mauern begannen nun unpersönliche Marktbeziehungen das Verhalten von Tausenden und Abertausenden zu bestimmen.

Zwischen dem 11. und dem 13. Jahrhundert trat ein neuer Faktor in den Vordergrund, als Städte wie Barcelona und Genua die Armbrustproduktion derart ausweiteten, daß diese Waffe eine ausschlaggebende Bedeutung auf dem Schlachtfeld gewann. Die Armbrust war anfänglich vor allem für die Verteidigung von Schiffen geschätzt worden, da Armbrustschützen im Mastkorb das Entern selbst eines nur schwach bemannten Kauffahrteischiffes sehr erschweren konnten. Doch in den letzten Dekaden des 13. Jahrhunderts wurden die Armbrustschützen so geschickt und so zahlreich, daß sie nun auch im Landkrieg eine erhebliche Rolle spielten. Die sieggewohnte Katalanische Kompanie demonstrierte zwischen 1282 und 1311 die neu entdeckte Angriffskapazität von Armbrustschützen, selbst wenn sie den imposantesten Reitern ihrer Zeit gegenüberstand. Die Katalanen vernichteten zuerst 1282 in Sizilien ein (zumeist aus Franzosen bestehendes) Ritterheer und schlugen dann in den folgenden Jahrzehnten mit gleicher Bravour auf verschiedenen balkanischen und anatolischen Schlachtfeldern die leichte Reiterei der Türken. Wie in China erforderte die Herstellung schußkräftiger Armbrüste in großen Mengen Spezialisten der Metallbearbeitung, aber die einfache Handhabung ließ diese Waffe zum großen Gleichmacher auf den Schlachtfeldern werden. Gepanzerte Reiter mußten nicht immer die Oberhand behalten, wenn jeder kräftige Gemeine einen Bolzen abschießen konnte, der imstande war, auf eine Distanz von vielleicht hundert Metern einen Ritter aus dem Sattel zu werfen. Kein Wunder, daß das Zweite Laterankonzil (1139) die Armbrust verbot, weil sie für den Einsatz unter Christenmenschen zu lebensgefährlich sei!

Armbrüste und Piken mußten durch Reiterei ergänzt werden, die Flankenschutz gab und den Gegner verfolgte, wenn er geschlagen war. Dies machte die Kriegführung offensichtlich weit komplizierter gegenüber einer Zeit, als der Frontalangriff einer Gruppe von Rittern die europäischen Schlachtfelder beherrscht hatte. Persönliche Tapferkeit, in Rittergeschlechtern von Generation zu Generation weitergegeben, genügte nicht mehr, Schlachten zu gewinnen oder die Vorrangstellung in der Gesellschaft zu wahren. Statt dessen war nun Kriegskunst gefragt, wurde nun ein Befehlshaber notwendig, der Piken, Armbrüste und Reiterei koordinieren konnte. Durch Schulung des Fußvolkes mußte für Geschlossenheit gesorgt werden, denn wenn die Formation auseinanderbrach, fanden einzelne Pikeniere sich angreifenden Rittern ausgeliefert; und die Zeit, die für das Spannen einer Armbrust notwendig war, machte auch die Schützen nach jedem Schuß, den sie abgaben, verwundbar, falls nicht irgendeine Feldbefestigung oder eine geschlossene Phalanx von Pikenieren der eigenen Seite sie schützen konnten, bis sie neuerlich schußbereit waren.

So verwundert es nicht, daß italienische Stadtbürger außerstande waren, die ausgetüftelte Koordination, die für eine Kriegführung dieser Art vonnöten war, im Handumdrehen zu erlangen. Städte in anderen Gegenden Europas waren noch weiter hinter der Entwicklung her und verließen sich im wesentlichen auf passive Verteidigung hinter den Stadtmauern. Dennoch änderten sich mit dem Wandel, den die Stadtbewohner und ihr Handel zwischen 1000 und 1300 in die ländliche Gesellschaft trugen, die militärischen Kräfteverhältnisse in Europa von Grund auf. Im ganzen betrachtet, stärkte die Komplexität der neuen Kriegskunst ein begrenzt lokales Denken. Wenn es schon wohlhabenden Städten schwerfiel, die neuen Techniken zu nutzen, so war es doppelt schwierig für ältere Territorialgebilde – Fürstentümer, Königreiche und für das größte von allen, das Heilige Römische Reich –, von den neuen militärischen Mitteln nützlichen Gebrauch zu machen. Deshalb führten die sich wandelnden Formen ökonomischer und militärischer Macht, die im 11. und 12. Jahrhundert im lateinischen Europa aufkamen, im 13. zum Niedergang des imperialen Systems. Dem folgte eine Generation später das Scheitern der päpstlichen Aspirationen, auf den Ruinen des Heiligen Römischen Reiches eine Universalmonarchie zu errichten (bereits im Jahr 1305 klar zu sehen).

Das Reich wie das Papsttum waren Erbe der römischen Vergangenheit. Erinnerungen an diese Vergangenheit und ihren Ruhmesglanz hielten sich hartnäckig, zumindest unter den politischen Denkern, die sich erst im 17. Jahrhundert widerstrebend mit dem politischen Pluralismus rivalisierender souveräner Staaten abfanden. Wäre es den Päpsten Innozenz III. (1198–1216) und Bonifaz VIII. (1294–1303) gelungen, ihre Vision einer dem päpstlichen Regiment gehorsamen Christenheit zu verwirklichen, Männer des Schwertes wie Bauern und Stadtvolk dem Hirtenstab der Geistlichkeit zu unterwerfen, wäre das westliche Europa schließlich China ähnlich geworden, wo der Sohn des Himmels durch ein Beamtenkorps, durchdrungen vom konfuzianischen Geist, über Bauern, Städter, Grundbesitzer und Soldaten herrschte.

Natürlich war das Christentum etwas ganz anderes als der Konfuzianismus, doch es ist interessant zu sehen, wie viele Parallelen zu bürokratischen Prozeduren in China die Administration der Römischen Kirche aufwies. Eine zumindest rudimentäre Bildung war Voraussetzung für das Bischofsamt und andere Positionen in den höheren Rängen der Hierarchie. Ernennungen bedurften, zumindest dem Grundsatz nach, der päpstlichen Bestätigung. Die Ämter waren nicht erblich, und Laufbahnen, die dem Talent offenstanden, zogen häufig begabte und ehrgeizige Männer in die Ränge des Klerus. In all diesen Punkten ähnelten die Prälaten des 13. Jahrhunderts den konfuzianischen Beamten im China der Sung-Ära.

Dazu kam noch, daß die christliche Lehre dem Kommerzdenken ebenso feindlich gegenüberstand wie der Konfuzianismus. Die Verdammung des Wuchers war in der christlichen Theologie eindeutiger und emphatischer als alles, was in den konfuzianischen Texten stand, und das Mißtrauen zwischen Christen im geistlichen Gewand und Christen als Waffenträgern ähnelte der Kluft, die chinesische Mandarine von den Soldaten des Himmlischen Reiches trennte. Hätte sich die päpstliche Monarchie durchsetzen lassen, wäre die Geschichte Westeuropas zwar nicht der bürokratischen Entwicklung Chinas gefolgt, doch die Divergenzen wären gewiß geringer ausgefallen, als es der Fall war. Aber das Streben des Papsttums nach faktischer Souveränität über die gesamte lateinische Christenheit scheiterte ebenso kläglich, wie vorher die Bemühungen der Kaiser gescheitert waren. Die Christenheit blieb in auseinanderstrebende politische Strukturen gespalten, die ständig im Streit miteinander lagen, ein heilloser Wirrwarr einander überlagernder territorialer und hoheitsrechtlicher Ansprüche.

Diese politische Situation ermöglichte es, daß in den rührigsten Wirtschaftszentren Westeuropas eine bemerkenswerte Verschmelzung von marktorientiertem und militärischem Verhalten gedieh. Im 14. Jahrhundert, als in Italien Söldnerheere zur Regel wurden, bahnte sich eine Kommerzialisierung der organisierten Gewalt an. Danach begannen Kräfte des Marktes und marktbestimmte Einstellungen sich wie kaum je vorher auf das militärische Handeln auszuwirken.[4] Die Kriegskunst entwickelte sich unter den Europäern mit einer Geschwindigkeit, die sie schon bald auf noch nicht erreichte Höhen führte. Die Geschichte des Erdballs zwischen 1500 und 1900 bezeugte Europas einzigartige Stellung in diesen Dingen, und das Wettrüsten, das in unserer Gegenwart noch immer die Kräftebilanz in der Welt belastet, rührt unmittelbar von jener intensiven Interaktion im militärischen Bereich her, die europäische Staaten und Privatunternehmer im 14. Jahrhundert einleiteten. Was geschah und wie es geschah, verdient deshalb eine sorgfältige Analyse.

Zunächst der allgemeine Hintergrund. In vielen Teilen Europas brachen kurz vor dem Ende des 13. Jahrhunderts schwere Zeiten an. In Italien und in den Niederlanden wurden unter dem Bevölkerungsdruck die Ressourcen knapp; das galt auch für die Versorgung mit Holz. Das

Klima wurde merklich kälter, und dies führte zu verbreiteten Hungersnöten. Krasse Interessengegensätze zwischen reich und arm, Brotherren und ihren Abhängigen brachten Unruhe in die europäische Gesellschaft, städtische Erhebungen und Bauernrevolten signalisierten einige dieser Probleme, verblaßten aber alle vor der demographischen Katastrophe, die 1364 einsetzte, als der Schwarze Tod Europa heimzusuchen begann. Innerhalb einer einzigen Generation starb ein Viertel bis ein Drittel der gesamten Bevölkerung Europas an einer Pestepidemie dahin. Erst nach 1480 erreichte die Bevölkerungszahl wieder die frühere Höhe.

Doch auch in dieser düsteren Epoche gab es gegenläufige Trends. Sie erwiesen sich auf lange Sicht sogar als bedeutsamer als der lange Katastrophenkatalog des Jahrhunderts. Zwischen 1280 und 1330 vollzog sich ein grundlegender Fortschritt im Schiffsbau,[5] mit dem Ergebnis, daß größere, fester gebaute und manövrierfähigere Schiffe zum erstenmal im Winter wie im Sommer sicher die Meere befahren konnten. Wettertüchtige Schiffe konnten schon bald ein dichteres Handelsnetz um die europäischen Küsten knüpfen, als es vordem möglich gewesen war. Die Preise für Wolle in Southampton, für Tuch in Brügge, für Alaun auf Chios, für Sklaven in Kaffa, für Gewürze in Venedig und für Metall in Augsburg, alle begannen nun, auf einem ganz Europa umspannenden Markt aufeinander einzuwirken. Wechsel erleichterten Zahlungen über weite Entfernungen. Der Kredit wurde zum Schmiermittel für den Handel wie auch für eine spezialisierte handwerkliche Produktion großen Umfangs. Eine stärker differenzierte, potentiell reichere, doch auch entsprechend verwundbare Wirtschaft begann mehr menschliche Leistungskraft zu steuern als in früheren Jahrhunderten. Städte in Norditalien und, an zweiter Stelle, in den Niederlanden blieben die Organisationszentren des gesamten Wirtschaftsverkehrs.

Geographisch gesehen wurden Gewässer, die früher praktisch voneinander getrennt gewesen waren, zum erstenmal zu einem einzigen großen Seeraum zusammengeschlossen. Das Schwarze Meer und die Nordsee kamen nun in den Bereich der Schiffe aus italienischen Häfen. Früher hatten die Gefahren der Seefahrt im Winter und auf stürmischem Meer zusammen mit politischen Barrieren an der Straße von Gibraltar, den Dardanellen und im Bosporus diese Seegebiete voneinander isoliert. Ähnlich verbanden deutsche Schiffe aus den Hansehäfen die Ostsee mit der Nordseeküste und damit auch mit den von den Italienern beherrschten Seewegen im europäischen Süden. Ja, die baltischen Länder traten im 14. Jahrhundert sogar in eine Zeit der Wirtschaftsblüte ein, in einer Periode, in der andere Teile Europas zuerst unter Übervölkerung zu leiden hatten und dann von der Pest und innerem Hader heimgesucht wurden. Aus dem Süden eingeführtes Salz ermöglichte es der Bevölkerung in den baltischen Ländern, Hering und Kohl für den Winter zu konservieren.

Dies verhalf den Menschen zu einer stark verbesserten Kost, und die Verbesserung der Ernährung sorgte schon bald für Arbeitskräfte, die für den Export in die nahrungs- und brennstoffarmen Niederlande und ihre Nachbarregionen Holz schlugen und Getreide anbauten.

Ein weiterer wirtschaftlich bedeutsamer Fortschritt vollzog sich auf dem Gebiet des Bergbaus. Im 11. Jahrhundert begannen deutsche Bergleute im Harz Techniken zu entwickeln, mit deren Hilfe sich durch festes Gestein bis in beträchtliche Tiefen vordringen ließ. Die Zerkleinerung und Beseitigung des tauben Gesteins war aber nur ein Teil des Problems. Nicht minder notwendig waren Belüftung und Entwässerung, ganz zu schweigen von den Fertigkeiten zum Aufspüren des Erzes und zu seiner Verhüttung. Während diese Techniken entwickelt wurden, die jeweils andere verstärkten beziehungsweise ihren Anwendungsbereich erweiterten, breitete sich der Bergbau in neue Regionen aus, im 13. Jahrhundert vom Harz ins Erzgebirge und dann im Verlauf des 14. und 15. Jahrhunderts nach Siebenbürgen und Bosnien. In Deutschland suchte man vor allem Silber zu gewinnen, aber auch Kupfer, Zinn, Kohle und Eisen ließen sich mit Techniken, die ursprünglich im Silberbergbau entwickelt worden waren, billiger und ergiebiger abbauen.[6]

So bietet insgesamt die wirtschaftliche Entwicklung Europas im 14. Jahrhundert ein nicht nur düsteres Bild. Wie bedrückend lokale Notsituationen und die Pestkatastrophe auch gewesen sein mögen, der Markt für Güter des Massenverbrauchs – Getreide, Wolle, Hering, Salz, Metalle, Bauholz und dergleichen mehr – expandierte sehr stark. Dies wirkte sich zunehmend auf die arbeitende Bevölkerung aus und machte den Kontinent insgesamt wohlhabender. Doch der neue Wohlstand blieb nicht ohne Risiken. Starke Preisschwankungen und Veränderungen von Angebot und Nachfrage stürzten von Zeit zu Zeit Tausende in Not, denn ihr tägliches Brot hing inzwischen von Geschehnissen auf fernen Märkten ab, auf die sie keinen persönlichen Einfluß nehmen konnten.

Gesteuert wurde die kommerzielle Wirtschaft Europas vor allem von Italienern, die ihre Geschäfte von Städten wie Venedig, Genua, Florenz, Siena und Mailand aus betrieben. Sie kauften und verkauften en gros, brachten neue Techniken in rückständige Regionen, gründeten oder reorganisierten zum Beispiel Salzbergwerke in Polen oder Zinngruben in Cornwall und gewährten insbesondere Kredite an große Herren, Geistliche und Bürger.

Die geistlichen, königlichen oder fürstlichen Administrationen ebenso wie Fernhandel, Bergbau, Schiffahrt und andere Großformen wirtschaftlicher Betätigung wurden allmählich von den Krediten italienischer Bankhäuser abhängig. Diese Beziehung war nicht einfach. Das Verbot des Wuchers im kanonischen Recht umgab Kreditgeschäfte mit dem Ruch des Unstatthaften. Skrupellose oder in Geldverlegenheiten befindliche Monarchen konnten sich auf das Sündhafte am Wucher berufen und damit eine Nichtanerkennung ihrer Schulden bemänteln. Es kam vor, daß ein solcher Schritt breitgefächerte Auswirkungen hatte. Der Bankrott des englischen Königs Eduard III. im Jahr 1339 beispielsweise löste eine allgemeine Finanzkrise in Italien und den ersten klar erkennbaren Konjunkturzyklus in der europäischen Geschichte aus.

Eine persönliche Teilnahme an der Verteidigung ihrer Heimatstädte konnte international tätigen Kaufleuten und Bankiers kaum als das Richtige erscheinen. Sie fanden es einfacher und bequemer, Leute in ihren Dienst zu nehmen, die die Mauern bemannten oder in die Schlacht ritten. Ein Söldner versprach auch einen besseren Kämpfer abzugeben als ein an sein Schreibpult gefesselter Bankier oder ein geplagter Geschäftsmann. Die Folge war, daß die Bürgermilizen, die im 12. und 13. Jahrhundert italienische Städte gegen jeden Angreifer verteidigt hatten, allmählich Söldnerverbänden zu weichen begannen.

Diese Veränderung hatte ihren Grund nicht nur in der Bequemlichkeit für die Reichen; auch die Armen empfanden den Kriegsdienst zunehmend als Belastung, denn die Kampagnen zogen sich immer mehr in die Länge und wurden beinahe zu einer Dauererscheinung. Nachdem im 11. und 12. Jahrhundert Städte ihr Umland unterworfen hatten, begannen sie um Grenzen zu streiten und gegeneinander Handelskriege zu führen. Eine Bürgermiliz war außerstande, Grenzstützpunkte, die nicht weniger als fünfzig Meilen von der Stadt selbst entfernt lagen, permanent mit Garnisonen zu versehen, da die Milizionäre es sich nicht leisten konnten, auf unabsehbare Zeit von zu Hause wegzubleiben.

Mit dem Aufkommen professionalisierter Truppenverbände wurde es immer unwahrscheinlicher, daß Milizionäre imstande waren, in einem Kampf die Oberhand zu behalten, denn der Erfolg hing wesentlich von der strategischen Koordinierung des Fußvolkes mit der Reiterei ab. Die Bürgermilizen in Italien wurden außerdem durch die zunehmende Entfremdung zwischen den oberen und unteren Klassen innerhalb der Städte selbst geschwächt. Arme und Reiche konnten nicht mehr ohne Vorbehalt zusammenwirken, sei es in militärischen, sei es in zivilen Angelegenheiten. Etwa um das Jahr 1350 waren daher die italienischen Bürgermilizen zu archaischen Überbleibseln der Vergangenheit geworden, von fragwürdigem militärischen Wert und nur noch selten aufgeboten. Statt dessen wurde die organisierte Gewalt im wesentlichen von Söldnertruppen ausgeübt, befehligt von Condottieri, die mit den Beauftragten der Städte Soldverträge über spezifizierte Leistungen und auf eine bestimmte Dauer abschlossen.[7]

Zunächst forderte der Verfall der primären Gruppensolidarität in den führenden Städten Italiens und der Bürgermilizen, in denen sie militärischen Ausdruck fand, ein Chaos heraus. Bewaffnete Abenteurer, vielfach über die Alpen gekommen, taten sich unter formlos gewählten Anführern zusammen und gingen dazu über, von der Erpressung städtischer Verwaltungen oder, wenn hinlänglich große Summen ausblieben, von der Ausplünderung des flachen Landes zu leben. Diese ‚freien Kompanien‘ nahmen im Lauf des 14. Jahrhunderts immer mehr zu. 1354 zog die größte dieser Banden, aus nicht weniger als 10 000 Bewaffneten bestehend und begleitet von einem ungefähr doppelt so starken Troß, durch die fruchtbarsten Gebiete Mittelitaliens. Sie ernährte sich vom Verkauf des Plünderungsgutes, das nicht an Ort und Stelle konsumiert wurde. Solche wandernden ‚Kompanien‘ waren eigentlich ambulante Städte, denn auch die Städte lebten davon, dem flachen Land Ressourcen zu entziehen, mittels einer Kombination von Gewalt oder Gewaltandrohung (Pachten und Steuern) einerseits und mehr oder minder vertraglich geregelter Tauschbeziehungen (Handwerksprodukte gegen Nahrungsmittel und Rohstoffe) andererseits.

Der Anblick eines blühenden Landstrichs, der von umherziehenden Banden plündernder Bewaffneter heimgesucht wurde, war ebenso alt wie die organisierte Kriegführung. Neuartig freilich war, daß in den reicheren italienischen Städten soviel Geld im Umlauf war, daß die Bürger sich selbst besteuern und die Erträge dazu verwenden konnten, bewaffnete Fremde zu mieten. Die Söldner brachten dann – einfach dadurch, daß sie ihren Sold ausgaben – das Geld wieder in Umlauf. Damit intensivierten sie den Wirtschaftsverkehr, der es solchen Städten überhaupt ermöglichte, die bewaffnete Macht zu kommerzialisieren. Das sich herausbildende System neigte mithin dazu, sich selbst am Leben zu erhalten. Das einzige Problem bestand darin, für beide Seiten akzeptable Formen und praktische Mittel für die Durchsetzung der Vertragsbedingungen zu entwickeln.

Aus der Sicht des steuerzahlenden Bürgers hing die Entscheidung, ob es wünschenswert sei, die Ungewißheit von Plünderungen durch die Gewißheit von Steuerzahlungen zu ersetzen, davon ab, wieviel er zu verlieren hatte und wie häufig mit dem Auftreten plündernder Banden zu rechnen war. Im Laufe des 14. Jahrhunderts kamen so viele Bürger zu dem Schluß, Steuern seien Plünderungen vorzuziehen, daß in den reicheren und besser regierten Städten Norditaliens eine Kommerzialisierung der organisierten Gewalt möglich wurde. Die Soldateska hatte genau parallele Motive, einen festen Sold den Risiken vorzuziehen, die damit verbunden waren, ausschließlich vom Plündern zu leben. Außerdem wurden mit der Entwicklung von Soldverträgen (italienisch *condotta*, daher *condottiere*) Regeln eingeführt, die genau die Umstände festlegten, unter denen Plünderungen zulässig waren. So verlor das Soldatenhandwerk, als es besoldet wurde, nicht ganz seine spekulative ökonomische Dimension.

Die Verschmelzung des militärischen Unternehmertums mit dem italienischen Marktsystem durchlief zwei deutlich unterscheidbare Phasen. In der Dekade nach 1380 waren die ‚freien Kompanien‘, die sich selbst gebildet hatten, verschwunden. Statt dessen wurde es zur Gewohnheit, daß Städte Verträge mit Condottieri abschlossen, die sich verpflichteten, für eine vereinbarte Summe einen Söldnertrupp anzuwerben und zu befehligen. Auf diese Weise konnte eine Stadt entscheiden, welcherart Streitmacht sie für eine bestimmte Kampagne einsetzen wollte, und mittels sorgfältiger Inspektion der fraglichen Truppe durften die Magistratsbeamten, als Vertreter der steuerzahlenden Bürger, hoffen, wirklich nur für das zu zahlen, was sie erhielten. Die Verträge wurden anfänglich nur für einen einzigen Feldzug, ja sogar für noch kürzere Zeitspannen abgeschlossen. Die Truppen wurden für spezielle Einsätze gemietet: den Angriff auf eine Grenzfestung einer Nachbarstadt oder dergleichen. Man betrachtete die Vereinbarung als Behelf für eine akute Situation.

Eine kurzfristige vertragliche Beziehung war jedoch mit relativ hohen Kosten verbunden. Jedesmal, wenn eine Vertragsfrist ablief, entstand für die Soldaten eine kritische Übergangssituation. Ließ sich keine neue Beschäftigung finden, standen sie vor der Wahl, vom Plündern zu leben oder sich irgendeiner friedlicheren Beschäftigung zuzuwenden. Ob man auseinandergehen oder als geschlossener Trupp beisammenbleiben sollte, war eine nicht weniger diffizile Entscheidung. Ein Söldnerführer, der sein Ansehen bewahren wollte, mußte neue Vertragspartner finden. Ein häufiger Wechsel von Auftraggebern und ein haushälterischer Umgang mit den verkäuflichen Ressourcen des Condottiere – Pferden, Waffen, Rüstungen und natürlich den Söldnern selbst – waren die unvermeidliche Folge kurzfristiger Kontrakte.

Unstimmigkeiten und Mißtrauen waren in einer solchen Beziehung unvermeidlich, denn beide Parteien mußten den Blick auf die Zeit richten, in der ihr Vertragsverhältnis auslief. Der freie Markt für organisierte Gewalt konnte es mit sich bringen, daß der Auftraggeber von heute vielleicht der Feind von morgen war. Das Bewußtsein dieser Möglichkeit bewirkte, daß die Herzlichkeit zwischen den Söldnern und den städtischen Organen, die sie bezahlten, zunächst nicht sehr groß war.

Doch dieser Zustand der Ungewißheit war beiden Seiten unbehaglich, und je klarer den Stadtbehörden wie den steuerzahlenden Bürgern wurde, daß eine militärische Notsituation auf die andere folgte, um so offenkundiger wurden allmählich die Vorteile von Verträgen auf längere Sicht. Demgemäß entwickelten sich in den frühen Dekaden des 15. Jahrhunderts langfristige Verbindungen zwischen einem bestimmten Condottiere und einer bestimmten Stadt zum Regelfall. Ja, es wurde üblich, daß ein Söldnerführer bis ans Ende seiner Tage im Dienst ein und desselben Auftraggebers blieb, wenn eine solche Verbindung auch die Folge wiederholter Vertragserneuerungen war, von denen jede auf vielleicht zwei bis fünf Jahre galt.

Die Beschäftigung nur eines und immer desselben Condottiere verband sich mit einer Stabilisierung und Standardisierung der von ihm kommandierten Söldnertruppe. Regelmäßige Inspektionen erlaubten dann Magistratsbeamten zu überprüfen, ob das, wofür sie zahlten, auch tatsächlich vorhanden war. Anschließend wurden die Bedingungen der *condotta* festgelegt. Auf diese Weise bildete sich während der ersten Hälfte des 15. Jahrhunderts in den tüchtiger regierten Städten Italiens ein stehendes Heer von bekannter Größe und Leistungsfähigkeit heraus. Als Venedig mit dem Ziel, die *terra firma* zu erobern (1405), seine ersten Kampagnen startete, ging es als erste Stadt daran, gemäß diesen Prinzipien der *condotta* eine feste Form zu geben. Daß die Venezianer darin die Führung übernahmen, rührte zum Teil von ähnlichen Bräuchen her, die seit langem in ihrer Flotte galten. Schon seit der Zeit vor dem Ersten Kreuzzug hatte die Stadt immer wieder besoldete Ruderer-Soldaten, zu Schiffskompanien von Standardgröße zusammengefaßt, beschäftigt, um ihre Macht in Übersee geltend zu machen. Der Einsatz semipermanenter Landtruppen erforderte nur eine bescheidene Umstellung solcher Bräuche.[8] Florenz hingegen lag in der Anpassung an die neuen Bedingungen der Kriegführung weit zurück, was zumindest teilweise seinen Grund darin hatte, daß humanistisch gebildete Männer des Stadtregiments wie Machiavelli von den republikanischen Institutionen Roms geblendet waren. Sie beklagten den Niedergang der Bürgermiliz und fürchteten Militärputsche und die Kosten einer Söldnertruppe so sehr, daß sie einer sparsamen Wirtschaftsführung zuliebe und aus Treue zur alten Tradition einer wehrhaften Bürgerschaft auf militärische Schlagkraft verzichteten.

Die Furcht der Florentiner vor einem Söldnerputsch hatte ihren guten Grund. Tatsächlich entrissen viele ehrgeizige Condottieri durch illegale Gewaltanwendung bürgerlichen Stadtregierungen die Macht. Die größte Stadt, die dieses Schicksal erlitt, war Mailand, das nach 1450 zu einer Militärdespotie wurde, als Francesco Sforza sich zum Herrn über die Stadt aufschwang und ihre Ressourcen für den Unterhalt seiner Söldner auf permanenter Basis zu nutzen begann. Venedig gelang es, einem solchen Los zu entgehen, teils durch die sorgfältige Überwachung potentieller Ursurpatoren, teils durch den Abschluß von Soldverträgen mit verschiedenen, aufeinander eifersüchtigen Condottieri und teils deswegen, weil man loyale und erfolgreiche Söldnerführer mit bürgerlichen Ehrungen und Gaben belohnte sowie Gelegenheiten zum Einheiraten in die venezianische Aristokratie für sie arrangierte.

Hervorragende Condottieri bahnten sich also durch Usurpation oder Assimilation rasch den Aufstieg in die herrschenden Klassen der italienischen Städte. Damit, so kann man sagen, war die erste Phase der wechselseitigen institutionellen Anpassung zwischen der alten politischen Ordnung und neuartigen Formen des militärischen Unternehmertums abgeschlossen. Die Verbindung der nackten materiellen Interessen wurde durch eine Vielzahl gefühlsmäßiger Bindungen von Söldnerführern an die jüngst konsolidierten Staaten verstärkt, die sich in die Souveränität über weite Teile Italiens teilten. Es kam jedoch noch immer vor, daß ein Condottiere und seine Leute den Auftraggeber wechselten, wenn irgendein ungewöhnlicher Vorteil lockte oder wenn durch die offenkundige Bevorzugung eines Rivalen sein eigener oder der Stolz seiner Truppe gekränkt wurde.

Solche Rivalitäten und die Schwierigkeit, sie auszugleichen, bildeten denn auch die wesentlichste Schwäche des militärischen Systems in Venedig und Mailand. Kein Kommandeur konnte zum Oberbefehlshaber aller venezianischen Streitkräfte ernannt werden, ohne daß man damit bei den untergeordneten Kommandeuren ein Maß von Neid weckte, das sie zu unvernünftigen Heldentaten oder gar zu glattem Ungehorsam auf dem Schlachtfeld verleitete. Friktionen ließen sich nur dadurch vermeiden daß der Rat der Stadt rivalisierende Hauptleute separaten ,Fronten' zuteilte, was aber natürlich die Flexibilität und den militärischen Wert des venezianischen Kriegswesens insgesamt verminderte. Sforza hatte nach seiner Machtübernahme in Mailand, 1450, ähnliche Schwierigkeiten, zwischen seinen Unterführern einen Ausgleich zu schaffen.

Um diese Art Effizienzverlust zu vermeiden, gingen Magistrate Vertragsbeziehungen mit immer kleineren Einheiten ein. In den 1480er Jahren wurde diese Praxis in Venedig wie in Mailand zusehends zur Regel. Zivilbeamte bekamen damit die Streitkräfte des Staates besser in den Griff, da sie nun nach eigenem Belieben bestimmen konnten, wer einen entsprechenden Verband kommandieren sollte. Dies förderte das Entstehen eines Offizierskorps, und das Fortkommen des einzelnen Offiziers hing mehr von seinen Beziehungen zu den städtischen Beamten, die die Befugnis zur Ernennung besaßen, als von Bindungen an die Soldaten ab, die von Zeit zu Zeit einem bestimmten Truppenführer unterstellt wurden. Dieses Unterordnungsverhältnis gegenüber der zivilen sicherte eine wirkungsvolle politische Kontrolle der organisierten Gewalt. Putsche waren fortan keine ernstzunehmende Gefahr mehr.

So entstand am Ende des 15. Jahrhunderts in der Po-Ebene ein bemerkenswert flexibles und effizientes System der Kriegführung, das finanziellen und politischen Überlegungen entsprechend Mittel und Zwecke aufeinander abstimmte. Es stellte die zweite Phase in der institutionellen Anpassung an die Kommerzialisierung der Kriegführung durch italienische Städte dar.

Da die Zahl der Stadtrepubliken relativ gering war, die der einzelnen militärischen Einheiten aber groß, lag es auf der Hand, daß die Auftraggeber bei den Vertragsverhandlungen gegenüber den Auftragnehmern stark begünstigt waren. Ja, man kann den ganzen Prozeß als eine Entwicklung von einem nahezu freien Markt (auf dem Erpressung und Plünderung mittels ungezählter ‚Markt'-Transaktionen die Schutzkosten bestimmten) zu einem Oligopol (ein paar große Condottieri und städtische Administratoren schlossen und brachen Verträge) betrachten, gefolgt von einem Quasi-Monopol innerhalb jedes der größeren und besser verwalteten Staaten, in die Italien zerfiel. Anders gesehen läßt sich sagen, daß fast rein materiell begründete Verbindungen zwischen den Söldnern und ihren Auftraggebern komplexeren Beziehungen wichen. Diese Beziehungen kombinierten Korpsgeist mit Unterordnung unter eine Bürokratie, Loyalität gegenüber einem Befehlshaber und auch (zumindest in Venedig) gegenüber dem Staat.

War das Gesamtergebnis auch noch so komplex und von Fall zu Fall unterschiedlich, so stabilisierte es doch das Verhältnis zwischen den zivilen und den militärischen Elementen in der italienischen Gesellschaft. Dies wiederum ermöglichte es den führenden italienischen Stadtstaaten, im politischen Geschehen der Zeit wie Großmächte aufzutreten. Im Jahr 1508 wehrten beispielsweise die Venezianer den Angriff der sogenannten Liga von Cambrai ab, in der sich Papst Julius II., Kaiser Maximilian, Frankreich und Spanien gegen sie zusammengeschlossen hatten. Nur gegenüber den Türken erwies sich die militärische Macht Venedigs als unzureichend.

Später, als die italienischen Stadtrepubliken zu Schachfiguren in den Kriegen zwischen Frankreich und Spanien herabsanken, blickten Beobachter wie Machiavelli (gest. 1527) voll Geringschätzung auf die Virtuosität, mit der Venedig und Mailand sich den Forderungen einer Zeit angepaßt hatten, in der menschliche Beziehungen im allgemeinen und militärische im besonderen sich nicht mehr von Mann zu Mann, in Übereinstimmung mit Brauch und Status, gestalten ließen, sondern auf unpersönliche und nur unzureichend erfaßte Marktverhältnisse reagierten. Bis in die jüngere Zeit fand Machiavellis Attacke auf das Söldnerwesen Anklang bei Historikern, deren eigene Kriegserlebnisse der Idee vom Staatsbürger in Uniform und dem patriotischen Gedanken hohen Wert verliehen. Doch in einer Zeit, in der der militärische Professionalismus den Bürger unter Waffen wieder einmal obsolet zu machen verheißt, wird vielen zusehends klarer, wie die bestregierten italienischen Städte im 15. Jahrhundert militärische Einrichtungen vorwegnahmen, die rund zwei Jahrhunderte später nördlich der Alpen zur Regel wurden.[9]

Tatsache bleibt, daß die italienischen Stadtregierungen – durch das Einheben von Steuern zur Bezahlung von Söldnern, die anschließend ihren Sold ausgaben und so dazu beitrugen, die Steuerkraft zu stärken – demonstrierten, wie eine kommerziell weit entwickelte Gesellschaft sich

wirkungsvoll verteidigen konnte. Durch die Erfindung administrativer
Methoden zur Lenkung der Söldnertruppen und dadurch, daß sie deren
Eigeninteressen immer enger mit einem permanenten Dienst für denselben Auftraggeber verknüpften, verringerten diese Städte das Auftreten
der den Marktbeziehungen innewohnenden Instabilität.

Anders ausgedrückt: Eine wirksame Steuererhebung und eine geschickte professionelle Organisation des Militärwesens bewahrten den
Frieden zu Hause und verlagerten die Ungewißheiten, die sich mit der
organisierten Gewalt verbanden, in den Bereich der auswärtigen Beziehungen, der Diplomatie und des Krieges. Staaten, die sich Zeit ließen,
eine effiziente innere militärische Administration zu entwickeln, wie etwa Florenz und Genua, erlebten weiterhin sporadische Gewaltausbrü-
che. Venedig, das am erfolgreichsten neue Wege in der Lenkung seines
Militärwesens beschritt, blieb völlig frei von inneren Umwälzungen,
wenn es auch nur mit knapper Not Angriffe von außen überstand, ausgelöst durch die lange Serie diplomatischer und militärischer Erfolge, welche die Republik auf italienischem Boden errang.

## Die Schießpulver-Revolution und der Aufstieg
## des atlantischen Europa

Die italienischen Staaten (und ebenso die ökonomischen Beziehungen,
durch die finanzielle Ressourcen in ein paar italienischen Städten konzentriert wurden) blieben zwei verschiedenen, doch miteinander verbunde-
nen Veränderungsprozessen gegenüber verwundbar. Zuerst der nächst-
liegende: Politische Rivalitäten und diplomatische Bündnisse zwischen
konkurrierenden Staaten ließen sich nicht auf die italienische Halbinsel
selbst begrenzen. Als neu konsolidierte Monarchien, die über vergleichsweise riesige Territorien geboten, darangingen, sich in die Angelegenheiten Italiens einzumischen, ließ sich die Souveränität reiner Stadtstaaten
bei allem politischen Geschick nicht auf Dauer erhalten. Dies zeigte sich
gegen Ende des 15. Jahrhunderts, als zuerst das Osmanische Reich (1480)
und dann Frankreich (1494) starke Expeditionstruppen auf italienischen
Boden entsandten. Zwar zogen sich beide Mächte schon bald zurück,
doch allen Beteiligten wurde klar, daß das zersplitterte Italien außerstande war, massiven Interventionen von außen zu widerstehen. So wurde
denn im folgenden Jahrhundert die Halbinsel zu einem Kriegsschauplatz,
auf dem auswärtige Mächte einander die Herrschaft über das materiell
und an vielfältigem Können reichere Italien streitig machten.

Die zweite Quelle der Instabilität war technischer Art. Die Kommerzialisierung des Kriegswesens war abhängig von – und zugleich auch
Stütze – der Kommerzialisierung der Waffenherstellung und -beschaf-

fung. Schließlich war ein Soldat ohne die entsprechende Bewaffnung nicht viel wert, während ein Bewaffneter seine Dienste zu einem Preis verkaufen konnte, der den Waffen, die er besaß, ebenso entsprach wie dem Können, mit dem er sie handhabe. Ein unbehinderter Zugang zu Waffen war mithin eine unerläßliche Vorbedingung für den Söldnerkrieg.

Auch der normale Fernhandel war auf den freien Zugang zu Waffen angewiesen, denn ein Schiff oder eine Karawane ohne Bewaffnung durfte nicht darauf rechnen, sicher am Bestimmungsort einzutreffen. Ja, ein erfolgreicher Handel über staatliche Grenzen hinweg erforderte die gleiche delikate Kombination von diplomatischem Verhandlungsgeschick, militärischer Bereitschaft und finanzieller Weitsicht, die Voraussetzung für eine erfolgreiche Nahverteidigung der Stadt und des von ihr abhängigen Territoriums war. Vielleicht sollte man es umgekehrt ausdrücken: Fertigkeiten und Fähigkeiten, entwickelt für einen blühenden Fernhandel, auf dem Reichtum und Macht der großen italienischen Städte beruhten, lieferten das Modell und den Rahmen, innerhalb dessen Italiener ein neues und ausgeprägt europäisches Muster diplomatischer und militärischer Aktivitäten erfanden.

Das System bot starke und nachhaltige Anreize für eine ständige Verbesserung der Waffenkonstruktion. Wenn viele verschiedene Käufer auf dem Markt auftraten und viele verschiedene Werkstätten Waffen und Rüstungen herstellten, war darauf Verlaß, daß jede Veränderung an der Konstruktion, die das Produkt verbilligte oder seine Leistung verbesserte, prompt die Aufmerksamkeit auf sich zog und sich rasch verbreitete. So brach im 14. Jahrhundert ein Wettrüsten aus, wie es die europäischen Völker fortan noch häufig erlebten. Sein Hauptzentrum befand sich in Italien. Die Wirkung bestand zunächst darin, die Schlagkraft italienischer Truppen zu bestätigen und zu stärken, doch es dauerte nicht lange, bis neue Waffen größere Staaten und mächtigere Herrscher zu begünstigen begangen.

Solange es bei diesem Wettrüsten um immer leistungsfähigere Armbrüste und immer anspruchsvollere Harnische ging, konnten italienische Werkstätten und handwerkliche Konstrukteure die Führung behaupten. Das 14. Jahrhundert hatte zunächst die Einführung eines einfachen ‚Steigbügels‘ (1301) (in China seit dem 11. Jahrhundert bekannt) gebracht, der es den Schützen ermöglichte, die Armbrust rascher zu spannen, dann die Konstruktion zunehmend schußkräftiger Bogen, wobei nach ca. 1350 für die Bügel Stahl statt Holz verwendet wurde, und schließlich die Verwendung einer Kurbelkonstruktion, mit der die Sehne gespannt wurde (1370).[10] Danach stagnierte die Entwicklung der Armbrust. Der Erfindungsgeist konzentrierte sich statt dessen auf Feuerwaffen. Doch vorher war jede Verbesserung der Schußkraft von Armbrüsten durch Verbesserungen an den Rüstungen ausgeglichen worden. Ein wichtiger Produktionsort von Harnischen war Mailand, aber für die Herstellung von Armbrüsten gab es anscheinend kein vergleichbares Zentrum, es sei denn Genua. Genua wurde bei Herrschern im Norden als die Stadt berühmt, wo man Armbrustschützen anwarb, und vielleicht hatten die Genuesen eine gewisse Vorrangstellung in der Armbrustherstellung. Doch an sicheren Daten fehlt es anscheinend.

Bei der nächsten Episode im technischen Wettlauf zwischen Offensiv- und Defensivwaffen ging es um die Verwendung von Geschützen. Der Gedanke, daß die Treibkraft von Schießpulver dazu genützt werden könnte, ein Projektil mit bis dahin unerreichter Kraft abzufeuern, scheint beinahe gleichzeitig europäischen und chinesischen Feuerwerkern gekommen zu sein. Jedenfalls stammen die frühesten Zeichnungen, die eindeutig die Existenz von Geschützen bezeugen, aus den Jahren 1326 (Europa) und 1332 (China). Auf beiden Zeichnungen ist ein vasenförmiges Gefäß dargestellt, aus dessen Öffnung ein übergroßer Pfeil ragt. Dies deutet fraglos auf nur einen einzigen Ursprung der Erfindung.[11]

Doch selbst wenn sie wie auch die Erfindung des Schießpulvers von China aus nach Europa gelangte, bleibt doch die Tatsache bestehen, daß die Europäer in der Geschützkonstruktion die Chinesen und alle anderen Völker rasch überflügelten und in dieser Kunst bis zum Zweiten Weltkrieg eindeutig überlegen blieben. Die Italiener aber erlangten anscheinend zu keiner Zeit als Geschützgießer eine Vorrangstellung wie vordem in der Herstellung von Armbrüsten und Rüstungen, vielleicht weil sich die europäischen Kanonen rasch zu riesigen Rohren entwickelten, die mehr als eine Tonne wogen. Dies benachteiligte die Italiener, da sie Metall aus dem Norden einführen mußten und der Überlandtransport kostspielig war. Abgesehen vom Fall nicht transportablen Kriegsgeräts wie der Geschütze, die 1453 die Mauern Konstantinopels in Trümmer legten, war es einfacher, unmittelbar neben den Gruben das Erz zu verhütten und Metallprodukte herzustellen. Die italienischen Metallverarbeiter konnten daher nicht leicht gegen Geschützgießer konkurrieren, die der Quelle ihres Rohstoffs näher waren. Die Folge war, daß es mit dem technischen Primat der Italiener in der Waffenproduktion bergab ging, sobald Geschütze eine ausschlaggebende Rolle im Krieg spielten.

Bevor wir die Frühentwicklung der Feuerwaffen betrachten, empfiehlt es sich, einen kurzen Blick auf die Vorgänge nördlich der Alpen zu werfen. Dort hatte das Feudalsystem, in dem der Ritter seinem Lehnsherrn als Entgelt für das Lehen Kriegsdienst schuldete, ungleich kräftigere Wurzeln geschlagen als in Italien. Als der Hundertjährige Krieg (1337–1453) begann, stützte sich der französische König noch vorwiegend auf die Lehnsritterschaft seines Reiches, um die englischen Invasoren zurückzuschlagen,[12] wenn er auch in der Schlacht von Crécy das ritterliche Aufgebot vorsichtshalber durch in Genua angeworbene Arm-

brustschützen ergänzte, womit er ein Gegengewicht gegen die Langbo-
genschützen, die als Söldner dem englischen Heer angehörten, zu schaffen hoffte.

Den englischen Heeren, die in Frankreich standen, wurde die Zahlung
von Sold versprochen, den sie jedoch nur selten im Feld erhielten. So
lebten sie vom Fouragemachen bei den Bauern, während sie immer auf
einen Zufallsgewinnn hofften – das Aufspüren eines verborgenen Silber-
schatzes oder Lösegeld für einen großen Herrn –, der ihnen zumindest
vorübergehend Reichtum bringen würde. Die Zirkulation von Gütern
mittels Kauf und Verkauf war im größten Teil Frankreichs noch nicht so
weit fortgeschritten, daß sich etwas entwickeln konnte, das der geregelten
Finanzierung des Söldnerwesens in Italien auch nur annähernd vergleichbar war. Gleichwohl muß der häufige Besitzwechsel greifbarer Dinge von
Wert, den der Durchzug plündernder Heere zur Folge hatte – das Ein-
schmelzen von Kirchenschätzen beispielsweise –, einen marktmäßigen
Austausch angeregt haben. Die Horden der Marketenderinnen und
Troßbuben, die die englischen und französischen Heere im Feld versorgten, kauften und verkauften regelmäßig; und das gleiche taten natürlich
die Soldaten, wenn sie durch Raub und Plündern nicht genau das bekamen, worauf sie es abgesehen hatten. Wie früher in Italien verhielt sich
ein Heer im Feld mit seinem unersättlichen Appetit auf Versorgungsgüter
wie eine wandernde Stadt. Auf kurze Sicht war die Wirkung auf das
ländliche Frankreich oft verheerend; auf lange Sicht erweiterten die Heere mit ihren Plünderungen die Rolle von Kauf und Verkauf im täglichen
Leben.[13]

Als sich dann die französische Monarchie von der tiefen Demütigung
durch die anfänglichen englischen Siege und der weitverbreiteten Unzufriedenheit beim Adel zu erholen begann, erlaubte die größere Steuerkraft des Landes es dem König, genügend Bargeld zusammenzubringen,
um eine zusehends imposantere Truppenmacht zu finanzieren. Dies war
das Heer, das dann 1453 nach einer Reihe erfolgreicher Kampagnen die
Engländer aus Frankreich vertrieb. Das gleiche Heer gab Ludwig XI.
(1461–83) die Möglichkeit, sich in den Besitz eines großen Teils des Erbes
von Karl dem Kühnen von Burgund zu setzen, nachdem dieser in einer
Schlacht bei Nancy gegen die Eidgenossen gefallen war (1477). So bildete
sich zwischen 1450 und 1487 das Königreich Frankreich stärker zentrali-
siert als vorher heraus und war imstande, das ganze Jahr über ein stehendes Heer von rund 25 000 Berufssoldaten zu unterhalten, das in Krisen-
zeiten bis zu einer Obergrenze von 80 000 Mann aufgestockt werden
konnte.[14]

Die rein zahlenmäßige Stärke sagt jedoch nicht alles. Das französische
Heer, das die Engländer aus der Normandie und aus Guyenne hinaus-
trieb (1450–53), erreichte dies durch den Einsatz schwerer Artillerie ge-

gen eine Burg nach der anderen, wobei ehemals trutzige Wehranlagen binnen weniger Stunden zusammenstürzten, sofern die Besatzung es nicht vorzog zu kapitulieren. Ein Jahrhundert rascher Entwicklung in der Geschützkonstruktion lag hinter dieser dramatischen Demonstration der Macht, die die Feuerwaffen inzwischen erlangt hatten.

Von Anfang an waren die Herrscher und Handwerker Europas von der explosiven Gewalt, mit der ein Geschütz feuerte, fasziniert. Der Aufwand, den sie für den Bau der frühen Geschütze betrieben, überstieg bei weitem deren Effektivität, denn noch länger als ein Jahrhundert nach 1326 übertrafen Katapulte alles, was eine Kanone zu leisten vermochte, wenn man von der Lärmerzeugung absieht. Doch dies konnte dem Experimentiergeist keine Fesseln anlegen.[15]

Die erste wichtige Veränderung an der Geschützkonstruktion bestand darin, daß ein kugelförmiges Geschoß (in der Regel aus Stein) die pfeilähnlichen Projektile der ersten Geschütze ersetzte. Dies ging einher mit der Ablösung der früheren Vasenform durch eine Rohrkonstruktion, die es ermöglichte, daß die durch die Explosion entstehenden expandierenden Gase das Geschoß im Rohr beschleunigten. Eine solche Konstruktion führte zu viel höheren Geschwindigkeiten, als sie vorher erreichbar gewesen waren.

Die höheren Geschwindigkeiten veranlaßten wiederum die Geschützkonstrukteure, immer größere Kaliber zu fertigen, der Theorie folgend, daß ein größeres Geschoß noch mehr Durchschlagskraft besaß. Größere Geschütze mit schweren Geschossen und stärkeren Pulverladungen mußten massiver gebaut werden. Bei den frühesten großen Geschützen wurden gußeiserne Stäbe verschweißt, doch solche ,Bombarden' wurden durch die Explosivkraft oft einfach gesprengt. Als befriedigender erwies sich die Technik des Metallgusses, die von europäischen Glockengießern bereits zu hoher Perfektion entwickelt worden war. Kanonen, in einem Stück aus Bronze oder Messing gegossen, zeigten sich als viel zuverlässiger als alle verschweißten Konstruktionen.

Um das Jahr 1450 erhielt mithin die Verfügung über Kupfer und Zinn zur Bronze- und über Kupfer und Zink zur Messingherstellung hohe Bedeutung für die Herrscher Europas. Als die neuen Geschütze sich nach Asien ausbreiteten, brach eine zweite Bronzezeit an. Sie dauerte ungefähr ein Jahrhundert, bis vom Kontinent nach England geholte Techniker 1543 das Eisengußverfahren für Kanonen entdeckten. Damit senkten sie die Herstellungskosten großer Geschütze auf etwa ein Zwölftel der vorigen, so wie die Schmiede der Eisenzeit im 12. Jahrhundert v. Chr. die Erzeugung von Schwertern und Helmen verbilligt hatten.[16]

Somit währte die zweite Bronzezeit, genau gesagt, weniger als hundert Jahre (1453–1543). Doch die englischen Eisenproduzenten konnten nicht jeden europäischen Herrscher beliefern, und selbst nachdem die Schweden und Holländer nach 1620 einen internationalen Eisenhandel in Schwung gebracht hatten, wurden weiterhin Bronze- und Messingkanonen bevorzugt. So gingen beispielsweise die Franzosen erst in der Dekade 1660–70, als Colbert den Bau einer Flotte in Angriff nahm und Tausende von Geschützen für seine Schiffe und Küstenbefestigungen brauchte, zu eisernen Kanonen über.[17] Bis dahin war die Verfügbarkeit von Kupfer und Zinn für die Herrscher der Welt von hoher strategischer Bedeutung gewesen.

Dieses Faktum hatte strukturelle ökonomische Folgen. Die Bedeutung der mitteleuropäischen Kupfer- und Silberminen beispielsweise nahm stark zu. In der Prosperität, die sich im ausgehenden 15. Jahrhundert in Süddeutschland, Böhmen und angrenzenden Gebieten entwickelte, spiegelte sich die Blüte des Bergbaus in diesen Teilen Europas; diese fand auch Ausdruck in dem von den Fuggern und anderen süddeutschen Bankiers errichteten Finanzimperium, das kurze Zeit mit älteren italienischen Finanzzentren bei der Steuerung großer interregionaler Wirtschaftsunternehmen rivalisierte.[18] Eine ähnliche Periode wirtschaftlichen Aufschwungs im englischen West County hing mit der intensiveren Ausbeutung der Zinngruben in Cornwall zusammen. Auch japanisches Kupfer und malaiisches Zinn gewannen hohe Bedeutung, als im 16. und 17. Jahrhundert die Herrscher Indiens und des Fernen Ostens die überlegene Qualität von Bronzekanonen erkannten.

Daß das Eisen Bronze und Messing als Rohstoff für den Geschützbau verdrängte, untergrub schließlich die Prosperität des mitteleuropäischen Bergbaus. Billiges Silber aus der Neuen Welt begann fast zur selben Zeit mit den Produkten europäischer Gruben zu konkurrieren, als die Kupferproduktion durch das Erscheinen eines billigeren Geschützmetalls beeinträchtigt wurde. Doch der Rückschlag in Mitteleuropa wurde durch Gewinne anderwärts ausgeglichen. Von der neuen Bedeutung des Eisens für die Herstellung von Geschützen profitierten am unmittelbarsten England im 16. und Schweden im 17. Jahrhundert. Diese Fakten wirkten sich in einem gewissen Maß auf die politische und militärische Geschichte Europas aus.

Lange bevor die zweite Bronzezeit zu Ende ging, machte die Geschützkonstruktion einen weiteren großen Schritt nach vorne. Die Bombarden in der Mitte des 15. Jahrhunderts waren solche Ungetüme (vielfach mit einem Kaliber von 75 cm oder noch mehr und 3,50 bis 4,50 m lang), daß sie sich nur unter den größten Schwierigkeiten bewegen ließen. Die Kanonen beispielsweise, die 1453 Breschen in die Mauern Konstantinopels schossen, wurden erst an Ort und Stelle gegossen, da es einfacher war, das Rohmaterial zum Einsatzort zu bringen und die notwendigen Schmelzöfen und Gußformen vor den Mauern der Stadt herzustellen, als die fertigen Geschütze dorthin zu transportieren. So mächtige Geschosse sie auch abfeuern konnten, stellten solch große Kanonen mit ihrer Unbeweglichkeit doch ein ernstes Handicap und eine offenkundige Herausforderung an das Können der Geschützgießer dar. Zwischen 1465 und 1477 verhalf ein Wettrüsten zwischen Frankreich und Burgund[19] Handwerkern und Herrschern zu den Mitteln und der Motivation, eine praktikable Lösung des Problems zu ersinnen. Die Geschützgießer in den Niederlanden und in Frankreich entdeckten, daß viel kleinere Waffen ebenso zerstörerisch sein konnten wie dreimal so große Bombarden, wenn die Kanonenrohre so verstärkt wurden, daß daraus eiserne Kugeln statt solcher aus Stein abgefeuert werden konnten. Eisenkugeln waren zudem billiger herzustellen und konnten oft mehrmals verwendet werden, während die riesigen Steingeschosse beim Aufprall zersprangen, ihre manuelle Herstellung schwierig und die Beförderung zum Einsatzort kostspielig war.

Eine zweite technische Verbesserung stellte sich zur gleichen Zeit ein: die Praxis, das Schießpulver zu kleinen Körnern zu formen. Dies ermöglichte eine raschere Zündung, da die freiliegenden Oberflächen der Körner alle zur gleichen Zeit brennen konnten. Die Explosion wurde entsprechend kraftvoller, die Gase blieben hoch verdichtet und trieben mithin die Kugel noch schneller durchs Rohr.[20] Damit wurde aber das Geschützmetall noch stärker beansprucht. Aber die Bronzegießer in den Niederlanden fanden eine Möglichkeit, den kritischen Bereich um die Kammer, wo die Explosion stattfand, zu verstärken, und ließen die Wandung des Rohrs nach der Mündung zu schwächer werden, entsprechend dem abnehmenden Druck hinter dem Geschoß.

Auf einer geeigneten Lafette und mit ausreichend kräftigen Pferden ließen sich mächtige Belagerungsgeschütze, etwa fünfeinhalb Meter lang, die Eisenkugeln von zehn bis zweiundzwanzig Kilogramm Gewicht abfeuern konnten, relativ leicht über Land transportieren. Dies erforderte speziell konstruierte Fahrlafetten mit kräftigen Achsen und Rädern sowie langen Auslegern. Indem man das Geschütz nahe seinem Schwerpunkt auf Schildzapfen montierte, wurde es möglich, das Rohr in jeden gewünschten Winkel zu stellen, ohne es von der Lafette abmontieren zu müssen. Der Rückstoß ließ sich dadurch abfangen, daß man Geschütz und Lafette die Möglichkeit gab, ein paar Fuß zurückzufahren. Für einen weiteren Schuß konnte es notwendig sein, die Lafette in die ursprüngliche Feuerposition zurückzubewegen, das ließ sich mit einfachen Hebeln bewerkstelligen, ohne daß die Pferde angespannt werden mußten. Wenn es Zeit war weiterzuziehen, genügten ein paar Minuten, um die Ausleger vom Boden zu heben, eine Protze darunterzuschieben und sich in Marsch zu setzen. Zu dem raschen Wechsel von Fahr- zu Feuerstellung und umgekehrt kam noch der Vorteil, daß diese Geschütze sich überall dort transportieren ließen, wo ein schwerer Wagen mit Gespann durchkam.

Im wesentlichen hielt sich die Konstruktion der Belagerungsgeschütze, die zwischen 1465 und 1477 in Frankreich und Burgund entwickelt worden war, mit nur marginalen Verbesserungen bis in die 1840er Jahre.[21] Geschütze dieser radikal neuartigen Bauweise begleiteten das französische Heer, das 1494 in Italien eindrang, um Karls VIII. Ansprüchen auf den Thron von Neapel Nachdruck zu verleihen. Die Italiener waren von der Effizienz der neuen Waffen überwältigt. Nach nur symbolischem Widerstand fügten sich zuerst Florenz und dann der Papst, und als – der einzige Fall dieser Art – eine Grenzfestung des neapolitanischen Königreichs den Invasoren dennoch zu trotzen versuchte, brauchten die französischen Kanoniere nur acht Stunden, um die Mauern in einen Trümmerhaufen zu verwandeln. Dabei war dieselbe Festung nicht lange vorher dadurch berühmt geworden, daß sie einer siebenjährigen Belagerung standgehalten hatte.[22]

Schon die schwerfälligen Bombarden des Jahres 1453 hatten das Gleichgewicht der Kräfte zwischen Belagerern und Belagerten verändert, doch diese Störung der bestehenden Machtrelationen wurde durch die französisch-burgundische Erfindung mobiler Belagerungsgeschütze, zwischen 1465 und 1477, noch enorm verschärft. Überall, wo die neue Artillerie erschien, wurden die vorhandenen Befestigungen wertlos. Daher stieg die Macht jedes Herrschers, der sich die kostspieligen neuen Waffen leisten konnte, auf Kosten der Nachbarn und all derer, die außerstande waren, sich der neuen Kriegstechnik zu bedienen.

In Europa hatten die neuen Waffen vor allem die Wirkung, daß die italienischen Stadtstaaten und andere kleine Territorialgebilde zur Bedeutungslosigkeit herabsanken. Die Franzosen und Burgunder behielten selbstverständlich das Monopol nicht lange; andere Monarchen legten sich rasch Belagerungsgeschütze des neuen Typs zu, darunter die Habsburger und der Sultan.[23] Zwischen den eben konsolidierten Mächten Europas brach ein gewaltiger Kampf aus, der sich fast über das ganze 16. Jahrhundert hinzog und die italienischen Stadtstaaten zu Bauern auf dem Schachbrett der Machtpolitik machte.

Doch der Einfallsreichtum, der das technische Können der Italiener zum Leitstern aller machte, die ihm begegneten, ruhte nicht lange angesichts der neuen mächtigen Belagerungskanonen. Ja, schon bevor die formidablen neuen Geschütze der Franzosen 1494 in Aktion traten, hatten italienische Festungsingenieure beiläufig mit Möglichkeiten experimentiert, alten Befestigungen mehr Widerstandskraft gegen Artilleriebeschuß zu geben. Das Problem war jetzt für alle italienischen Territorien besonders dringlich geworden. Die besten Köpfe des Landes, unter ihnen auch Leonardo da Vinci und Michelangelo, widmeten sich der Suche nach einer Lösung.[24]

Zum Teil zufällig – oder vielleicht sollte man sagen, durch eiliges Im-

provisieren – kamen die Italiener sehr rasch dahinter, daß locker ge-
schichtetes Erdreich Kanonenkugeln ,abfangen' konnte. Die Pisaner, die
1500 von den Florentinern belagert wurden, machten diese Feststellung,
als sie innerhalb ihres bedrohten Mauerrings einen Notwall aufwarfen.
Als das Geschützfeuer die Ummauerung zum Einsturz gebracht hatte,
sahen sich die Belagerer einem neuen, unüberwindlichen Hindernis gegenüber. Um einen Schutzwall aus Erdreich zu errichten, mußte man
graben, und dadurch, daß die entstehende Vertiefung vertikal abfiel, wurde der Graben zu einer Art negativem oder umgekehrtem Wall, der dem
Angreifer ein nur schwer zu überwindendes Hindernis bot.[25]

Dieser Grundgedanke, der später – mit gemauerten Verkleidungen auf
der Grabenseite – in dauerhafteren Formen Gestalt gewann, trug viel zur
Lösung des Problems bei, wie man sich gegen Artilleriebeschuß schützen
konnte. Bastionen und Vorwerke, mit Kanonen bestückt und durch Gräben gesichert, kamen schon bald dazu. Richtig angelegt, konnten solche
Vorwerke alle, die den Graben zu durchqueren und den Wall anzugreifen
versuchten, unter ein verheerendes Kreuzfeuer nehmen. Die Artillerie
der Vorwerke hatte noch eine weitere Aufgabe: die Kanonen der Belagerer unter Gegenbeschuß zu nehmen, wodurch Präzision und Wucht des
Angriffs stark vermindert wurden.[26]

In den 1520er Jahren waren Befestigungen nach dem neuen italienischen Modell durchaus imstande, selbst den bestausgerüsteten Angrei-
fern zu widerstehen. Doch die Kosten waren gewaltig. Nur die reichsten
Staaten und Städte konnten sich die große Zahl von Geschützen und die
gewaltigen Bauarbeiten leisten, die für die *trace italienne* notwendig waren, wie dieser Befestigungstyp alsbald jenseits der Alpen genannt wurde.

Dennoch spielte die *trace italienne*, die die Überlegenheit der Belagerungsgeschütze so rasch reduzierte, eine wichtige Rolle in der europäischen Geschichte. Mit der beginnenden Ausbreitung dieser Fortifikationen von Italien auf andere Gegenden Europas in den 1530er Jahren begünstigte die hochentwickelte Technik neuerlich die Verteidigung fester
Plätze, zumindest in jenen Regionen, wo man sich die kostspieligen neu-
en Befestigungen und die große Zahl der Geschütze, die dafür notwendig
waren, leisten konnte. Diese Entwicklung wurde aber zum Hindernis für
einen politischen Zusammenschluß Europas, gerade in einer Zeit, als die
Bildung eines einzigen europäischen Imperiums dank der zahlreichen
Territorien, die der habsburgische Erbe Karl V. zwischen 1516 und 1521
erworben hatte, möglich gewesen wäre. Als Kaiser des Heiligen Römi-
schen Reiches Deutscher Nation erhob Karl V. Anspruch auf einen vagen
Primat über die gesamte Christenheit, und als Herrscher von Spanien, der
Niederlande und großer Gebiete in den deutschen Landen schien er die
Mittel zu besitzen, der alten Kaiserwürde neue Substanz zu geben.

Nachdem er eine Rebellion in Spanien niedergeworfen hatte, ging er zunächst daran, die Franzosen aus Italien zu vertreiben. 1525 war dieses Unternehmen erfolgreich abgeschlossen, und während der folgenden Jahrzehnte sicherten ihm seine (zumeist spanischen) Truppen Neapel und Mailand. Damit brachte Karl V. die anderen italienischen Staaten in ein als unbehaglich empfundenes Abhängigkeitsverhältnis, hin und wieder unterbrochen von vergeblichen Versuchen, das, was oft als spanisches Joch empfunden wurde, abzuschütteln. Doch die Erfolge in Italien führten auf dem größeren Kriegsschauplatz des Mittelmeers zu einem Zusammenwirken zwischen den Rivalen der habsburgischen Macht, Frankreich und der Hohen Pforte, während im Norden deutsche Fürsten sich der Stärkung der kaiserlichen Autorität widersetzten, indem sie jedesmal, wenn es sie notwendig dünkte, zu den Waffen griffen.

Da konnten dann offensichtlich Befestigungen, die imstande waren, auch größeren Armeen lange Zeit standzuhalten, eine bedeutende Rolle bei der Behinderung imperialer Bestrebungen spielen. Der Bau derartiger Festungen schritt deshalb rasch voran, zunächst vor allem in Italien, später in etwas entfernter liegenden Gebieten Europas. Dies hatte zur Folge, daß es nach 1525 nicht mehr zu großen Schlachten kam, wie sie die ersten zweieinhalb Jahrzehnte des Kriegs in Italien geprägt hatten. Statt dessen setzten Belagerungen ein. Die vollständige Konsolidierung der kaiserlichen Stellung mißlang. Die spanischen Garnisonen in Mailand und Neapel stützten immerhin die habsburgische Hegemonie in Italien. In den 1560er Jahren brachte eine ähnliche Barriere die osmanische Expansion zum Stehen, als Festungen des neuen Typs beispielsweise auf Malta (1565 vergeblich von den Türken belagert) und längs der ungarischen Grenze entstanden.

Die Kriege in Italien (1499–1559) hatten während der ersten Jahrzehnte, bevor die italienische Landschaft mit beschußfesten Fortifikationen gespickt war, gewissermaßen wie ein Treibhaus für die Entwicklung wirkungsvoller Feuerwaffen für die Infanterie, der Taktik und des Baus von Feldbefestigungen zur Nutzung der Feuerkraft gewirkt, die Musketen und Arkebusen zu demonstrieren begannen. Ja, die französische Niederlage in Italien läßt sich weitgehend darauf zurückführen, daß die Franzosen allzu sehr auf Schweizer Pikeniere, schwere Reiterei und ihre berühmten Belagerungsgeschütze setzten. Die Spanier experimentierten bereitwilliger als die Franzosen mit Musketen zur Ergänzung der Pikenierformationen und zeigten besonderes Geschick darin, Feldbefestigungen zum Schutz des Fußvolks gegen Kavallerieattacken zu nutzen.

Das Ergebnis war, daß aus den Kriegen in Italien die spanischen *tercios* als die schlagkräftigsten Kampfeinheiten in Europa hervorgingen. Ein *tercio* bestand aus einer Masse von Pikenieren, die einen Saum von Musketieren um ein zentrales Quadrat von Piken schützten. Diese Formation zeigte sich fähig, im freien Feld Kavallerieattacken abzuwehren, und konnte mit eingelegten Piken ebenso erfolgreich angreifen wie die Eidgenossen, die diese Taktik erfunden hatten. Nur ganz gelegentlich spielte die Artillerie eine größere Rolle, denn es war zu schwierig, schwere Geschütze rechtzeitig aufs Schlachtfeld zu bringen.

Die Taktik der spanischen *tercios* verschaffte der Infanterie eine ausschlaggebende Rolle auf dem Schlachtfeld, nicht nur bei der Verteidigung, sondern auch beim Angriff. Bis zum 16. Jahrhundert hatte sich das Prestige des kämpfenden Rittertums hartnäckig gehalten, namentlich in Frankreich und Deutschland, wo es in der ländlichen Sozialstruktur tief verwurzelt war. Doch die Erkenntnis, daß ein Adeliger zu Fuß mit beinahe ebensoviel Würde kämpfen konnte wie zu Pferde, setzte sich nach ca. 1525 in der Praxis unaufhaltsam durch, selbst bei den Franzosen und den Deutschen. Die Kavallerie spielte schließlich bei Belagerungen, die für das folgende halbe Jahrhundert in der Kriegskunst am wichtigsten wurden, beinahe keine Rolle.

Trotz aller Kunst, im Kampf unterschiedliche Waffen und Formationen zu kombinieren, um den Sieg zu erlangen, konnten die spanischen Erfolge doch der habsburgischen Sache nie ganz zum Durchbruch verhelfen. Solange die besiegte Partei über eine große Zahl vorbereiteter befestigter Stellungen verfügte, auf die sie sich zurückziehen, wo die geschlagenen Reste eines Heeres Zuflucht finden und hoffen konnten, monatelang Widerstand zu leisten, reichte selbst eine Reihe von Siegen nicht aus, eine Hegemonie aufzurichten.

So ermöglichte die Überlegenheit der spanischen Soldaten auf dem Schlachtfeld es Karl V. zwar, die Franzosen aus Italien zu vertreiben, nicht aber die eigenständige Macht der französischen Krone zu brechen. Es gelang ihm auch nicht, die Autonomie deutscher Fürsten oder die Freiheiten seiner niederländischen Untertanen zu beseitigen, selbst dann nicht, als sie sich verschiedenen Formen des Protestantismus anzuschließen begannen. Dies hatte die Folge, daß die anhaltende Rivalität zwischen europäischen Staaten weiterhin von Zeit zu Zeit einen Rüstungswettlauf auslöste, wenn es danach aussah, als könnte eine neue militärische Technik ihrem Besitzer einen signifikanten Vorteil im Krieg verschaffen.

In anderen Weltgegenden jedoch hatte man kein ähnliches Mittel, wie es die Italiener gegen das Geschützfeuer gefunden hatten. Statt dessen ermöglichte die Überlegenheit beweglicher Belagerungskanonen die Entstehung relativ großer Imperien in weiten Teilen Asiens und in ganz Osteuropa sozusagen auf der Basis des Schießpulvers. Auch die portugiesischen und spanischen Kolonialreiche des 16. Jahrhunderts gehörten zu dieser Kategorie, denn sie wurden mit Hilfe von Schiffsgeschützen verteidigt (im Fall der Portugiesen gegründet), die sich von den Kanonen von Festlandsmächten vor allem durch ihre größere Mobilität unterschieden.

Das China der Ming-Dynastie (1368–1644) stützte sich weniger auf Kanonen als neuere Imperien wie das der Moguln in Indien (1526 gegründet), der Moskowiter in Rußland (1480 gegründet) und das der Osmanen in Südosteuropa und in der Levante (nach 1453). Das Reich der Safawiden in Persien setzte in geringerem Maße Feuerwaffen ein als seine Nachbarn, obwohl sich unter Schah Abbas I. (1587–1644) eine Wirkung der neuen Kriegstechnik auch dort insofern zeigte, als sie die Zentralisierung förderte. Ähnlich wurde in Japan die Durchsetzung einer politischen Zentralautorität gegen Ende des 16. Jahrhunderts dadurch begünstigt, daß Handfeuerwaffen und sogar eine kleine Zahl Kanonen ältere Kampf- und Befestigungsformen obsolet machten.

Die Ausdehnung der Reiche der Moguln, der Moskowiter und der Osmanen wurde praktisch von der Mobilität ihres jeweiligen Geschützparks bestimmt. In Rußland setzten sich die Moskowiter überall dort durch, wo schiffbare Flüsse es möglich machten, schwere Geschütze gegen Befestigungen einzusetzen. Im Innern Indiens, wo es keine Transportmöglichkeiten zu Wasser gab, blieb die Konsolidierung des Reiches unvollkommen, da es einen großen Aufwand erforderte, Kanonen an Ort und Stelle zu gießen, wie es Babur (1526–30) tun ließ, oder aber sie über Land zu transportieren wie auf Geheiß seines Enkels Akbar (1566–1605). Doch in all diesen Staaten, sogar in denen, die unmittelbar an Europa grenzten, blieben weitere spontane Verbesserungen an den Feuerwaffen aus, sobald den Inhabern der Zentralgewalt durch die Verwendung und Monopolisierung schwerer Geschütze ein entscheidender Vorteil zugewachsen war. Die Herrscher hatten sich in den Besitz einer Waffe gebracht, die sie für unübertrefflich hielten, so schwierig es manchmal auch sein mochte, an bestimmten Stellen schwere Artillerie einzusetzen. So bestand wenig Anreiz, mit neuem militärischen Gerät zu experimentieren. Im Gegenteil, alles, was eventuell dazu führen konnte, die vorhandenen Kanonen veralten zu lassen, muß den Machthabern als Verschwendung, ja als Gefahr für sie selbst erschienen sein.

In Westeuropa hingegen wurde weiterhin mit Eifer nach Verbesserungen der Waffenkonstruktionen gesucht. Immer wenn etwas Neues wirklich funktionierte, verbreitete es sich mit außergewöhnlicher Schnelligkeit von Hof zu Hof, von Werkstatt zu Werkstatt, von einem Feldlager zum nächsten. Es nimmt deshalb nicht wunder, daß Ausrüstung und Schulung der europäischen Streitkräfte schon bald jene in anderen Teilen der zivilisierten Welt hinter sich ließen. Die Überlegenheit Westeuropas auf den Schlachtfeldern wurde den osmanischen Türken im Krieg von 1593–1606 klar, als ihre Reiterei zum erstenmal auf diszipliniertes Infanteriefeuer stieß.[27] Die Russen mußten im Verlauf des Krieges um Livland (1557–82) einen ähnlichen Abstand zwischen sich selbst und ihren westlichen Nachbarn feststellen.[28] Asiatische Staaten entdeckten die Diskrepanz erst später. Zu dieser Zeit war die Kluft zwischen ihrem eigenen militärischen Können und dem der Europäer schon viel breiter, als sie es an der Wende zum 17. Jahrhundert gewesen war – oft zu breit, um sie zu überbrücken, ohne sich vorher ausländischer Invasion und Eroberung beugen zu müssen. Die Folge war, daß im 17. und 18. Jahrhundert die erstaunliche weltweite Expansion Europas einsetzen konnte.

In diesem Zusammenhang verdient Erwähnung, daß im größeren Teil Asiens die zweite Bronzezeit, wie schon die erste, einer kleinen Zahl Landesfremder bedeutende militärische Macht verschaffte. Sie herrschten über die unterworfenen Völker kraft weit überlegener Waffen – im ersten Fall Streitwagen, unterstützt durch befestigte Lager, im zweiten Geschütze mit Kavallerieunterstützung. Zwar hielten sich das China unter den Ming und Japan unter dem Tokugawa-Schogunat von diesem Muster fern, doch als China unter die Herrschaft der Mandschu geriet (1644–1912), wurde es schließlich auch von einer herrschenden Schicht ausländischer Eroberer regiert. Einzig Japan blieb ethnisch homogen. So kann es nicht überraschen, daß die Japaner die nationale Gemeinsamkeit beschwören konnten, um die drastischen politischen, technischen und sozialen Reformen während des 19. Jahrhunderts zu rechtfertigen, während ein alles durchdringendes Mißtrauen zwischen Herrschern und Beherrschten andere asiatische Regimes in ihren Bemühungen behinderte, auf die drohende Macht Europas wirkungsvoll zu reagieren.

Diese Gefahr hatten die mächtigeren asiatischen Herrscher im 15. und 16. Jahrhundert nicht erkannt, da die ersten Europäer, die an ihren Küsten erschienen, offenbar bereits vertrauten Vorstellungen von Händlern und Missionaren entsprachen. Schon seit langem hatten asiatische Regierungen mit ungebärdigen Kaufleuten und Schiffsbesatzungen aus fremden Gegenden fertigwerden müssen. Wenn auch manches europäische Schiff imposanter war als jene, die sich vor ihnen in asiatischen Gewässern gezeigt hatten, so waren ihrer doch zunächst so wenige, daß die hergebrachten Methoden des Umgangs mit seefahrenden Fremden auszureichen schienen.

Kleine Handelsstaaten wurden allerdings sogleich von der maritimen Überlegenheit der Neuankömmlinge bedroht. Einige dieser gefährdeten Staaten wandten sich hilfesuchend an den mächtigsten muslimischen Herrscher der Zeit, den osmanischen Sultan. Die Türken bauten daraufhin im Roten Meer eine Flotte, die zum einen die heiligen Stätten des Islam schützen und zum andern im Indischen Ozean operieren sollte, je nachdem, was die Lage der Dinge forderte. Sie entsandten auch Artilleriespezialisten ins ferne Sumatra, die die Widerstandsfähigkeit lokaler muslimischer Regimes stärkten. Doch die osmanischen Bemühungen im Indischen Ozean erzielten nur begrenzte Erfolge, weil der mediterrane Stil der Kriegführung, in dem sie Meister waren, infolge der rapiden Entwicklung des Geschützwesens rasch veraltete.

Das bedarf einer kurzen Erläuterung. Bei Kämpfen im Mittelmeer wurde die Technik des Rammens und Enterns angewandt. Sie verlangte schnelle, wendige Galeeren mit großen Besatzungen zum Rudern und zum Kampf Mann gegen Mann. Eine solche Streitmacht konnte auch ein kleines Landheer bilden, sobald die Schiffe angelandet wurden und die Besatzungen an Land gingen, um eine Festung zu belagern, plündernd das Umland zu durchstreifen – oder auch nur frisches Wasser zu suchen oder sich einmal gründlich auszuschlafen. Dann brachte im 13. Jahrhundert die Erfindung von Segelschiffen, die sich für jedes Wetter eigneten, ein neues Element in die Kämpfe im Mittelmeer. Die neuen Schiffe hielten durch Armbrustschützen in einer bis dato beispiellosen Zahl ihre Feinde auf Distanz. Für Handelsfahrzeuge reichte diese Bewaffnung hin.

Mit der Entwicklung leistungsfähiger Geschütze in den letzten Jahrzehnten des 15. Jahrhunderts veränderten sich die Dinge ungleich radikaler. Europäische Seeleute griffen rasch die Idee auf, daß die Kanonen, die den Landkrieg in dramatischer Weise revolutionierten, das gleiche auf See bewirken könnten. Kräftig gebaute Allwetter-Segelschiffe von der Art, wie sie bereits in atlantischen Gewässern verwendet wurden, ließen sich leicht in schwimmende Geschützplattformen verwandeln – mit ihrer konzentrierten Feuerkraft den Bastionen vergleichbar, mit der zur gleichen Zeit Festungsbaumeister Stadtmauern abzusichern begannen. Solche schwimmenden Bastionen, die sich leicht manövrieren ließen, verschafften den Kanonen in Angriff wie Abwehr eine ausschlaggebende Rolle. Die Wirkung einer Kanonade auf leichtgebaute Schiffe war ebenso verheerend wie die anfängliche Wirkung der Geschütze gleichen Typs auf Burgmauern; und sie hielt viel länger vor, da auf die Überlegenheit von Schiffen mit schweren Kanonen keine technische Antwort gefunden wurde, bis das 20. Jahrhundert Flugzeuge und Unterseeboote brachte.

Die Folge war eine weitreichende Veränderung der Kräfteverhältnisse auf See. Mediterrane Galeeren, auf Schnelligkeit getrimmt, waren dem Geschützfeuer hilflos ausgeliefert, wenn sie sich in Reichweite wagten. Das gleiche galt für die Handelsfahrzeuge im Indischen Ozean, deren leichte Bauweise zwar zur Nutzung der Monsune günstig war, es jedoch den Seeleuten unmöglich machte, ihre Schiffe mit Kanonen zu bestücken und so den Europäern halbwegs ebenbürtig gegenüberzutreten. Der Rückstoß einer schweren Kanone war für leichtgebaute Schiffe schließlich fast ebenso gefährlich wie der Einschlag einer Kanonenkugel.

Kanonen des Typs, der von französischen und burgundischen Geschützgießern zwischen 1465 und 1477 entwickelt worden war, eigneten sich vortrefflich für die Verwendung auf robustgebauten Schiffen. Die einzig notwendige Modifizierung bestand in einer Lafette anderer Art, die den Rückstoß dadurch auffangen konnte, daß sie übers Deck zurückrollte. Dadurch wurde gleichzeitig die Geschützmündung hinter die

Pforten zurückgezogen, so daß die Kanone neu geladen werden konnte. Um sie wieder in Schußposition zu bringen, mußte die Bedienungsmannschaft sie mit einer Talje wieder nach vorne winden; das Geschützrohr mußte außenbords ragen, denn das Schiff wäre sonst in Brand geraten. Die neuen Geschütze aber waren so schwer, daß sie dicht über der Wasserlinie plaziert werden mußten, um das Schiff nicht toplastig zu machen. Man setzte Stückpforten knapp oberhalb der Wasserlinie in die Rumpfwände ein und deckte sie mit kräftigen, wasserdichten Matten ab. Dank dieser Konstruktion wurde die Seetüchtigkeit auch nicht durch wuchtige Breitseiten gemindert. Bereits 1514 erschien mit einem für Heinrich VIII. gebauten Kriegsschiff ein Wegbereiter dieser Konstruktion. An die siebzig Jahre später senkte Sir John Hawkins Vor- und Heckkastell, um die Segelqualitäten der Kriegsschiffe Elisabeths I. zu verbessern. Mit diesen Veränderungen war die Anpassung hochseetüchtiger Schiffe an die Artillerie-Revolution des 15. Jahrhunderts gelungen. Fortan waren europäische Schiffe bei bewaffneten Zusammenstößen mit Fahrzeugen von einer anderen Bauweise auf allen Meeren der Welt eindeutig überlegen.

Schwere Geschütze mit denen normale Handelsschiffe gewöhnlich bestückt waren, ermöglichten die rasche Ausdehnung der europäischen Herrschaft über die amerikanischen und asiatischen Gewässer, die zwischen 1492 und 1497 begann. Der leicht errungene Erfolg der Portugiesen vor dem indischen Hafen Diu gegen eine viel größere muslimische Flotte (1509) demonstrierte die Überlegenheit, die den europäischen Seeleuten ihre bis zu 160 m Distanz reichenden Kanonen gegenüber Feinden verschafften, deren Vorstellung von einer Seeschlacht darin bestand, längsseits zu gehen, zu entern und den Sieg im Nahkampf zu suchen. Solange mit Kanonen bestückte Schiffe Distanz halten konnten, war die altmodische Entertaktik völlig außerstande, gegen Kanonenkugeln aufzukommen, wie wenig zielgenau dieser Beschuß zuweilen auch gewesen sein mag.

Im Mittelmeer hielt sich die Raum- und Entertechnik noch lange nach dem Übergang zur neuen Seekriegführung im Atlantik. Bis zum Jahr 1581, als ein Waffenstillstand zwischen dem Osmanischen Reich und Spanien mehr als ein Jahrhundert immer wieder aufflammender Kämpfe zur See beendete, blieben die Galeeren das Rückrat der mediterranen Flotten.[29] Der Umstand, daß Spanien gewohnt war, seine Flottenmacht vor allem gegen die Türken einzusetzen, hinderte die Spanier daran, die Entwicklung zum kanonenbestückten Kriegsschiff ebenso vorbehaltlos zu akzeptieren, wie es die Engländer und Holländer taten, die sich in den spanischen und portugiesischen Kolonialreichen einnisteten. Als Philipp II. von Spanien, Sohn Karls V., schließlich die Geduld verlor und eine Invasion Englands beschloß, war die Armada, die er 1588 zu diesem Zweck aussandte, eher für den Enterkampf eingerichtet als für Kanona-

den auf größere Distanz, obwohl die Galeonen, die das Rückgrat der
spanischen Flotte bildeten, durchaus solide gebaute Fahrzeuge waren,
gedacht für Fahrten über den Atlantik und mit einer entsprechenden Zahl
von Geschützen bestückt. Aber sie waren schwerfällig, daher schwierig
zu manövrieren, und konnten das Feuer der flinkeren englischen Schiffe
nicht erfolgreich erwidern. Die Engländer ihrerseits schafften es nicht,
allein mit ihren Kanonen die spanischen Galeonen zu versenken. Die
eigentliche Katastrophe widerfuhr der Armada durch Stürme, in die sie
auf dem Rückweg um Schottland herum geriet.

Dennoch war die Niederlage der Spanischen Armada ein historisches
Ereignis, denn Philipps II. Fehlschlag zeigte, wie unzureichend der mediter-
terrane Stil der Seekriegsführung auf den Weltmeeren war. Weder Madrid noch die Hohe Pforte, eingeschworen auf die mediterranen Techniken und Konzeptionen des Seekriegs, konnten es auf den Ozeanen mit
der neuen maritimen Macht Hollands, Englands und bald auch Frankreichs aufnehmen, deren Operationsbasis der Atlantik war. Der daraus
resultierende Übergang der Seeherrschaft auf das nordwestliche Europa
trug viel zum allgemeinen Niedergang der Mittelmeerländer bei, der sich
seit den ersten Jahrzehnten des 17. Jahrhunderts abzeichnete. Die holländischen und englischen Schiffsgeschütze versperrten gleichsam den letzten Ausweg aus einer ökonomischen Sackgasse, in die die mediterranen
Völker gerieten, wie es Fernand Braudel so glänzend dargestellt hat.[30]

## Das marktorientierte Denken setzt sich durch

Ein wichtiges Kennzeichen der maritimen Macht Europas im 16. Jahrhundert war ihr quasi-privater Charakter. In England beispielsweise löste
sich die Royal Navy erst allmählich von der Handelsmarine, ja, die meisten der Schiffe, die 1588 mit den Spaniern im Kampf lagen, dienten
Zwecken, die ebenso sehr nach Handel wie nach Piraterie schmeckten.
Das gleiche galt auch für die Armada selbst, die aus vierzig bewaffneten
Kauffahrteischiffen und nur achtundzwanzig eigentlichen Kriegsschiffen
bestand.[31]

Holländische, englische und französische Handelsschiffe genossen die
Vor- und Nachteile ungebetener Gäste, wenn sie sich in die Reservate
wagten, die Madrid und Lissabon für sich beanspruchten. Sie konnten in
jedem europäischen Hafen legal Handel zu treiben versuchen oder andererseits die Nordostküste Südamerikas mit Raubüberfällen heimsuchen,
beiläufig am Sklavenhandel teilnehmen oder an irgendeiner anderen Küste Schmuggel betreiben, je nachdem, was dem Kapitän und den Eignern
am vorteilhaftesten erschien. Jahr um Jahr durfte man darauf rechnen,
daß entsprechend bewaffnete Schiffe sich bezahlt machten, indem sie eine

gemischte Ladung aus Beutegut und Handelsgütern, je nach den Gelegenheiten, denen das Schiff auf seiner Fahrt begegnete, in ihren Heimathafen zurückbrachten.

Es war zweifellos ein gefahrvolles Geschäft, bei dem überlegene Stärke im Augenblick der Kontaktaufnahme oft über Erfolg oder Niederlage entschied. Räuber riskierten jederzeit, von einem Stärkeren ausgeraubt zu werden, und die unbedachte Anwendung von Gewalt konnte Gefahr für Leib und Leben bringen. Die Investoren in der Heimat, die jede dieser Fahrten durch den Erwerb von Anteilen möglich machten, mit denen die Kosten für die Ausrüstung des Schiffes und das Anheuern der Mannschaft bestritten wurden, gingen gleichfalls hohe Risiken ein, denn viele Schiffe kehrten nicht zurück und andere brachten nicht ein, was für sie aufgewendet worden war. Doch gegen solche Fehlschläge müssen die gelegentlich spektakulären und unerwarteten Gewinne aufgerechnet werden, wie beispielsweise das Vermögen, das Sir Francis Drake nach seiner ersten Fahrt um den Globus (1577–80) auszahlte.[32]

Selbst knausrige Regierungen wie die Manuels I. von Portugal (1495–1521) und Elisabeths I. von England (1558–1603) fanden Anlaß, solche Fahrten zu unterstützen. Beide Herrscher investierten aus ihrer Privatschatulle in überseeische Unternehmungen, wodurch sie ihnen das Gewicht der königlichen Autorität gaben, ohne den Staat dazu zu verpflichten, für die Kosten aufzukommen. Der portugiesische König war der ehrgeizigere und trachtete danach, alle Gewinne aus dem Gewürzhandel für sich persönlich zu monopolisieren. Doch zu diesem Zweck mußte er eine Partnerschaft mit genuesischen Bankiers eingehen, die als einzige die notwendigen Mittel für die Ausrüstung der königlichen Schiffe flüssig machen konnten. Die Zinszahlungen auf seine Schulden einerseits und die Unterschlagungen seiner Untergebenen andererseits zehrten viel von Manuels Profiten auf. Infolgedessen konnte der portugiesische Herrscher aus diesen Unternehmungen persönlich nicht viel Kapital schlagen, während dies anderen in seinem Umkreis mit bemerkenswertem Erfolg gelang.

Elisabeth von England war bescheidener. Sie strebte nicht danach, die überseeischen Unternehmungen ihres Reiches zu monopolisieren, und wählte diejenigen, in die sie investierte, aufgrund pekuniärer wie politischer Überlegungen aus. Sie zeigte in beidem großes Geschick und zog aus ihren angelegten Kapitalien höchst ansehnliche Renditen.[33]

Die Niederlande waren insofern ein anderer Fall, als in den 1570er Jahren in Holland und Seeland eine kaufmännische Oligarchie die Herrschaft an sich zog. Privater Nutzen und öffentliches Interesse waren inniger miteinander verquickt und weniger von Gedanken an Prestige und Tapferkeit gefärbt, als dies in Ländern mit einem königlichen Hof der Fall war. Das spanische Regime nahm die andere Extremposition ein,

denn in den Reichen Philipps II. hatte der Staat einen ständig wachsenden
Anteil an merkantilen wie an militärischen Unternehmungen. Englische,
holländische und französische Freibeuter kaperten nämlich 1568 und
1603 so viele spanische und portugiesische Schiffe, daß sie die privaten
Kauffahrteischiffe der iberischen Halbinsel beinahe von den Meeren vertrieben. Galeonen der Krone vermochten die Lücke nur zum Teil zu
schließen,[34] und der spanische Staat konnte seine Schiffe und Soldaten
nur mittels Krediten ausrüsten, die bei Bankiers und privaten Spekulanten, vielfach Ausländern, aufgenommen wurden.

So wurden, trotz gradueller Verschiedenheiten, die europäischen Übersee-Unternehmungen in allen Fällen von einer Kombination staatlicher,
quasi-staatlicher und rigoros auf Gewinn bedachter Privatinitiative getragen. Um so sensibler mußte man unter diesen Verhältnissen auf neue
ökonomische Chancen reagieren. Jede Fahrt verlangte von allen Beteiligten neue Entscheidungen. Investoren, die zu mehreren Fahrten nacheinander Geld beisteuerten, hatten häufig Gelegenheit, sich nicht gewinn-
trächtigen Unternehmungen zu entziehen, und konnten jedesmal, wenn
sie eine bessere Gewinnchance sahen, ihre Mittel umdisponieren.

Solange die europäischen Übersee-Unternehmungen auf diese Weise
betrieben wurden, sorgte man durch eine relativ enge Anpassung an die
Diktate des Kapitalmarkts dafür, daß sich die bewaffnete Macht auf den
Meeren bezahlt machte. Die Mühe und Energie, die einzelne Kapitäne
und ihre Besatzungen aufwandten, wirkten wie die Moleküle eines sich
ausdehnenden Gases, tasteten überall die Grenzen gewinnbringender
Transaktionen ab. Und jedesmal, wenn ein Kapitän mit ungewöhnlich
reicher Ausbeute zurückkehrte, folgten schon bald andere Schiffe seinem
Beispiel.

Aus diesem Grund war das Vordringen der Portugiesen in den Indischen Ozean im Jahr 1497 keine vergängliche Randerscheinung der Weltgeschichte, wie es die ungleich größeren chinesischen Flottenexpeditionen in dieselben Gewässer, früher im selben Jahrhundert, letztendlich
gewesen waren. In ununterbrochener Folge liefen europäische Schiffe die
Küsten Asiens an und nutzten jede sich bietende Gelegenheit, Handel zu
treiben oder zu plündern.

Während die Zahl der europäischen Schiffe allmählich wuchs, nahm
auch ihre Fähigkeit zu, das wirtschaftliche und politische Leben Asiens
zu beeinflussen, bis schließlich selbst die größten Festlandsimperien dieses Kontinents der europäischen Macht nicht mehr widerstehen konnten.
Dieser einschneidende Wandel brauchte drei Jahrhunderte, bis er seinen
Höhepunkt erreichte, und in dieser Zeitspanne hatte die Mischung ökonomischer und militärischer Unternehmungen, die von Europa ausgingen, eine beträchtliche Veränderung erfahren. Doch bis zum 19. Jahrhundert blieben Seehandel und Freibeuterei eng miteinander verknüpft, und

selbst nach dem Aufkommen regulärer Kriegsflotten in der zweiten Hälfte des 17. Jahrhunderts trug das Kapern feindlicher Schiffe einen beträchtlichen Teil zu den Einkünften bei, auf die Schiffsoffiziere und -mannschaften hoffen durften.

Auf dem Festland ging die Vermengung von Gewinndenken und militärischen Motiven nicht ganz so glatt vor sich wie auf den Meeren. In den europäischen Armeen spielten Angehörige des Adels, die grundsätzlich, wenn auch nicht immer in der Praxis, auf pekuniäres Denken verachtungsvoll herabblickten, die führende Rolle. Die aristokratischen Ideale von persönlicher Tapferkeit und Ehre waren ihrem Wesen nach unvereinbar mit den finanziellen, logistischen und administrativen Aspekten des Militärapparats. Auf See nahm die persönliche Tapferkeit eine entschieden sekundäre Stellung hinter finanziellen Erwägungen ein, denn ein Schiff mußte, ehe es in See ging, mit einem recht komplizierten Aufgebot von Ausrüstungs- und Versorgungsgütern versehen werden, das nur mit flüssigen Mitteln zusammengebracht werden konnte. Die Ausgaben, welche die Heere verursachten, waren zwar nicht minder real, aber die Mittel wurden nicht klar und eindeutig auf die Ausrüstung einzelner Einheiten für bestimmte Aufgaben aufgeteilt. Infolgedessen waren die finanziellen Begrenzungen diffus und hielten die Größe der Heere und die Militärausgaben überhaupt nur ganz allgemein in Schranken.

Die Schwierigkeit lag zum Teil darin, daß die Männer, die über die Aufstellung von Heeren und die Planung von Feldzügen entschieden, für pekuniäres Denken nichts übrig hatten. Für sie war der Krieg eine Sache der Ehre, des Prestiges, der heroischen Selbstbehauptung. Ihn mit dem schmutzigen Egoismus von Bankleuten und Geldverleihern zu betreiben, erschien den meisten Herrschern und Ministern als etwas Grundverkehrtes. Andererseits hatten diejenigen, die Souveränen Geld liehen, in Fragen der militärischen Organisation wenig zu sagen. Wie der Fürst das Geld zu verwenden geruhte, das er borgte, hatte den Geldgeber nicht zu kümmern. Daher rechnete niemand kaufmännisch den Saldo der Kosten militärischer Unternehmungen und der vermutlichen Erträge aus, während bei Unternehmungen nach Übersee die Investoren vor jeder einzelnen Fahrt, so gut es nur ging, ihre Aufwendungen in Beziehung zu den erhofften Gewinnen setzten.

Indem Herrscher wertvolle Prärogativen aus der Hand gaben – in der Regel das Recht, künftig anfallende Steuern einzuheben –, konnten sie genug Geld borgen, um ein größeres Heer auszurüsten, als ihre laufenden Steuereinnahmen zuließen. Da das Steueraufkommen für ihren Unterhalt nicht ausreichte, mußten diese Truppen ihren Sold durch Plündern ergänzen, das heißt, direkt von dem Land leben, in dem sie operierten, statt daß die Kosten durch Besteuerung gleichmäßig verteilt wurden. Doch Herrscher, die ihren Soldaten den versprochenen Sold vorenthielten, konnten keinen zuverlässigen Gehorsam erwarten, namentlich in Kriegen, die fern vom Sitz der Regierung geführt wurden.

Eine naheliegende Lösung für einen Souverän bestand darin, die Steuereinkünfte zu erhöhen, was in den ersten Jahren nach der revolutionären Erfindung des Schießpulvers erfolgreiche Herrscher mit blendendem Erfolg taten.[35] Doch sobald regionale Rivalen auf die Knie gezwungen und ihre Einkünfte zur Gänze oder zum Teil in den Staatsschatz der Zentralregierung umgeleitet worden waren, ließen sich weitere Steuererhöhungen nur schwer verhängen. Dies hatte seinen Grund darin, daß bis nach der Mitte des 17. Jahrhunderts selbst in den bestregierten Staaten Westeuropas Untertanen die Möglichkeit blieb, gegen königliche Steuereinnahmen zu den Waffen zu greifen, und sie durften hoffen, sich durchzusetzen, wenn sie nur genügend Gleichgesinnte fanden.

Natürlich konnten königliche Truppen eingesetzt werden, um widerspenstige Steuerzahler zum Zahlen zu zwingen. Mit einer solchen Aktion begannen ja die niederländischen Kriege (1568–1609). Doch solche Maßnahmen konnten die steuerliche Leistungsfähigkeit der Bevölkerung bedenklich mindern, wie die Kriege in den Niederlanden gleichfalls zeigten. So plünderten beispielsweise meuternde spanische Truppen 1576 Antwerpen, die reichste Stadt des nordwestlichen Europa, als der Staatsbankrott Philipps II. erkennen ließ, daß sie ihren rückständigen Sold nicht erhalten würden. Die Stadt erholte sich nie wieder ganz von der ‚spanischen Furie‘, vor allem auch deswegen, weil die zentrale finanzielle und kommerzielle Rolle, die sie seit dem 15. Jahrhundert innegehabt hatte, auf Amsterdam, in dem von den Aufständischen gehaltenen Teil der Niederlande, überging.

Diese rasche Verlagerung der finanziellen Aktivitäten wurde vom Verhalten zahlloser Privatpersonen bestimmt, die zu dem Schluß kamen, ihre Handelsgüter und ihr Geld seien in Holland, wo Patrizier das Heft in der Hand hatten, sicherer aufgehoben als im spanisch beherrschten Antwerpen. Private Entscheidungen solcher Art konnten bewirken, daß privates Kapital sehr rasch an Orte abwanderte, wo nach Ansicht der Besitzer die geringsten Kosten für seinen Schutz aufzuwenden waren. Kapitalisten, die sich einer drückenden Besteuerung nicht entzogen, mußten schon bald erleben, daß ihr Besitz dahinschmolz. So geschah es den Fuggern, deren Haus sich von Philipps II. Bankrott im Jahr 1576 ebensowenig erholte wie Antwerpen. Andere erfolgreiche Privatunternehmer (oder deren Söhne) erlagen dem Reiz eines aufwendigen und verschwenderischen Lebensstils und zogen sich entweder ganz vom Handel zurück oder ließen die Geschäfte schleifen. Nur im Dunstkreis einer Gesellschaft, die sich um die Aktivitäten strebsamer, rühriger Kaufleute bildete, konnten die Akkumulation von Kapital und die Gewinnmaximierung anhaltend, jahrein, jahraus, gedeihen. Ein gewisses Maß politischer Autonomie, das wirksamen Schutz vor einer konfiskatorischen Besteuerung bot, war für den Fortbestand solcher kommerziellen Zentren notwendig, auch wenn sie, wie im Fall Londons, nur Enklaven in einem größeren politischen System darstellten.[36]

Andererseits hatten gekrönte Häupter und Untertanen ein gemeinsames Interesse daran, unregelmäßige Plünderungen durch regelmäßige Besteuerung zu ersetzen. Dieses gemeinsame Interesse ermöglichte es in allen bedeutenden europäischen Staaten den Herrschern, die Steuerbeträge schrittweise zu erhöhen, wenn auch die Staatseinkünfte weiterhin den militärischen und anderen öffentlichen Ausgaben hinterherhinkten. Es kam periodisch zu Staatsbankrotten, wenn Herrscher ihre Schulden nicht mehr beglichen und damit eine Finanzkrise auslösten, die solange anhielt, bis die Gläubiger und der insolvente Monarch zu irgendeiner Übereinkunft gelangten.

So behinderten finanzielle Engpässe in der frühen Neuzeit europäische Regierungen und lähmten sie sogar gelegentlich auf kurze Zeit in ihrem Handeln. Allerdings hatten sie keine effektive Auswirkung auf die tägliche Politik und Verwaltungstätigkeit, insbesondere was militärische Angelegenheiten betraf. Das Militärwesen schleppte sich dahin, strapazierte rücksichtslos die verfügbaren Ressourcen, brach dann ganz oder teilweise zusammen, nur um ein paar Monate oder Jahre später das gleiche wieder von vorn anzufangen.

Auch das machten die Kriege in den Niederlanden besonders deutlich. 1576 verfügte die sogenannte Pazifikation von Gent als Teil der politisch-finanziellen Gesamtregelung, zu der Philipp II. nach seinem Bankrott genötigt war, den Abzug aller spanischen Truppen aus den Niederlanden. Demgemäß verschwanden die spanischen Streitkräfte und hielten sich den größten Teil des Jahres 1577 von niederländischem Boden fern. Der Krieg flammte in vollem Umfang erst wieder 1583 auf, als ein Waffenstillstand mit den Türken und die Annexion Portugals den spanischen König glauben ließen, daß er nun die Mittel für einen entscheidenden Sieg im Norden in der Hand habe.[37]

Auf der Stufe der taktischen Einheiten jedoch ähnelte das Heereswesen von der Zeit des Hundertjährigen Krieges bis in die Mitte des 17. Jahrhunderts sehr stark den Verhältnissen im Seehandel. Ein Feldhauptmann, oft ein Mann von lokaler Bedeutung oder militärischer Erfahrung, wurde von irgendeiner höheren Stelle beauftragt, in einem vage umschriebenen Bezirk eine Kompanie Soldaten zu rekrutieren. Diese Hauptleute waren halb-unabhängige Unternehmer, nicht anders als Lieferanten im Dienst der Regierung. Ein Hauptmann, der einen solchen Auftrag erhalten hatte, empfing beispielsweise eine gewisse Summe, die er bei der Anwerbung an seine Rekruten verteilte, oder aber er hatte die Werbeprämien aus eigener Tasche vorzustrecken und mußte darauf hoffen, daß ihm die

Auslagen irgendwann später erstattet würden. Der Hauptmann hatte auch dafür zu sorgen, daß seine Soldaten sich die entsprechenden Waffen und die richtige Rüstung zulegten. Diese kauften sie entweder selbst, oder der Hauptmann erstand die benötigten Gegenstände auf eigene Rechnung und verteilte sie unentgeltlich oder gegen einen späteren Soldabzug an seine Soldaten.

Mit den Unterhaltskosten für die Soldaten verfuhr man genauso, nur daß es Regierungen im allgemeinen leichter fiel, bei bereits Angeworbenen mit dem Sold im Rückstand zu bleiben. Altgediente Soldaten lebten natürlich von dem Landstrich, in dem sie sich befanden. Zuweilen preßten ihre Kommandeure allen, derer sie habhaft werden konnten, Kontributionen ab. Im Falle äußerster Not, wenn selbst diese irregulären Quellen versiegten, meuterten die Soldaten. Meutereien wurden in den italienischen Kriegen 1520–30 zu einem festen Begriff und bei den spanischen Truppen, die 1567–1609 in den niederländischen Kriegen kämpften, zur Institution. Die Meutereien im 17. Jahrhundert ähnelten Streiks in späterer Zeit und erwiesen sich als ein wirksames Mittel, Druck auf den spanischen Hof auszuüben, der stets in Geldnöten steckte, denn die Verantwortlichen konnten eine Meuterei nur dadurch beenden, daß sie alle Soldrückstände zahlten. Die ‚loyalen‘ Truppen unterließen es einfach, gegen ihre meuternden Kameraden vorzugehen, und da fast jede Einheit im Feld Soldrückstände hatte, war es gefährlich, auch nur den Versuch zu machen, eine rebellische Truppe durch andere Verbände zur Räson zu bringen.[38]

Auch die militärische Ausbildung der Soldaten und das Kommando im Feld oblagen dem Hauptmann. Er ernannte nach eigenem Belieben Offiziere, die unter ihm dienten, und hatte persönlich die Auszahlung des Soldes an seine Soldaten zu überwachen, wenn und falls dieser eintraf. Es konnte vorkommen, daß er zwischen den Soldzahlungen einzelnen Soldaten für den Kauf von benötigten Dingen Geld aus seiner eigenen Tasche vorstreckte und sich das Darlehen später zurückholte, wenn der nächste Sold gezahlt wurde. All dies hatte viel Ähnlichkeit mit den Beziehungen zwischen einem Schiffskapitän und seiner Mannschaft.

Der Unterschied zwischen dem militärischen Unternehmertum zu Lande und dem zur See war daher nur graduell. Die Begrenztheit des Geldmarkts machte sich letztlich auch zu Lande geltend. Aber ein Herrscher konnte Bankiers zwingen, ihm Kredite zu gewähren, die sie ihm eigentlich nicht geben wollten – zumindest eine Zeitlang. Und das Argument, eine einzige, weitere Kampagne werde den Sieg bringen und damit die Möglichkeit, daß die Steuereinnahmen die Kriegsausgaben überstiegen, war vielfach überzeugend – auf kurze Sicht. Doch die Defizitfinanzierung hatte, wie erwähnt, ihre Grenzen, und die Bankrotte von gekrönten Häuptern führten wiederholt die militärischen Aufwendungen in ihre fiskalischen Grenzen zurück.

Die Hoffnung, einem Heer könnte es irgendwie gelingen, sich bezahlt zu machen, indem es dem Sieger neue Steuerzahler zuführte, trog beinahe immer. Die großen europäischen Staaten waren einander zu ebenbürtig als daß leichte Eroberungen zu machen gewesen wären, die solche unerwarteten Gewinne einbrachten. Nur gelegentlich und nur an der Peripherie, wo europäische Heere es mit militärisch weniger hochentwickelten Gesellschaften zu tun hatten, bot der Einsatz militärischer Macht überhaupt lohnende Aussichten. Die Russen, in Sibirien dank der sibirischen Pelze, und die Spanier, in den beiden Amerikas dank des amerikanischen Silbers, waren die beiden Imperialmächte, die im 16. und 17. Jahrhundert großen Gewinn aus der Randlage ihrer Länder zogen.

Der sich selbst tragende Charakter der europäischen Seefahrt bot, in einem beträchtlichen Maß, gleichfalls ein Beispiel eines ertragreichen Zusammenstoßes zwischen überlegener bewaffneter Macht und minder gut ausgerüsteten Gegnern. Den festländischen Imperien in Sibirien und in den beiden Amerikas sollte daher ein maritimes Imperium längs der Küste Asiens an die Seite gestellt werden, das anfänglich von portugiesischen und später von holländischen und englischen Schiffen beherrscht wurde. So war es nicht nur die finanzielle Organisation maritimer Unternehmungen, sondern auch sein Charakter einer gleichsam in die Ferne sich verschiebenden ‚Grenze‘, der diesem Imperium die Möglichkeit gab, sich selbst zu erhalten. In der Nähe des Zentrums der europäischen Gesellschaft löste ein militärisches Unternehmen, das irgendein Herrscher gegen irgendwelche Rivalen ins Werk setzte, mit Sicherheit eine Gegenreaktion aus, und nur selten konnte ein Monarch Gebiete erobern, aus denen sich bedeutende Steuereinnahmen herausholen ließen.

Der Aufbau des riesigen amerikanischen Imperiums durch Madrid und die vergeblichen Bemühungen Spaniens, die Herrschaft über die Niederlande aufrechtzuerhalten, rückten diese Lage der Dinge in ein klares Licht. Spaniens militärischer Einsatz in der Neuen Welt zahlte sich üppig aus. Ja, es war der anschwellende Silberstrom aus Amerika, der Philipp II. glauben ließ, er könne im Mittelmeer Krieg gegen die Türken und zugleich im Norden gegen die Holländer führen. Zudem waren die Erfahrungen, die Spanien früher bei seinen imperialen Aspirationen in Europa gemacht hatte, nicht entmutigend gewesen. Die spanischen Soldaten, die zwischen 1520 und 1525 Neapel und Mailand eroberten und in den folgenden Jahren die habsburgische Herrschaft in Italien festigten, waren nahe daran, den Krieg rentabel zu machen. Lange bevor die Spanier den Schauplatz betraten, hatten das Königreich Neapel und das Herzogtum Mailand ein Besteuerungssystem entwickelt, durch das man in der Lage war, den Unterhalt von Truppen in relativ großer Stärke auf Dauer zu gewährleisten. Durch den schlichten Austausch der italienischen Condottieri, die vorher diese Staaten gegen Entgelt verteidigt hatten, gegen Spanier ließen sich die Kosten decken, ohne den kastilischen Steuerzahlern eine hohe Zusatzbelastung aufzuerlegen. Dies galt nicht mehr nach 1568, als sich der Hauptkriegsschauplatz nach Norden, in die Niederlande, verlagerte.

Der Grund dafür war weitgehend technischer Natur. Die Verbreitung der *trace italienne* führte dazu, daß das spanische Heer für einen Belagerungskrieg drastisch verstärkt werden mußte. Selbst wenn die Spanier Sieger blieben, mußten sie doch in den eroberten Plätzen Befestigungen anlegen oder wiederherstellen und den Ort anschließend mit einer Garnison belegen. Jede Belagerung sowie jeder befestigte und garnisonierte Stützpunkt erforderten Pulver und Munition in stetig wachsenden Mengen. Gleichzeitig ließ die Infusion amerikanischen Silbers in die Wirtschaft Europas die Preise für alle Güter enorm ansteigen. So nimmt es nicht wunder, daß Philipp II., obwohl er zwischen 1556 und 1577 die Steuern in Kastilien verdreifachte, viermal (1557, 1560, 1575 und 1596) die Einlösung seiner Schulden verweigern mußte und daß es ihm nie gelang, seinen Soldaten den Sold rechtzeitig auszahlen zu lassen.

Ein paar Zahlen sollen diese Steigerung der spanischen Militärausgaben (in Millionen Dukaten jährlich) verdeutlichen:

| | |
|---|---|
| vor 1556 | weniger als 2 |
| 1560–70 | 4,5 |
| 1570–80 | 8 |
| 1590–1600 | 13 |

und die Zahlungsverpflichtungen (Soldrückstände) illustrieren:[39]

| | |
|---|---|
| 1559 | 1,4 |
| 1557 | 2,17 |
| 1607 | 4,76 |

Philipp II. ließ die Staatsausgaben nicht umsonst so enorm anschwellen. Die Zahl der verfügbaren Soldaten 1550–60, in der Dekade, als er die Nachfolge seines Vaters, Karls V., in Spanien antrat, wurde auf ungefähr 150 000 Mann errechnet; in den 1590er Jahren, am Ende seiner Regierungszeit, war sie auf 200 000 angestiegen, und 1630–40, als Spaniens militärische Kraftanstrengung ihren Gipfel erreichte, zählten die Soldaten des Königs an die 300 000 Mann.[40]

Um die wachsende Last der Militärausgaben etwas zu verteilen, versuchte Philipp II. das System des Steuerwesens, das den italienischen Städten so gute Dienste geleistet hatte, auf sein riesiges Reich zu übertragen. So wurde beispielsweise die Schuldenfinanzierung, die es den Venezianern ermöglichte, durch den Verkauf von Obligationen ihre Kriege und andere außergewöhnliche öffentliche Ausgaben zu bestreiten, in Spanien nachgeahmt. Doch die Zahlungsmoral, die es für venezianische Kämmerer zur Selbstverständlichkeit machte, auf die Schulden der Republik pünktlich, Jahr für Jahr, Zinsen zu zahlen, war der Spitze der königtlichen Regierung in Madrid (und in den meisten anderen Monarchien) fremd. Dies führte zu wiederholten Staatsbankrotten, die die Kosten weiterer Anleihen in unerträgliche Höhen trieben. Im Jahr 1600 waren nicht weniger als vierzig Prozent der spanischen Staatseinkünfte für die Bedienung alter Schulden reserviert.[41]

Die Besteuerung der kastilischen Bauern hatte einen Punkt erreicht, von dem ab weitere Erhöhungen so gut wie unmöglich waren. Ja, die schon bestehenden Belastungen führten zu einem wirtschaftlichen Niedergang. Die Verringerung der Einkünfte der Krone brachte es mit sich, daß die Heere kleiner und schwächer wurden. Nach der Mitte des 17. Jahrhunderts fiel Spanien hinter Frankreich zurück, wo die Intendanten Ludwigs XIV., bei einer viel größeren Bevölkerung, die Mittel für den Unterhalt einer Armee zusammenbrachten, die schon bald alles übertraf, was die Ressourcen Spaniens tragen konnten.[42]

So setzten sich die Grenzen der Besteuerung schließlich souverän gegen die Majestät selbst des größten Herrschers in Europa durch. Man hat Anlaß zu fragen, warum dies so war. Warum setzten sich Wille und Befehl Philipps II. und seiner Minister nicht über den Willen der Bankiers hinweg, die der Krone Kredite gewährten? In asiatischen Ländern, wo Monarchen über Territorien herrschten, die weniger groß waren als jene, über die Philipp II. gebot, gab es kein feingesponnenes Kreditnetz, von genau rechnenden Bankiers geknüpft, das dem Willen der Herrscher oder ihren militärischen Initiativen Grenzen zog. Der Grund lag darin, daß in Asien, wenn Güter und Dienstleistungen gebraucht wurden, um ein Heer ins Feld zu schicken, die Befehle des Herrschers genügten, alles zu mobilisieren, was mobilisiert werden konnte. Erbrachten Steuern und Verkäufe an die Behörden, die auf dem freien Markt getätigt wurden, nicht genug, trugen die Beamten keine Bedenken, Waren und Geld der Untertanen mit Beschlag zu belegen – soweit sie solche Ressourcen in die Finger bekamen und sie in Formen überführen konnten, die für ein militärisches oder sonst ein staatliches Vorhaben, das geplant wurde, von Nutzen waren.

Vielfach ging man, wie wir im Fall Chinas sahen, subtiler vor. Durch die Festsetzung eines ‚fairen‘ Preises unterhalb dessen, zu dem die Besitzer der fraglichen Güter verkaufswillig waren, ließ sich – jedenfalls nach Meinung der politischen Machthaber und der großen Mehrheit der Untertanen – eine Art allgemeiner Gerechtigkeit üben. Ein administrativ verfügter ‚gerechter‘ Preis beschnitt wirkungsvoll die ‚ungerechten‘ Profite, die skrupellose Kaufleute und Monopolisten einstrichen. Staatliches Eingreifen behinderte auf diese Weise die Entfaltung umfangreicher privater Aktivitäten im finanziellen und kommerziellen Bereich. Gleichwohl konnten unter einem solchen Regime die Produktion im handwerklichen Maßstab und auch der Kleinhandel gedeihen, da ein konfiskatorischer Ankauf oder eine regelrechte Wegnahme von Wirtschaftsgütern, die einer großen Zahl kleiner Leute gehörten, administrativ undurchführbar gewesen wären.

Eine grobe, doch effektive Befehlsmobilisierung dieser Art hatte natürlich ihren Preis. Dadurch, daß man eine private Kapitalakkumulation in großem Maßstab erschwerte und zu riskant machte, wurde auch das Tempo der wirtschaftlichen Entwicklung und der technischen Innovation auf Dinge beschränkt, die Kleinhandwerker leisten konnten. Größere Unternehmen ließen sich nur mittels staatlicher Lenkung erhalten, und die Beamten bevorzugten beinahe immer vertraute und eingefahrene Methoden, um das Risiko eines Mißerfolgs möglichst gering zu halten. Wie wir gesehen haben, hielt man in Asien noch nach ca. 1500 an gigantischen Belagerungsgeschützen fest, der vorzüglichsten Waffe gegen Stadt- und Burgmauern. Niemand hatte die Mittel und ein Motiv, die Feuerwaffen weiterzuentwickeln, und einzig die Japaner modernisierten ihre Befestigungen, um die Wirkung von Artilleriebeschluß abzuschwächen.[43] Dementsprechend blieben die asiatischen Regimes hinter der militärischen und technischen Entwicklung Europas in einer Art zurück, die sie auf lange Sicht teuer zu stehen kam.

Eine ähnlich konservative oder gleichgültige Haltung herrschte auch auf Gebieten wie Berg- und Schiffsbau, auf denen die europäische Überlegenheit gegenüber anderen Zivilisationen vom 14. Jahrhundert an manifest geworden war. Darin spiegelte sich der Umstand, daß in Europa privates Kapital diese relativ umfangreichen Aktivitäten finanzierte, wobei das Profitmotiv stark im Vordergrund stand. Die Folge war, daß jede kostenmindernde oder ertragsteigernde technische Veränderung sich rasch durch die europäische Welt ausbreitete, in markantem Gegensatz zu der konservativen, indifferenten Haltung asiatischer Regimes. In anderen Bereichen der Wirtschaftstätigkeit führte der Gegensatz zwischen den institutionellen Gegebenheiten in Europa und Asien bis zum 18. Jahrhundert nicht zu einer gleichermaßen ausgeprägten Divergenz, doch dann nahm in Europa die Nutzung nicht-tierischer Energie für industrielle Prozesse einen neuen Aufschwung und ließ schließlich die handwerklichen Produktionsmethoden weit hinter sich. Dennoch war der fundamentale Unterschied zwischen Westeuropa und der übrigen zivilisierten Welt schon vom 14. Jahrhundert an deutlich und unverkennbar zutage getreten, da es in Europa keine wirkungsvollen Hemmnisse für die private Akkumulation relativ großer Kapitalien gab.

Warum setzte sich die Befehlsmobilisierung nicht auch in Europa durch? Sicher wäre das Philipp II. und seinen Räten viel lieber gewesen. Sie verstanden es ebenso gut wie chinesische und islamische Kronbeamte, Steuern zu erheben und Konfiskationen durchzuführen. Das Schicksal Kastiliens, wo innerhalb des spanischen Imperiums der Besteuerung am wenigsten Zügel angelegt wurden, demonstrierte ihre Fähigkeiten in dieser Richtung. Doch um das Befehlsprinzip war es schlecht bestellt. Viel von dem, was Philipp II. für seine Heere brauchte, stand auf der Iberischen Halbinsel nicht zur Verfügung. Seine wiederholten Bemühungen, Manufakturen für die Produktion von Kanonen und anderen Bedarfsgütern einzurichten, wollten nicht gedeihen. Widerwärtigerweise – aus der Sicht des Königs und seiner Räte – konzentrierten sich wirtschaftliche Aktivität und Waffenproduktion ausgerechnet da, wo das Wort des Herrschers nicht oberstes Gebot war. Der private Unternehmungsgeist entfaltete sich systematisch dort, wo die Steuern niedrig waren und die Preise sich unbehindert nach dem richten konnten, was der Markt hergab. So wurde beispielsweise das Bistum Lüttich, an die spanischen Niederlande angrenzend, jedoch nicht unter spanischer Herrschaft, zum Zentrum der Waffenproduktion für die Kriege in den Niederlanden, das einen großen Teil des Bedarfs der spanischen wie der niederländischen Heere deckte.[44]

Zu einem bedeutenden Rüstungszentrum entwickelte Lüttich sich erst nach 1492, als das Bistum abrüstete und sich für neutral erklärte. Okkupationen, zu denen es in der Folge mehrfach kam, legten sogleich die Geschützproduktion lahm. Wenn daher Herrscher sich die Produkte der Lütticher Geschützgießer – schon bald die besten und billigsten in Europa – nutzbar machen wollten, mußten sie ihre Soldaten abziehen und dem Markt wieder freies Spiel gewähren. Nur wenn die Handwerker und Kapitalisten Lüttichs und anderer Rüstungszentren ihre Waren nicht zu Preisen hergeben mußten, die ihnen die Spanier oder andere Mächtige diktierten, konnten Herrscher die begehrten Güter in den Mengen erhalten, die sie gewohnt waren. So machte es just ihre Schwäche den Lüttichern möglich, ihre eigenen Preise zu bestimmen. Selbst die mächtigsten Souveräne mußten sie zahlen oder aber auf die Produkte verzichten. Zudem war Lüttich kein Einzelfall. Dank der eigentümlich zersplitterten politischen Geographie Europas waren Dutzende von Refugien für Privatunternehmer über die Landkarte des Kontinents verstreut.

Unter diesen Umständen konnte sich das Befehlsprinzip als ein Mittel, Menschen und Ressourcen zu mobilisieren, einfach nicht gegen den Markt durchsetzen. Solange keine einzige, einheitliche Befehlsstruktur jeden Winkel in Europa kontrollierte und damit jede private Kapitalakkumulation im Keim ersticken konnte, blieb die Souveränität des Marktes selbst über den mächtigsten Herrscher der Zeit letzten Endes eine Realität, mochte auch die tatsächliche Macht des Marktes durch den Umstand verschleiert werden, daß die Staaten weiterhin von Menschen gelenkt wurden, denen es äußerst zuwider war, mit den Gewinn- und Verlustrechnungen von Geldverleihern etwas zu tun zu haben.

Philipp II. wäre sicher verblüfft gewesen – doch auf lange Sicht wurden die europäischen Staaten dadurch, daß sie sich in das finanzielle Netz verstrickten, das international tätige Bankiers und Lieferanten woben, tatsächlich gestärkt. Zum ersten verbreitete sich die Besteuerungsbasis, weil der Umfang der Produktion in Europa insgesamt eine expansive Tendenz zeigte, während private Firmen die Mittel für großangelegte Aktivitäten in Handel und Industrie akkumulierten. Die regionale Spezialisierung führte zu Größenvorteilen über die staatlichen Grenzen hinweg. Der technische Fortschritt wurde durch das Nebeneinander einer Vielzahl von Anbietern und Käufern beschleunigt. Kredite aus privaten Quellen zur Finanzierung außergewöhnlicher staatlicher Ausgaben, von der Art, wie sie alle Feldzüge Philipps II. trugen, mehrten gleichfalls die Macht des Staates über Menschen und Produkte, und dies der Tatsache zum Trotz, daß es schwierig, ja oft unmöglich war, alte Schulden zu begleichen.

Könige und ihre Minister wehrten sich einerseits gegen Bankiers und kommerzielle Anbieter und arbeiteten andererseits mit ihnen zusammen, eine Paradoxie, die das immer tiefere Eindringen von Marktbeziehungen in die europäische Gesellschaft beschleunigte. Jede Steuererhöhung brachte weitere Segmente des europäischen Wohlstands in Umlauf, denn die Staaten gaben alles aus, was sie einnahmen. Daher wurden Subsistenz- und andere ökonomische Traditionen lokal streng begrenzter Art ständig von einer Kombination aus Zwang (Steuern) und Lockung (billigere oder bessere Güter, vermehrtes Privateinkommen) erodiert. Die Kriege und die hohen Kriegskosten beschleunigten noch den gesamten Prozeß. Die Mobilisierung von Menschen, Rohstoffen und Produkten über den Markt kam Schritt für Schritt voran und zeigte sich allmählich imstande, menschliche Leistungskraft effizienter zu integrieren, als es das Befehlsprinzip jemals vermocht hatte.

Vielleicht könnte man den Grundunterschied zwischen der europäischen Situation in den ersten Jahrhunderten der Neuzeit und der Lage in Asien mit den Worten ausdrücken, daß in Asien die Befehlsmobilisierung die Erhaltung primärer Muster menschlicher Interaktion stärkte und von ihnen wiederum gestützt wurde. Gehorsam leistet der Gehorchende schließlich immer am liebsten Personen, die ihm seit langem vertraut sind. Statusverhältnisse, traditionelle Gesellschaftsstrukturen, lokale Hierarchien auf der Basis von Ehrerbietung und Vorrang, all diese Dinge fügten sich als untergeordnete Elemente in die politische Befehlsstruktur ein. Trotz persönlicher Rivalitäten der unterschiedlichsten Art zwischen lokalen Machthabern festigte und stützte das Prinzip, daß soziales Verhalten sich hierarchisch geformten Rollen anzupassen habe, das gesamte System. Dies bedeutete unter anderem, daß nur ein winziger Teil der Gesamtbevölkerung für militärische Aktionen zu mobilisieren war. Doch damit fanden sich asiatische Herrscher durchaus willig ab, denn jede umfassendere Mobilisierung hätte Waffen in die Hände von Personen und Klassen gegeben, von denen zu befürchten stand, daß sie die bestehenden gesellschaftlichen Hierarchien und Machtstrukturen in Frage stellen würden.

Marktbeziehungen hingegen hatten die Tendenz, traditionelle lokale und primäre Muster menschlicher Interaktionen zu schwächen und aufzulösen. Vom Markt ausgehende Anreize ermöglichten es Menschen, die einander nicht kannten, über weite Entfernungen miteinander zu kooperieren, oft ohne daß ihnen das bewußt war. Mit der wirtschaftlichen Spezialisierung und technischen Entwicklung, die Marktbeziehungen stärken konnten, wurde die Mobilisierung einer größeren Gütermenge und einer größeren Zahl von Menschen möglich. Kurz gesagt, Macht und Wohlstand ließen sich steigern, wenn man sich vom Markt ausgehender Anreize für menschliches Handeln bediente, mögen Herrscher und die Mehrheit ihrer Untertanen noch so sehr die Habgier und Unmoral beklagt haben, die damit auf die Welt losgelassen wurden.

Der Zusammenbruch hergebrachter Verhaltensmuster erscheint der Mehrzahl jener, die ihn erleben, immer beklagenswert. Die Menschen ebenso wie die Herrscher im Europa der frühen Neuzeit empfanden Abneigung und Mißtrauen gegen die Handvoll vermögender Männer, die sich damit bereicherten, daß sie gekrönte Häupter wie ihre Untertanen zwangen, sich den Diktaten des Marktes zu beugen. Doch Herrscher wie Untertanen mußten feststellen, daß sie wenig dagegen unternehmen konnten. In Asien konnten sich ähnliche Gefühle kaum Geltung verschaffen, weil der Markt für Güter und Dienstleistungen relativ schwach und auf die Stufe des Handwerks beschränkt blieb. In Europa gewann die marktmäßige Ausformung menschlicher Leistungskraft die Oberhand, als ein paar Städte in Italien und den Niederlanden demonstriert hatten, wie eine entschlossene Freisetzung von Marktanreizen Wohlstand und Macht mehren konnten. Im 16. Jahrhundert dann waren selbst die mächtigsten europäischen Befehlsstrukturen auf einen internationalen Geld- und Kreditmarkt angewiesen, wenn sie militärische oder andere Großunternehmungen ins Werk setzen wollten. Philipps II. finanzielles Ungemach ist ein Beleg für diese These. Die Folge war, daß die Ausdehnung der Marktbeziehungen und ihr allmähliches Vordringen in entlegenere Regionen und die soziale Stufenleiter weiter abwärts auf Jahrhunderte hinaus gesichert wurden. Und in den gleichen Jahrhunderten verschaffte den Westeuropäern ihre widerstrebende Bereitschaft, das private Gewinnstreben zu tolerieren, die Möglichkeit, ihre Dominanz über den Rest der Welt aufzurichten.

Eine andere Möglichkeit, diese Vorgänge zu beschreiben, besteht darin, vom Aufstieg des Kapitalismus und vom Aufkommen des Bürgertums zur herrschenden Klasse in der europäischen Gesellschaft zu sprechen.

Dies ist, seit der Marxismus in intellektuelle und akademische Kreise einzusickern begann, eine zentrale Frage unter Historikern, die sich mit dem Europa der frühen Neuzeit beschäftigten. Doch leider tragen auch Marxisten die eurozentrischen Scheuklappen des 19. Jahrhunderts, die Karl Marx' Sicht der Geschichte des Menschen unvermeidlich begrenzten. Für die Europäer seiner Epoche schien der Supremat von Markt und Geld ein für allemal festzustehen. Aus der Sicht des späten 20. Jahrhunderts erscheint dies nicht mehr als unumstößliche Wahrheit, und es ist durchaus möglich, daß Historiker schon bald die militärtechnologischen und die politischen Aspekte am Aufstieg des europäischen Kapitalismus schärfer ins Auge fassen.

Wir können ein zutreffendes Bild vom Vorstoß Europas zur Souveränität des Marktes in militärischen wie in anderen Formen der Lenkung von Menschen, Rohstoffen und Produkten gewinnen, wenn wir darin eine exzentrische Abweichung von der menschlichen Norm des Befehlsverhaltens erkennen – jenes Verhalten, das das Altertum bestimmte und sich seit den 1880er Jahren mit bemerkenswerter Kraft neuerlich zur Geltung bringt. In den folgenden Kapiteln soll der Versuch unternommen werden, die Kluft zu überbrücken, welche die Militär- von der Wirtschaftsgeschichte und der allgemeinen Geschichtsschreibung trennt, und dadurch überkommene Standpunkte und Bewertungen in ihre richtige Perspektive zu rücken.

# 4. Kapitel

# Fortschritte in der europäischen Kriegskunst
## 1600–1750

Der Erfolg der kommerzialisierten Kriegführung, wie sie zwischen 1300 und 1600 im mediterranen Europa entwickelt wurde, zeigte sich an der punktuellen Ausbreitung dessen, was man zutreffend als militärisch-kommerziellen Komplex bezeichnen könnte. Parallel dazu trat die zunehmende Bürokratisierung des Militärwesens in Erscheinung. Allmählich begann sich die Steuererhebung zum Zweck der Finanzierung bestehender Heere in immer weiteren Bereichen des europäischen Kontinents einer bürokratischen, genormten Ordnung anzupassen. Die Verwaltung von Heeren und Kriegsflotten bewegte sich in die gleiche Richtung. Dann, im 17. Jahrhundert, führten die Holländer als erste Verbesserungen im Militärwesen und im militärischen Alltagsbetrieb ein. Insbesondere entdeckten sie, daß lange Stunden Drill die Heere im Kampf effizienter machten. Das Exerzieren vermittelte überdies den Mannschaften einen bemerkenswerten Korpsgeist, selbst wenn die Soldaten aus den untersten Rängen der Gesellschaft kamen.

Ein gut gedrilltes Heer, das den Anweisungen einer klaren Befehlskette folgte – die vom Herrscher von Gottes Gnaden hinab bis zu jedem einzelnen Korporal und jeder Korporalschaft reichte – stellte ein effizienteres politisches Instrument dar, als je zuvor in der Geschichte. Solche Armeen konnten in allen wichtigen europäischen Staaten für ein höheres Niveau inneren Friedens sorgen und taten dies auch. So gediehen Landwirtschaft, Handel und Industrie, was wiederum den besteuerbaren Wohlstand mehrte, der die Streitkräfte unterhielt. Auf diese Weise entstand ein sich selbst tragendes Feedback, das Europas Macht und Reichtum auf ein höheres Niveau hob, als andere Zivilisationen es erreicht hatten. Dies sicherte eine relativ einfache Expansion auf Kosten weniger gut organisierter und disziplinierter Militärstrukturen, mit dem Ergebnis, daß Europas imperiale Entwicklung sich rasch auf neue Gebiete des Globus ausdehnte.

## Geographische Ausbreitung

Wie wir im dritten Kapitel gesehen haben, hatte die kommerziell-bürokratische Organisation von Streitkräften ihren Ursprung in Italien und dehnte sich dann auf die Niederlande, Frankreich und Spanien aus. Im Laufe des 17. Jahrhunderts schlug sie auch in den deutschen Landen und, mit interessanten Abwandlungen, in Schweden, England und sogar in Rußland Wurzeln.

Die Anfänge der Kommerzialisierung des Kriegswesens in den deutschsprachigen Gebieten reichten bis ins 14. Jahrhundert oder noch weiter zurück, als italienische Städte Gebirgler aus der Eidgenossenschaft und deutsche Söldner anwarben, die für sie Krieg führen sollten. Die Kriegserfahrungen aus Italien wiederum standen hinter der erfolgreichen Behauptung der eidgenössischen Eigenständigkeit im 14. Jahrhundert. Als Schweizer Hellebardiere und Pikeniere bei Sempach 1386 ein deutsches Ritterheer schlugen, begründeten sie damit ihr hohes Ansehen als Fußsoldaten; im folgenden Jahrhundert gewannen sie den Respekt ganz Europas, als sie das technisch überlegene Heer Karls des Kühnen 1476–77 nicht weniger als dreimal besiegten. Bald danach (1479) traten eidgenössische Pikeniere als Söldner in französische Dienste, und kurze Zeit sah es so aus, als würden sie Frankreich (das bereits die beste Reiterei und Artillerie in Europa hatte) eine klare Überlegenheit über alle seine Rivalen verschaffen.[1]

Die Verbindung der Eidgenossen mit der französischen Krone veranlaßte die Habsburger zu dem Versuch, deutsche Fußtruppen aufzustellen, die es mit den Eidgenossen aufnehmen sollten. So entstanden Landsknechtskompanien, ausgerüstet wie die Schweizer, doch von Adeligen kommandiert (die gleichfalls zu Fuß kämpften), in ansehnlicher Zahl zum erstenmal nach 1490. Doch da Maximilian I. (Kaiser von 1493–1519) und andere deutsche Herrscher sich in chronischen Geldnöten befanden, konnten Landsknechtkompanien nur mit gelegentlicher Beschäftigung rechnen. Wurden sie entlassen, bedeutete das eine Krise für die Landsknechte wie auch für die Gemeinde, bei der sie zu der betreffenden Zeit Quartier machten. Die Situation glich jener im frühen 14. Jahrhundert in Italien, ehe die italienischen Stadtstaaten lernten, berufsmäßige Söldnertruppen mit einem Netz wirkungsvoller politischer und finanzieller Eingrenzungen zu umgeben.[2]

In Deutschland unterschied sich die Lage von der früheren in Italien in einem wichtigen Punkt. Beginnend mit dem Jahr 1517 wurden die politischen Verhältnisse zunehmend von religiösem Hader vergiftet. Lutheraner, Katholiken und verschiedene Sekten befehdeten einander erbittert, und schon bald kamen auch noch die Calvinisten dazu. Jede Konfession gebot über die leidenschaftliche Loyalität unterschiedlicher Gesellschaftsgruppen, so daß soziale Konflikte nicht selten Ausdruck in theologischen Streitgesprächen fanden. Auch Italien hatte, zwei Jahrhunderte früher, akute Sozialkonflikte erlebt, und die unteren Klassen waren überall besiegt worden, wenn ihnen professionalisiertes Kriegsvolk entgegengetreten war. In Deutschland vollzog sich eine ähnliche Entwicklung, wenn auch in den ersten Phasen der Reformation ihre theologische Vielfalt Klassenkollisionen eine höhere Weihe gab und sie damit vermutlich verschärfte.

Jedenfalls stellte sich eine gewisse innere Stabilisierung in den deutschen Landen erst nach anderthalb Jahrhunderten weitverbreiteter Gewalttätigkeiten ein, die ihren Höhepunkt im Dreißigjährigen Krieg, 1618–48, fanden. Als er zu Ende ging, waren Deutschland und Böhmen in hohem Maß in den militärisch-kommerziellen Komplex Europas verwickelt, und die unteren Volksklassen waren, zusammen mit deutschen Reichsstädten, der fürstlichen Macht unterworfen worden, die sich vor allem auf stehende professionelle Heere gründete. Mit der Ausbreitung der Bürokratisierung und der Abnahme des Religionsfanatismus wurden die deutschen Lande schließlich nach dem Prinzip *cuius regio eius religio* konfessionell aufgeteilt.

Am Beginn dieses schmerzhaften Prozesses überlagerten städtische, geistliche, fürstliche und kaiserliche Hoheitsbereiche einander auf höchst komplizierte Weise. Die politische Komplexität ließ sich mit jener in Italien vergleichen, ehe die dortigen Stadtstaaten ihre territoriale Souveränität durchsetzten, Söldnerheere in ihren Dienst nahmen und Grenzfestungen mit Garnisonen belegten. Im Heiligen Römischen Reich konsolidierten nicht die Städte, sondern Fürstenhöfe ihre Souveränität, auf Kosten von Rivalen in größerer Nähe wie auch des Papstes und des Kaisers. Söldnerheere verschafften ihnen die Machtmittel, die Souveränität durchzusetzen, genauso wie es früher in Italien geschehen war. Doch die Atmosphäre am Hof eines deutschen Kleinfürsten war von der einer italienischen Stadt in der italienischen Renaissance himmelweit entfernt. So kann man sagen, daß trotz aller Parallelen, die sich zwischen dem Italien von 1300 bis 1500 und dem Deutschland von 1450 bis 1650 ziehen lassen, die Endresultate der Entwicklung in beiden Ländern scharf divergierten.

Die Zentralisierung, die in Frankreich gelungen war, mochte deutschen Kaisern ein verlockendes Vorbild bieten. Was dem französischen Herrscher geglückt war, als er die Engländer aus dem Land trieb (1453), das konnte auch ein Kaiser des Römisch-deutschen Reiches versuchen: mit einem Kreuzzug gegen die Türken oder, als Alternative, gegen die Ketzer im Reich.

Doch ein Kreuzzug gegen die Türken stieß, wie sich zeigte, auf unüberwindliche geographische Hindernisse. Seit 1526 waren Ungarn und Kroatien umstrittene Grenzlande zwischen dem Osmanischen Reich und den Habsburgern. Feindliche Einfälle beider Seiten verwüsteten das offene Land und machten es so für die Protagonisten ungemein schwierig, in der Grenzregion große Feldheere zu unterhalten. Die Folge war, daß die Habsburger nicht mehr zuwege brachten, als ein paar gegen Artilleriebeschuß sichere Forts zu bauen und mit Garnisonen zu belegen.

Die Alternative, die kaiserliche Heeresmacht gegen die Fürsten einzusetzen, die vom katholischen Glauben abgefallen waren, gewann in dem Maß, in dem die Gegenreformation nördlich der Alpen erstarkte, zunehmend an Reiz. So löste Ferdinand II., nachdem er 1619 Kaiser geworden war, mit seinem Entschluß, Böhmen (wo 1618 der calvinistische Kurfürst von der Pfalz zum König gewählt worden war) zum Gehorsam gegen die Kirche und das Haus Habsburg zurückzuführen, einen europäischen Krieg aus. Seine anfänglichen Erfolge provozierten eine Reihe ausländischer Interventionen: Dänemarks, Schwedens und schließlich Frankreichs. Auf katholischer Seite nahmen die Spanier 1621 ihren Krieg gegen die Holländer und 1622 gegen die Franzosen wieder auf und versuchten, ihre beherrschende Stellung in Italien dazu zu nutzen, die verschiedenen Fronten des Krieges zu einer geschlossenen katholischen Gegenoffensive zu vereinen.

Das Endresultat waren ein Patt im Reich und ein Erschöpfungsfriede (der Westfälische Friede, 1648). Doch ehe dieser zustande kam, hatten sich einige neue Verfeinerungen der Kriegskunst herausgebildet und die deutschen Lande insgesamt die Brutalität der kommerzialisierten Kriegsfurie über sich ergehen lassen müssen.

Im Lauf dieses Ringens traten drei bedeutsame Versuche einer durchgreifenden Reorganisation für Kriegszwecke in den Vordergrund. Der erste war das Wirken Albrechts von Wallenstein als Kriegsunternehmer großen Stils. Wallenstein machte das Kriegswesen zu einem gewaltigen Spekulationsunternehmen. Hohen Einsätzen standen, zumindest auf kurze Sicht, enorme Gewinne gegenüber, denn Wallenstein gelangte in den Besitz riesiger böhmischer Güter (später auch kurzzeitig des Herzogtums Mecklenburg und des Fürstentums Sagan) und erlangte eine quasi-unabhängige Machtstellung. Nominell nicht mehr als ein in kaiserlichen Diensten stehender Heerführer, war er in Wirklichkeit aber beinahe ein Souverän aus eigenem Recht, dank der Armee, die er kommandierte, und mittels verbesserter Besteuerungsmethoden, regelrechter Ausplünderung und massiver Markttransaktionen.

Wallensteins geschäftliche Unternehmungen waren ungemein komplex. In seiner Eigenschaft als Oberbefehlshaber seiner Armee kaufte er von seinen böhmischen Gütern Produkte zu Preisen, die er selbst festsetzte. Auf denselben Gütern zog er mit Hilfe des flämischen Handelsmannes und Spekulanten Hans de Witte eine Waffenproduktion auf. De Witte stand zu Wallenstein in einem ähnlichen Verhältnis wie dieser zum Kaiser. Jeder war auf den Höhergestellten angewiesen, wollte er die Chance nutzen, Geschäfte in wahrhaft großem Stil zu betreiben. Doch indem sie in grandiosem Maßstab Aufträge ausführten und Verträge erfüllten, verfolgten Wallenstein wie de Witte eigene Interessen mit hochmütiger Verachtung älterer sittlicher Normen und Verhaltenskonventionen. Nur das, was zum Ziel führte, zählte für sie. Weder Geburt noch Religionszugehörigkeit oder irgendeine der traditionellen Tugenden bestimmten ihre Wahl von Gehilfen und Untergebenen. Gehorsam und erfolgreiche Ausführung zugewiesener Aufgaben, das forderten und bekamen Wallenstein und sein Finanzier von denen, die ihnen dienten. Das Resultat war eine Armee von außergewöhnlicher Effizienz, die zumeist von den Landstrichen lebte, in denen sie operierte, und darin keine Skrupel zeigte. Noch nie hatte man – und hat man seither – eine vollständigere und grandiosere Verschmelzung von privatem kommerziellen und militärischem Unternehmertum erlebt.

Andere militärische Unternehmer spielten eine geringere Rolle im Dreißigjährigen Krieg, und einzig Wallenstein gelang es, auf eigene Rechnung eine Armee auf die Beine zu stellen, die auf ihrem Höhepunkt rund 50000 Mann zählte. Dies tat er, indem er Offiziere beauftragte, Kompanien und Regimenter aufzustellen, ganz so wie regierende Herrscher es seit langem gewohnt waren. Schließlich spielte Wallenstein mit dem Gedanken, mittels seiner Armee den Kaiser dazu zu nötigen, sich von der ‚spanischen Partei‘ zu lösen, die sich am Wiener Hof gebildet hatte. Die führenden Köpfe dieser Gruppe betrachteten mit abgrundtiefem Argwohn den böhmischen Abenteurer, seine kommerzielle Virtuosität und religiöse Unbedenklichkeit, die ihren eigenen aristokratischen und katholischen Vorstellungen fremd waren. Sie waren es dann, die Wallensteins Ermordung in die Wege leiteten.

Seit dem jähen Ende des Dramas im Jahr 1634 stellt man sich die Frage, was wohl geschehen wäre, hätte Wallenstein seine Pläne, eine absolute Monarchie im Reich zu errichten, verwirklichen können. Die Kommandostruktur des Wallensteinschen Heeres hätte sich vielleicht zur Keimzelle eines neuen deutschen Staates entwickeln können, größer noch als das französische Königreich, das aus dem Dreißigjährigen Krieg als Vormacht des westlichen Europa hervorging. Doch 1634 war Wallenstein schon zu sehr von chronischen Leiden geschwächt. Vielleicht aber war es auch so, daß selbst sein kühner Unternehmungsgeist vor der Aura verzagte, die noch immer die Person des Kaisers des Heiligen Römischen Reiches umgab.

Jedenfalls brach das militärisch-kommerzielle Imperium, das er um sich herum errichtet hatte, zusammen. Andere, von weniger bedeutendem Unternehmungsgeist, teilten sich im kaiserlichen Lager in seine Rolle; und gegen Ende des Krieges erzwangen die umfassenden Verwüstungen einiger der fruchtbarsten Gebiete Deutschlands eine Schrumpfung der Heere auf etwa die halbe Größe der Armee, die unter Wallensteins Befehl marschiert war, als er auf dem Gipfel seiner Macht stand.[3]

Eine andere, ebenso eindrucksvolle Machtstruktur hatte sich der schwedische König Gustav Adolf (1611–32) während des Dreißigjährigen Krieges geschaffen. Für ihn war Schweden, was Böhmen für Wallenstein gewesen war – eine Privatdomäne gewissermaßen, aus der dem Krieg in Deutschland Soldaten und Nachschub zugeführt werden konnten. Gustav Adolf erklärte zwar, sein Krieg müsse sich selbst ernähren,[4] doch er bediente sich der staatlichen Autorität, um in Schweden Soldaten auszuheben, und zog Gewinn aus dem Umstand, daß in der Dekade 1620–30 die schwedische Eisenproduktion zu blühen begann, als Louis de Geer, aus Lüttich gebürtig und in Holland ansässig, wallonische Hüttenarbeiter nach Schweden schickte und in diesem fernen Land die modernsten Schmelzöfen einführte.[5]

De Geer leistete in Schweden, was Wallensteins Finanzagent de Witte in Böhmen leistete. Beide importierten in großem Stil neue Finanz- und technische Methoden in vordem rückständige Gebiete Europas – rückständig zumindest im Vergleich zu dem von den Niederlanden gesetzten Standard. Doch in anderer Hinsicht waren sie durchaus verschieden. De Geer blieb in Holland ansässig, brachte es als internationaler Finanzier und Großindustrieller zu Reichtum und war auf Gustav Adolf nur wegen der königlichen Erlaubnis angewiesen, in Schweden Geschäfte zu betreiben. Er betätigte sich im relativ genau abgesteckten moralischen und legalen Rahmen des holländischen Geschäftslebens und übergab sein Unternehmen seinen Erben, während de Witte nichts als die chaotisch geführten Rechnungsbücher eines bankrotten Spekulanten hinterließ, als er sich 1630 das Leben nahm. Zudem war Gustav Adolf ein legitimer Herrscher, ohne eine Spur von der moralisch-legalen Fragwürdigkeit, die Wallensteins gesamter Laufbahn anhaftete. So konnten die von de Geer und Gustav Adolf geschaffenen politischen und wirtschaftlichen Imperien Jahrhunderte überdauern, während das Wallensteinsche mit seiner Ermordung zusammenbrach.

Der Schwedenkönig verdankte seinen militärischen Erfolg zum Teil auch der Tatsache, daß er die neuesten holländischen Methoden der Kriegführung und Truppenausbildung übernahm. Doch er fügte von sich aus einiges hinzu, gewonnen aus seinen früheren Erfahrungen mit der russischen und polnischen Kavallerietaktik (Krieg mit Rußland bis 1617, mit Polen 1621–29). Infolgedessen führte der König, als er mit seiner Landung in Pommern (1630) in den Dreißigjährigen Krieg eingriff, ein kampferprobtes Heer ins Gefecht. Es bewies seine überlegene Schlagkraft in der Schlacht bei Breitenfeld, in der die Schweden erstmals ihre verbesserte Taktik vorführten.

Die taktischen Neuerungen der Schweden zielten auf eine wirkungsvollere Angriffsaktion auf dem Schlachtfeld. Kleine Feldstücke, die von Hand manövriert werden konnten, verstärkten die Salven der Handfeu erwaffen, und auf die Schockwirkung, die derart massiertes Feuer zur Folge hatte, folgten rasch Pikenier- und Reitereiattacken. Doch Wallenstein paßte seine eigene Taktik sogleich der der Schweden an, was er schon im folgenden Jahr, in der Schlacht bei Lützen, demonstrierte, in der Gustav Adolf zwar einen zweiten Sieg über die Kaiserlichen errang, aber das Leben verlor.

Diese Episode illustrierte, mit welcher Schnelligkeit die eine Seite auf jede erfolgreiche Neuerung der anderen reagierte. Die europäischen Herrscher und Generäle hatten sich offensichtlich darauf eingestellt, daß Verbesserungen jederzeit möglich waren. Ein leistungsfähiges Informationsnetz, das sich ebenso gedruckter Texte wie mündlicher Nachrichten, militärischer und wirtschaftlicher Spionage bediente, verbreitete Daten über Absichten und Möglichkeiten des Gegners, neue Technologien und taktische Neuerungen durch ganz Europa. Infolgedessen waren am Ende des Dreißigjährigen Krieges die europäischen Armeen nicht mehr bloße Ansammlungen einzelner gutgeschulter und kriegerisch gesinnter Männer wie die Heere im frühen Mittelalter, noch eine zwar kämpfende, aber doch unorganisierte Masse wie die eidgenössischen Pikeniere des 15. Jahrhunderts. Mittlerweile ermöglichte es eine vervollkommnete Kriegskunst einem kommandierenden General zumindest grundsätzlich, den organisierten Einsatz von nicht weniger als 30000 Mann auf dem Schlachtfeld zu leiten. Die europäischen Heere entwickelten sich zu so etwas wie höheren Lebewesen mit einem Zentralnervensystem, das technisch differenzierte Extremitäten – Männer und Waffen – wie Klauen und Zähne steuerte.

Noch ein drittes bemerkenswertes militärisch-politisches Machtgebäude hat der Dreißigjährige Krieg hervorgebracht: es war das französische. Nach dem Friedensschluß von Câteau-Cambrésis, der die Kriege in Italien beendete (1559), war Frankreich das Opfer langwieriger innerer Wirren geworden, zerrissen von Glaubenskämpfen zwischen Hugenotten und Katholiken zum einen, zum anderen von den Ungewißheiten der Thronfolge. Der Umstand, daß es in Italien keine Beschäftigung für französische Soldaten mehr gab, wirkte sich gleichfalls auf die wiederholten Bürgerkriege aus, denn unbeschäftigte und unruhige Soldaten pflegen jede Gelegenheit wahrzunehmen, ihr Handwerk auszuüben. Der Hader im Land nahm die Aufmerksamkeit der königlichen Regierung noch 1627/28 in Anspruch, als die Truppen Ludwigs XIII. die von den Hugenotten gehaltene Festung La Rochelle belagerten und einnahmen. Danach wurden die militärischen Ressourcen nach außen, gegen die Habsburger in Spanien und im Römischen Reich gelenkt. Dieses Eingreifen Frankreichs in den Dreißigjährigen Krieg durchkreuzte dann schließlich die Bemühungen des Kaisers, Deutschland zu einen und die Ketzerei im Reich zu unterdrücken.

Zunächst waren die französischen Marschälle den kampferfahrenen spanischen und deutschen Befehlshabern nicht gewachsen, doch als sie 1643 bei Rocroy die Spanier schlugen, hatten die Franzosen mit den ersten Könnern der Kriegskunst in Europa gleichgezogen. Fortan gaben Frankreichs größere Ressourcen der bourbonischen Monarchie die Mittel, jeden Rivalen in den Schatten zu stellen – einfach dadurch, daß sie größere und besser geschulte Heere ins Feld schickte. Die politische Geschichte der zweiten Hälfte des 17. Jahrhunderts wurde von diesem elementaren Faktum geprägt.

Sie wurde auch dadurch bestimmt, daß nach dem Westfälischen Frieden, der 1648 den Krieg auf deutschem Boden beendete, weder der habsburgische Kaiser noch der französische König es für angebracht oder notwendig hielten, alle Truppen zu entlassen, die während des Dreißigjährigen Krieges für sie gekämpft hatten. Ja, da es erst 1659 zu einem Friedensschluß mit Spanien kam, mußten die Franzosen auch noch nach diesem Zeitpunkt Truppen unter Waffen halten, und als 1661 Ludwig XIV. selbst die Regierung übernahm, befand er, daß der Ruhm des Hauses Bourbon wie auch die Klugheit ein stehendes Heer in ständiger Kriegsbereitschaft erforderlich machten. Der Umstand, daß zwischen 1648 und 1653 neuerlich ein Bürgerkrieg tobte, machte einen prägenden Eindruck auf den jungen Herrscher. Sein stehendes Heer sollte ursprünglich die Stellung des Souveräns gegen jede Anfechtung seiner Autorität von innen her sichern und war erst in zweiter Linie für militärische Unternehmungen im Ausland gedacht.

## Verbesserungen in der Lenkung der Armeen

Die Unterdrückung der Fronde, wie diese letzte Runde altmodischer Bürgerkriege in Frankreich hieß, markierte einen wichtigen Wendepunkt in der Geschichte der europäischen Kriegs- und Staatskunst. Oder vielleicht wäre es treffender zu sagen, sie bezeichnete den Zeitpunkt, zu dem transalpine Staaten das Niveau der administrativen Organisation und Steuerung der bewaffneten Macht erlangten, das Venedig und Mailand zwei Jahrhunderte vorher errreicht hatten. Tatsache ist, daß beinahe jeder Aspekt des französischen und österreichischen Heerwesens und seiner Organisation während der zweiten Hälfte des 17. Jahrhunderts von diesen beiden italienischen Stadtstaaten vorweggenommen worden war. Die zivile Aufsicht über das militärische Versorgungswesen, die regelmäßige Besoldung der Truppen aus Steuereinkünften, zusammen mit der Differenzierung und taktischen Koordinierung von Fußvolk, Reiterei und Artillerie, all dies hatten die italienischen Stadtstaaten des 15. Jahrhunderts mit den transalpinen Monarchien des 17. gemeinsam. Selbst dem

Wirken von Ludwigs XIV. berühmtem Kanzler Michel Le Tellier und seinem Sohn, dem Kriegsminister Marquis des Louvois, die die Versorgung des Heeres neugestalteten, die Struktur vereinheitlichten und die Ausrüstung standardisierten, läßt sich als enge Parallele die Tätigkeit des kaum bekannten venezianischen Provedditore Belpetro Masselini (im Amt von 1418–1455) an die Seite stellen, der das gleiche für die Truppen leistete, die der Republik von San Marco dienten.[6]

Ein Aspekt der neuen stehenden Heere in Mittel- und Westeuropa hatte keine offenkundige Parallele in früheren Zeiten und war so bedeutsam, daß er hier eine besondere Würdigung verdient. Denn Louvois stand bei seinen Bemühungen um eine Umgestaltung der königlichen Armee ein reisender Inspekteur, Oberstleutnant Martinet, zur Seite, dessen Name als ein Symbol für rigorose, ja, pedantische militärische Disziplin in die englische Sprache eingegangen ist. Auf diesem Gebiet leistete Martinet Hervorragendes. 1668 instruierte ihn Louvois folgendermaßen:

... Ihr solltet ihnen [designierten Infanterieoffizieren] befehlen, daß sie jeden Tag zur Hand sind, wenn die Wache wechselt, und bevor sie wegtreten, die Soldaten in den Gebrauch der Waffen und in verschiedene Bewegungen nach rechts und links und vorwärts einüben, um ihnen das Marschieren in kleinen Einheiten beizubringen.[7]

Natürlich war Louvois' Sorge um eine gute Marschordnung nichts völlig Neues. Doch die Geschichte des Exerzierwesens in den europäischen Heeren vor dem Ende des 17. Jahrhunderts liegt weitgehend im dunkeln. Die Igel-Formationen der eidgenössischen und spanischen Pikeniere marschierten zum Schlag der Trommel[8] und bemühten sich zweifellos schon deshalb, im Feld geschlossene Formation zu halten, um angreifender Reiterei keine Lücken zu bieten, in die sie hineinstoßen konnte. Auch andere Fußtruppen marschierten in Formation, wie schon im Altertum bis zurück zu den Sumerern. Doch ein tägliches Exerzieren im Garnisonsdienst, das ganze Jahr hindurch, selbst auf Kriegszügen und im Feld während der Kampfpausen war etwas, was man vordem – so weit es sich sagen läßt – entweder für unnötig oder für unvernünftig gehalten hatte. Insoweit es Louvois und seiner rechten Hand, Oberstleutnant Martinet, gelang, ihrem Willen bei den französischen Offizieren und Soldaten Gehorsam zu verschaffen, wurde das routinemäßige Exerzieren zur Alltagspraxis der Männer, die den Wachdienst hinter sich hatten. Der Grund dafür war der folgende: Schon zwei Generationen vor Louvois hatten europäische Befehlshaber herausgefunden, daß der Drill die Soldaten sowohl gehorsamer als auch kampftüchtiger machte. In erster Linie verantwortlich für die Entwicklung moderner Exerziermethoden war Moritz von Nassau, Prinz von Oranien (1567–1625), Statthalter von Holland und Seeland von 1584 und später Oberbefehlshaber der Land- und Seemacht der Vereinigten Niederlande. Moritz von Nassau war ein akademisch gebildeter Mann. Angesichts des Kampfes gegen die Spanier in den Niederlanden suchte er in der römischen Vergangenheit nach Vorbildern und bemühte sich, aus den Werken Vegetius', Älians[9] und anderer klassischer Autoren Lektionen über die Kriegskunst zu destillieren.

Moritz von Nassau ahmte nicht sklavisch römische Vorbilder nach. Er betonte jedoch die Wichtigkeit dreier Dinge, die in den europäischen Heeren vor seiner Zeit keine allgemeine Rolle gespielt hatten. Das eine war der Spaten. Die römischen Soldaten hatten gewohnheitsmäßig ihre Feldlager mit provisorischen Erdwällen befestigt. Diesen Brauch übernahm der Prinz, insbesondere veranlaßte er, daß seine Soldaten sich eingruben, wenn sie vom Feind gehaltene Städte und Festungen belagerten. Das Ausheben von Gräben hatte vor seiner Zeit bei den europäischen Heeren keine große Rolle gespielt. Hinter einer Mauer Zuflucht zu suchen oder sich in einen Graben zu verkriechen, trug den Makel von Feigheit an sich; und die Heere ließen die meisten Erdarbeiten, die man für notwendig hielt, von aus der Umgebung zusammengetrommelten Arbeitskräften ausführen. Für Prinz Moritz' Truppen jedoch war der Spaten mächtiger als das Schwert – oder die Muskete. Durch das systematische Anlegen von Gräben und den Bau von Umwallungen konnte ein Belagerungsheer sich auch gegen eine Entsatzstreitmacht schützen, während es die Belagerung weiterbetrieb. Diesem Konzept folgend, erlitten die Truppen des Prinzen geringere Verluste durch das Feuer der Verteidiger, während sie sich immer dichter an Wallgraben und Mauer herangruben, bis ein Sturmangriff unternommen werden konnte. Eine Belagerung entwickelte sich so zu einem Pionierunternehmen, bei dem gewaltige Erdmassen bewegt wurden. Der Umgang mit dem Spaten wurde für die Soldaten des Belagerungsheeres zur täglichen Beschäftigung. Schwerarbeit dieser Art hatte nebenher auch die Wirkung, Nichtstuerei und Ausschweifungen fast vollständig zu unterdrücken. Ja, Moritz von Nassau sah Müßiggang überhaupt nicht gern; wenn seine Soldaten keine Gräben aushoben, wurden sie mit Exerzieren in Trab gehalten.

Die Entwicklung eines systematisierten Exerzierwesens war die zweite und bei weitem wichtigste Neuerung, die der Prinz, von römischen Vorbildern ausgehend, einführte. Er zwang seine Soldaten, die Griffe zu üben, die für das Laden und Abfeuern ihrer Luntenschloßmusketen notwendig waren; ebenso mußten die Pikeniere üben, wie sie beim Marsch oder im Kampf die Piken zu halten hatten. Diese Art Unterweisung war nicht völlig neu. Rekruten hatten schon immer geschult werden müssen, doch die Drillmeister früherer Zeiten waren von der nicht unvernünftigen Annahme ausgegangen, daß ihr Werk getan sei, wenn jeder mit seiner Waffe umzugehen verstand. Moritz von Nassau unterschied sich von seinen Vorgängern darin, daß er ungleich systematischer zu Werke ging. Er schlüsselte die ziemlich komplizierten Bewegungen, die für das Laden und Abfeuern von Luntenschloßmusketen[10] notwendig waren, in eine Reihe von zweiundvierzig aufeinander folgenden Griffen auf und gab jedem einen Namen und ein dazu gehörendes Kommandowort. Auf diese Weise konnten seine Soldaten dazu gedrillt werden, jede Bewegung auf einen laut gerufenen Befehl im gleichen Rhythmus auszuführen. Dies erleichterte das Feuern in Salven – auf die Reihen der Gegner wirkte das wie ein Schock. Noch wichtiger war, daß die Soldaten ihre Musketen rascher luden und abfeuerten und nicht so leicht irgendeinen der wesentlichen Griffe ausließen. Dies hatte zur Folge, daß Handfeuerwaffen viel effizienter eingesetzt werden konnten als je zuvor, und Moritz von Nassau vermehrte denn auch ihre Zahl im Verhältnis zu den Piken.

Ebenso reglementierte er das Marschieren. Wenn alle Männer einer Einheit Gleichschritt hielten, ließ sich ihnen beibringen, daß sie sich in vorgeschriebenen Mustern bewegten, vor- oder rückwärts, nach links oder rechts. Das wichtigste Manöver in Prinz Moritz' Exerzierreglement war der Contremarche, wobei eine Reihe von Arkebusieren oder Musketieren zwischen denen der hinter ihnen stehenden Männer hindurchmarschierte und dann seine Waffen neu lud, während die Männer im zweiten Glied ihre Waffen abfeuerten. Mit Übung und bei einer entsprechenden Zahl von Gliedern hatten, bis die Waffen des ersten Glieds wieder geladen waren, alle anderen gefeuert und sich ihrerseits zurückgezogen, was es den Soldaten des ersten Glieds ermöglichte, ihre zweite Salve ohne Behinderung oder Verzug abzufeuern. Der Trick lag in der zeitlichen Abstimmung und darin, zu verhindern, daß Männer, wenn sie dem Feind den Rücken zuwandten, um in der rückwärtigen Position neu zu laden, sich vom Schlachtfeld absetzten. Vielfach wiederholter Drill, der jede Bewegung halbautomatisch machte, verringerte auch die Möglichkeit eines Zusammenbruchs auf ein Minimum. Eine genauere Überwachung der Soldaten durch einen erweiterten Offiziers- und Unteroffizierskader wurde nötig, damit der Contremarche funktionierte.

Eine dritte Reform Moritz von Nassaus machte den Drill wirkungsvoller und die Heerestaktik effizienter: Der Prinz teilte das Heer in kleinere Einheiten auf, als es vorher üblich gewesen war. Dazu inspirierten ihn die Manipel der römischen Legion. 550 Mann starke Bataillone, in Kompanien und Züge weiter unterteilt, wurden zu Einheiten, die ein einziger Korporal oder Feldwebel führen konnte. Dadurch wurde auch die Interaktion zwischen kommandierendem Offizier und Truppe und zwischen den Soldaten selbst gefördert. Einheiten dieser Größenordnung waren auf dem Schlachtfeld sehr beweglich und konnten autonom, aber aufeinander abgestimmt operieren, da eine klare Befehlskette den General, der die Schlacht lenkte, mit dem Feldwebel, der für jedes Glied eines Zuges verantwortlich war, verband. Kommandeure auf jeder Stufe der Hierarchie folgten, zumindest grundsätzlich, Befehlen, die von oben kamen, und gaben sie mit zusätzlichen Vorgaben, wie die Situation sie erfordern mochte, an ihre jeweiligen Untergebenen weiter.

Auf diese Weise wurde ein Heer zu einem gegliederten Organismus mit einem ‚Zentralnervensystem‘, das ein sensibles und mehr oder minder intelligentes Eingehen auf unvorhergesehene Umstände möglich machte. Jede Bewegung erreichte eine neue Stufe der Genauigkeit und Schnelligkeit. Die individuellen Bewegungen von Soldaten beim Feuern und Marschieren ebenso wie die von Bataillonen über das Schlachtfeld ließen sich steuern und berechnen wie nie zuvor. Eine gutgedrillte Einheit, die so agierte, daß jede Bewegung, jeder Griff zählte, konnte die Salvenfolge pro Minute zusehends steigern. Gewandtheit und Kampfgeist des einzelnen Infanteristen zählten kaum mehr. Tapferkeit und persönlicher Mut verschwanden beinahe völlig hinter einer gepanzerten Routine. Das Soldatenhandwerk nahm ganz neue Dimensionen an, die Alltagsrealität des Soldatenlebens veränderte sich fundamental. Doch Truppen, die nach dem Reglement Moritz von Nassaus gedrillt waren, erwiesen sich im Kampf automatisch als überlegen.

Die Effizienz auf dem Schlachtfeld trat an Bedeutung hinter jene zurück, die ein gut gedrilltes Heer auch in den Garnisonen oder während einer Belagerung zeigte. Ein Soldat verbrachte ja den größten Teil seiner Zeit in der Erwartung darauf, tatsächlich einem Gegner gegenüberzustehen. Wie er diese Zeit zubrachte, ohne unruhig oder unlenksam zu werden, war für Heere früherer Zeiten stets ein Problem gewesen. Beim Marschieren im Gelände löste sich dieses Problem von selbst. Doch wenn ein Heer irgendwo zum Stehen kam und tage- oder monatelang keine Beschäftigung hatte, drohten Moral und Disziplin leicht zusammenzubrechen. Daß ein paar Stunden Drill pro Tag sich unschwer einrichten ließen und offensichtlich nützlich und ohne viel Mühe durchzusetzen waren, machte es leicht, die Disziplin in der Garnison aufrechtzuerhalten.[11]

Zudem hatte ein Exerzieren dieser Art, tagein, tagaus wiederholt, noch eine andere wichtige Dimension, die dem Prinzen von Oranien und seinesgleichen wohl nur schwach, wenn überhaupt, bewußt war. Denn wenn eine Gruppe von Männern über längere Zeit im gleichen Takt Arm- und Beinmuskeln bewegt, läßt dies eine zwar primitive, aber starke soziale Bindung zwischen ihnen entstehen.

Das Exerzierwesen, wie es Moritz von Nassau und Tausende europäischer Exerziermeister nach ihm entwickelten, machte sich dieses Reservoir einer primitiven Sozialität direkt zunutze. Der Drill, so langweilig er mit seinen ewigen Wiederholungen auch erscheinen mag, schweißte ein menschliches Kunterbunt, oft aus der Hefe der zivilen Gesellschaft zusammengeholt, mühelos zu einer geschlossenen Gemeinschaft zusammen, die selbst in Extremsituationen, wenn Leib und Leben unmittelbar und in offenkundiger Gefahr waren, gehorsam Befehle ausführten. Die Heere des alten Griechenland und Roms hatten gleichfalls dieses Instinktreservoir genutzt, um eine Bindung zwischen ihren Soldaten zu schaffen. Die dem politischen Leben in der Polis eigentümliche Intensität war in einem nicht geringen Grad von diesem Phänomen abhängig gewesen. Als Moritz von Nassau sich bei den Gebräuchen der römischen Legionen Anregung holte und ihre Drillgewohnheiten so abwandelte, daß sie zu den Handfeuerwaffen seiner Zeit paßten, pfropfte er die von ihm entwickelte Organisation des Herreswesens einer ehrwürdigen und bewährten europäischen Tradition auf.

Die neuen Exerziermethoden zogen also die literarische Überlieferung heran, um ein Potential machtvoller menschlicher Gefühle zu erschließen. Militärische Einheiten wurden gewissermaßen zu spezialisierten Gemeinschaften, innerhalb derer standardisierte zwischenmenschliche Beziehungen einen passablen Ersatz für die gewohnten und traditionellen Gruppenmuster in der Gesellschaft abgaben – für jene Gruppen, die sich infolge der Ausbreitung unpersönlicher Marktbeziehungen allenthalben auflösten oder doch in Frage gestellt wurden. So konnte – und dies geschah auch – die künstliche Gemeinschaft gutgedrillter Züge und Kompanien rasch die gewohnten Hierarchien von Tapferkeit und Status ersetzen, die der europäischen Gesellschaft in der Blütezeit des Rittertums ihre Form und ihre Fähigkeit zur lokalen Selbstverteidigung gegeben hatten.

Die sozialen Bande zwischen den Soldaten wurden noch dadurch gestärkt, daß von der Epoche Ludwigs XIV. an die stehenden Heere eine langfristige Rekrutierung und Wiederanwerbung förderten. Daher konnte es geschehen, daß ein einer bestimmten Einheit zugeteilter Soldat lange Jahre bei ihr blieb. Dies machte es möglich, daß sich eine zuverlässige Gruppensolidarität bildete, und verwandelte kleine Heereseinheiten in wirkungsvolle Primärgemeinschaften.

Es war schon davon die Rede, daß die Auflösung primärer Gemeinschaften als Fundament militärischen Handelns ursprünglich den Übergang zum Söldnerwesen im Italien des 14. Jahrhunderts ausgelöst hatte. Zwei Jahrhunderte danach gelang es europäischen Exerziermeistern, in allen technisch hochentwickelten Heeren künstliche primäre Gemeinschaften zu schaffen – durch wenige Wochen Drill, aus dem sich solidarische Gefühle entwickelten, selbst zwischen Individuen, die früher nichts miteinander zu tun gehabt hatten. Das emotionale Klima, das so in den Reihen der europäischen Armeen entstand, milderte wiederum die psychologischen Belastungen, die in den Jahrhunderten des Übergangs von einer Art von Primärgemeinschaft zu der neuen die Lenkung des Militärwesens schwierig gemacht hatte.

Gutgedrillte Heere waren in der Regel vom größeren sozialen Kontext ziemlich isoliert. Neue Rekruten, direkt aus den Dörfern kommend, ließen sich in die künstliche Gemeinschaft der Züge und Kompanien mit einem Minimum an psychologischer Anpassungsbemühung eingliedern. Denn das Exerzieren verwandelte Gehorsam und Ehrerbietung gegenüber Höhergestellten, vom Herkommen definiert, rasch und zuverlässig in Gehorsam und Ehrerbietung gemäß den Vorschriften. Die Heere waren daher leicht zu ergänzen und bewahrten ‚altmodische‘, das heißt, ländliche Sitten und Einstellungen in einer Welt, die immer radikaler urbanisiert, monetarisiert, kommerzialisiert und bürokratisch rationalisiert wurde.

Eine solche Verbindung realer oder scheinbarer Gegensätze schuf wirkungsvollere Instrumente der Politik, als die Welt sie jemals gesehen hatte. Das Befolgen von Vorschriften wurde normal, nicht nur, weil die Männer harte Strafen für Disziplinverstöße zu gewärtigen hatten, sondern auch weil sie im blinden, unreflektierten Gehorsam und in den Ritualen des militärischen Alltags eine psychologische Befriedigung fanden. Ein stolzer Korpsgeist wurde für Tausende, die sonst wenig Anlaß zum Stolz hatten, zur greifbaren Realität. Menschliches Strandgut fand eine ehrenvolle Zuflucht aus einer Welt, in der Kaufen und Verkaufen alles derart durchdrangen, daß diejenigen, denen es an der notwendigen pekuniären Selbstzucht, Schlauheit oder Voraussicht gebrach, schwer in Nachteil gerieten. Eine künstliche Gemeinschaft, bürokratisch strukturiert und gesteuert, entstand auf der Grundlage tiefreichender, stabiler und starker menschlicher Gefühle. Welch ein Machtinstrument in den Händen von Staatsmännern, Politikern und Königen!

Die Waffentaten, die europäische Heere vollbrachten, sobald das Exerzieren erst einmal zum täglichen Brot der Soldaten geworden war, waren wahrlich außergewöhnlich. Man neigt dazu, ihre Leistungen als Selbstverständlichkeit zu nehmen und das Gefühl des Staunens zu verlieren, das sie von Rechts wegen verdienen. Doch man bedenke, wie erstaunlich es war, daß Menschen sich zu gegnerischen Einheiten, nur durch ein paar Dutzend Meter voneinander getrennt, formierten und mit Musketen aufeinander schossen, ohne sich dadurch abhalten zu lassen, daß rechts und links von ihnen Kameraden tot oder verwundet zu Boden sanken. Doch für europäische Heere des 18. Jahrhunderts war dies eine Selbstverständlichkeit.

Genauso erstaunlich war, daß Heereseinheiten, befanden sie sich nun auf der nächsten Hügelkuppe oder auf der anderen Seite der Erdkugel, dem Willen unsichtbarer Vorgesetzter mit annähernd gleicher Präzision folgten. Viele tausend Männer, die keinen erkennbaren persönlichen Grund hatten, gegeneinander zu kämpfen, sehr wohl aber Anlaß zu dem Wunsch, sie wären aus dem Feuerbereich der Leute auf der Gegenseite, taten, was ihnen befohlen wurde – und zwar routinemäßig. Dies bewirkte, daß auf bürokratischem Weg ernannte Offiziere von ihrer persönlichen Tüchtigkeit oder Untüchtigkeit ganz abgesehen, für ihre Befehle automatischen Gehorsam erwarteten und erhielten, geradezu unfehlbar und gleichgültig, in welche Weltgegend sie zufällig abkommandiert worden waren.

Die – vielleicht unbeabsichtigte – Erschaffung eines solchen Leviathan war sicherlich eine der großen Errungenschaften des 17. Jahrhunderts, auf ihre Art ebenso bemerkenswert wie die Geburt der modernen Naturwissenschaften oder einer der anderen Durchbrüche in dieser Epoche.[12]

Die Verbesserung der Effizienz, die das Exerzierwesen bewirkte, wurde schon bald auch anderen führenden Militärs in Europa bewußt. Prinz Moritz' militärischer Ruf gründete sich darauf, daß er den Spaniern durch jähe Handstreiche und hartnäckige Belagerungen Dutzende befestigter Städte abnahm, in jedem einzelnen Fall mit einer bis dahin unerreichten technischen Präzision. Moritz von Nassaus Ausbildungsmethoden blieben nicht geheim. 1596 beauftragte sein Vetter und enger Mitarbeiter Johannes II. von Nassau den Maler und Kupferstecher Jacob de Gheyn, Zeichnungen der verschiedenen Positionen anzufertigen, die Arkebusiere, Musketiere und Pikeniere gemäß den neuen Exerziermethoden einzunehmen hatten. Sie wurden 1607 in Buchform veröffentlicht. Jeder einzelnen Stellung war eine ganze Folioseite gewidmet, zusammen mit dem entsprechenden Kommando. Ein angehender Ausbilder – oder gemeiner Soldat – konnte sich so mit eigenen Augen überzeugen, wie die Drillübung auszuführen war.[13]

Moritz von Nassau rief 1619 eine Offiziersakademie ins Leben – gleichfalls eine Novität in Europa. Ein Absolvent dieser Akademie trat in die Dienste Gustav Adolfs und brachte die neuen Drillmethoden nach Schweden mit. Anschließend breiteten sie sich (verschiedentlich abgewandelt) auf alle anderen europäischen Heere aus. Zuerst übernahmen protestantische Staaten die Neuerung, dann griffen die Franzosen sie auf und als letzte die Spanier, die begreiflicherweise sehr an ihrer eigenen, so lange siegbringenden Tradition hingen. Doch nach der Schlacht von Rocroy, 1643, in der das französische Heer die spanischen *tercios* in offenem Gelände besiegte, waren alle Kundigen in Europa der Ansicht, daß die neuen Ausbildungsmethoden denen der Spanier entschieden überlegen seien.

Auch die Russen nahmen dies bald zur Kenntnis, und 1649, eine Generation, nachdem die neuen Exerzierbücher auf deutsch erschienen waren, kam auch eine russische Übersetzung heraus.[14] So versuchten die russischen Heere mit den Entwicklungen in Europa Schritt zu halten, wenn sie auch nach wie vor erheblich im Rückstand lagen. Die Türken hingegen mochten nicht glauben, daß Ungläubige die altbewährten muslimischen Methoden der militärischen Ausbildung und des Aufmarsches im

Feld verbessern könnten. Als eine lange Serie von Niederlagen (1683–99, 1714–18) das Gegenteil demonstrierte, wurde ein verspäteter Versuch unternommen, türkische Truppen nach europäischer Manier zu schulen, was jedoch nur eine erfolgreiche Meuterei der Janitscharen auslöste (1730). Erst nach einem weiteren knappen Jahrhundert schwerer militärischer Niederlagen gelang es einem Sultan schließlich, mit der Ausschaltung der Janitscharen eine Modernisierung von Ausbildung und Taktik einzuleiten. Doch die militärische Moral und der Zusammenhalt im osmanischen Staatswesen hatten bereits irreparablen Schaden gelitten. Infolgedessen konnten noch so viele Bemühungen, mit Europa militärisch gleichzuziehen, weitere Niederlagen und schließlich die Auflösung des Reiches 1918 nicht mehr verhindern.[15]

Weiter östlich in Asien gewann der neue Stil der soldatischen Ausbildung Bedeutung, als europäische Exerziermeister kleine Armeen zu schaffen begannen, indem sie Eingeborene zum Schutz französischer, holländischer und englischer Handelsstationen an den Küsten des Indischen Ozeans anwarben. Im 18. Jahrhundert bewiesen dann solche Truppen, wie gering auch an Zahl, eine klare Überlegenheit über die ungefügen Heere, die asiatische Herrscher ins Feld zu schicken gewohnt waren. Dies hatte zur Folge, daß die großen europäischen Handelskompanien zu Territorialherrschern über weite, expandierende Gebiete in Indien und Indonesien wurden.[16] Nur die pazifischen Küsten Asiens wurden von der gesteigerten Effizienz der europäischen Truppen nicht erreicht – bis 1839/41.

In früheren Zeiten war eines der Dilemmas, die sich mit dem Soldatenwesen verbanden, die Diskrepanz zwischen der technischen Effizienz, die seit dem 14. Jahrhundert vorwiegend Heere aus Fußtruppen begünstigt hatte, und der hergebrachten Hierarchie der zivilen Gesellschaft. Eine aus den unteren Klassen rekrutierte Infanterie konnte eventuell auf den Gedanken verfallen, die Dominanz des Adels in Frage zu stellen. Dies hatten die Eidgenossen mit imposantem Erfolg in ihrer Heimat getan. Egalitäre Ideen meldeten sich auch wiederholt bei den deutschen Landsknechten.[17]

Auf dieses Dilemma hatten europäische Herrscher zunächst damit reagiert, daß sie fremde Söldner in ihren Dienst nahmen, denn bei Ausländern konnte man annehmen, daß sie kaum Solidarität mit den unteren Schichten bekunden würden, die der Herrschaft des betreffenden Souveräns unterstanden. So wurden die egalitären Eidgenossen, die sich selbst regierten, zu einer Stütze der französischen Krone. Sie trugen dazu bei, die französische Monarchie mehr als 300 Jahre (1479–1789) gegen Anfechtungen von innen wie von außen zu stützen.[18] Gebirgler und andere Bewohner unfruchtbarer Gegenden, wo eine gesonderte Grundbesitzerklasse niemals eine gesicherte Machtstellung hatte begründen kön-

nen, spielten analoge Rollen in anderen Regionen Europas, so beispielsweise Albanier, Basken und Kärntner Slowenen zusammen mit Kelten
aus Wales, Schottland und Irland. Als die Schweden in den Dreißigjährigen Krieg eingriffen, taten sie dies in einer nicht unähnlichen Position,
allerdings unter ihrem eigenen Herrscher, nicht als Mietsoldaten im
Dienst eines fremden Souveräns.[19]

Der Einsatz landesfremder Söldner hatte jedoch Nachteile, die auf der
Hand liegen. Vor dem 18. Jahrhundert stand in der Regel Geld nicht
entfernt in der Menge zur Verfügung, die notwendig war, um bewaffneten Ausländern pünktlich ihren Sold zu zahlen. Monarchen, die unter
chronischer Geldknappheit litten, konnten sich nicht auf ein Heer verlassen, das bereit war, das Schlachtfeld zu verlassen, weil der Sold im Rückstand war.[20] Doch mit dem Beginn des 17. Jahrhunderts entdeckten europäische Herrscher, daß sich das menschliche Strandgut in den Städten
und die Söhne darbender Kleinbauern durch wiederholten Drill buchstäblich zu neuen Menschen machen ließen. Egalitäre Ideen fanden keinen Anklang mehr, von jenen seltenen Fällen abgesehen, in denen Exerziermeister sie aufnahmen, wie es kurzzeitig bei einigen Einheiten der
Parlamentsheere während der englischen Bürgerkriege (1642–49) und
dann wieder, viel später, in den Frühphasen der Französischen Revolution (1789–93) geschah. In normaleren Zeiten wurden die Heere zu Aus-
bildungsinstitutionen, die sich selbst erhielten, wo ungeübte Rekruten
geschliffen wurden, bis sie ganz andere Individuen waren als vorher, das
heißt, bis sie zu Soldaten wurden.[21]

Verschiedene, miteinander verbundene Verhaltensmerkmale, über die
Jahrzehnte hinweg von Soldat zu Soldat weitergegeben, bildeten sich um
die zentrale Erfahrung des Drills heraus und definierten eine eigene militärische Lebensform. Dirnen, Glücksspiel und Trunksucht, alles hatte
seinen Platz in dieser Lebensform, ebenso wie Stolz, pedantische Förm-
lichkeit und persönliche Tapferkeit. Kurz gesagt, die europäischen Heere
lösten sich nicht ganz von älteren Mustern und Vorbildern. Aber sie
verdrängten doch bis zu einem gewissen Grade einige der traditionellen
Aspekte soldatischen Verhaltens und beschränkten die, die Unruhe stiften konnten, auf die dienstfreien Stunden.

Der neue psychische Charakter europäischer Heere machte eine scharfe klassenmäßige Differenzierung innerhalb der Zivilgesellschaft durchaus mit Ruhe und Ordnung im Innern vereinbar. Eine überwältigende
Machtfülle gelangte in die Hände von Soldaten, die den auf bürokratischem Wege bestallten Offizieren des Herrschers gehorchten. Weder aris-
tokratisches Aufbegehren gegen die königliche Macht noch Proteste der
unteren Schichten gegen als ungerecht empfundene Umstände hatten die
geringste Aussicht auf Erfolg, solange gutgedrillte Truppen für die Verteidigung der königlichen Prärogativen zur Verfügung standen. So be-

gann Europa sich eines inneren Friedens zu erfreuen, wie er vordem unerreichbar gewesen war. Dies erleichterte ein merkliches Ansteigen des Wohlstands, so daß es in weiten Teilen des Kontinents möglich wurde, stehende Heere aus den Steuereinkünften zu erhalten, ohne die wirtschaftlichen Ressourcen der Bevölkerung allzusehr zu strapazieren. Die Vereinigten Niederlande, Frankreich und Österreich gingen voran, andere europäische Staaten folgten dichtauf.

## Standardisierung und Stagnation der europäischen Streitkräfte

Als die Steuereinnahmen allmählich ausreichten, um die Soldzahlungen mehr oder minder pünktlich zu leisten, schienen die schweren Störungen, welche die Kommerzialisierung des Krieges im 14. Jahrhundert in Europa ausgelöst hatte, endlich unter Kontrolle gebracht zu sein. Die Soldaten mußten sich nicht mehr damit ernähren, daß sie das bewegliche Eigentum eines Landes mit Zwangsanwendung wieder in Umlauf brachten. Den Zweck erfüllten nun regelmäßige, berechenbare Steuereinnahmen, mit denen Geld von Zivilpersonen zu Beamten transferiert wurde, die es für die Versorgung effizienter Streitkräfte wie für ihren eigenen Unterhalt verwendeten. Man darf wohl sagen, nur das Fortdauern zwischenstaatlicher Rivalitäten verhinderte, daß diese gesellschaftliche und gouvernementale Struktur des Ancien régime, die sich nach 1650 herausbildete, sich auf Jahrhunderte einspielte.

Die beginnende Stabilisierung des Militärwesens und der Gesellschaft wurde auch durch eine weitere Folgewirkung von Moritz' von Nassaus Reformen gefördert: Ein standardisierter Drill erforderte standardisierte Waffen. Der Prinz selbst sah sich 1599 genötigt, die Ausrüstung der ihm unterstehenden Truppen mit einheitlichen Handfeuerwaffen zu verlangen, denn anders konnte sein neues System nicht funktionieren. Louvois tat das gleiche in bezug auf die französische Armee und sorgte dafür, daß die Soldaten aussahen wie Soldaten, wie wir sie im 20. Jahrhundert kennen: Er kümmerte sich um die Einführung von Uniformen (die freilich von Regiment zu Regiment wechselten).

Eine solche Standardisierung hatte die kurzfristige Wirkung, daß sie die Militärausgaben beträchtlich senkte. Selbst handwerkliche Heereslieferanten konnten den Preis ihres Produkts herabsetzen, wenn sie sicher sein durften, bis weit in die Zukunft identische Gegenstände herstellen zu können. Auch der Nachschub im Feld wurde erleichtert, wenn nur Musketenkugeln von einem einzigen Kaliber gebraucht wurden. Und da jedem Soldaten durch Ausbildung die standardisierten Griffe beigebracht werden konnten, wurde die Auffüllung einer bestimmten Einheit mit neuer Mannschaft beinahe ebenso einfach wie der Ersatz verschossener

Musketenkugeln. Kurz gesagt, die Soldaten entwickelten sich gewissermaßen zu ersetzbaren Teilen einer großen Militärmaschinerie, nicht anders als ihre Waffen. Die Handhabung eines solchen Heeres war leichter und machte es wahrscheinlicher denn je, daß erwartete Resultate auch erreicht wurden. Proportional gingen die Kosten der organisierten Gewalt nach unten, oder vielleicht könnte man zutreffender sagen, daß ihr Umfang und ihre Lenkbarkeit pro Steuergulden (oder anderen Währungseinheiten) erheblich zunahmen.[22]

Auf etwas längere Sicht indessen brachte die Gleichförmigkeit der Bewaffnung Zehntausender Soldaten eine Starrheit neuer Art in den Waffenmarkt. Hatte ein ganzes Heer erst einmal seine Ausrüstung standardisiert, wurde die Einführung konstruktiver Verbesserungen viel kostspieliger als zu einer Zeit, in der noch Waffen verschiedener Konstruktionen in Gebrauch gewesen waren. So mußte bei militärischen Anschaffungen zwischen technischen Verbesserungen und den Kosten gewählt werden, die ein Verzicht auf Uniformität mit sich brachte. Dieses neue Dilemma behinderte nicht jede Veränderung. Dennoch mußten wirklich bedeutsame Neuerungen in der Waffenkonstruktion, wurden sie übernommen, die hergebrachte Ordnung in Drill, Ausbildung und Versorgungswesen empfindlich stören. Dies hatte die Folge, daß die Entwicklung der Handfeuerwaffen, die vom 15. bis zum 17. Jahrhundert sehr rasch vorangeschritten war, nach etwa 1690 beinahe zum Stillstand kam. Damals machte die Erfindung des Bajonetts erstmals möglich, Feuerkraft mit Nahkampfverteidigung gegen angreifende Kavallerie zu verbinden, was die Pikeniere überflüssig werden ließ.[23]

Zwar hatten mittlerweile die von den europäischen Heeren verwendeten Handfeuerwaffen einen bedeutenden Grad an Zuverlässigkeit, Einfachheit[24] in der Bedienung und an Dauerhaftigkeit erlangt, so daß Verbesserungen an der Konstruktion vielleicht schwerer zu erreichen waren als in früheren Zeiten. Doch die Entwicklung der Infanteriewaffen blieb auf einem bestimmten Niveau stehen, wegen der Widerstände gegen jede Veränderung, die eine Entscheidung zwischen den Vorteilen der Gleichförmigkeit und den Kosten der Neuausrüstung eines ganzen Heeres verlangte. Diese rationelle Überlegung wurde durch eine gewisse Anhänglichkeit an vertraute Waffen und eingeschliffene Prozeduren verstärkt. Die Vernunft im Verein mit dem Gefühl bewirkte, daß die 1690 in England entwickelte Muskete mit dem Spitznamen ‚Brown Bess‘ bis 1840 Standardwaffe der britischen Infanterie blieb. In dieser langen Periode wurden nur geringfügige Abänderungen daran vorgenommen.[25] Andere europäische Armeen verhielten sich beinahe ebenso konservativ. Und da während dieser ganzen Zeitspanne die Fußsoldaten auf dem Schlachtfeld der entscheidende Faktor blieben, hatte die Stabilisierung der Infanteriewaffen die Wirkung, auch Taktik, Ausbildung und andere Aspekte des Militärwesens zu stabilisieren.

Diese Stabilisierung war allerdings zu keiner Zeit vollkommen, wie wir im folgenden Kapitel sehen werden, aber es scheint doch klar, daß, während Moritz von Nassaus Reorganisation des Heereswesens sich über ganz Europa ausbreitete, der große Wandel im Umgang mit der organisierten Gewalt, mit dem wir uns in diesem und im vorigen Kapitel beschäftigt haben, zu einem Ende gelangte.

Wir können folgendermaßen zusammenfassen: Die Verhältnisse begannen sich im 12. Jahrhundert mit dem Aufkommen von Fußtruppen zu verändern, die imstande waren, auf italienischen Schlachtfeldern die Vorrangstellung von Rittern zu Pferde in Frage zu stellen. Die Bürgermilizen machten im 14. Jahrhundert gemieteten Berufssoldaten, den Söldnern, Platz, und in der ersten Hälfte des 15. Jahrhunderts entwickelte sich zusammen mit dem Aufstreben italienischer Stadtstaaten rasch ein Muster für die politische Steuerung stehender Heere, das dann nach 1494 durch das Erscheinen französischer und spanischer Heere in Italien durcheinandergebracht wurde. Später begann sich die italienische Entwicklung in einem territorial größeren Maßstab im transalpinen Europa zu wiederholen, wo sie bis zur Mitte des 17. Jahrhunderts nach dem Muster der Administration italienischer Stadtstaaten fortging: Zwischen den Steuereinkünften und den Ausgaben für Heer oder Flotte pendelte sich in Ländern wie Frankreich, den Vereinigten Niederlanden und England ein relativ stabiles Verhältnis ein. Doch die transalpinen Europäer verbesserten die italienischen Vorbilder in zwei wesentlichen Punkten: durch die Entwicklung eines systematischen, vielfach wiederholten Drills und einer klaren Befehlskette, die von der Person des Souveräns – in der Regel eines Königs – bis zum einfachsten Feldwebel hinabreichte. Eifersüchteleien innerhalb der Befehlskette ließen sich zwar nicht vollständig ausräumen, doch die geheiligte Aura um die gekrönten Häupter machte die Politik des *divide et impera*, wie sie die Räte in Venedig und Mailand betrieben hatten, um die Söldner im Griff zu behalten, im transalpinen Europa unnötig.

Stabilität im eigenen Land bedeutete militärische Schlagkraft jenseits der Grenzen. Doch in der europäischen Arena drängten sich die Armeen modernen Stils. Dies führte zu nur lokalen und vorübergehenden Störungen des Gleichgewichts der Kräfte, die die Diplomatie einzugrenzen verstand. An den Rändern des europäischen Aktionsbereichs hingegen war die Folge eine stetige Expansion, ob in Indien, Sibirien oder in den beiden Amerikas. Diese territoriale Ausdehnung trug wiederum ein expandierendes Handelsnetz, mehrte in Europa die Steuerkraft und machte den Unterhalt der Militärapparate weniger drückend, als es sonst der Fall gewesen wäre. Kurzum, Europa katapultierte sich in einen sich selbst verstärkenden Zyklus: seine militärische Organisation trug – auf Kosten anderer Völker und anderer Staatswesen der Erde – die ökonomische und politische Expansion und ebenso geschah es umgekehrt: die Expansion stützte die militärische Organisation.

Die moderne Geschichte zeigte dieses Faktum und wurde auch in einem hohen Maß von der Tatsache bestimmt, daß technische und organisatorische Verbesserungen an der Lenkung der organisierten Gewalt in Europa im 17. Jahrhundert nicht auf Dauer zum Stillstand kamen, trotz der Präzision und Stabilität, die die europäischen Armeen zu dieser Zeit erreicht hatten. Die technische und organisatorische Innovation ging weiter. Sie ermöglichte es den Europäern, andere Völker der Erde immer deutlicher zu überflügeln, bis der weltumspannende Imperialismus des 19. Jahrhunderts für die Europäer zu einem billigen und leicht zu handhabenden Unternehmen wurde, für Asiaten, Afrikaner und die Völker Ozeaniens hingegen zu einer Katastrophe.

Die folgenden Kapitel sollen sich mit diesen Veränderungen beschäftigen.

# 5. Kapitel

## Die Bürokratisierung der Gewalt in Europa
## 1700–1789

Der bemerkenswerte Erfolg, mit dem europäische Herrscher die organisierte Gewalt bürokratisierten und in die zivile Gesellschaft einkapselten, war für die europäische Staatskunst das ganze 18. Jahrhundert hindurch bis weit ins 19. hinein bestimmend. Die Siege, welche die Europäer in dieser Periode regelmäßig bei Konflikten mit anderen Völkern der Erde errangen, bezeugten den ungewöhnlich effizienten Charakter der militärischen Strukturen in Europa, und diese Erfolge erleichterten wiederum das stetige Anwachsen des Überseehandels, das mit dazu beitrug, daß der Unterhalt der stehenden Heere und der Flotten für die Europäer leichter zu tragen war. Daher waren die europäischen Herrscher, namentlich jene in den mehr peripheren Bereichen der europäischen Gesellschaft, in der glücklichen und ungewöhnlichen Lage, daß sie nicht zwischen Kanonen und Butter zu wählen brauchten, sondern sich von beidem mehr verschaffen konnten, während ihre Untertanen – zumindest einige von ihnen – gleichfalls ihren Wohlstand zu mehren vermochten.

Ohne Zweifel trugen eine lange Reihe guter Erntejahre und die Ausbreitung aus Amerika eingeführter Nahrungspflanzen, vor allem Mais und Kartoffel, mehr zu der Prosperität während der ersten Hälfte des 18. Jahrhunderts bei als irgendein rein obrigkeitliches Handeln. Doch daß die politisch-militärischen Gegebenheiten unter dem Ancien régime von allen Betroffenen hingenommen wurden, hatte seinen Grund sicher auch in dem Wirtschaftswachstum, das während der relativ friedlichen Jahrzehnte nach dem Ende des Spanischen Erbfolgekrieges, 1714, allenthalben in Europa einsetzte, von Irland im Westen bis zu den Ebenen der Ukraine im Osten.

Gleichwohl wurden in der zweiten Hälfte des 18. Jahrhunderts schwere Belastungen der bestehenden politisch-militärischen Muster spürbar. Ein fundamentaler Faktor, der zu dem zunehmenden Ungleichgewicht beitrug, bestand darin, daß nach ca. 1750 ein rapider Bevölkerungsanstieg einsetzte. In Ländern wie Frankreich und England bedeutete dies, daß die demographischen Land-Stadt-Relationen sich merklich zu verschieben begannen, als immer mehr Menschen aus dem übervölkerten flachen Land in die Städte abwanderten, um dort ihr Glück zu suchen, oder manche den Atlantik überquerten, um in Nordamerika Land zu erwerben.[1] Was mit einer wachsenden ländlichen Bevölkerung angesichts der

Tatsache geschehen sollte, daß der leicht zu bestellende Boden bereits unter dem Pflug war, wurde in der zweiten Hälfte des 18. Jahrhunderts im gesamten nordwestlichen Europa zu einer kritischen Frage. Erst später traten vergleichbare Probleme in den mittel- und osteuropäischen Gesellschaften auf, denn als das starke Bevölkerungswachstum des 18. Jahrhunderts einsetzte, gab es in diesen Regionen noch viel Boden, der mit den vorhandenen Methoden urbar gemacht werden konnte, ohne daß man zu außergewöhnlichen oder kostspieligen Kapitalinvestitionen hätte greifen müssen. Hingegen machte in England, Frankreich, Italien, den Niederlanden und Deutschland westlich der Elbe allgemein gesprochen jede Ausdehnung der Bodenbewirtschaftung aufwendige und außergewöhnliche Vorbereitungen erforderlich – durch künstliche Düngung, Entwässerung, Veränderungen der Zusammensetzung des Erdreichs durch Zumischen von Sand, Mergel und dergleichen. Infolgedessen war in Osteuropa bis nach der Mitte des 19. Jahrhunderts der Bevölkerungszuwachs kein Problem, sondern bot eine Chance, Wälder, Öd- und einfaches Weideland in Getreidefelder zu verwandeln – ohne die bestehenden Formen der Arbeit in der Landwirtschaft, die Lebensgewohnheiten und sozialen Beziehungen in einem nennenswerten Grad zu verändern.

Der Unterschied zwischen West- und Osteuropa zwischen 1750 und 1830 läßt sich auch so beschreiben: Im Osten ließ das Bevölkerungswachstum eine einfache Reproduktion vertrauter Muster des dörflichen Lebens zu. Die Ausfuhr lokaler Produkte – Getreide, Vieh, Bauholz oder Mineralien – nahm zwar mit dem Bevölkerungsanstieg quantitativ zu, war aber nicht so massiv, daß sie wirklich neue Formen der gesellschaftlichen Organisation hätte entstehen lassen. Im Westen dagegen traten größere Belastungen auf. Das flache Land konnte nur einen Teil des wachsenden Reservoirs an Arbeitskräften absorbieren. Für einen größeren Anteil an der ländlichen Bevölkerung mußten Arbeitsmöglichkeiten in den Städten gefunden werden, und wo sich dies als schwierig oder unmöglich erwies, bestand die Wahrscheinlichkeit, daß die Beschäftigungslosen sich abenteuerlichen Tätigkeiten zuwandten – ob sie als Freibeuter staatlich legitimiert oder ins Militär aufgenommen wurden oder ob sie sich andererseits als Wegelagerer, Briganten oder gewöhnliche Diebe in den Städten herumtrieben.

Angesichts der wachsenden Bevölkerung in Osteuropa wurde es für die Regierungen Preußens, Rußlands und Österreichs leichter, Soldaten zu rekrutieren. Die Armeen nahmen an Stärke zu, besonders die russische, doch dies führte nicht zu einem strukturellen Wandel. In Westeuropa hingegen zeigte sich an der steigenden kriegerischen Intensität, die mit dem Siebenjährigen Krieg (1756–63) einsetzte und in den Jahren der Französischen Revolution und der Herrschaft Napoleons (1792–1815) kulminierte, den neuen Druck an, unter den das Bevölkerungswachstum ältere gesellschaftliche und politische Institutionen in ungleich revolutionärerer Form setzte. Mit dem Gottesgnadentum ging es bergab, und es erlebte nie mehr eine vollständige Wiederaufrichtung, doch die militärischen Institutionen des Ancien régime steuerten sogar noch die *levée en masse* des Jahres 1793. Die Folge war, daß Napoleons Niederlage 1815 es den Siegermächten ermöglichte, ein einigermaßen glaubwürdiges Scheinbild des Ancien régime aufzurichten. Das traditionelle militärische System begann erst nach 1840 endgültig auseinanderzubrechen, als neue industrielle Techniken sich in radikaler, umwälzender Weise auf Waffen und Organisation des Flotten- und Heereswesens auszuwirken begannen. Trotz der revolutionären Bestrebungen und Errungenschaften der Franzosen und trotz der technischen Fortschritte in bedeutenden englischen Industriezweigen (die wir ebenfalls als revolutionär zu bezeichnen pflegen) blieben bis dahin Organisation und Ausrüstung der europäischen Streitkräfte im Grunde konservativ, selbst dann, wenn – wie in Frankreich nach 1792 – die Befehlsstruktur der Armee in den Dienst revolutionärer politischer Bestrebungen gestellt wurde.

Doch selbst wenn man das Ergebnis *à la longue* als konservativ beschreiben kann, wird eine genauere Prüfung der Belastungen, denen die Militärstrukturen der europäischen Staaten zwischen 1700 und 1789 ausgesetzt wurden, doch zeigen, daß die Lenkung der bewaffneten Macht hartnäckig instabil blieb, selbst zu einer Zeit, da das Ancien régime anscheinend am wenigsten gefährdet war. Diese Anfechtungen waren von zweierlei Art. Die eine, die wiederholt auftrat, ergab sich aus der Expansion der Gebiete, die zum Unterhalt des Heereswesens europäischen Stils ins Werk gesetzt wurde, was die Machtrelationen zwischen den europäischen Staaten veränderte. Die andere Anfechtung ging von technischen und organisatorischen Neuerungen innerhalb des Systems selbst aus, charakteristischerweise herbeigeführt durch militärische Niederlagen der einen oder anderen europäischen Großmacht. Jede dieser Belastungen verlangt eine etwas genauere Betrachtung als Einleitung zu einer Untersuchung der Frage, was der Organisation und Lenkung der europäischen Streitkräfte während der Französischen Revolution und der Napoleonischen Epoche widerfuhr, beziehungsweise nicht widerfuhr.

## Ungleichgewicht als Folge territorialer Expansion

Wir haben gesehen, daß sich ein neuer Stil des Heeresorganisation gegen Ende des 16. Jahrhunderts von Holland aus auf Schweden und die deutschen Lande, Frankreich, England und sogar Spanien ausbreitete, bevor das 17. Jahrhundert zu Ende ging. Während des 18. Jahrhunderts wurde

ein viel größerer Bereich davon erfaßt: Rußland wurde unter Peter dem
Großen (1689–1725) mit geradezu revolutionärer Gewalt umgewandelt;
die Ansteckung befiel die Neue Welt und Indien, als Nebenprodukt eines
globalen Ringens um die Kolonialherrschaft in Übersee, in dem Frankreich und England die Protagonisten waren; ja, selbst ein kulturell so
fremdes Herrschaftsgebilde wie das Osmanische Reich wurde damit infiziert.[2]

Die Reichweite marktgesteuerter Aktivitäten, die das bürokratisierte
europäische Militärwesen festigten und abstützten, expandierte in den
gleichen Jahrzehnten noch weiter und verwob das tägliche Tun ungezählter Millionen Asiaten, Afrikaner, Amerikaner und Europäer in ein immer
kohärenteres System von Austausch und Produktion. Selbst Australien
begann noch vor der Jahrhundertwende in das europazentrierte und von
Europa aus gelenkte Wirtschaftssystem einzutreten. Einzig der Ferne
Osten hielt sich abseits, weil die Politik der chinesischen und japanischen
Obrigkeiten die europäischen Handelsaktivitäten auf marginale, im Fall
Japans sogar auf belanglose Proportionen begrenzte.

Eine Expansion dieses Ausmaßes führte zu drastischen Veränderungen
am Gleichgewicht der Kräfte innerhalb Europas. Staaten, die mehr am
Rand der europäischen Welt lagen – Großbritannien und Rußland im
besonderen – konnten, was Ressourcen betraf, ihren Zugriff rascher verstärken, als es im Zentrum möglich war, wo größeres Gedränge herrschte. Der Aufstieg solcher Randstaaten zur Herrschaft über ältere und
kleinere politische Gebilde nahe einem Zentrum, wo sich die Innovation
zunächst konzentrierte, ist eines der ältesten und bestbelegten Muster in
der Geschichte zivilisierter Staaten.[3] Was im 18. Jahrhundert zwischen
den europäischen Großmächten geschah, sollte daher nur als ein jüngeres
Beispiel eines sehr alten Prozesses betrachtet werden. Dieser Prozeß setzte sich natürlich im 19. Jahrhundert fort und ist auch im 20. Jahrhundert
noch keineswegs zu einem endgültigen Gleichgewichtszustand gelangt.

Die europäische Expansion im 18. Jahrhundert vollzog sich jedoch so
ausgeglichen, daß kein Staat ein überwältigendes Übergewicht über alle
anderen erlangte. Die Rivalen Frankreich und England teilten sich bis in
die Dekade 1780–90 relativ ausgewogen in vermehrte Ressourcen dank
der Expansion ihrer überseeischen Gebiete, während in Osteuropa
Österreich und Preußen mit Rußland um eine vorteilhafte Position an der
europäischen Festlandsgrenze konkurrierten (allerdings mit immer geringerem Erfolg, je weiter das Jahrhundert voranschritt). So konnte sich
der Staatenpluralismus in Europa behaupten, wenn es auch zu einigen
erheblichen Erschütterungen kam. Der fortbestehende Pluralismus rivalisierender Staaten wiederum wahrte die Einzigartigkeit Europas im Vergleich zu den großen Zivilisationen Asiens, wo die im 16. und 17. Jahrhundert auf der Basis des Schießpulvers geschaffenen Reiche ihre Vor

rangstellung behielten – manchmal, wie im Fall Chinas, in einem Zustand der Blüte, zuweilen, so im Fall Indiens, mit zunehmenden Auflösungserscheinungen.

Die europäische Staatenvielfalt schuf höchst verworrene politische Verhältnisse. Diplomatische und militärische Bündnisse wechselten von Zeit zu Zeit in kaleidoskopischer Weise. Dennoch ist die Feststellung angebracht, daß sich das System nach 1714, als der Spanische Erbfolgekrieg zu Ende ging, merklich veränderte. Zu diesem Zeitpunkt hatte die Staatenkoalition, die sich gebildet hatte, um das Übergewicht der Armeen Ludwigs XIV. auf dem europäischen Festland zu brechen, einen bedingten Erfolg errungen. Frankreich nahm den großen europäischen Krieg nicht wieder auf, sondern leitete in den folgenden vierzig, relativ friedlichen Jahren seine Energien überseeischen Unternehmungen zu, in der Karibik, in Nordamerika, Indien und in der Levante. Kaufleute und Pflanzer erzielten große Erfolge, der französische Überseehandel wuchs sogar rascher als der Großbritanniens, obwohl er dem absoluten Volumen nach diesen nie überholte, da die Engländer das Jahrhundert auf einem höheren Niveau begonnen hatten.[4]

Nationale Rivalitäten, wie scharf auch immer, wurden durch eine Monopolisierung des Handels in bestimmten Häfen und Regionen Amerikas, Afrikas und an den Küsten des Indischen Ozeans erfolgreich kanalisiert. Solche lokalen Monopole wurden durch eine eigene Streitmacht – Forts, Garnisonen, Siedler – abgestützt, versorgt und durch ein- und auslaufende Schiffe miteinander verknüpft. Die Schiffe selbst waren fast immer mit schweren Kanonen bestückt und konnten in Notfällen durch ein Detachment von Kriegsschiffen ergänzt werden, vom Mutterland entsandt, um koloniale Stützpunkte in Übersee zu verstärken, zu schützen und auszuweiten.

Die sich ausdehnenden französischen und englischen Handelsimperien durchdrangen ältere europäische Besitzungen in Übersee auf eine komplizierte und wechselhafte Weise. Nach 1715 hätten Holland, Spanien und Portugal ihre Kolonien nicht mehr vor dem Angriff einer aus Europa kommenden großen Expeditionsstreitmacht zu schützen vermocht. Doch diese älteren Übersee-Imperien behaupteten sich – wenn auch stets gefährdet – sogar ohne wirklich bedeutende Gebietsverluste. Dies hatte seinen Grund vor allem darin, daß spanische, portugiesische und holländische Kolonialbeamte offiziell oder durch stillschweigendes Ignorieren in den ihnen unterstehenden Häfen französischen und/oder englischen Händlern gestatteten, ihre Geschäfte zu betreiben. Damit verschafften sie den beiden größten Seemächten des Jahrhunderts die praktischen Vorteile des Handels, ohne daß diese die Kosten einer eigenen lokalen Verwaltung hätten aufbringen müssen. Zudem begann gegen Ende des Jahrhunderts der Wert des spanischen Imperiums in den beiden Amerikas zu steigen. Der Rückgang der indianischen Bevölkerung, der im 16. und frühen 17. Jahrhundert zu einer radikalen Entvölkerung und zu Arbeitskräftemangel geführt hatte, erreichte nach etwa 1650 die Talsohle, zumindest in Mexiko und Peru. Zuerst langsam, dann aber mit zunehmender Schnelligkeit erlaubte das Bevölkerungswachstum eine stärkere Ausbeutung der Ressourcen.[5] Auch Brasilien und die englischen Kolonien in Nordamerika begannen zu prosperieren. Die Folge war, daß Männer und Güter des Landes selbst eine lokale Verteidigung ermöglichten, die immer mehr an Bedeutung gewann.

Bei diesem Prozeß der Expansion in Übersee spielte marktorientiertes Verhalten die gestaltende Rolle. Handelsgewinne stützten die europäischen Aktivitäten jenseits der Meere und vergrößerten Jahrzehnt um Jahrzehnt ihren Umfang. Zugleich wurden die Gewinne durch einen jederzeit möglichen Rückgriff auf Gewalt gesichert. Kein anderer Teil der Erde hielt sich ein so effizientes Militärwesen, wie es die Europäer zu unterhalten pflegten, und nirgends außerhalb Europas lag die Leitung der bewaffneten Macht in den Händen von Menschen, die viel, ja aktives Verständnis für das Gewinnstreben von Kaufleuten hatten. Die europäischen Herrscher waren es seit dem 14. Jahrhundert gewöhnt, in ein kommerzielles, finanzielles System zur Mobilisierung menschlicher Leistungskraft verstrickt zu sein. Wenn auch widerstrebend und ohne tieferes Verständnis, stützten Könige und ihre Minister sich doch auf marktgesteuertes Verhalten zur Versorgung und zum Unterhalt ihres Militärwesens und der staatlichen Befehlsstruktur im allgemeinen. Nach den 1640er beziehungsweise 1660er Jahren hörten die englischen und französischen Herrscher auf, sich gegen Zwänge des Marktes in der Art zu sträuben, wie es Philipp II. und die meisten Souveräne seiner Zeit noch getan hatten. Statt dessen wurde ein bewußtes Zusammenwirken zwischen den Herrschern und ihren Sachwaltern einer- und kapitalistischen Unternehmern andererseits zur Normalität.

Der Aufstieg der überseeischen Imperien Frankreichs und Englands zeigte und spiegelte das relativ reibungslose Zusammenwirken zwischen geschäftlicher Mentalität und politischer Lenkung, das sich in diesen Ländern einspielte. Statt privates Kapital als ein verlockendes und naheliegendes Objekt für eine konfiskatorische Besteuerung zu betrachten, wie es Herrscher in anderen Weltgegenden regelmäßig taten, gelangten die politischen Gebieter in Westeuropa zu der Ansicht – und handelten auch danach –, daß durch die Festsetzung präziser Grenzen für die Besteuerung und durch die Einhebung ausgewogener Steuerbeträge die Grundlage dafür geschaffen werde, daß der private Wohlstand wie die gesamten Steuereinnahmen wuchsen. Begüterte Kaufleute und Geldverleiher konnten es sich leisten, in London, Bristol, Bordeaux oder Nantes im Herrschaftsbereich der englischen oder französischen Regierung zu leben, statt wie in früheren Jahrhunderten in selbständigen Städten, in denen ihresgleichen das Ruder führten, Zuflucht suchen zu müssen.

Für die Handelsunternehmer lag der Vorteil, unter einer militärisch kraftvollen Regierung zu leben, auf der Hand: Sie konnten auf wirksameren und weiterreichenden militärischen Schutz für ihr Unternehmen rechnen, als in kleinen Staaten, die dem Gewinnstreben des Handels freien Lauf ließen, aber relativ schwach waren. Der Vorteil für Könige und ihre Minister, der sich ergab, wenn sie einer tatkräftigen Kapitalistenklasse erlaubten, private Gewinnchancen zu nutzen – wo immer ein verheißungsvoller Profit winkte –, wurde im 18. Jahrhundert gleichfalls offenkundig. Ihre Aktivitäten ließen die Steuereinnahmen anschwellen und machten den Unterhalt stehender Heere und Flotten, im 17. Jahrhundert finanziell noch ein Problem, relativ leicht.[6]

Zu der Kooperation zwischen Herrschern und Kapitalisten im Lande selbst trat das Zusammenwirken in Übersee. Ja, die Möglichkeit der Unternehmer, sich und ihre Waren zu vergleichsweise niedrigen Kosten zu schützen, war das zentrale Geheimnis der europäischen kommerziellen Expansion im 18. Jahrhundert. Sie ergab sich zum Teil aus der technischen Überlegenheit europäischer Schiffe und Forts im Verein mit reichlich zur Verfügung stehenden und relativ billigen Eisengeschützen. Ein ebenso wesentliches Element der niedrigen Kosten für die Unternehmer waren die überlegene Organisation und Disziplin, die in Europa ausgebildete Soldaten, Offiziere und Administratoren an den Tag legten, selbst wenn sie der halbe Erdumfang vom Sitz der Souveräne und von der Quelle von Instruktionen, Besoldung und Beförderung trennte, von denen letzten Endes ihr Gehorsam abhing.

Viele Faktoren waren an diesem Phänomen beteiligt, darunter die psychologische Wirkung des Drills. Mochten europäische Truppen, die in Übersee stationiert waren, auf einen Offizier, der frisch von einem europäischen Exerzierplatz weg ins Land kam, auch noch so schlecht ausgerüstet und undiszipliniert wirken, sie bewiesen ihre Überlegenheit jedesmal, wenn sie mit asiatischen, afrikanischen oder indianischen Streitkräften zusammenstießen. Als beispielsweise in Indien zwischen französischen und englischen militärischen Unternehmern der Kampf um die Herrschaft über dieses gewaltige Land entbrannte, spielten lächerlich kleine europäische Kontingente regelmäßig eine ausschlaggebende Rolle, weniger wegen ihrer Bewaffnung, sondern aufgrund ihres zuverlässigen Gehorsams im Kampf und ihrer überlegenen Manövrierfähigkeit.[7]

Das wirklich wichtige Ergebnis des ausgewogenen Zusammenwirkens von überlegener bewaffneter Macht und beinahe ungezügeltem wirtschaftlichem Gewinnstreben, das die europäischen Unternehmungen in Übersee während des 18. Jahrhunderts kennzeichnete, war der Umstand, daß das tägliche Leben Hunderttausender von Asiaten, Afrikanern und

Amerikanern durch die Aktivitäten europäischer Unternehmer tiefgreifend umgeformt wurde. Marktgesteuerte Aktivitäten, von einer Handvoll Europäer gelenkt und überwacht, begannen ältere Gesellschaftsstrukturen zu zerrütten und brachten sie schließlich zum Einsturz. Afrikaner, von Sklavenfängern zu Häfen getrieben, wo sie über den Atlantik verschifft wurden, um auf Zuckerrohrplantagen zu arbeiten, geben ein brutales und extremes Beispiel der Art und Weise, wie das Profitmotiv ältere Lebensmuster grundlegend verwandeln konnte und verwandelte. Indonesier, die für eingesessene Kleinfürsten, die wiederum holländischen Befehlen folgten, in Gewürzhainen arbeiteten, wurden dem gewohnten Gang ihres Lebens und ihrer sozialen Umgebung weniger vollständig entzogen, und das gleiche galt für indische Baumwollspinner und -weber, die für die Ostindische Kompanie Tuch herstellten, das auf Märkten, Hunderte oder Tausende von Meilen von ihren Spinnrädern und Webstühlen entfernt, verkauft wurde. Tabak- und Baumwollpflanzer in der Levante und in Nordamerika waren persönlich noch weniger abhängig von den Kaufleuten und Maklern, die die Produktion ihrer Arbeit in den internationalen Kreislauf schleusten. Doch alle diese Menschen teilten das Los, daß ihr Leben, tagein, tagaus, in Abhängigkeit von einem weltweit operierenden Handelssystem geriet, das von Europäern gesteuert wurde. Die Bereitstellung von Waren, Krediten und Schutz bestimmte über den Lebensunterhalt und entschied häufig über das physische Überleben von Menschen, die das kommerzielle Netz, in das sie verstrickt waren, nicht erfaßten, geschweige denn, daß sie den geringsten Einfluß darauf gehabt hätten.

Ohne Zweifel leiteten Europäer den Löwenanteil an den Gewinnen in die eigenen Taschen, doch die Spezialisierung der Produktion brachte es auch mit sich, daß der Wohlstand allgemein zunahm, wenn er auch unter den sozialen Klassen und zwischen den europäischen Organisatoren und jenen, die unter ihrem Befehl oder auf ihre Veranlassung arbeiteten, sehr ungleich verteilt war. Selbst in Afrika, wo die verheerenden Sklavenjagden unstreitig viele Stammesgemeinschaften zugrunde richteten und unzähligen Menschen den Tod brachten, steigerten neue Techniken und Fertigkeiten – vor allem die Verbreitung des Maisanbaus – den Wohlstand; und auch die Macht strategisch günstig gelegener afrikanischer Staaten zeigte eine eindeutige Wachstumstendenz, zum Teil dank der Waffen, die ihnen europäische Händler lieferten.[8] In der Neuen – wie in der Alten – Welt wurden weit im Inland gelegene Regionen, wo der Transport Schwierigkeiten bereitete, nur schwach vom Handelsverkehr berührt, den die Europäer um die Küsten des Atlantischen und des Indischen Ozeans betrieben. Doch der Arm des Weltmarkts reichte häufig sehr weit. Im eisbedeckten Norden beispielsweise veranlaßte der hohe Wert, der Pelzen beigelegt wurde, europäische Händler noch vor dem

Ende des 18. Jahrhunderts Nordamerika in seiner ganzen Breite zu durchdringen. Sie traten in Beziehungen zu Eingeborenenstämmen und boten ihnen Metallgeräte, Wolldecken und Whisky im Tausch gegen Pelze an. Dies bewirkte, daß ältere indianische Lebensgewohnheiten einer raschen und irreversiblen Veränderung unterworfen wurden. Das gleiche taten russische Pelzhändler gegenüber Bewohnern Sibiriens, ja, sie setzten bereits 1741 nach Alaska über. So stießen und prallten in den letzten Dekaden des 18. Jahrhunderts spanische und englische Ansprüche auf die pazifische Küste Nordamerikas mit dem expandierenden russischen Pelzhandelsimperium zusammen, eine Begegnung, die anschaulich zeigt, daß der europäischen Expansion in Übersee eine ebenso bemerkenswerte russische Expansion in östlicher Richtung zur Seite trat.

Der nach Osten vorrückende Grenzsaum Europas spielte bei der Veränderung der europäischen Machtbalance eine beinahe ebenso bedeutsame Rolle wie die überseeischen Handelsimperien, die im frühen 18. Jahrhundert die Macht Frankreichs und Großbritanniens gestärkt hatten. Eine Erschließung der gewaltigen sibirischen Wildnis – so imposant sie auf der Landkarte auch war – zählte weniger als die Inbesitznahme der Steppengebiete in der Ukraine und in den angrenzenden Regionen durch Getreidebauern. Ihr Fleiß steigerte im Verlauf des Jahrhunderts die europäische Nahrungsmittelproduktion ganz erheblich, und sie lieferten eine menschliche und materielle Basis für die Stärkung der Macht des Russischen Reiches.

Nicht nur Rußland profitierte vom Vordringen der Landwirtschaft in die Steppengebiete des östlichen Europa. Schon das 17. Jahrhundert hatte ein Ringen um die Herrschaft über die westlichen Steppengebiete erlebt, als das Fürstentum Siebenbürgen wie die polnische Adelsrepublik mit den drei – weiter entfernten – Monarchien Türkei, Österreich und Rußland um die Beherrschung dieser Weltgegend konkurrierte.[9] Der Ausgang dieses Ringens (gegen Ende des 18. Jahrhunderts) begünstigte eindeutig Rußland, denn jene Teile der Steppe, die der Türkei und Österreich zufielen, Rumänien beziehungsweise Ungarn, waren weit weniger umfangreich als Rußlands Anteil, die Ukraine und Graslandgebiete östlich davon, die bis nach Zentralasien hineinreichten. Was Polen betraf, schwächte innerer Hader das Land so sehr, daß es nach den drei Teilungen, 1773, 1793 und 1795, überhaupt als souveräner Staat verschwand.

Ehe Polens staatliches Ende die krassen Veränderungen ins Licht rückte, die die Machtrelationen in Osteuropa erfahren hatten, war ein anderer Bewerber um den Großmachtstatus auf den Plan getreten: das Königreich Preußen. Wie ihren territorial imposanteren Nachbarn kam den preußischen Herrschern zustatten, daß sie einen Randstaat regierten. In Preußens im Vergleich zu den anderen deutschen Fürstenstaaten relativ großem Territorium spiegelte sich seine mittelalterliche Geschichte als

Grenzmark. Noch im 18. Jahrhundert konnte Preußen durch die Übernahme von Techniken, die in weiter westlich gelegenen Gebieten seit langem in Gebrauch waren – künstliche Entwässerung und Kanalisierung voraus –, in beträchtlichem Umfang Neuland kultivieren und damit den Wohlstand des Landes heben.[10]

Doch das Fundament der politischen Erfolge, die Preußen errang, lieferte seine straffe Heeresorganisation, die auf das 17. Jahrhundert zurückging, als der tiefsitzende Groll gegen die übel hausenden Schweden im Land des Hauses Hohenzollern einen effektiven institutionellen Ausdruck fand. Nach dem Dreißigjährigen Krieg gelang es dem Großen Kurfürsten, Friedrich Wilhelm (1640–88), die Opposition gegen die Zentralisierung des Steuerwesens zu bezwingen. Dies erlaubte ihm und seinen Nachfolgern, ein Heer zu unterhalten, das stark genug war, in europäischen Kriegen eine Rolle zu spielen, trotz des schmalen Umfangs und der kargen Ressourcen der Kerngebiete des Kurfürstentums. Wie so manch anderer deutsche Fürst verstärkte der Große Kurfürst sein Heer mit Hilfe ausländischer Subsidien zur Ergänzung der einheimischen Steuerkraft. Erst in der Regierungszeit Friedrich Wilhelms I. (1713–40) standen die Hohenzollern schließlich finanziell auf eigenen Füßen. Dies wurde nur durch eine erstaunliche Verschmelzung des Adels mit dem Offizierkorps möglich, die den königlichen Dienst (der Titel ‚König in Preußen‘ stammte aus dem Jahr 1701) zur normalen Laufbahn für die Söhne ländlicher Grundbesitzer machte. Der ‚Rock des Königs‘, von allen Offizieren unter dem Generalsrang wie auch von Friedrich Wilhelm I. selbst ohne Rangabzeichen getragen, ließ alle Offiziere in ihrem Äußeren einzig als Diener des Hauses Hohenzollern erscheinen. Offiziere wie Soldaten lebten höchst frugal, ja unter ärmlichen Bedingungen, doch ein kollektiver Geist preußischer Ehre und preußischen Pflichtgefühls machte das Heer der Hohenzollern so effizient – und so wenig kostspielig – wie keine andere Armee Europas. Eine Reihe kluger Herrscher vergrößerte das Heer und die Hohenzollerschen Gebiete, doch der Sprung zum Großmachtstatus kam erst, als Friedrich der Große (1740–86) Österreich die Provinz Schlesien entriß und als Preußen nach dem Zweiten Schlesischen Krieg im Besitz Schlesiens bestätigt wurde.[11]

Die Verschiebungen älterer Machtrelationen in Europa, die eine solche territoriale Expansion herbeiführte, traten in dem ‚Umsturz der Bündnisse‘ zutage, der dem Siebenjährigen Krieg voranging. Die Rivalität zwischen der habsburgischen und der französischen Monarchie, die auf den Streit um das burgundische Erbe (1477) zurückging, und um die sich die Rivalitäten zwischen kleineren europäischen Staaten lange Zeit gedreht hatten, wurde nach 1756 durch ein halbherziges Zusammenwirken zwischen Frankreich und Österreich abgelöst, das sich gegen ihre jeweiligen, zusehends imposanteren Gegner, Großbritannien und Preußen, richtete.

Doch obwohl Frankreich und Österreich scheinbar aus dem vollen schöpfen konnten, gewannen die Engländer und Preußen den Krieg. Großbritanniens Siege in Übersee vertrieben die Franzosen aus Kanada und beinahe auch aus Indien. Der Wiederaufstieg der maritimen Macht Frankreichs, 1788 durchaus eine Realität, genügte nicht, den Rückschlag auszugleichen, den die Niederlagen von 1754–63 dem französischen Handel zugefügt hatten.

Daß Preußen sich gegen den vereinten Angriff österreichischer, französischer und russischer Armeen behaupten konnte, war der Tüchtigkeit der preußischen Exerziermeister, der hohen Moral des Offizierkorps und Friedrichs II. Feldherrnbegabung zuzuschreiben. Doch auch die Risse im gegnerischen Bündnis ermöglichten es Preußen, den Krieg zu überstehen. Besonders das Ausscheiden der russischen Truppen aus dem Krieg – als 1762 ein neuer Zar, Peter III., auf den Thron kam – verschaffte Friedrich II. eine bitter notwendige Atempause; und im Jahr darauf wurden die Franzosen durch ihre Mißerfolge gegen Großbritannien dazu veranlaßt, die Waffen niederzulegen, was Österreich gleichfalls zum Friedensschluß nötigte (1763).

Preußens militärisches Prestige stieg dadurch, daß Friedrich II. sich gegen eine scheinbar überwältigende Übermacht behauptet hatte, auf einen Gipfel. Dies trug in starkem Maße dazu bei, den Zeitgenossen das entscheidende Faktum in Osteuropa zu verbergen, nämlich den Machtanstieg Rußlands. Auch Ereignisse im 19. und 20. Jahrhundert schienen der preußischen (später: deutschen) Geschichte eine zentrale Bedeutung innerhalb der gesamteuropäischen zu geben. Doch es läßt sich mit Grund behaupten, daß Rußland der Staat war, der von Friedrichs II. aggressivem Vorgehen am meisten profitierte. (Der Preußenkönig hatte 1740 und dann noch einmal 1756 durch den Einmarsch in habsburgisches Gebiet den Krieg vom Zaun gebrochen.) Der Groll, der nach 1740 Österreich gegen Preußen erfüllte, brachte es mit sich, daß ein Zusammengehen dieser beiden Staaten so gut wie unmöglich wurde. Ihr wechselseitiges Mißtrauen verschaffte Rußland die Möglichkeit, die von Peter dem Großen nach europäischen Vorbildern reorganisierte Armee für weitere Expansionen auf Kosten schwacher und vergleichsweise schlecht organisierter politischer Gebilde einzusetzen, die an Rußland angrenzten. So sicherte sich das Zarenreich den Löwenanteil an Polen (1773–95), annektierte 1783 die Krim, verlegte 1792 seine Grenze zum Osmanischen Reich vor, im Osten in den Kaukasus, im Westen bis zum Dnjestr; und drang auf Kosten Schwedens in Finnland ein. Die rasche Entwicklung der Getreideproduktion in der Ukraine zusammen mit den expandierenden industriellen und kommerziellen Aktivitäten im Ural und in Zentralrußland stützten den Aufstieg der Zarenmacht auf eine noch nicht dagewesenen Höhe. Unter Katharina der Großen (1762–95) war Rußland wie nie zuvor imstande, seine Ressourcen an Menschen, Rohstoffen und anbaufähigem Land für den Unterhalt von Streitkräften einzusetzen, deren Effizienz an die der Armeen und Flotten in Westeuropa heranreichte. Kurz ausgedrückt: Rußland näherte sich europäischen Organisationsstufen, und damit begannen sich auch die Größenvorteile geltend zu machen.

Der Erfolg, den Großbritannien im Siebenjährigen Krieg gegen Frankreich errang, war zum Teil auch Ergebnis der Mobilisierung von Ressourcen, die es aus weiträumigen Gebieten in Nordamerika, Indien und dazwischen liegenden Regionen bezog. Doch während in Rußland die Mobilisierung letzten Endes auf der Arbeit von Leibeigenen beruhte, gelenkt von einer Beamtenelite und amtlich lizensierten Privatunternehmern, wurden im Fall Englands Zwangsmethoden weitgehend durch das Wirken von Marktanreizen verdrängt, was sich an privaten Entscheidungen zeigte, die relativ große Gruppen von Individuen trafen. Allerdings spielten auch die Sklavenarbeit auf den Plantagen in der Karibik und Preßpatrouillen für die Bemannung von Schiffen der Royal Navy eine wesentliche Rolle für die Erhaltung der Macht Großbritanniens. Der Unterschied zwischen einer kommandierten Mobilisierung *à la russe* und einer durch Preisanreize *à l'anglaise* war mithin nur graduell. Die russischen Methoden (wie die der Sklavenwirtschaften der Zuckerinseln) führten jedoch häufig zu einer Vergeudung menschlicher Arbeitskraft, während private Bemühungen, die Gewinne zu maximieren, Sparsamkeit beim Einsatz aller Produktionsfaktoren eher belohnten. Kurz gesagt, marktorientiertes Verhalten führte zu einem Effizienzniveau, das mit der Anwendung von Zwang kaum zu erreichen war.

Insbesondere bewirkte ein mehr oder minder freier Markt, daß neue Techniken, die wirklich zu Verbesserungen in der Produktion führen konnten, im englischen System der ökonomischen Steuerung zuweilen akzeptiert wurden, während es in Rußland allenfalls vereinzelte Impulse gab, neue Erfindungen zu machen oder ihre Verbreitung zu fördern. Von geplagten Beamten war beinahe immer die Entscheidung zu erwarten, daß es besser sei, die Anweisungen ihrer Vorgesetzten dadurch zu erfüllen, daß man bei den gewohnten Arbeitsmethoden blieb. Sollte die Produktion gesteigert werden, geschah dies entweder dadurch, daß die Arbeitenden härter angetrieben wurden oder daß man ihre Zahl vergrößerte. Die Alternative, irgendein neuartiges Gerät auszuprobieren, das sicher die kurzfristigen Resultate schmälerte und möglicherweise auf lange Sicht nichts einbrachte, wurde nur selten in Erwägung gezogen. Nur wenn eine Technik sich im Ausland bewährt hatte, fanden sich russische Beamte veranlaßt, vom bisherigen Weg abzugehen und die Neuheit zu importieren – oft samt ausländischen Technikern für die Unterweisung der einheimischen Arbeitskräfte im Umgang mit den neuen Methoden.

Auf diese Weise hatte zu Beginn des 18. Jahrhunderts Peter der Große das russische Rüstungswesen und die russischen Heere aufgebaut. Die Stagnation der europäischen Militärorganisation und -technik in den folgenden Jahrzehnten hatte die Folge, daß es für russische Administratoren und Offiziere relativ leicht wurde, kleinere Mächte einzuholen und zu überflügeln. Der Erfolg der russischen Waffen, namentlich in der zweiten Hälfte des 18. Jahrhunderts, bezeugt, daß ihnen dies gelang.[12]

Die größere Flexibilität marktorientierten Verhaltens, wenn es darum ging, der technischen Innovation Raum zu schaffen, ermöglichte es schließlich Großbritannien und Westeuropa insgesamt, die Russen weit hinter sich zu lassen. Die ökonomische und technische Effizienz wurde derart gesteigert, daß die russischen und osteuropäischen Leistungen dagegen verblaßten. Dies wurde jedoch erst nach 1850 klar erkennbar. Zuvor, von 1736 bis 1853, ließen sich die russischen Ambitionen nur mühsam und unzuverlässig durch eine Gleichgewichtsdiplomatie und die veritable militärische Explosion eindämmen, die von der Französischen Revolution ausgelöst wurde.

Das Gleichgewicht der Mächte bewirkte auch, daß die Vorrangstellung, die Großbritannien 1763 in Übersee gewonnen zu haben schien, stark gemindert wurde. Besonders das Verschwinden der bedrohlichen französischen Präsenz in Kanada machte das Verhältnis Großbritanniens zu den nordamerikanischen Kolonisten schwieriger als vorher; und als die Regierung Georgs III. die Kolonisten zu zwingen versuchte, sich an den Kriegskosten zu beteiligen, schlug die Unzufriedenheit in offene Rebellion um. Schon bald kam Frankreich den amerikanischen Rebellen zu Hilfe (1788), und andere europäische Mächte schlossen sich ihm entweder an oder bekundeten ihre Abneigung gegen das überseeische Handelsmonopol der Briten durch eine ‚bewaffnete Neutralität‘, die den englischen Interessen abträglich war. 1783 mußte Großbritannien sich geschlagen geben und erkannte die Unabhängigkeit der Vereinigten Staaten an.

Auf diese Weise also wirkte das europäische Staatensystem dem britischen und russischen Machtanstieg teilweise entgegen und paßte sich dem Umbruch an, zu dem die Ausdehnung der europäischen ökonomisch-militärischen Organisation auf ausgedehnte neue Weltgegenden zwischen 1700 und 1793 geführt hatte.

## Belastungen durch gesteuerte Reorganisation

Die europäische Anpassung an die territoriale Expansion war in einem gewissen Sinn ganz normal – eine halbautomatisch eintretende Folge von Gleichgewichtsüberlegungen, die die Staatsmänner anstellten. Es handelte sich um ein Muster, für das es ähnliche Beispiele in anderen Epochen und Gegenden gab – zum Beispiel bei griechischen Stadtstaaten in ihrer Reaktion auf den Aufstieg Athens im 5. Jahrhundert v. Chr. oder der Reaktion italienischer Fürstentümer im 14. und 15. Jahrhundert auf den Machtanstieg Mailands und Venedigs. Andererseits war die Umgestaltung der Staats-, Wirtschafts- und Militärpolitik, die ins Licht zu treten begann, als das 18. Jahrhundert sich seinem Ende näherte, ein ganz eigener Fall, nicht weil andere Staaten in anderen Epochen nicht auch danach getrachtet hätten, ihre Militärmacht durch eine innere Reorganisation zu stärken, sondern weil Umfang und Komplexität der den europäischen Administratoren und Soldaten zur Verfügung stehenden Techniken unvergleichlich größer geworden waren als in jedem früheren Zeitalter. Rationale Überlegungen erweiterten den Spielraum bewußten Handelns derart, daß noch vor dem Ende des Jahrhunderts ein gelenkter Transformationsprozeß das Leben von Millionen Menschen zu verändern begannen.

Eindeutig im Vordergrund dieses Wandels standen Militär und Kriegsgerät. Im 17. Jahrhundert waren die Heere und Flotten sozusagen zu Kunstwerken geworden, waren Menschenleben ebenso wie Schiffe und Geschütze nach eher intuitiven Plänen für ganz besondere Vorhaben geformt worden. Die Resultate waren außerordentlich, wie wir im vorhergehenden Kapitel gesehen haben. In den ersten Dekaden des 18. Jahrhunderts kam es nur zu geringfügigen weiteren Veränderungen. Doch nach 1750, als das Bevölkerungswachstum allenthalben die sozialen Gegebenheiten zu verändern begann, fingen Experten damit an, an den bestehenden Gewohnheiten, Streitkräfte zu lenken und im Feld einzusetzen, herumzuexperimentieren, wobei sie von der Hoffnung geleitet wurden, den Einengungen zu entkommen, die ältere Systeme ihnen auferlegt hatten. Bis 1792 stellte sich zwar kein dramatisches Resultat ein, doch bereits lange vorher dachten Militärreformer ahnungsweise an eine Massenmobilisierung, wie sie dann die Französische Revolution brachte.

Mitte des 18. Jahrhunderts war offenbar geworden, daß die bestehenden militärischen Organisationsstrukturen an vier Begrenzungen stießen. Eine davon war die Schwierigkeit, die Bewegungen einer Armee im Griff zu behalten, die mehr als ca. 50000 Mann zählte.[13] Selbst mit Hilfe von Kurieren konnte ein General in der Regel nicht wissen, was vor sich ging, wenn eine Schlachtfront sich so weit ausdehnte, daß man mit dem Fernrohr Freund und Feind nicht mehr auseinanderzuhalten vermochte, und die taktische Führung konnte, selbst wenn Signalhörner gerufene Kommandos ergänzten, nicht mehr Männer als in der Stärke eines Bataillons, das heißt, 300 bis 600 Mann, erreichen. Neue Formen der Kommunikation und akkurate topographische Karten wurden notwendig, wenn eine effektive Führung größerer Feldheere möglich werden sollte.

Eine zweite und sehr empfindliche Beschränkung für die europäischen Heere war die Form des Nachschubwesens. Die Perfektion ihres Drills gab diesen Armeen zwar eine unvergleichliche Schlagkraft und Flexibilität auf kurze Entfernungen und für ein paar Stunden Kampf, aber weitere Distanzen konnten die Truppen nur in langsamen Etappen zurücklegen, bis sie sich wieder wirkungsvoll einsetzen ließen. Die vorhandene Transportkapazität war einfach außerstande, genügend Proviant und Futter für Tausende von Männern und Pferden heranzuführen, wenn sie Tag um Tag auf dem Marsch waren. Das preußische Heer unter Friedrich dem Großen beispielsweise, sicher das mobilste und schlagkräftigste seiner Zeit, konnte maximal zehn Tage marschieren. Dann mußte eine Pause eingelegt werden, um feldküchenähnliche Einrichtungen nachkommen zu lassen und die Nachschublinien neu zu ordnen. Das schwierigste Problem bildete das Futter für die Pferde, denn es nahm so viel Platz in Anspruch, daß es nicht weit transportiert werden konnte. Ja, die Soldaten des Königs legten zuweilen eine Rast ein, um Gras für die Pferde zu mähen, auch wenn sie selbst ausreichend mit Brot verproviantiert waren.[14] Vom Land zu leben war zwar in der entsprechenden Jahreszeit möglich, barg aber das Risiko, daß Soldaten, die vielleicht lieber unbewaffnete Bauern ausplünderten, als gegen den Feind vorzurücken, außer Kontrolle gerieten. Aus diesem Grund und in der Erkenntnis, daß ein verwüsteter Landstrich ja keine Steuern aufbringen konnte, waren die Herrscher im 18. Jahrhundert bestrebt, ihre Heere aus dem Hinterland zu versorgen, womit sie drastische Einschränkungen der strategischen Mobilität auf sich nahmen.

Die Versorgung mit Waffen, Pulver, Uniformen und Ausrüstung anderer Art schränkte normalerweise militärische Operationen nicht ein. Die Aufwendungen dafür waren vergleichsweise gering.[15] Proviant, Futter, Pferde und Transportmöglichkeiten – diese Dinge wurden üblicherweise knapp. Allerdings ließ sich die handwerkliche Erzeugung von Musketen, Uniformtuch, Schuhwerk und dergleichen sowie die Produktion von Geschützen in staatlichen Arsenalen nicht beliebig ausdehnen. Demgemäß wurden die Kriege in der Regel mit vorher angesammelten Vorräten geführt. Traten schwerwiegende Materialverluste auf, wie es preußischen Heeren im Siebenjährigen Krieg widerfuhr, wurden Käufe im Ausland notwendig, und dies erforderte selbstverständlich Geld. Den wichtigsten internationalen Waffenmarkt bildeten nach wie vor die Niederlande, voran Lüttich und Amsterdam.[16]

Eine dritte Begrenzung war organisatorischer und taktischer Art. Die stehenden Heere Europas behielten bis ins 18. Jahrhundert viele Spuren ihres Entstehens aus Söldnerkompanien, die von Privatleuten aufgestellt worden waren. Infolgedessen gerieten in Fragen der Anwerbung, Bestallung und Beförderung häufig Besitzansprüche mit der bürokratischen

Rationalität in Konflikt. Soldatisches Können konkurrierte mit Protektion und Kauf, wenn es um Beförderungen ging, wobei aber auch das Prinzip der Anciennität und Tapferkeit vor dem Feind eine Rolle spielten. In Bestallungen und Beförderungen drückten sich zudem häufig persönliche Vorlieben des Herrschers oder seines Kriegsministers aus.

Die unberechenbaren und unbeständigen Verhältnisse im militärischen Personalwesen fanden in Frankreich Ausdruck in hitzigen Taktik-Debatten. Rivalisierende Offiziersgruppen machten sich konkurrierende Doktrinen zu eigen und benutzten diese als Instrumente in ihrem Streben nach höheren Positionen in der militärischen Hierarchie. Doch These und Gegenthese in solchen Disputen ließen sich nur durch Experimente mit Truppenübungen oder durch Versuchsschießen und dergleichen klären. Solche Debatten, angeheizt durch Cliquen, die um Beförderungen konkurrierten, hatten in Frankreich die bemerkenswerte Folge, daß sie den Weg zu einer systematischen Erprobung neuen Kriegsgeräts (besonders Feldartillerie) und neuer Formen der Taktik ebneten. Unter diesem Druck hatte die Starrheit militärischer Gepflogenheiten im Ancien régime schon zu zerbröckeln begonnen, bevor die Französische Revolution beschleunigte und ausweitete, was die Rivalität zwischen Berufsoffizieren bereits in Gang gesetzt hatte.

Die Grenzen, die der Kommandotechnik, dem Nachschubwesen und der Organisation gezogen waren, hingen alle mit einem vierten Faktor zusammen, der sie wiederum stützte: den soziologischen und psychologischen Beschränkungen, die mit der Professionalisierung des Kriegführens einhergingen. Indem einige wenige europäische Souveräne die organisierte Gewalt monopolisierten und ihre Handhabung bürokratisierten, wurde der Krieg wie nie vorher zum Zeitvertreib der Könige. Da dieser Zeitvertreib mit Steuern finanziert werden mußte, schien es geraten, die produktiven, steuerzahlenden Klassen unbehelligt zu lassen. Die Bauern wurden für die Nahrungsmittelproduktion gebraucht, die Städter dafür, das Geld zu beschaffen, das die Regierungen und ihr Militärapparat in Anspruch nahmen. Doch der Ausschluß der großen Bevölkerungsmehrheit von jeder Rolle, außer der passiven des Steuerzahlens, zog Umfang und Intensität des Kriegführens eine Grenze, die dann die Französische Revolution beseitigen sollte.

Lange vor diesem Durchbruch jedoch hatten Erfindungen zahlreicher Experten und Techniker den Weg für die revolutionäre Ausweitung des Kriegführens gebahnt. Solche Bemühungen kamen immer dann energisch in Gang, wenn eine Großmacht einen unerwarteten militärischen Fehlschlag erlitt. So veranlaßten beispielsweise die erfolglosen Kampagnen gegen die Türken (1736–39) und dann im Österreichischen Erbfolgekrieg (1740–48) gegen die Preußen und Franzosen die Österreicher, mobilere und zielgenauere Feldgeschütze zu entwickeln, als sie bis dahin bekannt waren.[17] Die verbesserte habsburgische Artillerie bereitete im Siebenjährigen Krieg den Preußen eine unerfreuliche Überraschung, doch nach seinem Ende hatte am meisten Anlaß zum Kummer Frankreich, dessen einstige Vorrangstellung auf dem Schlachtfeld durch Niederlagen fragwürdig geworden war, die ihm die Preußen (bei Roßbach, 1757) und ein englisch-deutsches Heer (bei Minden, 1759) zufügten. Es nimmt daher nicht wunder, daß Frankreich in der Periode zwischen dem Frieden von Paris, 1763, und dem Ausbruch der Französischen Revolution, 1789, zum Zentrum militärischer Experimentiertätigkeit und technischer Innovation wurde.

Neuerungen, ob bei den Österreichern, Franzosen oder Engländern (besonders nach deren Niederlage 1783), stellten jede der oben erwähnten Begrenzungen in Frage. So wurden beispielsweise die Beschränkungen der Kommandotechnik, die auf dem begrenzten Blickfeld des Befehlshabers und der Aufklärung zu Pferde beruhte, durch die Entwicklung einer akkuraten Kartographie, Veränderungen in der Kommandostruktur und den Übergang zu schriftlichen Befehlen, von speziell geschulten Stabsoffizieren vorher abgefaßt, allmählich beseitigt. Die Franzosen begannen 1750 damit, Sammlungen erster akkurater Karten im Kleinmaßstab für den Gebrauch der Stäbe anzulegen, aber es dauerte lange Jahre, bis ganz Europa in einem Ausmaß kartiert war, das es einem Kommandeur im Feld ermöglichte, jeden einzelnen Tagesmarsch anhand einer Landkarte zu planen.[18] Doch bereits 1763 hatte ein französischer General, Pierre Bourçet, diese Möglichkeit erfaßt, und in den folgenden Jahren entwarf er tatsächlich detaillierte Pläne für Kampagnen längs der französischen Grenzen und für eine Invasion Englands. 1775 verfaßte er ein Handbuch, das er privat innerhalb der französischen Armee zirkulieren ließ, *Les principes de la guerre de montagne.* Darin erläuterte er, wie ein Befehlshaber mit Hilfe von Karten Truppenbewegungen und Nachschub von einem Tag zum andern planen solle. Als Napoleon 1797 in Italien einmarschierte, soll er sich für die Überquerung der Alpen und die Überrumpelung der Österreicher der Pläne Bourçets bedient haben.[19]

Die Lenkung von Truppenbewegungen mit Hilfe von Karten erforderte einen Stab von Experten, die sich auf Kartenlesen und Logistik verstanden. Bourçet begriff dies und gründete 1765 eine Schule für die Unterweisung von Adjutanten in der neuen Kunst. Sie wurde 1771 geschlossen, 1783 neu gegründet und 1790 abermals geschlossen. In diesem Schwanken spiegelten sich persönliche und doktrinäre Konflikte innerhalb der französischen Armee, die die ganze Periode vom Siebenjährigen Krieg bis zum Ausbruch der Französischen Revolution, sechsundzwanzig Jahre später, kennzeichneten.

Eine solche Atmosphäre erwies sich auch in anderer Hinsicht als fruchtbar. Stützte sich eine Armeeführung auf Karten und auf von speziell ausgebildeten Stabsoffizieren vorher verfaßte schriftliche Befehle, durfte sie vielleicht hoffen, Heere lenken zu können, drei- oder viermal so groß an Zahl, wie jene, die Moritz von Sachsen als Obergrenze für eine wirkungsvolle Führung angesehen hatte. Doch dafür mußte ein General seine Armee aufteilen, da die vorhandenen Straßen und Nachschublinien für viele Tausende von Soldaten einfach nicht ausreichten. Die Situation verlangte parallele Marschlinien von Verbänden, die sich ohne fremde Hilfe verteidigen konnten, sollten sie auf dem Vormarsch unvermutet Feindberührung bekommen.

Dieser Notwendigkeit entsprach die Erfindung der Division, das heißt, einer Armeeeinheit, in der sich der Einsatz von Infanterie, Kavallerie, Artillerie und der unterstützenden Elemente wie Pioniere, Sanitätspersonal und Nachrichtenexperten von einem entsprechenden Stab koordinieren ließ, der einem einzigen Befehlshaber unterstellt war. Eine Division, bis zu 12000 Mann stark, konnte als eigenständiger Kampfverband operieren oder, je nachdem, sich mit anderen Verbänden nach höheren Orts ausgearbeiteten Plänen gegen einen Feind oder an einem strategischen Punkt vereinigen. Französische Experimente in dieser Richtung gingen zwar bis auf die Zeit des Österreichischen Erbfolgekrieges (1740–48) zurück, aber erst 1787/88 wurde die Armee organisatorisch in Divisionen gegliedert, und im Feld wurde die Einteilung in Divisionen erst 1796 zur Norm.[20]

Mit Landkarten, geschulten Stabsoffizieren, schriftlich fixierten Befehlen und einer Gliederung in Divisionen war die französische Armee dann 1788 imstande, aus früherer Zeit stammende Beschränkungen der Größe von Feldheeren zu überwinden. Die *levée en masse* im Jahr 1793 wäre sonst nutzlos gewesen. Die schieren Massen hätten ohne wirkungsvolle Lenkung auf dem Schlachtfeld nicht die Siege errungen, die den Revolutionsheeren tatsächlich zufielen.

Gegen die Einschränkungen im Nachschubbereich ließ sich weniger unternehmen. Pferdewagen und Boote konnten auf den vorhandenen Straßen, Kanälen und Flüssen nur eine gewisse Menge Proviant und Futter von einem Ort zum andern transportieren. Jede Verbesserung an den Straßen und jeder neue Kanal erhöhten die Leichtigkeit und Schnelligkeit, mit der Wirtschaftsgüter zirkulieren konnten, und das 18. Jahrhundert, besonders seine zweite Hälfte, war eine Periode, in der die Europäer in ungleich größerem Umfang als jemals vorher im Kanal- und Straßenbau investierten. In Preußen verband man den Kanalbau ganz bewußt mit der strategischen Planung. Während der Regierungszeit Friedrichs II. angelegte Kanäle, die Oder und Elbe zu einem einzigen Binnenschiffahrtsweg zusammenschlossen, sollten die rasche und zuverlässige Beförderung von Getreide und anderen Versorgungsgütern zu den königlichen Heeresdepots wie in umgekehrte Richtung sichern. Friedrich II. sagte selbst zu seinen Generälen, die Vorzüge der Schiffahrt dürften nicht vernachlässigt werden, denn ohne dieses Hilfsmittel sei keine Armee in großem Umfang zu versorgen.[21] In Frankreich und England gab es anscheinend keine direkte Verknüpfung von Verbesserungen des Verkehrswesens mit militärischen Überlegungen, abgesehen vom Straßenbau in den schottischen Highlands, den die englischen Behörden nach der Rebellion von 1745 betrieben. Statt dessen wurden Mautstraßen und Kanäle in der Regel von Privatunternehmern gebaut, die auf eine Rendite ihrer Investitionen hofften. Zwar waren staatliche Aufsicht und Regie auf dem Kontinent viel umfassender als in Großbritannien,[22] doch selbst wenn die Hoffnung auf relativ bald zu erwartende Gewinne staatliches wie privates Handeln bestimmte, hatten doch Verbesserungen des Verkehrswesens immer den zusätzlichen Effekt, daß sie der Organisation des militärischen Nachschubs zugute kamen. Ohne solche Verbesserungen und technischen Fortschritte beim Bau relativ billiger Straßen, die selbst bei feuchtem und regnerischem Wetter befahrbar waren,[23] wäre der Umfang der Operationen, die die französischen Revolutionsheere einleiteten, undenkbar gewesen.

Die Armeen der Französischen Republik waren auch Nutznießer taktischer und technischer Verbesserungen, die nach 1763 in der königlichen Armee erreicht worden waren. Die Mißerfolge und Niederlagen im Siebenjährigen Krieg hatten dem soldatischen Stolz sehr zu schaffen gemacht. So wurde der Widerstand gegen Neuerungen durch die verbreitete Einsicht zurückgedrängt, daß etwas geschehen mußte, um den Vorsprung zurückzugewinnen, den Frankreich früher zu Lande gegenüber Preußen und zur See gegenüber Großbritannien gehabt hatte. Doch Reformen, die ein Kriegsminister einleitete, stießen auf Mißmut bei einer Gruppe von Offizieren, die dann, kam ein neuer Minister ins Amt, nach der Wiederherstellung der früheren Verhältnisse strebte. Da jedoch niemand gut einen Status quo verteidigen konnte, der im Siebenjährigen Krieg offenkundig zum Mißerfolg geführt hatte, setzten sich die rivalisierenden Lager statt dessen für konkurrierende Reformen ein, woraus sich eine hitzige Debatte über Taktik und Armeeorganisation entwickelte.

Unter diesen Umständen kam es ziemlich rasch zu weitreichenden Veränderungen. Die Anwerbung von Soldaten blieb nicht mehr selbständigen Hauptleuten überlassen, sondern die königlichen Werbeoffiziere rekrutierten Männer für eine festgelegte Dienstzeit mit festem Sold und geregelten Nebeneinkünften. Man ließ die Möglichkeit auslaufen, Offizierspatente zu kaufen, die Beförderungsregeln wurden vereinheitlicht und öffentlich bekanntgegeben. Die Regimenter erhielten eine identische Sollstärke, und die Armee wurde, wie erwähnt, in Divisionen gegliedert. Mit anderen Worten, Grundsätze der bürokratischen Rationalität beherrschten immer mehr Aspekte der französischen Armeeorganisation,

wenn auch die Widerstände gegen eine solche Umgestaltung nicht verschwanden.[24]

Konkurrierende taktische Systeme wurden 1778 bei Truppenübungen
erprobt. Zwar waren die Befürworter der verschiedenen Systeme über
das Ergebnis unterschiedlicher Meinung, aber allmählich wurde doch so
viel Übereinstimmung erreicht, daß 1791 das französische Kriegsministerium ein neues Handbuch der Taktik mit flexibleren Vorschriften heraus-
geben konnte. Es blieb während der ganzen Revolutionskriege das Standardwerk. Die neuen Vorschriften erlaubten Kolonne, Linie und Aus-
schwärmen auf dem Schlachtfeld, je nach Lage der Dinge und der Beurteilung durch den Kommandeur. Die übrigen europäischen Heere hatten
nach den glänzenden Siegen Friedrichs II. im Siebenjährigen Krieg zumeist die preußische Taktik übernommen.[25] Infolgedessen konnte sich
die Infanterie der französischen Revolutionsheere auf dem Schlachtfeld
rascher und freier bewegen als die von Armeen, die an der starren
Schlachtlinie festhielten, die Friedrich II. bevorzugt hatte, und sie waren
sogar imstande, in unebenem und zerklüftetem Gelände zu operieren.

Die Lineartaktik erforderte freies Gelände für die Entfaltung, und als es
in Westeuropa immer mehr zu Einhegungen kam, wurde das flache Land
für die Taktik alter Art immer ungastlicher. Zu viele Zäune, Hecken und
Gräben kamen in die Quere, als daß sich eine Schlachtlinie von zwei oder
drei Meilen Länge hätte bilden, viel weniger bewegen können. Die französischen Feldübungen im Jahr 1778 wurden in der Normandie abgehalten, einer Region, in der Heckenreihen und freie Felder miteinander
abwechselten. So konnten sich die Franzosen mit der Veränderung der
westeuropäischen Landschaften vertraut machen, während weiter im
Osten, um Berlin oder Moskau, die nicht eingehegten Felder der Taktik
alter Art nach wie vor entsprachen.

Das Plänkeln hatte in der europäischen Kriegführung dank der österreichischen Armee zum erstenmal starke Bedeutung gewonnen. Maria
Theresia gliederte während des Österreichischen Erbfolgekrieges die Milizen, die lange die Grenze zu den türkischen Gebieten gegen eindringende Plünderertrupps bewacht hatten, in ihre Feldarmee ein. Diese wilden
Kroaten zeigten, wenn sie im Vorfeld der Schlachtlinie eingesetzt wurden, daß mit ihnen zu rechnen war. Sie beunruhigten feindliche Truppen
im Rücken, überfielen Nachschubkonvois und störten die Entfaltung der
gegnerischen Schlachtlinie durch sporadisches Scharfschützenfeuer, bevor die eigentliche Schlacht begann. Die Armeen anderer Länder begannen schon bald, sich eine eigene ‚leichte Infanterie‘ zuzulegen, der ähnliche Aufgaben zugewiesen waren. Die taktischen Verbesserungen der
Franzosen verdankten mithin viel den Erfahrungen anderer europäischer
Heere.[26]

Bisweilen erwiesen sich französische Neuerungen als Fehlschläge, worauf man rasch von ihnen abging. Dies widerfuhr einem Experiment mit Hinterlader-Musketen, das 1768 unternommen wurde.[27] Nachdem die Konstrukteure diese radikal neue Idee aufgegeben hatten, wurde 1777 ein leicht abgewandelter Vorderlader zur Standardwaffe erklärt, was er bis 1816 unverändert blieb. Eine altmodische Konstruktion verhinderte jedoch nicht eine Verbesserung der Produktion. Amtliche Inspektoren begannen eine stärkere Standardisierung von Einzelteilen zu verlangen, mit dem mutmaßlichen Ergebnis, daß die französischen Musketen haltbarer und zielgenauer wurden.[28]

Ungleich wichtigere Veränderungen waren in der Geschützkonstruktion möglich. Die Klassifizierung der Kanonen entsprechend dem Gewicht der Geschosse, die sie abfeuern konnten, war in allen europäischen Ländern während der Epoche Karls V. in ein System gebracht worden. Zu Beginn des 18. Jahrhunderts reduzierte Jean-Florent de Vallière (1667–1759) die Zahl der verschiedenen Kaliber, die in der französischen Armee verwendet wurden. Doch das war nur eine annähernde Standardisierung, solange jede Kanone individuell gegossen werden mußte. Es war so gut wie unmöglich, den Kern der Gußform mit dem Äußeren des Geschützes genau abzugleichen, da beim Gießen der heiße Metallstrom den unvollkommen zentrierten und schwach gestützten Kern immer leicht verschob. Infolgedessen waren Kammer und Rohr, die ihre Form vom Kern erhielten, in der Regel nicht vollkommen parallel zum Äußeren der Kanone, und kleinere Unregelmäßigkeiten an den inneren Abmessungen Selbstverständlichkeit. So gegossene Kanonen waren zu schwer, um mit marschierenden Truppen Schritt halten zu können, und erschienen deshalb nur selten auf dem Schlachtfeld. Sie wurden hauptsächlich für die Verteidigung und Beschießung von Festungen sowie auf Schiffen verwendet.

Diese Situation änderte ein Schweizer Ingenieur und Geschützgießer namens Jean Maritz (1680–1743), der 1734 in Lyon in französische Dienste trat. Maritz erkannte, daß man vielleicht zu viel akkurateren und gleichförmigeren Ergebnissen kommen könnte, wenn man die Kanonen als ein massives Stück Metall goß und hinterher den Lauf herausbohrte. Er brauchte einige Zeit, um eine Bohrmaschine zu entwickeln, die größer, stabiler und viel kräftiger war als alles bis dato Bekannte, und die Bemühungen, die neue Methode geheimzuhalten – die allerdings nicht lange Erfolg hatten –, lassen heute nicht mehr erkennen, wann und inwieweit er Erfolg hatte. Doch in der Mitte des 18. Jahrhunderts hatte sein Sohn und Nachfolger, der gleichfalls Jean Maritz (1711–90) hieß, die notwendigen Maschinen perfektioniert. 1755 wurde er zum Generalinspekteur der französischen Geschützgießereien und Schmieden ernannt und beauftragt, seine Geschützbohrmaschinen in sämtlichen königlichen Arsenalen zu installieren.[29] Schon bald regte sich das Interesse anderer europäischer Staaten, und in den sechziger Jahren des 18. Jahrhunderts war die neue Technik sogar im fernen Rußland eingeführt.[30] Eine ähnliche Maschine wurde 1774 in England von John Wilkinson aufgestellt.[31] Die Vorteile einer geraden und gleichförmigen Bohrung waren gewaltig. Zuverlässig genaue Bohrungen bedeuteten, daß die Kanoniere sich nicht auf die Eigenheiten jedes einzelnen Geschützes einstellen mußten und erwarten konnten, mit jedem Schuß ins Ziel zu treffen. Genau zentrierte Bohrungen ergaben auch sicherere Kanonen, da die Wandung des Rohrs rings um die Explosion die gleiche Stärke hatte. Am wichtigsten jedoch war, daß die Geschütze leichter und manövrierfähiger gebaut werden konnten, ohne an Feuerkraft einzubüßen. Diese Vorzüge ergaben sich vor allem daraus, daß ein ausgebohrtes Rohr einen engeren Spielraum zwischen Kugel und Wandung ermöglichte, als man bis dahin für zulässig gehalten hatte; kleinere Unregelmäßigkeiten in der Wandung einzelner Geschütze, die sich aus der Verschiedenheit der einzelnen Gußformen ergaben, hatten einen reichlicheren Spielraum erfordert, um ein Blockieren zu vermeiden, das böse Folgen gehabt hätte. Infolge des reduzierten Spielraums konnte mit einer geringeren Pulverladung ein Geschoß stärker beschleunigt werden denn vorher, als ein großer Teil der expandierenden Gase rings um das Projektil hatte entweichen können. Geringere Pulvermengen konnten somit selbst bei einem verkürzten Geschützrohr eine äquivalente Leistung erbringen, und eine kleinere Ladung machte es risikolos, die Dicke des Metalls um die Kammer zu reduzieren, wo die Explosion stattfand. Verkürzte Rohre und dünnere Wandungen ergaben leichtere Geschütze, die sich mit weniger Mühe bewegen und nach dem Rückstoß schneller wieder in Feuerstellung bringen ließen. Alles hing von der Präzision der Herstellung und von der systematischen Erprobung von Musterstücken ab, mit der festgestellt wurde, wie kurz das Rohr und wie dünn die Wandung sich gefahrlos machen ließen, um dennoch Anfangsgeschwindigkeit und Wurfgewicht im gewünschten Maß zu erzielen.

Tests dieser Art wurden zwischen 1763 und 1767 von französischen Artilleristen unter der Leitung von Jean Baptiste Vacquette de Gribeauval durchgeführt. Gribeauval leitete auch ähnlich systematische Bemühungen um Neukonstruktionen von Zubehörelementen der Feldartillerie: Protzen, Munitionswagen, Pferdegeschirre, Zielvorrichtungen und dergleichen mehr. Seine Idee war von radikaler Einfachheit: experimentierende Rationalität auf die Entwicklung eines neuen Waffensystems anzuwenden. Es gelang ihm, eine machtvolle Feldartillerie zu schaffen, die mit marschierender Infanterie Schritt halten und daher eine wichtige Rolle auf dem Schlachtfeld übernehmen konnte.

Ein sorgfältiges Auge für Details baute die grundlegende Verbesserung noch aus. So führte Gribeauval beispielsweise einen Richtapparat für das präzise Einstellen der Richthöhe ein, und eine neue Visiervorrichtung mit verstellbarer Visierlinie machte es möglich, vor dem Feuern genau abzuschätzen, wo das Geschoß einschlagen würde. Dazu kam noch, daß die Feuergeschwindigkeit sich mittels der Verbindung von Geschoß und Pulver zu einem einzigen ‚Paket‘ im Vergleich zu vorher, als man Pulver und Geschoß noch gesondert in die Rohrmündung hatte stopfen müssen, annähernd verdoppelte. Und schließlich entwickelte Gribeauval unterschiedliche Geschoßtypen – kompakte Kugeln, Granaten und Kartätschen – für unterschiedliche Ziele, wodurch die Kanonen vielseitig verwendbar wurden.[32]

Modelle von Gribeauvals neuer Artillerie standen bereits 1765 zur Verfügung, doch die neuen Konstruktionen wurden erst 1776 amtlich abgesegnet. Die Verzögerung entstand durch die Kontroversen und Streitigkeiten, die in diesen Jahren die französische Armee spalteten. Selbst nach der Billigung der neuen Kanonen bereitete die Produktion nach den neuen Präzisionsnormen Schwierigkeiten, und die Opposition innerhalb der Armee, die sich gegen Gribeauvals Artillerie wandte, wurde erst ganz zum Schweigen gebracht, als 1788 die Divisionsgliederung beschlossen wurde. Daher stand eine neue, mobile Feldartillerie erst am Vorabend der Revolution zur Verfügung. Gribeauvals Kanonen blieben während der ganzen Napoleonischen Kriege die Standardartillerie der französischen Armee und wurden erst ab 1829 allmählich ersetzt. Sie leisteten einen wichtigen Beitrag zu den französischen Siegen, beginnend mit der Kanonade von Valmy (1792), denn Gribeauval hatte eine hochmobile Feldartillerie geschaffen, die die Schlachtfelder beinahe ebenso rasch erreichte wie die marschierende Infanterie und Ziele bis auf eine Entfernung von ca. 1000 Metern unter Beschuß nehmen konnte.

Ein weiterer Aspekt von Gribeauvals Reformen war organisatorischer Art. Der Transport der neuen Feldgeschütze wurde zur Aufgabe der Artilleristen selbst und damit der Verantwortung ziviler Unternehmer entzogen, wie es bis dahin die Regel gewesen war. Der Drill an den Kanonen, bei dem die notwendigen Handgriffe für Abprotzen, In-Stellung-Bringen, Zielen und Feuern eingeübt wurden, erreichte bald jene routinemäßige Präzision, wie sie den Drill mit Handfeuerwaffen kennzeichnete. Gribeauval richtete auch Schulen für Artillerieoffiziere ein, an denen sie in den theoretischen Aspekten des Schießwesens wie auch in der Eingliederung der neuen Geschütze in die hergebrachte Infanterie- und Kavallerietaktik unterwiesen wurden. So wurden rationale Steuerung und Konstruktion vom Kriegsgerät auf die Menschen ausgedehnt, die für die Bedienung der neu konstruierten Waffen gebraucht wurden. Dies hatte die Folge, daß das Erbe der mittelalterlichen Handwerkszünfte aus dem französischen Heereswesen völlig verschwand und die Artillerie Seite an Seite mit Infanterie und Kavallerie ihren Platz in der neuen Divi-

sionsstruktur einnahm, als Teil einer reorganisierten und neukonstru-
ierten Kommandogliederung, in der die Resultate rationalen Denkens
und systematischen Erprobens Ausdruck fanden.

Gribeauvals Laufbahn ist nicht nur an sich und wegen ihrer Beiträge zu
den militärischen Erfolgen Frankreichs nach 1792 von Interesse, sondern
auch deswegen, weil seine und seiner Mitarbeiter Leistung eine zukunfts-
trächtige Entwicklung in der rationalen Steuerung europäischer Streitkräfte markierte. Sie gingen daran, eine Waffe mit vordem unerreichbaren
Leistungsmerkmalen zu schaffen, deren Einsatz auf dem Schlachtfeld klar
vorherzusehen gewesen war. Kurz gesagt, mit Gribeauval und seinem
Kreis wird Erfindungsplanung, organisiert und gestützt von der staatlichen Autorität, zu einer klar erkennbaren Realität. Von einem ähnlichen
Charakter waren vielleicht die rasche Entwicklung der Katapulte in der
hellenistischen Zeit[33] und die beträchtlichen Konstruktionsverbesserungen, die Handwerker während des 15. Jahrhunderts im Kanonenbau ein-
führten, als zum erstenmal Eisengeschosse verwendet wurden. Doch unsere Kenntnisse über diese früheren Beispiele sind gering, und die Handwerker, die den hellenistischen Herrschern Katapulte bauten, wie die
Glockengießer, die für Karl den Kühnen und Ludwig XI. Kanonen gossen, haben vielleicht – oder auch nicht – geahnt, was besser konstruierte
Katapulte und Geschütze leisten könnten. Der Punkt ist einfach nicht
schriftlich belegt. Doch im Fall der französischen ‚Artilleristen‘ steht
eindeutig fest, daß sich um die Person Gribeauvals eine Gruppe von
Reformern sammelte, daß führende Köpfe dieser Gruppe eine klare Vorstellung davon hatten, was sich erreichen ließ, wenn man sich akkurat
gebohrter Kanonenrohre bediente, und daß sie ihre technischen Reformen als Teil einer umfassenderen Rationalisierung der Armeeorganisation und militärischen Ausbildung betrachteten.

Die Traditionen der europäischen Armeen, in denen Hierarchie, Gehorsam und persönlicher Mut eine so große Rolle spielten, vertrugen sich
schlecht mit Gribeauvals kühl verstandesmäßigem Denken und seinen
Experimenten, und als technische Experten dieselben Methoden auf allgemeine Fragen, wie eine Armee im Kampf eingesetzt werden sollte,
anzuwenden versuchten und den Status der Artillerie auf etwa die gleiche
Stufe mit dem der Infanterie und Kavallerie heben wollten, stießen sie
natürlich auf hartnäckigen Widerstand. In den starken Schwankungen
der offiziellen Einstellung zu Gribeauvals Reformen spiegelten sich diese
Spannung zwischen einem selbstbewußten Rationalismus und dem Kult
der persönlichen Tapferkeit (und älteren Interessen) innerhalb der Armee
und der französischen Staatsführung überhaupt.

Eine Waffe, mit der Soldaten unpersönlich und auf eine Distanz von
mehr als einer Meile getötet werden konnten, war anstößig für tiefver-
wurzelte Vorstellungen vom ehrenhaften Verhalten eines kämpfenden

Mannes. Artilleristen, die auf große Entfernung Infanteristen angriffen, waren vor unmittelbarer Vergeltung sicher – in einer solchen Situation war das Risiko nicht mehr ausgeglichen, und das erschien ungerecht. Eine undurchsichtige, mathematisch-technische Fertigkeit drohte Mut und persönlichen Einsatz antiquiert und nutzlos werden zu lassen. Die Definition des Soldatischen wurde durch einen solchen Wandel in Frage gestellt, mochte er im 18. Jahrhundert verglichen mit dem, was das 19. und 20. bringen sollte, auch noch ganz in den Anfängen stecken. Bereits die Einführung der Handfeuerwaffen im 16. und 17. Jahrhundert hatte den Kampf zwischen Männern, die ihre Körperkraft aneinander maßen, beeinträchtigt; nur die Kavallerie, die mit gezogenem Degen attackierte, bewahrte unter den Bedingungen des 18. Jahrhunderts die primitive Realität des Kämpfens, und dies stärkte das Prestige, das die Kavallerie der europäischen Armeen aus den Tagen des Rittertums geerbt hatte. Adelige und konservativ denkende Soldaten im allgemeinen hielten zäh am alten, vom Einsatz der eigenen Person bestimmten Begriff des Kämpfens fest. Die Artilleristen mit ihrer gefühllosen Mathematik wurden als ein subversives Element empfunden, das alles untergrub, was das Leben des Soldaten heroisch, bewunderungswürdig, ehrenvoll machte.

Dieses aus dem Innersten kommende Gefühl fand nur selten klaren Ausdruck. Es speiste sich aus irrationalen Schichten der menschlichen Persönlichkeit, und jene, die die weitreichende Artillerie als etwas zutiefst Unethisches betrachteten, waren zumeist für den Umgang mit dem Wort nicht begabt. Doch die neuen Ideen nachstrebenden Techniker und ihre zornigsten Widersacher konnten sich immerhin auf eines einigen: Der Verkauf von Patenten an die Meistbietenden ermöglichte es der falschen Sorte Männer, Offiziere zu werden. Um unqualifizierte Parvenüs fernzuhalten und die Tradition der alten Offiziersfamilien zu bewahren, verfügte deshalb das französische Kriegsministerium 1781, daß Kandidaten für Offiziersstellen bei Infanterie und Kavallerie ein gevierteiltes Adelswappen nachweisen müßten. Die ehrgeizigen Unteroffiziere waren die einzige Gruppe in der Armee, denen diese Entscheidung mißfiel, da die Artillerie nach wie vor Nichtadelige mit den entsprechenden mathematischen Fähigkeiten aufnahm.[34]

Den Stil dieser aristokratischen Reaktion bestimmte Friedrich II., als er nach 1763 systematisch Bürgerlichen den Zugang zum preußischen Offizierkorps verwehrte. Dies tat er, weil er dem kühl berechnenden Geist mißtraute, den er mit Männern bürgerlicher Herkunft verband – eben jene Eigenschaften, die Gribeauval und seinen Kreis inspirierten. Der König war betroffen über die neuen Entwicklungen im Artilleriewesen und erkannte, daß Preußen schlecht gerüstet war, um es mit Rußlands umfangreicher Eisenindustrie aufzunehmen oder auch mit Österreich und Frankreich in ein Wettrüsten einzutreten. Er reagierte damit, daß er die Artillerie hintansetzte und dagegen Disziplin und ‚Ehre‘ betonte, das heißt, die Eigenschaften, die von jeher preußischen Offizieren und Soldaten die Bereitschaft eingegeben hatten, ihr Leben für den Staat hinzugeben. Damit setzten Friedrich II. und seine Nachfolger auf altmodische soldatische Tugenden und erteilten einem rationalen Experimentiergeist und technischen Reformen der Art, wie Gribeauval sie durchführte, eine bewußte Absage. 1806 wurde der Preis dieser konservativen Politik offenbar. In der Schlacht bei Jena und Auerstedt zeigte sich dann, daß Tapferkeit, Gehorsam und Ehre im preußischen Heer kein zureichendes Gegengewicht gegen die neuartige Kriegführung darstellten, welche die Franzosen unterdessen vervollkommnet hatten, großenteils dank der – allerdings oft zögernden – Aufgeschlossenheit französischer Armeekommandeure für die rationale und experimentierfreudige Einstellung zu ihrer Profession.[35]

Eine von Befehlen gesteuerte Technik, die planmäßig danach strebt, ein neues Waffensystem zu schaffen, das die bestehenden Möglichkeiten übersteigt, ist im 20. Jahrhundert zu einer vertrauten Erscheinung geworden. Im 18. war sie ganz und gar neu, und die französischen ‚Artilleristen‘, die mit so großem Erfolg dem von Gribeauval gezeigten Weg folgten, verdienen es, als die Wegbereiter des heutigen technologischen Wettrüstens bezeichnet zu werden. Doch es besteht die Gefahr zu übertreiben. So erfolgreich diese systematische Anstrengung auch war, sie blieb isoliert und ein Ausnahmefall. Wie es nach 1690 geschehen war, als Steinschloßmuskete und Bajonett eine dauerhafte, ‚klassische‘ Form erlangten, erreichte auch die Konstruktion von Feldgeschützen mit Gribeauvals Leistung ein Plateau, von dem aus es zunächst nicht weiter aufwärts ging. Die Feldartillerie der anderen europäischen Staaten lag zu Beginn der Revolutionskriege in unterschiedlichen Graden hinter der französischen zurück; als dann 1815 der Friede zurückkehrte, hatten alle Großmächte im Bereich der Waffen, in denen die Franzosen führend gewesen waren, mehr oder minder gleichgezogen. Es kam zu keiner grundlegenden Veränderung mehr, bis nach 1850 die Hinterlader erschienen.

Es bedurfte offenkundig eines starken Anreizes, bis das Militärwesen aus seiner eingeschliffenen Routine so aufgestört war, daß ein Wandel möglich wurde wie zwischen 1763 und 1789 in der französischen Artillerie. Auch einiges an Gribeauvals persönlichen Erlebnissen spielte vermutlich eine Rolle, denn er war 1752 nach Preußen entsandt worden, um die dort üblichen artilleristischen Methoden zu studieren, und trat dann 1756 in die Dienste Österreichs. Im Siebenjährigen Krieg machte er Furore, als er zuerst durch den Einsatz von Belagerungsgeschützen die schlesische Festung Glatz eroberte und dann eine andere Stadt gegen die Preußen viel länger verteidigte, als irgend jemand es für möglich gehalten hatte. Als Gribeauval 1762 nach Frankreich zurückkehrte, war er gründlich mit den

Verbesserungen vertraut, welche die Österreicher damals schon an ihrer Artillerie vorgenommen hatten. Eine Vision des Möglichen – daß durch ein systematischeres Vorgehen eine Waffe neuer Art geschaffen und damit die Verhältnisse auf dem Schlachtfeld grundlegend verändert werden könnten – festigte sich wohl in Gribeauvals Denken nach seiner Begegnung mit der Praxis im Ausland.

Doch der Wille, etwas einschneidend Neues zu unternehmen, wurde offensichtlich auch von dem unter den Franzosen weitverbreiteten Gefühl gestärkt, daß bei der Art, wie das Land und im besonderen Armee und Flotte geführt worden waren, etwas im argen lag. Als sich so die Vision des Möglichen zu der verbreiteten Unzufriedenheit mit den Verhältnissen gesellte, wurde ein Durchbruch von der Art möglich, wie Gribeauvals Reformen ihn darstellten. Solche Gegebenheiten waren jedoch ungewöhnlich. Die eingefahrene Routine und Praxis des Militärapparates in den europäischen Staaten war noch nicht systematisch durch Forschungs- und Entwicklungsteams aufgestört, wie Gribeauval sie leitete. Die per Befehl gesteuerte Technik blieb, kurz gesagt, Ausnahme und außerhalb eines kleinen Kreises professioneller Artillerieoffiziere kaum beachtet, geschweige denn erfaßt. Doch als ,eine Wolke, nicht größer als eines Mannes Hand' und als ein Vorzeichen künftiger Dinge verdient der bemerkenswerte Erfolg, den Generalleutnant Gribeauval und seine Geschützkonstrukteure erzielten, mehr Aufmerksamkeit, als ihm gewöhnlich zuteil geworden ist.[36]

Obwohl die Entwicklung einer leistungsfähigen Feldartillerie für die Zukunft der Kriegführung in Europa sicher bedeutsam war, verbrauchten doch Belagerungsgeschütze, Festungs- und Schiffskanonen weit mehr Metall als neumodische und zunächst noch ganz unbewährte Feldgeschütze; zudem waren sie zahlenmäßig viel bedeutender.[37] Doch auch in diesem Bereich begannen die Franzosen am Vorabend der Revolution bis dahin unangetastete Grenzen in Frage zu stellen. Das Problem aus französischer Sicht bestand darin, daß sich nach 1780 in Großbritannien neue, überlegene Techniken des Eisenschmelzens entwickelten. Die entscheidende Veränderung brachte 1783 Henry Corts Erfindung des sogenannten Puddelverfahrens. Dabei wurde das Roheisen in einem koksbefeuerten Reverberierofen zum Schmelzen gebracht, dessen Abdeckung die Hitze so abstrahlte, daß das Eisen nicht in direktem Kontakt mit dem Brennstoff auf dem Boden zu sein brauchte. Durch Umrühren des geschmolzenen Metalls im Schmelzofen ließen sich verschiedene Verunreinigungen in einen gasförmigen Zustand überführen und so aus dem Eisen entfernen. Als man dann das Metall abkühlen ließ, bis es rotglühendzähflüssig war, entdeckten englische Eisenhüttenleute, daß sie es zwischen schweren Walzen hindurchleiten und damit auf mechanischem Wege weitere Beimengungen herauspressen konnten, während sich das

Eisen durch die Regulierung des Walzenabstandes zu jeder gewünschten Stärke formen ließ. Das Endprodukt war billig hergestelltes, wunschgemäß geformtes Schmiedeeisen, das sich für Kanonen und unzählige andere Verwendungsmöglichkeiten eignete. Aber es bedurfte eines rund zwanzig Jahre dauernden Experimentierens (das heißt, bis in die erste Dekade des 19. Jahrhunderts), bis all die Schwierigkeiten bei der Konstruktion geeigneter Schmelzöfen und der Entfernung schädlicher Beimengungen überwunden waren.[38]

Schon lange vorher hatten französische Unternehmer und Beamte die mögliche Brauchbarkeit der neuen Methode der Eisenerzeugung für die Rüstungsproduktion erkannt. Durch die Verwendung von Koks, einem vergleichsweise billigen und potentiell reichlich verfügbaren Brennstoff, ließen sich die Kosten drastisch reduzieren; mittels Walzen konnten relativ große Mengen Eisen ohne das aufwendige Hämmern geschmiedet werden, das vorher notwendig gewesen war. So wurde ein Großprojekt für den Bau einer Schmelzhütte in Le Creusot in Ostfrankreich ausgebrütet, wo die modernste englische Technik der Koksbefeuerung eingesetzt werden sollte. Die Anlage sollte durch einen Kanal und schiffbare Flüsse mit einer Geschützgießerei der französischen Flotte auf Indret, einer Insel in der Loiremündung, verbunden werden. Auf diese Weise, so hofften die Planer, könnte man der Kriegsmarine zu einer großen Zahl kostengünstiger Geschütze für ihre Schiffe und Hafenbefestigungen verhelfen. Ein englischer Techniker und Unternehmer, William Wilkinson, tat sich mit einem französischen Industriekapitän, Baron François Ignace de Wendel, und Pariser Finanziers als Promotoren des Projekts zusammen. Zinsfreie Kredite der französischen Regierung halfen die ersten Ausgaben decken, und Ludwig XVI. höchstselbst zeichnete 333 der 4000 Aktien. Mit dieser erlauchten Unterstützung begann Le Creusot 1785 zu produzieren, stieß aber auf ernste und hartnäckige Schwierigkeiten von der gleichen Art, wie sie in diesen Jahren auch den englischen Eisenhütten zu schaffen machten. Tatsächlich ging das grandiose Unternehmen 1787/88 bankrott, und nach jahrelanger, unbefriedigender Produktion wurde das Projekt 1807 ganz aufgegeben, weil wegen der schlechten Qualität des Eisens aus Le Creusot zu viele schadhafte Geschütze produziert wurden.[39]

Wenn dieses große Vorhaben auch schließlich scheiterte, so wies es doch deutlich auf eine landesweite Mobilisierung für eine ausgedehnte Rüstungsproduktion voraus, wie sie erst im 20. Jahrhundert Bedeutung gewann. Solche Projekte waren nichts völlig Neues. Im 17. Jahrhundert hatte Colbert eine beträchtliche Zahl Lütticher Handwerker ins Land geholt, die in den königlichen Arsenalen Waffen herstellen sollten.[40] Und noch früher hatte die Übernahme ausländischer Techniken und ihre Anwendung auf die Rüstungsproduktion im großen Stil dem Zarenreich geholfen, seine Rivalen und Nachbarn zu überflügeln. So folgten der Errichtung einer Waffenfabrik in Tula, 1632, die unter holländischer Leitung stand, die erfolgreichen Bemühungen Peters des Großen, eine Eisenmetallurgie im Ural aufzubauen.[41] Auch die Verpflanzung flämischer metallurgischer Techniken nach Schweden zu Beginn des 17. Jahrhunderts hatte einen ganz ähnlichen Charakter,[42] und preußische Bemühungen, eine Waffenproduktion in der Umgebung Berlins durch die Anwerbung geschulter Arbeitskräfte aus Lüttich aufzuziehen (1772) – wenn auch in recht bescheidenem Umfang[43] –, hingen ebenso mit strategischer Planung zusammen wie das französische Projekt der 1780er Jahre.

Was dem Le-Creusot-Indret-Projekt seine Sonderstellung gab, war der Umstand, daß Baron de Wendel und seine Kompagnons das Potential neuer, großindustrieller Methoden für die Herstellung von Rüstungsgütern ausloteten. Damit nahmen sie Entwicklungen der zweiten Hälfte des 19. Jahrhunderts vorweg, als Privatunternehmer schwere Geschütze und anderes Kriegsmaterial an die Regierungen Europas und der übrigen Welt zu verkaufen. De Wendel hatte sogar engere Beziehungen zur Regierung, als sie die Rüstungsfabrikanten der zweiten Hälfte des 19. Jahrhunderts zu den staatlichen Stellen unterhielten. Ein enges Zusammenwirken zwischen den Staatsorganen und in der Waffenproduktion tätigen Privatunternehmern hatte in Frankreich mithin Wurzeln, die bis in die Zeit Colberts zurückreichten; im großindustriellen Maßstab hingegen, wie Baron de Wendel ihn anstrebte, wurde eine solche Zusammenarbeit erst nach 1885 fest und dauerhaft begründet.

In den 1780er Jahren lag der Fall so, daß für französische Unternehmer, wenn sie die in England erzielten Fortschritte in der Eisenmetallurgie einholen wollten, die Flotte der einzige naheliegende Abnehmer einer gewaltig gesteigerten Produktion war. Die neue Technik, mit den erforderlichen kostspieligen Kapitalinvestitionen, auf französischen Boden zu verpflanzen, machte einen gesicherten Absatz des Produkts zur Voraussetzung. Andernfalls hätte kein vernünftiger Investor auch nur den Gedanken daran erwogen, da in Frankreich Binnenzölle und der kostspielige Überlandtransport die Entwicklung eines landesweiten Marktes behindert hatten. In Großbritannien dagegen hatte sich ein solcher ziviler Markt bereits in der Dekade 1780–90 gebildet, der den neuen Eisenfabrikanten in Wales und bald auch in Schottland eine Vielzahl von Absatzmöglichkeiten für ihre Erzeugnisse bot. Doch selbst in Großbritannien lagen die Dinge so, daß Henry Cort seinen Patentantrag für das Puddelverfahren mit der Behauptung begründete, er könne damit den Preis für Schiffsgeschütze senken,[44] und während der kritischen Anlaufphase, zwischen 1794 und 1805, kaufte die englische Regierung rund ein Fünftel der Produktion der Eisenfabrikanten, das beinahe zur Gänze für die Herstellung von Rüstungsgütern verwendet wurde.[45]

Der grandiose Charakter und das am Ende stehende Fiasko des Le-Creusot-Indret-Projekts für die Belieferung der französischen Flotte mit großen Mengen billiger schwerer Geschütze waren bezeichnend für die Art und Weise, wie im 17. und 18. Jahrhundert in der französischen Kriegsmarine die Dinge gehandhabt wurden. Das Problem bestand darin, daß die Armee Vorrang genoß. Nur selten unternahm die französische Politik eine Kraftanstrengung für den Bau einer großen Flotte. Colbert hatte dies zwischen 1662 und 1683 getan, um die Holländer auf die Knie zu zwingen. Dabei war ihm solcher Erfolg beschieden, daß die französische Kriegsmarine sich selbst dann noch, als England 1689 mit den Holländern ein Bündnis gegen Frankreich schloß, den vereinigten Flotten der beiden Gegner zunächst als überlegen erwies. Doch die Ressourcen der französischen Kriegsmarine waren bis dicht an ihre Grenzen strapaziert, als der Krieg begann. Daher war es unmöglich, im Verlaufe der Feindseligkeiten die Flotte stark zu vergrößern, während in England sowohl die Mittel als auch der Wille vorhanden waren, die Franzosen im Kriegsschiffsbau zu überrunden. Nach 1692, als in der Seeschlacht vor La Hogue fünfzehn französische Linienschiffe vernichtet wurden, war an der englisch-holländischen Seeüberlegenheit gegenüber den Franzosen nichts mehr zu deuten.

Zwei Jahre später wandten sich die Franzosen einer (für den Staat) billigeren Form der Seekriegsführung zu, nämlich dem Kaperkrieg. Dies war eine verhängnisvolle Entscheidung. Die Engländer gingen praktisch den umgekehrten Weg. Sie entwickelten einen zentral gesteuerten Kreditapparat für die Kriegsfinanzierung, indem sie 1694 die Bank von England gründeten. Genau zur gleichen Zeit übertrug die französische Regierung, unter dem Druck einer von Mißernten ausgelösten Finanzkrise, die Finanzierung maritimer Unternehmungen privaten Investoren, das heißt, Freibeutern. Weitere staatliche Aufwendungen für die Flotte erschienen als eine nicht mehr zu tragende Bürde. Die Folge war, daß Großbritannien den größten Teil des 18. Jahrhunderts hindurch seine Überlegenheit auf See relativ mühelos behaupten konnte. Dies ermöglichte es England im Verlauf des Siebenjährigen Krieges, mit seiner Flotte fast den gesamten französischen Handel von den Meeren zu vertreiben. Die englischen Siege wiederum minderten drastisch die innerhalb Frankreichs verfügbaren Ressourcen für die Finanzierung des privaten Kaperkriegs, während in London die kommerziellen Interessen im Parlament so erstarkten, daß jeder Widerstand gegen finanzielle Zuweisungen an die Flotte wirkungslos wurde.[46]

Aus den Niederlagen im Siebenjährigen Krieg zogen die französischen Minister die Schlußfolgerung, daß das Land eine ebenso gute Kriegsmarine wie England, wenn nicht eine bessere brauche, um die Scharte von 1763 auszuwetzen. Doch die französischen Kriegsschiffskonstrukteure waren nicht so glücklich wie Gribeauval, da keine bedeutenden technischen Verbesserungen es ihnen ermöglichten, die Engländer zu überflügeln. Ausgebohrte Geschützrohre verbesserten zwar auch das Feuer der Schiffskanonen, doch die Briten hielten damit Schritt, und die Schwierigkeit, schwere Geschütze auf einem stampfenden Schiff zu richten, machten die Verfeinerung der Richtmittel, für die Feldartillerie so bedeutungsvoll, auf Schiffen wirkungslos. Die französischen Kriegsschiffe waren zwar fast immer besser gebaut als die englischen, aber in den letzten Dekaden des 18. Jahrhunderts führte die Royal Navy als erste Flotte wichtige technische Fortentwicklungen ein – eine Kupferhaut für die Schiffsböden und Kanonen mit kurzen Rohren und von schwerem Kaliber, die sogenannten Karronaden.[47]

Während des ganzen Jahrhunderts zogen Form und Stärke der Eichenholzbalken der Größe von Kriegsschiffen eine nicht zu überschreitende Grenze. Konstruktionsverbesserungen, die immerhin möglich wurden – wie die Verwendung eines Steuerrads, das den Steuermann mechanisch entlastete, der Gebrauch von Reffbändseln, um die Segelfläche Veränderungen der Windstärke anzupassen, und die Verwendung einer Kupferhaut, um einem Anfaulen des Schiffsbodens vorzubeugen –, verbesserten zwar insgesamt die Manövrierfähigkeit schwerer Kriegsschiffe, führten jedoch zu keiner eindeutigen Leistungssteigerung wie Gribeauvals Feldgeschütze.[48]

Es kam daher auf die zahlenmäßige Stärke an, und zwischen 1763 und 1778 gelang es den Franzosen, so viele neue Linienschiffe zu bauen, daß sie auf See den Briten beinahe ebenbürtig gegenübertreten konnten. Ja, als ein neuer Krieg ausbrach und Spanien sich mit Frankreich verbündete, beherrschten die vereinten französisch-spanischen Flotten für kurze Zeit sogar den Ärmelkanal. Im späteren Kriegsverlauf holten sich die Engländer dann ihre traditionelle Suprematie auf den Meeren zurück, so daß der Friedensschluß von 1783 zwar die amerikanische Unabhängigkeit sicherte, aber Großbritanniens Seeherrschaft unangetastet ließ.

Zwei Faktoren behinderten immer wieder die maritimen Anstrengungen der Franzosen. Der eine bestand darin, daß in der französischen strategischen Planung die Landkriegsführung Vorrang hatte. Gegenüber England, wie früher gegenüber Holland, verfolgte man als großen Plan eine Invasion mit Landstreitkräften. Der Flotte war daher die Aufgabe zugedacht, die Invasionsstreitmacht entweder direkt über den Kanal oder zur irischen beziehungsweise schottischen Küste zu eskortieren, nicht aber, unabhängig zu operieren. Wiederholt wurden Invasionspläne entworfen, die jedoch an den Schwierigkeiten der Koordinierung scheiterten. Die Dinge lagen einfach so, daß im 18. Jahrhundert Stabsarbeit und Technik nicht genügend ausgereift waren, um eine erfolgreiche Landung an einer verteidigten Küste durchführen zu können, was das Scheitern verschiedener britischer Versuche, an der französischen Küste Truppen zu landen, zur Genüge demonstrierte. Doch wenn allzu ehrgeizige Pläne für eine Landung in England oder Irland sich zerschlugen, wurden die Lenker der französischen Politik beinahe unvermeidlich zu der Schlußfolgerung getrieben, daß die für die Flotte ausgegebenen Mittel zum Fenster hinausgeworfen seien und drastisch reduziert werden sollten.[49] Eine solche Haltung war doppelt verlockend, wenn der Kaperkrieg eine billige und populäre Alternativmöglichkeit bot, den Handel des Feindes zu stören, ohne daß es die Regierung das geringste kostete.

Der Impuls, den Geldhahn für die Flotte abrupt zuzudrehen, wurde durch die zweite, hartnäckig anhaltende Schwäche verstärkt, mit der die französische Kriegsmarine konfrontiert war: die unzureichenden Geldmittel. Infolge des Zusammenbruchs des Systems von John Law im Jahr 1720 verfügte die französische Regierung bis zum Jahrhundertende nicht über eine Zentralbank als zentrale Kreditquelle analog zur Bank von England. Die Kosten für den Bau, die Ausrüstung und Bemannung von Schiffen waren sehr hoch. Da man sich nur auf kurzfristige Kredite von Lieferanten und Privatunternehmern stützen konnte, schuf jede stärkere Zunahme der Flottenausgaben infolge plötzlicher Veränderungen der Lage – Reparaturen nach einem Sturm oder einer Schlacht, Indienststellung von Schiffen aus der Reserve, die Verlegung eines Geschwaders von Brest nach Toulon oder umgekehrt – sofort ernste finanzielle Probleme.

Eine Befehlsmobilisierung stieß hier an ihre Grenzen. Es war möglich, Matrosen zum Dienst auf Schiffen der Kriegsmarine zu zwingen. Frankreich wie Großbritannien wandten regelmäßig Gewalt an, um die Besatzungen ihrer Flotten aufzufüllen. Doch gegen Proviant- und Holzlieferanten war mit Zwang beinahe überhaupt nichts auszurichten. Wurden Rechnungen nicht prompt bezahlt, zogen die Preise an, und die Lieferungen blieben aus.[50] Als im frühen 18. Jahrhundert in Großbritannien die Admiralität mit einiger Regelmäßigkeit ihre Rechnungen zu begleichen begann – dank Krediten, welche die Bank von England der Regierung zur Verfügung stellte –, wurde in dieser Hinsicht die britische Überlegenheit gegenüber den Franzosen überaus deutlich. Leicht zu beschaffende Kredite machten es möglich, die Aufwendungen für die Flotte ziemlich rasch auszuweiten, wann immer die Situation es gebot. Frankreich, ohne solche Kreditmöglichkeiten, war ganz außerstande, der Flexibilität, die für die englischen Regierungen im 18. Jahrhundert die Seemacht zu einem besonders geschmeidigen und wirkungsvollen Instrument der Politik machte, etwas Vergleichbares an die Seite zu stellen.[51]

Der Hinweis ist angebracht, daß die Kontrakte über die Versorgung der Royal Navy mit all den tausend Dingen, die die Schiffe und Besatzungen für den Einsatz brauchten, tendenziell die Marktmobilisierung von Ressourcen verstärkten und ausweiteten. Dies galt nicht nur für die

Britischen Inseln, sondern auch für so weit entfernte Regionen wie Neu-England und die kanadischen Küstenprovinzen, wo schon früh große Baumstämme für Schiffsmasten beschafft werden mußten. Die Proviant-lieferanten, die die Royal Navy mit Bier, Fleisch und Schiffszwieback versorgten, mußten zwischen 10000 und 60000 Mann verköstigen. Sie kauften dafür Nahrungsmittel im Inland und lieferten sie in Magazine der Navy. In Irland und anderen abgelegenen Teilen Großbritanniens trugen die Lieferanten beträchtlich dazu bei, die Entwicklung der kommerziell betriebenen Landwirtschaft anzuregen, während die Ausbreitung von Marktbeziehungen in neue Regionen und auf der sozialen Stufenleiter abwärts wiederum das Steuer- und Kreditsystem stützte, das es der Royal Navy ermöglichte, ihre Rechnungen mehr oder minder pünktlich zu bezahlen.[52]

Die französische Kriegsmarine entwickelte nie ein solches Feedback-System innerhalb Frankreichs. In den großen Kriegshäfen profitierten zwar ohne Zweifel Lieferanten und Unternehmer von den Ausgaben für die Flotte, doch es gab, wie erwähnt, keine zentrale Kreditquelle, die den öffentlichen Aufwendungen für die Flotte den Effekt verlieh, den sie in Großbritannien nach 1694 erlangten. Mochte die politische Spitze in der Ära Colberts und dann wieder zwischen 1763 und 1789 zu dem Schluß gelangen, daß ein Ausbau der Flotte erforderlich sei, der breite Rückhalt für die hohen Ausgaben, die ein solches Programm verlangte, war bei den Franzosen in der Regel nicht zu finden.[53] In Großbritannien war, wann immer eine Krise eintrat, darauf Verlaß, daß das Parlament die benötigten Sondersteuern bewilligte, um die Verbindlichkeiten abzutragen, die die Admiralität für maritime Operationen eingegangen war.

Dieser Unterschied spiegelte und bestätigte die Tatsache, daß in Frank-reich die Befehlsstruktur der königlichen Staatsverwaltung die kommer-ziellen Interessen nicht zu Wort kommen ließ, wenn sie ihnen nicht gar die Hände band. Da es den französischen Kaufleuten an einem landes-weiten Zusammenhalt gebrach, neigten sie dazu, eine dezentralisierte Fi-nanzierung und Lenkung der Seekriegführung – des Kaperkriegs – zu unterstützen, schon weil dies die Entscheidung über Umfang und Aus-dehnung solcher Unternehmungen in ihre eigenen Hände legte. Doch die *guerre de course*, bei der Begegnungen mit feindlichen Kriegsschiffen tunlichst vermieden wurden, war einer strategischen Leitung nicht unter-worfen. Jeder Kapitän mit seiner Besatzung tat, was ihm am vorteilhafte-sten erschien. Daher war das französische Handelsimperium in Übersee in Kriegszeiten der britischen Flotte ausgeliefert, deren Schiffe entspre-chend den Entscheidungen operierten, die in London getroffen wurden.[54]

Man könnte annehmen, daß die Aufgabe, die französische Armee mit Brot und anderem Bedarf zu versorgen, als Ersatz für Geschäfte privater Unternehmer mit der Flotte hätten dienen können. Zwar hatte die Versorgung der Armee im Frankreich des 18. Jahrhunderts einen ansehnlichen Umfang, und private Lieferanten sorgten für die Ausrüstung mit Musketen[55] und nahezu allem, was die Soldaten brauchten. Doch diese Dinge mußten zumeist aus einem relativ kleinen Umkreis beschafft werden, da sie viel Raum in Anspruch nahmen und deshalb im Überlandtransport teuer kamen. Brot und Futter für die Pferde stellten den vorrangigen Bedarf der Armee dar, und selbst wenn die Brotlieferanten in Paris saßen, wurde doch das benötigte Getreide fast durchweg im jeweiligen Umland gekauft. Deshalb entstand in Frankreich kein landesweites Handelsnetz analog zu dem, das von den Aufträgen der britischen Kriegsmarine angeregt und von den Krediten der Bank von England getragen wurde; oder genauer ausgedrückt, die landesweiten Märkte blieben gering an Zahl und schwach ausgebildet – derartiges wurde zwar geplant, wie im Fall des Le-Creusot-Indret-Projekts, konnte sich aber nicht auf die Dauer durchsetzen.[56]

Diese strukturellen Schwächen brachten es mit sich, daß die Franzosen den Vorsprung der Royal Navy nie wirklich einholten, obwohl – wie gesagt – in der zweiten Hälfte des 18. Jahrhunderts die französischen Kriegsschiffe im allgemeinen besser gebaut waren als die englischen und die Regierung in Versailles weiterhin nach Parität oder Überlegenheit auf den Meeren strebte.

Großbritannien seinerseits reagierte auf seine Niederlagen zwischen 1776 und 1783 damit, daß es die Organisation der Royal Navy im Finanz-, Administrations- und Versorgungsbereich verbesserte.[57] Daß London während des Amerikanischen Unabhängigkeitskrieges – wenn auch schließlich erfolglos – bis zu 90000 Soldaten in Übersee unterhalten konnte, die zumeist ausschließlich aus Großbritannien versorgt wurden, war eine ansehnliche organisatorische Leistung. Zu den beträchtlichen Ansprüchen, welche die Royal Navy im Krieg an die britische Wirtschaft stellte, kam obendrein noch der Versorgungsbedarf der Armee. Nach ernsten administrativen Friktionen übernahm 1779 die Admiralität die Zuständigkeit für den Nachschub der Truppen in Amerika. Trotz knappen Schiffsraums gelang es ihr fortan zu verhindern, daß der Armee der Proviant und andere Versorgungsgüter ausgingen, obwohl Ungewißheiten und lange Verzögerungen in der Nachrichtenübermittlung und noch längere im Transport die in New York und London entworfenen strategischen Planungen immer wieder behinderten.

Früher im 18. Jahrhundert hatten die Engländer ihre Kriege unter Bedingungen ausgefochten, die es den nach Übersee entsandten Armee-Einheiten ermöglichten, sich Proviant, Pferde und Transportmittel an Ort und Stelle zu verschaffen, ob in Amerika, Indien oder auf dem europäischen Kontinent. Nach 1775 jedoch konnten die amerikanischen Patrioten verhindern, daß dies den englischen Truppen mehr als nur in vereinzelten Fällen möglich wurde. Dies verblüffte die Londoner Regierung über die Maßen. Doch sie verfügte über das relativ effiziente Beschaffungssystem der Royal Navy, das, wenn eine kritische Situation eintrat, so ausgedehnt werden konnte, daß es auch den Bedarf Tausender von Soldaten deckte. Dadurch wurden die Rotröcke vor einer Katastrophe bewahrt, wenn auch nur mit knapper Not, denn im Januar 1779 hatten die britischen Truppen in New York nur noch Vorräte von vier Tagesrationen, als eine Entsatzflotte eintraf.[58]

Dennoch war die Belastung beträchtlich. Früher im 18. Jahrhundert hatten Kriege für Großbritannien anscheinend wirtschaftlich günstige Folgen. Erhöhte staatliche Ankäufe wirkten wie ein Tonikum auf den Markt, die technische Entwicklung im Metallgewerbe wurde beschleunigt, die chronische Arbeitslosigkeit reduziert. Die an ausländische Regierungen gezahlten Subsidien waren durch den Export von Handelsgütern aus Übersee leicht wieder hereinzuholen. Doch der Krieg 1776–83 brachte ökonomische Rückschläge: den Verlust des Handels mit den aufständischen Kolonien ebenso wie eine Schrumpfung der Investitionen im Land selbst.[59] Mit anderen Worten, mit dem Amerikanischen Unabhängigkeitskrieg begann Großbritannien an Grenzen des neunzig Jahre alten Feedback-Systems zu stoßen, in dem die Macht über die Meere und die Flottenausgaben die kommerzielle Expansion verstärkten, während diese gleichzeitig die Last der Aufwendungen für die Flotte erträglicher machte.

Auch in Frankreich stieß nach 1780 die Regierung an die Grenzen ihrer finanziellen Ressourcen. Die Ausgaben für den Krieg in Amerika brachten für die bestehenden Formen der staatlichen Kreditaufnahme und der Besteuerung eine Belastung, die, wie sich zeigte, nicht zu bewältigen war. Der Versuch, die Staatsschuld zu decken, führte bekanntlich zur Einberufung der Generalstände im Mai 1789 und zum Ausbruch der Revolution. Tiefgreifende politische und gesellschaftliche Veränderungen, von der Revolution herbeigeführt, hatten schon bald eine bis dahin unvorstellbare militärische Kraftentfaltung zur Folge. Doch auch in England schob eine Revolution, freilich anderer Art – technisch und industriell –, die Grenzen des Möglichen weiter hinaus, als Menschen früher je geträumt hatten, im militärischen wie im zivilen Bereich. Die Umbrüche, die Frankreich und Großbritannien zwischen 1789 und 1815 erlebten, ließen die anderen europäischen Länder und die übrige Welt zurückfallen. Ja, die ganze Menschheit spürt noch heute die Nachwirkung der demokratischen und der industriellen Revolution, die in der Schlußphase des 18. Jahrhunderts so unerwartet ausgelöst wurde. Wir müssen uns daher im folgenden Kapitel mit dieser doppelten ‚Mutation‘ in der sozialen Organisation der Menschheit befassen.

## 6. Kapitel

# Die militärischen Auswirkungen der politischen Revolution in Frankreich und der industriellen Revolution in England
## 1789–1840

Mit Staunen erlebten Zeitgenossen der Französischen Revolution, daß aufgebrachte Massen es ein ums andre Mal fertigbrachten, Regierungen und andere im Vergangenen verankerte Autoritäten zu stürzen, die sakrosankt und unüberwindlich erschienen waren. Mit Staunen bemühen sich moderne Historiker zu ergründen, warum und wie die damals wahrgenommene industrielle Revolution sich vollzog. Ideen und hochfliegende Aspirationen, blanker Eigennutz, Hunger und Furcht spielten ihre Rolle, und ebenso Gruppen-, Klassen- und nationale Bindungen. Dieses Kapitel wird sich vor allem mit den militärischen Aspekten der beiden großen Umwälzungen beschäftigen, doch damit möchte ich nicht implizite sagen – was ich auch nicht glaube –, daß die organisierte Gewalt als einziges von Belang war.

Im Gegenteil, erschüttert wurden die Strukturen des Ancien régime in Frankreich wie in Großbritannien während der letzten Jahre des 18. Jahrhunderts in erster Linie wohl durch das Bevölkerungswachstum, das in China wie in Europa anscheinend auf ein sich veränderndes Auftreten tödlicher Infektionen zurückging.[1] Doch worin die Ursachen auch lagen, ohne Zweifel kam es im späteren 18. Jahrhundert zu einer Bevölkerungszunahme, die sich in ländlicher Erwerbslosigkeit in vielen Gegenden Frankreichs und Großbritanniens sowie in der wachsenden Einwohnerzahl der großen Städte, namentlich in London und Paris, manifestierte. Londons Einwohnerzahl stieg von ca. 575000 im Jahr 1750 auf nicht weniger als 900000 im Jahr 1801, Paris erreichte 1789 eine Gesamtzahl von 600000 bis 700000, davon bis zu 100000 Nichtseßhafte, denen es nicht gelungen war, sich so in die städtische Umwelt einzuwurzeln, daß sie in der amtlichen Zählung dieses Jahres figuriert hätten.[2]

So viele neue Bürger in die urbane Gesellschaft einzugliedern, schuf gravierende Probleme. Die Beschäftigungsmöglichkeiten in den Städten nahmen nicht automatisch so zu, daß die Neuzugezogenen untergebracht werden konnten. Scharfe Konjunkturschwankungen brachten städtische Arbeiter und ihren Familienanhang in ernste Bedrängnis, denn mit dem Anwachsen der Menschenmassen und ihrer Mobilität innerhalb der Städte wurden alte Methoden der sozialen Steuerung und der Armenfürsorge, in der Regel an Organisationen der Pfarrgemeinden gebunden, hoffnungslos überfordert.[3] In Straßburg beispielsweise wuchs die amtlich gezählte Einwohnerschaft zwischen 1697 und 1789 von 26481 auf 49948, und nicht weniger als zwanzig Prozent lebten zu dem späteren Datum in Not. Die schon immer gefährdete Balance zwischen der Einwohnerschaft und den Subsistenzmöglichkeiten in der Stadt war ernsthaft gestört.[4]

Unter solchen Umständen wurden Aktionen städtischer Massen von der Art möglich, wie sie für den frühen Verlauf der Französischen Revolution entscheidend wurden. London hatte Ähnliches während der sogenannten Gordon-Unruhen (1780) erlebt, und es geschah vielleicht mehr zufällig als aus Absicht, daß der Londoner Pöbel sich um eine reaktionäre Sache scharte – den Widerstand gegen die Emanzipation der Katholiken –, statt eine Veränderung der bestehenden legalen Ordnung zu fordern. Ebendies geschah hingegen in Paris und führte binnen weniger Monate zu einem wütenden Angriff auf Aristokraten und andere Feinde des Volkes.[5]

Doch wie geringfügig die Anreize auch waren, die den Londoner Pöbel reaktionär stimmten, während die Pariser Massen revolutionär wurden, so zeigte sich in diesem Unterschied doch eine lange fortwirkende Divergenz zwischen der französischen und der englischen Reaktion auf die neuen, durch Bevölkerungswachstum und urbane Expansion in beiden Ländern geschaffenen Probleme. Um es ganz knapp auszudrücken: Frankreich exportierte bewaffnete Männer und errichtete in weiten Teilen Europas ein Imperium, während Großbritannien Güter wie Männer (bewaffnete und unbewaffnete) exportierte und damit ein marktgestütztes Machtsystem aufzurichten vermochte, das sich als beständiger denn alles erwies, was die Franzosen, ihren vielen Siegen zum Trotz, zustande brachten. Niemand plante diese divergente Entwicklung; sie ergab sich aus eiligen Improvisationen und verzweifeltem Handeln angesichts überwältigend hereinbrechender Notsituationen.

Allerdings spiegelte sich im marktgestützten System der – ökonomischen und militärischen – Macht Großbritanniens auch eine Einstellungstendenz, die sich bereits in der Epoche Elisabeths oder sogar noch früher gezeigt hatte. Was das revolutionäre Frankreich betraf, war die Befehlsmobilisierung zu keiner Zeit vollständig, trotz der pathetischen Reden des Jahres 1793. Die Mischung von Zwang und Rückgriff auf einen mehr oder weniger freien Markt, deren die französischen Revolutionsregierungen sich bedienten, um Ressourcen für staatliche Zwecke zu mobilisieren, war, genau betrachtet, eine ziemlich getreue Kopie ähnlicher Mischstrategien, die schon die Regierungen Ludwigs XIV. und früherer französischer Könige in Kriegszeiten und bei inneren Krisen angewandt hatten. Die Divergenz zwischen Frankreich und Großbritannien hatte unstreitig geographische Wurzeln und spiegelte einen häufig festzustellenden Unterschied zwischen Insel- und Kontinentalstaaten, der sich bis ins zweite vorchristliche Jahrtausend zurückverfolgen läßt.[6] Doch im späten 18. Jahrhundert wurde dieses Phänomen besonders ausgeprägt, vermutlich wegen der erweiterten Möglichkeiten, die die neu zugewachsenen Fertigkeiten und das Bevölkerungswachstum beiden Ländern erschlossen.

## Linderung des Bevölkerungsdrucks in Frankreich

Die Lösung, die im revolutionären Frankreich für den Überschuß an Arbeitskräften und den Mangel an produktiven Arbeitsmöglichkeiten gefunden wurde, zeichnete sich nicht vor 1794 klar ab und setzte sich erst mit dem Aufstieg Napoleons durch. Zwischen der ersten Herausforderung der königlichen Autorität im Juni 1789, als sich die Nationalversammlung aus den Generalständen konstituierte, und dem siegreichen Vordringen französischer Heere ins Rheinland und nach Belgien, 1792, vollzogen sich mit der vom Ancien régime ererbten Armee und Flotte bedeutsame Veränderungen.

Die erste davon war für den Erfolg der revolutionären Sache ausschlaggebend, da sie bewirkte, daß die Armee nicht bereit war, das Ancien régime gegen seine Herausforderer zu verteidigen.[7] Auf eine Weise, die sich heute kaum mehr klären läßt, wurden Soldaten der Armee, besonders die in und um Paris stationierten, von der revolutionären Agitation erfaßt, die so plötzlich unter den Bewohnern der Hauptstadt um sich griff.

Angesichts der Bemerkungen im vorigen Kapitel über die Isolierung der Armeen des Ancien régime von der zivilen Gesellschaft – sie existierten in der Welt der Zivilisten, gehörten ihr aber nicht an –, bedarf dieser ‚Sturm der Veränderung‘ in der französischen Armee einer speziellen Erläuterung. Zwei Umstände begünstigten eindeutig das Einsickern neuer Ideen in die Reihen der Soldaten. Der eine war die Tatsache, daß unter den Bedingungen des normalen Garnisonslebens die Offiziere, selbst die rangniedrigen, nur wenig Zeit mit ihren Mannschaften verbrachten und Drill und militärischen Alltag weitgehend den Unteroffizieren überließen. Das eigentliche Kommando lag damit praktisch in den Händen von Männern, die für Sympathien mit dem revolutionären Angriff gegen den Adel anfällig waren, da die Bevorzugung der Aristokratie ihnen jegliche Hoffnung nahm, in die Offiziersränge aufsteigen zu können. Früher hatte es immerhin manchmal ein Sergeant zum Offizier gebracht, wenn auch nur selten über den Leutnantsrang hinaus.[8] Die Verfügung aus dem Jahr 1781, die die Offiziersränge dem Adel vorbehielt, war noch in frischer, bitterer Erinnerung.

Dazu kam, daß viele der verbitterten Unteroffiziere Lesen und Schreiben beherrschten. 1787 war die Einrichtung von Schulen angeordnet worden, an denen Korporalen und Sergeanten diese Kenntnisse beigebracht wurden, denn die zunehmende Bedeutung schriftlich fixierter Befehle und Aufzeichnungen verlangte, daß auch die Inhaber der niedrigsten Kommandoränge lesen und schreiben konnten.[9] So wurde es möglich, daß Propagandaschriften, die revolutionäre Journalisten und Pamphletisten in Umlauf brachten, auf die Männer einwirkten, die die einfachen Soldaten kommandierten. Als dann Truppenoffiziere erkannten, was sich abspielte, war es bereits zu spät, den Meinungstrend unter den Mannschaften umzukehren, und Versuche, die Soldaten von der Bevölkerung zu isolieren, erwiesen sich als wirkungslos.

Die revolutionären Sympathien innerhalb der Armee traten auf eine dramatische Weise am 14. Juli 1789 zutage, als es zum Sturm auf die Bastille kam. Die Angreifer brauchten für diese denkwürdige Tat die stillschweigende Duldung der königlichen Leibgarde, etwa 7000 Mann stark, die in Paris stationiert war. Tatsächlich machten Abteilungen der Garde sogar gemeinsame Sache mit der Menge und brachten Geschütze gegen die Bastille in Stellung, was viel zu ihrer Erstürmung beitrug.[10] Unter der Wirkung dieses Ereignisses sagte Ludwig XVI. zu, seine Soldaten aus Paris abzuziehen, um Befürchtungen einer Gegenrevolution zu beschwichtigen. Der Entschluß des Königs (beziehungsweise seine Unentschlossenheit, denn im geheimen schwankte er oft), schwächte die geheimen Pläne von Offizieren und anderen Angehörigen der Aristokratie, die königliche Armee zur gewaltsamen Unterdrückung des Aufstands in Paris einzusetzen; und je mehr Zeit verging, desto illusionärer wurden solche Vorhaben, da die Prozesse, die die Soldaten der Leibgarde veranlaßt hatten, den Sturm auf die Bastille zu unterstützen, auch in anderen Gegenden Frankreichs rasch die Loyalität der Mannschaften zur Krone untergruben. So steckten die Unteroffiziere allmählich und beinahe unmerklich die Armee mit dem Geist der Revolution an und brachten das Ancien régime um das Fundament seines Fortbestands, bevor Offizieren und Ministern noch recht bewußt wurde, was vor sich ging.

Der zweite Umstand, der die Verschmelzung der Stimmung in der Armee mit der öffentlichen Meinung erleichterte, lag darin, daß die Soldaten im allgemeinen nicht in eigenen Kasernen untergebracht waren, sondern ihre Quartiere in den Städten hatten und in ihrer dienstfreien Zeit unter den einfacheren Leuten lebten – ja, sich manchmal sogar handwerklich betätigten, um ihren kargen Sold aufzubessern. Die meisten französischen Soldaten stammten aus den Städten,[11] und die Disziplin des Soldatenlebens war nicht stark genug, sie von täglichen Kontakten zur städtischen Bevölkerung fernzuhalten, der sie selbst angehörten. In den Armeen mit bäuerlichen Mannschaften, der preußischen und der russischen, wurden hingegen die Rekruten aus ihren dörflichen Bindungen gelöst.

Im Felde konnten die französischen Soldaten – wie die Heere des Ancien régime – zu einer autonomen, von der zivilen Gesellschaft in der Heimat fast völlig isolierten Gemeinschaft werden. Dieser Fall trat nach 1794 ein und machte Napoleons Erfolge möglich. Doch unter den Bedingungen der Jahre 1789–92 verschwand die Distanz zwischen Soldaten und städtischen Revolutionären beinahe vollständig, und das hatte fatale Folgen für die Krone.

Die Schaffung der Pariser Nationalgarde war der erste Versuch der Revolutionäre, sich eine eigene bewaffnete Macht zuzulegen. Die Freiwilligen, die sich ihr anschlossen, waren Pariser Haushaltsvorstände, die immerhin so vermögend sein mußten, daß sie sich selbst Uniform und Waffen kaufen konnten. Doch die Pariser Nationalgarde schloß von Anfang an auch eine Kerntruppe aus sechzig Kompanien besoldeter Berufssoldaten ein, die viele ehemalige Angehörige der königlichen Leibgarde wie auch einige Veteranen und Deserteure aus Linienregimentern aufnahmen. Die Wahl der Offiziere durch Stimmberechtigte aus den Stadtbezirken, wo die einzelnen Kompanien der Nationalgarde stationiert waren, stellte eine radikale Abkehr von den alten Grundsätzen der Armeeorganisation dar. Doch in der Praxis hatte der Marquis de Lafayette, der gleich zu Beginn zum Oberbefehlshaber der Nationalgarde gewählt worden war, ein beträchtliches Wort dabei mitzureden, wer gewählt wurde, obwohl seine Stellung immer wieder in Gefahr geriet, wenn die Erregung der Massen sich zur Fieberhitze steigerte.[12]

Veteranen der königlichen Armee wurden die Ausbilder der neuen Freiwilligen-Einheiten. Sie trugen Bedeutendes dazu bei, die Nationalgarde zu einer schlagkräftigen Truppe in Paris und mitunter auch außerhalb der Stadtgemarkung zu machen, so beispielsweise, als Nationalgardisten zusammen mit einer aufgebrachten Volksmenge nach Versailles marschierten und den König gewissermaßen als Geisel der Revolution zur Übersiedlung nach Paris zwangen. Wohl belasteten die revolutionären Ideale und der Aufruhr der Massen die älteren militärischen Institutionen in Paris aufs äußerste, doch die besoldeten Kerneinheiten der Nationalgarde zusammen mit den den Freiwilligen-Bataillonen zugeteilten Ausbildern bewahrten immerhin echte Kontinuitäten zwischen der alten und der neuen militärischen Ordnung. Einige Persönlichkeiten an der Spitze wie Lafayette, der 1789 in der königlichen Armee den Rang eines Generalmajors innegehabt hatte, gaben den Veränderungen, die wie eine Sturzflut hereinbrachen, gleichsam einen Firnis der Legitimität.

Außerhalb von Paris erfaßte ein paralleler Wandlungsprozeß nach und nach die gesamte französische Armee. Die Kontinuitäten waren stärker als in der Hauptstadt, da nur einige Einheiten aus dem Ancien régime, zumeist Regimenter aus Ausländern, aufgelöst wurden. Zwischen 1789 und 1791 wurden die Beziehungen zwischen den Offizieren und der Truppe gespannt, da revolutionäre Gedanken und Sympathien in die Provinzgarnisonen einzudringen begannen. Einzelne Einheiten übernahmen zu unterschiedlichen Zeiten und mit unterschiedlicher Begeisterung revolutionäre Ideen, abhängig zum Teil vom politischen Klima in den Städten, in denen sie lagen, und zum Teil vom Verhältnis zwischen den Offizieren, Unteroffizieren und Mannschaften bestimmter Einheiten. Zuerst bekundeten Soldaten ihre Entfremdung von den Offizieren dadurch, daß sie desertierten und sich vielfach der Pariser Nationalgarde anzuschließen versuchten. Als dies untersagt wurde, begannen Akte offener Insubordination um sich zu greifen.

Die Situation kippte nach dem Juni 1791 um, als der Fluchtversuch des Königs mit seiner Gefangennahme in Varennes schmählich scheiterte. Dieses Ereignis dämpfte die Hoffnungen beim Adel, die Armee hinter dem König zu einem Angriff auf die Pariser Revolutionäre sammeln zu können. Nun veranlaßten die sich mehrenden Anzeichen revolutionärer Sympathien unter den Soldaten eine rasch wachsende Zahl von Armeeoffizieren zur Flucht aus dem Land. Bis Ende 1791 war mehr als die Hälfte des französischen Offizierskorps im Exil. Den Platz der emigrierten Offiziere nahmen Sergeanten und Korporale ein, die zu Offizieren befördert wurden. Dies hatte zur Folge, daß im Laufe des Jahres 1792 die Fälle von Insubordination bis zur Bedeutungslosigkeit abnahmen und die Armee viel stärkeren inneren Zusammenhalt gewann als in den vergangenen drei Jahren.[13]

Die neuen Offiziere waren erfahrene Männer, die ihr Handwerk verstanden. Sie waren, wie sich zeigte, zahlreich und hartnäckig genug, den Massen, die 1792/93 den Fahnen zuströmten, als äußere und innere Feinde die Revolution zu bedrohen begannen, die Zucht der alten Schule beizubringen. Dieses Ergebnis zeigte sich jedoch nicht sogleich. 1791, noch bevor der Krieg mit Österreich und Preußen ausbrach, beschloß die Gesetzgebende Versammlung die Aufstellung einer Freiwilligen-Armee, zunächst nur auf ein halbes Jahr. 1792 wurden neuerlich Freiwillige zu den Fahnen gerufen, diesmal für ein volles Jahr, doch da jedem Departement ein bestimmtes Kontingent vorgeschrieben wurde, trat zum Prinzip der Freiwilligkeit ein Element des Zwanges. Eines der Resultate bestand darin, daß zum erstenmal den Revolutionsheeren eine beträchtliche Zahl von Bauernsöhnen zugeführt wurde.

In den frühen Phasen der Revolution waren die neuen Truppen zum Einsatz gegen innere Feinde vorgesehen. Als jedoch im April 1792 Österreich und Preußen sich mit den inneren Gegnern verbündeten, erlebten Rolle und Charakter der Streitkräfte der Revolution einen weiteren raschen Wandel. Einerseits mußte die Aufnahme bürgerlicher Freiwilliger in die Nationalgarde der Bewaffnung eines breiteren Segments der Bevölkerung Platz machen. Da die Revolutionsführer stärker von den unteren Schichten in Paris abhängig wurden, erschien dies nur als eine kluge Politik der Machterhaltung. Andererseits schien es auch notwendig, die gesamte Nation gegen die äußeren Feinde um die Fahnen zu scharen. Die störende Unterscheidung zwischen der vom Ancien régime ererbten regulären Armee und den revolutionären Freiwilligen-Verbänden wurde bedeutungslos, wenn man nicht einem inneren, sondern einem ausländischen Feind entgegentreten mußte. So verfügte im Februar 1793 der Nationalkonvent eine Verschmelzung der regulären mit den Freiwilligen-Truppen. Trotz gewisser Gesten, die den revolutionären Idealen galten,[14] kann man wohl sagen, daß aus dieser Vereinigung die reguläre Armee als die dominierende Kraft hervorging. Dies weniger aus Gründen der größeren Zahl, sondern weil die Erlebnisse im Feld neue Rekruten in Situationen brachten, in denen das praktische Wissen der alten Armee nützlich war, während die liberalen, egalitären Elemente der revolutionären Aspirationen wenig Gelegenheit erhielten, praktischen Ausdruck zu finden.[15]

So war die grundlegende Kontinuität zwischen der alten Armee und den Heeren der Revolution gesichert. Die Armee überdauerte sogar die *levée en masse* des Jahres 1793. Im August dieses Jahres verfügte der Konvent über „... alle Franzosen die ständige Einberufung zum Heeresdienst. [Art. 2] Die jungen Männer gehen an die Front, die Verheirateten schmieden Waffen und übernehmen den Verpflegungstransport; die Frauen nähen Zelte, Uniformen und tun in den Hospitälern Dienst; die Kinder zupfen aus altem Linnenzeug Werg, die Greise lassen sich auf öffentliche Plätze tragen, um den Soldaten Mut und Haß gegen die Könige zu predigen und ihnen die Einheit der Republik einzuschärfen."[16]

Das revolutionäre Prinzip, daß jedermann der Nation zum Kriegsdienst verpflichtet sei, hätte kaum emphatischer ausgesprochen werden können, und auch die Bemühungen, das Pathos des Dekrets ins Praktische umzusetzen, waren, wiewohl oft chaotisch, kraftvoll und imponierend erfolgreich.[17]

Politische Ideale spielten zweifellos eine Rolle, doch daß die *levée en masse* tatsächlich so gut funktionierte, hatte seinen Grund in der Bedrängnis und der Desorganisation, welche die zivile Gesellschaft heimsuchten, ausgelöst von schlechten Ernten, einer katastrophalen Teuerung und einer allgemeinen wirtschaftlichen Zerrüttung. Im Land herrschte eine weitverbreitete Arbeitslosigkeit, und als die jungen Männer aufgerufen wurden, in die Armee einzutreten, folgten die der ärmsten Schichten dem Ruf nur zu bereitwillig. Der Militärdienst bot einen Ausweg aus frustierender Müßiggängerei und gab ihnen einen legitimen Anspruch darauf, auf anderer Leute Kosten zu leben. Die neuen Heere wurden nur gelegentlich auf administrativem Wege mit dem versorgt, was sie brauchten; zumeist mußten sie selbst zusehen, wie sie Nahrungsmittel und andere notwendige Dinge auftrieben, und häufig verschlimmerten sie die mißlichen Zustände noch dadurch, daß sie ohne Rücksicht auf andere Ansprüche requirierten, beispielsweise auch auf die Lebensmittelversorgung von Paris und anderen Städten.

Solange sich die Revolutionsheere auf französischem Boden befanden, machte ein solches Verhalten das Leben der Zivilbevölkerung in den Städten schwierig, und dieser mißliche Zustand ermunterte wiederum junge Männer, sich zum Kriegsdienst zu melden.[18] Ein solches ‚Feedback‘ machte in den folgenden Monaten das Dekret des Konvents vom August 1793 wahrhaft zur Realität und verschaffte den Revolutionsheeren die Kämpfer und die Begeisterung, die notwendig waren, um die konterrevolutionären Nester innerhalb Frankreichs niederzuzwingen. Dies geschah bis Ende 1793, worauf es möglich wurde, eine überlegene Truppenmacht gegen die äußeren Feinde der Revolution zusammenzuziehen. Schon 1792 hatten die Armeen fremden Boden betreten. Von nun an wurde mit den Aufwendungen für ihren Unterhalt weitgehend die Bevölkerung außerhalb der französischen Grenzen belastet; in Frankreich selbst wurden eine Erholung der Wirtschaft und eine Rückkehr zu einer marktgesteuerten Versorgung urbaner Zentren mit Nahrungsmitteln wieder möglich.

Dies war, im großen und ganzen, die Situation im Jahre 1794,[19] und da eine Rückkehr zu normaleren Verhältnissen langsam denkbar erschien, brach sich eine kraftvolle Reaktion gegen den revolutionären Terror, behördlich verhängte Preisvorschriften und die bewaffneten Übergriffe auf Privateigentum Bahn, die auf dem Höhepunkt der Krise um sich gegriffen hatten. Gleichzeitig kamen den städtischen Massen, namentlich in Paris, menschliches Potential und Energie abhanden, da die meisten jungen und beschäftigungslosen Männer bei der Armee, meilenweit entfernt, waren. Als bedrängte Politiker noch einmal den Genius der handelnden Massen beschwören wollten, um sich gegen ihre Feinde durchzusetzen, zeigte sich, daß der frühere Schwung dahin war. Vergebens riefen Robespierres Freunde im Juli 1794 die Pariser Sektionen zu seiner Rettung auf; und ein knappes Jahr später, am 3. Juni 1795, wurden, nachdem wieder einmal eine aufgebrachte Volksmenge den Konvent einzuschüchtern versucht hatte, Armee-Einheiten eingesetzt, um den Faubourg St. Antoine zu bändigen, aus dem die Massen gekommen waren. Dieses Datum, schreibt Georges Lefebvre,[20] sollte als Endpunkt der Revolution betrachtet werden. Die Festellung ist nicht unbegründet.

Die Unruhe und Not in den Städten, die so viel dazu beigetragen hatten, die Revolution in Gang zu setzen, verschwanden zwar nicht, doch das menschliche Potential, das dem Zorn einer Volksmenge Nachdruck verleihen konnte, war nach 1794 nicht mehr auf den Straßen zu finden, was die Repression relativ einfach machte. Zwischen 1792 und 1799 kamen an die 600000 französische Soldaten um,[21] die anderen, die zumeist außerhalb Frankreichs standen, lebten vom Plündern und von Kontributionen, die der ‚befreiten‘ Bevölkerung Belgiens, Deutschlands und Italiens abgepreßt wurden. Reichte dies nicht hin, konnte Nachschub aus Frankreich bezogen werden, wo sich nach 1794 die marktgesteuerte Wirtschaft rasch erholte. Als die Zwangsrequirierungen wieder durch Käufe ersetzt wurden, bereicherte sich eine neue Clique von Kriegsgewinnlern durch Heereslieferungen, und die militärische Organisation im Lande paßte sich wieder Verhältnissen an, wie sie in der Zeit des Ancien régime geherrscht hatten, trotz der durch die *levée en masse* stark vergrößerten Dimensionen.

Die französischen Siege erregten bei den Zeitgenossen Staunen, doch im Rückblick erscheint die Aufstellung der riesigen Revolutionsheere angesichts der Dynamik des Bevölkerungswachstums und der ökonomischen Verwerfungen, die Frankreich zugleich Nach- und Vorteile brachten, als eine relativ einfache und unkomplizierte Sache. Die parallele Aufgabe, genügend Waffen zu produzieren, um der großen Zahl der französischen Soldaten auch Kampfkraft zu verleihen, hatte im ganzen gesehen weitaus größere Bedeutung, denn infolge der Waffenlieferungen an die amerikanischen Truppen während des Unabhängigkeitskrieges waren die königlichen Arsenale entleert.[22] In den sechs Jahren zwischen dem siegreichen Abschluß dieses Krieges und dem Ausbruch der Revolution hatte sich die Regierung in solchen finanziellen Nöten befunden, daß an ein Anlegen beträchtlicher Vorräte nicht zu denken war. Daher standen die Revolutionäre zunächst mit leeren Händen da,[23] und die laufende Produktion war völlig unzureichend, um die Hunderttausende neuer Soldaten auszurüsten, die 1791 und in den folgenden Jahren zu den Fahnen gerufen wurden.

Der Zusammenbruch einer geordneten Verwaltung und das Überwiegen von Selbsthilfe-Aktionen in der Anfangsphase der neuen Revolutionsheere erklären, warum keine sehr überzeugenden Zahlen zur Produktion von Kriegsmaterial zu finden sind. In der fieberhaften Erregung über die ‚bedrohte Revolution‘ schuf man in Paris und anderen Städten improvisierte Waffenfabriken.[24] Zumindest eine Zeitlang wurde das mit der *levée en masse* beschworene Programm annähernd verwirklicht. Das Dekret des Konvents hatte verfügt, verheiratete Männer sollten Waffen schmieden und Kriegsmaterial transportieren. Dies taten natürlich nicht alle, und ebensowenig hätten sie – selbst versuchsweise – eine brauchbare Muskete herstellen können. Aber viele folgten der Aufforderung, und Musketen wurden in improvisierten Werkstätten produziert – häufig in ehemaligen Klöstern und anderen kirchlichen Gebäuden.

Die Versorgungsprobleme der Armee wurden dadurch verschärft, daß die wichtigsten königlichen Arsenale weitab von Paris lagen, in Gegenden des Landes, wo die Begeisterung für die Revolution nicht immer stark war. In der Region um Lyon beispielsweise brach im Herbst 1793 eine erbitterte Revolte gegen Paris aus. Sie zog die Produktion im nahegelegenen St. Etienne in Mitleidenschaft, wo sich Frankreichs bei weitem größtes Rüstungszentrum befand. Doch als die Büchsenmacher von St. Etienne neue Metalllieferungen erhielten, zog die Produktion rasch wieder an und überschritt schon bald frühere Obergrenzen. So hatte beispielsweise während des Ancien régime die Jahresproduktion von Handfeuerwaffen in St. Etienne zwischen 10000 und 26000 geschwankt; 1792/93 ging es steil abwärts, aber da keine Aufzeichnungen geführt wurden, läßt sich nicht genau sagen, was vor sich ging. Danach, zwischen 1794 und 1796, stieg die Produktion über das Vorkriegsniveau, auf einen Durchschnitt von jährlich 56600. Später nahm sie wieder ab und wechselte von Jahr zu Jahr entsprechend der Nachfrage. Der Gipfel wurde 1810 erreicht, als Napoleons Heeresbeamte von den handwerklichen Produzenten in St. Etienne nicht weniger als 97000 Handfeuerwaffen beschafften.[25] Andere Waffenschmieden des Ancien régime, wie beispielsweise Charleville nahe der belgischen Grenze, gerieten auf dem Höhepunkt der Krise in die Hand feindlicher Invasionstruppen und konnten der Revolution erst Nutzen bringen, als diese zurückgetrieben worden waren.

Improvisation und die Heranziehung unerfahrener Arbeitskräfte waren also die Norm in der für die Revolution kritischsten Zeit, vom August 1793 bis zum Juli 1794. In diesen Monaten verbanden sich die Prinzipien einer Kommandowirtschaft in bemerkenswerter Weise mit freiwilligem und halbfreiwilligem Einsatz. Wenn die Armee irgend etwas dringend brauchte, versuchten Militärs wie andere Beauftragte der Regierung verzweifelt, das Benötigte aufzutreiben. Louis Antoine de Saint-Just, Mitglied des Wohlfahrtsausschusses, brachte es fertig, von den Straßburger Bürgern mit der Forderung, sie sollten einen Beitrag zur dringenden Bedarfsdeckung der Armee leisten, 20000 Paar Schuhe zu erlangen. Hinter seinem gebieterischen Verlangen stand natürlich die unausgesprochene Drohung: Wer nicht das Seine beiträgt, gerät in Gefahr, als ein Feind des Volkes angesehen und deshalb möglicherweise verhaftet und hingerichtet zu werden. Doch vielen, wohl sogar den meisten Franzosen erschien die Sache der Revolution gerecht, und man fand die Opfer erträglich, ob an persönlichen Besitztümern, Zeitaufwand oder Arbeitseinsatz.

In einigen Fällen wurden neue Techniken entwickelt oder zum erstenmal im industriellen Maßstab eingesetzt. So erfanden beispielsweise zwei Chemiker ein Verfahren zur Salpeterherstellung; damit wurde es überflüssig, diesen wichtigen Rohstoff für die Pulverproduktion mühsam von Stall- und Latrinenwänden zu kratzen.[26] Die Erfindung befreite Frankreich auch von der Importabhängigkeit – eine Sache von nicht geringer

Bedeutung, da die britische Kriegsmarine zu dieser Zeit die Meere beherrschte. Andere technische Neuerungen waren zum Beispiel ein Ballonkorps zur Beobachtung feindlicher Truppenbewegungen, und ein optischer Telegraph, der Paris mit der Front verband.[27] Das Hauptproblem für die neue Armee war – wie schon für die älteren, viel kleineren Armeen – die Sicherstellung einer ausreichenden Proviant- und Futterversorgung. Die Belieferung der Hauptstadt und anderer Städte mit genügend Getreide, um zu verhüten, daß die Armen hungern mußten, war ein zweites wesentliches Problem für eine Regierung, die in hohem Maße auf die Unterstützung durch die Pariser Volksmassen angewiesen war. Das Revolutionsregime ging dieses Problem mit dem ‚Maximum-Gesetz' an, das Festpreise für Getreide und andere Güter des allgemeinen Bedarfs verfügte. Da Produzenten und Händler ihre Waren vielfach zurückhielten und sich weigerten, sie zum verordneten Preis anzubieten, hatten staatliche Inspektoren, oft von bewaffneten Trupps eskortiert, die Betreffenden aufzuspüren und das, was sie entdeckten, dem öffentlichen Verbrauch zuzuführen, wobei sie, wenn überhaupt etwas, den amtlich festgesetzten Höchstpreis zahlten.

Alles kam auf die lokale Initiative an, denn eine wirkliche Lenkung von Paris oder sonst einem einzigen Zentrum aus war unmöglich. Für eine auch nur annähernd planmäßige Mobilisierung nationaler Ressourcen fehlte es an statistischen Unterlagen. Was zustande gebracht wurde, beruhte auf den Aktionen ungezählter Einzelpersonen und lokaler Gruppen, die den Volkswillen und das Wohl der Revolution jeweils auf ihre eigene Weise auslegten. Gleichwohl wurden durch eine Verbindung von Appell, Zwang und Bezahlung zu festen Preisen Millionen Männer und Frauen veranlaßt, das Ihre zu den Aufgaben der nationalen Verteidigung beizutragen. An normalen ökonomischen Maßstäben gemessen, war ein großer Teil dieser Anstrengungen zweifellos ineffizient, dennoch aber wurde vieles – und in einem Massenmaßstab – zustande gebracht. Männer schlossen sich der Armee an, Proviant und Nachschub wurden für sie organisiert, obwohl die Armee bis zum Juli 1793 auf eine Stärke von rund 650000 Mann anschwoll. Diese Zahl war mehr als das Doppelte dessen, was Ludwig XIV. jemals hatte in eine Uniform stecken können. Die Verdoppelung der Armee (auf der Basis einer Bevölkerung, die 1789 nur ca. dreißig Prozent größer war als 1700) liefert eine grobe Meßzahl für die Kriegsmobilisierung, die die Revolution in Frankreich auf die Beine stellte.[28]

Die revolutionären Kriegsanstrengungen 1793/94 waren wie eine Sturzsee: Sie stiegen sehr hoch, konnten sich aber nicht lange auf dieser Höhe halten. Als Maximilien de Robespierre gestürzt war und der Terror nachließ, begegneten Einschüchterungsmethoden, mit denen der Bevölkerung weitere Leistungen abgepreßt werden sollten, wachsendem Widerstand. Das ‚Maximum'-Gesetz wurde aufgehoben, und die Regierung griff (nur zu bereitwillig) auf private Lieferanten zurück, die für die Güter, die sie zum Unterhalt der Armee und für andere staatliche Zwecke bereitstellten, inflationierte Preise zahlen mußten und noch eine erkleckliche Gewinnspanne aufschlugen. Die Folge waren eine grassierende Teuerung und das Aufkommen einer Klasse von Neureichen, die den Jahren des Direktoriums (1795–99) ein eigenes Gepräge gab.

Doch als die Regierung auf Marktanreize zur Steuerung der einheimischen Ökonomie zurückgriff, exportierte sie praktisch die Kommandowirtschaft in benachbarte Länder – Belgien, das Rheinland und nach 1797 auch Italien. Natürlich setzte dies voraus, daß die Feinde der Republik besiegt wurden. Der erste Erfolg stellte sich im September 1792 in Valmy ein, wo vierzig von Gribeauvals Geschützen mit ihrem Fernbeschuß die Preußen derart außer Fassung brachten, daß sie sich vom französischen Boden zurückzogen.[29]

In den anschließenden Schlachten spielten revolutionärer Eifer und zahlenmäßige Stärke eine bedeutendere Rolle als militärischer Sachverstand irgendwelcher Art. Dennoch hielten sich auch hier die Revolutionstruppen in etwa an die neuen taktischen Ideen, wie sie nach 1763 in der französischen Armee entwickelt worden waren. Bei Hondeshoote (September 1793) beispielsweise spielten Franktireurs, die gedeckt von Hecken die feindlichen Linien beschossen, eine wichtige Rolle, weil sie dazu beitrugen, die englischen Truppen zum Rückzug zu zwingen, und bei Wattignies (Oktober 1793) bildeten die französischen Truppen, nur von der revolutionären Begeisterung und dem wenigen getragen, womit sie sich auf dem Marsch selbst versorgten, überaus mobile Kampfverbände, die auf dem Schlachtfeld einfach deshalb weit überlegen waren, weil sie die österreichischen Linien umgingen und die massive Feuerkraft der professionellen Truppen durch ihre Beweglichkeit ausglichen: sie griffen von vorn, in der Flanke und von hinten gleichzeitig an.

Dies war das erste Mal, daß das revolutionäre Rezept für einen entscheidenden Sieg klar zu Tage trat. Lazare Carnot, der ‚Organisator des Sieges', war als Vertreter des obersten revolutionären Organs, des Wohlfahrtsausschusses, bei der Schlacht von Wattignies anwesend. Vielleicht gebührt ihm das Hauptverdienst daran, daß man die Risiken einging, die den strategischen und taktischen Schachzügen eines Angriffs um jeden Preis innewohnten. Doch ohne Zweifel wäre eine Niederlage das Ergebnis gewesen, wenn die französischen Soldaten auf dem Anmarsch nicht ihr Äußerstes gegeben hätten oder wenn in der Schlacht ihre Kampfmoral ins Wanken geraten wäre. Aber ein starkes, neues Vertrauen in die Macht der Revolution beseelte Mannschaften und Unteroffiziere und begann bald auch die Offiziere zu inspirieren.[30]

Hohe Marschgeschwindigkeit, strategische Konzentration und eine ag gressive Taktik auf dem Schlachtfeld wurden fortan zum Charakteristikum der französischen Heere. Dadurch, daß sie in größerem Umfang Franktireurs einsetzten, als andere Armeen mit minder spontaner Disziplin es sich erlauben konnten, waren die Franzosen in der Lage, auch in unübersichtlichem oder bewaldetem Gelände anzugreifen, wo sich die altmodische Schlachtlinie nicht formieren ließ.[31] Unwegsames Terrain bot fortan keinen sicheren Flankenschutz mehr für eine entwickelte Linie von Infanteristen wie noch in den Tagen Friedrichs II., und die zahlenmäßige Stärke (ein massives Aufgebot von Geschützen wie von Soldaten) bekam für die ganze Napoleonische Ära entscheidende Bedeutung.

Die Siege wiederum ermöglichten es den Franzosen, in Belgien und ins Rheinland einzudringen und in diese fruchtbaren und volkreichen Gebiete die Prinzipien der Kommandowirtschaft zu tragen, die mit dem Ende der Schreckensherrschaft in Frankreich selbst allmählich verschwand. Proviant und Pferdefutter, ständiger Bedarf aller Armeen, nahmen zuviel Platz für einen Transport über weite Entfernungen in Anspruch, und ohnedies hatten die siegreichen Franzosen kein Verlangen, ihre Truppen aus den eigenen kargen Vorräten zu versorgen, wenn Kontributionen und die regelrechte Ausplünderung der neu okkupierten Gebiete den Zweck ebenso erfüllten.

Auf diese einfache, aber wirkungsvolle Weise konnte die französische Regierung die soziale Instabilität erheblich entschärfen, die die Revolution überhaupt ausgelöst hatte. Unter dem Direktorium wurde die Masse der jungen Männer, die vor der Revolution keine zufriedenstellenden zivilen Beschäftigungen hatten finden können, entweder in den arbeitenden Teil der Bevölkerung eingegliedert, oder sie lebten als Soldaten auf Kosten benachbarter Völker – oder aber sie hatten einen mehr oder minder ruhmvollen Tod gefunden.[32]

Bis zum Jahr 1800 blieb die revolutionäre Lösung der demographisch-ökonomischen Krise, die so viel zum Sturz Ludwigs XVI. beigetragen hatte, nicht völlig gesichert. Doch als Napoleon an die Macht kam (1799) und wiederum besiegte Feindesarmeen vor sich hertrieb, konnte die französische Regierung ihren Bürgern ein gut funktionierendes Steuersystem verordnen. Danach wurde die Teuerung unter Kontrolle gebracht, und Napoleon verteilte die Unterhaltskosten für seine Heere gleichmäßiger, als es dem Revolutionsregime jemals gelungen war. Als er 1804/05 in Boulogne die Elite der französischen Streitkräfte zur Vorbereitung einer Invasion Englands zusammenzog, ging der Unterhalt der Armee wieder hauptsächlich auf Frankreich über, wenn auch benachbarte Länder zu den französischen Kriegsanstrengungen nach wie vor bedeutende – mehr oder minder erzwungene – Beiträge leisteten.[33]

In die Rekrutierung war in Frankreich schon etwas früher System gebracht worden. Die während der allgemeinen Mobilmachung 1793/94

Eingezogenen blieben auf unbegrenzte Zeit unter Waffen. Später folgende Einberufungen wurden regellos und einseitig – häufig in neu annektierten Gebieten – vorgenommen, bis 1798 das Direktorium ein Gesetz erließ, das es allen jungen Männern zwischen zwanzig und fünfundzwanzig Jahren zur Pflicht machte, sich beim Kriegsministerium zu melden. Sie wurden entsprechend ihrem Geburtsjahrgang in Klassen eingeteilt, und das Parlament sollte dann alljährlich entscheiden, wie viele neue Rekruten gebraucht wurden. Das Kriegsministerium teilte darauf jedem Departement ein Kontingent zu, und die lokalen Behörden wählten diejenigen aus, die einzurücken hatten, beginnend mit dem jüngsten waffenfähigen Jahrgang. Mit der Zeit bildete sich die Regel aus, durch das Los zu bestimmen, wer einzurücken hatte, doch die revolutionäre Gleichheit wurde nach 1799 dadurch modifiziert, daß ein Mann, dessen Nummer aufgerufen worden war, sich legalerweise einen Ersatzmann suchen konnte, dem er eine Summe zahlte, auf die die beiden sich einigten. Auf diese Weise regulierte man das Einberufungswesen durch Rückgriff auf den Markt, so daß es den Wohlhabenden möglich wurde, sich der Last und dem Risiko, selbst zu dienen, zu entziehen. Dieses System blieb in Frankreich bis nach 1871 bestehen, wenn auch in den meisten Jahren nach 1815, in denen nur wenige oder überhaupt keine Männer einberufen wurden, die Militärdienstpflicht nur einen kleinen Teil der waffenfähigen männlichen Bevölkerung betraf.

Natürlich betrachtete niemand die alljährliche Einberufung als ein Mittel, den Überschuß an jungen Franzosen ins Ausland zu exportieren und damit die sozialen Friktionen zu lindern, die sich aus dem raschen Bevölkerungswachstum ergaben. Dennoch hatte sie während der ganzen Napoleonischen Ära diesen Effekt, und umgekehrt hing der Erfolg der Einberufung davon ab, daß jedes Jahr genügend junge Männer heranreiften, die die Armee auffüllen und auch wichtige Aufgaben im Land selbst ausführen konnten. 1814 kratzte Napoleon dann die letzten Reserven zusammen, doch bis 1812 brachten seine immer wieder erneuerten Forderungen an die Nation, weitere Rekruten zu stellen, das Zivilleben nicht in erheblichem Maß durcheinander. Zwanzig Jahre lang sorgte die starke Bevölkerungszunahme, die in der Mitte des 18. Jahrhunderts eingesetzt hatte, für eine ausreichende Zahl tauglicher junger Männer, so daß der militärische wie der zivile Bedarf gedeckt werden konnte.

Was Frankreich selbst betraf, wurden die demographischen Auswirkungen der Aushebungen durch die Erweiterung des geographischen Bereichs gemildert, in dem sie vorgenommen wurden. Die Annexionen führten dazu, daß sich die Zahl der ‚Franzosen‘ beinahe verdoppelte – von etwa fünfundzwanzig auf vierundvierzig Millionen im Zeitraum 1789–1810, und diese neuen Bürger stellten ihren Anteil an den 1,3 Millionen Rekruten, die Napoleon zwischen 1800 und 1812 ausheben ließ.

Zudem wurden verbündete Staaten veranlaßt, Kontingente für die *Grande armée* von 1812 zu stellen, so daß nur eine Minderheit der Invasionstruppen, die in diesem Jahr in Rußland einmarschierten, französisch sprach.[34]

Damit wandte Napoleon das revolutionäre Instrument zur Entschärfung sozialer Spannungen, die sich aus dem rapiden Bevölkerungswachstum ergaben, auf alle dichter besiedelten Gebiete Westeuropas an, wo es schwierig war, dem Problem dadurch beizukommen, daß man einfach mehr Land unter den Pflug nahm. Auch die Habsburger und die Romanow vergrößerten den Umfang ihrer Armeen und ersetzten Mannschaftsverluste durch umfassende Aushebungen unter der Kleinbauernschaft. Ihre Situation war jedoch insofern anders, als nichts einem wirtschaftlich sinnvollen Einsatz der wachsenden Zahl Arbeitsfähiger im Agrarsektor im Wege stand, wohingegen dies in den dichter bevölkerten Regionen Westeuropas schwierig oder unmöglich war. Anders ausgedrückt, nur außenbestimmte Faktoren erklärten die Vergrößerung der osteuropäischen Armeen; kein innerer sozialer Druck wirkte in diese Richtung, obwohl das Bevölkerungswachstum es den Anwerbern relativ leicht machte, ihre Kontingente aus den Dörfern zu rekrutieren.

Preußen stellte eine gewisse Ausnahme dar, denn nach 1808 begrenzten die Bedingungen des Vertrags, den der französische Kaiser Friedrich Wilhelm III. aufzwang, die Stärke der preußischen Truppen auf 42000 Mann. Doch diese erzwungene Demobilisierung und die wirtschaftliche Notlage, welche die Jahre der französischen Okkupation mit ihren Requirierungen mit sich brachten, schufen ein menschliches und gefühlsmäßig patriotisch bestimmtes Reservoir, das sich in den Befreiungskriegen entlud. Als die Preußen aufgerufen wurden, *en masse* zu den Fahnen zu eilen, folgten sie bereitwillig.

Innerhalb Kontinentaleuropas erwies sich mithin die revolutionäre Antwort auf die demographische Krise des Ancien régime im allgemeinen als wirkungsvoll, zumindest bis 1810. Napoleons wiederholte Siege über Österreich (1797, 1800, 1805, 1809) und der betäubende Schlag, den er 1806 der Militärmacht Preußens versetzte, bestürzten und diskreditierten die alte Ordnung allenthalben, von Großbritannien abgesehen. Dort verhärtete sich eher die Stimmung gegen die Franzosen, und das Volk scharte sich hinter die aristokratisch-oligarchischen Führung, die Wirtschaft und Staat mit beträchtlichem Erfolg durch den Krieg steuerte. Die russischen Eliten zeigten eine ambivalente Haltung, da sie die revolutionäre Umwälzung zugleich bewunderten und fürchteten. Angesichts solcher Unschlüssigkeit beließen es fast alle dabei, sich nach den Grillen und Launen des herrschenden Autokraten zu richten, zuerst des zornmütigen Sonderlings Paul I. (1795–1801) und dann des von Gewissenszweifeln geplagten Frömmlers Alexander I. (1801–25).[35]

Weder ein wirtschaftlicher Zusammenschluß ganz Europas unter britischer Führung noch eine militärische Konsolidierung Westeuropas unter französischer Dominanz war wirklich mit dem orthodoxen Denken der Russen vereinbar oder in Übereinstimmung mit den Interessen des Russischen Reiches. Doch die Dinge lagen so, daß dies die Alternative war, vor die der jähe Machtzuwachs Frankreichs und Großbritanniens die Zaren und die herrschende Elite Rußlands stellte. Immerhin war dieses Dilemma minder akut als für Herrscher weiter im Westen, denn die russische Bauernschaft und die unteren städtischen Schichten hatten so gut wie keine Ahnung vom Sturm der Veränderung, der über Westeuropa fegte. Die Zaren hatten deshalb Bewegungsfreiheit, zwischen einer englischen und einer französischen Allianz hin und her zu wechseln, ohne beides als wirklich befriedigend zu empfinden. Das habsburgische Österreich verhielt sich genauso, obwohl es, als Metternich 1810 die Vermählung Napoleons mit einer Tochter des Kaisers arrangierte, so aussah, als wäre es zu einer dauerhaften Versöhnung nach dem uralten Muster dynastischer Allianzen gekommen. Dem Emporkömmling auf dem französischen Kaiserthron lag viel an der Legitimation, die ihm die eheliche Verbindung mit der altehrwürdigen Dynastie verschaffte, und der Habsburger wußte zu schätzen, daß ihm weitere Niederlagen erspart blieben, was verbürgt schien, wenn er Napoleon zum Schwiegersohn hatte.

Vom militärischen und diplomatischen Standpunkt mußte es 1810 ganz danach aussehen, als sei die französische Hegemonie über West- und Mitteleuropa gesichert. Die französischen Eroberungen zogen weitreichende politisch-rechtliche Veränderungen nach sich. Rasch entwickelten sich selbstsüchtige Interessen, denen das neue Regime, in Frankreich wie außerhalb, Vorteile brachte. Sie wurden mit jedem Jahr stärker.

Gleichwohl, mit der Gegnerschaft Großbritanniens war nach wie vor nicht zu spaßen. Napoleons Versuch, England durch eine totale Blockade seines Handels mit dem Kontinent – 1806 verfügte er die Kontinentalsperre – auf die Knie zu zwingen, endete damit, daß seine eigene Autorität auf einen Kollisionskurs gegenüber den Interessen eines beträchtlichen Teils der Europäer geriet, für die billige Baumwoll- und andere englische Manufakturwaren wie auch Kolonialgüter wichtig geworden waren. Diese Produkte ließen sich nur auf dem Weg über britische Stapelplätze erlangen. Wäre Frankreich imstande gewesen, gleichwertige Güter aus Fabriken innerhalb seiner eigenen Grenzen zu liefern, hätte die Kontinentalsperre sicher gewirkt, doch dem war nicht so. Das französische Manufakturwesen hatte zwischen 1789 und 1800 empfindlichen Schaden gelitten, und wenn es sich unter Napoleon auch so weit erholte, daß der Wert der Produktion den der Zeit vor der Revolution um volle vierzig Prozent überstieg,[36] so lag diese Wachstumsrate doch hinter der englischen so weit zurück, daß französische Erzeugnisse in Quantität und Preis kaum mit den englischen konkurrieren konnten.[37] Noch wichtiger war, daß sich kein befriedigender Ersatz für Tee, Kaffee, Zucker, Baumwolle und ähnliche Güter aus Übersee innerhalb Kontinentaleuropas finden ließ – zumindest nicht auf absehbare Zeit.[38]

Eine Grundschwäche der Franzosen lag in ihrer Abhängigkeit vom Transport auf dem Landweg, sowohl für die Belieferung ziviler Märkte als auch – entscheidender – für den militärischen Nachschub. Die katastrophalen Mißerfolge Napoleons, in Spanien und in Rußland, gingen auch darauf zurück, daß auf diesen beiden Kriegsschauplätzen seine Gegner ihre Armeen auf dem Wasserweg versorgen konnten, während die Franzosen – von Plünderungen unterwegs abgesehen – vor allem zu Lande heranschaffen mußten, was sie benötigten. In Landstrichen, die reich genug waren, wie in Italien und Deutschland, sowie ein paar Wochen im Sommer funktionierte der Überlandtransport zur Versorgung der französischen Heere recht gut, wie Napoleons frühere siegreiche Feldzüge bezeugten. Doch wenn militärische Operationen ein ganzes Jahr hindurch keine Entscheidung brachten – wie die in Spanien – und wenn das Land so arm war, daß sich nicht leicht davon leben ließ, verlor die Formel für militärische Erfolge, an die die Franzosen sich seit 1793 gehalten hatten, ihre Wirksamkeit. Eine Ergänzung unzureichenden Nachschubs durch Plünderungen verschärfte nur die Feindseligkeit der einheimischen Bevölkerung, ob in Ostpreußen, Spanien oder Rußland, und Mittel für eine Verstärkung des Nachschubstroms durch Landtransport über weite Strecken waren nicht zur Hand.

Dagegen stützten sich die britischen Expeditionstruppen in Portugal und Spanien (1808–12) weitgehend auf Zufuhren aus Großbritannien, die über See eintrafen. Die organisatorischen Mittel für diese großartige Leistung waren während des Amerikanischen Unabhängigkeitskriegs entwickelt worden, und die Aufwendungen belasteten die heimischen Ressourcen Englands nicht über Gebühr. Dazu kam, daß die Engländer in dem unter Armut leidenden flachen Land der Iberischen Halbinsel den Einheimischen für ihre Produkte und Dienstleistungen (zumeist Überlandtransport) vorher ausgehandelte Preise zahlten. Dies bedeutete, daß die Briten immer dann, wenn die gegnerischen Armeen einander nahekamen, bevorzugt Zugang zu dem wenigen hatten, das die spanischen und portugiesischen Bauern erübrigen konnten. Während der kritischen Konfrontation bei Torres Vedras, vor Lissabon (1810/11), litten daher die Franzosen Hunger, während die britischen Truppen mehr oder weniger ausreichend ernährt waren. Die Stärke der französischen Heere in Spanien (bis zu 250000 Mann) schuf dafür keinen Ausgleich, im Gegenteil, sie verschärfte noch die heikle Situation.

Spanien blieb, kurz gesagt, in vieler Hinsicht ein Land des Ancien régime; seine nicht eingehegten Weizenfelder und Weiden eigneten sich gut für die altmodische englische Linientaktik, und seine Armut machte eine vorzüglich ausgebildete, relativ kleine Streitmacht von der Art, wie Wellington sie befehligte, für die zahlenmäßig weit überlegenen Franzosen zu einem ebenbürtigen Gegner, ja, zu mehr als das.[39]

Napoleons Rußlandfeldzug, der 1812 begann, hatte mit beinahe den gleichen Schwierigkeiten zu kämpfen. Frühere Kampagnen gegen die Russen in Ostpreußen und auf polnischem Gebiet, 1807/08, hatten die Franzosen gelehrt, wie schwer es war, sich aus einem Land zu ernähren, in dem Sümpfe und Wälder weitaus mehr Bodenfläche einnahmen als Getreidefelder. Napoleon traf daher ungewöhnlich sorgfältige Vorbereitungen für den Proviantnachschub der Grande armée, doch der Landtransport mit Fuhrwerken ging langsam vor sich, war teuer und begrenzte die Marschgeschwindigkeit auf ein Tempo, mit dem es die russischen Truppen leicht aufnehmen konnten. Dazu kam, daß auf dem Rückzug von Moskau das gesamte Versorgungssystem zusammenbrach, mit der Folge, daß von den Männern, die unter Napoleon nach Rußland gezogen waren, die meisten umkamen oder in Gefangenschaft gerieten.[40]

Durch die Verwendung von Fuhrwerken für die Versorgung seiner Armee versuchte Napoleon praktisch, es mit dem Transport zu Wasser aufzunehmen, denn da der Zar über das Fluß- und Kanalsystem verfügte, konnten seine Truppen auf Zufuhren von Getreide und anderen Bedarfsgütern auf Kähnen und größeren Flußschiffen im Sommer und auf Schlitten im Winter hoffen. Da sich selbst schwere Lasten leicht flußauf- und flußabwärts befördern ließen – notfalls viele Meilen weit –, konnten die Russen ihre Soldaten besser versorgen, als dies den Invasoren möglich war, deren Karren kleinere Lasten mit ungleich größerer Mühe transportierten.[41]

## Die englische Variante

Bevor wir uns den Folgewirkungen von Napoleons Niederlage in Rußland zuwenden, scheint es angebracht, den Blick über den Kanal zu richten und kurz zu untersuchen, wie die englische Regierung während der Revolutionsepoche ihre Kriegsanstrengungen gegen Frankreich betrieb. Keine jähen Umbrüche, keine gewalttätigen Ausschreitungen begleiteten in Großbritannien die Mobilisierung der Ressourcen für den Krieg, obwohl die Veränderungen für die englische Gesellschaft auf lange Sicht ebenso revolutionär waren wie nur irgend etwas, das sich in Frankreich abspielte – daß wir von einer ‚industriellen Revolution‘ sprechen, bezeugt es.

Unter Historikern, die zu erklären versuchen, wie und warum sich auf der Insel die industrielle Revolution entwickelte, wird oft die Auffassung vertreten, daß das Bevölkerungswachstum ein wichtiger, ja, vielleicht der Hauptfaktor war, der ältere Gleichgewichtsverhältnisse in Großbritannien aus dem Lot brachte.[42] Überreichlich vorhandene Arbeitskräfte einerseits und ein expandierender Binnenmarkt andererseits machten eine Nutzung der Vorteile der Serienproduktion durch den Einsatz jüngst erfundener Maschinen möglich – sei es eine Mulemaschine für das Spinnen von Baumwollfäden oder ein Schmelzofen für die Eisenherstellung. Billige Transportmöglichkeiten zu Wasser waren von ganz wesentlicher Bedeutung für die gesamte Entwicklung, sowohl was die Rohstoffimporte aus Übersee als auch die Distribution von Handelsgütern innerhalb der Britischen Inseln und darüber hinaus betraf. Der vom Herzog von Bridgewater erbaute Kanal (1761 eröffnet), der den aufblühenden Baumwollspinnereien von Manchester Kohle zuführte, machte die enorme Entwicklung dieser Stadt möglich, und der nicht minder bedeutende finanzielle Erfolg des Kanals löste in Großbritannien eine wahre Kanalbau-Manie aus, die bis in die 1790er Jahre anhielt. Zusammen mit Verbesserungen an den vorhandenen Flußläufen verschaffte sie England ein leistungsfähiges System von Binnenwasserstraßen, das die Beförderung schwerer Lasten ungemein verbilligte, denn fast überall wurde der Landtransport auf kurze Entfernungen von allenfalls ein paar Meilen reduziert.[43]

Doch ebenso wie in Frankreich vermochte nichts befriedigende Relationen zwischen Bevölkerung, Nahrungsmittelversorgung und Erwerbsmöglichkeiten zu garantieren, und in manchen Regionen der Britischen Inseln ließ die tiefe ländliche Armut es nicht zu, daß sich irgendein kommerzielles oder industrielles Wachstum entwickelte. Dies war am augenfälligsten in Irland und im schottischen Hochland. Selbst London beherbergte, seiner überbordenden kommerziellen und industriellen Expansion zum Trotz, unstete, unberechenbare, in Armut lebende Massen, die sich selbst in guten Zeiten zum Teil mit Betteln und Stehlen durchschlugen. Londons Potential für Ausschreitungen großer Menschenansammlungen konnte sich mit allem messen, was Paris zu bieten hatte, und Demagogen wie John Wilkes (1725–97) waren reichlich zur Hand, der erregten Volksmenge Ziele und Parolen zu offerieren, wie es 1789–94 so lautstark in Paris geschah.

Gleichwohl war die aristokratisch-oligarchische Führung Großbritanniens im Land selbst nicht einmal in den frühesten Tagen der Revolution ernsthaft bedroht, als das Fanal der Freiheit in französischer Version hell über den Kanal strahlte, wie es auch den unmittelbaren Nachbarn Frankreichs leuchtete.[44] Ein Grund ist darin zu sehen, daß jede Herausforderung des Regierungssystems nach dem Kriegseintritt Englands zu sehr in die Nähe von Landesverrat geriet. Dazu kam aber noch, daß die englische Regierung wirksame Mittel fand, mit dem rapiden Bevölkerungswachstum fertig zu werden, und deshalb verhindern konnte, daß die Unzufriedenheit jene explosive Kraft gewann, die Ludwig XVI. in Paris zu spüren bekam.

Wie in Frankreich spielte auch in England die Rekrutierung für Armee und Flotte eine wichtige Rolle. Auf dem Gipfel der Mobilisierung von 1814 wurden rund eine halbe Million Männer in den Stammrollen der beiden Waffengattungen geführt,[45] das heißt, beinahe vier Prozent der gesamten arbeitenden Bevölkerung Großbritanniens. Zur Armee meldeten sich unverhältnismäßig viele junge Männer aus dem verarmten schottischen Hochland, zur Kriegsmarine solche aus Hafenstädten, wo Preßpatrouillen jeden Tauglichen aufgriffen, der keinen festen Wohnsitz und keine geregelte Beschäftigung hatte. Dies bedeutete, daß aus zwei Zentren, die sich im 18. Jahrhundert besonders empfänglich für aufrührerische politische Ideen gezeigt hatten, arbeitende wie arbeitslose junge Männer abgezogen wurden, genauso wie es nach 1794/95 in Paris und im übrigen Frankreich geschah.

In Irland, dem anderen alten Geschwür der britischen Gesellschaft und Politik, ging die Reaktion auf die Verarmung des flachen Landes und das Bevölkerungswachstum zwei auseinanderstrebende Wege. In Ulster war seit den Hungerjahren 1717/18 unter schottisch-irischen Protestanten die Auswanderung nach Amerika zur Tradition geworden; und nach der Unterbrechung infolge des Amerikanischen Unabhängigkeitskrieges, 1775–83, setzte sich aus Nordirland abermals ein schwacher Emigrationsstrom in Bewegung, bis es 1812–14 durch einen neuen Krieg mit den Vereinigten Staaten zu einer zweiten Unterbrechung kam.[46] Diese Abwanderung von durchschnittlich 2000 bis 3000 Menschen jährlich war jedoch so stark, daß sie sich für die Provinz Ulster bemerkbar machte, und lieferte anscheinend ein Sicherheitsventil für die breite Unzufriedenheit in diesem Teil der Britischen Inseln. Im Süden Irlands milderte ein anderer Migrationsstrom zeitweise die ländliche Übervölkerung, unter der die katholischen Iren seit langem litten, als Grundbesitzer in Leinster und Munster entdeckten, daß die steigenden Getreidepreise es rentabel machten, das Land unter den Pflug zu nehmen und Weizen oder Hafer anzusäen, statt – wie vor 1793 üblich – die Güter als Weideland zu nutzen. Dies erforderte Arbeitskräfte zum Pflügen und Ernten, und für einen Morgen Grund, auf dem Kartoffeln für die Versorgung der Familie gezogen werden konnten, ließen sich die notwendigen Leute anwerben. Die Folge war, daß Connaught, wo das Cromwellsche ‚settlement‘ von 1650 die katholischen Armen zusammengedrängt hatte, sich während der Kriegsjahre teilweise entleerte und Irland sich ein rundes Jahrzehnt eines Zustands erfreuen konnte, der einer Vollbeschäftigung halbwegs nahekam.

So fanden die am stärksten betroffenen Regionen der Britischen Inseln jede für sich eine einigermaßen wirkungsvolle Lösung für das Problem des ländlichen Bevölkerungswachstums: Die schottischen Highlands schickten Rekruten zur Armee, Ulster exportierte einen Teil seiner arbeitsfähigen Bevölkerung nach Übersee, und Südirland ging von der Weidewirtschaft zum Ackerbau über. Im eigentlichen England, wo die kommerziell betriebene Landwirtschaft und intensive Bodenbewirtschaftung viel weiter entwickelt waren, bestand die bedeutsamste Reaktion auf die Bevölkerungszunahme in einer Modifizierung des Armenrechts. Nach 1795 gingen mehr und mehr Gemeinden zu einer Unterstützung der Bedürftigen außerhalb der Armenhäuser über. Die ausgezahlten Beträge wurden an das Lohneinkommen der Antragsteller, die Familiengröße und – aufschlußreicherweise – an den Brotpreis gekoppelt. Die Verfahrensweise war von Ort zu Ort verschieden, doch dieses sogenannte ,Speenhamland-System'[47] sicherte jedermann ein Existenzminimum. Es bedeutete, daß selbst in schlechten Jahren, wenn Mißernten den Brotpreis in die Höhe trieben, die Armen darauf zählen konnten, dem Hunger zu entgehen. Ohne die Unterstützung gemäß dem Armenrecht hätten in Zeiten der Teuerung und in jenen Jahreszeiten, in denen das Arbeitsangebot am flauesten war, Landarbeiter keine andere Wahl gehabt, als in die Städte zu fliehen, in der vergeblichen Hoffnung, dort eine Beschäftigung zu finden oder von milden Gaben zu leben, auf die es in ihrer schwer bedrängten Heimatgemeinde keine Aussicht gab. Massen solcher Verzweifelter waren infolge von Mißernten 1788/89 nach Paris geströmt. Doch nach 1795 konnte dergleichen in England kaum geschehen. Die neue Gestaltung der Armenhilfe ermöglichte es den Landarbeitern, Notzeiten dadurch zu überstehen, daß sie einfach blieben, wo sie waren. So trug das Speenhamland-System der häuslichen Unterstützung viel zur Stabilisierung der englischen Gesellschaft bei.

Danach wurde die Migration innerhalb Englands von den Reaktionen auf wirtschaftliche Chancen und Lohnunterschiede gesteuert. Und diese Wanderbewegung leistete ihren Beitrag zu der ganz eigenen und überaus bedeutsamen Art, wie die britische Gesellschaft sich auf das Bevölkerungswachstum des ausgehenden 18. Jahrhunderts einstellte: durch die Ausdehnung produktiver Arbeitsmöglichkeiten in Handel und Industrie. Neue Techniken senkten die Preise; niedrigere Preise ließen die Märkte expandieren; aufstrebende Märkte steigerten den Umfang der Produktion, was wiederum mehr Fabrikarbeiter, Transportarbeiter und Dienstleistungspersonal der verschiedensten Art erforderlich machte, um den wirtschaftlichen Austausch so ungestört laufen zu lassen, wie es geschah. Niemand plante dieses Wirtschaftswachstum, und akute Krisen während des Krieges brachten es wiederholt ins Wanken. Doch jedesmal krempelten Regierung, Eigentümer und Direktoren die Ärmel hoch, und die Krise ging vorüber. Besonders in drei Fällen verbanden sich nationales

Phlegma und britischer Ideenreichtum, um ein sich anbahnendes Unheil zu bezwingen: Die Öffentlichkeit akzeptierte 1797 eine ungedeckte Papierwährung, nahm 1799 die Einkommensteuer auf sich, und Exporteure erschlossen neue Märkte in Lateinamerika und in der Levante, als nach 1806 der Absatz britischer Produkte auf dem Kontinent scharf begrenzt wurde.

Eine ganze Reihe von Historikern der industriellen Revolution schenkt dem Krieg nur geringe Aufmerksamkeit. Diejenigen aber, die ihn zur Kenntnis nehmen, vertreten zumeist das Argument, er habe die industrielle Entwicklung in Großbritannien eher behindert als gefördert.[48] Ob dies zutrifft, ist fraglich. Die enorme Steigerung der Staatsausgaben, fast zur Gänze für Kriegszwecke verwendet, beeinflußte zweifellos für jeden Artikel, der innerhalb der britischen Wirtschaft getauscht wurde, Angebot und Nachfrage.[49] Nur wenn man annimmt, irgendein anderer Anreiz habe allen Arbeitswilligen zu Arbeit verholfen und dem vordem unterbeschäftigten Teil der britischen Allgemeinheit eine Kaufkraft verschafft, die der von Armee und Kriegsmarine gleichwertig war, erscheint die Annahme plausibel, daß das Tempo der Industrialisierung in Großbritannien ohne den Krieg ebenso hoch oder noch höher als das tatsächlich erreichte gewesen wäre. Zudem bahnten Regierungsausgaben im Ausland britischen Exporteuren den Weg. Die an verbündete Staaten gezahlten Subsidien, insgesamt 65,8 Millionen Pfund,[50] ermöglichten es Regierungen auf dem Kontinent, britische Produkte für die Ausrüstung ihrer Armeen zu kaufen; und dank jenem Teil der Subsidien, der innerhalb Rußlands, Österreichs oder Preußens ausgegeben wurde, konnten Kolonialwaren und andere Handelsgüter gekauft werden, die zumeist ihren Weg über die Britischen Inseln nahmen oder von dorther stammten. Ohne diese Subsidien der Londoner Regierung an Verbündete auf dem Kontinent und ohne den Transfer beträchtlicher Kaufkraft an die halbe Million Männer, die, hätten nicht Armee und Kriegsmarine sie aufgenommen, notleidend oder unterbeschäftigt gewesen wären, ist es schwer zu glauben, daß die Industrieproduktion in Großbritannien auch nur entfernt so rasch zugenommen hätte, wie es tatsächlich geschah.[51]

Doch damit nicht genug. Staatliche Eingriffe veränderten auch die Palette der Produkte, die aus der expandierenden Industrie Großbritanniens kamen, vor allem dadurch, daß sie besonders die Eisenverarbeitung begünstigten. Notleidende und unterbeschäftigte Männer kaufen zwar keine Kanonen und andere kostspielige Industrieprodukte. Doch durch die Eingliederung Tausender von Bedürftigen in Armee und Kriegsmarine, wo sie dann mit den Werkzeugen ihres neuen Handwerks ausgerüstet wurden, wurde eine erhebliche Nachfrage nach Gütern des persönlichen Verbrauchs auf eine solche nach Gegenständen verlagert, die für große Organisationen und wirtschaftliche Unternehmungen von Nutzen waren

– zunächst für die Armeen und Flotten, doch in künftigen Zeiten auch für Fabriken, Eisenbahnen und andere wirtschaftliche Großprojekte. Zudem hätten die Männer, die die neuen koksbefeuerten Schmelzöfen in desolaten Regionen Wales' und Schottlands bauen ließen, ohne einen gesicherten Absatzmarkt für Geschütze vermutlich keine solch riskanten und kostspieligen Investitionen vorgenommen. Jedenfalls waren ihre ersten Märkte weitgehend militärischer Natur.[52]

So wurden sowohl das absolute Produktionsvolumen als auch die Produktpalette britischer Fabriken und Schmieden in den Jahren 1793–1815 von den staatlichen Ausgaben für Kriegszwecke tiefgreifend beeinflußt. Insbesondere schuf die staatliche Nachfrage eine rasch aufblühende Eisenindustrie, deren Kapazitäten den Bedarf in Friedenszeiten überstiegen, wie die Depression in den Nachkriegsjahren 1816–20 zeigte. Aber sie legte auch das Fundament für künftiges Wachstum, weil sie den britischen Eisenfabrikanten außergewöhnliche Anreize bot, neue Verwendungszwecke für das billiger gewordene Produkt zu suchen, das ihre neuen, großen Schmelzöfen herstellen konnten. So trugen die militärischen Anforderungen an die englische Wirtschaft stark dazu bei, die folgenden Phasen der industriellen Revolution zu formen; sie ermöglichten die Verbesserungen an den Dampfmaschinen,[53] bedeutende Innovationen wie Eisenbahnen und eiserne Schiffsrümpfe unter Bedingungen, die ohne den Schwung, den der Krieg der Eisenproduktion gab, einfach nicht gegeben gewesen wären. Diese Epoche der englischen Wirtschaftsgeschichte als ,abnormal'[54] abzutun, verrät eine erstaunliche Voreingenommenheit, die unter Wirtschaftshistorikern anscheinend verbreitet ist.

Noch ein anderer Aspekt: In den ersten fünfzehn Jahren des 19. Jahrhunderts, als die Getreidepreise in Großbritannien eine intensive Bodennutzung einträglich machten, nahmen die Einhegungsgesetze zu wie nie zuvor. Die Bereitschaft des Londoner Parlaments, sich durch die Verabschiedung solcher Gesetze über die Interessen der ärmeren ländlichen Schichten hinwegzusetzen, ist wohlbekannt. Doch selbst ein nur aus Grundbesitzern und Kaufleuten zusammengesetztes Parlament hätte vermutlich nicht so viele Gesetze mit so wenig Rücksicht auf die sozialen Folgen der Einhegungen gebilligt, hätten die Kriegszeiten den Enteigneten nicht ausreichende andere Möglichkeiten geboten: zur Armee gehen, Fürsorgeleistungen in Anspruch nehmen oder Beschäftigung in der vom kriegsbedingten Bedarf stimulierten Zivilindustrie finden. Hätten die Gesetze statt dessen aufgebrachten städtischen Massen aus arbeitslosen oder unterbeschäftigten Arbeitern Zuzug verschafft, wären die Einhegungen gewiß nicht so rasch vorangeschritten, und die englische Wirtschaftsgeschichte hätte – wieder einmal – einen anderen Weg eingeschlagen, wohl eher einen von der Art, mit der Frankreich im 19. Jahrhundert experimentierte.

Eine faktenleugnende Geschichtsbetrachtung taugt nur dafür, die Phantasie anzuregen; für das Thema dieses Buches ist die These wichtig, daß massive staatliche Eingriffe in den Markt[55] die – nur halb erkannte oder beabsichtigte – Wirkung hatten, die Industrialisierung in Großbritannien zu beschleunigen und ihren Entwicklungsweg mitzubestimmen. Dank staatlicher Ausgaben herrschten während der Kriegsjahre überwiegend Prosperität und Vollbeschäftigung, und dies, obwohl die Bevölkerung des Vereinigten Königreichs von 14,5 Millionen im Jahr 1791 auf 18,1 Millionen im Jahr 1811 anschwoll.[56]

Die französische Regierungspolitik befaßte sich nicht weniger erfolgreich mit dem Problem der nicht- oder unterbeschäftigten Arbeitskräfte; aber die Form der Problemlösung war anders. Eine größere Zahl junger Franzosen trat in die Armee ein, während das industriell-kommerzielle Wachstum, wenngleich langsamer, aber doch beträchtlich vorankam, vor allem weil die territoriale Machtbasis Frankreichs sich ausdehnte und dabei neue Industrieregionen in den Herrschaftsbereich der Pariser Regierung eingegliedert wurden, so daß Turin und Lüttich ebenso wie ältere Rüstungszentren in Frankreich selbst sich an den Kriegsanstrengungen des Landes zu beteiligen begannen. Ähnlich drängten sich Baumwollspinnereien und andere neue Industriezweige, die aus dem Boden schossen, in Belgien und im Elsaß, an den Grenzen des historischen Frankreich zusammen.

Die unterschiedlichen Relationen der militärischen zu den kommerziell-industriellen Beschäftigungsmöglichkeiten, die die divergierende Politik in Frankreich und Großbritannien vordem unterbeschäftigten jungen Männern erschloß, hatte Folgewirkungen von großer Tragweite. Die französischen Menschenverluste in den Kriegen – von 1792 bis 1815 insgesamt zwischen 1,3 und 1,5 Millionen Soldaten[57] – zusammen mit dem merklichen Rückgang der Geburtenraten in Frankreich, der mit dem neuen Jahrhundert manifest wurde, hatten zur Folge, daß die stimulierende Wirkung (und das Problematische) einer raschen Bevölkerungszunahme mit der bourbonischen Restauration auf die Dauer vom französischen Boden verschwand. Großbritannien und Irland hingegen wie auch Deutschland und das übrige Kontinentaleuropa wiesen während des gesamten 19. Jahrhunderts eine Rate des Bevölkerungswachstums auf, die die französische weit hinter sich ließ.[58]

Es hat mithin den Anschein, daß die Franzosen – weitgehend als unbeabsichtigtes Nebenprodukt des Handelns ihrer jeweiligen Regierungen zwischen 1792 und 1815 – lernten, die Geburten in Grenzen zu halten, und die Engländer, einer wachsenden Bevölkerung Beschäftigung in Industrie und Handel zu verschaffen. Der technische Vorsprung der Briten währte, da sie als erste auf den Plan getreten waren, ein rundes halbes Jahrhundert; die Franzosen gingen viel langsamer zu Industrialisierung und Urbanisierung über und hatten bis nach 1914 ein zahlenmäßiges Übergewicht der Bauern in der Bevölkerung.

Alles in allem sollte man anerkennen, daß beide Länder mit eindrucksvollem Erfolg der Krise begegneten, die sich im späten 18. Jahrhundert durch ein beispielloses Bevölkerungswachstum in Landstrichen einstellte, wo unkultivierter Boden bereits Mangelware war. Denn in den stürmischen Jahren von 1789 bis 1815 führten Frankreich wie Großbritannien Wohlstand und Macht ihrer Staaten auf eine neue Höhe, womit Osteuropa es nicht aufnehmen konnte, auch wenn, an jedem anderen Maßstab gemessen, Rußlands und Österreichs ökonomische und militärische Stärke enorm zunahm. Doch das Bevölkerungswachstum und die Größe der Armeen verlangten in jenen Teilen Europas, wo neue Arbeitskräfte sich mühelos für die Umwandlung von Wäldern und Ödland in Felder einsetzen ließen, keine neuen Formen menschlicher Zusammenarbeit und ihrer Steuerung. Diese Art extensiver Erschließung war für die Regierungen weniger wertvoll als die Entwicklung intensiverer Formen, menschliche Leistungskraft auf Massenbasis zu integrieren, per Befehl wie in Frankreich oder überwiegend durch den Markt wie in Großbritannien. Der Grund dafür lag darin, daß die Besiedlung früherer Ödlandgebiete rasch auf das Gesetz des abnehmenden Ertragszuwachses stieß. Landwirte, die immer weniger ertragreichen Boden unter den Pflug nahmen, konnten den staatlichen und anderen städtischen Behörden nur einen schrumpfenden Überschuß von Agrarprodukten zur Verfügung stellen. Irland ging nach 1815 den gleichen Weg, in krassem Kontrast zu der anhaltenden Urbanisierung und Industrialisierung in Großbritannien. Wie viele Osteuropäer im späteren 19. Jahrhundert mußten auch die Iren, um der ländlichen Armut zu entkommen, den Ausweg der Emigration wählen, wenn nicht schon die brutale Gewalt des Hungers sie dazu zwang.

Der Erfolg der französischen Politik zwischen 1792 und 1812 verhüllte eine Schwäche, die nach Napoleons Niederlage in Rußland grell ins Licht trat. Denn so unpopulär die finanzielle und wirtschaftliche Überlegenheit Großbritanniens bei den kontinentaleuropäischen Ländern auch wurde, weckte sie doch viel weniger Groll, als die militärische Superiorität der Franzosen und die wirtschaftliche Ausbeutung durch Frankreich bei jenen verursachten, die die französischen Besatzungsarmeen ernähren und ihnen Gehorsam leisten mußten. Als dann englische Subsidien und Waffen verfügbar wurden und 1813 die Ausrüstung der preußischen, russischen und österreichischen Armee vervollständigen konnten, kamen die materiellen Mittel und der Wille, Napoleon zu bezwingen, zusammen. Diese Kombination erwies sich als unwiderstehlich. Napoleons Präfekten wirkten mit der Aufstellung neuer Heere, die dem Feind entgegengeworfen wurden, wahre Wunder, und die Schlachten und Manöver des Kaisers gegen die vordringenden Verbündeten haben die Bewunderung vieler

Militärhistoriker gefunden. Doch die französischen Ressourcen waren unzureichend, und Armee wie zivile Gesellschaft hatten schon seit langem viel vom Elan der frühen Revolutionstage verloren. Daher wurde, als Napoleon aus dem Weg war, ein Verhandlungsfriede möglich, für den traditionelle Kalkulationen im Sinn des Gleichgewichts der Mächte entscheidend waren, und Frankreich konnte sich schon nach erstaunlich kurzer Zeit wieder dem Europäischen Konzert anschließen.

## Die Nachkriegsverhältnisse 1815–1840

Doch die Spuren der Revolution ließen sich nicht mehr vom Antlitz Europas tilgen, und selbst die reaktionärsten der restaurierten Regimes unternahmen kaum einen derartigen Versuch. Im militärischen Bereich konzentrierten sich die zukunftsträchtigen Veränderungen auf Preußen. Die englische und die russische Armee behielten uneingeschränkt ihren Charakter aus der Zeit des Ancien régime, trotz ihrer zahlenmäßigen Vergrößerung im Krieg. In anderen Ländern wurde die Bereitschaft der Herrscher und des Adels, das Volk gegen die Franzosen zu den Waffen zu rufen, stark gedämpft von der traditionellen gesellschaftlichen Hierarchie und einem noch fortbestehenden Mißtrauen zwischen Aristokraten und Nichtadeligen, reich und arm, Herrscher und Untertan. Österreichs Auftreten gegenüber den Franzosen wurde dadurch abgeschwächt, daß Napoleon schließlich Schwiegersohn des Kaisers war, und nach 1812 erkannte Fürst Klemens von Metternich, daß bei einer Ausschaltung Frankreichs als Militärmacht der Zar imstande wäre, seine Herrschaft über den ganzen Kontinent auszudehnen, die Ansprüche Habsburgs auf den ersten Rang in der mitteleuropäischen Christenheit zu bestreiten und Österreichs Führungsposition in Deutschland dadurch zu untergraben, daß er die Preußen mit ein paar Leckerbissen köderte. Metternichs Stil der Diplomatie und seine Kriegspolitik entsprachen daher den Maßstäben des Ancien régime ebensosehr wie die englische und die russische Armee.

In Preußen hingegen öffnete gerade der unerwartete und vollständige militärische Zusammenbruch von 1806 den Weg zu einer energischen Reform von Gesellschaft und Staat wie auch des Heeres. Gerhard Johann David von Scharnhorst, ein geadelter hannoveranischer Bürgerlicher, errang unter den Heeresreformern einen besonderen Rang, was er seinen persönlichen Qualitäten und der, freilich halbherzigen, Unterstützung Friedrich Wilhelms III. verdankte. Der preußische König war der Ansicht, daß er von unfähigen adeligen Offizieren im Stich gelassen worden sei. So wandte er sich nach Jena-Auerstedt an Scharnhorst und seine Gesinnungsfreunde, allerdings nur in einer Stimmung der Verzweiflung, denn er mißtraute ihrem Glauben an eine Wiederaufrichtung der Größe Preußens durch eine Partnerschaft von Krone und Volk. Ein aktives Bündnis zwischen Herrscher und Untertanen, so glaubte Scharnhorst, sei das wahre Geheimnis der französischen Erfolge. Wieder und wieder hatten die Franzosen aus dem einfachen Volk sich willens gezeigt, für ihre Nation und deren Herrscher tapfer zu kämpfen. Die Preußen würden das gleiche für ihren König tun, doch nur, wenn ihre Interessen im Staat angemessen berücksichtigt würden. Friedrich Wilhelm III. trat solchen Gedanken nur zögernd näher, eingedenk dessen, wie es Ludwig XVI. ergangen war, als er versucht hatte, den Tiger des Volkswillens zu reiten. Die Aufhebung der bäuerlichen Erbuntertänigkeit und die Einrichtung einer begrenzten städtischen Selbstverwaltung, das war so ungefähr alles, was der preußische König an gesellschaftlichen und politischen Reformen zu konzedieren gewillt war.

In rein militärischen Dingen jedoch errangen Scharnhorsts Ideen einen größeren Erfolg. Bis 1813 macht die französische Politik es schlicht unmöglich, die Idee eines ,,Volkes in Waffen" zu verwirklichen. Immerhin schien es zunächst möglich, Verbesserungen der militärischen Effizienz, im Exerzierwesen und Ausbildungsniveau zu erreichen. Entsprechend fand Scharnhorsts Idee, die Offiziere sollten einzig auf der Basis bewiesener Tüchtigkeit ernannt und befördert werden, 1808 Eingang in eine königliche Proklamation: ,,Einen Anspruch auf Offiziersstellen sollen von nun an in Friedenszeiten nur Kenntnisse und Bildung gewähren; in Kriegszeiten ausgezeichnete Tapferkeit und Überblick. Aus der ganzen Nation können daher alle Individuen, die diese Eigenschaften besitzen, auf die höchsten Ehrenstellen im Militär Anspruch machen. Aller bisher stattgehabte Vorzug des Standes hört beim Militär ganz auf, und jeder ohne Rücksicht auf seine Herkunft hat gleiche Pflichten und gleiche Rechte."[59]

Zur Ausführung dieses Dekrets wurden Kriegsschulen geschaffen, in denen Kadetten sich für ein Offizierspatent und bereits dienende Offiziere für eine Beförderung qualifizieren konnten. Eine theoretische Ausbildung der Artilleristen gab es schon seit langem in allen europäischen Armeen, da die hochkomplexe Technik des Schießwesens sie notwendig machte.[60] Doch es war ein neuartiger Gedanke, die wissenschaftliche Ausbildung auf alle Offiziere auszudehnen und die Ablegung von Prüfungen vorzuschreiben, bevor dem Betreffenden bescheinigt wurde, daß er für eine Bestallung oder Beförderung qualifiziert sei.[61] Die französische Armee hatte zwar 1790 kurze Zeit mit einer ähnlichen Vorschrift experimentiert, doch im Taumel der revolutionären Begeisterung hatte ein System, das den Offiziersrang Gebildeten vorbehielt, zu sehr den Beigeschmack von Klassenprivilegierung. Dementsprechend wurden die bildungsmäßigen Voraussetzungen, durch schriftliche Examina geprüft,

1791 abgeschafft und die Beförderung zum Offizier an Dienstalter und
Auswahl geknüpft.[62] Napoleon behielt diese Regelung bei, so daß sich
das französische Offizierskorps zu einer Gruppe rauher, praktisch gesinnter Haudegen entwickelte, die für Bücherwissen und Intellektualität
nur Geringschätzung empfanden. In der russischen, englischen und
österreichischen Armee gab es wohl ähnliche Tendenzen.

Im preußischen Offizierskorps verschwand der Antiintellektualismus
nicht einfach deswegen, weil neue Vorschriften von den Offizieren verlangten, die Kriegsschulen zu besuchen und Prüfungen abzulegen. Ja,
nach 1819 wurde das Prinzip der Proklamation aus dem Jahr 1808 sogar
verwässert und häufig schon dadurch preisgegeben, daß man adeligen
Offiziersanwärtern besondere Vorrechte einräumte. Doch ein Rest der
reformerischen Idee konnte sich behaupten, und nach 1808 verdankten
immerhin einige preußische Offiziere ihre Position ihren intellektuellen
Leistungen. Männer dieses Schlags ermutigten einander, sich mit professionellen Problemen auseinanderzusetzen, wenn sich neue Fragen stellten
und Möglichkeiten erschlossen – nicht sehr verschieden vom Stil und
Denken des Generals Gribeauval.

Die Einrichtung des Großen Generalstabs zwischen 1803 und 1809
schuf für Offiziere von geistiger Lebhaftigkeit eine Hochburg innerhalb
der preußischen Armee. Eine Beförderung zum Stabsoffizier wurde erst
ausgesprochen, wenn der Betreffende sich an der Kriegsakademie ausgezeichnet hatte. Dem Generalstab oblag es, schon in Friedenszeiten mögliche künftige Feldzüge zu planen – eine radikale und moralisch fragwürdi-
ge Neuerung. Zu diesem Zweck war es notwendig, topographisches und
anderes Nachrichtenmaterial zu beschaffen, zu analysieren, was in früheren Feldzügen gut oder schlecht gemacht worden war, und Taktik und
Strategie zu kritisieren, wie sie bei Manövern kriegsmäßig simuliert wurden. Die Stabsoffiziere entwickelten sich so gewissermaßen zu einem
kollektiven Gehirn des preußischen Heeres und trachteten danach, ratio-
nales Denken auf alle Aspekte der Heeresorganisation und der militärischen Operationen anzuwenden. Die Verbindung zur Truppe und zu den
Truppenkommandeuren wurde durch die Praxis gesichert, Angehörige
des Generalstabs dem Hauptquartier jedes kommandierenden Generals
zuteilen, wo ihre Aufgabe darin bestand, ihn mit ihrem Spezialwissen auf
technischem und logistischem Gebiet so zu beraten, daß sein Wille opti-
mal in die Praxis umgesetzt wurde.

Wie fruchtbar das Zusammenwirken von geschultem Sachverstand und
der Entschlußkraft eines Befehlshabers war, hatte sich 1813–15 vielfach
gezeigt. Der Marschall Blücher (1742–1819), ein Mann der alten preußischen Schule, fand zuerst in Scharnhorst (der 1813 an einer Verwundung
starb) und dann in Scharnhorsts engem Mitarbeiter August Graf Neit-
hardt von Gneisenau (1760–1831) Stabschefs, die seine Absichten in de-

taillierte operative Weisungen umsetzen konnten. Darin wurden viele der Faktoren berücksichtigt und ausgeschaltet, die ein pünktliches Befolgen der Befehle unmöglich gemacht hätten. Ein tüchtiger Stabsoffizier, der aus seiner Kartenkenntnis im voraus wußte, wie die örtliche Topographie beschaffen war, konnte anhand seiner Erfahrungen und festgelegter Daumenregeln errechnen, welches Marschtempo ein Gepäcktroß, Artilleriepark oder eine Infanterieeinheit in dem fraglichen Gelände durchhalten konnte. Dies ermöglichte ihm die Vorhersage, wieviel Zeit benötigt würde, um die auszuführenden Bewegungen abzuschließen. Wann jede einzelne Einheit in Marsch zu setzen war und welchen Linien der Vormarsch folgen solle, ließ sich dann mit solcher Genauigkeit angeben, daß der Befehlshaber im Feld seine Truppen viel besser lenken konnte, als es ohne eine derartige Stabsarbeit möglich gewesen wäre.

Blücher erkannte dies besser als die meisten anderen preußischen Befehlshaber und lernte die Experten in seinem Stab in hohem Maß zu respektieren und sich auf sie zu verlassen, wozu Napoleon und die Feldherren seiner Zeit nicht bereit waren. Blüchers Verhältnis zu Scharnhorst und Gneisenau wirkte auch in den Jahren nach 1815 auf die militärische Praxis fort, doch das Prestige der Stabsoffiziere war erst nach der Jahrhundertmitte ganz gefestigt, als Helmuth von Moltke (1800–1891) im preußisch-österreichischen Krieg von 1866 demonstrierte, wie präzise die Planer im Generalstab die strategische Entfaltung gewaltiger Heeresmassen zu beschleunigen und zu steuern vermochten, indem sie vorher alles sorgfältig berechneten.

Die Preußen behielten die Wehrpflicht auch in Friedenszeiten bei. Dies ging zum Teil auf das emotionale Vermächtnis der Jahre 1813/14 zurück, als das in großer Eile aufgestellte Heer, in dem uniformierte Zivilisten die regulären Soldaten bei weitem überwogen, gewichtigen Anteil an Siegen der Verbündeten über die Franzosen hatte.[63] Doch nicht Gefühle allein hielten die Idee eines ,,Volkes in Waffen" lebendig. Preußens finanzielle Schwäche in der Nachkriegszeit machte es unmöglich, eine Armee von Längerdienenden in einer Größe zu unterhalten, wie die Österreicher, Russen und Franzosen sie sich leisten konnten. Wollte Preußen als Großmacht zählen, wenn auch nur *in potentia*, mußte es sich auf Reserven, die Landwehr, stützen. Diese Armee aus Zivilisten war 1813 für den Kampf gegen Napoleon über Nacht aus dem Boden gestampft worden. Später, als wieder Friede herrschte, wurde sie durch Männer aufgefüllt, die ihre drei Jahre Wehrpflicht im Heer abgeleistet hatten. Schließlich wurden an den Universitäten Studenten angeworben, die freiwillig ein Jahr aktiven Dienst in der regulären Truppe taten und sich damit als Landwehrleutnants qualifizierten.

So bewahrte die preußische Armee, selbst in ihren reaktionärsten Zeiten einige der revolutionären Eigenheiten, die 1813/14 hervorgetreten waren, auch im Frieden. Zwar setzte sich im preußischen Offizierkorps nach 1819 eine stark aristokratische Tendenz durch, doch ein vertiefter professioneller Sachverstand, besonders unter den Stabsoffizieren, und die Landwehr – nun in veränderter Gestalt – blieben als Erbe aus den Reformtagen, als auf kurze Zeit ein Bündnis von Krone und Volk Realität geworden war und die Macht des preußischen Staates sich, wie in den glorreichen Zeiten Friedrichs des Großen, wieder mit der der größten europäischen Mächte hatte messen können.[64]

Andere europäische Armeen kehrten viel gründlicher zu den Prinzipien des Ancien régime zurück. Überall gab man langdienenden Berufssoldaten den Vorzug. Frankreich, Österreich und Rußland hielten Armeen von mehreren Hunderttausend Männern unter Waffen, die regulären Garnisonsdienst taten. Bildung und Wissen galten in diesen Armeen nicht viel, die Stabsarbeit genoß ein relativ geringes Ansehen. Die technischen Waffengattungen – Artillerie und Pioniereinheiten – verlangten zwar nach wie vor ein gewisses Maß an geistigen Fähigkeiten, doch allenthalben waren nach den ungewöhnlichen Militärausgaben der Kriegsjahre Kürzungen an der Tagesordnung, und niemand ahnte, daß die industrielle Technik dafür eingesetzt werden könnte, radikal neuartige Waffen zu produzieren, imstande, den traditionellen Gang der Dinge, die eingefahrenen Verhältnisse im Militär- und Flottenwesen umzustürzen. Auch wünschte niemand einen solch revolutionären Bruch, und als er, nach 1840, dennoch eintrat, waren beinahe alle Offiziere nicht für, sondern gegen den Wandel.

Um zusammenzufassen: Trotz der neuen, gewaltigen Macht, die der revolutionäre Idealismus und die politische Verwirklichung von Freiheit und Gleichheit zwischen 1792 und 1815 den Franzosen verschafft hatten, zogen die Herrschenden und die führenden Militärs in Europa eindeutig, ja, emphatisch die Sicherheit des Altgewohnten vor. So überstanden die Traditionen und Routinemuster der Flotten und Armeen des Ancien régime den Sturm der Revolutionsjahre im wesentlichen in intakter Verfassung. An der Bewaffnung veränderte sich nur wenig. Mit vielversprechenden Neuerungen machten konservativ denkende Befehlshaber kurzen Prozeß. So löste Napoleon das Ballon-Beobachtungskorps der französischen Armee auf, das 1793 aufgestellt worden war, und Wellington lehnte es rundweg ab, die neuen Congreve-Brandraketen einzusetzen, die sich – obwohl ihr Flug nicht akkurat zu steuern war – beim Angriff auf großflächige Ziele wie Städte und Forts als recht wirkungsvoll erwiesen hatten.[65]

,Beim Erprobten und Bewährten bleiben', das erschien den Herrschern Europas und ihren militärischen Ratgebern nach 1815 als eine viel sicherere Politik. Einige Vermächtnisse aus dem Krieg hielten sich immerhin: Die Divisions- und Korpsgliederung, in den 1790er Jahren noch eine

Neuheit, war 1815 zur Normalität geworden. Auch die zunehmende Verwendung von Karten und mehr Stabsarbeit waren einigermaßen selbstverständlich, da die starke Vergrößerung der Armeen, die zwischen 1792 und 1815 stattgefunden hatte, mit der Demobilisierung nach dem Friedensschluß keineswegs ganz rückgängig gemacht wurde. Rußland beispielsweise demobilisierte fast gar nicht und hielt noch zehn Jahre nach dem Ende des Kriegs gegen Frankreich eine ca. 600 000 Mann starke Armee unter Waffen.[66] Auch eine technisch verbesserte Feldartillerie war in allen europäischen Armeen Standard geworden.

Doch nach 1815 schien es den europäischen Staatenlenkern ein klarer Fall, daß die unbändige Energie, welche die ausgehobenen französischen Rekruten 1793–95 an den Tag gelegt hatten, und die patriotische Begeisterung mancher deutscher Bürgersoldaten 1813/14 die bestehende Ordnung ebenso leicht in Frage stellen wie stärken konnten. Wie die Geschoßköpfe von Congreves Brandraketen waren auch bewaffnete Manifestationen des Volkswillens schwer zu lenken. Das Volk in Waffen konnte sich gegen jeden Herrscher wenden, der so unbesonnen war, sich Hilfe bei den untersten Schichten der Gesellschaft zu holen, ähnlich wie ein Versuchsschießen mit Congreves Raketen, das 1810 für Wellington veranstaltet wurde, die Männer, die sie abfeuerten, in Gefahr und damit die neue Waffe in den Augen des Herzogs für immer in Mißkredit gebracht hatte.

Nicht grundlos waren daher die Herrscher Europas einhellig der Meinung, daß weitere Experimente im militärischen Bereich untunlich seien. Armeen und Flotten, im Stil des Ancien régime ausgebildet und ausgerüstet, das wollten sie und das bekamen sie denn auch. Wenn sie somit darauf verzichteten, die tiefen Quellen nationaler Energien zu erschließen, welche die Revolutionsjahre enthüllt hatten, was lag daran, so lange die Sieger sich vertrugen und das Schreckgespenst revolutionären Aufbegehrens in Schach halten konnten!

So hatte es nach 1815 ein rundes Vierteljahrhundert lang den Anschein, daß die Lenkung des Militärwesens aus der Zeit des Ancien régime sich gegen die ungünstige Kombination von gewalttätigen Massenaktionen und politischem Idealismus behauptet hatte, von denen die Revolution in Frankreich ausgelöst worden war. Zwar bekam es die restaurierte Bourbonenherrschaft mit ein paar vereinzelten Manifestationen politischer Unzufriedenheit unter den französischen Soldaten zu tun – der eintönige Dienstbetrieb und niedrige Sold waren ein armseliger Ersatz für die beflügelnden Aussichten, die sich in der Napoleonischen Epoche den Begabten geboten hatten. Doch die 1830 beginnende Eroberung Algeriens öffnete ein Sicherheitsventil für solche Mißstimmungen, und danach verblaßten die Erinnerungen an die republikanische und napoleonische Herrlichkeit sehr rasch. In den 1840er Jahren wurde die Armee unpoli-

tisch, gehorchte bereitwillig der bestehenden Staatsordnung, ob royali-
stisch, republikanisch oder bonapartistisch, und mit diesem Wandel
schienen die letzten Reste der Revolution ein für allemal begraben.[67] Die
anderen europäischen Armeen waren ohnedies schon Säulen des Konservativismus und blieben es das ganze Jahrhundert hindurch. Das gleiche
galt für die einzige Kriegsmarine von Rang: die britische.

Damit war die politische Revolution rückgängig gemacht. Noch hatte
die industrielle Revolution nicht mit ihrem umfassenden Angriff auf Alltag und Tradition im militärischen Bereich begonnen. Dazu kam es dann
nach 1840. Dieser Wandel der Einstellung der Europäer zum Kriegführen
soll das Thema der folgenden Kapitel sein.

## 7. Kapitel
## Beginn der Industrialisierung des Krieges
## 1840–1884

In den 1840er Jahren gingen die preußische Armee und die französische und die britische Kriegsmarine von der Tradition der Bewaffnung ab, die den europäischen Regierungen des Ancien régime so gute Dienste geleistet hatte. In diesen Veränderungen kündigte sich die Industrialisierung des Krieges an, doch die neuen Formen der Waffenproduktion traten erst im folgenden Jahrzehnt deutlich hervor, als der Krimkrieg (1854–56) die Mängel der hergebrachten Methoden des Nachschubwesens unübersehbar machte und sich englischen und französischen Erfindern die Chance bot, die Prinzipien der zivilen Technik auf militärische Probleme jeder Art anzuwenden. Danach beschleunigte sich das Tempo des Wandels im Rüstungsbereich und in den Methoden militärischer Lenkung immer mehr, so daß zu Beginn der 1880er Jahre die Wehrtechnik das zivile Konstruktionswesen von der Spitze zu verdrängen begann, wodurch die Proportion, die noch dreißig Jahre zuvor gegolten hatte, umgekehrt wurde.

Die neuen Waffen veränderten natürlich die Kriegführung, doch sie waren in der ersten Phase der Industrialisierung des Krieges weniger wichtig als die Veränderungen im Transportbereich, die sich daraus ergaben, daß für die Lösung des uralten Problems der Versorgung und des Aufmarsches von Streitkräften nun fossile Brennstoffe eingesetzt wurden. Dampfschiffe und Eisenbahnen waren imstande, Männer, Waffen und Nachschub in einem noch nicht dagewesenen Ausmaß zu transportieren. Dies wiederum hieß, daß ein ganz bedeutender Teil der männlichen Bevölkerung europäischer Länder für den Kriegseinsatz ausgebildet und tatsächlich an die Front befördert werden konnte. Jeder Mann ein Soldat, dieses Ideal, das nur für Barbarengesellschaften in früheren Zeiten kennzeichnend gewesen war, ließ sich in den technisch weiter fortgeschrittenen Ländern der Erde beinahe in Wirklichkeit umsetzen. Die Folge war, daß die Armeen allmählich auf Millionenstärke anwuchsen.

Gleichzeitig ermöglichten es die Verbilligung des Transports und die Verdichtung des Kommunikationsnetzes den Europäern, schwächere politische Gebilde in Asien und Afrika in ein Marktsystem einzugliedern, das seinen Mittelpunkt in Europa hatte und von dort aus quasi gesteuert wurde. Ein relativ geringfügiger Einsatz militärischer Machtmittel genügte, China, Japan, das Innere Asiens und Afrikas dem europäischen (namentlich dem englischen) Handel zu erschließen. Die Anfälligkeit von Europäern für Tropenkrankheiten blieb ein Hindernis, besonders in Afrika, aber selbst diese Beschränkung der weltweiten Ausdehnung von Marktbeziehungen begann etwa nach 1850 zu fallen, als europäische Ärzte wirksame Vorbeugungsmittel gegen die Malaria entwickelten.

Bis zur Mitte der 1870er Jahre schien der Triumph eines weltweiten Marktes mit seinem aktivsten Zentrum in London unaufhaltsam. Doch die 1873 einsetzende Depression markierte einen Wendepunkt. Großbritanniens Vorrang als Industrieland wurde allmählich von Staaten angefochten, die sich hinter Schutzzöllen verschanzten. Solchen Demonstrationen der Effektivität staatlichen Handelns auf wirtschaftspolitischem Gebiet folgte eine wahre Lawine steuernder Interventionen, die eine Veränderung von Angebots- und Nachfragemustern auf planvolle Weise zum Ziel hatten. So suchten die Wegbereiter hie und da einfach privaten Gewinn,[1] andere widmeten sich – wohl zur Hebung der Kaufkraft – der öffentlichen Wohlfahrt, wieder andere strebten nach effizienteren Formen der Kriegführung. Doch alle drei parallel laufenden Bestrebungen wirkten sich zunehmend auf menschliches Verhalten überhaupt aus.

Dies führte zu einem bemerkenswerten Wandel in der gesellschaftlichen Organisation. Im Rückblick erkennt man, daß die Industrialisierung des Krieges, in den 1840er Jahren so beiläufig in Gang gesetzt, in starkem Maß den Übergang zu planmäßig gesteuerten Wirtschaften förderte. Doch dieser Ausgang des Stückes war den Akteuren selbst verborgen, verhüllt durch den Umstand, daß vor den 1880er Jahren die Initiative für technische Veränderungen beinahe immer von privaten Investoren ausging, die dadurch Gewinne zu machen hofften, daß sie die Behörden überredeten, irgendeinen Aspekt des vorhandenen Waffenspektrums oder der Produktionsmethoden zu verändern. Eine Unzahl von Käuzen und Spinnern wetteiferte mit jenen, die eine technisch vernünftige Novität anzubieten hatten, und bis zu den 1880er Jahren war die vorherrschende Haltung der Offiziere, die darüber zu entscheiden hatten, ob eine technische Neuerung abgesegnet werden solle, geprägt von äußerster Skepsis gegenüber den Vorzügen, die verkaufseifrige Geschäftsleute für ihre neuen Gerätschaften in Anspruch nahmen.


## Rivalitäten zwischen Privatwirtschaft und nationaler Rüstung

Die ritualisierte Routine im Bereich von Armee und Kriegsmarine, wie sie sich über Jahrhunderte entwickelte, stand Innovationen jeglicher Art im Wege. Erst wenn zivile Techniken klar und unverkennbar das bereits in die militärische Praxis übernommene Niveau hinter sich ließen, wurde es möglich, Trägheit und Konservativismus der Ämter zu überwinden.

Diese Situation stellte sich in der Jahrhundertmitte dramatischer in maritimer als in militärischer Hinsicht, denn in den 1830er Jahren gingen Privatfirmen mit Energie daran, Dampfschiffe zu entwickeln, die den Atlantik überqueren konnten. Die Hoffnung auf Gewinne und eine Prestigekonkurrenz zwischen einzelnen Gruppen von Finanziers, die einander mit dem Bau größerer, besserer, schnellerer und schönerer Schiffe zu übertrumpfen versuchten, beschleunigten den Prozeß; staatliche Subventionen für den Posttransport, von London 1839 eingeführt, trugen dazu bei, die Aufwendungen für die Entwicklung neuer Konstruktionen zu decken, ohne daß sie die Führung der Royal Navy ganz auf die neue Dampf- und Eisentechnik festlegten.[2]

Die Entwicklung ging mit Riesenschritten voran. Robert Fulton hatte 1807 auf dem Hudson River eines der ersten Schiffe mit funktionierendem Dampfantrieb vorgeführt. Dreißig Jahre später überquerte der Raddampfer *Sirius* mit Dampfantrieb (allerdings durch Segel unterstützt) den Atlantik in ganzen achtzehn Tagen. Zwei Jahre später wurde die Passage auf vierzehn Tage und acht Stunden verkürzt. Nach 1840 begannen Schiffsschrauben die plumpen Schaufelräder der frühesten Dampfschiffe zu ersetzen, und im selben Jahrzehnt verdrängten bei großen, hochseetüchtigen Dampfern eiserne Rümpfe die Holzkonstruktion. Die Maschinen entwickelten sich rasch: Hatten 1837 320 PS die *Sirius* über den Atlantik getrieben, so leisteten schon einundzwanzig Jahre später die Maschinen der gewaltigen (gut 200 Meter langen) *Great Eastern* 1600 PS.[3]

Die in unsystematischer Eile vorangetriebene Entwicklung der Dampfschiffe veränderte nicht sofort die Flottenpolitik der Staaten. Die neue Dampfschiffstechnik war vor allem in Großbritannien zu Hause, doch die weltweite Seeherrschaft, seit Trafalgar (1805) gesichert, beruhte auf Segelschiffen und der notwendigen Fähigkeit, mit Schiffen zu kämpfen, deren Konstruktion seit den 1670er Jahren nicht grundlegend verändert worden war. Unter den gegebenen Umständen hielt die Admiralität in London durchaus begründetermaßen am Gewohnten fest. Die Versorgung mit Holz für den Schiffsbau, Dockanlagen für Bau und Überholung von Kriegsschiffen, Einrichtungen für das Gießen von Geschützen und die Konservierung von Nahrungsmitteln – kurzum, alles, was vonnöten war, um der Royal Navy ihren Vorrang auf den Meeren zu erhalten, war vorhanden und eingespielt. Warum es da mit unerprobten Erfindungen versuchen? Das oft zitierte Memorandum der Admiralität aus dem Jahr 1828, obwohl – was die Zukunft anging – eine radikale Fehlbeurteilung, drückte gleichwohl eine völlig rationale Bewertung der Umstände aus, denen sich die britische Flottenführung gegenübersah:

„Ihre Lordschaften halten es für ihre Pflicht und Schuldigkeit, nach ihrem besten Vermögen der Verwendung von Dampfschiffen entgegenzuwirken, da sie dafürhalten, daß eine Einführung des Dampfantriebs dazu angetan wäre, der maritimen Suprematie des Empire einen tödlichen Schlag zu versetzen."[4]

Der Konservativismus der Royal Navy stellte jedoch eine Chance für jeden Rivalen dar, dem es einfallen mochte, technisch moderne Schiffe zu bauen. Die Franzosen erkannten dies sehr rasch. 1822 beispielsweise veröffentlichte General Henri J. Paixhans ein Buch mit dem Titel *Nouvelle force maritime,* in dem er darlegte, daß Schiffe, durch eine Stahlpanzerung geschützt und ausgerüstet mit großkalibrigen Geschützen, die Sprenggeschosse feuern konnten, holzgebaute Kriegsschiffe in Trümmer schießen und versenken könnten, ohne selbst in Gefahr zu geraten. Paixhans hatte kurz vorher ein Geschütz entwickelt, das Sprenggeschosse abfeuern konnte. Ein Probeschießen auf einen alten Schiffsrumpf, das 1824 ausgeführt wurde, zeigte, daß seine Behauptungen wohlbegründet waren, worauf die französische Kriegsmarine 1837 Paixhans' Geschütze übernahm. Die Royal Navy folgte diesem Beispiel bereits im folgenden Jahr, und schon bald schlossen sich auch die Flotten anderer europäischer Staaten an. Von da an herrschte allgemein Klarheit, daß holzgebaute Schiffe im Kampf gefährlich verwundbar für die neuen Sprenggeschosse waren.[5] Dies wurde 1853 in der Seeschlacht vor Sinope im Schwarzen Meer demonstriert, als russische Granaten die türkische Flotte im Handumdrehen vernichteten. Der russische Sieg trug viel dazu bei, daß Großbritannien in den Krimkrieg (1854–56) eintrat, denn in London hatte man den Eindruck, die Russen könnten nun die Hand nach Konstantinopel ausstrecken, wenn nicht englische (und französische) Kriegsschiffe ins Schwarze Meer einliefen, um ihnen den Weg zu versperren.

Die Erfahrungen aus dem Krimkrieg veranlaßten die französischen und englischen Schiffskonstrukteure, einen neuen Weg einzuschlagen. Sie panzerten ihre Kriegsschiffe, um ihnen Sicherheit vor den zunehmend stärkeren Geschützen zu verschaffen. Dies wiederum machte immer stärkere Maschinen für den Antrieb von Ungetümen erforderlich, die sich schon bald zu schwimmenden Zitadellen auswuchsen.

Der Einbau von Dampfmaschinen in Kriegsschiffe hatte ein Jahrzehnt vorher begonnen. Die Franzosen wurden zu diesem speziellen Abenteuer dadurch veranlaßt, daß sie während der nahöstlichen Krise 1839–41 von der Royal Navy gedemütigt worden waren, als ein englisches Geschwader die französische Flotte zwang, Mehmet Ali von Ägypten, der mit dem Sultan im Streit lag, ihre Unterstützung zu entziehen. Eine einflußreiche Gruppe innerhalb der französischen Kriegsmarine reagierte darauf mit der Suche nach neuen technischen Mitteln, mit denen man gegen die britische Suprematie auf den Meeren antreten könnte. Als besonders verheißungsvoll erschienen Kriegsschiffe mit Dampfantrieb, die den Kanal überqueren konnten, einerlei, aus welcher Richtung der Wind wehte. Die

Bemühungen der Franzosen, einige Schiffe mit Dampfmaschinen auszurüsten, lösten in England alsbald eine Invasionshysterie aus und beschleunigten den Einbau von Hilfsdampfmaschinen in die Linienschiffe der Royal Navy.[6]

In den folgenden zwanzig Jahren wurden in Frankreich weitere wichtige technische Fortschritte erzielt. Wiederholt ließen sich französische Ingenieure und Politiker von der Hoffnung verlocken, die britische Seeherrschaft mit epochemachenden neuen Schiffskonstruktionen zu brechen. Zweimal gelang es ihnen, die Royal Navy auszustechen: zum erstenmal 1850, als das Kriegsschiff *Napoléon* mit einer 950 PS starken Maschine und einer Geschwindigkeit von dreizehn Knoten vom Stapel lief, und dann wieder 1858 mit *La Gloire*, deren elf Zentimeter starke Eisenpanzerung sie unverwundbar für Granaten aus irgendeinem zu dieser Zeit existierenden Geschütz machte.[7]

Jeder französische Durchbruch löste sofort Gegenzüge in Großbritannien aus, begleitet von öffentlicher Agitation für höhere Mittelzuweisungen an die Flotte und düsteren Unheilsprophezeiungen für den Fall, daß Frankreich eine Invasion über den Kanal beschließen sollte. Doch die weit überlegene industrielle Kapazität Großbritanniens machte es für die Royal Navy verhältnismäßig leicht, die Franzosen jedesmal, wenn sie die Basis des Wettbewerbs veränderten, technisch einzuholen und zahlenmäßig zu überflügeln.

Finanzielle Schranken spielten immer eine Rolle in dieser großen Zeit des europäischen Liberalismus. Wie im 18. Jahrhundert unterstützte die öffentliche Stimmung in Großbritannien begeistert die Aufwendungen, die für die Wahrung der maritimen Überlegenheit vonnöten waren. In Frankreich hingegen wechselten, wie schon früher, Perioden eines verstärkten Kriegsschiffsbaus mit Zeiten der Flaute ab, wenn die Regierung zu dem Schluß kam, es sei unvernünftig, Großbritannien überflügeln zu wollen, und demgemäß die Mittel für die Kriegsmarine stutzte.[8]

Im Auf und Ab der Ausgaben für die französische Kriegsflotte spiegelte sich zum Teil auch Louis Napoleons Ansicht, der größte Fehler seines Onkels habe darin bestanden, sich Großbritannien zum Feind zu machen. Seit er sich zum Kaiser der Franzosen aufgeschwungen hatte, 1852, strebte er daher nicht nur nach Schlachtenruhm und einem Umsturz der europäischen Regelung von 1815, wie es dem Erben des großen Korsen anstand, sondern auch danach, mit Großbritannien zusammenzuwirken oder zumindest offenen Streit zu vermeiden. In den 1850er und 1860er Jahren, als Napoleon III. in Frankreich herrschte, verschwanden zwar keineswegs alle Friktionen zwischen den beiden Mächten, doch selbst eine nur sporadische und unvollkommene Kooperation zwischen ihnen bewirkte schon eine Erschütterung des europäischen Gleichgewichts, wie es 1815 definiert worden war.

Im Krimkrieg trat dies ans Licht. Rußland war aus den Napoleonischen Kriegen als die stärkste Landmacht des europäischen Kontinents hervorgegangen, und die russische Armee blieb, wie erwähnt, in den Folgejahren die bei weitem größte in Europa.[9] Ihre Kampfkraft war in zahlreichen Kriegen an verschiedenen Fronten und in unterschiedlichem Terrain erprobt worden: in Zentralasien (1839–43 und 1847–53), im Kaukasus (1829–64), gegen Persien und die Türkei (1826–29) sowie gegen polnische (1820/31) und ungarische Aufständische (1849). Technisch war sie nur wenig verändert, doch schließlich begnügten sich auch andere europäische Armeen im allgemeinen mit den Waffen und der Organisationsstruktur, die während der Napoleonischen Kriege vervollkommnet worden waren. Die russische Flotte war die drittstärkste der Welt, lag zwar in technischer Hinsicht hinter der britischen und der französischen zurück, doch nicht sehr weit, wie die Vernichtung der türkischen Flotte vor Sinope deutlich werden ließ.

Einen solchen Koloß anzunehmen und über ihn zu obsiegen, war eine enorme Leistung der französischen und britischen Expeditionsstreitmacht auf der Krim. Ihren Erfolg verdankten sie dem besseren Nachschubwesen. Die Russen hatten große Schwierigkeiten, die Truppen, die Sewastopol verteidigten, mit Munition und anderen Bedarfsgütern zu versorgen. Den Zugang über See hatten die Verbündeten unterbrochen, und das menschenleere Steppengebiet im Norden ihres Flottenstützpunktes auf der Krim zu durchqueren, war für die Russen beinahe ein Ding der Unmöglichkeit. Zwar wurden an die 125000 Bauernkarren zu diesem Zweck requiriert, doch die Transporte erreichten zu keinem Zeitpunkt einen befriedigenden Umfang. Die Zugtiere brauchten Nahrung, und unterwegs war keine Fourage aufzutreiben, sobald die längs der Strecke bereitgehaltenen Vorräte aufgebraucht waren. Genug Futter mitzunehmen, um die Tiere bei Kräften zu erhalten, bedeutete, daß die Nutzlast enorm verringert werden mußte. Die französischen und englischen Expeditionstruppen, die von Schiffen versorgt wurden, verfügten im Vergleich dazu über einen gewaltigen Nachschubstrom. Wohl kam es zunächst zu schweren Organisationsmängeln und -zusammenbrüchen, doch in den letzten Tagen der Belagerung konnten die Verbündeten an einem einzigen Tag nicht weniger als 52000 Granaten gegen die Befestigungen Sewastopols abfeuern, während die Russen mangels ausreichender Vorräte gezwungen waren, Munition zu sparen.[10]

Der Krimkrieg kehrte, anders ausgedrückt, die Nachschubsituation des Jahres 1812 um, als den russischen Heeren die Transportmöglichkeiten zu Wasser zustatten gekommen waren, während die Invasoren sich gezwungenermaßen mit Pferdefuhrwerken hatten begnügen müssen. Die Folge war, daß die russischen Schiffsgeschütze, so geschickt sie auch für die Verteidigung Sewastopols eingesetzt wurden, den an Kriegsmaterial überlegenen Verbündeten nicht Paroli zu bieten vermochten. Nach der heldenmütigen Verteidigung der Festung zog die Garnison ab und beendete damit die Kampfhandlungen, da die Alliierten nicht daran denken konnten, die Verfolgung aufzunehmen; sie hatten ja mit der Einnahme Sewastopols und der Zerstörung der russischen Schwarzmeerflotte ihr Kriegsziel erreicht, Konstantinopel gegen einen Flottenangriff aus dem Norden abzusichern.

Die Belagerung Sewastopols war, *en miniature*, eine Probe für die Westfront im Ersten Weltkrieg. Grabensysteme, Feldbefestigungen und Sperrfeuer der Artillerie wurden zu entscheidenden Faktoren. Einzig das Maschinengewehr fehlte. Andererseits waren die drei Schlachten, an der Alma, bei Inkerman und bei Balaklawa, durch die die Russen in Sewastopol eingeschlossen wurden, Generalproben für den preußischen Sieg über Österreich bei Königgrätz (1866) in dem Sinne, daß die überlegenen gezogenen Gewehre, mit denen die französischen und englischen Infanteristen neu ausgerüstet worden waren, ihnen einen ausschlaggebenden Vorteil gegenüber den noch mit altmodischen Musketen bewaffneten Russen verschafften. Der Unterschied lief auf Folgendes hinaus: Die neuen Gewehre hatten eine effektive Schußweite von rund 900 Metern, während es die glatten Musketen nur auf ca. 180 Meter brachten.

Die Vorteile von gezogenen Gewehrläufen waren europäischen Büchsenmachern seit langem bekannt. Sie entdeckten bereits Ende des 15. Jahrhunderts, daß ein gezogener Lauf dadurch, daß er die Kugel in eine Drehung um sich selbst versetzt, wesentlichen Einfluß auf Schußweite und Zielgenauigkeit hatte. Doch gezogene Gewehre waren in der Herstellung teurer, auch dauerte es einfach zu lange, bis sie schußbereit waren, denn der Musketier mußte die Kugel in den Lauf schlagen, damit das weiche Blei sich den Zügen des Laufs dicht anpaßte. Das aber machte die Waffe für das Tempo einer Schlacht untauglich. Seit dem 16. Jahrhundert waren zwar in europäischen Heeren ein paar spezialisierte Scharfschützen, zumeist als Franktireurs eingesetzt, mit gezogenen Gewehren ausgerüstet worden, doch da Sieg und Niederlage von der Feuergeschwindigkeit abhängig waren, konnte die große Masse der Infanterie die überlegene Schußweite dieser Gewehre nicht nutzen.

Diese seit langem bestehende technische Situation veränderte sich 1849, als ein französischer Offizier, Hauptmann Claude Étienne Minié, ein längliches Geschoß mit ausgehöhltem Boden patentieren ließ, das man durch die Bohrung fallen lassen konnte (wie die runden Musketenkugeln seit Jahrhunderten). Es dehnte sich aus, wenn die Gase des explodierenden Pulvers den vorspringenden Bodenrand dicht an die Innenwand des Laufs preßte, und wurde außerdem in Drehung versetzt. Die Miniékugel mußte mit der Spitze nach oben in den Gewehrlauf eingeführt werden, aber von dieser Feinheit abgesehen war die Prozedur von Laden und

Feuern die gleiche wie bei den alten Musketen. Geringfügige Veränderungen an der Bedienungsprozedur machten es leicht, die Verbesserung zu übernehmen. Die Franzosen begannen denn auch sofort, mit der Erfindung des Hauptmanns zu experimentieren, und führten sie, nachdem sie sich im Krimkrieg bewährt hatte, 1857 als Standardwaffe für ihre Infanterie ein. Die Engländer erwarben ihrerseits 1851 Nutzungsrechte an dem Patent und rüsteten ihre auf die Krim entsandten Regimenter mit Gewehren aus, womit sie ihnen die Überlegenheit über die stolze russische Armee sicherten.[11]

Die Lektion, die die Russen erhielten, entging anderen europäischen Armeen nicht. Die Preußen, die bereits seit 1840 insgeheim ein Arsenal von Hinterladern angehäuft hatten, stellten zwischen 1854 und 1856 sicherheitshalber ihre alten Musketen auf das Minié-System um,[12] und auch die Armee der Vereinigten Staaten ging 1855 zur Minié-Kugel und gezogenen Gewehren über.

So begannen sich in der Mitte der 1850er Jahre traditionelle Formen der Bewaffnung der Flotten und Armeen, die seit dem 17. Jahrhundert beinahe stabil geblieben waren, aufzulösen und setzten damit Admirale, Generäle und Staatsmänner der Unannehmlichkeit aus, die Möglichkeit eines Krieges unter Bedingungen und mit Waffen ins Auge fassen zu müssen, mit denen sie keine unmittelbare Erfahrung hatten. Dies belohnte Phantasie und Intelligenz bei führenden Offizieren von Flotte und Armee und bestrafte in drastischer Weise die alte hochmütige Verachtung gegenüber allem, was nach einer geistigen Anstrengung roch. Am größten waren die Konsequenzen zu Lande. Truppen, die die höchste Stufe des Drills und der geistigen Abstumpfung erreicht hatten, das heißt, die besten Armeen Europas, waren am stärksten den Belastungen ausgesetzt, die die neue Technik aufzwang.

Umgekehrt befand sich die schwächste Armee aller Großmächte, die preußische, nach 1860 in einer Lage, in der ihr zustatten kam, was bis dahin als schwere Benachteiligung erschienen war.

Bevor wir uns damit beschäftigen, wie Preußen seine militärische Vorrangstellung zu Land erlangte, verdienen zwei andere Nebenprodukte der Erfahrungen mit neuen Waffen im Krimkrieg kurze Aufmerksamkeit. Das erste war die Anwendung von Techniken der Massenfertigung auf das Handfeuerwaffen produzierende Gewerbe. Es begann damit, daß die handwerkliche Organisation der Waffenproduktion in Birmingham und London sich als besonders unelastisch erwies, als der Krieg mit Rußland plötzlich neue Nachfrage schuf. Die Herstellung von Handfeuerwaffen war seit langem eine handwerkliche Angelegenheit, auf zahlreiche Spezialisten aufgeteilt. Jeder Handwerker arbeitete als Zulieferant für Privatunternehmer, die ihrerseits mit der Regierung eine festgelegte Zahl fertiger Gewehre kontrahierten. Staatliche Inspektoren überwachten den ganzen Prozeß, um sicherzustellen, daß jedes Teil den Vorgaben entsprach, und zuweilen übernahm das Arsenal in Woolwich die Endmontage. Das System war mit den Belastungen während der Napoleonischen Kriege einigermaßen gut fertig geworden, obwohl es zwei Jahrzehnte dauerte, bis die englischen (und französischen) Büchsenmacher dem Kriegsbedarf mit hohen Produktionsraten entsprechen konnten.

1854–56 war niemand bereit, Jahrzehnte zu warten, während Tausende von Handwerkern sich auf ein neues Nachfrageniveau umstellten. In England wurde das Problem dadurch verschärft, daß die Produzenten ohnedies schon Schwierigkeiten hatten, sich auf die neue Minié-Konstruktion umzustellen. Mit den alten Gewohnheiten und Methoden der Eisenverarbeitung, auf die Herstellung der ‚Brown Bess‘ (seit Marlboroughs Tagen beinahe unverändert) ausgerichtet, war die für die neuen Gewehre notwendige Präzision nicht leicht zu erreichen. Doch als Inspektoren engere Toleranzen durchzusetzen versuchten, indem sie schlecht gearbeitete Teile zurückwiesen, löste dies bittere Streitigkeiten mit den Handwerkern aus. Zu allem Überfluß bot die mit dem Ausbruch des Krimkrieges plötzlich hochschnellende Nachfrage den Gehilfen eine, wie es ihnen schien, einmalige Gelegenheit, Lohnerhöhungen zu fordern. Die Folge war, daß die Branche, in der sich ohnehin schon die alten Gewohnheiten und Erwartungen in einem radikalen Umbruch befanden, zahllose Stockungen in allen Phasen des Produktionsprozesses zu verzeichnen hatte. Statt dem Bedarf entsprechend mehr und bessere Gewehre zu liefern, stellte sie in der Stunde der Not sogar noch weniger als vordem her.

Die Empörung in Regierungs- und in anderen Kreisen überzeugte die zuständigen Ämter, daß irgendein drastischer Schritt unternommen werden müsse, um die Gewehrproduktion zu beschleunigen und zu verbessern. Wie es sich fügte, war Beamten im Arsenal von Woolwich bereits eine Alternative bekannt. Sie nannten sie ‚das amerikanische Herstellungssystem‘, weil es zwischen 1820 und 1850 im Arsenal von Springfield, im amerikanischen Bundesstaat Massachusetts, und von privaten Produzenten im Connecticut River Valley entwickelt worden war. Der springende Punkt daran war die Verwendung halbautomatischer Fräsmaschinen, die einzelne Komponenten in vorgeschriebenen Formen ausfrästen.[13] Diese Maschinen produzierten austauschbare Teile, so daß ein Gewehr ohne das sorgfältige Feilen und Anpassen, das die minder präzise manuelle Herstellung erforderte, zusammengesetzt werden konnte. Die Fräsmaschinen waren natürlich kostspielig und gingen auch verschwenderisch mit dem Material um, denn sie produzierten mehr Abfall als ein geschickter Handwerker mit Hammer und Feile. Doch wenn Gewehre in großer Zahl gebraucht wurden, machte sich die Automatisierung dank der Vorteile der Serienproduktion um ein Vielfaches bezahlt.

Mit den amerikanischen Methoden der Gewehrproduktion waren die Engländer während der Weltausstellung von 1851 bekannt geworden, auf der Samuel Colt dem Publikum seine Revolver vorführte und die Austauschbarkeit der Teile demonstrierte, indem er einige Waffen auseinandernahm, die einzelnen Teile vermengte und sie dann wieder zu funktionsfähigen Revolvern zusammensetzte.

So wußten, als in den ersten Monaten des Krimkrieges Friktionen und Produktionsengpässe sich häuften, genug Personen in Großbritannien von den amerikanischen Errungenschaften, daß eine Sonderkommission die Errichtung einer neuen Fabrik in Enfield vorschlagen konnte, wo das amerikanische Herstellungssystem angewandt werden sollte. Die Arbeit an dem Werk begann 1855, doch die notwendigen Maschinen, aus den Vereinigten Staaten importiert, waren erst 1859 zur Gänze installiert – drei Jahre nach dem Ende des Krimkrieges.[14]

Die Automatisierung blieb beim Einsatz amerikanischer Maschinen zur Herstellung standardisierter Gewehre nicht stehen. So begannen beispielsweise neue, eigens zu diesem Zweck erfundene Maschinen im Arsenal Woolwich täglich 250000 Minié-Kugeln auszuspucken, und eine andere Maschine produzierte pro Tag 200000 fertige Patronen, die Geschoß und Pulver vereinten.[15] Auch blieb die Massenproduktion nicht lange ein Monopol der staatlichen Waffenfabriken. Die privaten Gewehrfabrikanten sahen sich alsbald genötigt, dem Beispiel zu folgen. Um die Kosten für die teuren neuen Maschinen aufzubringen, schlossen sich vordem selbständige Unternehmer 1761 zur Birmingham Small Arms Company zusammen, und ein ähnlicher Zusammenschluß führte sechs Jahre später zur Gründung der London Small Arms Company. Danach wurden die staatlichen Aufträge zwischen Enfield und den beiden neuen privaten Waffenfirmen nach einem Schlüssel aufgeteilt, den zum Teil politisches Lobbytum und zum Teil der Wunsch amtlicher Stellen bestimmte, eine entsprechende Reservekapazität für den Fall zu erhalten, daß ein neuer Krieg über Nacht eine rapide Steigerung der Gewehrproduktion erforderlich machte. Die beiden Privatunternehmen lebten weitgehend vom Verkauf von Sportwaffen an Privatabnehmer in Großbritannien und im Ausland, nahmen aber auch Aufträge auswärtiger Regierungen an.[16]

Auch andere europäische Staaten nahmen Notiz davon, daß sich Handfeuerwaffen *en masse* und nach Bedarf maschinell produzieren ließen. Bis 1870 folgten Rußland, Spanien, die Türkei, Schweden, Dänemark und Ägypten dem englischen Beispiel und führten amerikanische Fräsmaschinen für die Gewehrproduktion ein.[17] In Lüttich gründeten Büchsenmacher eine neue Firma für den Import amerikanischer Maschinen. Es schien der einzige Ausweg, einen englischen Auftrag über 150000 Gewehre auszuführen, der 1854 erteilt worden war, als die Produktion in Großbritannien selbst den Bedarf nicht zu decken vermochte.[18]

Das Ergebnis war eine tiefgreifende Veränderung des europäischen Waffengewerbes. Die handwerklichen Methoden traten zurück, und in dem Maß, wie neue Maschinen in staatlichen Waffenfabriken installiert wurden, schrumpfte der internationale Handel mit Handfeuerwaffen, dessen Brennpunkt seit Jahrhunderten Lüttich war, zu vergleichsweise belanglosen Proportionen zusammen. [19]

Eine weitere Konsequenz war folgende: Vor 1850 waren Veränderungen in der Konstruktion von Handfeuerwaffen, mit denen Hunderttausende Soldaten ausgerüstet wurden, eine Sache, die sich lange hinzog, ein seiner Natur nach schwerfälliger Prozeß. Aus diesem Grund veränderten sich die europäischen Musketen 150 Jahre nur ganz geringfügig. Mit Maschinen jedoch ließen sich, sobald neue Schablonen hergestellt waren, Hunderttausende von Gewehren eines nagelneuen Typs in einem einzigen Jahr produzieren. Eine ganze Armee konnte ebenso rasch umgerüstet werden, wie sich die Soldaten mit der neuen Waffe vertraut machen ließen. Damit wurde die Tür zu weiteren Verbesserungen an der Konstruktion von Handfeuerwaffen weit aufgestoßen, allerdings um den Preis, daß alle bestehenden taktischen Regeln und Vorschriften über den Infanteriedrill umgestoßen wurden.

Die Schwierigkeit, Konstruktionen von Handfeuerwaffen zu verändern, wenn die Produktion im handwerklichen Rahmen blieb, war den Preußen nach 1840 schmerzhaft bewußt geworden, als Friedrich Wilhelm IV. beschloß, die Ausrüstung seines Heeres mit Hinterladern in Angriff zu nehmen. Der erste Auftrag ging über 60000 Stück. Sieben Jahre später, 1847, konnte der Erfinder, Johann Nikolaus von Dreyse, in seinen Werkstätten nur 10000 Gewehre produzieren und hatte bei diesem Umfang der Produktion Schwierigkeiten mit der Qualitätskontrolle. Da die preußische Armee an die 320000 Mann zählte, Reservisten eingeschlossen, hätte es bei einem solchen Fertigungstempo mehr als dreißig Jahre gedauert, bis die Umrüstung von Musketen auf Hinterlader abgeschlossen war. So überrascht es nicht, daß die Preußen 1854 beschlossen, ihre Musketen nachzubohren, um aus ihnen Gewehre zu machen, und in Minié-Kugeln zu investieren – eine Umstellung, die in ganzen zwei Jahren bewerkstelligt war!

Doch der preußische König und seine militärischen Ratgeber waren von der Überlegenheit der Hinterlader-Konstruktion so fest überzeugt, daß sie die Idee nicht aufgaben. Bemühungen, die Produktion zu steigern, indem man drei staatliche Arsenale auf die Fertigung der neuen Gewehre umstellte, vergrößerten den Ausstoß auf über 22000 Stück jährlich. Als dann 1866 Dreyses ‚Zündnadelgewehr‘, wie es oft genannt wird, im Kampf gegen die Österreicher auf seine erste, höchst erfolgreiche Probe gestellt wurde, war die neue Waffe gerade erst an die letzte Infanterieeinheit ausgeliefert worden. Es hatte insgesamt sechsundzwanzig Jahre

gedauert, um den Übergang vom Vorderlader abzuschließen. Unter solchen Umständen war es kein Wunder, daß die Regierungen seit dem
17. Jahrhundert, von geringfügigen Details abgesehen, die Konstruktionen der Handfeuerwaffen unverändert gelassen hatten.[20] Zum Vergleich:
1853, schon vier Jahre nach der Betriebsaufnahme, stieß die Waffenfabrik
in Enfield 100 370 Gewehre aus, und dies zu einer Zeit ohne eine Krisensituation, die eine besondere Anstrengung erfordert hätte;[21] und als
Frankreich (1866) und Preußen (1869) beschlossen, ihre Armeen mit neu-
en Gewehren auszurüsten, brauchten die beiden Staaten dafür nur vier
Jahre, trotz der vielen Monate, die Konstruktion und Installierung der
neuen Maschinen in Anspruch nahmen.[22]

So gelangte die Massenfabrikation von Handfeuerwaffen als direkte
Folge des Krimkrieges zwischen 1855 und 1870 nach Europa. Die neuen
Maschinen blieben größtenteils den staatlichen Arsenalen vorbehalten.
Ja, die staatliche Regie, was Konstruktion und Herstellung von Handfeuerwaffen betraf, wurde viel straffer und umfassender, als es zu einer Zeit
möglich gewesen war, in der die Arbeit der handwerklichen Waffenproduzenten nur oberflächlichen Inspektionen unterzogen wurde. Das genaue Gegenteil trat in der Geschützproduktion ein. Dies ging zum Teil
auf die erbitterte Konkurrenz zurück, die in Großbritannien ehrgeizige
Kanonenfabrikanten einander lieferten. Doch ein neuer Faktor festigte
und stabilisierte, was als bloßes Zufallsergebnis persönlicher Rivalitäten
begonnen hatte: das Aufkommen eines neuen Geschützmetalls – Stahl –,
dessen Herstellung Mittel erforderte, die für alle staatlichen Arsenale der
Zeit unerreichbar waren.

Wie bei der Produktion von Handfeuerwaffen ging auch im Artilleriewesen der entscheidende Anstoß, neue Wege zu beschreiten, vom Krimkrieg aus. Die Schwierigkeiten der Engländer und Franzosen auf der
Krim erhielten in der Presse eine beispiellose Publizität, und die detail-
lierten Schilderungen militärischer Aktionen, die Frontkorrespondenten
nach Paris und London schickten, führten unter anderem zu einem wahren Ausbruch des militärischen Erfindergeistes.[23] Allerdings gelangten
nur ein paar Ideen für neue Waffen über das Stadium der Reißbrettarbeit
hinaus. Auch diese erwiesen sich vielfach als Fehlschläge, wie etwa die
42-to-Mörser, ein Jahr nach dem Ende des Krimkrieges fertiggestellt, die
dann zu heraldischen Wächtern am Haupttor des Arsenals in Woolwich
wurden, ein merkwürdig treffendes Symbol – zu schwerfällig und zu spät
geboren – für die Rolle, die das Arsenal während des 19. Jahrhunderts in
der Geschützkonstruktion und -produktion spielte.[24]

Doch einige der neuen Ideen waren von großer Tragweite. Am bedeut-
samsten war wohl die Erfindung des ‚Bessemer-Verfahrens‘ bei der Stahl-
herstellung. Henry Bessemer, einer von Englands rührigen Erfindern,
experimentierte mit Geschützen von neuartiger Konstruktion, was ihn

darauf brachte, eine Methode der Stahlerzeugung zu entwickeln, bei der Luft in geschmolzenes Roheisen geblasen wurde. Dies ermöglichte eine Stahlproduktion in großtechnischem Maßstab und eine genauere Regulierung des chemischen Gehalts und der Struktur von Stahl, als es vorher möglich gewesen war. Die Bessemer 1857 erteilten Patente leiteten dann eine neue Ära in der Metallurgie ein. Binnen zwanzig Jahren wurden ältere Verfahren des Geschützgießens hoffnungslos antiquiert, wenn auch die Bemühungen von Technikern in den Arsenalen, an den traditionellen Geschützmetallen festzuhalten, erst 1890 endgültig aufgegeben wurden.[25]

In den 1850er und 1860er Jahren machte es die damals noch unvollkommene Kenntis der Molekularstruktur von Stahl unmöglich, Geschütze zu gießen, die völlig gleichförmig und fehlerlos waren. Der deutsche Stahlindustrielle Alfred Krupp, der als erster den Versuch unternahm, mußte viele Enttäuschungen und Hindernisse überwinden, bis die Qualität seiner Kanonen sich dann im Deutsch-Französischen Krieg von 1870/1871 entscheidend bewährte. Vorher war der bedeutendste private Geschützfabrikant in Europa William Armstrong gewesen. Er produzierte vor dem Krimkrieg in Newcastle hydraulische Maschinen und geriet ins Waffengewerbe eher zufällig, auf ähnliche Weise wie Bessemer sein Verfahren für die Stahlerzeugung gefunden hatte.

Armstrong las in einem Londoner Klub, wie englische Truppen in der Schlacht bei Inkerman durch zwei Feldgeschütze die Lage gerettet hatten, nachdem sie die schwerfälligen Kanonen unter enormen Schwierigkeiten in Feuerstellung gebracht hatten. Armstrong soll bemerkt haben, es sei „an der Zeit, daß die Wehrtechnik auf das heutige Niveau der technischen Praxis gebracht wird".[26] Er ging sogleich daran, ein Hinterladergeschütz zu entwerfen, und ließ dann einen Prototyp davon herstellen.[27] Ein 1857 durchgeführtes Probeschießen demonstrierte seine überlegene Genauigkeit gegenüber Vorderladern, deren Rohre nicht gezogen waren.

Zu dieser Zeit war der Krimkrieg schon vorüber, doch der Aufstand in Indien (1857/58) zog die Öffentlichkeit in Großbritannien derart in seinen Bann, daß das Gefühl der Dringlichkeit technischer Verbesserungen am Kriegsgerät anhielt. So wurde denn Armstrongs Kanone von den zuständigen Behörden für die Armee übernommen. Nach einer 1859 getroffenen Abmachung trat er seine Patente an die Regierung ab und akzeptierte die Ernennung zum Direktor der königlichen Geschützgießerei mit einem Jahresgehalt von 2000 Pfund, samt Erhöhung in den persönlichen Adelsstand. In seiner amtlichen Stellung baute er die Elswick Ordnance Company am Rand von Newcastle auf. Diese Privatfirma schloß mit dem Kriegsministerium einen Kontrakt über die Herstellung der Geschütze, die Armstrong jüngst entworfen hatte, und erklärte sich bereit, keinen anderen Abnehmer zu beliefern. Bis 1861 produzierte Elswick rund 1600 Geschütze von unterschiedlicher Größe. Doch es gab Schwierigkeiten mit dem Verschluß, der zum Klemmen neigte, und bei den größeren Kalibern erforderten Armstrongs Verschlüsse derart viel Kraft, daß Männer von durchschnittlicher Stärke die Geschütze nicht bedienen konnten.

Kritiker monierten, Sir William nutze seine amtliche Stellung dazu, der Elswick Company Aufträge zuzuschanzen, und verhindere, daß andere Konstruktionen eine faire Chance erhielten. Der Streit wurde sehr hitzig. Joseph Whitworth, ein Fabrikant aus Manchester und mit Armstrong verfeindet, zeigte auf einer Ausstellung Vorderlader, von denen er mit Recht behauptete, sie seien Armstrongs Geschützen an Genauigkeit wie an panzerbrechender Kraft überlegen.[28] Ein halbes Dutzend weiterer Erfinder rührte die Trommel für die eigenen Geschützkonstruktionen, doch keiner von ihnen war wie Armstrong und Whitworth in der Lage, ohne staatliche Finanzierung Prototypen zu bauen und zu erproben.

Die Antipathie der Royal Navy gegen Armstrongs Geschütze gab alsbald der Kritik von Privatleuten zusätzliches Gewicht. 1859 ließen die Franzosen *La Gloire* vom Stapel laufen, deren Panzerung gegen alles gefeit war, was die englischen Kriegsschiffe dieser Zeit dagegen aufbieten konnten. Deshalb wurde es für die englischen Geschützgießer vordringlich, ein Geschütz zu entwickeln, das die Panzerung von *La Gloire* zu durchschlagen vermochte. Armstrongs größte Hinterlader erwiesen sich dafür als ungeeignet, und Tests unter staatlicher Regie, 1863/64 mit großer Akribie durchgeführt, überzeugten das zuständige Komitee, daß Vorderlader sicherer, einfacher zu bedienen und gegen Schiffspanzer wirkungsvoller seien als Hinterlader. An Armstrongs Geschützen fand man die Herstellung zu schwierig, weil sie einen geringeren Spielraum zwischen Geschoß und Wandung verlangten, als mit den üblichen Methoden ohne Mühe zu erreichen war.[29] Ohnehin schon mißtrauisch gegenüber den auf Gewinn bedachten privaten Waffenproduzenten und dem Kreuzfeuer ausgesetzt, mit dem diese die Meriten ihrer jeweiligen Produkte anpriesen, empfahl das Komitee der Regierung, den Kontrakt mit Elswick zu lösen. Die Geschütze sollten wieder ausschließlich vom Arsenal in Woolwich bezogen werden, wie es vor 1859 üblich gewesen war. Die Techniker des Arsenals erhielten Weisung, neue Geschützkonstruktionen zu entwickeln und dabei die besten Leistungsmerkmale des runden Dutzends unterschiedlicher Typen zu verwerten, die bei dem Wettbewerb vorgestellt worden waren.[30]

Die Experten in Woolwich entschieden sich dann aber für einen französischen Entwurf, der die Vorteile des gezogenen Laufs mit denen der Vorderlader zu verbinden versuchte, indem an den Seiten des Geschosses angebrachte Zargen in Spiralrillen geführt wurden, die in die Rohrwandung eingefräst waren. Wie bei den Minié-Gewehren hatte dies den großen Vorteil, daß an den vorhandenen Geschützen und der bestehenden Ausbildung der Kanoniere nur minimale Veränderungen vorgenommen werden mußten. Die Rohre der alten Geschütze brauchten nur noch gefräst zu werden, die durch Zargen in den Rohren geführten Granaten wurden dem jeweiligen Kaliber entsprechend produziert. So blieben die französische und die englische Armee noch ein volles Jahrzehnt, nachdem die preußische Artillerie Krupps stählerne Hinterlader in Dienst zu stellen begonnen hatte, bei ihren Vorderladern. Hingegen unternahmen die beiden Westmächte eine kraftvolle Anstrengung, größere und stärkere Schiffsgeschütze zu bauen. Daher führte das Staatsmonopol auf die Waffenproduktion für die Streitkräfte in Frankreich und Großbritannien nicht zu einer Stagnation in der Herstellung schwerer Waffen, wofür ihre Rivalität auf den Meeren und das unentwegte Tauziehen zwischen Geschützen und Schiffspanzerung sorgten.

Folgendes kam noch hinzu: In Frankreich war bis 1885 die private Produktion von Geschützen für den Export verboten,[31] in Großbritannien hingegen hatte Armstrong, nachdem er 1863 von seinem amtlichen Posten zurückgetreten war – wie sein Konkurrent Whitworth –, völlig freie Hand, die Produkte der Elswick Company an jedermann zu verkaufen, der sie sich leisten konnte. Krupp, dessen stählerne Hinterlader auf der Londoner Weltausstellung einer staunenden Welt enthüllt worden waren, konkurrierte mit den beiden englischen Geschützfabrikanten. Er verkaufte seine ersten Kanonen 1855 an Ägypten. 1858 folgte ein Auftrag des preußischen Kriegsministeriums über 300 stählerne Hinterlader, doch richtig üppige Gewinne begann er erst zu machen, als große Bestellungen aus Rußland eingingen. Armstrong und Whitworth ihrerseits strichen ansehnliche Profite aus Geschützen ein, die sie den Amerikanern während des Bürgerkrieges verkauften. Auch der Sieg der Nordstaaten konnte ihr Gedeihen nicht lange trüben. Kleinere europäische Staaten und Regierungen in fernen Weltgegenden, wie die japanische und chinesische im Fernen Osten sowie Chile und Argentinien in Südamerika, waren in der Lage und bereit, von Privatfirmen produzierte schwere Geschütze zu kaufen, und schon bald begannen sie sich auch die Kriegsschiffe zuzulegen, die die Kanonen tragen sollten.

So entwickelte sich nach 1860 eine globale Rüstungsindustrie. Sie stellte die handwerkliche Produktion von Waffen für den internationalen Markt, die seit dem 15. Jahrhundert ihr Zentrum in den Niederlanden gehabt hatte, völlig in den Schatten. Selbst technisch hochentwickelte staatliche Arsenale wie die französischen, englischen und preußischen sahen sich hartnäckig von Privatherstellern herausgefordert, die ungeniert die Punkte herausstellten, in denen ihre Produkte in Staatsregie hergestelltes Kriegsgerät übertrafen. So förderte die privatwirtschaftliche

Konkurrenz gemeinsam mit nationalen Rivalitäten Verbesserungen an der Geschützproduktion.

Die Wirkung machte sich zuerst und am radikalsten bei der Schiffsartillerie bemerkbar. Riesige Geschütze, notwendig, um eine Panzerung zu durchschlagen, die mit jeder neuen gepanzerten Schiffskonstruktion stärker wurde, setzten das alte Prinzip, Kanonen an den Breitseiten der Kriegsschiffe anzuordnen, außer Kraft. Die neuen Geschütze waren derart schwer, daß sie aus Stabilitätsgründen gezwungenermaßen vor der Brücke und auf dem Heckteil des Schiffes installiert wurden. Dies wiederum hatte zur Folge, daß Masten und Segel weichen mußten, um den großen Geschützen freies Schußfeld zu schaffen. In den 1880er Jahren machten fundamentale Verbesserungen hinsichtlich der Effizienz und Stärke von Dampfmaschinen dies möglich. Ebenso gebot der Schutz vor feindlichem Beschuß den Bau gepanzerter Geschütztürme, die aber zugleich drehbar sein mußten, um das Geschütz aufs Ziel richten zu können. Die schweren hydraulischen Maschinen, die dafür notwendig waren, verlangten wiederum zusätzliche Dampfkraft; und als wären diese Verhältnisse nicht schon kompliziert genug gewesen, ergänzte die bereits 1868 eingeführte elektrische Zündung die Kunst des Schießens mit der Schiffsartillerie um eine weitere Dimension. Doch bei dem einzigen Seegefecht, das in dieser Periode in Europa stattfand, 1866 zwischen italienischen und österreichischen Einheiten in der Adria, gab nicht die Schiffsartillerie den Ausschlag, sondern ein italienisches Schiff sank, nachdem es gerammt worden war. Noch eine ganze Generation lang wetteiferte in der Wertschätzung der Marineoffiziere das Rammen mit dem Geschützfeuer als Schlüssel zum Sieg. Allgemein glaubte man, Seeschlachten würden auch weiterhin wie in Nelsons Tagen ausgetragen werden. Die Schiffskonstruktionen konzentrierten sich deshalb auf ein Höchstmaß an Kraft, um eine Panzerung auf Kernschußweite durchschlagen zu können.[32]

## Ein neues Paradigma: Krieg nach preußischer Art

Die Armeen hingegen wurden von den ersten Auswirkungen des Wandels in den Methoden der Geschützherstellung, der sich in der Mitte des 19. Jahrhunderts vollzog, einfach deswegen nicht betroffen, weil alles, was zu schwer war, um von Pferden durch offenes Gelände gezogen zu werden, als Feldartillerie nicht in Frage kam. Doch nach dem Deutsch-Französischen Krieg 1870/71 wurden auch die Armeen in den Wirbel der sich rapide entwickelnden Artillerietechnik gerissen. In diesem Krieg leisteten die stählernen Hinterlader auf deutscher Seite weitaus Besseres als die bronzenen Vorderlader, mit denen die Franzosen in den Kampf zogen. Daher gingen die europäischen Armeen nach 1871 rasch zu Geschützen des neuen Typs über. Noch wichtiger war, daß das deutsche Modell der Lenkung und Mobilisierung einer Armee zur Norm wurde. Nur der Inselstaat Großbritannien hielt sich zurück. Um zu verstehen, wie sich dies vollzog, müssen wir europäische und amerikanische Erfahrungen mit der Kriegführung aus der zweiten Hälfte des 19. Jahrhunderts Revue passieren lassen.

Der größte bewaffnete Konflikt dieser Periode, der Amerikanische Bürgerkrieg, hatte jenseits des Atlantiks keine großen Auswirkungen. Die europäischen Militärs waren von Umfang und Intensität der Mobilisierung, die die Amerikaner erreichten, nicht sonderlich beeindruckt. Auf den ersten Blick wurde der Bürgerkrieg schlampig und unprofessionell geführt. Geschniegelte Truppen glänzten durch Abwesenheit. Die Schlachten hatten keine Ordnung, waren ein Durcheinander; Feldzüge fuhren sich fest; nicht einmal im Süden gab es eine herrschende Klasse, mit der europäische Offiziere sich verbunden gefühlt hätten. Aus all diesen Gründen und auch aus der allgemeinen Überzeugung, den Amerikanern an militärischem Können überlegen zu sein, fanden die Berufsmilitärs in Europa, daß sie die amerikanischen Erfahrungen mit dem Krieg durchaus ignorieren könnten. Erst später, in den zwanziger Jahren unseres Jahrhunderts, wurde es möglich, in dem erbitterten Ringen zwischen Nord und Süd einen Vorläufer des Ersten Weltkrieges zu erkennen. Nun nahm der Amerikanische Bürgerkrieg eine neue Bedeutung an: als das erste Beispiel eines ausgewachsenen industrialisierten Krieges, in dem maschinell hergestellte Waffen eine neue, defensive Taktik diktierten, während Eisenbahnen mit Wasserstraßen als Arterien wetteiferten, durch die Millionen bewaffneter Männer Nachschub zugeführt wurde.

Nach anfänglichen Rückschlägen wandelten die Generäle der Nordstaaten – außerstande, der Überlegenheit beizukommen, die gezogene Handfeuerwaffen der Verteidigung verschafften – den Konflikt in einen Zermürbungskrieg um. Entscheidungen im Feld hingen nun von der Fähigkeit ab, den Nachschubstrom des Feindes zu bedrohen. Der Endsieg verlangte eine Lahmlegung des Transport- und Organisationssystems, mit dessen Hilfe die Konföderierten ihre Armeen tief aus der Etappe versorgten.

Bei der Belagerung von Sewastopol, nur ein knappes Jahrzehnt vorher, war vergebens versucht worden, bei der Organisation des Nachschubs Pferdefuhrwerke gegen Schiffe aufzubieten. Doch die Nord- wie die Südstaaten verfügten über Eisenbahnen. So überrascht es nicht, daß das Verhältnis zwischen den Kriegsgegnern ausgeglichener war als auf der Krim. Was den Ausschlag gegen die Konföderierten gab, war die Schwäche des Südens auf See und auf den Binnenwasserstraßen. Die amerikanische Kriegsmarine verhängte eine Blockade über die Südstaaten und machte es ihnen damit unmöglich, der unzureichenden Eigenproduktion durch die Einfuhr von Kriegsmaterial und Versorgungsgütern aus Europa abzuhelfen. Dazu kam, daß die strategische Mobilität längs der Küsten und auf den schiffbaren Flüssen für viele Offensiven der Nordstaaten von ausschlaggebender Bedeutung war. Diese entscheidende Rolle des Schiffstransports war nichts Neues. Doch der Umstand, daß manche Kriegsschiffe Dampfantrieb hatten und sogar gepanzert waren, wie die *Merrimac* und der *Monitor* bei ihrem berühmten Duell 1862, verlieh den Kämpfen auf dem Wasser einen neuen Charakter und unterstrich die Bedeutung moderner industrieller Kapazitäten, die allein solche komplizierten Kriegswerkzeuge hervorbringen konnten.

Ungleich neuartiger waren die Eisenbahnen. Die mechanische Kraft der Lokomotiven überwand spielend Hindernisse und Grenzen des Transports zu Lande. Hundert Meilen ließen sich per Schiene leichter zurücklegen als zehn mit einem Pferdefuhrwerk, und ein einziger Zug konnte ebensoviel befördern wie Tausende von Fuhrwerken. Eisenbahnen machten es Armeen in einer Stärke von 100000 Mann und mehr möglich, jahrelang zu kämpfen, während sie ihren Nachschub aus einer Entfernung von mehreren hundert Meilen bezogen. Solche großartigen Leistungen, in früheren Zeiten ein Ding der Unmöglichkeit, demonstrierten gleichfalls die entscheidende Bedeutung der industriellen Kapazitäten für eine neue Art der Kriegführung.

1865, am Ende des Bürgerkrieges, gebot der Präsident der Vereinigten Staaten, wie rund 200 Jahre vorher Oliver Cromwell, über höchst imposante Streitkräfte. Doch statt, wie Cromwell den Versuch zu unternehmen, die neuerrungene militärische Macht aufrechtzuerhalten, bauten die Vereinigten Staaten ihren Militärapparat entschlossen ab und behandelten den Sezessionskrieg praktisch als eine Verirrung. Dies machte es den Europäern noch leichter, das, was in Nord-Virginia, bei Vicksburg und Chattanooga geschehen war, nicht als eine intelligente Reaktion auf den technischen Wandel, sondern als plump gescheiterten Versuch einer professionellen, effizienten Kriegführung zu betrachten.

Diese Wertung wurde vom zügigen Verlauf der Kriege gestützt, die zwischen 1859 und 1870 auf dem europäischen Kontinent ausbrachen (ganz zu schweigen von etlichen Kolonialkriegen). Der Hauptfriedensstörer war Napoleon III., der sich von der Geschichte beauftragt fühlte, die Größe Frankreichs dadurch zu wahren, daß er nationale Freiheitsbestrebungen unterstützte. Der Erfolg im Krimkrieg regte nur seinen Appetit an. So zeigte er ein offenes Ohr für Pläne, die Österreicher aus Italien zu vertreiben, in der Erwartung, daß die dankbaren Italiener zu Frankreich als ihrem Schutzpatron aufblicken würden. Die Folge war ein kurzer, hitzig geführter Krieg im Jahr 1859. Französische Armeen besiegten zusammen mit Bundesgenossen die Österreicher zweimal in offener Feldschlacht, allerdings nicht ohne eigene hohe Verluste. In der politischen Neuordnung der folgenden Jahre vereinigte sich ganz Italien, abgesehen von Venedig und den päpstlichen Staaten, mit Piemont-Sardinien zum Königreich Italien.

Der Krieg von 1859 war weniger an sich, als wegen der Folgerungen bedeutsam, welche die Beteiligten daraus zogen. Die österreichischen Truppen waren zum Teil mit neuen Vorderlader-Gewehren ausgerüstet worden, doch die Franzosen griffen in Kolonnen an und durchbrachen die österreichische Linie. Dies schien zu beweisen, daß gut gedrillte Truppen unter Gewehrfeuer vorrücken und auf gute alte napoleonische Art den Sieg erringen konnten.[33] Die französische Armee, die zuerst die Russen und dann die Österreicher besiegt hatte, erschien wie in den Tagen des großen Korsen als die beste in Europa. Sie hielt unerschütterlich an den napoleonischen Leitbildern fest und war überzeugt, daß der Schlüssel zum Sieg mehr in Elan und Mut als in nüchterner Stabsarbeit oder sonst einer Form geistiger Anstrengung liege. Beförderungen aus dem Mannschaftsstand kamen viel häufiger vor als in anderen europäischen Armeen und verliehen dem französischen Offizierkorps einen draufgängerischen, professionellen Charakter, der den aristokratischen Offizieren anderer Armeen vielfach abging.[34] Was die Mannschaften betraf, so kamen sie nur aus den untersten Schichten der französischen Gesellschaft, denn das Gesetz erlaubte jedem, der in der Aushebungslotterie eine ‚Niete‘ zog, einen bezahlten Ersatzmann zu stellen. Die besten und am leichtesten verfügbaren Männer waren Veteranen. Die Wehrpflicht verhinderte daher nicht, daß die französische Armee sich auf langdienende Soldaten stützte, deren Professionalität die des Offizierkorps ergänzte.

Die Minié-Gewehre und die Feldartillerie aus gezogenen Vorderladern, denen Napoleon III. in reichem Maße seine persönliche Aufmerksamkeit zuwandte, demonstrierten, daß die französische Armee einer Verbesserung des Kriegsmaterials nicht gleichgültig gegenüberstand. Eine ähnliche Risikobereitschaft zeigte sich darin, daß sie für den Einmarsch in Italien 1859 neugebaute Eisenbahnen benützte. Doch die Erfahrungen in Algerien, später in Mexiko und Asien gegen schlecht bewaffnete Gegner und die glorreiche Tradition der Schlachten Napoleons ließen die Franzosen treu an einer Taktik festhalten, welche die erhöhte Feuerkraft der neueren Waffen, die allmählich von den europäischen Armeen übernommen wurden, nicht in Rechnung stellte. Immerhin führte diese Taktik zum Sieg über die Österreicher, deren politische Entschlossenheit, den neuen Ideen des Nationalismus, Liberalismus und Fortschritts – die die Franzosen zu vertreten beanspruchten – zu widerstehen, allerdings auf etwas schwachen Füßen stand.

Napoleons III. kraftvolle, ‚progressive‘ Ideologie, im Verein mit einer geschulten Armee und einer innovativen Kriegstechnologie gaben eine wahrhaft formidable Verbindung ab. Aus all diesen Gründen erschien Frankreich 1860 als die stärkste Macht auf dem europäischen Festland, in den Augen der Franzosen selbst wie in denen sachverständiger ausländischer Beobachter.[35]

Die Österreicher ihrerseits zogen aus der Niederlage in Italien den Schluß, sie müßten die französische Infanterietaktik übernehmen und in gezogenen Feldgeschützen investieren. Schon 1866 gaben dann neue Feldkanonen der österreichischen Artillerie tatsächlich einen entschiedenen Vorteil gegenüber den Preußen,[36] doch die Umschulung der Infanterie auf die Taktik, den Feind in dichten Kolonnenformationen anzugreifen, trug ihnen die Niederlage bei Königgrätz ein.

Der Grund lag darin, daß die preußische Armee einen anderen Weg als ihre Rivalinnen eingeschlagen hatte. Sie versuchte, mit technischen Veränderungen Schritt zu halten, und entschied sich deshalb, wie erwähnt, für einen gezogenen Hinterlader als Basiswaffe für ihre Infanterie. Der große Vorteil der Hinterlader lag darin, daß ein Soldat kauernd oder im Liegen schießen und überall Deckung suchen konnte, wo er sie fand. Diese Taktik setzte die Infanterie viel weniger dem gegnerischen Feuer aus als beim Laden der Vorderlader, bei dem der Soldat aufrecht stehen mußte. Ein zweiter Vorzug der Hinterlader war ihre viel höhere Feuergeschwindigkeit.[37]

Doch es gab auch Nachteile, und diese veranlaßten andere Armeen, die Ausrüstung der Preußen mit Reserve zu betrachten. Der Verschluß des Dreyse-Gewehrs war nicht vollkommen dicht, und die Zündnadel brach leicht. Auch hatte es eine kürzere Reichweite und war weniger zielgenau als die Minié-Gewehre. Zu diesen technischen Schwächen traten noch Probleme der Führung und der taktischen Beweglichkeit, die jedes Abgehen von den altehrwürdigen Drillgewohnheiten – rings um die für das Laden von Vorderladern notwendigen Griffe – mit sich zu bringen schien. Männer in einer Reihe antreten zu lassen und ihnen in geordneter Reihenfolge Laden, Zielen und Schießen beizubringen, hatte sich seit den Tagen Moritz von Oraniens bewährt. Was hingegen konnte einen aufgeregten oder verängstigten Soldaten mit einem Hinterlader davon abhalten, seine Munition zu verschwenden, indem er wahllos und mit äußerster Geschwindigkeit feuerte, bis seine Patronentasche leer war? Oder umgekehrt: Was konnte Soldaten, die unter Feindbeschuß auf der Erde lagen, dazu bringen, sich aufzuraffen und auf dem Schlachtfeld zu bewegen?

Solche Fragen schienen um so angebrachter im Fall der preußischen Armee, deren Mannschaften aus kurzfristig dienenden Rekruten bestanden und deren Reserveeinheiten – die gebraucht wurden, um das Heer aufzufüllen und auf Großmachtstärke zu bringen – nichts anderes waren als Verbände aus Zivilisten in Uniform. Denn Ausbildung und Disziplin der Reservisten konnten unmöglich das Niveau langdienender Soldaten erreichen wie jener in der französischen, österreichischen und russischen Armee.

Zudem litt das preußische Heer in den 1840er und 1850er Jahren an einer höchst zwiespältigen Beziehung zur Gesellschaft insgesamt. Das vor allem aus ostelbischen Junkern bestehende Offizierkorps war politisch reaktionär eingestellt. Mit Widerwillen und Mißtrauen betrachtete man in seinen Reihen die bürgerlichen Unternehmer, die begonnen hatten, das Rheinland und Großstädte wie Berlin und Hamburg zu Zentren der maschinellen Produktion und technischen Neuerung zu machen. Die Revolution von 1848 hatte einen bitteren Nachgeschmack hinterlassen. Daß es den Volksmassen gelungen war, sich zunächst die Herrschaft über die Straßen von Berlin zu sichern, empfand das Offizierkorps als eine tiefe Schmach, während die ablehnende Haltung der Führung, ihre Chance zur Einigung Deutschlands zu übernehmen, alle jene Elemente entfremdete, die in der nationalen Einigung ein Allheilmittel für die Schwierigkeiten und Enttäuschungen des Alltagslebens sahen. Preußische Offiziere fürchteten ein neuerliches Aufflammen des revolutionären Funkens und trachteten danach, die Armee zu einem Bollwerk des Prinzips der hierarchischen Gesellschaftsgliederung zu machen, von der ihre eigene Lebensform und – wie sie fanden – die Größe des preußischen Staates abhing. Anhänger politischer Reformen wiederum glaubten, daß das preußische Heer eher bereit sei, gegen eine Revolution im Lande vorzugehen, als das von ihnen erträumte Deutsche Reich zu schaffen.

Doch die Erinnerung an den Befreiungskrieg 1813/14 ging beiden Seiten nicht aus dem Kopf. Patriotisch gesinnte Deutsche gedachten ihrer Väter und Großväter, die sich als Glieder eines Volksheeres unter dem Banner des preußischen Königs gegen die Franzosen versammelt hatten. Und auch preußische Offiziere waren sich wohl bewußt, daß eine einsatzfähige Zivilreserve wichtig war, wenn Preußen auf dem Schlachtfeld als Großmacht auftreten wollte.

1858 kam es zu einem Wechsel an der Spitze des Staates. Prinz Wilhelm übernahm die Stellvertretung seines gemütskranken Bruders Friedrich Wilhelm IV. und im Jahr darauf die Regentschaft. 1859 schürte die sich abzeichnende Einigung Italiens den nationalen Eifer in Deutschland. Wilhelm (preußischer König von 1861–1888) ging darauf ein, indem er größere finanzielle Zuwendungen an das Heer anstrebte. Doch die liberale Mehrheit des preußischen Landtags weigerte sich, das dafür notwendige Gesetz zu verabschieden. Beide Seiten zogen englische Präzedenzfälle aus dem 17. Jahrhundert heran, denn die Konflikte der Stuart mit dem Parlament schienen exakte Parallelfälle abzugeben. 1862 fand Wilhelm I. in Otto von Bismarck einen Politiker, der mit seinem Ehrgeiz, seinem geschickten Umgang mit der Macht und seiner Bereitschaft, um politischer Ziele willen Krieg zu führen, schon bald alle Rivalen weit hinter sich ließ.

Zunächst trieben Bismarck und der Herrscher die Heeresreform einfach voran und ließen weiter wie üblich die Steuern einziehen. Das Recht des Landtags, Ausgaben der Regierungen zu genehmigen, war 1848 zugestanden worden, aufgenommen in die Verfassung, die der König in diesem Jahr oktroyierte. Doch was ein König gewährt hatte, konnte ein anderer zurücknehmen; jedenfalls erschien dies vielen Preußen so, und die Gewohnheit des Gehorchens war so tief in Fleisch und Blut übergegangen, daß eine Gehorsamsverweigerung als undenkbar erschienen wäre, sogar den bittersten Gegnern Bismarcks und des Monarchen.

Neben solch kostspieligen Maßnahmen wie der Produktion von genügend Zündnadelgewehren, um damit das ganze Heer auszurüsten, und dem Kauf von 300 stählernen Hinterladern der Firma Krupp ging es Wilhelm I. bei seiner Reform vor allem darum, einen größeren Teil der wehrfähigen Jahrgänge einzuziehen, um so das Heer auf eine höhere Stärke zu bringen. Er suchte auch die Effizienz der Landwehr zu steigern, indem er Einheiten, die für den aktiven Feldeinsatz in Kriegszeiten bestimmt waren, dem Kommando regulärer Offiziere unterstellte.[38]

Die Heeresreform gewann 1864 neue Dringlichkeit, als Preußen im Bündnis mit Österreich einen Krieg gegen Dänemark begann. Die österreichischen Truppen hielten sich zuerst besser als die Preußen, die allerdings seit 1815 nicht mehr gegen einen fremden Gegner gekämpft hatten. Doch im April 1865 erstürmten die preußischen Truppen die Düppeler Schanzen – die bedeutendste Waffentat in diesem Krieg –, was in ganz Deutschland patriotische Begeisterung auslöste. Darauf baten die Dänen um Frieden und traten Schleswig und Holstein an die Sieger ab. Dies wiederum gab Bismarck die Möglichkeit, einen Streit mit den Österreichern um die Teilung der Kriegsbeute und die Neugestaltung des Deutschen Bundes vom Zaun zu brechen.

Ein wichtiger Aspekt des Krieges gegen Dänemark lag darin, daß er dem Generalstab und seinem Chef, General Helmuth von Moltke, einen beispiellosen Grad an Prestige und Autorität verschaffte. Der preußische Generalstab war, wie erinnerlich, von Scharnhorst im Rahmen der Reformen geschaffen worden, die nach der Katastrophe des preußischen Heeres 1806 eingeleitet wurden. Anschließend war die professionelle Ausbildung der Stabsoffiziere fortgeführt worden, und eine kleine Gruppe von Planern, geschult, sorgfältig alle Faktoren zu berechnen, die auf die Beweglichkeit einer Armee einwirkten, konnte ein Niveau der Sachkunde halten, dem andere Armeen nur selten Gleiches entgegenzusetzen hatten. Doch ob es einem preußischen kommandierenden General beliebte, sich nach den Ratschlägen der ihm zugeteilten Stabsoffiziere zu richten, hing von den betreffenden Persönlichkeiten ab und wechselte von Fall zu Fall. Der Chef des Generalstabs in Berlin blieb ziemlich im Schatten. Er hielt nicht einmal selbst dem Kriegsminister Vortrag, sondern war dem Allgemeinen Kriegsdepartement unterstellt.

Bald nach der Übernahme der Regentschaft ernannte Prinz Wilhelm, der ein lebhaftes Interesse an allen militärischen Dingen nahm, Moltke zum Generalstabschef. Das Prestige des neuen Chefs befestigte sich während des Krieges mit Dänemark, als er aus Berlin berufen und Generalstabschef von Prinz Friedrich Karl wurde, der sich als Oberbefehlshaber der preußischen Truppen bei Düppel ganz auf Moltkes Rat stützte. Der König nahm nach dem Krieg Moltke in die Gruppe der Männer auf, die ihn in Fragen von militärischer Bedeutung berieten. Als der Krieg mit Österreich näherrückte, beschloß Wilhelm I., die volle Befehlsgewalt nicht, wie es üblich geworden war, an die Armeebefehlshaber zu delegieren, sondern die glorreiche Tradition Friedrichs des Großen neu zu beleben und den Oberbefehl selbst zu führen. Dabei stützte er sich auf den Rat des Generalstabs und von diesem ausgearbeitete Pläne. Um Moltkes neuer Autorität Nachdruck zu verleihen, bestimmte der König, daß der Chef des Generalstabs berechtigt sei, im Feld Weisungen zu erteilen, ohne den Umweg über den Kriegsminister oder sonst eine Zwischeninstanz. So ging in militärischen Fragen die oberste Autorität des Souveräns praktisch auf Moltke über, obwohl natürlich der König über jeden wichtigen Schritt konsultiert werden und ihn billigen mußte, ehe die Befehle hinausgingen.

Eine wirkungsvolle Zentralisierung der Befehlsstruktur war auf neue Transport- und Kommunikationsmittel angewiesen. Der in den 1840er Jahren entwickelte elektromagnetische Telegraph ermöglichte es einer vorrückenden Armee, mit einem fernen Hauptquartier in Verbindung zu bleiben: Man verlegte auf dem Vormarsch einfach Telegraphendrähte. Auf diese Weise konnten Moltke und der König umfassende strategische Bewegungen genau im Auge behalten. Jedes untergeordnete Kommando, das im Bereich des Telegraphen blieb, konnte sogleich mit Instruktionen versehen werden. Zwar war es kein Kinderspiel, viele Meilen Draht funktionsfähig zu halten, zumal in einer Zeit, in der nur wenige die Geheimnisse der Elektrizität verstanden. Immer wieder kam es zu Ausfällen und unerwarteten Verzögerungen,[39] doch im Prinzip und auch – in einem beträchtlichen Maß – in der Praxis verschaffte die Entwicklung eines funktionierenden Feldtelegraphen Moltke und dem König die Möglichkeit, den strategischen Aufmarsch der preußischen Armeen Tag für Tag, ja sogar Stunde für Stunde zu steuern.

Das zweite große Instrument des Generalstabs war die Eisenbahn. Die Verwendung von Eisenbahnen zum Transport großer Truppenteile an die Front war zwar nichts Neues, aber noch nie hatte es eine so detaillierte Planung gegeben wie die, die Moltke und seine Gehilfen für den Einmarsch in Böhmen erarbeiteten. Zeitpläne für Truppenbewegungen, sorgfältig vorbereitet, maximierten Geschwindigkeit und Masse. Die genaue Berechnung, wie viele Lokomotiven und Eisenbahnwaggons für jede Verlegung notwendig waren, bewirkte, daß das Transportmittel Eisenbahn in seiner vollen Kapazität genutzt werden konnte.[40]

Gleichwohl barg der preußische Feldzug von 1866 große Risiken. Doch am Ende stand ein preußischer Sieg, dem rasch ein Friedensschluß folgte, und dies gab Preußen freie Hand, die politische Neuordnung Deutschlands in Angriff zu nehmen. Bismarck und Moltke teilten den Ruhm mit Wilhelm I., während die Österreicher ihre Niederlage auf das Zündnadelgewehr und – völlig unfairerweise – auf die ‚Unfähigkeit‘ ihres Oberbefehlshabers zurückführten.

Dieser zügige und rasch zur Entscheidung führende Feldzug stand in dramatischem Gegensatz zu den sich lange hinziehenden militärischen Aktionen im Amerikanischen Bürgerkrieg und erschien als ein überzeugender Beweis für die Überlegenheit des militärischen Sachverstands in Europa – oder zumindest in Preußen. Doch im Rückblick wird klar, daß das Geheimnis des preußischen Erfolgs 1866, wie das der Franzosen im Jahr 1859, in den politischen Traditionen des Habsburgerreiches lag, die die Wiener Regierung veranlaßten, schon nach ein, zwei verlorenen Schlachten Frieden zu schließen. Die Habsburger hatten Napoleon und so manchen früheren Gegner überdauert, indem sie nach einer Niederlage Friedensbereitschaft zeigten, um eines späteren Tages in besserer Verfassung den Kampf wiederaufzunehmen. Der Krieg als Sport der Könige und als eine Angelegenheit professioneller Armeen gesehen, war am besten auf eine solche Weise zu führen. Österreichs großes Unglück nach 1848 lag darin, daß die k. u. k. Monarchie und die habsburgischen Traditionen der Staatslenkung archaisch wurden, gänzlich außerstande, die tieferen Quellen menschlichen Handelns und menschlicher Leidenschaft zu erschließen, über die volksnähere Regierungen gebieten konnten. Der Nationalstolz und die Sehnsüchte nach kollektiver Größe, denen Preußen durch die Neuordnung Deutschlands nach 1866 Raum gab, hatten keinen Platz in der geordneten Weltsicht des Hauses Habsburg.

Übrigens ist zu bemerken, daß das Nachschubsystem der vorrückenden preußischen Armeen beim Einmarsch in Böhmen in beträchtliche Unordnung geriet. Die Transportkapazitäten auf der Schiene übertrafen bei weitem die Möglichkeiten, von den Ausladebahnhöfen aus Proviant und Munition per Pferdewagen weiterzutransportieren. So große Mühe Moltke sich auch gab, herrschte doch längs der Straßen, auf denen die Preußen vorrückten, ein enormes Durcheinander. Nur indem sie das Marschtempo so forcierten, wie Männer und Pferde es gerade noch durchhielten, den Nachschubtroß hinter sich ließen und sich mit äußerst knappen Proviant- und Futterrationen begnügten, gelang den Preußen ihre Truppenkonzentration bei Königgrätz. Die Österreicher hatten natürlich mit ähnlichen Schwierigkeiten zu kämpfen, wenn sie auch langsamer vorrückten. Hätte der Krieg jedoch länger gedauert und wäre Wien nicht nach der ersten Niederlage zu Friedensverhandlungen bereit gewesen, hätten die Nachschubprobleme die in Böhmen einrückenden Preußen sicher in Bedrängnis gebracht. Es ist durchaus denkbar, daß ihr rascher und dramatischer Erfolg dadurch blockiert worden wäre.[41]

Eine solche Begrenzung der preußischen Kriegführung war in den ersten Wochen des Deutsch-Französischen Krieges 1870/71 nicht zu erkennen, denn der begann mit noch eindrucksvolleren Siegen als Königgrätz. Obendrein schlugen die Deutschen eine Armee, die als die beste Europas galt und die in Reaktion auf die Geschehnisse von 1866 auf Hinterlader, von höherer Leistung als die preußischen Zündnadelgewehre, umgerüstet worden war. Napoleon III. intervenierte persönlich, um die Produktion der neuen Gewehre zu beschleunigen, die auf einem bereits 1858 von einem französischen Leutnant entwickelten Entwurf beruhten. Das neue Gewehr wurde nach seinem Konstrukteur auf den Namen Chassepôt-Gewehr getauft. Große Hoffnungen setzten die Franzosen auch auf ein Maschinengewehr, die Mitrailleuse, doch als 1870 der Krieg ausbrach, standen erst 144 dieser noch geheimen Waffen zur Verfügung,[42] und es war auch versäumt worden, die Soldaten an den neuen Waffen wirklich effektiv auszubilden. Tatsächlich glaubte die französische militärische Führung nicht, daß irgendwelche Änderungen der Taktik erforderlich seien. Die Mitrailleuse wurde wie ein Feldgeschütz behandelt und erwies sich in dieser Rolle als wirkungslos. Man erwartete, wie 1859, als Klimax und Krisis der Schlacht einen von den Infanteriekolonnen vorgetragenen Bajonettangriff.

In der Schnelligkeit des Nachschubs und der Entfaltung lagen die Franzosen weit hinter den Deutschen zurück – eine Schwäche, der nicht abzuhelfen war. So siegte deutsche Planung über französischen Elan, und dies hatte zur Folge, daß zum Staunen aller Welt Bürgersoldaten ohne viel Mühe die besten Berufssoldaten Europas schlugen. Statt die Offensive zu ergreifen und den Krieg auf deutschen Boden zu tragen – wie alle, Moltke eingeschlossen, es erwartet hatten –, mußten die Franzosen Verteidigungsstellungen gegen die vordringenden Deutschen improvisieren. Napoleon III. und eine ganze französische Armee fanden sich alsbald bei Sedan eingekesselt. Nachdem der Kaiser hatte mitansehen müssen, wie seine Truppen vom gnadenlosen Feuer der Deutschen mitgenommen wurden, kapitulierte er, ganze sechs Wochen nach dem Beginn der Feindseligkeiten. Acht Wochen später streckte die französische Hauptarmee in Metz gleichfalls die Waffen.

Ein wichtiges Element an diesem überraschenden Sieg war der Gewinn, den die preußischen Stabsoffiziere aus ihren Erfahrungen im Krieg 1866 gezogen hatten. Die preußische Feldartillerie war hinter den Leistungen der österreichischen deutlich zurückgeblieben. Konstruktion und Produktion neuer und besserer Geschütze brauchten ihre Zeit, und in diesem Punkt geschah bis 1870 nicht viel. Doch die Art und Weise, in der die Preußen ihre Artillerie im Kampf einsetzten, ließ sich ändern und wurde auch radikal revidiert. Als sich die französischen Truppen zu Angriffskolonnen zu formieren versuchten, behinderte sie dabei schweres Störfeuer über eine große Entfernung. Solche Formationen gaben natürlich bequeme Ziele für die Artillerie ab, während die mehr lockere Kampfordnung, welche die deutsche Infanterie bevorzugte, den französischen Kanonieren keine Angriffsfläche bot. Dazu kam noch, daß die deutschen Geschütze denen der Franzosen an Reichweite überlegen waren, so daß ihre verheerendsten Feuerüberfälle überhaupt ohne französische Vergeltung blieben.

Die Fähigkeit der Preußen, aus früheren Unzulänglichkeiten zu lernen, war vielleicht die Grundursache der blendenden Siege, die sie nacheinander errangen. Die Anwendung von Ratio und Intelligenz auf die Kriegführung war zwar im Europa des 19. Jahrhunderts keineswegs neu, aber nur selten wurde sie so systematisch betrieben, von einer Gruppe von Männern mit der Vollmacht, ihre innovativen Gedanken unverzüglich in die Praxis umzusetzen. Das Prestige, das Moltke und der Generalstab 1865 errungen hatten, und die Befehlsgewalt, die 1866 dem Generalstabschef von Wilhelm I. übertragen worden war, ließen Preußen auf die Erfahrungen im Felde ungleich rascher, rationaler und gründlicher reagieren, als dies andere europäischen Armeen vermochten.

Ein anderes Beispiel kann diese Feststellung unterstreichen. Beim Übergang zum Zündnadelgewehr erkannten die preußischen Stabsoffiziere sogleich, daß eine solche Umstellung in der Bewaffnung auch einen neuen Drill verlangte; und ein neuer Drill erforderte eine Umschulung der Unteroffiziere und der unteren Offizierschargen, die die Truppe im Feld kommandierten. Dies war ein gewaltiges Unternehmen. Ein sechs Monate dauernder Spezialkurs wurde eingerichtet, bei dem die neue Taktik gelehrt wurde. Jedes Regiment hatte ein Kontingent Unteroffiziere, Hauptleute und Leutnants zu entsenden, und die Absolventen des Kurses wiederum hatten das Gelernte ihrem Regiment beizubringen. Das Resultat konnte sich sehen lassen. Glanzvoll wurde das Doppelproblem gelöst, das in anderen Armeen unüberwindlich erschienen war – sparsamer Umgang mit der Munition und Bewahrung der taktischen Beweglichkeit unter Feindbeschuß, selbst wenn es den einzelnen Soldaten erlaubt wurde, Deckung zu suchen und in kauernder Stellung oder auf dem Bauch liegend zu schießen. Ja, die Ausdehnung einer radikalen Rationalität bis zum unteren Ende der Befehlskette spielte für die preußischen Erfolge eine ebenso wichtige Rolle wie die strategische Lenkung von der Spitze aus, durch Moltke, Bismarck und den König, unterstützt von Telegraphen und Eisenbahnen.

Doch auch Planung und rationale Organisation hatten ihre Grenzen. Dies zeigte sich an den Folgen der deutschen Siege bei Sedan und Metz. Der französische Widerstand brach nicht zusammen. Kaum hatte die Nachricht von Napoleons III. Kapitulation Paris erreicht, wurde die Provisorische Regierung gebildet. Sie versuchte, den Geist von 1793 zu beschwören, und brachte es fertig, den eindringenden deutschen Armeen mit Partisanenangriffen auf die immer länger werdenden Verbindungslinien das Leben schwer zu machen. Die Belagerung von Paris endete mit der Übergabe der Stadt im Januar 1871, zehn Tage nach der Proklamation des preußischen Königs Wilhelm I. zum Deutschen Kaiser im Spiegelsaal des Schlosses von Versailles. Der Friedensschluß, der Elsaß und Lothringen in das neue deutsche Kaiserreich eingliederte, wurde im Mai unterzeichnet, doch vorher noch führte eine revolutionäre Umwälzung in der Hauptstadt zu einem kurzen, aber blutigen Bürgerkrieg zwischen der neuberufenen französischen Regierung und der Pariser Kommune. Man hätte sich schwerlich einen weniger verheißungsvollen Anfang der Dritten Republik vorstellen können.[43]

So hatten die Preußen bis 1871 zweimal demonstriert, wie man einen Blitzkrieg gegen eine Großmacht gewann. Sie hatten nur drei Wochen gebraucht, um die Österreicher zu schlagen, und nicht mehr als sechs bis zur Gefangennahme Napoleons III. Es war undenkbar, einem solchen Beispiel nicht den Vorzug vor dem zähen Ringen im Amerikanischen Bürgerkrieg oder der ein ganzes Jahr dauernden Belagerung Sewastopols zu geben. Dementsprechend stieg das militärische Prestige Preußens enorm. Vorher die europäische Großmacht, die am wenigsten galt, und nun Herr über Deutschland, wurde es in militärischen Angelegenheiten tonangebend für die ganze Welt.

Moltkes Erfolg beruhte offensichtlich auf der Massenmobilisierung. Seine Siege waren dadurch errungen worden, daß die deutschen Armeen marschierten, ehe ihre Gegner kampfbereit waren. Schnelligkeit, Masse und Schwung hingen von der geschickten Nutzung der Eisenbahnen für die Konzentration und den Aufmarsch der Truppen samt ihrer Ausrüstung ab. Eine hohe Kampfstärke verlangte eine Armee von Wehrdienstpflichtigen, in Kriegszeiten durch Reservisten verstärkt. Da Wehrdienstpflichtige nur einen kärglichen Sold erhielten, war eine solche Armee für die europäischen Regierungen die einzigmögliche Streitmacht, die für die ersten kritischen Begegnungen mit dieser neuen Art von Kriegführung ausreichte. Gleichzeitig hatten Maschinen für die Massenproduktion von Handfeuerwaffen die Ausgaben für die Ausrüstung riesiger Bürgerarmeen erschwinglich gemacht. Deshalb strebte in den folgenden Jahrzehnten jede europäische Armee dem preußischen Vorbild nach. Einzig die Engländer hielten sich zurück.

Die Kriegskunst, die sich so mit den 1870er Jahren in Europa heraus-bildete, verband sich gut mit napoleonischen wie auch mit älteren, ritter-lichen Begriffen. Reservisten, die auf ein paar Wochen oder Monate zu den Waffen gerufen wurden, empfanden es als ungemein beflügelnd und aufregend, den Alltag mit seinem Einerlei hinter sich zu lassen, Risiken zu bestehen, Entbehrungen zu ertragen, persönliche Tapferkeit zu bewei-sen und zugleich Siege mitzuerringen und der nationalen Geschichte ein weiteres Ruhmesblatt hinzuzufügen. Zumindest im Rückblick betrach-tet, waren die Kriege von 1866 und 1870/71 für fast alle Deutschen, die daran teilnahmen, ‚frisch-fröhliche‘ Unternehmungen. Dies bewirkte, daß bei den unmittelbar folgenden Generationen der Krieg die meisten seiner düsteren Schatten verlor.

Der preußische Sieg von 1866 und der preußisch-deutsche von 1870/71 vermittelten den Armeeoffizieren in Deutschland, aber auch in anderen führenden Staaten des Kontinents eine janusartige Rolle in der Gesell-schaft. Einerseits waren sie die geistigen und oft auch leiblichen Erben ländlicher Grundbesitzer, gewohnt, den Arbeitern, die ihre Felder be-stellten, Befehle zu erteilen. Doch diese Junkersöhne in Uniform brauch-ten auch hochmoderne Maschinen, um erfolgreich Krieg zu führen. An die vierzig Jahre schien diese Symbiose der Gegensätze zu funktionieren. In ganz Mittel- und Osteuropa – und in einem gewissen Maß auch in Frankreich – konservierte die militärische Befehlskette ein Verhaltensmu-ster der fraglosen Unterordnung unter den gesellschaftlich Höhergestell-ten, das aus der zivilen Gesellschaft rasch verschwand, indes Marktbezie-hungen um sich griffen und sich freie Berufswahl und Kaufentscheidung immer weiter nach unten in der sozialen Hierarchie ausdehnten, von Groß- zu Kleinstädten, von Kleinstädten in Dörfer, über ganz Europa. Selbst Rußland hob 1861 die Leibeigenschaft auf!

Die Armeen bekamen damit etwas Archaisches. Dies galt besonders für den Schrittmacher Preußen, denn das preußische Offizierkorps war von der Mentalität der ostelbischen Junker geprägt, unter denen sich noch Reste des alten Herr-Knecht-Verhältnisses hielten, nachdem der größte Teil Deutschlands die ländliche Einfachheit eines bipolaren Gesell-schaftsmusters längst hinter sich gelassen hatte. Gleichwohl beruhte die Effizienz der europäischen Armeen im allgemeinen und der deutschen im besonderen zum Teil auf diesem archaischen Zug. Zum Militärdienst Eingezogene fanden sich in einer einfacheren Gesellschaft als der, die ihnen aus dem Zivilleben vertraut war. Der Soldat verlor beinahe alle persönliche Verantwortung. Ritual und Routine regierten fast alle Stun-den, die er nicht mit Schlafen verbrachte. Simpler Gehorsam gegenüber Befehlen, die in Abständen diesen geregelten Ablauf unterbrachen und der Tätigkeit des Soldaten irgendeine neue Richtung wiesen, bot Entlastung von der Unruhe, die sich mit selbständigen Entscheidungen verband – einer Unruhe, die in der städtischen Gesellschaft ungezügelt um sich griff, wo rivalisierende Führer, widersprüchliche Loyalitäten und praktische Entscheidungen darüber, wie man zumindest einen Teil der eigenen Zeit verbringen sollte, ständig um Beachtung wetteiferten. So paradox es auch erscheinen mag, der Entzug der Freiheit durch den Militärdienst war für viele eine echte Befreiung, namentlich für junge Männer, die unter sich rasch wandelnden Bedingungen lebten und noch nicht voll und aktiv in die Erwachsenenwelt integriert waren.

Etwa ab der Mitte des 19. Jahrhunderts gab es in Europa eine Offiziersklasse aus Aristokraten und aus Bürgerlichen, die sich als Aristokraten gerierten, neben einer Masse junger wehrdienstpflichtiger Soldaten, für die das Gehorchen eine reizvolle Lösung für manches existentielle Dilemma in einer immer stärker verstädterten Gesellschaft bot. Dieser Rückzug aus beunruhigender Vieldeutigkeit, zu dessen Motiven auch so etwas wie ein atavistischer Nachhall der Mentalität früher Jäger-Gemeinschaften gehörte, den das Exerzieren in geschlossener Ordnung noch immer weckte, gab den kontinentaleuropäischen Armeen nach 1870 einen eigenen Charakter, deutlich unterschieden vom Ethos langdienender Soldaten, das die Szene beherrscht hatte, ehe die Deutschen zeigten, was Bürgersoldaten, kommandiert von Berufsoffizieren, zu leisten vermochten.[44]

All dies stand in einem sonderbaren Gegensatz zu der in stetem Wandel begriffenen Industriegesellschaft mit ihrer zunehmenden technischen Komplexität. Die vom täglichen Gleichmaß bestimmte Einfachheit des Lebens beim Militär verlangte standardisierte Waffen und einen ritualisierten Drill. Selbst der Sachverstand des Generalstabs, der den Preußen zwischen 1864 und 1871 so frappierende Erfolge beschert hatte, ließ nach dem deutschen Triumph über die Franzosen eine gewisse technische Erstarrung erkennen. Andere europäische Armeen taten es den Deutschen in ihrer Abneigung gegen technische Neuerungen gleich – die Engländer übertrafen sie noch. Private Waffenproduzenten gaben sich zwar alle Mühe, den Armeen der Welt schwere Artillerie und Maschinengewehre zu verkaufen, doch sie fanden nur ein zögerndes Interesse. Was nützten Geschütze, die so schwer waren, daß Pferde sie nicht ziehen konnten? Wie sollten Maschinengewehre, die pro Minute Hunderte von Kugeln verschossen, auf dem Schlachtfeld zureichend mit Munition versorgt werden? Das System der Nachschubversorgung von den Ausladebahnhöfen aus war ja ohnehin schon unzureichend, wie der Deutsch-Französische Krieg neuerlich bewiesen hatte. Die Belastungen noch zu vermehren schien sinnlos, und diese Erkenntnis rechtfertigte einen energischen Widerstand gegen die Verkaufstricks der Vertreter von Waffenfirmen, die widerstrebenden Offizieren und Beamten immerzu neues und kostspieligeres Kriegsgerät anzudrehen versuchten.

In allen europäischen Ländern bestand zwischen den privaten Waffenproduzenten und ihren amtlichen Kunden eine herzliche gegenseitige Abneigung, doch nach 1870 waren beide Seiten aufeinander angewiesen. Die staatlichen Arsenale besaßen einfach nicht die Ausrüstung für die Produktion von Stahlgeschützen, und die Kosten, sie damit auszustatten, waren politisch unannehmbar. Daher mußten selbst in den Ländern mit den technisch höchstentwickelten Arsenalen Waffen aus Stahl von Privatfirmen bezogen werden. Die Franzosen hatten 1870 den Preis dafür gezahlt, daß sie sich auf Bronzegeschütze aus staatlichen Waffenfabriken verließen; auch die Engländer mußten erleben, daß die im Arsenal von Woolwich produzierten riesigen Vorderladergeschütze entschieden weniger leisteten als Hinterladermodelle aus der Produktion Krupps oder Armstrongs. Als die 1880er Jahre kamen, war dieser technische Rückstand eklatant geworden, und als es der Royal Navy gelang, sich der Gängelung durch das Waffenamt zu entwinden (1886), gingen ihre Beschaffungsoffiziere eine viel engere Liaison mit privaten Waffenfirmen ein, als europäische Armeen und Flotten früher zu erwägen bereit gewesen wären. Doch ehe wir uns der verstärkten militärisch-industriellen Interdependenz zuwenden, die dieser Kurswechsel einleitete, erscheint es angebracht, kurz innezuhalten und die globalen Auswirkungen der europäischen Kriegskunst zu betrachten, wie sie sich bis ca. 1880 herausgebildet hatte.

## Globale Auswirkungen

Wenn man den Blick vom europäischen Kontinent selbst auf die Erfahrungen afrikanischer und asiatischer Völker und Staaten im Militärischen richtet, die sie in der Periode 1840–80 machten, zeigt sich sofort eine auffallende Diskrepanz. Auf dem europäischen Festland beherrschten immer größere Armeen die Szene, basierend auf einem System, das eine kurze Militärdienstpflicht mit einer anschließenden Periode Reservedienst verband. Doch solche Armeen eigneten sich nicht für den ‚Export‘. Die Mächtigen in Asien und Afrika konnten keine Massenarmeen aus Militärdienstpflichtigen aufstellen. Dafür fehlte ihnen die notwendige administrativ-organisatorische Struktur, ganz zu schweigen von einem Offizierkorps und einer ausreichenden Versorgung mit Waffen. In zahlreichen Fällen war auch kein Verlaß darauf, daß die Bevölkerung, wenn sie Waffen erhielte, sich nicht gegen die Machthaber wenden würde. Einzig in Japan ließ sich das europäische Vorbild einer Armee aus Wehrdienstpflichtigen nachahmen – und dies erst, nachdem es deswegen 1877 zu einem kurzen und brutalen Bürgerkrieg gekommen war.

Umgekehrt konnten europäische Regierungen nicht ohne weiteres kurzzeitig dienende Wehrdienstpflichtige in Übersee einsetzen, da der Hin- und Rücktransport den größten Teil der gesetzlich fixierten Dienstdauer aufgezehrt hätte. Notwendig für militärische Operationen in großer Ferne waren daher Langzeit-Soldaten. Großbritannien unterhielt in Indien bis 1947 eine solche Streitmacht, ja, die meisten der Kämpfe, in die im 19. Jahrhundert britische Einheiten verwickelt waren, wurden von Truppen der Indischen Armee bestritten.[45] Den anderen großen imperialen Mächten der Zeit, Frankreich und Rußland, fehlte ein solch spezielles Instrument, wie es die Indische Armee für Großbritannien darstellte; allerdings unterhielt Frankreich, auch nachdem es 1889 zur Militärdienstpflicht übergegangen war, weiterhin in seinen asiatischen und afrikanischen Kolonien Freiwilligenverbände, darunter die berühmte Fremdenlegion.

Es ist ein erstaunliches Faktum der Weltgeschichte, daß im 19. Jahrhundert selbst kleine Truppenabteilungen, mit moderner europäischer Ausrüstung, ohne große Mühe afrikanische und asiatische Staaten besiegen konnten. In dem Maße, wie Dampfschiffe und Eisenbahnen Tragtierkolonnen ergänzten bzw. ersetzten, wurden natürliche geographische Hindernisse und Entfernungen immer belangloser. Dies gab europäischen Armeen und Flotten die Möglichkeit, selbst in fernen und früher unzugänglichen Gegenden ihre Machtmittel nach Belieben einzusetzen. Im Zuge dieser Entwicklung wurde die krasse Diskrepanz zwischen der europäischen und der jeweiligen lokalen militärischen Organisation in einer Weltgegend nach der anderen offenkundig.

Die bedeutsamste Demonstration des militärischen Vorsprungs, den die Europäer gegenüber anderen Völkern gewannen, spielte sich 1840–1842 im chinesischen Küstenland ab, als im Opiumkrieg kleine englische Detachements die Streitkräfte besiegten, die China aufzubieten vermochte. Während Königin Victorias langer Regierungszeit (1837–1901) hielt eine Reihe ähnlicher Kriege – von denen die englische Öffentlichkeit manche kaum zur Kenntnis nahm – britische Waffen beinahe pausenlos beschäftigt.[46] Die sich daraus ergebende Ausdehnung des Britischen Weltreichs – formal wie informell – fand ihr Gegenstück in mehr sporadischen, doch nicht minder erfolgreichen militärischen Unternehmungen der Franzosen und Russen in Afrika und Asien.

Alle drei imperialen Mächte konnten feststellen, daß bewaffnete Aktionen an der Peripherie ihres jeweiligen Imperiums sie so gut wie nichts kosteten. Zum Beispiel dauerte der Opiumkrieg, der vor allem für China so verhängnisvoll verlief, von 1840 bis 1842, doch die englischen Militärausgaben fielen 1841 sogar unter die Vorkriegshöhe, wie die folgenden Zahlen (in Millionen Pfund Sterling) zeigen:[47]

| Jahr | Armee, Waffen und Gerät | Kriegsmarine | insgesamt |
|------|------|------|------|
| 1838 | 8,0 | 4,8 | 12,8 |
| 1839 | 8,2 | 4,4 | 12,6 |
| 1840 | 8,5 | 5,3 | 13,8 |
| 1841 | 8,5 | 3,9 | 12,4 |
| 1842 | 8,2 | 6,2 | 14,4 |
| 1843 | 8,2 | 6,2 | 14,4 |

Die Sache war die, daß Verbände der Armee oder der Royal Navy im Einsatz nicht viel mehr kosteten, als wenn sie untätig in den Garnisonen oder Kriegshäfen lagen. Am Sold veränderte sich nichts, und die Nachschubkosten stiegen nicht nennenswert, solange nur kleine Abteilungen eingesetzt wurden. Der Munitionsverbrauch zählte kaum, denn Pulver ließ sich ohnehin nicht gut über längere Perioden lagern; wenn es nicht im Kampf verwendet wurde, mußte es nach ein paar Jahren ausrangiert werden, weil sich sein chemischer Zustand verschlechterte. Der Verlust von ein paar europäischen Menschenleben erschien in einer Zeit, in der die Bevölkerung rasch zunahm und Gelegenheiten für heroische Taten in der zivilen Gesellschaft selten waren, nicht weiter von Belang. Beginnend mit den 1840er Jahren machte so das Monopol auf strategische Verbindungen und Transportmittel, das die Europäer praktisch besaßen, zusammen mit der rapiden Entwicklung im Waffenwesen – das allem, was die jeweiligen Gegner an Kriegsgerät aufbieten konnten, immer weit voraus war – die imperiale Expansion billig, so billig, daß der berühmte Scherz, Großbritannien habe sich sein Empire in einem Anfall von Zerstreutheit zugelegt, eher eine karikierende Übertreibung als eine Unwahrheit darstellt.[48]

Zugleich aber waren der europäischen Macht sichtbare Grenzen gezogen. Die unzweideutige Politik und das militärische Potential der Vereinigten Staaten, das während und am Ende des Bürgerkrieges kurz sichtbar wurde, waren eine Warnung für die europäischen Mächte, sich vor kriegerischen Abenteuern in der Neuen Welt zu hüten. Der französische Rückzug aus Mexiko, 1867, und Großbritanniens Rücksichtnahme auf amerikanische Interessen in Dingen wie der ‚Alabama-Frage' (1872), den venezolanischen Grenzstreitigkeiten (1895–99) und dem Konflikt um die Grenze zwischen Alaska und Kanada demonstrierten dies deutlich genug. Ohne auch nur daran zu denken, eine Armee oder Kriegsmarine von europäischem Umfang zu unterhalten, zeigten sich die Vereinigten Staaten imstande, der europäischen imperialen Expansion in der Karibik und in Lateinamerika Einhalt zu gebieten. Auch Japan legte sich, sobald es in der Lage war, eine Armee und Flotte von europäischem Zuschnitt aufzustellen, eine Interessensphäre zu, in der die Macht Europas sich nicht durchsetzen konnte. Dies trat jedoch erst ganz am Ende des 19. Jahrhunderts ins Licht, und Japan mußte seine Stärke in einem Krieg mit Rußland

(1904–05) beweisen, bis diese zweite Begrenzung der militärischen Vorrangstellung Europas allgemein anerkannt wurde.

In einem gewissen Sinn zogen sich auch die Russen, nach dem Krimkrieg, auf ihr riesiges Territorium zurück und bildeten wieder eine andere Welt für sich, welche die industrielle und militärische Überlegenheit Europas nicht zu durchdringen vermochte. Ja, die militärische Niederlage gegen den Westen fand einen Ausgleich in Zentralasien, wo russische Expeditionstruppen ohne große Mühe muslimische Stämme und Staaten unterwarfen. Auf diesen Eroberungszügen bot sich den Soldaten des Zaren Gelegenheit, einen altmodischen Heroismus zu demonstrieren, wie zur gleichen Zeit auch französischen Kolonialtruppen in Afrika und Indochina. Erfolge dieser Art trugen dazu bei, daß den Armeen beider Staaten ihr Unvermögen verborgen blieb, mit deutscher Organisation und Planung Schritt zu halten.

Gleichwohl konnten die Russen ihre Demütigung auf der Krim nicht vergessen. Doch die Anstrengungen, die Rückständigkeit zu überwinden, die es den französischen und englischen Expeditionstruppen ermöglicht hatte, die russische Armee auf ihrem eigenen Boden zu schlagen, führten nur zu schmerzlichen Rissen im sozialen Gewebe, ohne etwas am bäuerlichen Fundament der Armee zu verändern oder Rußland den militärischen Vorrang zurückzugeben, den es von 1815 bis 1853 innegehabt hatte. Dennoch war mit der Macht des Russischen Reiches weiterhin zu rechnen, und die Regierung verwandte viel Mühe darauf, Armee und Flotte mit den neuesten und effizientesten Waffen auszurüsten, selbst wenn sie im Ausland gekauft werden mußten, bei Krupp oder Armstrong. Ja, nach 1860 gehörte Rußland zu den allerbesten Kunden dieser beiden Rüstungsfirmen.[49]

Innerhalb Rußlands hielten sich auffällige Reste älterer gesellschaftlicher Befehlsstrukturen, selbst nachdem im 18. Jahrhundert die Dienstpflicht für den Adel (Dworjanstwo) und 1861 die Leibeigenschaft der Bauern aufgehoben worden waren. Auch die japanische Gesellschaft brachte starke Spuren älterer, ‚feudaler‘ Formen menschlicher Beziehungen ins 20. Jahrhundert mit. Diese Aspekte der russischen und japanischen Gesellschaft unterschieden sich kraß von den liberalen, individualistischen und marktgelenkten Verhaltensmustern, die im 19. Jahrhundert sich in Großbritannien und Frankreich so breit entfaltet hatten. Doch erst nach dem Zweiten Weltkrieg erschien in Japan dieses Erbe der Vergangenheit als Hindernis, nicht als Stärke, früher oder später dem Verfall und Verschwinden bestimmt. Ja, Erfolg und Selbstvertrauen der Briten und Franzosen waren so groß, daß ihre Spielarten des Wirtschaftsliberalismus eine starke Anziehung auf das übrige Europa und die Welt übten, zumindest bis zur Wirtschaftskrise, die nach 1873 einsetzte und aktivere Eingriffe des Staates in den ökonomischen Bereich herausforderte.

Frankreich wie Großbritannien war es gelungen, die Probleme zu lösen, die beiden Ländern im ausgehenden 18. Jahrhundert zu schaffen machten, als das rasche Bevölkerungswachstum die Möglichkeiten des weitgehend kultivierten flachen Landes zu erschöpfen drohte. Die Franzosen hatten die Geburtenraten gesenkt und die Bevölkerungszunahme auf die wachsenden ökonomischen Chancen abgestellt, die sich aus der anhaltenden Entfaltung industrieller und kommerzieller Aktivitäten ergaben. Großbritannien dagegen blieb bis zum Ende des Jahrhunderts bei hohen Geburtenraten, entdeckte aber nach 1850 die Möglichkeit, die Menschen, die im Land selbst keine geeignete Beschäftigung finden konnten, als Siedler nach Übersee zu schicken.[50] Deutschland hielt sich an das englische Rezept, dem Bevölkerungswachstum beizukommen – das heißt, durch eine rasche Industrialisierung, ergänzt durch Auswanderung –, und fand es im allgemeinen probat; und in den 1880er Jahren begannen dann auch Gebiete weiter im Osten Europas in ähnlicher Weise auf die Übervölkerung des flachen Landes zu reagieren.[51]

Was Westeuropa betraf, schien daher um die Jahrhundertmitte der Faktor, der ein Jahrhundert vorher die Institutionen und Regierungen des Ancien régime in Gefahr gebracht hatte, endlich befriedigend unter Kontrolle gebracht. Das stürmische Zwischenspiel der französischen Revolutionskriege und der Beginn der industriellen Revolution begannen allmählich in den Hintergrund zu treten. In den folgenden hundert Jahren gewannen liberale Vorstellungen von Frieden, Wohlstand, Freihandel und Privateigentum größere Überzeugungskraft als vorher oder seitdem.

Aus einem Abstand von mehr als einem Jahrhundert ist es leicht, an der Enge des Denkens und der ethnozentrischen Weltsicht der Liberalen des 19. Jahrhunderts, ob in England, Frankreich, Deutschland oder Amerika, Kritik zu üben. Doch wenn auch der Gezeitenstrom des gesellschaftlichen Wandels sich seit den 1870er Jahren kollektiven Formen menschlichen Handelns zugewandt und in den menschlichen Beziehungen anscheinend den Primat des Befehlsprinzips wiederhergestellt hat, scheint es gleichwohl angebracht, das wahrhaft Außergewöhnliche an der dominierenden Stellung hervorzuheben, die Großbritannien und Frankreich zwischen 1840 und 1880 kurze Zeit in der Welt innehatten. Billige maschinell hergestellte Güter und eine auf maschineller Grundlage ruhende militärische Überlegenheit, die nicht viel kostete, standen für den ‚Export‘ bereit, und exportiert wurden sie auch. Dies hatte zur Folge, daß die Welt zu einem einzigen, in Wechselwirkung stehenden Ganzen zusammengeschlossen wurde wie nie vorher. Weltmärkte erstreckten sich über alle bestehenden staatlichen Grenzen hinweg, wenn auch die amerikanischen und russischen Zölle ebenso wie natürliche Transporthindernisse im Innern der Kontinente Afrika und Asien die globale Ausbreitung ökonomischer Beziehungen etwas abschwächten

Dennoch stellte die transkontinentale Integration menschlicher Leistungskraft, die bis zu den 1870er Jahren erreicht wurde, einen Markstein in der Weltgeschichte dar, vergleichbar der kommerziellen Integration Sung-Chinas, die rund 900 Jahre vorher zustande gekommen war. Wie in Kapitel 2 dargestellt, trug die Leistung der Chinesen im 11. Jahrhundert vermutlich Entscheidendes zum weltweiten Aufstieg der Marktbeziehungen bei, der seinen Gipfelpunkt in dem globalen Handelsnetz des 19. Jahrhunderts fand. Die Kommerzialisierung unterschiedlicher Landstriche unter den Sung hatte bewirkt, daß mehr Menschen am Leben blieben und daß die Produktivität weit über frühere Grenzen hinaus anstieg. Ebenso schuf die globale Integration marktgelenkter menschlicher Leistungskraft im 19. Jahrhundert mittels einer gewaltigen Steigerung menschlicher Produktivität die Möglichkeit, daß die Erde eine rapid anwachsende Bevölkerung versorgen konnte. Noch heute, mehr als ein Jahrhundert später, zehren wir vom Erbe dieser Errungenschaft, allen Hindernissen für den freien Strom von Waren und Dienstleistungen zum Trotz, die seither soziale und militärische Erwägungen in das System des weltweiten Marktes gebracht haben.

## 8. Kapitel
## Verstärkte militärisch-industrielle Interaktion
## 1884–1914

Wie sich der Beginn der Industrialisierung des Krieges auf die 1840er Jahre datieren läßt, als Eisenbahnen und halbautomatisierte Massenproduktion im Verein mit den preußischen Hinterladern und den französischen Bemühungen, den Dampfantrieb zum Nachteil der maritimen Vorherrschaft Großbritanniens zu nutzen, die bestehenden Militärapparate umzuformen begannen, kann man die beginnende Verstärkung der Interaktion zwischen dem industriellen und dem militärischen Bereich in Europa auf das Jahr 1884 zurückführen, als eine Flottenhysterie in Großbritannien inszeniert wurde. Ein cleverer Publizist, W. T. Stead, und ein ehrgeiziger Marineoffizier, Kapitän John Arbuthnot Fisher, waren die Protagonisten in dieser Affäre, wenn auch hinter den Kulissen noch andere an der Manipulation der öffentlichen Meinung mitwirkten.

### Schwächung der strategischen Position Großbritanniens

Ihr Erfolg war auf den Grundtatbestand zurückzuführen, daß die strategische Sicherheit Großbritanniens beginnend mit den 1870er Jahren eine stete Erosion erfuhr, die ihre Ursache in der Ausbreitung industrieller Techniken von den Britischen Inseln auf andere Länder hatte. Dieser Prozeß kam etwa um 1850 in Schwung, als Deutschland und die Vereinigten Staaten mit den industriellen Kapazitäten und Fertigkeiten Großbritanniens zu konkurrieren begannen und in einigen Produktionszweigen sogar in Führung gingen. In diesem Prozeß spielten private Werften und Rüstungsfirmen in Großbritannien eine aktive Rolle. Schließlich konnten Armstrong und andere britische Produzenten sich ja nur dank Verkäufen ins Ausland im Geschäft halten, nachdem durch die Entscheidung aus dem Jahr 1864 das Arsenal in Woolwich mit der Produktion von Geschützen für die beiden britischen Waffengattungen beauftragt worden war. Doch als 1882 Armstrong einen Kreuzer für Chile baute, der an Geschwindigkeit alle damaligen Großkampfschiffe übertraf und zugleich so schwer mit Geschützen bestückt war, daß er jedes kleinere Ziel niederkämpfen konnte, begannen das technische Können der Firma und ihre Bereitschaft, an jeden zu verkaufen, der den geforderten Preis zahlen konnte, Großbritanniens maritime Sicherheit in Frage zu stellen.[1]

Schnelle Kreuzer waren zu dieser Zeit für Großbritannien besonders bedrohlich, weil das Land unterdessen von Nahrungsmittelzufuhren von jenseits des Atlantiks abhängig geworden war. Beginnend mit der Mitte der 1870er Jahre machte es die Verbilligung des Seetransports möglich, von den fernen Ebenen Nordamerikas (und bald auch aus Argentinien und Australien) Weizen und andere Nahrungsmittel nach Liverpool und London zu Preisen zu verschiffen, mit denen die britischen Bauern es nicht aufnehmen konnten. Da es keine Schutzzölle gab, wie sie andere europäische Nationen gegen die gewaltige überseeische Agrarkonkurrenz abschirmten, trat die Folge ein, daß der Getreideanbau in Großbritannien drastisch zurückging.[2] Billigeres Brot für die Kunden war zwar eine Wohltat für die arbeitende Klasse in den Städten, bedeutete aber auch eine radikal erhöhte Verwundbarkeit des Landes. In den 1880er Jahren, als der englische Getreidebedarf zu fünfundsechzig Prozent aus Übersee gedeckt wurde, mußte man damit rechnen, daß eine feindliche Kreuzerflotte, die imstande war, die Getreidezufuhren zu unterbrechen, Großbritannien binnen weniger Monate an den Rand des Hungers bringen würde.

Diese Möglichkeit verlockte französische Politiker und Marineoffiziere, ihre alte maritime Rivalität mit Großbritannien wiederaufzunehmen. Eine Gruppe von Seekriegstheoretikern, die sogenannte *jeune école*, argumentierte, Frankreich brauche nicht mehr als speziell ausgerüstete Kanonenboote für die Küstenbeschießung und dazu schnelle Kreuzer und noch schnellere Torpedoboote, um der britischen Suprematie auf den Meeren ein Ende zu bereiten. Solche Schiffe hatten den enormen Reiz, daß sie billig waren. Ein einziges gepanzertes Kriegsschiff kostete ebensoviel wie sechzig Torpedoboote, doch ein einziger Torpedo konnte jedes damalige Kriegsschiff versenken. Nach der Katastrophe von 1870/71 hatte in Frankreich die Neuausrüstung der Armee Vorrang. Deshalb erschien ein Plan unwiderstehlich, der die Ausgaben für die Kriegsmarine zu senken und gleichwohl die britischen Kriegsschiffe zum Abzug aus dem Mittelmeer und von der französischen Atlantikküste zu zwingen versprach. So bewilligte die Deputiertenkammer 1881 Mittel für siebzig Torpedoboote und verfügte die Einstellung des Baues gepanzerter Kriegsschiffe. Als fünf Jahre später der Wortführer der *jeune école*, Admiral H. L. T. Aube, Marineminister wurde (1886/87), bewog er die Kammer zur Bewilligung eines Programms für den Bau von vierzehn Kreuzern für den Handelskrieg und weiteren hundert Torpedobooten. Obwohl es in Frankreich nach wie vor Schlachtschiff-Admirale gab – die 1887 sogar wieder bestimmenden Einfluß erlangten –, hatte es Mitte der 1880er Jahre durchaus den Anschein, daß Englands traditioneller Rivale seine Zuversicht an ein radikal neues Waffensystem für Nahkampfoperationen geheftet habe und zugleich, was den Seekrieg über größere Distanzen betraf, auf alte Traditionen des Kaperns von Handelsschiffen zurück-greife.[3]

Eine solche Strategie erschien der kleinen Gruppe technisch orientier-ter englischer Marineoffiziere, die die Entwicklung des Torpedos seit seiner Erfindung durch den in Fiume lebenden englischen Emigranten Robert Whitehead, 1866, verfolgt hatte, wirklich bedrohlich.[4] Kleine, schnelle Torpedoboote von der Art, wie die Franzosen sie zu bauen beabsichtigten, hatten von den Großkampfschiffen des Jahres 1881 wenig zu fürchten. Die britischen Kriegsschiffe waren mit schweren Vorderla-dern bestückt, die bis zu achtzig Tonnen wogen. Solche Ungetüme hätten eine verheerende Wirkung entfalten können, wenn sie aus kurzer Entfer-nung auf nicht bewegliche Ziele feuerten. Dafür waren sie auch konstru-iert worden, in der Annahme, daß künftige Seeschlachten wie in Nelsons Tagen auf kurze Distanz ausgefochten würden. Doch ihre niedrige Feu-ergeschwindigkeit und ihre mangelhafte Zielgenauigkeit über weite Di-stanzen bedeuteten, daß Kanonenboote sich rasch in Schußweite bringen und ihre Torpedos abschießen konnten; dann waren sie auf und davon, ehe die Geschütze der Royal Navy solche überaus beweglichen Ziele aufs Korn nehmen konnten. Kurz gesagt: Goliath stand wieder einmal David gegenüber – diesmal auf See.

Die Torpedos, auf eine Reichweite von 400–500 Meter für gepanzerte Schiffe tödliche Waffen, waren schon schlimm genug, doch die Verlegen-heiten der Royal Navy wurden durch eine gleichzeitige Revolution im Geschützwesen noch verschärft, die Vorderlader hoffnungslos ineffizient machte. Die wichtigste Veränderung betraf die Treibladung. Durch das Formen von Pulverkörnern, die hohl waren, so daß jedes Korn gleichzei-tig innen und außen brennen konnte, wurde es möglich, die Geschwin-digkeit des chemischen Prozesses zu egalisieren, der vom Beginn der Zündung bis zum Ende des Brennvorganges im Geschützrohr stattfand. Diese Verbesserung, vor allem das Werk eines amerikanischen Armeeof-fiziers, Thomas J. Rodman (gest. 1871), wurde in den 1880er Jahren mit der Entwicklung neuer Nitrozellulose-Sprengstoffe (hier übernahmen Franzosen die Führung) kombiniert, wodurch eine viel stärkere Treibla-dung mit schwacher Rauchentwicklung entstand.

Der nachhaltige Schub, den eine gut regulierte Explosion einem Ge-schoß geben konnte, erhöhte dessen Mündungsgeschwindigkeit sehr stark. Er machte auch längere Geschützrohre notwendig, da die expan-dierenden Pulvergase das Geschoß viel länger beschleunigen konnten, als es vorher bei einem starken Anfangsschub, der sich mit dem Verbrennen der Pulverkörner rasch erschöpfte, möglich gewesen war. Längere Rohre wiederum machten ein Laden durch die Mündung unmöglich, und so beschlossen 1879 die zuständigen Stellen in Großbritannien, die Kriegs-marine müsse mit Hinterladern ausgerüstet werden. Letzten Endes wurde die Admiralität von der Nutzlosigkeit der Vorderlader durch Krupps Demonstrationen der Leistungsfähigkeit seiner Geschütze überzeugt. Er ließ zu diesem Zweck einen Schießplatz bei Meppen anlegen und führte zweimal, 1878 und 1879, ein Probeschießen durch, bei dem ausländischen und deutschen Beobachtern, die als potentielle Kunden eingeladen worden waren, gezeigt wurde, welch enorme Überlegenheit stählerne Hinterlader mit langem Rohr mittlerweile errungen hatten.[5]

Der Beschluß, von den Vorderladern abzugehen, der einzigen Geschützform, die das britische Waffenamt seit 1864 zuließ, stürzte das Arsenal in Woolwich in eine Krise, für die es schlecht gewappnet war. Der Übergang zu Hinterladern war an sich schon kostspielig und schwierig, doch die Kosten wurden noch dadurch enorm in die Höhe getrieben, daß das Arsenal gleichzeitig von Gußeisen auf Stahl als Geschützmetall würde umstellen müssen. Dies erforderte grundlegend andere Produktionsanlagen, als sie in Woolwich vorhanden waren. Einerlei, wie rasch die Umstellung erfolgte, es mußte die Geduld der Royal Navy strapazieren, darauf zu warten, bis die Beamten des Arsenals und das Beschaffungsamt die notwendigen Schritte unternommen hatten.

An diesem Punkt kamen alte Reibereien zwischen Armee und Kriegsmarine ins Spiel, denn das Waffenamt unterstand der Armee und reagierte nur schwerfällig auf Forderungen und Initiativen der Royal Navy. Jedenfalls erschien es Artillerieoffizieren der Marine so. Besonders verdroß sie, daß das Waffenamt in den Jahren 1881–87 nur ein Drittel der Ausgaben genehmigte, die für das Umstellprogramm auf Hinterlader notwendig waren.[6] Ein solches Tempo, wiewohl an sich revolutionär, erschien als völlig unzureichend in einer Zeit, da die Franzosen und die Deutschen ebenso wie auch private Geschützproduzenten in Großbritannien bereits Stahlkanonen herausbrachten, die die gesamte Bewaffnung der Royal Navy als hoffnungslos veraltet erscheinen ließen.

Bürokratische Grabenkämpfe gegen knauserige Armeeoffiziere und verständnislose Arsenalbeamte schienen eine ungenügende Antwort auf eine solch kritische technische Situation. Dies veranlaßte Kapitän John Fisher, dem Journalisten W. T. Stead unterderhand Informationen zukommen zu lassen, in dem Wissen, daß dieser vorhatte, in der *Pall Mall Gazette* eine Reihe aufrüttelnder Artikel zu veröffentlichen. Die erste Breitseite der Kampagne kam im September 1884 in Gestalt eines Artikels mit der Überschrift ‚Die Wahrheit über die Navy‘, verfaßt, wie es unheilkündend hieß, ‚von einem, der sich auskennt‘. Er löste weithin Beunruhigung aus, denn darin wurde, reichlich mit Details untermauert, behauptet: „Mit der Navy steht es in Wahrheit so, daß unsere maritime Vorherrschaft beinahe nicht mehr existiert".[7] Weitere Artikel folgten und gipfelten in der eingehenden Darlegung ‚Was für die Navy geschehen sollte‘. Dieser Artikel erschien am 13. November, kurz nachdem das Parlament wieder zusammengetreten war und zwei Wochen, bevor die Regierung Zeit fand, auf die Agitation einzugehen, die im Gefolge der Enthüllungen in der *Pall Mall Gazette* das Land erfaßt hatte. Die offizielle Reaktion bestand darin, eine Steigerung der Mittel für die Flotte in Höhe von 5,5 Millionen Pfund, auf fünf Jahre verteilt, zu empfehlen. Da das reguläre Budget der Royal Navy für 1883 10,3 Millionen Pfund betrug, stellte diese Erhöhung, so unbefriedigend sie einem, „der sich auskennt",[8] auch erschien, doch einen beträchtlichen Sieg für die Schwarzsseher dar.

Dadurch, daß Fisher, wenn auch heimlich, an die Öffentlichkeit ging, hatte er Entscheidungen erzwungen, die der liberalen Regierung, ja, Fishers eigenen Vorgesetzten zuwider waren. Der damalige Erste Seelord, Sir Astley Cooper Key, billigte ein solches Vorgehen nicht. Ja, er verabscheute jede öffentliche Agitation und mißtraute der Strategie einer dramatischen Steigerung der Mittel für die Flotte, weil er der Ansicht war, eine solche Politik würde nur andere Staaten zu einer Erhöhung ihrer Marineausgaben provozieren und damit den Niedergang der britischen Vorherrschaft auf den Meeren noch beschleunigen, statt ihn aufzuhalten.[9] Als ranghöchster Offizier der Royal Navy sah er seine eigentliche Aufgabe darin, aus den ihm vom jeweiligen Kabinett zugewiesenen Mitteln das Beste zu machen. Die Disziplin der Navy verbot es, sich in den politischen Entscheidungsprozeß einzumengen, durch den derartige Summen festgesetzt wurden. Fisher hingegen war bereit, diesen alten Kodex zu verletzen, um ans Ziel zu kommen. Dazu bewog ihn teils persönlicher Ehrgeiz, teils die Sorge über eine technisch brenzlige Situation, die höhergestellte Offiziere der Royal Navy, in ihren Papierkram vergraben, nicht teilten.

## Das Aufkommen des militärisch-industriellen Komplexes in Großbritannien

Es erübrigt sich zu sagen, daß Fisher nicht auf sich gestellt handelte. 1884 war ein Depressionsjahr. Werften ohne Beschäftigung hofften dringend auf Arbeit, und Journalisten schrieben ungeniert, daß es „gegenwärtig möglich sein könnte, zwei Fliegen mit einer Klappe zu schlagen – unserer Flotte Schiffe und hungernden Handwerkern Beschäftigung zu verschaffen, indem man Privatwerften um Hilfe angeht, welche die staatlichen nicht leisten können."[10] Eine Anfrage im Unterhaus brachte am 25. Oktober das Problem einer Unterstützung der Arbeitslosen zur Sprache, während die Regierung ihren Voranschlag für die Flottenausgaben revidierte; und als der Erste Lord der Admiralität im Oberhaus ein Zusatzprogramm enthüllte, erklärte er: „Wenn wir schon Geld für die Vergrößerung der Navy ausgeben, ist es infolge der Stagnation in den großen

Werften unseres Landes wünschenswert, daß die Sonderausgaben dazu verwendet werden ... die an die privaten Werften vergebenen Aufträge zu vermehren."[11]

In früheren Jahrzehnten, als das Parlament noch von Grundbesitzern und Steuerzahlern beherrscht worden war, hätte eine Wirtschaftsflaute zuverlässig den Ruf nach einer entsprechenden Kürzung der Staatsausgaben ausgelöst. Doch nur zwei Wochen, ehe der Voranschlag für die Flottenausgaben für 1884 nach oben revidiert wurde, hatte Gladstones liberales Kabinett eine Vorlage eingebracht, in der das Wahlrecht erheblich erweitert wurde. Danach betraf die Einkommenssteuer nur noch einen kleinen Teil der Wählerschaft.[12] Andererseits konnte kein Parlament dem Druck erwerbsloser Wähler lange standhalten, unterstützt von Unternehmern, denen dringend an staatlichen Aufträgen gelegen war.

Das neue Wahlrecht veränderte somit die Dynamik der Politik. Wirtschaftsflauten erschwerten es nicht mehr, kostspielige Vorlagen über Mittel für die Flotte durchs Parlament zu bringen, sondern machten zusätzliche Staatsausgaben dringlicher und akzeptabler als in Wohlstandszeiten. Aufträge über die Produktion von Rüstungsgütern konnten schließlich Löhnen und Gewinnen aufhelfen und gleichzeitig auch noch Großbritanniens internationale Position stärken. Das Widerstreben der wohlhabenden Steuerzahler, für all das aufzukommen, spielte in der Politik keine entscheidende Rolle mehr, zumal mehr und mehr Wähler zu der Ansicht gelangten, man könnte und sollte die Reichen die Rechnung bezahlen lassen.[13]

Diese vage, doch entscheidende Neugruppierung politischer und ökonomischer Interessen setzte sich öffentlich durch, als eine Handvoll technisch sachkundiger Marineoffiziere eine enge Zusammenarbeit mit privaten Waffenproduzenten einleitete. Auch darin spielte Kapitän Fisher eine Schlüsselrolle. 1883 war er Kommandeur der Artillerieschule der Royal Navy in Portsmouth geworden, von wo aus er 1884 seinen Ausflug in die hohe Politik startete. Fisher begann, umfassende Informationen über alle verfügbaren Modelle schwerer Geschütze, einschließlich der von Privatfirmen hergestellten, zusammenzutragen. Er war von einem glühenden Glauben an die Segnungen der Konkurrenz beseelt und wollte einen Wettstreit zwischen dem Arsenal in Woolwich und Privatherstellern anregen, um ein optimales Resultat für die Royal Navy sicherzustellen.

Doch Fishers Idee wurde nicht verwirklicht. Das Arsenal in Woolwich erhielt nie die notwendige maschinelle Ausstattung, die es ihm ermöglicht hätte, mit Privatfirmen zu auch nur annähernd gleichen Bedingungen zu konkurrieren. Ironischerweise trug Fisher selbst, durch seine Ungeduld mit den Armeeoffizieren, die die Ausführung seiner Wünsche im Arsenal verschleppten, zu diesem Ergebnis bei. Denn als Fisher 1886 Leiter des Waffenamts der Royal Navy wurde, verlangte und erhielt er die Befugnis, von Privatfirmen jeden Artikel zu erwerben, den das Arsenal nicht rascher oder billiger liefern konnte. Diese Entscheidung verschaffte, was damals niemand ahnte, privaten Rüstungsfirmen praktisch ein Monopol auf die Herstellung schwerer Waffen für Kriegsschiffe. Der Grund dafür war einfach. Woolwich vermochte niemals mit den gewaltigen Kapitalinvestitionen gleichzuziehen, die für die Produktion riesiger Stahlgeschütze, Geschütztürme und anderer komplizierter Geräte vonnöten waren, mit denen Kriegsschiffe in zunehmendem Maß bestückt wurden. Armstrong hingegen erkannte nach Krupps Vorführungen 1878 und 1879, daß seine Firma, wollte sie damit konkurrieren, unverzüglich die für die Herstellung großer stählerner Hinterlader notwendige Maschinerie installieren müsse. So reagierte Sir William auf Krupps drohendes Eindringen in einen Bereich, in dem er, Armstrong, bis dahin unbestritten die erste Geige gespielt hatte – dem Bau großer Geschütze für die Küstenartillerie und Kriegsschiffe –, mit Investitionen in ein Stahlwerk und eine Werft, beides funkelnagelneu und auf dem neuesten Stand der Technik.[14] So war er 1886, zu einer Zeit, da das Arsenal in Woolwich erst mit der Umstellung auf die Produktion von Hinterladern begonnen hatte, in der Lage, die Royal Navy seiner ohnedies schon erlauchten Liste von – ausländischen – Kunden hinzuzufügen.

Infolge der Vorteile der Serienproduktion war in den folgenden dreißig Jahren der Abstand nicht mehr einzuholen. Seit langem galt, daß Auslandsverkäufe notwendig waren, damit das in die Geschützproduktion investierte Kapital ständig – oder beinahe ständig – arbeiten konnte. Ein solches System verbilligte die Produktion ganz erheblich, und das war auch der Grund, warum Lüttich zwischen dem 15. und 19. Jahrhundert eine so dominierende Rolle in der Kanonenherstellung gespielt hatte. Dennoch richteten im Laufe des 18. Jahrhunderts alle führenden europäischen Länder staatliche Arsenale ein. Nur so hatten sie die Produktion ihrer Artillerie ganz in der Hand. Dann, in der Mitte des 19. Jahrhunderts, ergänzten Preußen, die ärmste der Großmächte, und Rußland, das Land mit dem geringsten Industrialisierungsgrad, die Produktion in ihren Arsenalen durch Geschütze, die bei Krupp gekauft wurden. In Frankreich und Großbritannien hingegen (von den Jahren abgesehen, in denen Armstrong in offizieller Position wirkte, 1859–63) behielten die staatlichen Arsenale ihr Monopol bis zu den 1880er Jahren. Woolwich hatte seit den 1860er Jahren in neue Maschinen zur Fertigung immer größerer gußeiserner Kanonen für die Royal Navy investiert. Doch der Übergang zu Stahlgeschützen ließ die Kosten so jäh und drastisch hochschnellen, daß die zuständigen Stellen davor zurückscheuten, die notwendigen neuen Anlagen in Woolwich zu installieren.

Hätten sie es getan, wären die kostspieligen Produktionsanlagen die meiste Zeit außer Betrieb gewesen, denn der Bedarf der Royal Navy hätte nicht ausgereicht, sie auszulasten – nicht einmal annähernd. Verkäufe an Kunden aus anderen Ländern, wie Krupp und Armstrong sie mit Profit zu nutzen gelernt hatten, waren die einzige Möglichkeit, neue Produktionsanlagen fast ganz auszulasten. Dies wiederum bedeutete, daß die Produktionskosten im Arsenal die privater Firmen mit Sicherheit übersteigen würden, solange Woolwich nur im Auftrag der Londoner Regierung arbeitete.

So hatten die 1886 vereinbarten Grundregeln die Wirkung, daß sie es Armstrong – und nach 1888 auch Vickers – ermöglichten, das Arsenal systematisch zu unterbieten. Woolwich war einfach nicht konkurrenzfähig, und die zuständigen Offiziere wollten und bekamen ja auch nie die Produktionsanlagen, die notwendig gewesen wären, um mit dem stürmischen Tempo des technischen Wandels Schritt zu halten, das sich aus der neuen Form der Zusammenarbeit zwischen Navy und Industrie ergab, wie sie in den dreißig Jahren zwischen 1884 und 1914 bestand.

Woolwich und die Marinewerften leisteten zwar nach wie vor viel Arbeit für die Royal Navy,[15] doch sie führten im allgemeinen keine wichtigen Neuerungen ein. Das Arsenal nahm wohl zuweilen neue Waffen in seine Produktion auf, doch die Entwicklungsarbeit dafür war anderswo geleistet worden. So verhielt es sich beispielsweise mit den Torpedos, die nach 1871 in Woolwich montiert wurden. Da Robert Whitehead, der Erfinder, bereit war, der Admiralität seine Patente zu verkaufen, konnte das Arsenal in diesem Fall tätig werden.[16] Zog jedoch ein Erfinder es vor, eine neue Firma zu gründen – wie es Hiram Maxim 1884 tat, um seine kurz vorher entwickelten Maschinengewehre zu produzieren –, hatte Woolwich keine solche Möglichkeit, da ihm Patentverletzungen gesetzlich untersagt waren.

Die britische Armee, nicht die Kriegsmarine war natürlich der Hauptabnehmer für Maxims Maschinengewehre, und der Umstand, daß wirklich brauchbare Konstruktionen nach 1884 nur von privaten Produzenten zu haben waren, verstärkte vermutlich das offizielle Mißtrauen gegen die neue Waffe. Jedenfalls kaufte das Kriegsministerium nur sehr wenige Maxim-Maschinengewehre, obwohl sie bei Einsätzen in den Kolonien wiederholt ihre todbringende Effizienz bewiesen.[17] Vor dem Burenkrieg (1899–1902) begnügte sich die britische Armee im allgemeinen mit dem, was das Arsenal liefern konnte, und mied, wann immer das möglich war, Kontakte zu privaten Firmen. Dies wurde dadurch erleichtert, daß technische Veränderungen an der Bewaffnung von Landstreitkräften sich in relativ bescheidenen Grenzen hielten.[18] Allgemein galt als selbstverständlich, Gefechtswaffen müßten so leicht sein, daß sie von Pferden gezogen werden konnten. Die Möglichkeiten des Verbrennungsmotors (der beginnend mit den 1880er Jahren für private Automobile entwickelt wurde) blieben unerforscht. Ein solcher technischer Konservatismus erleichterte es den Soldaten, bei ihrer traditionellen Pferdeliebe und ihrem nicht minder traditionellen Mißtrauen gegen Geschäftsleute und Erfinder zu bleiben, die es auf Gewinne abgesehen hatten. Dies galt auf dem Kontinent ebenso wie in Großbritannien. Selbst die Deutschen, die nach 1871 ihre Feldartillerie von Krupp statt aus staatlichen Arsenalen bezogen, hegten eine tiefe Abneigung gegen die Selbstsucht und Geldgier, die nach ihrer Meinung die Seele des Kommerzes waren, und die wenigen Offiziere, die Krupps Lockungen erlagen, blieben eine isolierte Handvoll, ihren Kameraden mehr oder minder suspekt.[19] Andererseits begrenzten solche Einstellungen, die sich noch nach den 1880er Jahren in allen europäischen Armeen hielten, die Geschwindigkeit der technischen Entwicklung auf ein Schneckentempo im Vergleich zu dem, was sich zur gleichen Zeit bei den europäischen Flotten vollzog.

Allein schon die Komplexität des Kriegsschiffsbaues diktierte eine ganz andere Haltung, sobald die Royal Navy erst einmal Geschütze und anderes schweres Gerät bei Privatfirmen zu kaufen begann. Unvermeidlich wurden die persönlichen Beziehungen zwischen dem Kreis der technisch verantwortlichen Marineoffiziere und den Managern privater Firmen sehr eng. William White beispielsweise, der 1885 Chefkonstrukteur der Navy wurde, hatte bis zur Übernahme seines neuen Postens zwei Jahre bei Armstrong gearbeitet. Er wurde fortan zum vielleicht stärksten Bindeglied zwischen der Royal Navy und der Privatindustrie.[20] Kapitän Andrew Noble ging den umgekehrten Weg. Er gab seine Karriere in der Navy auf, um für Armstrong zu arbeiten, und stieg 1900 nach dem Tod des Gründers zum Chef der Firma auf. Es war auch möglich, ganz oben anzufangen, wie es Admiral Sir Astley Cooper Key tat, der 1886 Vorsitzender des Board einer neugegründeten Rüstungsfirma, der Nordenfeldt Gun and Ammunition Company, wurde. In der ersten Dekade nach 1900 kam es dann sogar so weit, daß Admiral Sir Percy Scott für Erfindungen, die er im Verlauf seiner Karriere ‚nebenher‘ gemacht hatte, Verträge über Nutzungsgebühren abschloß.[21]

Pekuniäre Eigeninteressen blieben nach wie vor in der Royal Navy verpönt, ebenso wie in der Armee. Dennoch trugen der ständige Umgang zwischen Geschäftsleuten und Marineoffizieren und die wechselseitige Konsultation über technische und finanzielle Fragen viel dazu bei, das Mißtrauen aus früheren Zeiten abzubauen.

Gleichwohl ließen sich Friktionen und Täuschungsmanöver nicht ganz aus dieser Beziehung beseitigen, die ja schließlich mit der seit altersher bekannten Ambivalenz belastet war, die zwischen Käufer und Verkäufer zu herrschen pflegt. Gelegentlich kam es zu Beschuldigungen, die Gegenseite verhalte sich unaufrichtig, doch im allgemeinen bestand eine gedeihliche Zusammenarbeit bei den Tausenden und Abertausenden von Problemen, welche die Konstruktion neuer und besserer Kriegsschiffe aufwarf. Eine kleine Gruppe von Technokraten baute gleichsam einen Steg über die Kluft, die früher die Marineoffiziere von der Welt der Fabrikanten und Geschäftsleute getrennt hatte. Damit schufen sie einen Weg, auf dem sich die neuen, in der demokratischen und parlamentarischen Politik angelegten Möglichkeiten in Form immer neuer Generationen moderner Waffen nutzen ließen, jede imposanter, teurer und für die Volkswirtschaft insgesamt wichtiger als ihre Vorgängerin.

Die Brücke zwischen der Royal Navy und der Rüstungsindustrie war 1889, als das Bauprogramm von 1884 auslief, noch schwach und wurde relativ wenig benutzt. Die Regierung brachte alsbald eine Naval Defense Act ein. Die Vorlage sah Ausgaben von 21,5 Millionen Pfund vor, beinahe viermal soviel wie das Sonderbudget von 1884; und die Schiffe, die gebaut werden sollten, zur Hälfte auf Privatwerften, erreichten die imponierende Gesamtzahl von siebzig Einheiten. Der Umfang des Programms wurde offiziell mit der Wahrung eines ‚Zwei-Mächte-Standards‘ begründet. Dieser bedeutete, daß die Royal Navy zumindest ebenso stark sein sollte wie die beiden nächststarken Kriegsflotten der Welt zusammengenommen. Allein so, wurde argumentiert, ließe sich Großbritanniens Sicherheit in allen denkbaren Krisensituationen garantieren.[22]

Frappierend an dem Programm von 1889 war, daß es über das hinausging, worum die Admiralität ersucht hatte. Nicht mehr persönliche Initiative und Zielstrebigkeit lenkten, was geschah, sondern organisierte Gruppen wirkten in einem Wechselspiel aufeinander ein und setzten einen Prozeß in Gang, der komplizierter war, als irgendeiner der Beteiligten ganz zu erfassen vermochte. Doch das Ergebnis wirkte nur in eine einzige Richtung: Die Regierung wurde zu erhöhten Ausgaben für Rüstungsgüter getrieben.

Wie 1884 gab es auch nun auf der englischen Seite des Ärmelkanals viele beunruhigte Geister. Die Franzosen spielten ausgezeichnet mit, teils indem sie selbst 1888 ein umfangreiches Flottenbauprogramm initiierten, das sich nicht mehr auf Kreuzer und Torpedoboote beschränkte, teils weil sie eine Flut chauvinistischer Leidenschaften entfesselten, die sich um die pseudoheroische Gestalt des Generals Boulanger rankten. Der französische Chauvinismus weckte ein Echo auf der anderen Seite des Kanals. Englands angesehenster Soldat, Lord Wolseley, verkündete im Oberhaus: „... solange die Navy so schwach ist wie derzeit, kann Ihrer Majestät Armee ... nicht einmal die Sicherheit der Hauptstadt verbürgen, in der wir uns im Augenblick befinden."[23] Und Premierminister Lord Salisbury redete sich ein, es gebe „Umstände, unter denen eine französische Invasion möglich werden könnte."[24]

Der Umstand, daß sich sogar in einer Zeit allgemeiner Wirtschaftsblüte Stahl- und Werftindustrie in Schwierigkeiten befanden, ließ die Agitation noch höher aufflammen. Doch was die Haltung der Regierung am stärksten beeinflußte, war die strategische Überlegung, daß die französische und die russische Flotte im Zusammenwirken imstande sein könnten, die Royal Navy aus dem Mittelmeer zu vertreiben. Und obendrein erkannten konservative Politiker wie Lord George Hamilton, daß Ausgaben für die Royal Navy populär waren und den Torys an den Wahlurnen zustatten kommen könnten.[25]

Angesichts dessen, daß Parteienkalkül, nationales Interesse und die Begeisterung im Volk alle in die gleiche Richtung drängten wie die speziellen Interessen der Rüstungsfabrikanten und der Stahl- und Werftindustrie, kann es nicht überraschen, daß die Admiralität 1889 mehr Geld für den Bau neuer Schiffe erhielt, als sie erbeten oder erwartet hatte. Die Wirkung innerhalb der britischen Gesellschaft bestand eindeutig darin, eigensüchtige Gruppeninteressen zu stärken, denen an gleichbleibend hohen, ja, noch gesteigerten Flottenausgaben gelegen war.[26]

Dies wurde offenkundig, als der Fünfjahresplan von 1889 allmählich auslief. 1893 setzte eine allgemeine wirtschaftliche Depression ein. Gladstone, der ins Amt zurückgekehrt war, wandte sich entschieden gegen den Gedanken, in einer Abschwungperiode die Steuern zu erhöhen, um die Baukosten für zusätzliche Kriegsschiffe aufzubringen. Doch als es zum Schwur kam, schloß sich kein anderes Kabinettsmitglied seiner Meinung an. Nach wochenlangen gereizten Debatten trat Gladstone zurück, weil er das Flottenbauprogramm nicht gutheißen mochte, das Lord Spencer als Erster Lord der Admiralität vorgelegt hatte. Als Gladstone nicht mehr im Wege stand, passierte das Programm, das auf fünf Jahre Ausgaben in Höhe von 21,2 Millionen Pfund erforderlich machte, ohne Schwierigkeiten das Parlament. Publizisten weckten rasch und geschickt öffentliche Unterstützung für die Vorlage. Institutionalisiert wurde diese Agitation dann mit der Gründung des Flottenvereins Navy League 1894.

Neue Krisen stellten sich rasch ein, denn in den 1890er Jahren erfaßte das Flottenfieber auch andere Länder, darunter Industriegiganten wie die Vereinigten Staaten und das Deutsche Reich. Der amerikanische Admiral Alfred Thayer Mahan veröffentlichte 1890 und 1892 sein schon bald berühmtes Werk *The Influence of Sea Power on History*, um damit seine Landsleute von der Wichtigkeit des Baues einer neuen, modernen Kriegsmarine zu überzeugen. Sein Erfolg in den Vereinigten Staaten wie auch im Ausland, besonders in Deutschland, war enorm und bewirkte mit, daß nach der Jahrhundertwende der ‚Zwei-Mächte-Standard‘ für Großbritannien nicht mehr zu halten war, als der Ausbruch des Burenkrieges die Isolierung des Landes in dramatisches Licht rückte. Dieser ungewöhnlich lange und schwierige Krieg ließ die Ausgaben für Armee und Flotte auf eine beispiellose Höhe steigen, so daß sich erst 1905, als neuerlich ein liberales Kabinett ins Amt kam, eine Möglichkeit zu bieten schien, die Militärausgaben wieder besser In den Griff zu bekommen.

Unterdessen war Admiral Fisher Erster Seelord geworden; er blieb in diesem Amt von 1904 bis 1912. Fisher reagierte auf das Verlangen nach Einsparungen damit, daß er die Personalpolitik der Navy im Land selbst reformierte, dazu Flottenstationen in Übersee stillegte und rücksichtslos veraltete Kriegsschiffe aus dem Verkehr zog.[27] Zugleich konzentrierte er einen großen Teil seiner gewaltigen Energie auf den Bau eines neuen Superschlachtschiffes, des *Dreadnought*. Dieses furchtgebietende Ungetüm, das 1906 vom Stapel lief, machte es für die Flotten konkurrierender Staaten – vor allem Deutschlands – notwendig, ihre Bauprogramme zu suspendieren, bis dem Dreadnought vergleichbare Schiffe konstruiert waren.

Doch eine Politik, die es der englischen Regierung erlaubte, die Militärausgaben wieder besser in den Griff zu bekommen, hätte Arbeitslosigkeit und einen Geschäftsrückgang für Werftbesitzer und andere Unternehmer nach sich gezogen, die vom Kriegsschiffbau abhängig geworden waren. Es war eine Sache, wenn Kürzungen der Ausgaben für die Royal Navy Gebieten in Übersee wie Halifax, Neuschottland oder den Bahamas, die nicht im Londoner Parlament vertreten waren, Schaden zufügten; eine ganz andere war es hingegen, wenn Wahlkreise in Großbritannien davon betroffen zu werden drohten.[28] Konservative stürzten sich mit Feuereifer auf die Angelegenheit und setzten eine lautstarke Agitation für mehr, nicht weniger Kriegsschiffe in Gang. Den Ausschlag gaben dann die Deutschen, als sie 1908 ein neues und erweitertes Flottenbauprogramm verkündeten, und so kam es, daß das liberale Kabinett, das eigentlich 1909 nur vier Dreadnoughts hatte bauen wollen, schließlich den Bau von acht Schiffen dieses Typs absegnete. Winston Churchill, der zu dieser Zeit der Regierung angehörte, schrieb dazu: ,,Schließlich gelangte man zu einer merkwürdigen, aber bezeichnenden Lösung. Die Admiralität hatte sechs Schiffe verlangt, die Sparwilligen [zu denen er gehörte] boten vier, und am Schluß einigten wir uns auf den Kompromiß von acht.‘‘[29]

Diese lange Reihe politischer Entscheidungen, mit der steten Tendenz zu höheren Ausgaben für die Flotte, wurde sowohl von einer stürmischen technischen Umwälzung als auch von internationalen Rivalitäten und der veränderten innenpolitischen Struktur in Großbritannien gespeist. Ein machtvoller Rückkopplungsmechanismus kam in Gang, denn die technischen Veränderungen hätten sich nicht so rasch vollziehen können, wären nicht wirtschaftliche Interessengruppen entstanden, die für höhere staatliche Ausgaben plädierten und die Verabschiedung immer umfangreicherer Flottenbudgets erleichterten. Jedes Flottenbauprogramm wiederum bahnte den Weg zu weiterem technischen Wandel, ließ Schiffe rasch veralten und machte noch höhere Aufwendungen für die nächste Runde im Kriegsschiffbau notwendig.

Wieviel Gewicht der technischen Innovation als einem autonomen Element in diesem Prozeß rasch steigender Ausgaben zuzumessen ist, läßt sich unmöglich sagen. Vor den 1880er Jahren waren Erfindungen beinahe immer das Werk einzelner gewesen, zuweilen unterstützt von einem Ensemble von Technikern und geschickten Mechanikern, die Prototypen bauten und in anderer Hinsicht dem Erfinder halfen, seiner Idee materielle Gestalt zu geben. Armstrong wie Whitworth hatten in dieser Weise gearbeitet und die Ressourcen ihrer jeweiligen Firma dafür eingesetzt, neue Modelle für Geschütze und anderes Kriegsgerät zu entwickeln, wie sie es persönlich für richtig hielten. Anfallende Entwicklungskosten mußte der Unternehmer tragen, und seine einzige Aussicht, sie wieder hereinzuholen und Gewinne zu machen, bestand darin, daß es ihm gelang, seine Erfindung an skeptische Käufer zu veräußern – ob an private Nutzer oder an Offiziere der Streitkräfte. Die Risiken im Rüstungsgeschäft waren enorm. Wie Whitworth 1863/64 erleben mußte, konnte es geschehen, daß selbst ein eindeutig überlegenes Produkt von finanziell und technisch konservativen Offizieren und Beamten abgelehnt wurde.

Unter diesen Umständen mußten die Investitionen in Forschung und Entwicklung von Rüstungsgütern relativ bescheiden bleiben. Dennoch konnten, wie wir im vorigen Kapitel gesehen haben, ein paar Innovatoren – Armstrong, Dreyse, Krupp und ihresgleichen – den Rüstungssektor einfach dadurch revolutionieren, daß sie die Wehrtechnik auf das Niveau der zivilen Technik hoben. Doch diese in der Mitte des 19. Jahrhunderts vorherrschende Form des privaten Erfindungswesens war außerstande, die Technik im Flottenbereich auf die Höhen zu führen, die zwischen 1884 und 1914 tatsächlich erreicht wurden. Selbst große und erfolgreiche Firmen, wie Krupp und Armstrong, hätten die rasant steigenden Aufwendungen für Experimente und Entwicklungsarbeiten nicht riskieren können, wären sie nicht von vornherein sicher gewesen, einen Abnehmer zu finden.

Beginnend mit den 1880er Jahren sorgte in Großbritannien die Admiralität für den gesicherten Absatz, auf den die Privatfirmen angewiesen waren. Techniker der Royal Navy gaben die Leistungsmerkmale für eine neue Maschine, ein neues Geschütz oder Schiff vor und forderten damit praktisch die Ingenieure heraus, entsprechende Konstruktionen zu entwerfen. Das Erfinden wurde damit zu einem bewußt gesteuerten Prozeß. Innerhalb gewisser Grenzen begann die taktische und strategische Planung den Kriegsschiffen ihre Form zu geben statt umgekehrt. Vor allem aber war es vorbei damit, daß die Admiralität Innovationen bremste, indem sie mit richterlicher Strenge von der Branche vorgeschlagene Neuerungen prüfte. Statt dessen sammelten sich technisch versierte Offiziere um den dynamischen Admiral Fisher und trieben den Innovationsprozeß voran. Mit Beginn des neuen Jahrhunderts erleichterte die Admiralität den Erfindern sogar ihre schwierige Lage, indem sie zumindest einen Teil der Kosten für die Erprobung neuen Geräts übernahm, das besonders vielversprechend erschien.

Einer der ersten Triumphe dieser ‚Kommandotechnologie' war die Entwicklung von Schnellfeuergeschützen. 1881 – die Torpedogefahr war zu dieser Zeit noch neu – legte die Admiralität die Leistungsmerkmale einer schnell feuernden Kanone zur Bekämpfung von Torpedobooten fest. Man wünschte ein Geschütz, das mindestens zwölfmal in der Minute feuern und ein Torpedoboot über eine Distanz von mehr als 550 Meter versenken konnte – das war damals die effektive Laufweite von Torpedos.[30]

Als Admiral Fisher 1886 schließlich ermächtigt wurde, Waffen, die das Arsenal nicht liefern konnte, von Privatfirmen zu beziehen, lagen bereits zwei Entwürfe vor, die den Vorgaben der Admiralität aus dem Jahr 1881 entsprachen. Der dann gewählte stammte von einem schwedischen Ingenieur namens Nordenfeldt. Er gründete sogleich eine Firma für die Produktion seiner Kanone und gewann Admiral a. D. Sir Astley Cooper Key als Präsidenten. Zur gleichen Zeit entwickelte Armstrong großkalibrige Schnellfeuergeschütze, deren Leistung die eben erwähnten Spezifikationen bei weitem übertraf. Das stärkste besaß hydraulische Rückstoßzylinder, die nach jedem Schuß das Geschütz automatisch wieder in Feuerstellung brachten. Dies, zusammen mit stark verbesserten Verschlüssen und einem einfachen Gerät zur Abdichtung des Kartuschenraums für den Zündzeitpunkt – beides französischen Geschützkonstruktionen entlehnt –, machten die Schnellfeuergeschütze Armstrongs aus dem Jahr 1887 wahrhaft revolutionär. Ja, alle späteren Geschütztypen gehen im Grunde auf diese Kombination von Merkmalen zurück, die es möglich machten, daß die Kanone pro Minute mehrmals feuern konnte und daß dennoch Schuß für Schuß beinahe exakt im Ziel lag. Der Mann, dem das neue Rückstoßsystem vor allem zu verdanken war, war Joseph Vavasseur. Seine persönliche und berufliche Verbindung mit Admiral Fisher wurde so eng, daß er Fishers Sohn als seinen Erben einsetzte, da er keine eigenen Kinder hatte.[31]

Die weisungsgesteuerte Technologie war natürlich 1881 nichts völlig Neuartiges. Wie wir in Kapitel 4 gesehen haben, hatte es bereits im 18. Jahrhundert, ja, vielleicht noch früher, Beispiele ähnlicher Beziehungen zwischen öffentlichen Amtsträgern und Erfindern gegeben. Schon von den 1860er Jahren an, als der rasche Wandel im Kriegsschiffsbau einsetzte, war es Brauch geworden, daß die Admiralität die Basismerkmale eines Schiffes vorgab – Geschwindigkeit, Größe, Panzerung und Bewaffnung. Manchmal wurden spezifischere Anforderungen gestellt, zum Beispiel für Rundum-Feuer aus Geschütztürmen, als diese eingeführt wurden.[32]

Das Besondere an der Situation, die sich nach 1884 entwickelte, lag also nicht darin, daß sie etwas absolut Neuartiges gebracht hätte, es waren vielmehr Ausmaß, Breite und die sich ständig ausdehnenden Verzweigungen der neuen maritimen Version der Kommandotechnologie.[33] Ja, dreißig Jahre lang, von 1884 bis 1914, breitete sie sich wie ein Krebsgeschwür in den Geweben des weltweiten Marktsystems aus.

Selbst ein flüchtiger Blick auf die großen Marksteine des technischen Wandels, der sich 1884–1914 im Flottenbereich vollzog, zeigt den erweiterten Wirkungsbereich, den die Kommandotechnologie in diesen Jahren gewann. Nach den Schnellfeuergeschützen – deren Feuerkraft bei einer nur bescheidenen Minderung der Feuergeschwindigkeit rasch anwuchs[34] – kam die Steigerung der Schiffsgeschwindigkeiten. Den ersten Schritt in diese Richtung brachte die Entwicklung des neuen ‚Yarrowkessels‘, dessen Wegbereiter ein Schiffsbauer namens Alfred Yarrow war. Er erhielt von der Admiralität den Auftrag, einen neuen Schiffstyp zu entwickeln, der zunächst ‚Torpedobootjäger‘, doch schon bald schlicht ‚Zerstörer‘ genannt wurde. Die Zerstörer hatten die Aufgabe, Torpedoboote abzufangen, bevor sie Großkampfschiffen gefährlich nahe kommen konnten. Zu diesem Zweck mußten sie schneller sein als ihre Beute und zusätzlich auch hochseetüchtig. Die Konstruktion war eine schwierige Aufgabe, doch der erste Zerstörer – er lief 1893 vom Stapel – erreichte eine Geschwindigkeit von mehr als sechsundzwanzig Knoten, also etwa zwei Knoten mehr als die Torpedoboote der Zeit. Als vier Jahre später die Yarrowkessel mit Dampfturbinen kombiniert wurden (1884 erhielt Charles Parsons das Patent dafür), war das Ergebnis ein Schiff, das es auf über sechsunddreißig Knoten brachte – mehr als das Doppelte der Geschwindigkeit, die ein Jahrzehnt früher Kriegsschiffe erreicht hatten.[35]

1898 und dann wieder 1905 gaben Seeschlachten in fernen Gewässern den Kriegsschiffskonstrukteuren einen besseren Begriff von dem, was ihre neuen Schiffe im Kampf zu leisten vermochten. Der Spanisch-Amerikanische Krieg 1898 zeigte, wohin es führte, wenn man technisch im Rückstand lag, denn die veralteten spanischen Schiffe waren den moderneren der Amerikaner nicht gewachsen. Doch die Küstenbeschießungen durch amerikanische Kriegsschiffe in der Manilabucht, bei ruhiger See, und in der Santiagobucht, bei rauheren Bedingungen, zeigten peinliche Fehlerquoten.[36] Anschließend unternommene Bemühungen, das Feuerleitsystem zu verbessern, hatten solchen Erfolg, daß die Japaner, als sie 1905 bei Tsushima die russische Flotte vernichteten, bis auf eine Reichweite von knapp zwölf Kilometern verheerende Wirkungen erzielen konnten. Dies war ungefähr das Doppelte der Reichweite, bei der sieben Jahre zuvor in der Manilabucht die amerikanischen Kanoniere so schlechte Resultate erzielt hatten.[37]

Der Dreadnought war die Antwort der Royal Navy auf diese Entwicklungen. Für den Artilleriekampf auf große Distanzen konstruiert, überflügelte er alle damaligen Kriegsschiffe dank seiner Kombination von überlegener Schnelligkeit und Feuerkraft. Mit seinen einundzwanzig Knoten übertraf er die Geschwindigkeit aller anderen Großkampfschiffe um zwei bis drei Knoten, und seine Breitseite aus zehn 30,5-cm-Geschützen stellte bei weitem die Feuerkraft älterer Schlachtschiffe in den Schatten. Ölfeuerung und Turbinen von beispielloser Größe gaben den Dreadnoughts zu all ihren anderen Merkmalen auch noch einen imposanten Operationsradius. Die vergleichsweise leichte Panzerung des Schiffes spielte angesichts der Zielgenauigkeit über große Distanzen kaum eine Rolle, da seine Schnelligkeit dem Kommandanten nahezu freie Wahl ließ, wann, wo und über welche Reichweite er einen Gegner angriff.[38]

1906 stand jedoch die Fähigkeit der Royal Navy sehr in Frage, von einem stampfenden oder schlingernden Schiff aus, das mit hoher Geschwindigkeit fuhr und vielleicht mitten im Kampf manövrieren mußte, ein gleichfalls rasch fahrendes Ziel zu treffen. Intensive Bemühungen um eine Lösung dieses Problems vergrößerten die effektive Schußweite von Schiffsgeschützen enorm, doch bei Kriegsausbruch 1914 waren die meisten Einheiten der britischen Kriegsmarine noch nicht mit den verbesserten Entfernungsmessern und dem zentralen Feuerleitsystem ausgerüstet, beides mittlerweile von Experten entwickelt. Zudem waren die englischen Entfernungsmesser den vergleichbaren deutschen Geräten unterlegen, und das ganze System zeigte sich außerstande, die effektive Reichweite der Geschütze auf den neueren Schiffen auch nur annähernd auszunutzen. 1912 wurden zum Beispiel bei Armstrong 38,5-cm-Geschütze in Auftrag gegeben, die über eine Distanz von zweiunddreißig Kilometern trugen, aber die Entfernungsmesser der Royal Navy wurden schon ab 14,5 Kilometer ungenau.[39]

Unterdessen vergrößerte sich die Laufdistanz der Torpedos rapide,[40] und die technischen Verbesserungen an den mit Torpedos bestückten Unterseebooten machten sie für die Royal Navy viel bedrohlicher, als es die Torpedoboote der 1880er Jahre gewesen waren. Wie früher schon setzten sich die Franzosen an die Spitze, als Gustave Zédé 1887 die ersten einsatzfähigen, hochseetüchtigen Unterwasserfahrzeuge konstruierte. 1903 verschafften die Seerohre den Unterseebooten ‚Augen‘, mit deren Hilfe in getauchtem Zustand Torpedos auf ihre Ziele gerichtet werden konnten. Dies gab dem alten französischen Traum, mit einer neuen Waffe Großbritanniens Vorherrschaft auf den Meeren ein Ende zu bereiten, neue Substanz. Aber das französisch-englische Flottenwettrüsten, durch Faschoda (1898) kurze Zeit neubelebt, erlahmte schon bald bis zur Bedeutungslosigkeit. Die diplomatische Entente von 1904 brachte das französische Projekt, Unterseeboote für einen Einsatz gegen Großbritannien zu bauen, um jeden Sinn. Statt dessen konzentrierte

Frankreich sich darauf, mit neu konstruierten Schiffen die Rivalen im Mittelmeer – Italien, Österreich und die Türkei – zu überflügeln.[41] Das maritime Wettrüsten zwischen Großbritannien und Deutschland hingegen, das erst nach 1898 in einem ernstzunehmenden Umfang einsetzte, konzentrierte sich beinahe ausschließlich auf Großkampfschiffe, denn Admiral Tirpitz und seine Kollegen machten sich Mahans Lehren zu eigen. Mahan erschienen Unterseeboote nur als unbedeutende Anhängsel der Schlachtschiffe, die allein die Meere beherrschen könnten. Die Folge einer solch einseitigen Politik war, daß in der Dekade nach der Dreadnought-Revolution, 1906, zu erkennen war, daß die Konstruktion von Schlachtschiffen sich einer Grenze näherte, die von den physikalischen Eigenschaften der für Maschinen, Geschütze und Panzerung verwendeten Stahllegierung gezogen wurde.

Doch die sich damit anbahnende Stabilisierung sollte durch den Aufstieg der Luftkriegführung durchkreuzt werden, eine Möglichkeit, die sich vor 1914 klar abzeichnete. So experimentierte beispielsweise die Royal Navy erfolgreich mit torpedotragenden Flugzeugen; allerdings waren die Probleme, einen Torpedo zielgerecht abzuwerfen, bei Kriegsausbruch 1914 noch nicht ganz gelöst.[42]

Bis 1914 entwickelte die britische Admiralität keine technische Antwort auf die neue Bedrohung, die Unterseeboote und Flugzeuge für Großkampfschiffe darstellten. Die Besorgnisse, die 1884 dazu genutzt worden waren, Unterstützung für eine technische Modernisierung der Royal Navy zu mobilisieren, waren ebenso lebendig wie eh und je und technisch sogar besser begründet. Wie die Rote Königin in Carrolls „Alice hinter den Spiegeln" mußten Großbritannien und alle anderen Seemächte immer schneller laufen, um auf dem gleichen Fleck zu bleiben. Ja, mit dem deutschen Flottenbauprogramm sah sich die Royal Navy nach 1898 einer ernsteren Herausforderung auf See gegenüber als jemals seit den 1770er Jahren. Doch bevor wir uns mit der eingetroffenen Vorahnung Admiral Sir Astley Cooper Keys hinsichtlich der Folgen von Fishers Initiative 1884 beschäftigen, ist vielleicht ein Blick darauf angebracht, wie das Flottenwettrüsten in den letzten Jahrzehnten vor dem Ersten Weltkrieg sich auf die britische Gesellschaft auswirkte. Dies war nämlich die Zeit, in der der moderne militärisch-industrielle Komplex sich plötzlich selbständig machte und ausgerechnet in der Hochburg des europäischen Liberalismus einen unberechenbaren Eigenwillen an den Tag zu legen begann.

## Flottenrüstung und Politisierung der Wirtschaft

Zunächst einmal: Der Kriegsschiffsbau und die Produktion der verschiedenen maschinellen Elemente, die in den Schiffen Verwendung fanden, wurden wirklich zum Big Business. Statt hinter dem Ingenieurbau herzuhinken, wie es 1855 der Fall gewesen war, als William Armstrong fand, es sei an der Zeit, die Geschütztechnik auf einen modernen Standard zu bringen, setzte sich die Militärtechnologie an die Spitze der technischen Entwicklung in Großbritannien (und der Welt).[43] Wie einer Quelle zu entnehmen ist, wurde 1897 eine Viertelmillion Zivilisten oder 2,5 Prozent der gesamten männlichen Arbeiterschaft in Großbritannien von der Kriegsmarine oder ihren Hauptzulieferern beschäftigt,[44] und Schätzungen zufolge war 1913, als die Flottenausgaben das Doppelte der Ziffer von 1897 erreichten, nicht weniger als ein Sechstel der Erwerbstätigen von Aufträgen der Royal Navy abhängig.[45]

Der Prozeß, durch den sich soziale und militärische Faktoren miteinander verbanden und gemeinsam das Flottenwettrüsten stützten, hatte seine unerfreuliche Seite. Regelrechte Bestechung und Korruption spielten eine geringere Rolle als Halbwahrheiten und bewußte Täuschungsmanöver. Industrielle, die es auf staatliche Aufträge abgesehen hatten, fanden bei ihren Abgeordneten Unterstützung, die Offiziere der Admiralität veranlaßten, ein geneigtes Ohr zu leihen, und Parlamentskandidaten fanden Zuwendungen dankbarer oder auch nur hoffnungsvoller Bürger aus ihrem Wahlkreis nützlich für die Deckung ihrer Wahlkampfausgaben. Auch Agitation in der Presse ließ sich einfädeln, indem man willige Journalisten mit Insider-Wissen versorgte oder sie üppig bewirtete und dabei Geheimnisse andeutete, welche die Zeitungsleute am nächsten Tag in die Welt hinausposaunen sollten.

Mit solchen Mitteln, mit Informationen, die man – berechnet oder nicht – in die Öffentlichkeit durchsickern ließ, begannen Offiziere der Navy untereinander Konflikte auszutragen, nur zu oft durch Spekulationen und schlichte Gerüchtefabrikation von Journalisten angeheizt. Insbesondere wurden die Angelegenheiten der Admiralität in eine persönliche Kontroverse zwischen Admiral Fisher und Admiral Charles Beresford hineingezogen, die vor allem in der Presse und im Unterhaus ausgetragen wurde. Marineoffiziere gewannen eine hohe Publizität in der Massenpresse, ganz ähnlich wie später Filmschauspieler, und gerierten sich manchmal wie verhätschelte Kinder.

Die Spielregeln waren unklar. Der Enthüllungsjournalismus war erst durch die Skandale des Krimkrieges entstanden, und allen, die mittels der Presse die Öffentlichkeit zu manipulieren versuchten, ging es darum, ihren persönlichen Vorteil mit dem zu verbinden, was sie für das öffentliche Wohl hielten. Ein Journalist, der die Auflage seines Blattes auf Kosten der Wahrheit hochtrieb, handelte moralisch fragwürdig. Das gleiche galt für den Fabrikanten, der eine Entscheidung der Navy über eine Auftragsvergabe dadurch zu beeinflussen versuchte, daß er für die Wahlkampffonds von Politikern Geldbeträge stiftete. Moralisch fragwürdig war aber auch die Haltung von Marineoffizieren, die Kritik an ihren Vorgesetzten in die Presse lancierten oder Maßnahmen der Regierung durch die Preisgabe geheimer Informationen zu beeinflussen versuchten, denn was sie als ihre ‚höhere Pflicht' gegenüber der Nation empfanden, verstieß gegen althergebrachte Regeln von Gehorsam und Disziplin. Doch mit solchen Schachzügen waren Karrieren zu machen und zu ruinieren, wie Admirals Fishers Beispiel so anschaulich zeigte. Die moralischen Vieldeutigkeiten an der neuen Art, Ressourcen zu mobilisieren, wie sie 1884 so kühn eingeleitet wurde, spiegelten vielleicht nur die Bedeutung dieser neuen Methode, die Dinge anzupacken. Wie erfolgreich sie wirkte, läßt sich am besten in den Zahlen von Tabelle 1 zusammenfassen. Diese zeigt, daß sich innerhalb von dreißig Jahren die Ausgaben für die britische Armee nicht einmal verdoppelten, während das Budget der Royal Navy beinahe auf das Fünffache stieg, und dies in einer Periode nahezu stabiler Preise. Ganz offensichtlich gelang es der Navy, indem sie sich neuer Technologien und des Privatsektors als Zulieferer von Rüstungsgütern bediente, ein größeres Stück vom Kuchen der staatlichen Ausgaben zu ergattern und die Armee, die an älteren Gewohnheiten festhielt und Konstruktion und Produktion ihrer Waffen beinahe ganz dem Arsenal überließ, weit hinter sich zu lassen.

*Tabelle 1: Bewilligte Ausgaben (in Millionen Pfund Sterling)*

| Jahr | Heer: Waffen und Gerät | Marine |
|------|------------------------|--------|
| 1884 | 16,1 | 10,7 |
| 1889 | 16,0 | 13,0 |
| 1894 | 17,9 | 15,5 |
| 1899 | 20,0 | 24,1 |
| 1904 | 36,7 | 35,5 |
| 1909 | 26,8 | 32,3 |
| 1914 | 28,3 | 48,8 |

*Quelle:* B. R. Mitchell: *Abstracts of British Statistics*, Cambridge 1971, S. 397f.

Die finanziellen Probleme für den Staat wurden besonders durch die Unberechenbarkeit der Kostenentwicklung verschärft. Diese Unberechenbarkeit wiederum ergab sich gerade aus dem raschen Tempo, mit dem neue Geräte und Produktionsverfahren eingeführt wurden. Ein ums andre Mal stellte sich heraus, daß eine vielversprechende neue Idee viel kostspieliger war, als es zunächst geschienen hatte; doch mitten im Strom anzuhalten oder etwas Neues erst dann zu versuchen, wenn seine Brauchbarkeit gründlich erprobt worden war, hätte bedeutet, der Kriegsmarine eines anderen Landes die technische Führung zu überlassen.

Die Royal Navy sollte natürlich nicht mehr ausgeben, als ihr das Parlament bewilligte. Doch seit der Zeit Samuel Pepys' und schon früher hatte die Admiralität die Gewohnheit, bei Londoner Bankiers Geld aufzunehmen, um die laufenden Ausgaben zu decken, wann immer die Ausgaben das bewilligte Budget überstiegen. Solange die Schiffe und Geschütze sich nur langsam, wenn überhaupt veränderten, waren die Kosten einigermaßen überschaubar. Eine besonnen handelnde Admiralität konnte daher in schwierigen Zeiten Kredite aufnehmen und sie dann zurückzahlen, wenn das Parlament es für gut befand, aufgelaufene Defizite abzudecken. So kam es zu keiner gefährlich hohen Verschuldung. Dieses System gab dem Parlament mehr oder minder, wofür es zahlte, während die Admiralität einen flexiblen Handlungsspielraum hatte.

Doch als der rasche technische Wandel nach 1880 einsetzte, wurden die Grenzen der Kosten immer weniger absehbar. Überschießende Ausgaben durch eine Aufnahme von Krediten abzudecken, wurde zur unwiderstehlichen Verlockung. Auf diesen Ausweg zu verzichten, konnte die Fertigstellung eines neuen Schiffes verzögern oder es Deutschland ermöglichen, in irgendeinem wichtigen Bereich der technischen Entwicklung die Royal Navy zu überrunden. Doch wenn die Inanspruchnahme von Krediten zur Deckung übermäßiger Ausgaben zu weit ging, mußten die Zinszahlungen schon bald das bewilligte Budget gefährlich schmälern. Dadurch, daß die Admiralität aus technischen Gründen eine so riskante Ausgabenpolitik verfolgte, brachte sie sich geradewegs in eine Lage, an deren Ende für jede private Firma der Bankrott stünde, und dies, obwohl die vom Parlament bewilligten Mittel laufend anstiegen.

Unter diesen Umständen begann sich die Kontrolle des Parlaments über die Royal Navy und ihre Ausgaben langsam aufzulösen. Die einfachen Abgeordneten wußten wenig oder nichts über die Kreditaufnahme der Admiralität und nahmen, wie die Öffentlichkeit allgemein, an, die jährlichen Bewilligungen regulierten und spiegelten die Ausgaben. 1909 war dann die Situation derart außer Kontrolle geraten, daß neue Steuerquellen erschlossen werden mußten, um die alten Schulden abzutragen und zugleich den Umfang des Flottenbaues auszuweiten. Lloyd Georges berühmtes Budget von 1909 mit seinen Maßnahmen zur Schröpfung der Reichen und sozialpolitischen Bestrebungen war die Antwort der Regierung auf die schwierige Lage. Es zeigte deutlich genug, daß ein uneingeschränktes Wettrüsten nur betrieben werden konnte, wenn der Staat zu drastischen Eingriffen in die herrschenden sozioökonomischen Verhältnisse bereit war. Insbesondere war eine progressive Besteuerung – so drückend, daß sie eine erkennbare Umverteilung des Wohlstandes innerhalb der Gesellschaft bewirkte – notwendig, um im erforderlichen Umfang Ressourcen für öffentliche Zwecke zu mobilisieren. Der Versuch des Oberhauses, die in Lloyd Georges Budget verfügten neuen Steuern zu blockieren, und die quasi-revolutionäre Atmosphäre, die aus der Entschlossenheit der Regierung entstand, sich über die Peers hinwegzusetzen und ihr Vetorecht scharf zu beschneiden, waren wichtige Elemente des allgemeinen Zerfalls der Institutionen der liberalen Gesellschaft des 19. Jahrhunderts, der dann im Ersten Weltkrieg eine kritische Phase erreichte.

Die finanzielle Unsicherheit und die Unordnung, die in die hergebrachten Methoden der Steuerung kam, beschränkten sich nicht auf Admiralität und Schatzamt. Im Gegenteil, die neue Rüstungstechnik stellte auch Privatfirmen vor schwierige Managementprobleme. Erfolg oder Ruin hieß die normale Alternative, vor der sie standen. Manche Firmen machten horrende Gewinne (Vickers schüttete während der ersten Dekade des 20. Jahrhunderts eine durchschnittliche Kapitalrendite von 13,3 Prozent aus),[46] andere hingegen fallierten oder standen am Rande des Bankrotts. Die Vergabepolitik der Admiralität, die zwischen engen pekuniären und breiteren politischen Überlegungen schwankte, entschied oft genug darüber, welche Firmen gediehen und welche untergingen.

Unter derartigen Bedingungen hatte ein gewöhnliches marktgeregeltes Verhalten nur begrenzten Spielraum. Besonders gute Beziehungen zu Beschaffungsbeamten und technisch aufgeschlossenen Offizieren bestimmten oft mehr als die Preise, wer einen Auftrag erhielt und wer leer ausging. Doch ein solch gemütliches Verhältnis konnte auch in höchst unerfreulicher Weise von außen gestört werden, wenn offen politischer Druck ausgeübt wurde, Sparmaßnahmen zu ergreifen oder die Arbeit auf mehrere Partner zu verteilen, um irgendeiner notleidenden Region oder Firma unter die Arme zu greifen.

Die herkömmliche Kostenberechnung war ein unzulängliches Instrument für jemanden, der bei dieser Lage der Dinge eine Rüstungsfirma zu führen versuchte. Ein Auftrag über den Bau einer Maschine, die es noch nie gegeben hatte, erforderte in der Regel beträchtliche Kapitalinvestitionen. Doch ob die neue Anlage auch in Zukunft in Betrieb blieb oder aufgegeben werden mußte, weil inzwischen irgendein neues Gerät oder eine neue Konstruktion aufgetaucht war, so daß sie veraltete – das ließ sich nicht mit Gewißheit sagen. Wie war dann ein solches Projekt kostenmäßig richtig zu bewerten? Konnte und sollte eine Firma damit rechnen, mit einem einzigen Auftrag ihre gesamten Kapitalkosten wieder hereinzubekommen? Wenn ja, mußte der Preis sehr hoch angesetzt werden, und jede weitere Nutzung der neuen Produktionsanlagen würde zuverlässig jene Profite ins Haus schwemmen, die Rüstungsproduzenten später so heftige Anklagen eintrugen. Doch wenn die Kapitalkosten statt dessen über eine längere Frist amortisiert wurden, welche Garantie bestand dafür, daß sich neue Aufträge einstellen würden, so daß die neue Betriebsanlage nach Abwicklung des ersten Auftrags nicht stillstand? Weder die Admiralität noch Privatunternehmer konnten in einer sich technisch rasch wandelnden Welt auf solche Fragen eine auch nur annähernd präzise Antwort geben. Es war deshalb ein Geschäft mit unvermeidlich hohem Risiko.

Zwar konnten Verkäufe an Abnehmer im Ausland solche Probleme für eine Privatfirma mildern, doch nur solange die Admiralität keine Beschränkungen des Zugangs von Ausländern zu technischen Geheimnissen verhängte, die ihr Entstehen einer zumindest zum Teil mit öffentlichen Mitteln finanzierten Forschung und Entwicklung verdankten.[47] Eine noch näher liegende Möglichkeit zur Risikominderung waren Absprachen zwischen konkurrierenden Firmen. Dem begegnete die Admiralität damit, daß sie nach neuen Firmen Ausschau hielt und sie veranlaßte, ins Rüstungsgeschäft einzusteigen. Auf diese Weise versuchte sie, das Angebot auszuweiten, die Preise zu drücken und eine Monopolbildung zu verhindern. So gelangte beispielsweise Vickers in die Rüstungsbranche, weil die Admiralität ihn drängte, sich an einer Ausschreibung für Panzerplatten zu beteiligen. Doch in Vickers' Entschluß spiegelten sich auch die wachsenden Schwierigkeiten der Firma, gegen die amerikanischen und deutschen Stahlpreise auf dem zivilen Markt zu bestehen. Durch den Einstieg in die Rüstungsproduktion gelang es Vickers, sich vom Preiswettbewerb mit der ausländischen Konkurrenz zu lösen, da die Admiralität nicht daran interessiert war, Rüstungsgüter von nicht-britischen Lieferanten zu kaufen.[48]

Angesichts einer solchen Unberechenbarkeit der Kosten auf privater Seite wie im öffentlichen Bereich war es mit einer echten Konkurrenz rasch vorbei. Neue Firmen wie Vickers lernten rasch, mit Armstrong und anderen etablierten Rüstungsproduzenten zusammenzuarbeiten. Zwar konnte ein neues Patent einer weiteren Firma den Zugang zum Rüstungsgeschäft erschließen, doch solche Firmen gerieten regelmäßig in finanzielle Krisen, sobald die ersten Aufträge abgewickelt waren, denn Anschlußaufträge stellten sich in der Regel nicht in einem Umfang ein, der ihre Produktionsanlagen durchweg auslastete. Angesichts dieser Lage bestand die allgemeine Reaktion darin, sich mit älteren Rüstungsfirmen zusammenzuschließen und Großunternehmen zu bilden, deren finanzielle und technische Ressourcen es den Direktoren erlaubten, durch das Umdisponieren von Arbeitern und Maschinen von diesem zu jenem Auftrag entsprechend den Anforderungen der Admiralität (und den Auslandsorders) die Risiken zu verteilen.

Wenn solche Firmen eine bestimmte Größe erreichten, nahmen sie viele Merkmale einer staatlichen Bürokratie an. Dank ihrer Fähigkeit, komplexe Rüstungsgüter herzustellen, befanden sie sich in einer monopolistischen oder doch monopolartigen Position und konnten deshalb mehr oder weniger auf gleichem Fuß mit den Einkäufern der Admiralität verhandeln, die sich immer weniger an andere Adressen wenden konnten, wenn es darum ging, hochspezialisierte (und vielfach geheime) neuartige Ausrüstungsgüter zu kaufen. Anders gesagt, die privaten Rüstungsfirmen wurden dem Arsenal in Woolwich immer ähnlicher, freilich mit dem Unterschied, daß die Royal Navy und ihre Lieferanten es gewohnt waren, mit einem viel radikaleren technischen Fortschritt zu leben, als er jemals über Armee und Arsenal hereingebrochen war.

Wie rasch sich Fusionen britischer Rüstungsfirmen vollzogen, läßt sich an der Geschichte der Maxim Gun Company zeigen. 1884 zur Herstellung von Maschinengewehren gegründet, schloß sie sich schon vier Jahre später mit der Nordenfeldt Company zusammen. Dann wurde die Maxim-Nordenfeldt Company 1897 von Vickers übernommen. Auch Armstrong übernahm eine Reihe von Firmen, von denen die wichtigste die von Whitworth, Armstrongs altem Rivalen, war (1897 aufgekauft). So kam es, daß im Jahr 1900 zwei große Firmen, Vickers und Armstrong, das Geschäft mit schweren Rüstungsgütern in Großbritannien beherrschten. Beide verhandelten mit der Admiralität als quasi-öffentliche Institutionen. Das heißt, die politischen und ökonomischen Konsequenzen einer Entscheidung, wie umfangreiche Aufträge auf die beiden großen Firmen und ihre kleineren Konkurrenten verteilt werden sollten, wurden für die Admiralität zu einer wichtigen Überlegung, die manchmal sogar mehr Gewicht hatte, als rein rechnerische Gesichtspunkte.[49]

Im Ausland, wo sich nach 1885 die Konkurrenz mit Krupp und der bedeutendsten französischen Rüstungsfirma, Schneider-Creusot, verschärfte, beeinflußten häufig Fragen des nationalen Prestiges, Rücksichtnahme auf diplomatische Bündnisse, ja, regelrechte Bestechung die Entscheidung, welche Art von Geschützen oder Kriegsschiffen ein technisch rückständiges Land erwarb. Noch entscheidender war die Bereitstellung von Krediten, vielfach von den betreffenden Außenministerien zumindest zum Teil angeregt, die auf private Banken einwirkten, denn nur wenige Länder konnten die gewünschten Rüstungsgüter bar bezahlen.

Als Vickers und Armstrong ihre Stellung auf dem Inlandsmarkt konsolidiert hatten, fanden sie es unklug, im Ausland gegeneinander zu konkurrieren. Bis 1906 hatten sie sich praktisch auf eine Aufteilung der Märkte geeinigt, die den größten Teil der Erde erfaßte. Zudem verschafften Patent- und Lizenzvereinbarungen den beiden englischen Firmen Zugang zu einigen metallurgischen Erfindungen Krupps, während die deutsche Firma im Gegenzug Nutzungsrechte an bestimmten englischen Patenten erhielt. Ähnliche Vereinbarungen ging auch Schneider-Creusot

ein. Auf diese Weise entstand ein nach dem Ersten Weltkrieg vielge-
schmähter internationaler Verbund von Rüstungsfirmen. Über Zusammenarbeit zwischen den führenden Firmen und Absprachen bei Ausschreibungen bestimmten in der Regel finanzielle Gesichtspunkte. Andererseits führten politische Rivalitäten und nationaler Stolz zu halsab-
schneiderischer Konkurrenz, wobei zuweilen Preise festgesetzt wurden,
die nicht einmal die Kosten deckten. Was geschah, hing davon ab, wie
diese konträren Kräfte in jedem einzelnen Fall miteinander agierten.

Seit dem technischen Durchbruch in den 1850er Jahren waren private
Rüstungsfirmen mit Gewinn auf den Auslandsmärkten aufgetreten, um
ihre Einnahmen zu steigern und die Pendelausschläge zu glätten, zu denen es infolge der schwankenden heimischen Nachfrage nach ihren Produkten kam. Solange Erfindung und Entwicklungskosten ausschließlich
von Privatfirmen finanziert wurden, führte dies nicht zu besonders deli-
katen moralischen Fragen, doch als es nach den 1880er Jahren bei der
Entwicklung aller wichtigen Rüstungsgüter zu einer engen Zusammenarbeit zwischen Offizieren der Royal Navy und Ingenieuren und Produk-
tionsexperten privater Firmen kam, warfen Verkäufe an Abnehmer im
Ausland heikle Fragen auf: Wer hatte das Recht, was zu verkaufen und an
wen? Die Loyalität zum eigenen Land stellte sich gewinnbringenden
Geschäften mit potentiellen Gegnern in den Weg. Geschäfte mit Partnern
in verbündeten oder gleichgesinnten Ländern zu betreiben, bot eine
Möglichkeit, dieses Dilemma zu umgehen, zumindest solange die diplomatische Konstellation unverändert blieb. Doch Patentvereinbarungen
zwischen britischen Rüstungsfirmen und Krupp, von denen einige sogar
noch während des Ersten Weltkriegs eingehalten wurden, warfen in besonders unguter Form die Frage auf, was Vorrang hatte – die eigene
Nation oder die eigene Firma, Gemeinwohl oder privates Gewinnstreben.[50]

Im ganzen betrachtet, scheint es klar, daß die Rüstungsfirmen, als sie
einer neuen Technologie nach der anderen den Weg bahnten – Stahlher-
stellung, industrielle Chemie, Elektrotechnik, Funkverkehr, Turbinen,
Dieselmotoren, Optik, Rechengeräte (für die Feuerregelung), hydraulische Maschinen und dergleichen mehr –, sich rasch zu bürokratischen
Gebilden von quasi-öffentlichem Charakter entwickelten. Technische
und finanzielle Entscheidungen, die innerhalb der großen Firmen getroffen wurden, begannen Bedeutung für die Allgemeinheit zu gewinnen.
Die effektive Qualität der von ihnen hergestellten Rüstungsgüter spielte
für die rivalisierenden europäischen Staaten und ihr Wehrwesen eine
enorm wichtige Rolle. Nach 1866 und 1870 wurde jedermann bewußt,
daß eine neuerrungene technische Überlegenheit auf irgendeinem Gebiet
in einem Krieg entscheidende Vorteile einbringen könnte. Jede technische Option in der Waffenkonstruktion war infolgedessen von großer

politischer und militärischer Tragweite, und die Entscheidung darüber mußte im Hinblick sowohl auf das nationale Interesse wie auch auf die finanzielle Zukunft der Firma abgewogen werden, in der das neue Kriegsgerät entwickelt wurde.

So entstand eine rasch wirkende Rückkopplung, wobei finanzielle und steuernde Entscheidungen der Admiralität sich mit eben solchen Entscheidungsfindungen verwoben, die innerhalb noch immer scheinbar rein privater Firmen getroffen wurden. Liberale Kritiker in den zwanziger und dreißiger Jahren behaupteten – und dem schlossen sich seit den fünfziger Jahren marxistische oder quasi-marxistische Kritiker an –, das dominierende Element in dieser Mischung sei das private. Nach dieser Auffassung war das Profitstreben die treibende Kraft. Alles andere war davon abgeleitet, manipuliert von schlauen und geldgierigen Männern, die sich und die Aktionäre, in deren Dienst sie standen, bereichern wollten.

Dies erscheint als eine schiefe Sicht menschlichen Verhaltens und seiner Beweggründe. Wenn Patriotismus und Profitdenken in eins zu fallen schienen, fiel die Reaktion ohne Zweifel energischer aus, und danach zu streben, sahen die Manager privater Rüstungsfirmen in der Regel als ihre Aufgabe an. Doch der abstrakte Reiz, der darin liegt, sich an der Lösung von Problemen zu bewähren, beeinflußt durchaus menschliches Tun, und die Rüstungsindustrie zog in der Periode vor dem Ersten Weltkrieg einfach deswegen, weil in ihrem Bereich die industrielle Forschung am lebhaftesten voranschritt, mehr als nur einen normalen Anteil an technisch-innovativ Denkenden an.[51]

Zudem beherrschten technische Effizienz, der Begriff des Dienens und die Förderung der eigenen Karriere durch richtige Entscheidungen eindeutig das Denken der Offiziere der Royal Navy, die in dem gesamten Prozeß eine so überaus wichtige Rolle spielten. Die Hoffnung auf Beförderung kann ja, wie jeder zu bezeugen vermag, der in einer modernen Armee oder Kriegsmarine gedient hat, in hohem Maß den Ehrgeiz anregen und Männer zu hohen Leistungen anspornen. Eine Beförderung trug zwar auch finanzielle Vergünstigungen ein, aber was eigentlich zählte, waren der höhere Respekt bei und der Vorrang gegenüber anderen, die sie mit sich brachte. Wäre das Gewinnmotiv wirklich verhaltensdominierend gewesen, hätte beispielsweise Admiral Fisher ein Angebot, das er 1887 von der Firma Whitworth erhielt, nicht ausgeschlagen und wäre auch der Schiffskonstrukteur William White nicht zu einem Drittel des Gehalts, das er während seiner zwei Jahre bei Armstrong bezogen hatte, zur Admiralität zurückgekehrt. Das öffentliche Interesse, durch die Brille des Karrieredenkens in der Befehlshierarchie der Royal Navy gesehen, zusammen mit offenem politischen Druck, der von Kabinett und Parlament ausging, bestimmten wahrscheinlich stärker die Gesamtrichtung des technischen Fortschritts als privates Gewinnstreben. Aber es ist schlicht unhistorisch zu fragen, welches Einzelmotiv aus einem ganzen Komplex in den Entscheidungsprozessen dominierte. Der wichtige Punkt ist darin zu sehen, wie eng öffentliche und private Motive verschränkt waren. Marktorientierte und pekuniäre Überlegungen waren vor 1914 nicht eindeutig politischer Weisung nachgeordnet, aber politische und militärische Entscheidungen waren auch nicht dem Streben privater Produzenten nach Gewinnmaximierung untergeordnet.[52]

Der Druck in die Richtung, politische Entscheidungen zur bestimmenden Grundlage für wirtschaftliche Innovationen zu machen, zeigte sich vor 1914 klar in den ökonomisch schwächeren und weniger stark industrialisierten Ländern Europas, und in Japan war er ganz unverkennbar. Doch auch Großbritannien und das Deutsche Reich bewegten sich von den 1880er Jahren an rasch in diese Richtung. In der Politisierung der Entscheidungen, von denen sie lebten, wie in der Spitzentechnologie waren die großen Rüstungsunternehmen den anderen Industriesektoren weit voraus. Die Rüstungskonzerne und die Streitkräfte, mit denen sie Geschäfte machten, wurden so zu den wichtigsten formenden Kräften der beiden eng verwandten Prozesse, die ein spezifisches Merkmal des 20. Jahrhunderts darstellen: die Industrialisierung des Krieges und die Politisierung der Wirtschaft.

## Die Grenzen der Rationalität in Konstruktion und Steuerung von Menschen und Material

Die neuen Technologien, die sich nach 1884 wie eine Sturzflut über die Royal Navy ergossen, brachten nicht nur moralische, finanzielle und organisatorische Belastungen mit sich, sondern wurden auch selbst allmählich nicht mehr beherrschbar. Am Vorabend des Ersten Weltkriegs waren die Feuerleitgeräte derart komplex geworden, daß die Admirale, die darüber zu entscheiden hatten, was übernommen und was abgelehnt werden sollte, nicht mehr verstanden, worum es ging, wenn ihnen konkurrierende Konstruktionen angeboten wurden. Die Berechnungen und die komplizierte Mechanik, die der Montage der Feuerleitgeräte zugrunde lagen, stellten an Männer, die von ihrer Arbeit aufgerieben wurden, einfach zu viele Anforderungen. Daher wurden Entscheidungen ohne Sachkenntnis getroffen, häufig aus finanziellen oder persönlichen oder auch politischen Gründen.

Auch die Geheimnisse der Stahlmetallurgie waren ungemein komplex, und es ist anzunehmen, daß die Admirale nie die chemischen Prozesse hinter jeder der neuen Legierungen erfaßten, die immer wieder revolutionäre Neuerungen bei Geschützen und Panzerung brachten. Doch die

Tests, denen Kanonen und Panzerungen unterzogen wurden, waren zumindest einigermaßen durchschaubar[53] und hinterher konnte jedermann sagen, welches Geschütz oder Muster einer Panzerplatte das bessere war. Was die Feuerleitgeräte betraf, hätten sich ähnliche Erprobungen vielleicht entwickeln lassen. Aber es gab zuviel Spielraum für unterschiedliche Ansichten, wie die richtigen Bedingungen für Tests aussehen sollten: Ein paralleler Kurs für Ziel- und Testschiff stellte ganz andere Probleme als ein Zickzackkurs, während hohe Geschwindigkeit oder rauhe See wieder andere Bedingungen schufen. Zudem war es eine kostspielige Sache, die Artillerie eines Schlachtschiffs an einen Mechanismus anzuschließen, der jedes einzelne Geschütz auf ein Ziel richten konnte. Eine solche Anlage mußte von Experten installiert werden, die damit Einblick selbst in die geheimsten Anlagen des Schiffes erhielten.

Das fundamentalste Problem bestand vielleicht darin, wie das erwünschte Leistungsniveau für Feuerleitgeräte zu bestimmen war. Dies wiederum hing davon ab, wie man sich eine Seeschlacht in der Zukunft vorstellte. Wenn die Deutschen vorhatten, im Nelsonschen Stil aus kurzer Distanz Breitseite gegen Breitseite zu kämpfen, dann war ein Meßsystem, das den Gegner bei schwachem Licht auf eine Distanz von knapp zwanzig Kilometern erfassen konnte und ermöglichte, die erste Salve dicht ans Ziel zu setzen, nicht unbedingt ausschlaggebend. Doch wenn es gelang, ein derart verfeinertes Gerät zu entwickeln, dann blieb die Frage, ob eine Kriegsmarine es sich ohne Gefahr leisten konnte, darauf zu verzichten.

Dies wurde zu einem echten Dilemma für die Royal Navy, als ein ideenreicher Privatmann namens A. J. H. Pollen behauptete, er habe die mathematischen und mechanischen Probleme gelöst, die sich mit einer exakten Zielerfassung auf große Entfernungen selbst von einem in Fahrt befindlichen, stampfenden oder schlingernden Schiff aus verbanden. Als er 1906 mit Konstruktionszeichnungen seines Geräts an die Admiralität herantrat, reagierte Admiral Fisher begeistert und erklärte, die Navy solle alles daran setzen, sich die Exklusivrechte an der Erfindung zu sichern. Schon einen Monat später unterschrieb Pollen einen Vertrag, der ihm 100000 Pfund und ansehnliche Lizenzgebühren auf künftige Verkäufe garantierte, falls Tests ergäben, daß sein Gerät leisten könne, was er behauptete. Aufgrund dieses Vertrags gründete Pollen eine Firma für die Verwertung seiner Erfindung. Er geriet schon bald in eine finanzielle Klemme, denn beim Bau eines funktionierenden Modells kam es zu den üblichen Komplikationen. Mittlerweise war auch die Admiralität in finanzielle Schwierigkeiten geraten, und als ein technisch versierter Offizier meinte, er könne ein Gerät entwerfen, das ebenso gut wie das Pollens wäre, sah man eine Möglichkeit, die 100000 Pfund zu sparen. Vier Jahre dauerte es, bis das eigene Gerät der Navy eine funktionsfähige Gestalt annahm, und auch dazu kam es erst, nachdem man 1911 Pollens Prototyp zum Teil plagiiert hatte.[54] Dennoch stellte Winston Churchill, damals Erster Lord der Admiralität, 1913 im Unterhaus fest:

„Es ist nicht beabsichtigt, das Pollen-System zu übernehmen, sondern ein zufriedenstellenderes einzusetzen, das von Experten der Marine entwickelt worden ist ... Ich habe mich von den Vorstellungen meiner Kollegen in der Navy und den Ratschlägen von Fachleuten leiten lassen, auf die die Admiralität sich verlassen muß."[55]

Doch das von „Experten der Marine" entwickelte Gerät funktionierte nur dann, wenn ein Schiff, während seine Geschütze feuerten, geraden Kurs fuhr, wohingegen Pollens Konstruktion sich auch Kursänderungen anpassen konnte. Das nach 1913 auf britischen Kriegsschiffen installierte Feuerleitsystem wies noch andere Mängel auf. Insbesondere lieferten die optischen Entfernungsmeßgeräte viel weniger exakte Resultate, als sie die Deutschen dann in der Skagerrakschlacht erzielten. Tests, die die Überlegenheit von Pollens System möglicherweise erwiesen hätten, wurden nicht durchgeführt. Sie hätten hohe Kosten verursacht, vielleicht dazu geführt, daß die Admiralität Pollen die ihm für den Erfolgsfall zugesagten 100 000 Pfund zahlen mußte, und obendrein eine einflußreiche Gruppe von Experten in der Admiralität diskreditiert.[56]

Es läßt sich natürlich argumentieren, daß ein Gerät, das sich unter begrenzten Bedingungen einsetzen ließ und viel weniger kostete, tatsächlich, wie Churchill im Unterhaus sagte, „zufriedenstellender" war als die kostspieligere Konstruktion des privaten Erfinders. Angesichts des finanziellen Drucks, unter den die Navy allmählich geriet, konnten vernünftig denkende Männer zu dieser Entscheidung kommen. Außerdem entsprach das Feuern in der Kiellinie der Tradition. Wie sonst konnte ein Admiral seine Flotte im Griff behalten und maximale Feuerkraft zur Entfaltung bringen? Wie sonst ließ sich die Tradition der Marine in einer Welt bewahren, in der man sich nicht mehr auskannte? Wenn es für den Gegner das Entfernungsmessen leichter machte als Feuern bei einem Zickzackkurs, was lag daran? Die Lieblingstaktik britischer Admirale bestand darin, auf die Nelsonsche Formel zurückzugreifen und schnellstmöglich in Nahkampfweite zu gelangen, um dann den entscheidenden Schlag zu führen. Die operative Führung der Flotte und die taktische Doktrin aus Ehrfurcht vor einer Maschine zu ändern, die außer ihrem Erfinder kaum jemand verstand – das war zuviel.

Es scheint klar, daß die unterschiedlichen Zielvorstellungen, die immer stärker auf die Kontroverse einwirkten, die strittigen technischen Fragen ganz in den Hintergrund drängten. Nur wenige erfaßten, worum es ging. Die ganze Angelegenheit sollte geheim bleiben und blieb es auch, von einer kleinen Gruppe von Insidern abgesehen. Doch die Männer, die zu entscheiden hatten, waren selbst technisch nicht gut informiert und verließen sich auf das, was andere ihnen sagten. Unter solchen Umständen brachte Pollens Status als Zivilist, mit dem Makel der Geldgier,[57] ihn in eine aussichtslose Verkaufsposition gegenüber den „Experten der Marine", die ihre eigene, technisch unterlegene Erfindung verfochten. Aufgebracht schrieb ein Admiral 1912:

„Wir haben Mr. Pollen, als wir ihm die Position eines bevorzugten Erfinders einräumten, in den Besitz der kompliziertesten Details unseres Feuerleitsystems gebracht, und wir werden von Mr. Pollen ständig gedrängt, ihm große Summen zu zahlen, damit dieses Wissen unserer ausschließlichen Nutzung verbleibt. Jedesmal, wenn wir ihn bezahlen (für Monopolrechte), erhält er Zugang zu weiteren vertraulichen Informationen ... es ist wie eine Kette um unseren Hals, die immer gnadenloser zugezogen wird."[58]

Die Entscheidung für ein zweitklassiges Feuerleitsystem war besonders unglücklich, weil die Royal Navy auf Artilleriefeuer über extreme Distanzen festgelegt schien. Die sogenannten Schlachtkreuzer (1905–10 im Bau) hatten schwerste Geschütze und konnten sich mit höchster Geschwindigkeit bewegen, waren aber nur mit einer rudimentären Panzerung versehen.[59] Um feindliche Schlachtschiffe ohne Gefahr für sich selbst anzugreifen, mußten sie sich mit Hilfe ihrer Schnelligkeit gerade außer Reichweite halten, während sie dank der größeren Reichweite ihrer Geschütze den Gegner erledigten. Für Fisher verkörperten die Schlachtkreuzer eine zweite Revolution im Kriegsschiffbau, vergleichbar der Dreadnought-Revolution, mit der er sein Regime in der Admiralität eingeleitet hatte. Doch ohne Feuerleitgeräte, die die überlegene Reichweite der Geschütze ausnutzen konnten, waren diese Schiffe für ihre Besatzungen tödliche Fallen, zumindest beinahe.

Merkwürdigerweise schien das niemanden zu stören, nicht einmal Admiral Fisher, dessen anfängliche Begeisterung für Pollens Erfindung verflog, als seine Untergebenen ihm erklärten, ihr billigeres System reiche aus. Fishers taktisches Konzept für die neuen Schlachtkreuzer wurde nicht einmal zur Doktrin entwickelt. Statt dessen betrachtete Admiral Lord Beatty, der 1913 das Kommando über das Schlachtkreuzergeschwader übernahm, seine Schiffe als eine Art maritimer Kavallerie, die mit ihrer überlegenen Geschwindigkeit zur Feindaufklärung und als Speerspitze bei Seeschlachten eingesetzt werden sollte. Traditionell eingestellte Offiziere der Royal Navy fanden vielleicht etwas Heimtückisches, dem Geist Nelsons Zuwiderlaufendes daran, knapp außerhalb der Reichweite des Gegners zu bleiben und ihn auf extreme Entfernung mit Granaten einzudecken. Doch mit den vorhandenen Feuerleitgeräten der Navy ließ sich dies ohnehin nicht bewerkstelligen. Deshalb blieben die Vorschriften, die Übungsschießen auf eine Distanz von 9000 Yards festlegten, in Kraft – eine wahrscheinlich selbstmörderische Entfernung für schwach gepanzerte Schlachtkreuzer. Die Trägheit der Bürokratie, mochte sie auch noch so widersinnig sein, behielt die Oberhand.[60]

Zumindest im Rückblick scheint klar, daß Gruppenkämpfe innerhalb der Admiralität und technischer Unverstand im Verein mit Pfennigfuchserei (was waren die 100 000 Pfund für Pollen im Vergleich zu den Kosten eines Schlachtkreuzers?) die ganze Sache verdarben. Die Royal Navy zahlte für diese Mißgriffe 1916 in der Skagerrakschlacht, wo die weiten Distanzen des Artilleriekampfes und die häufigen Kursänderungen im Laufe der Kampfhandlungen die Chancen der Briten zunichte machten, den entscheidenden Sieg zu erringen, mit dem sie gerechnet hatten.[61]

So kann man wohl zutreffend sagen, daß am Vorabend des Ersten Weltkriegs technische Dinge in dem Sinne außer Kontrolle gerieten, als der herkömmliche Umgang mit ihnen keine einigermaßen rationalen oder praktisch befriedigenden Wahlmöglichkeiten mehr garantierte. Die Geheimhaltung stand der Klugheit im Wege; gleiches bewirkten auch die Rivalitäten zwischen den verschiedenen Cliquen und der Argwohn gegenüber Leuten, bei denen man nur schnöde Selbstsucht vermutete. Vor allem aber brachte die mathematische Komplexität des Problems – die sicher das Fassungsvermögen vieler der Männer überstieg, die in erster Linie damit zu tun hatten – die Marinepolitik um den Rest an Rationalität.

Die technische Revolution, die 1884 so überstürzt entfesselt worden war, hätte schwerlich zu einem ironischeren Ergebnis führen können. Wie so viele andere Aspekte des maritimen Wettrüstens in den ersten Jahren des Jahrhunderts gab auch dieser einen Vorgeschmack der Dinge, die kommen sollten, und ließ schon unsere eigene Gegenwart mit ihrer ungezügelten und unbeherrschbar gewordenen Technologie ahnen. Ein kolossales Paradox lag in der Tatsache, daß energische Anstrengungen zur Rationalisierung der Steuerung von Menschen und Material, die an allen Fronten so gewaltige und imposante Erfolge errungen hatten,[62] gleichwohl dazu führten, daß das soziale System insgesamt unlenkbar wurde. In dem Maß, wie seine einzelnen Teile rationaler, leichter zu steuern, berechenbarer wurden, verlor der allgemeine menschliche Kontext, der die Royal Navy und die Kriegsmarinen der rivalisierenden Staaten umgab, immer mehr an Ordnung und Regulierbarkeit.[63]

## Internationale Auswirkungen

Der internationale Aspekt dieses Paradoxes liegt am offensten zutage, denn bekanntlich breitete sich der militärisch-industrielle Komplex von Großbritannien rasch auf andere Länder aus. Bis zu den 1890er Jahren war Frankreich der einzige denkbare Gegner auf den Meeren gewesen, auf den Großbritannien sich einzustellen hatte, doch die französischen Steuerzahler wollten nach wie vor nichts von den Ausgaben wissen, die für ein sich selbst tragendes Feedback von der Art notwendig gewesen wären, wie es in Großbritannien nach 1884 hervortrat. Selbst der technische Durchbruch, der in Frankreich erzielt wurde – als 1875 Produktionsmethoden erfunden wurden, mit denen die erste gleichförmige und zuverlässige Stahllegierung für Zwecke der Flotte verfügbar wurde[64] –, genügte nicht, die Marine zu einem ständigen Abnehmer zu machen, auf den die französischen Stahlfabrikanten rechnen konnten. Statt dessen sorgte, wie oben erwähnt, die Deputiertenkammer dafür, daß der Bau von Schlachtschiffen zwischen 1881 und 1888 überhaupt eingestellt wurde.

Dies fiel mit einer verstärkten Preiskonkurrenz von seiten deutscher Stahlproduzenten zusammen. Die französische Regierung reagierte darauf 1881 mit der Einführung eines Schutzzolls, und 1885 hob sie das Verbot des Verkaufs von Rüstungsgütern an ausländische Abnehmer auf, das es bis dahin den französischen Firmen unmöglich gemacht hatte, im internationalen Waffengeschäft mit Krupp, Armstrong und Vickers zu konkurrieren. Die französischen Rüstungsproduzenten nützten dies auf eindrucksvolle Weise.[65] Während der 1890er Jahre drängte Schneider-Creusot, die führende französische Rüstungsfirma, Krupp aus dem russischen Markt. Tatsächlich war die Konstruktion der französischen Feldgeschütze überlegen,[66] doch was den Franzosen den russischen Markt sicherte, war die politische Annäherung in den Jahren 1891–94, durch die Rußland zum Bundesgenossen Frankreichs gegen das Deutsche Reich wurde. Großzügige Kredite, die französische Banken auf Anregung des Außenministeriums gewährten, sorgten dafür, daß die Regierung des Zaren solvent blieb, und ermöglichten die Bezahlung strategisch wertvoller Importe aus Frankreich. Stahl für den Eisenbahnbau war ebenso wichtig wie Rüstungsmaterial, im besonderen Maß aber für die französischen Stahlfirmen, die dank den neuen Absatzmärkten im Ausland endlich die Produktion so ausweiten konnten, daß technisch leistungsfähige, hochmoderne Stahlwerke gewinnbringend wurden. Dies hatte die Folge, daß die Wachstumsrate der eisenverarbeitenden Industrie in Frankreich während der zwanzig Jahre vor 1914 die des Deutschen Reiches weit hinter sich ließ.[67] Ihre neue technische Effizienz zusammen mit der Unbedenklichkeit, mit der französische Banken Regierungen von zweifelhafter Kreditwürdigkeit Anleihen gewährten, ermöglichten es französischen Firmen, in deutsche Absatzmärkte für Waffen und Schienen in so unterschiedlichen Gebieten wie China, Italien, dem Balkan und Lateinamerika sowie Rußland einzudringen.

Zum Export von Kriegsmaterial und Stahlschienen kam die Ausfuhr von Know-how. Französische und britische Rüstungsfirmen gingen mit

Energie daran, den Russen unter die Arme zu greifen, indem sie in großem Umfang neue Waffenfabriken bauten und alte erweiterten, besonders nach 1906. Schon bald begann das Gespenst eines hochgerüsteten, technisch modernisierten Rußland mit einem Schienennetz, das eine rasche Mobilisierung seiner gewaltigen Armee ermöglichen würde, die Planer des deutschen Generalstabs immer nachhaltiger zu beschäftigen. Die finanziell-technische Verbindung zwischen Frankreich und Rußland, mit einer gewissen englischen Unterstützung, verlieh der deutschen Furcht vor einer Einkreisung greifbare Realität.[68]

Das französische Vordringen auf ausländische Absatzmärkte für Rüstungsgüter gab Krupp und der deutschen Reichsregierung ernsten Anlaß zur Besorgnis, aus ökonomischen wie strategischen Gründen. Krupp hatte sich von jeher auf Auslandsverkäufe gestützt, um seinen Maschinenwerkstätten und Waffenfabriken Arbeit zu verschaffen – 1890/91 beispielsweise, ehe die französische Konkurrenz sich merklich auf den Absatz auszuwirken begonnen hatte, gingen nicht weniger als 86,4 Prozent der Kruppschen Rüstungsgüterproduktion ins Ausland, während die Reichsregierung nur 13,6 Prozent abnahm.[69] Danach wurden keine Zahlen mehr über die Auslandsverkäufe veröffentlicht, aber es ist sicher, daß nun französische (und britische) Waffenverkäufe an auswärtige Mächte weitgehend auf Kosten Krupps gingen. Die Folge war, daß Krupps Auslandsgeschäft bis 1914 auf weniger als die Hälfte der gesamten Rüstungsproduktion der Firma sank. Schneider-Creusot exportierte am Vorabend des Ersten Weltkriegs ebenfalls die Hälfte seiner Rüstungsproduktion, Vickers hingegen verkaufte weniger als ein Drittel des Ausstoßes ins Ausland.[70]

In einem Fall nach dem andern wich der Wettbewerb über den Preis, in dem sich Krupp hervortat, politischer Einflußnahme auf die Wirtschaft. Nach 1903 konnte Krupp Verkäufe seiner Produkte nicht mehr dadurch finanzieren, daß französische Banken veranlaßt wurden, Rußland und anderen finanziell schwachen Staaten neue Kredite zur Verfügung zu stellen. Dies war vorher möglich gewesen, da Investitionskapital traditionell nach Maximalerträgen strebte, ohne Rücksichten auf Staatsgrenzen und Bündnisse. Doch nach 1904 verlangten die französischen Geldgeber zusehends energischer von ihren Kreditnehmern, Waffen und andere Produkte aus Frankreich zu kaufen.[71] Ein Sprecher von Schneider-Creusot drückte es einige Jahre später folgendermaßen aus: „Wir sehen es so, daß wir der Regierung zuarbeiten, gehen keine Verhandlungen ein und schließen keine daraus resultierenden Geschäfte ab, die nicht ihre Zustimmung gefunden haben."[72] Dieses Zusammenwirken machte es möglich, daß die französischen Rüstungsexporte sich in weniger als zwanzig Jahren beinahe verdoppelten, von einem jährlichen Durchschnittswert von 6,6 Millionen Franc in der Dekade 1895–1904 auf 12,8 Millionen von

1905 bis 1913.[73] Da Krupps ausländische Absatzmärkte schrumpften, brauchte die Firma naheliegenderweise als Ersatz ein politisch abgesichertes Betätigungsfeld. Bekanntlich fand die Firmenleitung eine Lösung in Gestalt des deutschen Flottenbauprogramms, das 1898 in Gang gesetzt und danach in periodischen Abständen und stetig steigendem Umfang bis 1914 mehrmals erneuert wurde.

Zunächst erschien die Flottenrüstung des Deutschen Reiches nur als eine von mehreren ähnlichen Herausforderungen der Suprematie der Royal Navy. Japans Aufstieg zur Seemacht im Fernen Osten war eine ungleich dringlichere Sache, da er die Kräfteverhältnisse in den Gewässern um China entscheidend veränderte. Großbritannien reagierte damit, daß es 1902 Japan zu seinem Verbündeten machte. Dazu kam, daß der Aufstieg der US-Flotte,[74] bezeugt durch die spanische Niederlage 1898, den Vereinigten Staaten eine Einflußsphäre in der Karibik und im Pazifik verschaffte. Im Jahr 1901 mußte der Erste Lord der Admiralität seinen Kabinettskollegen mitteilen, daß ein Zwei-Mächte-Standard, der die Amerikaner zu den potentiellen Gegnern rechnete, Großbritanniens Fähigkeiten übersteige.[75] Ostentativ herzlichen Begegnungen zwischen englischen und amerikanischen Detachements in amerikanischen Gewässern folgten schon bald ein umfassender Abzug von Geschwadern der Royal Navy und eine drastische Beschränkung – einer Schließung nahekommend – von britischen Flottenstützpunkten in Neuschottland, Britisch-Columbia und der Karibik. Dies half Admiral Fisher, Mittel für den Dreadnought einzusparen, und erlaubte ihm, da ja ein Bündnis mit Japan bestand, die britischen Flottenverbände in heimischen Gewässern zu konzentrieren. Dann machte das Rivalitätsverhältnis zu Frankreich, dessen Unterseeboote allmählich zu einer unguten Bedrohung wurden, nach 1904 der Entente Platz, und Rußlands Niederlage gegen Japan 1904/05 beseitigte die russische Flotte als ernstzunehmenden Faktor im Gleichgewicht der Kräfte. Damit blieb das Deutsche Reich als einziger Rivale Großbritanniens übrig.

Mit Admiral Tirpitz und seinen Kollegen war jedoch durchaus zu rechnen. Als getreuer Schüler A. T. Mahans und Verfechter eines entscheidenden Sieges als Endziel aller Marinepolitik konzentrierte Tirpitz seine Anstrengungen auf den Bau von Schlachtschiffen. Dies ließ die Gefahr für Großbritannien unverkennbar werden. Doch die Reichsregierung war nicht willens, öffentlich zu erklären, daß die neue Kriegsmarine dazu bestimmt sei, im Kriegsfall die Royal Navy aus dem Ärmelkanal zu vertreiben. Statt dessen verkündete Tirpitz den sogenannten ,Risikogedanken', des Inhalts, daß Großbritannien Deutschlands Interessen als Weltmacht respektieren würde, wenn die deutsche Flotte so erstarkte, daß sie ein echtes Risiko für die englische Seeherrschaft darstellte. Dann und nur dann würde die deutsche Geschäftsleute und Strategen bedrohende Gefahr schwinden, daß die Briten das Reich von überseeischen Märkten und Rohstoffen abschnitten.[76]

1898 hatte Tirpitz Schwierigkeiten, die notwendigen Stimmen im Reichstag für sich zu gewinnen, und mußte zusagen, daß das Flottenbauprogramm keine neuen Steuern erforderlich machen werde. 1906 brachte dann Fishers Dreadnought alles durcheinander, denn wenn die Deutschen damit Schritt halten wollten, mußten sie viel kostspieligere Schiffe bauen, als beabsichtigt gewesen war. Außerdem wurde eine Verbreiterung des (1885 eröffneten) Nord-Ostseekanals notwendig, um größeren Kriegsschiffen die Durchfahrt zu ermöglichen; auch mußten tiefere Fahrtrinnen nach Wilhelmshaven und anderen Nordseehäfen gebaggert werden.

Vor den Reichstag zu treten und Steuererhöhungen zu verlangen drohte die nicht allzu feste Allianz zwischen den konservativen agrarischen Interessen und jenen städtischen Elementen zu sprengen, die in erster Linie Tirpitz' Plänen Rückhalt gaben. Trotz der hohen Zölle auf Getreideimporte fiel es den preußischen Gutsbesitzern – der Klasse, aus der traditionsgemäß die Heeresoffiziere kamen – schwer, mit ihren erwirtschafteten Einkünften auszukommen, und sie waren entschieden dagegen, höhere Steuern, gleichgültig in welcher Form zu zahlen. Den Agrariern entging nicht, daß drei Schlachtschiffe ebensoviel kosteten wie fünf Armeekorps, gleichwohl aber war die öffentliche Unterstützung, die Tirpitz und seine Mitarbeiter für das Flottenbauprogramm mobilisiert hatten, zu stark, als daß selbst die Repräsentanten der alten herrschenden Klasse Preußens es hätten stoppen können.[77]

Als das Reichsmarineamt den ehrgeizigen Plan gefaßt hatte, eine Flotte zu bauen, die es mit der Royal Navy aufnehmen könnte, war Tirpitz sich im klaren darüber, daß er potentielle Anhänger mobilisieren mußte. Dies tat er systematisch und gründlich. Zeitungsverleger und Journalisten, Industrielle und Professoren, Politiker und Geistliche – niemand, der auf die politische Willensbildung im Reich Einfluß nehmen konnte, wurde übersehen. Den Erfolg der Propagandakampagne bezeugte die Stärke des 1898 mit finanzieller Unterstützung Krupps gegründeten Deutschen Flottenvereins. Bereits im folgenden Jahr zählte er nicht weniger als 250000 Mitglieder[78] und übertraf damit bei weitem die Zahl derer, die jemals bewogen werden konnten, sich der drei Jahre vorher gegründeten Parallelorganisation in Großbritannien anzuschließen.

So konnte Tirpitz, als der Dreadnought seine ursprünglichen Pläne umstieß, 1908 immerhin eine zweite, erweiterte Flottenvorlage durch den Reichstag bringen – gerade rechtzeitig, wie wir gesehen haben, um die Briten 1909 zu veranlassen, das Tempo ihres Flottenbaues auf jährlich acht Einheiten der Dreadnought-Klasse zu steigern.

Dennoch zerbrach Reichskanzler von Bülows Rückhalt im Reichstag an Auseinandersetzungen darüber, was und wer für die Finanzierung des erweiterten Flottenbauprogramms steuerlich belastet werden sollte. Dies führte 1909 zu seinem Rücktritt. Es war das Jahr, in dem Großbritannien vom Streit um Lloyd Georges Budget erschüttert wurde, bei dem es gleichfalls um die Deckung von Ausgaben für eine erweiterte Flottenrüstung ging. Beiden Staaten fiel es offensichtlich schwer, die Kosten ihrer maritimen Rivalität auf verschiedene Schultern zu verteilen. Aber Bemühungen, die Entwicklung noch anzuhalten, fruchteten nichts, selbst als London und Berlin Interesse daran bekundeten, wie beispielsweise 1912.

Obwohl der Bau der Kriegsschiffe weiterging, geriet Tirpitz' Plan, eine Flotte zu schaffen, die stark genug war, die Royal Navy in der Nordsee zu besiegen, nach 1909 in Schwierigkeiten. Seine ursprünglichen Annahmen hatten sich als falsch erwiesen. Statt von imperialen Konflikten mit Frankreich und Rußland abgelenkt zu werden, hatte Großbritannien eine Entente mit Deutschlands potentiellen Gegnern geschlossen. Und 1910 zeigte die Londoner Regierung durch die Einführung einer progressiven Besteuerung zur Deckung der Kosten für die Navy – und die sozialpolitischen Maßnahmen – ihre Entschlossenheit auf eine Weise, die der deutschen Reichsregierung unmöglich war.

Dazu kam noch, daß Tirpitz und die deutsche Kriegsmarine sich 1912 einem neuen Rivalen im eigenen Land gegenübersahen: dem Heer. Die Sorge vor sozialen Unruhen war seit 1848 bei preußischen Offizieren offenbar nie ganz geschwunden. Selbst nach dem nationalen Triumph von 1870/71 veranlaßte die Furcht davor, wie ein echtes Massenheer mit den Privilegien der begüterten Klasse verfahren könnte, die Heeresführung, sich an ein System zu halten, nach dem bei wachsender Bevölkerung nur ein immer kleiner werdender Teil der tauglichen jungen Männer einberufen wurde. Durch eine Begrenzung des Heeres auf eine Stärke, die für die Pfennigfuchser im Reichstag akzeptabel war, ließ sich das Offizierkorps in seiner Zusammensetzung annähernd homogen und aristokratisch erhalten – als Bollwerk gegen eine Revolution, wie sie von Sozialisten gepredigt wurde.

Diese Politik wurde gegen Ende des ersten Jahrzehnts nach 1900 durch die Beschleunigung der russischen Aufrüstung, weitgehend von Frankreich finanziert, in Frage gestellt. Als die Türkei, Schützling des Deutschen Reiches, im Ersten Balkankrieg (1912) rasch vor Staaten auf die Knie ging, die von den Franzosen neu ausgerüstet worden waren, verstärkte sich in Deutschland das Gefühl der Einkreisung. Die militärischen Berater des Kaisers kamen zu der Erkenntnis, das Heer müsse dadurch vergrößert werden, daß jedes Jahr ein größerer Teil der wehrpflichtigen Jahrgänge ausgebildet wurde. Auch wurde beschlossen, die Truppen mit schwererer Feldartillerie auszurüsten. Die Kosten eines solchen Programms waren beträchtlich und konkurrierten direkt mit den Ausgaben

für die Kriegsmarine. Ja, der neue Reichskanzler, Theobald von Beth-
mann Hollweg, förderte rührig das Programm des Heeres, um Tirpitz'
Geldforderungen in Schranken zu halten.[79]

Rußlands scheinbare Erholung von den revolutionären Erschütterungen nach der Niederlage von 1905 stellte sogar die Durchführbarkeit des
berühmten Schlieffenplanes in Frage. Wenn das Russische Reich imstande war, ein Eisenbahnnetz zu bauen, das so dicht war, daß sich das
gewaltige militärische Potential rasch mobilisieren ließ, blieb den Deutschen vielleicht nicht die notwendige Zeit, Frankreich rechtzeitig zu bezwingen, bevor ihnen die eindringenden russischen Heeresmassen eine
katastrophale Niederlage beibrachten. So herrschte seit 1893 im Großen
Generalstab die felsenfeste Überzeugung, ein Zweifrontenkrieg könne
nur geführt werden, wenn man auf dem Weg über Belgien zuerst gegen
Frankreich losschlug, solange die Russen noch in der Phase der Mobilmachung waren. Zu diesem Schluß war Alfred von Schlieffen, Chef des
Generalstabs der Armee von 1891 bis 1906, gekommen, als er sich zum
erstenmal mit dem Problem beschäftigen mußte, was angesichts der fran-
zösisch-russischen Annäherung nach 1891 zu unternehmen sei.

Der Schlieffenplan wurde jedes Jahr sorgfältig nach Maßgabe der Veränderungen der deutschen und gegnerischen Ressourcen überarbeitet,
über die die militärische Aufklärung informierte. Doch von 1893, als er
konzipiert worden war, bis zu seiner Ausführung 1914 blieb der Grundgedanke unverändert. Der Umstand, daß ein internationaler Vertrag, dem
Preußen 1839 beigetreten war, die Neutralität Belgiens garantierte, erschien den deutschen Planern als belanglos. Der Vertrag zog möglicherweise einen Kriegseintritt Großbritanniens nach sich, denn die Unabhängigkeit Belgiens (gegenüber Frankreich) war ein altes englisches Anlie-
gen. Doch nachdem die Entente zwischen Frankreich und Großbritannien (1904 geschlossen) durch eine ähnliche Vereinbarung mit dem Russischen Reich ergänzt worden war (1907), nahmen die Deutschen an, daß
sich die Briten im Falle eines Krieges ohnedies den Gegnern Deutschlands anschließen würden – früher oder später, wenn nicht gleich am
Anfang. Die Konfrontation durch die Invasion Belgiens zu beschleunigen, schien den Preis wert, wenn auf diese Weise Frankreich rasch überwältigt werden konnte.[80]

Eine wichtigere Folge der Akribie, mit der die deutsche Offensivpla-
nung zwischen 1893 und 1914 ausgearbeitet wurde, bestand darin, daß es
keine Umkehr mehr gab, wenn der Befehl zur Mobilmachung erst einmal
erteilt war. Alles mußte wie am Schnürchen ablaufen. Jeder Versuch, in
das Räderwerk einzugreifen, würde es unverzüglich blockieren und die
vom Plan verlangten störungsfreien Bewegungen von Soldaten und
Kriegsmaterial lahmlegen. Daher wurde eine Unterordnung militärischer
Aktivitäten unter politische Erwägungen, mit der schon Bismarck 1866

und 1870/71 seine Mühe gehabt hatte,[81] vollends unmöglich. Niemand, nicht einmal der Kaiser, konnte den Plan abändern, sobald der Krieg beschlossene Sache war. Ähnlich unelastisch waren die Mobilisierungssysteme auch in Frankreich, Rußland und Österreich, allerdings machte das geringere Prestige der Armee in diesen Staaten ein politisches Eingreifen, selbst in kritischen Augenblicken, eher vorstellbar als in Deutschland.

Das Irrationale an rationaler, professionalisierter Planung hätte nicht greller zutage treten können. Ja, der unheimliche, geradezu schlafwandlerische Drang, mit dem die Großmächte Europas im August 1914 in den Krieg zogen, symbolisierte das große Dilemma unserer eigenen Epoche – die Dissonanz des Ganzen, herbeigeführt oder kritisch verschlimmert durch eine vollkommene Kompatibilität und hochentwickelte Organisation in seinen einzelnen Teilen.

## 9. Kapitel
## Die Weltkriege des 20. Jahrhunderts

In den stärker urbanisierten Teilen Europas zogen im August 1914 die Männer frohgemut in den Krieg. Beinahe alle dachten, der Krieg sei nach ein paar Wochen vorbei. In der Erwartung entscheidender Schlachten erfaßte eine Woge martialischer Begeisterung, die durchaus wahnhafte Züge hatte, das öffentliche Bewußtsein in Deutschland, Frankreich und Großbritannien. Entsprechend tief war dann die Ernüchterung, die unvermeidlich kam; doch vier lange, trostlose Jahre behauptete sich der Wille zum Krieg, trotz der schweren Menschenverluste und der festgefahrenen Lage an der Westfront.

Über die Gründe für ein so irrationales Verhalten lassen sich nur Mutmaßungen anstellen. Der Kult des Heroischen, getragen von einem Erziehungssystem, das großen Wert auf Patriotismus und das klassische Studium legte, hatte etwas mit dem Geschehen zu tun. Hinzu kam sicher, daß sich während der letzten zehn Jahre vor dem Ersten Weltkrieg in allen führenden europäischen Ländern schwere innere Konflikte anbahnten, die nun einfach nach außen, auf gefürchtete Nachbarn projiziert wurden. Vielleicht fanden auch vielfältige Anpassungszwänge, die sich aus dem Übergang von ländlichen zu städtischen Lebensmustern ergaben, in der patriotischen und militaristischen Orgie von 1914 ein Ventil. Daß die Kriegsbegeisterung in Osteuropa viel weniger augenfällig war, unterstützt diese Vermutung, denn dort bemühte sich die bäuerliche Bevölkerungsmehrheit – die Urbanisierung hatte einen kleineren Teil der Völker erfaßt –, an der traditionellen Ordnung des Lebens festzuhalten. Doch trotz aller Erklärungsversuche[1] bleibt der Erste Weltkrieg noch schwerer zu verstehen als andere Kriege.

Die Menschen, die ihn erlebten, waren außerstande, das Geschehen in irgendein Raster früherer Erfahrungen einzufügen. Die anfängliche Berauschung, die Träume vom Ruhm geronnen zu Entsetzen und zu einem Gefühl hoffnungsloser Ausweglosigkeit, indes die Schlächterei in den Schützengräben Monat um Monat weiterging. Wilsons und Lenins große Worte aus dem Jahr 1917 unterstrichen nur den einzigartigen, exzeptionellen Charakter dieses Ringens. Eine eschatologische Bildersprache kam auf; und als der Krieg schließlich doch zu Ende war, setzte eine vehemente Abwehrreaktion gegen alles ein, was mit dem langen Blutbad zu tun hatte. Die meisten Überlebenden verhielten sich nach der Devise, was zwischen 1914 und 1918 geschehen war, sei eine atavistische Abweichung von den Normen des zivilisierten Lebens gewesen.

Doch selbst wenn wir diesen Befund ohne Frage hinnehmen und zustimmen, daß der Erste Weltkrieg eine Art Armageddon war, der eine Ära der europäischen und der Weltgeschichte zu einem jähen, gewaltsamen Abschluß brachte, macht schon der zeitliche Abstand klar, daß der große europäische Krieg eine neue welthistorische Epoche einleitete, die uns bis heute nicht losgelassen hat. Daher läßt sich der Erste Weltkrieg nicht mehr als eine einzig dastehende Katastrophe behandeln, die den normalen Lauf der geschichtlichen Entwicklung unterbrach. Wenn nichts anderes, so bewies doch der Zweite, daß der Erste Weltkrieg kein einmaliger Fall gewesen war, und während nun auch der Konflikt 1939–45 aus dem Vordergrund unseres Bewußtseins zurücktritt, müßte es eigentlich möglich werden, die beiden großen bewaffneten Auseinandersetzungen des 20. Jahrhunderts in einer etwas weiter in die Zukunft reichenden Perspektive zu sehen.

## Gleichgewichtspolitik und Demographie in den Weltkriegen

Drei Ansätze erscheinen besonders erfolgversprechend. Zum ersten kann man die beiden Kriege als eine Fortsetzung der Gleichgewichtspolitik innerhalb eines Systems rivalisierender Staaten sehen. Wie die Alliierten des Ersten Weltkriegs der Macht Deutschlands entgegentraten, hatte zweifellos in allen wesentlichen Punkten Gemeinsamkeiten mit zwei früheren Epochen der europäischen Geschichte: nämlich mit den beiden Konflikten von 1567–1609 und 1618–48, die die Macht des Hauses Habsburg in ihre Schranken wiesen und den zeitlich weiter auseinanderliegenden Kriegsepochen von 1689–1714 und 1793–1815, in denen der Übermacht Frankreichs Einhalt geboten wurde. In all diesen Fällen – ebenso wie in den Jahren 1914–18 und 1939–45 – zog eine Staatenkoalition zu Felde gegen den Mächtigen des Tages, der im Begriffe schien, eine europäische Hegemonie aufzurichten. Und ebenso hinderten in all diesen Fällen Zielkonflikte, wechselseitiges Mißtrauen und radikal unterschiedliche Ideologien die Alliierten nicht daran, einen Sieg zu erringen, der so ausfiel, daß sie sich nach dem Abschluß der Kämpfe den Luxus leisten konnten, miteinander Streit anzufangen.[2]

In früheren Zeiten war nicht daran zu denken gewesen, daß die Untertanen teil an den Überlegungen der Fürsten über das Gleichgewicht der Kräfte hatten, doch in den beiden Weltkriegen des 20. Jahrhunderts wurde überall an die Bürger und die Soldaten appelliert, an Kriegsziele zu glauben, die solche Überlegungen ausdrücklich als politische Leitlinien ausschlossen. So wäre es für die Kämpfenden ganz undenkbar gewesen, für die Vorstellung von einem Gleichgewicht der Kräfte Leid und Tod auf sich zu nehmen. Auch Staatsmänner und Politiker wandten sich, aus ideologischen oder anderen Gründen, in ihrem Handeln immer wieder gegen die Gleichgewichtspolitik.[3]

Doch wenn auch Politiker, Bürger und Soldaten sagten und glaubten, daß die Politik des Gleichgewichts der Kräfte von Übel und unzulänglich sei, stand die Geometrie der Macht doch eigentlich immer bei Regierungen und in der öffentlichen Debatte unausweichlich im Vordergrund. Solange souveräne Staaten existieren und einer von ihnen zu mächtig zu werden scheint, findet wohl alles, was tendenziell die Gegnerschaft gegen die mögliche Hegemonialmacht stärkt, günstige Aufnahme bei den Staaten, die sich bedroht fühlen. Solche Umstände führen oft zu einem raschen Wandel in der Stimmung und einem gleichsam konformen Verhalten der Öffentlichkeit, so daß sich binnen kürzester Frist Bündnisse und Koalitionen bilden und auflösen. Kritisches, ja konfligierendes Verhalten in einem Land ist nur dann möglich, wenn kein äußerer Anlaß der am Gleichgewicht der Kräfte orientierten Vorstellung bedrohlich erscheint. Dies war beispielsweise in der Zwischenkriegszeit der Fall, als die Schwäche Deutschlands sowohl die Sowjetunion wie die Vereinigten Staaten zu dem Versuch veranlaßten, den Gedanken an die Gleichgewichtspolitik hinter sich zu lassen. Beide zogen sich hinter ihre Grenzen zurück, um dort eine reinere und ideellere politische Glaubenslehre einzupflanzen.

Dennoch erscheint das Streben nach einem Gleichgewicht der Kräfte als Erklärung für die beiden Kriege nicht auszureichen. Die Erbitterung, mit der gekämpft wurde, und die umfassenden Veränderungen, welche die Kriegsanstrengungen herbeiführten, formten die Gesellschaft um. Es mag sein, daß die Vorgabe von Kriegszielen und politische Ideologien alle Beteiligten in die Irre führten, aber man erkennt hinter dem bitteren Ringen doch einen demographischen Wirkfaktor, dem ebensowenig auszuweichen war wie der Geometrie der Rivalität zwischen den Mächten.

Diese Sicht bietet eine zweite Möglichkeit, sich einem Verständnis der beiden Kriege anzunähern. Denn wenn, wie in Kapitel 6 vorgetragen, die demokratische und die industrielle Revolution unter anderem auch Reaktionen auf das Bevölkerungswachstum waren, das sich gegen Ende des 18. Jahrhunderts in Westeuropa geltend machte, lassen sich die kriegerischen Erschütterungen des 20. Jahrhunderts gleichermaßen als Reaktionen darauf interpretieren, daß dieses Wachstum mit traditionellen ländlichen Lebensformen besonders in Mittel- und Osteuropa, aber auch, in vielgestaltigeren Formen, in weiten Gebieten Asiens in Konflikt geriet. Unstreitig kam es zu tiefgreifenden Störungen aller bestehenden sozialen Beziehungen, wenn und wo Bauernkinder das Alter erreichten, da sie ans Heiraten dachten und Erwachsenenrollen übernehmen sollten, in ihren Dörfern aber nicht genug Grund vorhanden war, daß sie so leben konnten, wie ihre Vorväter seit undenklichen Zeiten gelebt hatten. In solchen Fällen wurde die bäuerliche Lebensform einer untragbaren Belastung ausgesetzt. Familiäre Pflichten und moralische Gebote der dörflichen Sitte ließen sich nicht erfüllen. Es fragte sich nur, welcherart revolutionäres Ideal die frustrierten jungen Leute anziehen würde.

Seit der Mitte des 18. Jahrhunderts waren die europäische und die Weltbevölkerung aus dem Gleichgewicht. Die sinkenden Sterberaten machten es möglich, daß mehr Kinder als in früheren Jahrhunderten das Erwachsenenalter erreichten, doch die Geburtenraten paßten sich dem nicht automatisch durch einen Rückgang an. Ganz im Gegenteil, sie stiegen eher, da infolge des Rückgangs tödlicher Epidemien die Elternpaare nun häufiger während ihrer ganzen fruchtbaren Jahre am Leben blieben.[4]

Ein Jahrhundert oder noch länger bedeutete in Mittel- und Osteuropa das Bevölkerungswachstum schlicht eine Zunahme an Wohlstand. Zusätzliche Arbeitskräfte verbesserten die Bodennutzung, nahmen weiteres Land unter den Pflug und intensivierten die Agrarproduktion auf vielfältige Weise. Dennoch war solchen Reaktionen eine Grenze gezogen, und offenbar hatte in den 1880er Jahren in beinahe allen Dörfern zwischen Rhein und Don das Gesetz des abnehmenden Ertragszuwachses zu wirken begonnen. Zwei Veränderungen signalisierten dies. Zum ersten nahm zwischen 1880 und 1914 die Auswanderung einen außergewöhnlichen Umfang an; sie führte Millionen nach Amerika und verpflanzte weitere Millionen nach Sibirien. Zum zweiten begannen in den gleichen Jahrzehnten unterschiedliche Formen revolutionärer Unzufriedenheit Dorf- wie Stadtbewohner in Mittel- und Osteuropa zu erfassen.

Der Druck auf die dörflichen Lebensgewohnheiten und die traditionellen Sozialmuster nahm bis 1914 zu, als der Erste Weltkrieg ihn in neue Kanäle leitete, in Mittel- und Osteuropa Millionen Menschen tötete und so dazu beitrug, das Problem der ländlichen Übervölkerung abzuschwächen. Doch erst mit dem Zweiten Weltkrieg, der ein noch viel schlimmeres Gemetzel sowie gewaltige Flüchtlingsströme und die Vertreibung ganzer Volksgruppen brachte, begann die Bevölkerung in Mittel- und Osteuropa die französische Reaktion auf die revolutionären Umwälzungen zu Beginn des 19. Jahrhunderts zu übernehmen und die Geburtenzahl auf die ökonomischen Gegebenheiten, wie man sie sah, und die eigenen wirtschaftlichen Erwartungen abzustimmen. Dies hatte zur Folge, daß nach 1950 das Bevölkerungswachstum für die europäische Gesellschaft keine ernste Belastung mehr darstellte.[5]

Unterschiedliche Erfahrungen beim Umgang mit dem Bevölkerungswachstum erklären zum großen Teil Einstellungen und Verhalten der europäischen Mächte am Vorabend des Ersten Weltkriegs. Wie in Kapitel 6 festgestellt, hatten bis zur Mitte des 19. Jahrhunderts Frankreich und Großbritannien die inneren Spannungen, welche das rasche Anwachsen der ländlichen Bevölkerung zwischen 1780 und 1850 in diesen Ländern geschaffen hatte, auf unterschiedliche Weise etwas entschärfen können.[6] In und nach den 1850er Jahren zeigte sich das an den steigenden Reallöhnen. Eine bewußte Geburtenbegrenzung bei den Franzosen knüpfte die Bevölkerungszunahme an die ökonomischen Erfahrungen und Erwartungen. In Großbritannien gingen viele, die keine zufriedenstellende Arbeit finden konnten, den Weg der Auswanderung nach Übersee, wo in den von Europäern besiedelten Gebieten leicht Beschäftigung zu finden war.[7]

Rußland befand sich insofern in einer ähnlichen Lage wie Großbritannien, als Menschen vom Land, die in ihren Heimatdörfern unter einer bedrückenden Verengung der traditionellen Lebensordnung litten, in nur dünn besiedelte Grenzsäume abwandern konnten. Zwischen 1880 und 1914 zogen etwas über sechs Millionen Russen nach Sibirien, und rund vier Millionen ließen sich im Kaukasus nieder. Gleichzeitig emigrierte ein weiterer Strom von ca. 2,5 Millionen Menschen aus den westlichen Provinzen des Russischen Reiches nach Übersee, allerdings zumeist Polen und Juden, nicht Großrussen.[8] Zu diesen Sicherheitsventilen kamen noch zunehmende Beschäftigungsmöglichkeiten in den Städten, dank dem Eisenbahnbau und den vielfältigen Formen industrieller und kommerzieller Expansion, herbeigeführt durch die Verbilligung des Überlandtransports. Gleichwohl gärte es in weiten Bereichen des ländlichen Rußland, wie das jähe Aufflammen revolutionärer Gewaltakte 1905/06 demonstrierte.

Das wirklich schwierige demographische Problem im späten 19. und frühen 20. Jahrhundert stellte sich in den europäischen Regionen zwischen Frankreich und Großbritannien im Westen und Rußland im Osten. In Deutschland beispielsweise betrug der jährliche Geburtenüberschuß 1900–1910 866000, doch der bemerkenswerte industrielle und kommerzielle Aufschwung schuf so viele Arbeitsplätze, daß für die Bewirtschaftung ostdeutscher Güter polnische Landarbeiter angeworben werden mußten.[9] Dennoch waren die Belastungen, die die rapide Urbanisierung für ältere Lebensmuster brachte, sehr hoch. Die herrschenden Eliten in Deutschland, zumeist ländlich-aristokratischem Milieu entstammend, fühlten sich vielfach von den neuen, nach oben drängenden städtischen Elementen bedroht. Besondere Furcht weckten marxistische Parolen, die bei der Industriearbeiterschaft Anklang fanden. Gleichzeitig ängstigten sich viele Deutsche vor einer nahenden slawischen Flut aus dem Osten. All dies ließ eine Belagerungsmentalität entstehen und bewirkte im Sommer 1914 eine rigidere, risikofreudigere Unterstützung für Österreich-Ungarn, als sie unter anderen Bedingungen vernünftig erschienen wäre.[10]

Dabei hat die unterschiedliche Entwicklung in Frankreich und Deutschland einen ironischen Zug. Hätte das traditionelle Regime in Deutschland das rasche Bevölkerungswachstum im 19. Jahrhundert weniger gut bewältigt, wäre möglicherweise eine Revolutionsbewegung dieser oder jener Art an die Macht gekommen, ausgerüstet mit einer attraktiven, universalistischen Ideologie, die auch andere Völker hätte ansprechen können, wie es im 18. Jahrhundert die Ideale der Französischen Revolution getan hatten. Statt dessen aber strebte Deutschland nach einer europäischen Hegemonie im Namen engstirniger nationalistischer Prinzipien, die auf andere eher abstoßend als anziehend wirkten. Anders ausgedrückt: Daß die Industrialisierung so rasch und so erfolgreich voranschritt, hat möglicherweise Deutschlands langfristige Chancen zunichte gemacht, die Kriege des 20. Jahrhunderts im Namen irgendeiner Form von revolutionärem Sozialismus zu gewinnen. So gingen Marx' Zukunftsrezepte in die Irre. Statt dessen kam es durch eine unerwartete Fügung, die Marx entsetzt hätte, dazu, daß der Marxismus in Rußland zum ideologischen Werkzeug der Staatsmacht wurde.

Doch vor 1917 war ein solcher erstaunlicher Rollentausch unvorstellbar. In den Gebieten südlich und östlich der Grenzen Deutschlands vermochte die industrielle Expansion mit der Bevölkerungszunahme bei weitem nicht Schritt zu halten.[11] Infolgedessen traten die schärfsten Manifestationen politischer Unruhe innerhalb des Habsburgerreiches und in ehemals osmanischen Gebieten auf. (Auch Rußlands polnische Provinzen gehörten zu dieser Kategorie.) Die Auswanderung nach Übersee war zwar sehr stark,[12] genügte jedoch nicht, das Problem zu lösen. Jugendliche, die höhere Schulen besuchten, weil sie sich für gehobene Berufe zu qualifizieren hofften, waren in einer strategisch günstigen Position und konnten revolutionäre Ideale an ihre frustrierten Altersgenossen in den Dörfern weitergeben. Dabei waren sie außerordentlich erfolgreich, schon 1870 in Bulgarien und Serbien[13] und etwas später dann auch in anderen Gegenden Südosteuropas. So entwickelte sich der Balkan zum Pulverfaß Europas. Es ist nur zu bezeichnend, daß der Funke, der den Ersten Weltkrieg auslöste, von Gavrilo Princip geschlagen wurde, einem jungen Mann, dessen Gymnasialbesuch ihm keinen befriedigenden Zugang zur Erwachsenenwelt verschafft, ihn aber mit einem glühenden revolutionären Nationalismus erfüllt hatte.[14]

Der Erste Weltkrieg bewirkte eine gewisse Abschwächung der Übervölkerung in Mittel- und Osteuropa. Millionen Bauernsöhne wurden in die Armeen der Kriegsgegner eingereiht, und an die 10,5 Millionen fielen auf den Schlachtfeldern.[15] Die auf den Krieg folgenden nationalistischen Revolutionen im Habsburgerreich (1918/19) und die sozialistisch-bolschewistischen Revolutionen in Rußland (1917) konnten den Bevölkerungsdruck auf dem Lande kaum mindern. Von Ungarn abgesehen, brachten die Revolutionen beider Spielarten die begüterten Klassen der Vorkriegszeit zumeist um den größten Teil ihres Grundbesitzes. Doch die Verteilung des Bodens an die verarmte Kleinbauernschaft konnte die Produktivität kaum heben. Ja, im allgemeinen bewirkte sie das Gegenteil, da den neuen Besitzern das Kapital wie die Sachkenntnisse fehlten, um effizient wirtschaften zu können. Die Neuregelung der ländlichen Besitzverhältnisse nach dem Krieg vermochte daher nicht dem Problem beizukommen, daß zu viele Menschen an einer traditionellen bäuerlichen Lebensform festzuhalten versuchten. Die Russen reagierten darauf zwischen 1928 und 1932 mit einem staatlichen Investitionsprogramm für die Industrie, unterstützt durch eine Zwangskollektivierung der Landwirtschaft. Im übrigen Osteuropa fand die Unruhe in der Landbevölkerung, als die Weltwirtschaftskrise der dreißiger Jahre einsetzte, im allgemeinen Ausdruck im Antisemitismus, da die Zahl der jüdischen Zwischenhändler immerhin so groß war, daß sie sie dem Vorwurf aussetzte, sie bereicherten sich damit, daß sie billig einkauften und den kleinen Bauern Wucherpreise abverlangten.

So ergab sich eine brutale, aber dauerhafte Lösung für das Problem, daß zu viele Menschen auf zuwenig Land zu leben versuchten, erst mit dem Zweiten Weltkrieg, der in Osteuropa zu massiven Bevölkerungsverlusten – vielleicht insgesamt siebenundvierzig Millionen Menschen[16] – führte. Während des Krieges und danach begann die osteuropäische Bevölkerung die Geburtenzahl zu begrenzen. Die Geburtenraten sanken rasch auf ein ungleich niedrigeres Niveau als vorher, ja, auf ein so niedriges, daß in manchen Ländern die Bevölkerungsgröße ohne Zuwanderung aus dem Ausland nicht mehr gehalten werden konnte.[17]

Als allenthalben in Europa die Zahl der Geburten systematisch in Beziehung zu den wirtschaftlichen Erwartungen gesetzt wurde,[18] ging die Krisenperiode, die Mittel- und Osteuropa zwischen 1880 und 1950 erlebt hatte, zu Ende. Familiengröße und sexuelle Gewohnheiten veränderten sich ebenso rasch wie Sitten und Bräuche des bäuerlichen Lebens, und das demographische Muster, das zu den beiden Weltkriegen beigetragen hatte, büßte seine Kraft ein.

In anderen Weltgegenden folgten die demographisch induzierten Bewegungen natürlich anderen Rhythmen. In China beispielsweise wurde das Mißverhältnis zwischen der wachsenden ländlichen Bevölkerung und dem verfügbaren Boden bereits 1850 akut und fand Ausdruck im Taiping-Aufstand, der weite Teile des Landes erfaßte und verwüstete.[19] Die Kleinbauernschaft in asiatischen Ländern reagierte erst wieder nach dem Ersten Weltkrieg umfassend auf revolutionäre Ideale. Hier sei nur auf den Weg Mahatma Gandhis (1859–1948), der sich zum erstenmal in den frühen zwanziger Jahren mit Erfolg an die ländlichen Klassen wandte, und an den Mao Tse-tungs (1893–1976) verwiesen, der ab 1927 bei chinesischen Kleinbauern Unterstützung für seine Version des Marxismus mobilisierte. Zusammenhänge, wie sie in Europa zwischen ländlicher Übervölkerung und revolutionärer Politisierung bestanden, traten in den folgenden Jahrzehnten auch in weiten Bereichen Asiens[20] sowie in einigen

Regionen Afrikas in Erscheinung. Doch die Bedingungen waren von Region zu Region stark unterschiedlich, und in vielen Gebieten mit tropischem Klima sorgten bis nach dem Zweiten Weltkrieg Krankheiten dafür, daß sich die Zahl der Menschen in Grenzen hielt.

Die imperialistische Aggressivität Japans im 20. Jahrhundert fiel mit einer Beschleunigung des japanischen Bevölkerungswachstums zusammen, die erst nach dem Zweiten Weltkrieg ihren Gipfel erreichte, obwohl die höchste Zuwachsrate früher zu verzeichnen war.[21] Doch der Zweite Weltkrieg brachte für das ländliche Leben in Japan einen entscheidenden Wandel, und nach dem Krieg begannen die Geburtenraten beinahe zur gleichen Zeit wie in Mittel- und Osteuropa zu sinken. So spricht also alles dafür, daß auch Japan wie der größte Teil Europas während des Zweiten Weltkriegs seine Version der modernen demographischen Krise durchmachte.[22]

Offensichtlich sind revolutionäre Manifestationen ländlicher Unzufriedenheit, die auftreten, wenn nicht genug Grund vorhanden ist, daß junge Menschen ein Leben wie ihre Eltern führen können, nicht von der Erde verschwunden. Nach wie vor kommt es zu derartigen Ausbrüchen in Lateinamerika, Teilen Afrikas und in Südostasien. Doch wichtig für die beiden Weltkriege waren vor allem die rapide Bevölkerungszunahme in Japan und die zeitlich parallele Krise in Mittel- und Osteuropa. Nachdem diese Länder ihr demographisches Verhalten verändert haben, ist es unwahrscheinlich, daß sie noch einmal zu einem Herd vergleichbarer militärisch-politischer Unruhe werden.

Doch wenn die demographischen Prozesse und der schmerzliche Zusammenbruch altgewohnter bäuerlicher Lebensformen auch viel zur Erklärung beitragen, warum die beiden großen Kriege des 20. Jahrhunderts so blutig verliefen, erhellen sie doch in keiner Weise, wie die stärker entwickelten Industriestaaten sich auf eine nicht vorhergesehene, unerwartete Weise organisatorisch auf den Krieg umstellten und damit die gelenkten Wirtschaften entstehen ließen, die zum Kennzeichen der Welt in unseren Tagen geworden sind. Dieser Aspekt eines Verständnisses der beiden Weltkriege könnte am ehesten zu klären sein, denn es ist durchaus denkbar, daß das 20. Jahrhundert noch eine Rückkehr zum Primat des Befehlsprinzips gegenüber dem Markt als dem bevorzugten Mittel zur Mobilisierung menschlicher Leistungskraft in großem Maßstab erleben wird. Ich möchte also den Wandel zur gezielten Steuerung, der von diesen beiden Kriegen herbeigeführt wurde, etwas ausführlicher behandeln, da ich der Ansicht bin, daß dieser Aspekt vielleicht ihr wichtigstes und dauerhaftestes Ergebnis für die menschliche Geschichte sein wird.

# Kriegswirtschaftliche Metamorphose im Ersten Weltkrieg.
## Erste Phase: 1914–1916

Die unerwartet lange Dauer des Ersten Weltkrieges zwang alle beteiligten Staaten, die Heimatfront zu organisieren, ja, neu zu ordnen, um Effizienz und Umfang der Kriegsanstrengungen zu steigern. Dies hatte weitreichende Veränderungen an älteren Steuerungsmustern zur Folge. Insbesondere wuchsen zahlreiche bürokratische Strukturen, die vorher mehr oder weniger unabhängig voneinander innerhalb eines Rahmens von Marktbeziehungen agiert hatten, zu einem Gebilde zusammen, das gewissermaßen auf eine einzige nationale ‚Firma‘ für die Kriegführung hinauslief. Großunternehmen waren vielleicht die wichtigsten Teile dieser Strukturen, aber auch Gewerkschaften, Ministerien und die Administrationen von Armee und Kriegsmarine waren führend an der Gestaltung der neuen Wege zur Steuerung des nationalen Einsatzes beteiligt.

Altbewährte Gewohnheiten und Institutionen wurden zu formbarem Wachs in den Händen technokratischer Eliten der gegnerischen Lager, die Millionen zu Soldaten und andere Millionen zu Arbeitskräften für die Kriegsproduktion machten. Familienleben, Eigentumsrechte, Zugang zu Verbrauchsgütern, lokale und Klassenbeziehungen – alles veränderte sich in drastischer Weise. Die Veränderungen im täglichen Leben und in der Kommunikation mit anderen Menschen führten miteinander zu einer gesellschaftlichen Metamorphose, die ebenso bemerkenswert (und vielleicht auch ebenso natürlich) war wie die Metamorphose von Insekten.

Wie spielte sich das alles ab?

Zuerst nahm man allgemein an, der Krieg werde nur ein paar Wochen dauern. Auf dem Kontinent bewirkte gerade die Perfektion der Mobilmachungspläne der gegnerischen Staaten, daß mit dem Ausbruch der Feindseligkeiten das normale Leben jäh zum Stillstand kam. Nur in England blieb es noch beim ‚business as usual‘, beim Gewohnten.[23] In Frankreich wurden den Fabriken und Bauernhöfen fast vollständig die wehrtauglichen Männern entzogen. In anderen Ländern wurde der Schock dadurch gemildert, daß nicht alle Männer im wehrtauglichen Alter eine militärische Ausbildung erhalten hatten. In allen kriegführenden Staaten endeten ‚vorläufig‘ die politischen Auseinandersetzungen: Von einer kleinen Schar Doktrinäre abgesehen, verrieten allenthalben Sozialisten ihr politisches Kredo und schoben den Klassenkampf auf, um zuerst einmal den Feind der Nation zurückzuschlagen.

Sechsunddreißig Tage sah es so aus, als sollte sich die Erwartung eines kurzen Waffengangs bewahrheiten. Der Schlieffenplan lief beinahe genauso ab, wie der Große Generalstab es gehofft hatte. Deutsche Truppen wiesen die französische Offensive in Lothringen ab und stoppten den russischen Einmarsch in Ostpreußen, während das Gros der Armee durch Belgien stürmte und im Begriff war, die Franzosen zu umfassen. Doch die Anstrengungen des Vormarschs und der Kämpfe in dessen Verlauf strapazierten Soldaten und Pferde aufs äußerste, und die Franzosen brachen ihre eigene Offensive so rechtzeitig ab, daß sie an der Marne einen großen Gegenangriff (6.–12. September 1914) einleiten konnten. So begannen die Deutschen am 9. September den Rückzug hinter die Aisne. Wenige Tage später erstarrte die Front zwischen den erschöpften Armeen, die in rasch ausgehobenen Schützengräben Deckung suchten. An der Front herrschte eine empfindliche Knappheit an Munition und anderen Nachschubgütern. Noch schlimmer aber war, daß die taktische Pattsituation sich in den folgenden Wochen zu einem allgemeinen Stellungskrieg verfestigte, als wiederholte Versuche, den Gegner zu umfassen, nur dazu führten, daß die Linie der Schützengräben immer länger wurde, bis sie sich ohne Unterbrechung quer durch Frankreich erstreckte, von der Schweizer Grenze im Süden bis zu einer kleinen Ecke von Belgien im Norden. Fortan blieb die Westfront vier trostlose Jahre beinahe stationär, obwohl beide Seiten gewaltige Anstrengungen unternahmen, die Stellungen des Gegners zu durchbrechen.

Dieses für beide Seiten betrübliche Ergebnis stellte die Kriegführenden vor gänzlich unerwartete Probleme. Ein Weitermachen war schwierig, ein Aufgeben undenkbar. Infolgedessen waren die Gegner genötigt zu improvisieren, um ihre Armeen Monat für Monat zu verproviantieren, auszurüsten, für den Kampf zu schulen, Verwundete zu versorgen und Gefallene zu begraben – buchstäblich zu Millionen. Nichts dergleichen war jemals geleistet worden. Kein Wunder, daß altehrwürdige Bräuche und Institutionen dahinwelkten, während sich überall neue Methoden und Maximen durchsetzten.

Von den großen kriegführenden Mächten war Frankreich am schwersten von den ersten Wochen der Kämpfe betroffen. Die Anfangsverluste waren sehr hoch,[24] und die Wirtschaft des Landes geriet ins Stolpern. Frankreichs kritische Situation wurde noch dadurch verschlimmert, daß nach der Stabilisierung der Front jener besonders wichtige Teil des Landes, der Kohle und Eisen lieferte – die Grundstoffe der Rüstungsproduktion – hinter den deutschen Linien lag.[25] Und in den Rüstungsfabriken hinter den französischen Linien fehlte es an Arbeitskräften, da die wehrfähigen Arbeiter ebenso wie alle anderen tauglichen Männer eingezogen worden waren.[26] Als klar wurde, daß die Artillerie Granaten in bis dahin unvorstellbaren Mengen[27] verbrauchen würde, sah sich der französische Kriegsminister bereits am 20. September 1914 genötigt, Männer aus der Armee herauszunehmen, damit sie die benötigte Munition produzieren konnten. Zuerst ging alles drunter und drüber. Die Unternehmer wurden ermächtigt, auf Bahnhöfen und an anderen Örtlichkeiten, wo man sich Erfolg versprach, nach geeigneten Facharbeitern zu fahnden.[28]

Den französischen Behörden wurde gleich nach Kriegsbeginn klar, daß improvisiert werden mußte, weil ein so großer Teil der metallurgischen Produktionsanlagen, über die das Land in der Vorkriegszeit verfügt hatte, in Feindeshand geraten war. Deshalb wurden alle möglichen Firmen aufgerufen, neue Montagebänder zur Produktion von Kriegsmaterial einzurichten, Maschinen auf neue Verwendungszwecke umzustellen und neue Herstellungsmethoden entsprechend den jeweiligen Gegebenheiten und Möglichkeiten zu erfinden. Die Erinnerung an das Jahr 1793 und die Werkstätten in Paris, die für die *levée en masse* gearbeitet hatten, erleichterten die umfassenden Improvisationen. Dies geschah auch durch die Bereitschaft der Politiker, die Einzelheiten örtlichen Unternehmer-Komitees zu überlassen, die Aufträge und Aufgaben unter sich aufteilten und durch häufige Besprechungen mit den zuständigen Ministern ihre Anstrengungen mit dem Gesamtbedarf der Armee koordinierten.[29]

Im Furioso der ersten Wochen kam es auf die Kosten wenig an. An die 25 000 Zuliefererfirmen begannen, Kriegsmaterial dieser oder jener Art zu produzieren, und praktisch jede verfügbare Maschine wurde irgendwie für die militärische Produktion eingesetzt. Später wurden Hersteller, die mit hohen Kosten produzierten, beiseite gedrängt, im wesentlichen dadurch, daß sie nicht die benötigten Roh- und Brennstoffe zugewiesen erhielten. Große neue Fabriken, gebaut für die Produktion von Rüstungsgütern auf Fließbandbasis, wurden im Laufe der Zeit immer wichtiger, wenn auch einige, darunter die größten und ehrgeizigsten Projekte, bei Kriegsende noch nicht in Betrieb waren.[30]

Die Großindustrie konnte es sich unter diesen Bedingungen gut gehen lassen. Unternehmer lenkten die lokalen Gremien, die knappe Güter zuteilten – Rohstoffe, Brennstoffe und menschliche Arbeitskraft. Großunternehmen strichen üppige Gewinne ein, da das Preisniveau so gestaltet war, daß marginal wirtschaftende Firmen im Geschäft bleiben konnten. Methoden der Massenproduktion verhalfen innovativen Firmen mit den richtigen politischen, finanziellen und industriellen Beziehungen zu stattlichen Profiten. So errichtete beispielsweise Louis Renault während der Kriegsjahre sein Industrie-Imperium. 1918 beschäftigte er 22 500 Arbeiter und produzierte Granaten, Lastwagen, Traktoren, Tanks, Flugzeuge, Geschützteile und dergleichen mehr. Seine Rolle als Vorsitzender des Industriekomitees der Region verschaffte ihm eine vorteilhafte Position bei neuen Ausschreibungen, und da ein Korps junger Ingenieure neue Produktionsabläufe für ihn entwickelte, waren diese Aufträge für Renault und seine Firma höchst gewinnbringend.[31]

Auch die Zusammensetzung der Belegschaften trug zum Erfolg der französischen Kriegswirtschaft bei. Die Großindustrie, 1914 in Frankreich noch etwas Neues, war zumeist in den Regionen angesiedelt, die die Deutschen überrannt hatten. Deshalb gab es für die Werke, die die Rüstungsindustrie während des Krieges schuf, kaum eingefahrene Arbeitsmodalitäten. Frauen, Kinder, Ausländer, Kriegsgefangene und verwundete Veteranen übertrafen zusammen mit den abgestellten Soldaten bei weitem die Zahl der verbliebenen zivilen männlichen Arbeiter.[32] Solche Arbeitnehmer waren gefügiger als die in Deutschland oder Großbritannien mit ihren sozialistischen Traditionen, der althergebrachten Abgrenzung der Tätigkeiten und traditionellen fachlichen Qualifikationen, die einer radikalen Umstrukturierung der Arbeitsorganisation, wie sie sich in Frankreich durchsetzte, im Wege standen.

Noch zwei andere Faktoren hatten eine günstige Wirkung. Was den politischen Aspekt betrifft, war der erste Rüstungsminister, Albert Thomas, ein sozialistischer Politiker und Absolvent der Pariser *École normale*. Er umgab sich mit anderen Absolventen dieses Instituts, deren technokratische und sozialistische Neigungen er teilte. Solche Führungspersönlichkeiten verstanden sich besser als die hochmütigen Offiziere, die in Deutschland die Parallelrolle spielten, darauf, Industrielle und Arbeiter ohne Reibungsverluste im Geschirr zu halten.[33]

Der wichtigste Punkt aber war, daß die französische Kriegswirtschaft nicht allein auf ihre eigenen Ressourcen angewiesen war. Kohle und Metall in großen Mengen aus England importiert, mußten ersetzen, was nun unerreichbar hinter den deutschen Linien lag. Wenn andere kriegswichtige Güter knapp wurden, konnten sie im Ausland gekauft werden, in Großbritannien oder in den Vereinigten Staaten – zumindest am Anfang. Doch als dann der englische (1915) und später der amerikanische (1917) Markt mit Aufträgen überschwemmt wurden, so daß ernste Lieferverzögerungen überhandnahmen, mußten neue Wege beschritten werden, um die Kriegsproduktion der Alliierten zu koordinieren. Die Reorganisation führte schließlich zu einer internationalen Arbeitsteilung, bei Konferenzen der Alliierten geplant und durchgeführt von internationalen Gremien, von denen der Allied Maritime Transport Council das wichtigste war.

Die Abhängigkeit Frankreichs von Brenn- und Rohstoffen und in zunehmendem Maß auch von Nahrungsmittelzufuhren[34] aus Großbritannien und den Vereinigten Staaten zeigte sich an dem Schuldenberg, der nach 1918 die internationalen Beziehungen stark belastete. Doch während des Krieges ermöglichten die Käufe in Übersee es den Franzosen, ihre eigenen Ressourcen in einem Umfang, der sonst nicht erreichbar gewesen wäre, auf die Rüstungsproduktion und auf die Kämpfe an der Front zu konzentrieren. Die Produktion von 7,5-cm-Granaten deckte bereits 1915 den Bedarf und erreichte eine Höhe von täglich 200000 Einheiten – das Zwanzigfache des ursprünglichen Umfangs. Später wurde der Übergang zu neuem Kriegsgerät – Geschützen vom 15,5-cm-Kaliber und militärischen Neuheiten wie Flugzeugen und Tanks – wichtiger als die reinen Quantitäten an produzierten Granaten. Auch in diesem Bereich erreichten oder übertrafen die Franzosen, was die anderen Großmächte zustande brachten. Als die amerikanischen Expeditionstruppen in Frankreich einzutreffen begannen, wurde vereinbarungsgemäß der größte Teil ihrer schweren Ausrüstung von französischen Fabriken und Arsenalen geliefert.[35] Mehr noch als Großbritannien und ungleich stärker als die Vereinigten Staaten wurde im Ersten Weltkrieg Frankreich zur Waffenschmiede der Demokratie.[36]

Für die Deutschen sah die Sache anders aus. Sie verfügten über viel größere industrielle Ressourcen als die Franzosen, und 1914 war ein beträchtlicher Teil der männlichen Arbeiterschaft, beinahe der Hälfte, nicht sofort von der Mobilmachung betroffen, da von der militärischen Ausbildung freigestellt.[37] Daher bestand in Deutschland zwischen den absoluten Grenzen der Produktion, die von den verfügbaren Arbeitskräften und Rohstoffen gezogen wurden, und dem steigenden Bedarf an Granaten, der im Oktober einsetzte, als die Vorräte in den staatlichen Arsenalen dahinzuschmelzen begannen, noch eine beträchtliche Toleranz. Infolgedessen konnten die Offiziere im Kriegsministerium einfach mehr von der Zivilwirtschaft anfordern, und lange Monate wurden diese Mehranforderungen auch erfüllt, ohne die umfassende Improvisation und gelenkte Zuteilung von Arbeitskräften, auf die die Franzosen gleich zu Anfang zurückgreifen mußten.

Deutschland hatte vor 1914 noch eine Reihe strategisch wichtiger Rohstoffe für die Kriegführung importiert. Das für die Produktion von Geschoßmänteln und für elektrische Geräte notwendige Kupfer war ebenso wie das für die Herstellung von Pulver und Kunstdünger benötigte Nitrat aus Chile gekommen. Als der Krieg ausbrach, verhängte die Royal Navy sofort eine Blockade über die deutsche Küste und erschwerte zunehmend die Verbindung mit überseeischen Rohstofflieferanten.[38] Die britische Blockade machte klar, daß ein haushälterischer Umgang mit den vorhandenen Kupfer- und Nitratbeständen vonnöten war, sollte die Versorgung der deutschen Armee mit Granathülsen und Schießpulver nicht schon bald zum Erliegen kommen. Darauf wurde Walther Rathenau, Kronprinz des Gründers der AEG, schon in den ersten Kriegstagen aufmerksam. Am 8. August schnitt er in einem Gespräch mit dem Kriegsminister das Problem an, und eine Woche später wurde ihm die Zuteilung von Kupfer und Nitrat sowie anderer knapper Rohstoffe für die kriegswirtschaftliche und industrielle Produktion unterstellt. Damit entstand die Rohstoffabteilung im preußischen Kriegsministerium – der Kern, aus dem in den folgenden drei Jahren das allumspannende System der deutschen Kriegswirtschaft erstehen sollte.[39]

Wie es einem Großindustriellen entsprach, rief Rathenau spezielle Körperschaften ins Leben, die mit der Zuteilung wichtiger Rohstoffe betraut wurden. Praktisch verteilten so nationale Kartelle für sämtliche Güter, die knapp wurden, das Verfügbare an miteinander konkurrierende Nutzer. Diese ‚Kriegsgesellschaften' wurden, wie in Frankreich, von Männern aus der Privatwirtschaft geleitet und unterstanden in allgemeinen Belangen den Weisungen des Kriegsministeriums. Schon bald begann zwischen den Briten und den Deutschen ein Katz-und-Maus-Spiel der wirtschaftlichen Kriegsführung. Die Deutschen waren bestrebt, benötigte Rohstoffe zu kaufen, wo sie sich nur auftreiben ließen, und sie über Firmen und Häfen neutraler Staaten ins Land zu schleusen, während die Engländer solche Lieferungen abzufangen versuchten und Firmen, die als Handelspartner der Deutschen bekannt waren, auf eine Schwarze Liste setzten. Schritt für Schritt zogen die Briten das Netz enger, so daß der Strom der deutschen Einfuhren aus Übersee immer dünner floß.

Doch die Bedeutung der Blockade wurde damals wie später stark übertrieben gesehen. Man fand in Deutschland Ersatz für viele Rohstoffe. Zum Beispiel wurde das Kupfer für die Granatenhülsen durch andere Metalle ersetzt, und in den Fällen, in denen es sich nicht substituieren ließ, konnte man die verfügbaren Mengen mittels Legieren und Galvanisieren strecken. Durch Tausende weiterer Umstellungen in der industriellen Praxis wurden Rohstoffe konserviert, so daß ernste Störungen der Produktion vermieden werden konnten. Für das zur Pulverherstellung notwendige Nitrat gab es allerdings keinen Ersatz. Die Chemiker wußten zu dieser Zeit zwar schon, wie sich Stickstoff aus der Luft in Nitrat umwandeln ließ, doch wegen der hohen Kosten war der Prozeß noch nie im industriellen Maßstab erprobt worden. Als aber im Oktober 1914 die Pulvervorräte zur Neigung gingen, hing die Fortführung des Krieges von Nitrat ab, das neue, aus dem Boden gestampfte Fabriken lieferten. Ohne ihre Produktion hätte der Krieg ein rasches Ende genommen, denn es war so gut wie unmöglich, chilenisches Nitrat durch die englische Blockade zu schmuggeln.

Die Menge des jeden Monat verfügbaren Pulvers bestimmte dementsprechend während der ersten beiden Kriegsjahre die Planung des Kriegsministeriums und das Ausmaß der nationalen Kriegsanstrengungen. 1914 betrug die Höchstmenge, die produziert werden konnte, 1000 Tonnen monatlich, während das Heer für den uneingeschränkten Einsatz seiner Artillerie 7000 Tonnen brauchte. Im Herbst 1914 legte das Kriegsministerium ein monatliches Produktionsziel von 3500 Tonnen fest und erhöhte es dann im Dezember, als die Aussichten auf einen raschen Sieg endgültig verblaßten, auf 4500 Tonnen. Im Februar 1915 wurde das Planziel sprunghaft auf 6000 Tonnen gesteigert. Die Pulverproduktion blieb zwar dahinter zurück, aber nicht sehr weit: Im Juli 1915 lag sie tatsächlich bei 6000 Tonnen. Das Kriegsministerium und die deutsche Industrie durften auf eine solche Leistung stolz sein, wenn auch 6000 Tonnen Pulver pro Monat noch immer nicht ausreichten, da der Bedarf ständig stieg.[40]

Es gelang der deutschen Industrie auch, das Heer mit den Tausenden anderer Bedarfsgüter in mehr oder minder zufriedenstellenden Quantitäten zu versorgen. Traten Produktionsengpässe auf, wurden sie dadurch ausgeglichen, daß die konkurrierenden Nutzer Prioritäten zugewiesen erhielten und nach Ersatzstoffen gesucht wurde. Die verfügbaren Arbeitskräfte stellten noch keine entscheidende Begrenzung dar, obwohl eine beträchtliche Zahl von Arbeitern eingezogen wurde, um die Verluste an der Front auszugleichen. Weniger Gutes verhieß die Lebensmittelknappheit, die im Mai 1916 so ernste Formen annahm, daß ein eigenes Kriegsernährungsamt geschaffen wurde. Die mit Zivilbeamten besetzte Behörde besaß keine Zuständigkeit für den Bedarf des Heeres und war zu keiner Zeit in der Lage, ein wirklich effizientes Rationierungssystem auf die Beine zu stellen.

Die Schwierigkeiten in der Heimat spielten solange keine große Rolle, als die deutschen Armeen im Feld erfolgreich blieben. Trotz der Pulverknappheit waren die Operationen des Jahres 1915 für die Deutschen insgesamt gut verlaufen. Im Osten errungene Siege drängten die russische Front weit hinter die deutsche Grenze, Serbien wurde überrannt, und die Türken schlugen einen amphibischen Angriff auf die Dardanellen zurück. Zugleich gab der Anstieg der Pulverproduktion in Deutschland der Artillerie allmählich ihre volle Schlagkraft.

Die deutsche strategische Planung für 1916 sah vor, die Überlegenheit an schwerer Artillerie zu einem Angriff auf Verdun zu nutzen. Erich von Falkenhayn, Generalstabschef des Feldheeres seit dem Mißerfolg an der Marne, 1914, nahm an, er könne die Franzosen ausbluten und die Republik zwingen, um Frieden zu bitten, ehe die neuen englischen Armeen in der Lage waren, in die Kämpfe einzugreifen. Doch die Schlacht bei Verdun, vom Februar bis Anfang Juli 1916, bei der es schwere Menschenverluste auf beiden Seiten gab, verfehlte das gesteckte Ziel.

Auf diese Enttäuschung folgten zwei weitere Schläge für das Selbstbewußtsein Deutschlands. Die englisch-französische Offensive an der Somme (Juli–November 1916) zeigte, daß Großbritannien seine Ressourcen rückhaltlos für den Krieg aufgeboten hatte. Dann hatte im Osten eine russische Offensive gegen die Österreicher beträchtlichen Erfolg und veranlaßte die Rumänen zum Kriegseintritt auf der Seite der Alliierten. Dies ließ darauf schließen, daß zumindest die Rumänen mit einem Sieg der Alliierten rechneten.[41] Um einem solchen Ausgang vorzubeugen, war für Deutschland eindeutig eine größere Kraftanstrengung an der Heimatfront vonnöten. Nur auf diese Weise war es möglich, mit der britischen und französischen Mobilisierung für den Krieg gleichzuziehen oder sie zu übertreffen. Doch bevor wir uns mit der neuen Ära befassen, eingeleitet von Generalfeldmarschall Paul von Hindenburg und seinem Generalquartiermeister Erich Ludendorff, die am 29. August 1916 das Oberkommando übernahmen, sind ein paar kurze Bemerkungen zur britischen, amerikanischen und russischen Reaktion auf die ersten Kriegsjahre am Platz.

Anders als die anderen kriegführenden Mächte bereiteten sich die Briten von vornherein auf einen langen Krieg vor. Ein anderes Verhalten hätte ihre Mitwirkung auf ein sehr bescheidenes Maß begrenzt, denn an den ersten Schlachten 1914 konnten sich nur vier englische Divisionen beteiligen. Doch die öffentliche Meinung lehnte eine bloße Nebenrolle Englands ab, und als Lord Kitchener, der neue Kriegsminister, zum freiwilligen Fronteinsatz aufrief, fand er ungemein starken Widerhall. Es kam zu einem gewaltigen Durcheinander, und die Administration mit ihren eingefahrenen Prozeduren nahm zunächst keine Rücksicht auf die neuen Größenordnungen. Privatfirmen und das Arsenal in Woolwich erhielten umfangreiche Aufträge über alles, was die neue Armee brauchte. Doch diese mußten mit französischen und russischen Bestellungen und obendrein noch mit den Anforderungen der Royal Navy konkurrieren. Die Produktionsstätten waren sofort überlastet. Lieferungen verzögerten sich, während die entflammte öffentliche Meinung alle tauglichen Männer drängte, sich zum Kriegsdienst zu melden, einerlei, welchem Zivilberuf sie nachgingen und ob es sich um Facharbeiter aus der Industrie handelte. Tatsächlich traten unter diesem moralischen Druck rund zwanzig Prozent der Arbeiter aus der Rüstungsindustrie in die Armee ein, wodurch die Produktion von Geschützen und Granaten, an denen ohnehin schon große Knappheit herrschte, behindert wurde.[42]

So erstaunt es nicht, daß die britische Expeditionstruppen in Frankreich schon bald unter akuten Versorgungsengpässen zu leiden hatten. Im Mai 1915 beschloß ihr Oberkommandierender, Sir John French, über seine militärischen Vorgesetzten hinweg an die Öffentlichkeit in Großbritannien zu appellieren. Dies löste einen Skandal aus, der zu einer Kabinettskrise und zur Einrichtung eines neuen Rüstungsministeriums führte, das Lloyd George unterstellt wurde. Lloyd George machte sich unverzüglich und mit Energie daran, die gesamten industriellen Ressourcen Großbritanniens für den Krieg zu mobilisieren. Er legte Produktionsziele fest, die weit über das hinausgingen, was das Kriegsministerium anforderte oder auch zu dieser Zeit für erreichbar hielt.[43] In der Art, wie das neue Ministerium zu Werke ging, verband es Freiwilligkeit mit Zwang. Eine seiner ersten Handlungen bestand beispielsweise darin, an sämtliche Firmen, die man ausfindig machen konnte, Fragebögen mit der Aufforderung zu verschicken, ihren Maschinenbestand anzugeben und

Vorschläge zu machen, welcherart Arbeiten für die Rüstung sie übernehmen könnten. In einem ähnlichen Geist der Freiwilligkeit ließen sich die Gewerkschaften bewegen, die Arbeitsplatzregeln vorläufig aufzuheben. Sie sagten auch zu, keine Ermächtigungen zu Streikaktionen zu geben. Dies war ein wichtiges Zugeständnis, da, wie in Frankreich, neue Maschinen schon bald sehr viele Produktionsabläufe automatisierten, was dazu führte, daß Hilfsarbeiter oder angelernte Kräfte übernehmen konnten, was vorher Facharbeiter getan hatten. Andererseits wurden die Gewinne auf ein Niveau begrenzt, das höchstens um zwanzig Prozent über dem Durchschnitt der Vorkriegsjahre liegen durfte, und die schrille Kriegspropaganda gegen ‚Drückeberger‘ gab den Rekrutierungskampagnen, die die ‚Kitchener-Armee‘ bis 1916 auf eine Gesamtstärke von 2 466 000 Mann brachten, ein durchaus reales Element des Zwanges.

Lloyd George holte sich für seinen Stab im Rüstungsministerium eine Gruppe von Männern voll Schwung und Tatkraft, vor allem aus der Wirtschaft und aus den freien Berufen. Ihre vagen liberalen Einstellungen standen im Gegensatz zu der mehr sozialistisch geprägten und technokratischen Mentalität im französischen Rüstungsministerium und in noch stärkerem Kontrast zu der Art, wie die deutsche Kriegswirtschaft gelenkt wurde. Doch die praktischen Resultate waren in allen Ländern sehr ähnlich. Beispielsweise verzehnfachte sich in Großbritannien während des ersten Kriegsjahres die Granatenproduktion, wodurch die kritische Lage gemildert wurde, die überhaupt zur Einrichtung des Rüstungsministeriums geführt hatte. Im Juli 1916 stand dann die Freiwilligenarmee für den Fronteinsatz bereit, und die Wucht ihrer Artillerie in der Somme-Schlacht hatte eine betäubende Wirkung auf die Deutschen, die ihren Versuch, Verdun zu nehmen, hatten abbrechen müssen, um den neuen Angriff zu parieren. Doch dies war der einzige Erfolg, den die Alliierten in der Somme-Schlacht errangen. Gewaltige Menschenverluste,[44] ähnlich denen, die die Franzosen in den ersten Kriegswochen erlitten hatten, nahmen für die englische Öffentlichkeit dem Krieg seinen Glanz, und in dem Maße, wie der Stellungskrieg sich dahinzog, schwand auch die Bereitschaft der Londoner Regierung, Reserven nach Frankreich zu schikken, was doch nur zu einem weiteren sinnlosen Aderlaß führen würde.

Die Vereinigten Staaten profitierten gewaltig von dem Nachfrageschub, den der Krieg auslöste. Exportmärkte, die früher von deutschen und englischen Firmen beliefert worden waren, boten sich verlockend an, besonders in Lateinamerika. Die Folge war ein Boom von ungewöhnlichen Ausmaßen. Zwar schrumpften schon kurz nach Kriegsbeginn die Exporte nach Deutschland bis zur Bedeutungslosigkeit, denn die Vereinigten Staaten bestanden nicht darauf, sich über die englische Blockade hinwegzusetzen, obwohl bei Kriegsbeginn eine Fernblockade im Völkerrecht nicht verankert war. Solange die Käufe der Alliierten hinreichten, die Farmen, Fabriken und Bergwerke Amerikas voll auszulasten, bestand wenig Anreiz für einen Versuch, die von Großbritannien verhängten Handelsbeschränkungen zu umgehen.

So gewannen im Laufe der Zeit die Lieferungen aus den Vereinigten Staaten immer mehr Bedeutung für die Kriegsanstrengungen der Alliierten. Die Briten konnten zunächst ihre Käufe auf die übliche Weise bezahlen, wenn dies auch die Auflösung von Kapitalanlagen in den Vereinigten Staaten mit sich brachte. Als dann die Barmittel versiegten, stützten amerikanische Banken durch Kredite, die sie den Alliierten gewährten, die Hochkonjunktur. Infolgedessen hatten New Yorker Bankiers, wie später amerikanische Populisten hervorhoben, im Jahr 1917 ein enormes finanzielles Interesse an einem Sieg der Alliierten und verknüpften die wirtschaftlichen Ressourcen Amerikas immer stärker mit den Kriegsanstrengungen Großbritanniens und Frankreichs.

Auch die Märkte außerhalb der Vereinigten Staaten standen Großbritannien und Frankreich offen. Ja, ihre seit langem bestehende imperiale Präsenz in Afrika, Asien und Ozeanien verschaffte den beiden Alliierten die Möglichkeit, sich unvergleichlich stärker als die Mittelmächte die Ressourcen der Erde nutzbar zu machen. Dies bedeutete, daß Engpässe in der heimischen Produktion nicht durch Planung und lenkende Maßnahmen ausgeglichen werden mußten, denn sie ließen sich in beinahe jedem Fall durch Käufe im Ausland beheben. Lieferverzögerungen waren zwar störend, aber zu ertragen, bis ab 1917 deutsche Unterseeboote die Lebenslinie der Alliierten bedrohten. Bis dahin jedoch verband sich eine gelenkte Wirtschaft im Land selbst sehr gut mit einer altmodischen Marktmobilisierung im Ausland, finanziert durch amerikanische Kredite.

Auch Deutschland ergänzte seine heimischen Ressourcen, durch Käufe in nahegelegenen oder angrenzenden Ländern wie Schweden, den Niederlanden und der Schweiz. Zudem wurden das besetzte Belgien und Nordfrankreich sowie die okkupierten polnischen Provinzen Rußlands gezwungen, kriegswichtige Güter zu liefern – Nahrungsmittel, Kohle und dergleichen. Doch die Bevölkerung in den besetzten Gebieten kooperierte nur widerwillig mit den deutschen Militärbehörden, und ausländische Lieferungen nach Deutschland wurden durch die britische Seeblockade scharf begrenzt.[45] Daher war Deutschland weitgehend auf seine eigenen Ressourcen angewiesen, ergänzt durch sehr begrenzte Zufuhren aus Österreich-Ungarn, Bulgarien, der Türkei und besetzten Gebieten. Und selbst innerhalb dieser Zone beschränkten die vergleichsweise hohen Transportkosten die Zufuhr von Versorgungsgütern von jenseits der deutschen Grenzen. Eine parallele Wirkung hatte der administrative Schlendrian in Gebieten mit noch überwiegend bäuerlicher Bevölkerung. Im Verlauf der Kriegsjahre wurde der Argwohn gegenüber der sich herausbildenden deutschen Hegemonie stärker, so daß sich Österreich-Ungarn, Bulgarien und die Türkei allem, was die Deutschen vorschlugen oder unternahmen, nur noch mit gedämpfter Zustimmung anschlossen. Die Belastung der administrativen Kapazität im Deutschen Reich wirkte schließlich lähmend. Noch niemand hatte klare Überlegungen angestellt, wie eine ganze Volkswirtschaft ohne umfangreiche Zufuhren von außen funktionsfähig bleiben könne. Wichtiges Zahlenmaterial, zum Beispiel zuverlässige Schätzungen der künftigen Nahrungsmittelproduktion und -konsumation, stand entweder nicht zur Verfügung oder wurde von den Militärs ignoriert, die in allen strittigen Fragen das letzte Wort hatten.

Auch Rußland hatte mit organisatorischen Problemen zu kämpfen, als die Belastungen des Krieges spürbar wurden. Es war schwierig, die gewaltige Zahl der Soldaten, die zur Armee des Zaren eingezogen worden waren, zu verpflegen und mit Nachschub zu versorgen. Doch die Russen gaben ihren militärischen Anstrengungen absoluten Vorrang und vollbrachten dadurch wahre Wunder in der Produktion, vergleichbar denen, welche zur gleichen Zeit die Deutschen, Franzosen und Briten zustande brachten. Rußland übertraf sogar die Produktionsleistung der habsburgischen Länder, wo Friktionen zwischen den Nationalitäten und Schlamperei in der Verwaltung jedes Abgehen vom Altgewohnten behinderten.[46]

Wie die Franzosen und die Deutschen betrauten auch die Russen Komitees aus Männern der Wirtschaft mit der Zuteilung von Aufträgen über Rüstungsgüter. Es gelang ihnen, die monatliche Granatenproduktion von rund 450000 zu Beginn des Jahres 1915 auf 4,5 Millionen im September 1916 zu steigern, und die Herstellung anderer Rüstungsgüter wuchs mehr oder minder im gleichen Verhältnis.[47] Noch rascher als die Produktion stiegen jedoch die Gewinne, und 1916 begann sich an einer galoppierenden Inflation die Überlastung der russischen Wirtschaft durch den Krieg zu zeigen. Zwischen Januar und Dezember 1916 stiegen die Preise beinahe um 300 Prozent, während die Löhne weit dahinter zurückblieben. Am katastrophalsten aber war, daß es für die bäuerlichen Nahrungsmittelproduzenten immer weniger Anreiz gab, ihre Ernteerträge auf den Markt zu bringen, da Konsumgüter so knapp wurden, daß sie praktisch nicht mehr zu erhalten waren.

Unter diesen Umständen setzten sich die alten dörflichen Gewohnheiten der reinen Unterhaltswirtschaft rasch wieder durch. 1917 wurden nur fünfzehn Prozent der ohnedies schlechten Ernte auf den Markt gebracht, während es 1913 dreiundzwanzig Prozent gewesen waren. Die Armee belegte den größten Teil des noch verfügbaren Getreides mit Beschlag, so daß die Städte von einem katastrophalen Mangel an Nahrungsmitteln heimgesucht wurden. Dies hatte zur Folge, daß 1917 die Industrieproduktion sank und bald darauf auch die Moral der Armee nachließ.[48]

Natürlich spielten an der Front Materialverknappungen ihre Rolle, doch die Verschwendung von Munition und die schlechte Kooperation zwischen der russischen Artillerie und Infanterie trugen mehr, als damals zugegeben wurde, zu dem Desaster bei, das die russische Armee ereilte.[49]

Gegen österreichische Truppen konnten die Russen zwar noch Siege erringen, wie die Offensive in Galizien 1916 zeigte. Doch die lange Serie deutscher Erfolge im Osten 1914 und 1915 hatte demonstriert, daß eine rein zahlenmäßige Überlegenheit gegen die bessere deutsche Technik nicht ankam. Als die Deutschen aber 1916 ihre Aufmerksamkeit auf die Westfront konzentrierten, Verdun angriffen und dann die Offensive der Alliierten an der Somme parierten, gewannen die Russen die Fähigkeit zurück, zur Offensive überzugehen. Es lag auf der Hand, daß die Deutschen es irgendwie schaffen mußten, gleichzeitig an beiden Fronten einen massiven Schlag zu führen, wenn solche Rückschläge vermieden werden sollten. Genau diese Absicht verfolgte Hindenburg, der im August 1916 zum Chef des Generalstabs des Feldheeres ernannt wurde.

## Kriegswirtschaftliche Metamorphose im Ersten Weltkrieg. Zweite Phase: 1916–1918

Ehe wir uns mit der neuen Phase des Konflikts beschäftigen, die mit der Verstärkung der Kriegsmobilisierung in Deutschland eingeleitet wurde, empfiehlt es sich, innezuhalten und einige Allgemeinaspekte der Kriegsanstrengungen zu betrachten. Durch sie hatte sich ein tiefgreifender Wandel älterer gesellschaftlicher Muster in Europa bereits angebahnt, bevor die sich steigernden Paroxysmen der beiden letzten Kriegsjahre sich voll auswirken konnten.

Im Industriebereich war die bedeutsamste allgemeine Veränderung die Einführung von Methoden der Massenproduktion von Artilleriegeschossen wie auch beinahe jeder Art von Ausrüstung für die Infanterie. Größeres Kriegsgerät ließ sich auf diese Weise zwar nicht leicht produzieren, doch bis Kriegsende war auch die Fließbandproduktion von Kraftfahrzeugen und Flugzeugmotoren zur Regel geworden, besonders in Frankreich und in den Vereinigten Staaten, wo der Widerstand der Arbeiterschaft gegen solche radikalen Neuerungen viel geringer war als in Deutschland oder Großbritannien.[50] Wie wir in Kapitel 7 gesehen haben, waren in den Vereinigten Staaten nach dem Krieg von 1812 Methoden der Massenproduktion für Handfeuerwaffen eingeführt und dann nach dem Krimkrieg in Europa übernommen worden. In der zweiten Hälfte des 19. Jahrhunderts hatten amerikanische Industrielle angesichts eines anhaltenden Facharbeitermangels ähnliche Techniken auf andere Produktionsgüter übertragen, vor allem auf die Fertigung von Näh- und Schreibmaschinen. In Europa hingegen war wenig geschehen, bis der plötzliche Ausbruch des Ersten Weltkrieges gewaltige Mengen identischer Produkte für den militärischen Bedarf erforderlich machte. Von da an verschafften sich Schablonen und Matritzen, automatisierte Maschinen und Montagebänder rasch Geltung.

Dank solcher Methoden wurde eine radikale Verbilligung von Produktionsgütern für den Massenkonsum technisch möglich. Wie schon so oft machte der militärische Bedarf den Weg für neue Techniken frei, und dies auf breiter Front, von Granatzündern und Telephonapparaten bis zu Granatwerfern und Armbanduhren. Die Industrie- und Sozialgeschichte der Welt in dieser Zeit war weitgehend geprägt von Methoden der Massenfertigung, deren Anwendungsbereich sich in der Krisensituation des Ersten Weltkrieges so bemerkenswert ausdehnte. Man braucht nur die Geräte in einem modernen Haushalt zu betrachten und erkennt sogleich, wie viel wir Menschen im späten 20. Jahrhundert dem industriellen Wandel verdanken, der unter panikähnlichen Umständen eingeleitet wurde, als immer mehr Granaten, Pulver und Maschinengewehre für einen Staat plötzlich zur Voraussetzung für seinen Fortbestand wurden.

Beinahe ebenso bedeutsam wurde eine gezielte Planung notwendiger Erfindungen auf dem Gebiet der Waffen- und Gerätekonstruktion. Wie wir im vorigen Kapitel gesehen haben, wurde vor 1914 die Erfindungsplanung zumeist von den führenden Flotten der Welt gefördert und finanziert, dank der hohen öffentlichen Ausgaben für Kriegsschiffe und wegen der Komplexität, die ihre Bewaffnung erreicht hatte. Der Erste Weltkrieg erweiterte dann die Erfindungsplanung auf die Landstreitkräfte und das von ihnen verwendete neue und alte Kriegsgerät. Die Deutschen taten mehr, um die Leistung traditioneller Waffen zu verbessern, als ihre Kriegsgegner, nicht zuletzt unter dem Zwang, knappe Rohstoffe zu konservieren, der eine sorgfältige Überprüfung jedes einzelnen Aspekts der Konstruktion und Produktion von Ausrüstungsgegenständen für Artillerie und Infanterie diktierte. Neuere Kampfmittel wie Unterseeboote und Flugzeuge entwickelten sich gleichfalls sehr rasch, auf alliierter wie auf deutscher Seite. Die Erfahrungen im Einsatz regten erwünschte Leistungsmerkmale für alle diese Waffen an, die dann verwirklicht wurden, soweit die Ingenieure und Konstrukteure den Forderungen der Nutzer entsprechen konnten. Die Erfindungsplanung wurde auf diese Weise ausgedehnt und auf Kriegsgerät jeglicher Art angewandt.

Die Entwicklung der Tanks liefert das bemerkenswerteste Beispiel, was sich dabei erreichen ließ. In der Frühphase des Krieges kam mehreren Personen der Gedanke, daß gepanzerte Fahrzeuge mit Ketten möglicherweise die feindlichen Gräben ungefährdet überwinden könnten. Mit der entsprechenden Bewaffnung wären sie imstande, gegnerische Maschinen-

gewehre auszuschalten und beim Durchbruch von Stellungen den Weg
zu bahnen. In Großbritannien wie in Frankreich handelten die zuständigen Institutionen nach dieser Idee. Auf britischer Seite wurde die Kontinuität der Erfahrung mit der Erfindungsplanung im maritimen Bereich
dadurch gewahrt, daß das Bureau of Naval Design die Zuständigkeit für
die frühe Entwicklungsphase der ‚Landkreuzer‘ erhielt, wie in England
die Tanks zunächst genannt wurden.

Als englische Tanks in den letzten Wochen der Offensive an der Somme (August 1916) zum erstenmal in die Kämpfe eingriffen, machten mechanische Ausfälle und die unvollkommene Koordinierung mit Infanterie
und Artillerie die neuen Kampfmittel ineffektiv. Bald danach erlebten die
Franzosen ähnliche Enttäuschungen. Doch einige technisch interessierte
Offiziere ließen nicht locker, und 1917 brachten verbesserte Konstruktionen (und eine verbesserte Ausbildung) reale, wenn auch begrenzte
Erfolge. Als im Juni 1918 die letzten Gegenoffensiven der Alliierten
anliefen, unterstützte längs der gesamten Frontlinie eine neue Generation
von Tanks die Infanterie. Ja, das britische Oberkommando ging sogar so
weit, einen Plan für 1919 vorläufig zu billigen, der die Taktik des Blitz-
krieges eingeführt hätte, zwanzig Jahre, bevor die Deutschen im Polen-
feldzug 1939 tatsächlich Panzerkolonnen einsetzten, um tief ins feindliche Hinterland vorzustoßen und Befehls- und Nachschubsysteme lahm-
zulegen.[51]

Das Bemerkenswerte am ‚Plan 1919‘ lag darin, daß seine Ausführbarkeit von einer Waffe abhing, die es noch gar nicht gab. Für den Vorstoß
in den Rücken eines angenommenen Feindes wären neue Tanks mit höherer Geschwindigkeit und verbesserter Manövrierfähigkeit sowie einem
größeren Einsatzradius erforderlich gewesen. Der ‚Plan 1919‘ begnügte
sich somit nicht mit den Eigenschaften schon vorhandener Waffen – wie
die militärischen Planer es bis dahin getan hatten –, sondern unternahm
es, die Zukunft der Technologie durch eine gezielte Weiterentwicklung
der bestehenden zu gestalten. Ein Test auf dem Schlachtfeld war natürlich
nicht möglich, und zu umfassenden Operationen auf der Basis verbesserter gepanzerter Kampfwagen kam es erst nach 1939. Doch schon 1918
war klar, daß die weisungsgesteuerte Technik den Krieg zu Lande ebenso
umfassend zu verändern begonnen hatte, wie das in den vorhergehenden
Jahrzehnten bei der Seekriegführung geschehen war.

Vor 1914 hatten sich die großen Armeen der Welt einhellig einem
raschen technischen Wandel widersetzt, der Störungen der Routine mit
sich brachte. Solange alle Bewegungen im Feld, ausgehend von den Ausladebahnhöfen, auf den Materialtransport mit Pferdefuhrwerken oder
durch Menschen angewiesen waren, begrenzte das körperliche Leistungsvermögen von Mensch und Tier in starkem Maße Umfang und
Vielfalt all dessen, was die Armeen einsetzen konnten. Doch der Ver-

brennungsmotor hob im Laufe des Ersten Weltkriegs dieses Limit an, beginnend mit den Taxis, die 1914 französische Soldaten aus Paris zur ersten Schlacht an der Marne beförderten. Zwei Jahre später ermöglichten es Lastwagen, die die *voie sacrée* zwischen Bar-le-Duc und Verdun benützten, den Franzosen, sich bei Verdun zu behaupten, selbst nachdem die Eisenbahnverbindungen unterbrochen worden waren. Und 1918 wurden dann Feindaufklärung und -verfolgung, traditionsgemäß der Kavallerie zugewiesene Aufgaben, von Flugzeugen und Tanks übernommen.

Damit wurden frühere Grenzen der Industrialisierung des Krieges beseitigt. Dennoch blieb die militärische Nutzung der Möglichkeiten, die in der Erfindungsplanung lagen, im Grunde der Zukunft vorbehalten. Der Erste Weltkrieg öffnete nur eine Tür, durch die die Armeen vielleicht in ein technisches Wunderland marschieren würden, vergleichbar dem, in das die Kriegsflotten zum Teil schon gelangt waren. Doch gerade in dem Augenblick, als einer Handvoll Enthusiasten und Visionären der Panzerkriegführung aufzugehen begann, welche Möglichkeiten sich noch bieten mochten, stoppte der Waffenstillstand von 1918 für rund fünfzehn Jahre die Entwicklung.

Zum technischen Wandel kamen nicht weniger bewußt gesteuerte Veränderungen in der Gesellschaft und im menschlichen Alltagsleben. Millionen Männer wurden einberufen und genötigt, sich radikal neuen Existenzbedingungen zu unterwerfen. Weitere Millionen zogen in Fabriken, Ämter und Dienststellen oder übernahmen irgendeine andere ungewohnte Kriegsarbeit. Für jedes kriegführende Land wurde die effiziente Verteilung des Arbeitskräftepotenials zu einem wichtigen Faktor, und auch das Wohl der Arbeiter wie der Männer im Feld begann nun zu zählen, weil von einer unterernährten oder unzufriedenen Arbeiterschaft keine maximalen Produktionsleistungen erwartet werden konnten. Wegen der Verknappung der Nahrungsmittel wurden Betriebskantinen für die Beschäftigten einer Firma wichtig. Horte für die Betreuung von Kleinkindern machten es möglich, auch junge Mütter für die Kriegsarbeit einzusetzen. Zuweilen wurden für die Rüstungsarbeiter und -innen eigene Unterkünfte gebaut, oder sie erhielten solche zugewiesen. Bestimmten Fabriken angegliederte Sportvereine boten soziale Leistungen anderer Art und trugen dazu bei, die Arbeitsmoral zu stärken.[52]

Soziale Maßnahmen von Werksleitungen gingen Hand in Hand mit einer Verstärkung der gewerkschaftlichen Arbeit. In Großbritannien und Deutschland, wo die Gewerkschaften vor 1914 festen Fuß gefaßt hatten, erschien es Beamten nützlich oder notwendig, sich bei der Organisation oder Reorganisation des Produktionsfaktors Arbeit auf die Kooperation mit Gewerkschaftsführern zu stützen. Kam es zu Konflikten zwischen Gewerkschaften und Arbeitgebern, begünstigten die Vertreter des Staates häufig die Arbeitnehmerorganisationen, selbst wenn, wie in Deutschland, eine traditionelle gegenseitige Antipathie die Obrigkeit von den Vertretern und Sprechern der Arbeiterschaft trennte.[53] Das Bündnis zwischen Staatsbeamten, Gewerkschaftsfunktionären und Wirtschaftsbürokraten mit dem Ziel, ihre kollektive Autorität und wirkungsvolle Weisungsbefugnis gegenüber den gewöhnlichen Sterblichen auszuweiten, trat in Frankreich, den Vereinigten Staaten und Rußland weniger hervor, weil dort die Gewerkschaften schwach waren oder, da sie spät erschienen, revolutionäre oder quasirevolutionäre Ideologien unterstützten.[54] Dementsprechend hatten Männer der Wirtschaft – ob sie gegen ein symbolisches Gehalt von einem Dollar in den Dienst des Staates traten oder als Privatleute staatliche Aufträge zu ergattern versuchten – bei der Lenkung der Kriegswirtschaft in Frankreich, den Vereinigten Staaten und Rußland (bis 1917) freieres Spiel.

Auch der Gesundheitsbereich geriet unter öffentliche Regie. Was die Armeen betraf, machten Impfungen und andere Vorbeugemaßnahmen gegen Infektionen, durch die in allen früheren Kriegen ungleich mehr Soldaten umgekommen waren als durch Feindeinwirkung, den langen Stellungskrieg in den Schützengräben möglich. In Osteuropa brach das öffentliche Gesundheitswesen nach 1915 zusammen, so daß Typhus und andere Krankheiten unter Soldaten wie Zivilisten empfindliche Opfer forderten. Doch bis 1918, als eine verheerende Grippe-Epidemie um den Erdball fegte, der viel mehr Menschen erlagen, als durch die Kämpfe im Ersten Weltkrieg umgekommen waren, konnten die Militärärzte und Gesundheitsbeamten an der Westfront tödliche Infektionen in Schach halten, trotz der schlimmen Zustände in den Gräben.[55] Hingegen geschah wenig, um die medizinische Vorsorge auch auf Zivilisten auszudehnen. Dies hatte bis zum Zweiten Weltkrieg zu warten.

Die Rationierung von Lebensmitteln und anderen Konsumgütern hatte bis 1916 die gewohnten Ungleichheiten des Verbrauchs in der zivilen Gesellschaft zu verändern begonnen, und in den Folgejahren nahm sie, immer strenger durchgeführt, den in Geld ausgedrückten Einkommen viel von der Bedeutung, die sie in Friedenszeiten besessen hatten. In allen Ländern bewirkten Besteuerung und Inflation in unterschiedlichen Graden das gleiche. Grund- und Immobilienbesitz verloren an Bedeutung; verliehener Status, abgeleitet vom Platz eines Menschen innerhalb einer Befehlshierarchie – ob militärischer oder ziviler Art – drängte ererbten Rang eher in den Schatten, wenn auch häufig beides zusammenfiel. Obwohl manches aus früheren Zeiten fortwirkte, ging von den Kasernen und Beschaffungsämtern der Waffengattungen der europäischen Armeen doch ein Geist aus, den man eigentlich – hätte nicht Hitler dieses Wort diskreditiert – als nationalsozialistisch bezeichnen müßte, und formte mit Hilfe einer Koalition administrativer Eliten, rekrutiert aus den privaten

Konzernen, den Gewerkschaftsspitzen, dem Akademikertum und hohen Regierungsstellen, in verblüffend kurzer Zeit die europäische Gesellschaft um.

Das Geheimnis der Kriegsmobilisierung lag zum Teil darin, daß, als sie in Gang gesetzt wurde, jedermann glaubte, sie werde nur ein paar Monate dauern. Vertraute Lebensgewohnheiten und materielle Annehmlichkeiten zu opfern, fiel leichter, wenn alle Betroffenen eine Rückkehr zum Normalen, sobald der Krieg gewonnen war, als selbstverständlich betrachteten. Dies entwaffnete immer wieder die Konservativen. Außerdem ließen die Leiden der Soldaten an der Front alles, was den Zivilisten in der Heimat abgefordert wurde, im Vergleich dazu als belanglos erscheinen. Sie brachten all jene in Mißkredit, die an Rechten und Privilegien festhalten wollten, von denen nach Ansicht der neuen Lenker der Gesellschaft die Kriegsanstrengungen behindert wurden.

Doch eigentlich hatte das Ganze etwas Ironisches und Zweideutiges. Die Hinnahme des Abstandes zwischen oben und unten, zwischen Hirte und Schaf, Stabsoffizier und Kanonenfutter hing von der Kraft der gemeinsamen Überzeugung ab, daß der Krieg durchgekämpft werden müsse, koste es, was es wolle. Der von dieser Überzeugung getragene Gehorsam wurde paradoxerweise zu einem Ausdruck der Freiheit. Doch wenn diese Überzeugung ins Wanken geriet oder gar vollständig verschwand, verwandelten sich die neuen herrschenden Eliten, die der Krieg ans Ruder gebracht hatte, jäh in blutrünstige, tyrannische Usurpatoren, die aus übler Selbstsucht alle in Ketten hielten. Mit anderen Worten, Freiheit und Gerechtigkeit wechselten die Seite, wenn die Menschen nicht mehr glaubten, daß ein Sieg um jeden Preis an sich gut sei. Immer wenn und überall wo dieser Einstellungswandel um sich griff, drohte die außergewöhnliche Ausdehnung der staatlichen Macht, die für eine effiziente Mobilisierung der Heimatfront notwendig war, noch rascher zusammenzubrechen, als sie zustande gekommen war. Wie allerdings die Alternative aussah – Bürgerkrieg, Anarchie, Niederlage und nationale Demütigung oder aber die Morgenröte einer neuen und gerechteren Gesellschaft –, blieb eine Sache von Glaube und Furcht, nicht aber von kluger Planung.

Diese Dimensionen der Kriegsanstrengungen traten im Laufe des Jahres 1917 schmerzlich ans Licht. Der Sturz der zaristischen Autokratie im März dieses Jahres schien Rußland in das parlamentarisch-demokratische Lager zu führen. Doch es glückte der neuen Regierung nicht, ihre Legitimität zu festigen, und es mißlang ihr ganz und gar, die Hungersnot zu meistern, die die russischen Städte heimsuchte. Dies schmälerte Rußlands Fähigkeit, den Krieg weiterzuführen, und im November ergriff Lenin mit der behaupteten Absicht die Macht, dem Volk Frieden, den kleinen Bauern Grund und den Arbeitern in den Städten Rußlands Brot zu geben.

Der Krieg bekam damit einen neuen ideologischen Aspekt. Lenins

Kampfansage an die Legitimität sämtlicher Regierungen Europas und der Welt war von unmißverständlicher Klarheit. Die marxistisch-leninistische Erklärung, daß der Monopolkapitalismus zum Krieg geführt habe und daß der einzige Weg aus dem so entstandenen Desaster die Umwandlung des Kampfes zwischen den Staaten in einen Klassenkampf sei, war nicht leichthin von der Hand zu weisen. Sozialistische Partei- und Gewerkschaftsführer mußten sich klar werden, ob Lenin recht hatte, wenn er sie zur revolutionären Tat aufrief; und allenthalben waren die herrschenden Eliten von der Möglichkeit innerer Unruhen verstört, die Lenins Worte beschworen.

Deutschland reagierte auf diese Herausforderung mit noch härteren Kriegsanstrengungen. Von Hindenburg und Ludendorff, die im August 1916 die Oberste Herresleitung übernommen hatten, war bereits eine allumfassende Mobilisierung eingeleitet worden. Sie machten einfach mit der früheren Praxis des Kriegsministeriums Schluß, die gesamte militärische Planung auf Berechnungen abzustimmen, welche Pulvermenge jeden Monat bereitgestellt werden konnte. Statt dessen rückten die neuen Planer die militärischen Ziele an die erste Stelle. Nachdem sie den Bedarf an Kriegsmaterial für die geplanten Operationen des kommenden Jahres festgelegt hatten, erteilten sie Aufträge über die benötigte Produktion und gaben dabei dem zivilen Sektor ‚unmögliche‘ Ziele vor, die notfalls durch eine drastische Beschneidung aller anderen Formen der Wirtschaftstätigkeit erreicht werden sollten. Damit wurde das Deutsche Reich im Prinzip und in beträchtlichem Maß auch in der Praxis zu einem Garnisonsstaat, in dem alles andere den Bedürfnissen des Heeres untergeordnet war, wie sie die strategische Planung der Obersten Heeresleitung für das kommende Jahr festlegte.

Das ‚Hindenburgprogramm‘ von 1916 war ursprünglich eine Nachahmung der Kampagne aus dem Vorjahr, mit der Lloyd George eine Steigerung der Rüstungsproduktion in Großbritannien bewirken wollte. Die Planziele wurden vielfach willkürlich und ohne Rücksicht darauf festgesetzt, ob sie sich auch erreichen ließen. Zum Teil handelte es sich um reine Propaganda, was schon für das britische Programm gegolten hatte. Doch in Deutschland waren die Folgen von Übertreibungen und allzu ehrgeizigen Produktionszielen um einiges ernster als in Großbritannien. Es kam rasch zu Überbeanspruchungen. Kohle, Stahl und Transportmittel, alles begann knapp zu werden. Am kritischsten wurde alsbald die Versorgung mit Nahrungsmitteln. Doch Deutschland konnte nicht viel tun, um amtliche Fehlentscheidungen durch Käufe im Ausland zu korrigieren. Großbritannien und Frankreich hingegen waren in der Lage, Mängel in ihrer Planung und Überbeanspruchung der heimischen Ressourcen dadurch auszugleichen, daß sie sich mit Hilfe des bewährten Mechanismus des Weltmarktes wichtige Bedarfsgüter aus Übersee beschafften. Die Royal Navy sorgte dafür, daß dieser Weg Deutschland versperrt blieb. So kam es, daß die Erfolge der Deutschen bei der Steigerung der Rüstungsproduktion nach 1916 – und sie waren sehr groß – durch zunehmend ernste Funktionsstörungen der Volkswirtschaft insgesamt entwertet wurden.

Als das ‚Hindenburgprogramm‘ verkündet wurde, war sich niemand darüber im klaren, daß die Verfügbarkeit von Arbeitskräften, Nahrungsmitteln, Treib- und Brennstoffen letzten Endes über das Ausmaß der Kriegsanstrengungen entschied. 1916 und 1917 glaubten die verantwortlichen Männer, daß, wie in den ersten beiden Kriegsjahren, einfach mittels strengerer Weisungen und höherer Forderungen immer mehr aus der Zivilwirtschaft herauszuholen sei. Meinungen und Ratschläge gegenteiliger Art erschienen ihnen defätistisch oder, wenn sie von Zivilisten kamen, landesverräterisch. Generalquartiermeister Erich Ludendorff, *spiritus rector* in der Obersten Heeresleitung, glaubte, der Sieg hänge allein davon ab, daß das deutsche Volk genügend Kampfeswillen und Opfersinn zeige. Alles was sonst zu erbringen war, würde davon bestimmt. Da dies nun einmal so sei, liege die einzige Gefahr darin, daß kniewiche Zivilisten – vor allem Politiker – auf dem Höhepunkt des Ringens das deutsche Heer verraten und ihm einen Dolchstoß in den Rücken versetzen könnten.

Eine solche Denkart war tief in der preußischen Vergangenheit verwurzelt. Vom Großen Kurfürsten bis zu Friedrich II. hatten Herrscher in Augenblicken der Krise Bedarfsgüter für das Heer requirieren lassen und private Interessen rigoros der kollektiven militärischen Kraftanstrengung untergeordnet. Ebendies hatte Preußen groß gemacht. Daß im 20. Jahrhundert die Versorgung einer Armee eine viel komplexere industrielle Ausrüstung erforderte, änderte nichts am Prinzip, das vor allem anderen Vorrang hatte. Und als ein Engpaß nach dem anderen entstand, versuchten die Generäle, über Gewerkschaftsspitzen und Großindustrie, die Umstellung der Wirtschaft auf ausschließlich militärische Bedürfnisse zu erreichen. Alle Beteiligten bekamen mehr oder weniger, was sie wünschten: die Armee mehr Kriegsmaterial, die Industriellen höhere Gewinne,[56] die Gewerkschaftsfunktionäre erlangten sogar mehr Einfluß.

Nicht eingeschlossen war der ländliche Sektor, wo alles knapp wurde: Pferde, menschliche Arbeitskraft und Kunstdünger. Zudem führten die schlechten Witterungsverhältnisse im Jahr 1916 zu geringeren Ernteerträgen. Die Versuche, Festpreise für Agrarprodukte vorzuschreiben, führten nicht zum gewünschten Erfolg, worauf sich der Schwarzmarkt ausbreitete und das Rationierungssystem untergrub.[57] So brachten die militärischen Lenker der deutschen Kriegswirtschaft durch die einseitige Konzentration auf die Rüstungsproduktion Ende 1918 das Reich an den Rand einer Hungerkatastrophe.[58]

In der Hoffnung auf einen entscheidenden Sieg durch eine letzte, höchste Kraftanspannung alles andere den unmittelbaren Bedürfnissen des Heeres unterzuordnen, war nicht unbedingt widervernünftig. Tatsächlich kam Deutschland 1918 einem Sieg sehr nahe, trotz des amerikanischen Eingreifens. Hätten die Deutschen gesiegt, wären Hindenburg, Ludendorff und ihre Helfer als Muster an Weisheit und als Helden erschienen. Tatsächlich bekamen sie mehr Kriegsmaterial. Die Pulverproduktion, die zunächst die Kampffähigkeit begrenzt hatte, erreichte im Oktober 1918 den Höchststand von 14315 Tonnen, und das deutsche Heer war in den letzten beiden Kriegsjahren zu keiner Zeit ernsthaft durch Materialmangel behindert.[59] Neue Waffen, zum Beispiel Panzerabwehrkanonen, verließen bedarfsgemäß die Fließbänder. Bis zum November 1918, als plötzlich menschliche Arbeitskraft, Lebensmittel, Brenn- und Treibstoffe auf einen Schlag kanpp wurden, wurden unvorhergesehene Engpässe, obwohl sie massenweise auftraten, immer wieder durch eiliges Umdisponieren der Ressourcen gemildert.

An den Fronten brachte die verstärkte Kraftanstrengung zum Teil die erhofften Resultate. Rußland wurde 1917 besiegt und im März 1918 führte eine neue Durchbruchstaktik in Frankreich zu bedeutenden Anfangserfolgen. Den Deutschen fehlten die notwendigen Transportmittel, um den Vormarsch fortzusetzen, doch ohne die moralische und materielle Unterstützung der amerikanischen Expeditionstruppen, Ende November 1918 an die zwei Millionen stark, hätten die ermatteten englischen und französischen Armeen wohl schwerlich die deutschen Frühjahrsoffensiven überstanden. So war bis in die letzten Monate ein deutscher Sieg beinahe, doch eben nur beinahe zum Greifen nahe. Der Erste Weltkrieg war, wie Wellington von der Schlacht bei Waterloo gesagt haben soll, ein „Rennen mit knappem Ausgang".

Der jähe Umschwung auf dem Schlachtfeld nach dem Juni 1918 ließ den Deutschen kaum Zeit, sich auf die Niederlage einzustellen. Dies galt vor allem innerhalb des Heeres, dessen Führer seit langem eine geradezu feindliche Haltung gegen Zivilisten einnahmen. In den letzten Kriegsjahren wuchs ihr Argwohn noch, als Streiks und die ‚Friedensresolution' des Reichstages von 1917 zeigten, daß zumindest eine Reihe von Zivilisten den Einsatz für den Krieg nicht so mittrugen, wie es nach Meinung der Heeresführung ihre Schuldigkeit war. Als schließlich im November 1918 der Zusammenbruch eintrat, waren die Ereignisse nur zu sehr dazu angetan, diese Denkart zu stützen. Das Heer stand noch auf französischem Boden, und seine Führer konnten für die, die es glauben wollten, einleuchtend behaupten, es sei im Felde unbesiegt geblieben und habe den Krieg nur verloren, weil es von den Sozialdemokraten und anderen Revoluzzern in der Heimat verraten worden sei. Diese Legende machte die Nazi-Bewegung zu ihrer Basis, und ein tiefes Mißtrauen gegenüber der

Standhaftigkeit von Zivilisten, gestützt auf Hitlers persönliche Erinnerungen an das Jahr 1918, bestimmte die deutsche Innenpolitik während der frühen Phasen des Zweiten Weltkrieges.

Der vielfache Erfolg der deutschen Kriegsanstrengungen nach dem August 1916 schuf für die Alliierten kritische Probleme. Besonders der unbeschränkte U-Boot-Krieg, der im Februar 1917 einsetzte, hätte Großbritannien beinahe außer Gefecht gesetzt. Waffen zur Bekämpfung von Unterseebooten, insbesondere Wasserbomben, wurden erfunden oder verbessert, doch das bei weitem wichtigste Mittel, das die Alliierten zur Verminderung ihrer Schiffsverluste fanden, waren die Geleitzüge, bei denen Handelsschiffe durch Zerstörer und andere Kriegsschiffe abgeschirmt wurden. Aber trotz aller Bemühungen der alliierten Kriegsflotten ging der Bestand an Schiffen mehr als ein Jahr lang rascher zurück, als durch Neubauten ersetzt werden konnte. Dies wiederum hatte zur Folge, daß die Zufuhren aus Übersee zur Ergänzung der englischen, französischen und italienischen Ressourcen stetig abnahmen. Daher wurde ein sorgfältiges Haushalten notwendig, und mit der schrumpfenden Zahl der verfügbaren Schiffe mußte die Verwendung der Importe stärkeren Steuerungsmaßnahmen unterworfen werden.

In Frankreich führte dies dazu, daß das Handelsministerium unter seinem Chef Étienne Clémentel an Stelle des Rüstungsministeriums die Hauptrolle bei der Koordinierung der Kriegsproduktion übernahm. Clémentel hatte neuartige Ideen, wie die wirtschaftliche Zusammenarbeit zwischen Frankreich, Italien und Großbritannien noch während des Krieges so zu institutionalisieren wäre, daß ein industrielles Übergewicht Deutschlands im Frieden verhindert werden könnte. Damit weckte er aber schon bald Argwohn auf amerikanischer Seite, denn ein solcher Wirtschaftsblock hätte sich ja nicht nur gegen die deutsche, sondern auch gegen die amerikanische Industrie gerichtet. So mußten Clémentels Pläne für und Hoffnungen auf eine enge wirtschaftliche Kooperation Frankreichs mit Großbritannien und Italien beiseitegelegt werden, nachdem die Vereinigten Staaten in den Krieg eingetreten waren. Die Wilsonsche Rhetorik über nationale Selbstbestimmung verdrängte alle übernationalen Ideale von der Bühne.[60]

Das Gremium, das in erster Linie die französische und britische Wirtschaftsplanung im letzten Kriegsjahr koordinierte, war der im Dezember 1917 ins Leben gerufene Allied Maritime Council. Die einzelnen Staaten errechneten exakt wie viele Tonnen von jedem wichtigen Importgut notwendig waren und leiteten das Ergebnis dem Council zu. Dieser mußte dann Prioritäten setzen, sobald die verfügbare Tonnage den Bedarf nicht zu decken vermochte.[61] Der Umstand, daß nach dem April 1918 mehr Schiffe vom Stapel liefen, als die deutschen Unterseeboote versenken konnten, erleichterte die Verhandlungen im Council enorm. Dessenungeachtet war er mittels der Zuteilung beziehungsweise Nichtzuteilung beantragten Schiffsraums in der Lage, starken Einfluß auf die einzelnen Volkswirtschaften zu nehmen.

Die Einkäufe auf Überseemärkten, die bis dahin die Kriegswirtschaften der Alliierten gegen Verknappungen infolge mangelnder Vorausplanung abgefedert hatten, gerieten damit ebenfalls in den Bereich planender Lenkung. Etwas Ähnliches wäre vielleicht ohnehin notwendig geworden, denn als die Vereinigten Staaten aktiv in den Krieg eingriffen, wurden die Kapazitäten ihrer Industrie alsbald durch massive Aufträge der US-Streitkräfte überfordert. Dies machte politische Verhandlungen erforderlich, um Frankreich und Großbritannien den Zugang zu Produkten zu sichern, an denen in den Vereinigten Staaten ein kritischer Mangel herrschte. Angesichts dessen wären die Europäer vielleicht ohnedies genötigt gewesen, auf irgendeine Art Planung für ihre Einkäufe in Übersee zurückzugreifen. Doch der Mangel an Schiffsraum machte das Problem akut und unausweichlich, und die Zuteilung von Transportmöglichkeiten durch den Maritime Transport Council zwang die alliierten Regierungen auf eine wirkungsvolle Weise, den Bedarf an sämtlichen aus Übersee importierten Gütern und ihre Verwendung genau zu regulieren.

Was Frankreich betraf, bedeutete dies, daß die Industriellenkomitees, die in den ersten Kriegsjahren viel Spielraum bei der Mobilisierung der Ressourcen ihres Landes genossen hatten, sich Forderungen und Weisungen des Handelsministeriums zu fügen hatten, auch wenn die neuen Vorschriften, was zuweilen vorkam, nicht nach ihrem Geschmack oder nicht zu ihrem Vorteil waren. So bildete sich unter der Leitung des Rechtskonservativen Étienne Clémentel ein viel strenger etatistisches und technokratisches System heraus, als es der sozialistische Rüstungsminister Albert Thomas in den ersten Kriegsjahren hatte schaffen können oder auch nur schaffen wollen.

Auch die Engländer bedienten sich in zunehmendem Maß der Zwangssteuerung, zum Beispiel bei der Rationierung von Lebensmitteln und anderen Verbrauchsgütern. Doch in Großbritannien stand das Element der Freiwilligkeit stärker im Vordergrund als auf dem Kontinent. Der Faktor des Zwangs, der sich an der 1916 eingeführten Wehrpflicht zeigte, wurde, anders als in Deutschland, nicht auf die zivilen Arbeitskräfte ausgedehnt, obwohl viele Stimmen in Großbritannien dazu rieten. Ähnliches geschah, als die Verknappung des Schiffsraums die Nahrungsmittelversorgung gefährdete. Die Regierung reagierte darauf mit einer massiven Kampagne zur Steigerung der heimischen landwirtschaftlichen Produktion. Damit gelang es, die bestellte Bodenfläche um 7,5 Millionen Morgen Grasland zu erweitern. Lokale Komitees konnten darüber entscheiden, wessen Grund durch staatliche Traktoren umgepflügt werden solle, die in Maschinentraktor-Stationen zusammengefaßt waren, wie es sie später bei der Kollektivierungskampagne in den dreißiger Jahren in der Sowjetunion gab. 1918 steigerte diese Kombination von Zwang und Freiwilligkeit Großbritanniens Weizen- und Kartoffelernte um nicht weniger als vierzig Prozent über den Vorkriegsdurchschnitt und reduzierte die Nahrungsmitteleinfuhren um mehr als ein Drittel.[62]

Wenn man die Kriegsmobilisierung in Großbritannien und Frankreich mit der des Deutschen Reiches vergleicht, kommt man nur schwer um die Schlußfolgerung herum, daß die Alliierten etwas besser abschnitten als ihr Gegner. Großbritannien konnte durch seine Politik der Gewinnbegrenzung und dank der Effizienz seines Rationierungssystems[63] die Kriegslasten ausgewogener verteilen, als es auf dem Kontinent oder in den Vereinigten Staaten der Fall war. Dieser Unterschied war zum Teil auf politische Traditionen in Großbritannien zurückzuführen, die bis ins 18. Jahrhundert zurückreichten: Die Besitzenden und Reichen waren es gewohnt, in Kriegszeiten hohe Steuern zu zahlen. Ein anderer Faktor aber war die relative Leichtigkeit, eine Wirtschaft zu lenken, in der Aus- und Einfuhren eine so große Rolle spielten. Güter, die in einem Hafen umgeschlagen wurden, mußten den Behörden gemeldet werden. Möglicherweise war in einer stärker abgeschlossenen Ökonomie wie der des Deutschen Reiches das Kontrollnetz noch nicht so zuverlässig geknüpft – und Deutschland war im Ersten Weltkrieg wegen der britischen Seeblokkade praktisch zu einem Binnenstaat geworden. Diese Lage erschwerte vermutlich eine ausgewogene Verteilung knapper Güter. Die Mangelerscheinungen, die in Deutschland im Nahrungsmittel- und landwirtschaftlichen Sektor auftraten, gingen möglicherweise großenteils auf den Unterschied zwischen der deutschen Situation und der zurück, in der sich die Behörden in Großbritannien und Frankreich befanden.[64]

Der Krieg endete, ehe eine planmäßige Integration der Kriegswirtschaften der großen alliierten Mächte sehr weit gediehen war. Zwar wurden zwei Millionen amerikanische Soldaten nach Frankreich gebracht, die, um Zeit und Schiffsraum zu sparen, ihre Ausrüstung von den Franzosen erhielten. Andere Formen komplementären Zusammenwirkens, während der ersten Kriegsjahre Hals über Kopf improvisiert, blieben bis zum Kriegsende bestehen, doch eine eingreifende Steuerung verschärfte häufig Interessenkonflikte, die ein Markt mit frei schwankenden Preisen zumindest teilweise zugedeckt hätte. So zogen im April 1917, auf dem Höhepunkt der U-Boot-Krise, die Briten die Hälfte der Schiffe ab, die sie bis dahin für die Versorgung Frankreichs zur Verfügung gestellt hatten, und drohten damit, die übrigen im Juni zurückzuziehen, wenn die Franzosen ihre Importquote nicht verringerten. Die darauffolgende Reduzierung der Zufuhren schmälerte ein paar Monate lang die französische Industrieproduktion, sogar im Bereich der Rüstungsgüter.[65]

Auch die militärischen Befehlsstrukturen der Alliierten wurden nur unvollkommen und erst im letzten Augenblick integriert. Im März 1918, als bei einer deutschen Offensive die Grabenstellungen durchbrochen worden waren, wurde beschlossen, die alliierten Armeen in Frankreich Feldmarschall Ferdinand Foch zu unterstellen, doch die Entscheidung wurde nie voll wirksam. Fochs Titel als Oberbefehlshaber gab ihm nicht die Möglichkeit, englischen und amerikanischen Truppen Befehle zu erteilen, ohne vorher die Meinungen seiner alliierten Kollegen sorgfältig sondiert zu haben. Diplomatische Rücksichtnahme und militärische Konsultationen schwächten daher die Befehlskette, ohne allerdings die französischen, britischen, amerikanischen und belgischen Armeen daran zu hindern, während der letzten Wochen des Krieges ihre Gegenoffensive recht wirkungsvoll zu koordinieren.

Die Reaktionen der Alliierten auf die verschärfte Krise 1917/18 deuteten die Möglichkeiten einer übernationalen Lenkung von Menschen und Material nur an. In einem umfassenden Maß wurden sie erst im Zweiten Weltkrieg verwirklicht. Innerhalb der nationalen Grenzen jedoch gelangte die Mobilisierung, wie sie in Deutschland, Frankreich und Großbritannien bis zum Kriegsende erreicht wurde, hart an die absoluten Grenzen, welche die den Planern zur Verfügung stehenden menschlichen und materiellen Ressourcen zogen. Die Steuerungsprinzipien waren klar genug. Experten konnten errechnen, was die Streitkräfte für die Ausführung geplanter Operationen brauchten; und 1918 waren die administrativen Methoden so weit entwickelt, daß sie die Ressourcen einer ganzen Nation organisieren konnten, gleichsam wie eine Firma, deren Daseinszweck darin bestand, die Streitkräfte mit allem Benötigten zu versorgen.

Privatindustrielle, staatliche und militärische Bürokratien wirkten zusammen, um dies möglich zu machen; doch die Lenkungsgrundsätze – ein unbehinderter Durchfluß richtig zusammengestellter Zerstörungsfaktoren – waren die gleichen, wie sie Großunternehmen seit den 1880er Jahren zur Steuerung der Produktion und Distribution von Gütern für den Privatverbrauch entwickelt hatten. Man kann vielleicht argumentieren, in privaten Unternehmen spielten die in Geld gemessenen Kosten eine so große Rolle, daß die Planung der Materialströme finanziellen Überlegungen immer strikt untergeordnet ist, während im Krieg materielle Produktions- und Zerstörungsfaktoren für die meisten Personen, die mit der staatlichen Planung und Lenkung befaßt waren, mehr zählten als Geldkosten. Doch in allen kriegführenden Ländern gab es auch finanzielle Steuerungen, sowohl auf staatlicher Ebene, durch die Regierungen ausgeübt, wie auch innerhalb privater Firmen und Konzerne.

Das Wechselspiel zwischen Kosten- und Mengenkalkulationen in bezug auf menschliche Arbeitskraft, Nahrungsmittel, Brenn- und Treibstoffe, Transportmittel und Rohstoffe, ist immer kompliziert, ob im Frieden oder im Krieg. Im Ersten Weltkrieg trat nur dann eine Katastrophe ein, wenn eine der beiden Kalkulationsformen außer Kontrolle geriet. Die Inflation in Rußland und die daraus entstehende Zerrüttung der Wirtschaft im Jahr 1917 und der Mangel an Nahrungsmitteln und Menschen für den Kriegseinsatz 1918 in Deutschland führten beide Staaten in die Niederlage und zeigten in nur wenig divergierender Weise die Grenzen auf, an die hier wie dort die kriegswirtschaftliche Lenkung stieß. Die Kriegsanstrengungen durchzuhalten, machte es erforderlich, daß die materielle wie die finanzielle Planung sich in ihrem Zusammenwirken einigermaßen an die Fakten hielten. Die Lenker der Kriegswirtschaften in den großen kriegführenden Staaten taten dies mit einem Erfolg, wie ihn vorher niemand für möglich gehalten hätte. Angesichts der globalen Ausbreitung gelenkter Wirtschaften in der zweiten Hälfte des 20. Jahrhunderts dürfte darin künftig die große historische Bedeutung des Ersten Weltkriegs gesehen werden.

## Die Reaktion in der Zwischenkriegszeit und die Rückkehr zu gelenkten Wirtschaften während des Zweiten Weltkriegs

Den Zeitgenossen und Überlebenden des Krieges wäre eine Beurteilung wie die soeben getroffene als absurd erschienen. Sogleich nach dem Ende der Feindseligkeiten wurden die Kriegsbürokratien aufgelöst, die die Mobilisierung gesteuert hatten (dies galt sogar für die Sowjetunion), und die meisten gesetzlichen Einschränkungen beseitigt, die während des Krieges privaten Tätigkeiten auferlegt worden waren. Zwar herrschten bis etwa 1923 in Mittel- und Osteuropa Aufruhr und Revolutionsfurcht, und selbst in den Vereinigten Staaten wurde eine Rückkehr zur früheren Normalität – obwohl ein effektvolles politisches Schlagwort – nie ernsthaft versucht. Die neuen Möglichkeiten der Massenproduktion und der Urbanisierung, während des Krieges kurz hervorgetreten, waren viel zu verlockend, als daß man sie mit Friedensbeginn aufgegeben hätte.[66] Das private Streben nach Wohlleben, wie immer definiert, war Selbstverständlichkeit, und in den Vereinigten Staaten wurde während der zwanziger Jahre die Massenproduktion von Automobilen und anderen Gebrauchsgütern mit all ihren sozialen und technischen Implikationen so begeistert eingesetzt und organisiert wie nirgends sonst.

Und selbst in der Sowjetunion, die durch Revolution und Bürgerkrieg verarmt und ideologisch auf den Sozialismus festgelegt war, stützte sich die Neue Ökonomische Politik der Jahre 1921–28 bei der Lenkung der Landwirtschaft und des handwerklichen Produktionsbereichs ausdrücklich auf Marktanreize. Im übrigen Europa schwanden die Überreste des Krieges nur langsam, da Grenzveränderungen und Bodenreformen in

Osteuropa, die Beseitigung der Kriegsschäden in Frankreich, die katastrophale Inflation in Deutschland, Kriegsschulden und Reparationen die
Zerrüttung der Volkswirtschaften verlängerten. Neue amerikanische Anleihen, die Deutschland nach 1924 gewährt wurden, stützten eine kurze
Periode industrieller Blüte, doch 1929 leitete der Beginn der Weltwirtschaftskrise auch eine neue nationale Krise ein. Die Reaktionen fielen
unterschiedlich aus, aber in der Mitte der dreißiger Jahre wurde in Rußland, Deutschland und den Vereinigten Staaten die Rückkehr zu Mustern
einer politischen Steuerung der Wirtschaft unverkennbar, mit denen zum
erstenmal während des Ersten Weltkriegs experimentiert worden war.
Japan begann nach 1932 im Fernen Osten eine eigene Kriegswirtschaft
aufzubauen. Dann brach am Ende des Jahrzehnts der Zweite Weltkrieg
aus, der so lange dauerte, daß in allen stärker industrialisierten Ländern
der Erde gelenkte Wirtschaften zum Normalfall wurden.

Mit dem Vorteil der Rückschau auf ein nahezu abgeschlossenes Jahrhundert scheint uns die Ähnlichkeit zwischen der Mobilisierung in
Kriegszeiten und den Programmen, mit denen Regierungen auf die Weltwirtschaftskrise der dreißiger Jahre reagierten, auf der Hand zu liegen.
Doch damals erkannten dies nur wenige, oder vielleicht wollten nur wenige etwas Derartiges sehen. In der Sowjetunion beispielsweise wurde der
erste Fünfjahresplan, 1928–32, bombastisch als ein Monument des Sozialismus angekündigt, seine militärischen Ziele hingegen tarnte das Regime
systematisch.[67] Doch während des zweiten Fünfjahresplans, 1932–37,
ließ das Wachstum der Rüstungsproduktion die Ähnlichkeit zwischen
ökonomischer Planung sowjetischer Spielart und einer Mobilisierung für
Kriegszwecke deutlicher hervortreten. Schon die Sprache der russischen
Planung war von Anfang an unmißverständlich militärisch. ‚Helden der
sowjetischen Arbeit‘ kämpften um Siege in Produktionskampagnen an
der Agrar- wie an der Industriefront. Die Propaganda hüllte die ganze
Kraftanspannung in einen Nebel ideologischer Begeisterung, die Partei
und Bevölkerung, Herrscher und Beherrschte, Lenker und Gelenkte zu
einem geschlossenen kooperierenden Ganzen vereinen sollte. Die Kriegspropaganda hatte genau das gleiche Ergebnis mit ganz ähnlichen Mitteln
angestrebt.[68]

Trotz großer Verschwendung von Ressourcen und jahrelangen schweren Repressionen gegenüber der Bauernschaft wurde in der Sowjetunion
die Industrialisierung mit enormem Erfolg vorangetrieben, wie es die
russischen Leistungen im Zweiten Weltkrieg demonstrierten. Die Sowjets hatten die Vorteile einer rasch wachsenden Bevölkerung, reicher
Naturschätze und einer autokratischen Tradition für sich, die dafür sorgte, daß Befehle viel bereitwilliger befolgt wurden, als dies anderswo in
Europa der Fall gewesen wäre. Zugleich lieferten der Glaube an die sozialistische Zukunft und die paradiesischen Verheißungen des Marxismus

eine Rechtfertigung für die Auferlegung vorläufiger Entbehrungen. Die paradoxe Kombination eines quasi-militärischen Regierungssystems mit einer revolutionär-freiheitlichen Ideologie erwies sich als wahrhaft machtvoll.

Japan reagierte auf die weltweite Depression mit einer Wiederaufnahme seiner aggressiven Expansionspolitik auf dem asiatischen Festland. Im Marionettenstaat Mandschukuo, den die Japaner 1932 schufen, sorgten Staatsfirmen für eine sehr rasche industrielle Entwicklung. Kohleförderung und Eisenproduktion nahmen einen ähnlich rasanten Aufschwung wie zur gleichen Zeit in der Sowjetunion, wo neue Kohle- und Eisenerzvorkommen in Westsibirien erschlossen und abgebaut wurden.[69] In Japan selbst trugen die Rohstoffeinfuhren aus der Mandschurei dazu bei, daß zwischen 1930 und 1942 die Produktion der Schwerindustrie auf das Fünffache stieg, während der Ausstoß der Leichtindustrie beinahe auf gleicher Höhe blieb.[70] Zündender Funke und Motor dieser gesamten Entwicklung war die Rüstungsproduktion.

China war völlig außerstande, mit Japans militärischem und ökonomischem Machtanstieg Schritt zu halten. Weder die Vereinigten Staaten noch der Völkerbund vermochten mit ihren Vorstellungen die japanische Armee daran zu hindern, 1937 ihre Operationen nach Nordchina zu tragen und dann bis 1939 die gesamte Küstenlinie zu besetzen. Zusammenstöße mit sowjetischen Truppen längs der mandschurischen Grenze führten hingegen 1938 und dann wieder, in größerem Umfang, 1939 zu Niederlagen der Japaner. Die Erinnerung daran, wie hervorragend sich die Russen in diesen Schlachten hielten, hatte einen starken Einfluß auf die japanische Politik gegenüber der Sowjetunion während des Zweiten Weltkriegs.[71]

Die japanische Entwicklung in Richtung auf eine Kriegswirtschaft, zwischen 1930 und 1941, verdankte weniger den Erfahrungen aus dem Ersten Weltkrieg als dem größeren Reaktionsmuster, das seit 1853 die Haltung Japans gegenüber dem Westen bestimmte. Die Anspannung der Kräfte des Landes so zu steuern, daß es zur Militärmacht wurde, hatte den gesamten japanischen Modernisierungsprozeß bestimmt. Der Erste Weltkrieg war eine Phase dieser Anstrengungen gewesen, in der Japan auf Kosten Deutschlands und Chinas leichte Erfolge errang, die jedoch nach dem Krieg wieder gefährdet wurden, als der Widerstand der Chinesen im Verein mit diplomatischem Druck der Vereinigten Staaten und Europas die Japaner veranlaßten, einige ihrer im Krieg errungenen Gewinne auf dem asiatischen Festland preiszugeben. Mit der Unterzeichnung des Washingtoner Flottenabkommens von 1922 verzichteten sie auch auf ein umfangreiches maritimes Wettrüsten.[72]

Japans territoriale Aggressionen nach 1931 bekräftigten nur eine Politik, die tief in der Vergangenheit des Landes verwurzelt war.[73] Bäuerlicher Landhunger übertrug sich leicht in eine staatliche Expansions- und Eroberungspolitik, getragen besonders von rangniederen Armeeoffizieren, die vielfach selbst bäuerlicher Abstammung waren. Auch das Mißtrauen gegenüber geldgierigen Kapitalisten und Männern des Kommerzes hatte bäuerliche Wurzeln und zeigte sich verbreitet bei den Offizieren der Kwangtung-Armee, die Japans Unternehmungen in der Mandschurei und in China leiteten.[74] Allgemeiner gesprochen, hatte die Kommandowirtschaft japanischer Spielart wie die sowjetischen Stils den Vorteil für sich, daß sie auf Verhaltensmuster des bäuerlichen Lebens zurückging, die sich mit marktgesteuerten Methoden der Mobilisierung von Ressourcen oder der Zuteilung individueller Belohnungen für wirtschaftliche Aktivitäten nie ganz abgefunden hatten. Modernes technisches Können, noch lebenskräftige Relikte einer ‚feudalen‘ Vergangenheit überlagernd, verschaffte beiden Ländern im Zweiten Weltkrieg einen besonderen Vorteil. Ihre Widerstandsfähigkeit und ihr blinder Gehorsam gegenüber einer Befehlshierarchie machten, im Verein mit gut konstruierten Waffen und einem mehr oder minder zureichenden Nachschubsystem, die Japaner und Russen zu sehr tüchtigen Soldaten und ermöglichten es den Regierungen in Moskau und Tokio, die militärische Leistungsfähigkeit, die beide Länder im Ersten Weltkrieg erlangt hatten, erheblich zu übertreffen.

Während der Weltwirtschaftskrise der dreißiger Jahre waren in Deutschland, Westeuropa und Amerika Vorbilder der ökonomischen Mobilisierung viel stärker erkennbar als im Fall Japans. Das Naziregime in Deutschland griff bewußt auf die Propagandamethoden aus dem Ersten Weltkrieg zurück, um die Bevölkerung gegen innere und äußere Feinde aufzuwiegeln. Als nach 1935 die Aufrüstung in Schwung kam, gewann die Rolle der Rüstungsproduktion in der deutschen Wirtschaft an Bedeutung, allerdings erreichte sie das Niveau des Ersten Weltkriegs erst in den Jahren 1942–45. Statt dessen griff Hitler auf das Ideal von 1866 und 1870 zurück. Sein Ziel war, den Krieg so gut vorzubereiten, daß der Sieg mit einem kurzen Feldzug errungen werden konnte, ohne die laufende Produktion in den Dienst eines verzweifelten Zermürbungskrieges wie 1914–18 zu stellen. Offiziere, denen das Beschaffungswesen unterstand, mißtrauten dieser Strategie und nahmen den Standpunkt ein, die Vorbereitung auf einen Abnutzungskrieg sei die einzige realistische Politik. Doch zahlreiche andere hohe Offiziere teilten Hitlers Zweifel an der Bereitschaft der Zivilbevölkerung, auf längere Zeit Entbehrungen auf sich zu nehmen, die mit einem Krieg solcher Art ohne Zweifel verbunden waren, und keiner machte einen ernstzunehmenden Versuch, sich Hitlers Kombination von Bluff und Vorbereitung eines Blitzkriegs zu widersetzen.[75]

In den Vereinigten Staaten brachten die Wahlen von 1932 Woodrow

Wilsons Partei wieder an die Regierung. Das von Präsident Franklin D. Roosevelt 1933 verkündete New-Deal-Programm griff, ähnlich wie das Naziregime, auf Vorbilder aus dem Ersten Weltkrieg zurück, als es die Depression in den Griff zu bekommen versuchte, die seit 1929 rund dreizehn Millionen Menschen arbeitslos gemacht hatte.[76] Wie Hitler bemühte sich auch Roosevelt in seinen ersten Amtsjahren, die Erwerbslosigkeit durch staatliche Beschäftigungsprogramme aufzusaugen, statt durch eine militärische Mobilisierung, und ebenso wie Hitler gelang es auch der amerikanischen Regierung erst dann, die Massenarbeitslosigkeit zu beseitigen, als die Mobilisierung im Rüstungssektor in einem erheblichen Umfang in Gang gekommen war.

Unter den westlichen Nationen tat Deutschland 1935 den ersten Schritt zur Aufrüstung. Die Aufrüstung, ergänzt durch hohe Ausgaben für öffentliche Arbeiten, ermöglichte es Hitler, den deutschen Arbeitslosen zu einem Zeitpunkt Beschäftigung zu verschaffen, an dem kaum ein anderer Industriestaat zur Vollbeschäftigung zurückgekehrt war. Für diese Leistung erntete er viel Anerkennung im In- wie im Ausland. In Frankreich und Großbritannien hingegen bremste die tiefempfundene Abneigung gegen einen neuen Krieg Schritte zur Aufrüstung. Daher wurden neue Waffen in einem kleineren Umfang als in Deutschland in Auftrag gegeben, und die Arbeitslosigkeit blieb bis nach Kriegsausbruch ein Problem. Rußland jedoch reagierte auf die offenbare Bedrohung durch Hitler mit einer großen Kraftanstrengung zur Ausrüstung der Roten Armee und der Luftstreitkräfte mit neuem Kriegsgerät. Die Aufrüstung in den Vereinigten Staaten, die 1939 anlief, war gleichfalls eine Reaktion auf den Machtanstieg Deutschlands und Japans.

Während alle führenden Industriestaaten der Welt nacheinander die Rüstungsproduktion ausweiteten, beschleunigte sich plötzlich das Tempo im Bereich der Waffenkonstruktion – besonders was Flugzeuge und Panzer betraf –, das sich nach dem Ende des Ersten Weltkriegs drastisch vermindert hatte. Nicht gesteuerte und nicht lenkbare technische Aspekte des Wettrüstens, wie sie am Vorabend des Ersten Weltkrieges im Kriegsschiffsbau so störend geworden waren, traten nun im gesamten Rüstungsspektrum hervor, und dies auf eine höchst vertrackte Weise. Überlegene Konstruktionen aus einem bestimmten Jahr belasteten, sobald sie in die Produktion gingen, die Streitkräfte mit Flugzeugen und Panzern, die zwei, drei Jahre später veraltet waren. Die Franzosen und Russen, die sich schon früh neue Waffen zugelegt hatten, mußten dies 1940 bitter erfahren.[77] Dagegen konnte eine Politik des Abwartens, bis sich ein prospektiver Gegner auf eine bestimmte Produktion festgelegt hatte, es einem ,Nachzügler' ermöglichen, eine bessere Maschine zu produzieren. In dieser vorteilhaften Lage befanden sich die Briten 1940, als sich ihre neuen *Spitfires* allen deutschen Jagdflugzeugen, die zu dieser

Zeit eingesetzt wurden, als überlegen erwiesen. Allerdings begrenzte die 1940 noch geringe Zahl der *Spitfires* die Möglichkeiten der Royal Air Force, die deutschen Luftangriffe während der ‚Schlacht um England' abzuwehren.

Niemand besaß die Voraussicht oder genügend akkurate Informationen, daß er zwischen der Scylla einer zu früh gestarteten und der Charybdis einer zu spät einsetzenden Produktion sicher durchsteuern konnte. Wiederholt mußten Entscheidungen von weittragender Bedeutung aufs Geratewohl getroffen werden. Eine ungute Mischung von Glaube, Hoffnung und Furcht bestimmte die Männer, die zu entscheiden hatten, welche Art neuer Waffen und wieviele davon gebaut werden sollten. Persönliche Hausmachtpolitik und Gruppenrivalitäten innerhalb der Waffengattungen, Ministerien und Unternehmen vertrugen sich schlecht mit der finanziellen Gesamtplanung. Der 1936 verkündete deutsche Vierjahresplan sah die Entwicklung von Ersatzmaterialien für so wichtige Rohstoffe wie Gummi und Erdöl vor, um das Land in diesem Bereich autark zu machen. Hinter dieser Politik stand die Erinnerung an die Blockade während des Ersten Weltkriegs. Großbritannien zögerte, sich auf die Entsendung einer Armee nach Frankreich festzulegen, der Jahre des sinnlosen Stellungskrieges eingedenk, und konzentrierte sich auf die See- und Luftverteidigung. Frankreich sah mit Bangen einem neuerlichen Krieg mit Deutschland entgegen; die Entwicklung neuer Panzer und Flugzeuge kam nur langsam voran, und ihre Produktion noch langsamer. Ein starkes Widerstreben, sich auf einen Krieg vorzubereiten, bestimmte alle französischen und englischen Entscheidungen; Hitler hatte den Vorteil des Aggressors, war bereit zu bluffen und konnte Zeit und Ort für die Auslösung einer Krise wählen.[78]

In Japan und in der Sowjetunion wurde die schmälere industrielle Basis dadurch ausgeglichen, daß sich beide Länder früher auf eine massivere Rüstungsproduktion festlegten. In anderen Staaten unternahm man nicht einmal den Versuch, der umfassenden Mobilisierung der Ressourcen, wie sie 1914–18 erreicht worden war, auch nur nahezukommen. Als 1939 der Krieg in Europa ausbrach, hofften Frankreich und Großbritannien noch immer, den Blitzkrieg in Polen durch einen Sitzkrieg hinter sorgfältig vorbereiteten Verteidigungsstellungen im Westen kontern zu können. So wollte man abwarten, bis die Seeblockade die deutsche Wirtschaft auf die Knie zwang und den Rückhalt für Hitler in Deutschland selbst schwächte. Die Mobilisierungspläne der Alliierten beruhten auf der Erwartung eines langen Krieges wie 1914–18. Die Strategie wurde von der Entschlossenheit diktiert, eine Wiederholung des riesigen Aderlasses während des Ersten Weltkrieges zu vermeiden. Besonders die Franzosen unterschätzten, in welchem Maß rasch vorstoßende Panzerdivisionen mit überlegener Luftunterstützung im Rücken einer Armee, die nicht kämpfen wollte, Desorganisation und Demoralisierung herbeiführen konnten. Die Folge war, daß Hitler im Mai 1940 seinen größten militärischen Erfolg errang.

Die Bestürzung über Frankreichs Niederlage spornte Großbritannien zu einer Anspannung all seiner Kräfte an, um sich gegen ein gleiches Schicksal zu wappnen. Finanzielle Einschränkungen wurden aufgehoben, der für den Kriegseinsatz verfügbare Teil der Bevölkerung bestimmte vorrangig, was getan und was nicht getan werden konnte. Die Organisation der Kriegsanstrengungen zog Gewinn aus den Wirtschaftstheorien, wie sie zwischen den Kriegen entwickelt worden waren und ebenso aus Erfahrungen aus dem Ersten Weltkrieg. Das Ergebnis war eine relativ störungsfreie und wirkungsvolle industriell-militärische Mobilisierung, getragen vom praktisch einhelligen Willen des Volkes, den Deutschen bis zum Letzten Widerstand zu leisten.[79] In Reaktion auf die Niederlage Frankreichs steigerten auch die Vereinigten Staaten ihre Mobilisierung und stellten der britischen und anderen Regierungen, die sich mit Deutschland und Japan im Krieg befanden, durch das Leih- und Pachtgesetz (vom März 1941) Versorgungsgüter zur Verfügung, ohne unbedingt eine Tilgung der Schulden nach dem Krieg zu erwarten. So wurden uneinbringliche Forderungen aus Kriegsschulden, wie sie in der Zwischenkriegszeit die Beziehungen vergällt hatten, nahezu vermieden, obwohl die Vereinigten Staaten eine symbiotische Beziehung zur britischen Kriegswirtschaft zu entwickeln begannen, die über alles im Ersten Weltkrieg Erreichte weit hinausging. Stalin hingegen wollte Hitler nicht provozieren und unternahm deshalb offenbar wenig, die russische Rüstungsproduktion rasch zu steigern oder die Rote Armee nach den demoralisierenden Säuberungen 1937/38, denen die Führungsschicht zum Opfer gefallen war, zu reorganisieren. Statt dessen war der sowjetische Diktator bemüht, den Frieden durch die pünktliche Lieferung großer Mengen Rohstoffe und Nahrungsmittel nach Deutschland zu sichern, wie sie in Zusatzabkommen zum deutsch-sowjetischen Nichtangriffspakt vom August 1939 zugesagt worden waren.[80] Dies machte die britische Blockade unwirksam und ermöglichte es Deutschland, an seiner Vorkriegspolitik des Verzichts auf eine eingreifende Mobilisierung festzuhalten. Selbst als Hitler im Herbst 1940 den Entschluß faßte, vor einem Friedensschluß mit Großbritannien Rußland anzugreifen, gingen die Deutschen nicht von diesem Grundsatz ab. So begann sich, als im Juni 1941 die Panzer der Wehrmacht nach Rußland hineinrollten, die deutsche Rüstungsindustrie auf die Produktion für einen verstärkten See- und Luftkrieg gegen Großbritannien umzustellen.[81]

Doch die Rote Armee überstand wider Erwarten den Ansturm. Am 5. Dezember 1941, zwei Tage bevor die Japaner die amerikanische Flotte in Pearl Harbor überfielen und damit die Vereinigten Staaten in den

Krieg zogen, mußte der Vorstoß der Wehrmacht auf Moskau abgebrochen werden. Dies bedeutete, daß der Abnutzungskrieg, den Hitler hatte vermeiden wollen, abermals drohend heraufzog. Doch Deutschland war insofern besser als 1914 in der Lage, einen solchen Krieg durchzustehen, als sich die Kapazitäten weiter eroberter Gebiete in Europa zur Ergänzung der deutschen Produktion heranziehen ließen. Im Laufe der Zeit legten die Deutschen immer mehr Rücksichten ab und zogen aus den eroberten Ländern mittels Gewaltandrohung oder -anwendung Ressourcen ab. 7,5 Millionen ‚Fremdarbeiter‘ stellten 1944 rund ein Fünftel der gesamten Arbeitskräfte in Deutschland, unter ihnen Kriegsgefangene und zumindest nominell Freiwillige, doch die meisten waren zusammengetrieben und als ‚Arbeitssklaven‘ nach Deutschland verfrachtet worden.[82] Die Rüstungsproduktion erreichte ihren Gipfel im Juli 1944, aber danach traten überall und beinahe gleichzeitig schwere Engpässe auf, die dann im Mai 1945 zum Zusammenbruch der deutschen Kriegswirtschaft führten.[83]

Auch alle anderen großen kriegführenden Staaten stellten ihre Kriegsanstrengungen auf eine übernationale Basis. Japans ‚großostasiatischer Wirtschaftsblock‘ war bei weitem am schwächsten und am wenigsten integriert. Die Bevölkerungen, die unter japanische Herrschaft gerieten, bestanden in ihrer überwältigenden Mehrheit aus Bauern, deren Fertigkeiten, Kapital und Produktionskapazität relativ gering waren und sich nicht ohne weiteres vermehren ließen. Die zahlenmäßig stärksten, die Chinesen unter japanischer Okkupation, waren nicht kooperationswillig. Selbst dort, wo Japans Offensive gegen die weiße Vorherrschaft zunächst mit Sympathie aufgenommen worden war, ließen sich nur relativ wenige rückhaltlos auf eine Kollaboration mit den neuen Herren ein. Der für die Verbindung der japanischen Inseln mit weit entfernten Gegenden notwendige Schiffsraum wurde schon bald bedrohlich knapp, dezimiert durch amerikanische Unterseeboote und andere Verluste infolge Kriegseinwirkung. 1943 wurde dann die Versorgung abgelegener Garnisonen unmöglich, und die Neuentwicklungen von Flugzeugen und anderem militärischen Gerät blieben weit hinter dem zurück, was notwendig gewesen wäre, um mit Verbesserungen bei den Gegnern Schritt zu halten.[84]

Die UdSSR war als Vielvölkerstaat an sich schon ein übernationales Gebilde, und ihre Kriegsanstrengungen standen auch mit der angloamerikanischen Kriegswirtschaft durch Lieferungen im Rahmen des Leih- und Pacht-Gesetzes und des Vertrages über gegenseitige Hilfe in Verbindung. Sie waren jedoch zu keiner Zeit umfangreich genug, alle sowjetischen Anforderungen zu erfüllen, und Stalin argwöhnte immer, die Westmächte hätten eigentlich den Wunsch, Deutschland und Rußland sollten einander zugrunde richten, damit der Westen als lachender Dritter aus dem Konflikt hervorgehen könnte – wie er selbst es 1939 gehofft hatte. Doch ihre Mobilität bei Kriegsende verdankte die Rote Armee zum großen Teil amerikanischen Lastwagen, Soldatenstiefeln und Proviant aus Leih- und Pacht-Lieferungen. Nach 1942 produzierte die Sowjetunion Waffen und Kriegsgerät in ausreichenden Mengen, so daß die Rote Armee leidlich gut versorgt werden konnte, aber diese Leistung ging in außergewöhnlichem Maße zu Lasten der zivilen Industrieproduktion und der Landwirtschaft.[85]

Rußlands Verhältnis zu den Vereinigten Staaten im Zweiten Weltkrieg ähnelte stark der Beziehung Frankreichs zu Großbritannien und den USA 1914–18. In beiden Fällen erforderten die schweren Einbußen an metallurgischen Produktionsstätten bei Kriegsbeginn eine radikale Reorganisation der industriellen Ressourcen. In Frankreich wie in der UdSSR machte sich die Politik, die das Schwergewicht auf die Produktion von Kriegsmaterial und die Mobilisierung von Soldaten legte, insofern bezahlt, als ein industriell schwächeres Land gleichwohl imstande war, dem Ansturm der Deutschen entgegenzutreten und ihn schließlich zurückzuschlagen, freilich unter sehr hohen Menschenverlusten. Zudem hielt das Rußland unter Stalin an der zaristischen Politik fest, der Rüstungs- und Schwerindustrie absoluten Vorrang gegenüber allen anderen Ansprüchen an die Volkswirtschaft zu geben. Rußland entging einer Hungerkatastrophe wie im Ersten Weltkrieg teils dank der amerikanischen Nahrungsmittellieferungen, mit denen die Rote Armee verpflegt wurde, vor allem aber deswegen, weil die Kollektivierung der Landwirtschaft es den Behörden ermöglichte, die städtischen Verbraucher mit Getreide zu versorgen, einerlei, ob die Menschen, die in der Landwirtschaft arbeiteten, als Entgelt dafür Verbrauchsgüter erhielten oder nicht.[86]

Die bei weitem größte und komplexeste der übernationalen Kriegswirtschaften, war die, in der die Vereinigten Staaten im Zusammenwirken mit Großbritannien die führende Rolle spielten. Ein Plan für eine umfassende Mobilisierung der amerikanischen Ressourcen nahm erst ein paar Tage vor dem Angriff auf Pearl Harbor Gestalt an, der politisch die Möglichkeit schuf, das ‚Victory Program‘ zu verwirklichen, wie es zu Propagandazwecken genannt wurde. Es dauerte zwei weitere Jahre, bis die administrativen Instrumente voll entwickelt waren und die amerikanischen Ressourcen den Planungen entsprechend organisiert werden konnten, die auf die Erfordernisse künftiger militärischer Operationen ausgerichtet waren. In dieser Zeit kam es in ungezählten Fällen zu Diskrepanzen zwischen Bedarf und Angebot, Plan und Erfüllung. Die Auseinandersetzungen um die Zuteilung knapper Rohstoffe und anderer Produktionsfaktoren wurden häufig sehr erbittert geführt. Dennoch bestand das Endresultat in einer imposanten Steigerung der amerikanischen Produktion von Kriegsmaterial und gewaltigen Mengen weiterer Güter, mit denen auch der Bedarf der Kriegswirtschaft Großbritanniens, Rußlands und anderer Alliierter ergänzt wurde. Die zeitliche Abstimmung, die in einer großen Fabrik für den ungestörten Ablauf der komplizierten Fließbandfertigung vonnöten ist, wurde sozusagen auf die gesamte Volkswirtschaft der Vereinigten Staaten übertragen. Die Steigerungen der Produktivität und der absoluten Mengen auf Bestellung produzierter Güter ließen sich mit jenen vergleichen, die vorher schon durch die Methoden der Massenproduktion ermöglicht worden waren, wenn sie innerhalb ein und derselben Firma angewandt wurden.[87]

Das abgestimmte Zusammenwirken mit Großbritannien wurde sehr eng. Englische und französische Fachleute berieten die Amerikaner bei der Organisierung ihrer Kriegsmobilisierung,[88] und die Verhandlungen über die Zuteilung von Leih- und Pacht-Lieferungen bedingten einen ständigen Informationsaustausch über ökonomische wie militärische Pläne. Großbritannien brauchte Nahrungsmittel und Rohstoffe aus den Vereinigten Staaten; dafür stellte England verschiedene Dienstleistungen für die auf den Britischen Inseln stationierten amerikanischen Streitkräfte zur Verfügung, und Länder aus dem Empire lieferten bestimmte Rohstoffe, auf die die Vereinigten Staaten angewiesen waren. Doch je länger sich der Krieg hinzog, um so stärker konzentrierte Großbritannien seine Ressourcen auf seine Streitkräfte und auf die militärische Produktion und mußte sich, wie die Sowjetunion, auf Importe aus den Vereinigten Staaten stützen, um zunehmend breiter klaffende Lücken in der heimischen Produktion zu füllen.

So wurde durch die Zusammenarbeit englischer und amerikanischer Stellen eine mehr oder minder rational gesteuerte Arbeitsteilung auf wirtschaftlichem Gebiet zustandegebracht und aufrechterhalten. Das gleiche Prinzip waltete in den alliierten Kommandogremien. Der Einsatz der angloamerikanischen Streitkräfte an der Front wurde von Führungsstäben gesteuert, die eine eigene solidarische Moral entwickelten, die vielfach die enge nationale Identität überwand. Das Gremium der Vereinigten Stabschefs an der Spitze der Befehlshierarchie, das normalerweise in Washington tagte, setzte eine Strategie um, die auf verschiedenen Konferenzen festgelegt worden war, auf denen Präsident Roosevelt und Premierminister Churchill (nach dem November 1943 auch Marschall Stalin) Pläne für künftige Operationen vereinbart und andere Aspekte der hohen Politik aufeinander abgestimmt hatten.[89]

Bis zum Kriegsende hatte sich eine große Zahl verbündeter Staaten und Exilregierungen zusammen mit regierungsähnlichen Organisationen wie dem französischen ‚Komitee für die nationale Befreiung‘, die an den Wohltaten des Leih-Pacht-Gesetzes partizipierten und die Sache der Alliierten moralisch und materiell unterstützten, um das anglo-amerikanische Machtzentrum gesammelt.

In Afrika, Indien und Lateinamerika war die Kriegsmobilisierung we niger intensiv. Doch die Ressourcen dieser Gebiete wurden gleichfalls den angloamerikanischen Kriegsanstrengungen zugeführt, zuweilen durch Käufe auf dem freien Markt, manchmal auf administrativem Weg. Indien beispielsweise stellte eine große Armee für Operationen gegen die Japaner in Burma auf. Die Produktion notwendiger Ausrüstungsgüter für diese Armee gab der Industrialisierung Indiens einen besonderen Ansporn, und die prägende Wirkung, die der Einsatz für den Krieg, wirtschaftlich wie militärisch, auf das Kollektivbewußtsein Indiens hatte, machte es unvermeidlich, daß der Subkontinent nach dem Krieg die Unabhängigkeit erhielt.[90]

Die supranationale Organisation für die Kriegführung wurde damit im Zweiten Weltkrieg umfassender und wirkungsvoller als jemals zuvor. Infolge der wachsenden Komplexität der Rüstungsproduktion war ein Land für sich zu schwach geworden, um einen Krieg effizient führen zu können. Dies war vielleicht die bedeutsamste Neuerung, die der Zweite Weltkrieg brachte. Die Auswirkungen auf die nationale Souveränität in Friedenszeiten lagen auf der Hand und standen dem leidenschaftlichen Verlangen nach Selbstregierung entgegen, das Asiaten und Afrikaner dazu anspornte, sich im ersten Nachkriegsjahrzehnt gegen den Kolonialstatus aufzulehnen.

Die Ergebnisse der systematischen Anwendung naturwissenschaftlicher Erkenntnisse auf die Waffenkonstruktion wetteiferten zu jener Zeit mit der supranationalen Organisation an Bedeutung, und da die Atombomben nach dem Krieg nicht verschwanden, wie es bei den internationalen Wirtschaftsstrukturen zumeist der Fall war, läßt sich die Auffassung vertreten, daß dieses Resultat der Kriegsmobilisierung für die Zukunft von größerer Tragweite war.

Schon lange vor dem Zweiten Weltkrieg hatte man bei kritischen Problemen der Waffenkonstruktion den Rat der Wissenschaft eingeholt. Archimedes soll 212 v. Chr. den Machthabern in Syrakus durch die Konstruktion neuer Kriegsmaschinen für den Einsatz gegen die römischen Belagerer geholfen haben, und Gribeauval stand in ballistischen Fragen mit der Elite der französischen Naturwissenschaft des 18. Jahrhunderts in Kontakt. Der angesehene Physiker Lord Kelvin hatte bereits 1904 die Admiralität bei technischen Problemen der Konstruktion von Kriegsschiffen beraten, und im Ersten Weltkrieg rief die Admiralität ein eigenes Komitee von Wissenschaftlern ins Leben, das bei der U-Boot-Bekämpfung beratend mitwirken sollte. Seine bedeutsamste Entwicklung, ein Unterwasserortungsgerät, war allerdings erst 1920 ausgereift, zu spät für einen Einsatz im Ersten Weltkrieg.[91] Auf deutscher Seite arbeitete Professor Fritz Haber das Verfahren der Stickstoffbindung aus, das hingegen rechtzeitig zur Verwendung kam, und entwickelte auch die ersten Giftgase.[92] Dennoch blieben die Beiträge der Naturwissenschaft im Ersten

Weltkrieg sporadisch und marginal, außer vielleicht auf dem Gebiet der Flugzeugkonstruktion.[93]

Im Zweiten Weltkrieg lagen die Dinge anders. Das beschleunigte Tempo der kriegstechnischen Weiterentwicklung, das in den späten dreißiger Jahren eingesetzt hatte, und die Vielfalt neuer Möglichkeiten, die die Erfindungsplanung in immer reicherer Fülle hervorbrachte, machten 1939 allen Kriegführenden bewußt, daß irgendeine neue Geheimwaffe den Konflikt entscheiden könnte. Demgemäß wurden in einem viel größeren Umfang als jemals vorher Wissenschaftler, Techniker und Konstrukteure damit betraut, vorhandene Waffen weiterzuentwickeln und neue zu erfinden.[94]

Die Erfahrungen beim Einsatz wurden in aller Eile Expertenausschüssen zugeleitet, die den Auftrag hatten, Fehler an vorhandenen Geräten zu beseitigen und neue mit verbesserter Leistung zu konstruieren. So verließen in rascher Folge Generationen neuer Panzer, Flugzeuge und Geschütze die Montagebänder, von denen jede ihrer Vorgängerin beträchtlich überlegen war und auf der gegnerischen Seite die Entwicklung neuer Abwehrwaffen und -taktiken erforderlich machte. In allen Fällen mußte zwischen Qualität und Quantität entschieden werden, denn wenn jede erwünschte Veränderung an einem vorhandenen Gerät vorgenommen worden wäre, hätte man die Zahl der Flugzeuge, Panzer oder Geschütze, die produziert werden konnte, drastisch beschneiden müssen. Dabei traten interessante nationale Unterschiede zutage. Die deutschen und englischen Manager in der Rüstungsindustrie gaben eher der Qualität den Vorzug und nahmen viele Veränderungen vor, während die Amerikaner und Russen größeren Wert auf Quantität legten und auf Modifikationen verzichteten, die die volle Nutzung der Fließbandtechniken behinderten. Doch wenn die Lage der Dinge dem quantitativen Aspekt mehr Gewicht zu geben schien, waren die Deutschen durchaus imstande, sich noch darauf einzustellen. So stellten sie in den letzten Phasen des Krieges ihre Neuentwicklungen zugunsten einer verstärkten Produktion von Rüstungsgütern zurück.[95]

Die Konzeption eines kompletten Waffensystems, bei dem jeder einzelne Bestandteil mit allen anderen zusammenpaßte, entwickelte sich aus den Erfahrungen mit der Waffenkonstruktion im Zweiten Weltkrieg. Beispielsweise ließ sich mit der Standardisierung von Verpackungsgrößen, die in standardisierte Frachträume in Eisenbahnwaggons, Flugzeugen und auf Lastwagen paßten, beim Transport viel Zeit- und Energieaufwand einsparen. Standardisierte Munition für Gewehre, Pistolen und Maschinengewehre vereinfachte den Nachschub an die Front in hohem Maße. Panzer, Mannschaftstransporter und Artillerie auf Selbstfahrlafetten, die sich mit der gleichen Geschwindigkeit bewegen konnten, ob auf Straßen oder im Gelände, gaben eine viel imposantere Speerspitze ab, als wenn Unterschiede im Tempo oder im Vermögen, Hindernisse zu überwinden, Unordnung in den Vormarsch brachten. In dieser Hinsicht und in vielen anderen Punkten wurde das Leitbild eines ungestörten Durchflusses sämtlicher Produktionsfaktoren, der modernen Konzernen so große Vorteile einbrachte, mit vorhersagbarem Erfolg hinsichtlich Kostenminderung und Produktionssteigerung auf die Zusammensetzung der Zerstörungsfaktoren angewandt. Kurz gesagt, der Krieg wurde buchstäblich industrialisiert, und die Industrie nicht weniger buchstäblich militarisiert.

Spektakulärer und vielleicht auch bedeutsamer war neues Kriegsgerät, das vor dem oder im Zweiten Weltkrieg entstand. Die bemerkenswerteste dieser Innovationen war zunächst das Radar. Englische Wissenschaftler und Ingenieure entdeckten, wie sich mit Hilfe von Reflexionen von Kurzwellen Flugzeuge schon in einer Entfernung orten ließen, in der sie abgefangen werden konnten, wie es dann durch britische Jäger während der ‚Luftschlacht um England‘ geschah. Die Erfindung des Radars entwickelte sich während des Krieges rasch weiter und fand breite Anwendungsmöglichkeiten in der Navigation und beim Richten von Geschützen. Doch schon bald begannen andere Technologien und ihre Produkte – Düsenflugzeuge, Magnetzünder, amphibische Fahrzeuge, Lenkwaffen, Raketen und, am kompliziertesten von allen, Atomsprengköpfe – mit dem Radar an Bedeutung zu wetteifern.

Entscheidungen darüber, wie diese neuen Technologien zu nutzen seien, wie auch solche zwischen neuen Konstruktionen für Panzer, Geschütze und Flugzeuge, spielten eine höchst wichtige Rolle für Verlauf und Ergebnis militärischer Operationen. Hätte beispielsweise Hitler es nicht bis zum Juli 1943 abgelehnt, sich hinter die V 2 zu stellen, wären die Landungen der Alliierten in der Normandie vielleicht nicht durchzuführen gewesen,[96] denn die südenglischen Häfen, wo die Schiffe für die Kanalüberquerung zusammengezogen wurden, boten den V 2 ausgezeichnete Ziele. Hätten andererseits aus Europa geflohene Wissenschaftler nicht die englische und amerikanische Regierung bewogen, den ungeheuren Aufwand für Forschung und Entwicklung zu betreiben, der für die Herstellung der ersten Atombombe notwendig war,[97] wäre die Schlußphase des Krieges gegen Japan anders verlaufen. Auch die internationalen Beziehungen in der Nachkriegszeit hätten ganz anders ausgesehen, da man sich schwer vorstellen kann, daß irgendeine Regierung in Friedenszeiten die ungeheuren Kosten eines solch riskanten Projekts auf sich genommen hätte. (Am Manhattan-Projekt arbeiteten auf seinem Höhepunkt 120000 Menschen, unter ihnen ungewöhnlich viele führende Physiker der Welt. Die Kosten stiegen auf über zwei Milliarden Dollar, und bis zu den letzten Tests ließ sich nicht mit absoluter Gewißheit sagen, ob die physikalische Theorie sich in einen funktionierenden atomaren Sprengkopf übertragen ließe.)

In diesen und zahllosen anderen Fällen – manche berühmt geworden, andere vermutlich irgendwo in einem vergessenen Ordner unter den Was-wäre-geworden-wenn-Spekulationen abgelegt – wurde das Irrationale an der auf die Kriegführung angewandten wissenschaftlichen und steuernden Rationalität wie nie vorher in dramatischer Weise demonstriert. Denn mit der Entdeckung der atomaren Sprengkraft erreichte die menschliche Zerstörungskraft eine neue, selbstmörderische Stufe und ließ frühere Schranken in einem beinahe unvorstellbaren Maß hinter sich.

Auch soziale Überlegungen waren mit den militärischen enger verbunden als während des Ersten Weltkriegs. Der zwischen den Kriegen verbesserte Wissensstand hinsichtlich des menschlichen Nahrungsbedarfs ermöglichte es, die Lebensmittelrationierung insofern auf eine wissenschaftliche Grundlage zu stellen, als sich der Vitamin-, Kalorien- und Proteinbedarf unterschiedlicher Bevölkerungsgruppen exakt errechnen und, soweit die Vorräte reichten, decken ließ. In Großbritannien kam es während des Krieges sogar zu einer Verbesserung des allgemeinen Gesundheitszustandes, weitgehend Folge der Rationierung. Erfahrene Ärzteteams konnten rasch Epidemien unterdrücken, die hie und da in der Zivilbevölkerung auftraten und mehrmals die operativen Planungen zu stören drohten,[98] und die Militärmedizin im Zweiten Weltkrieg sorgte dafür, daß aktive Kriegsteilnehmer außerhalb der eigentlichen Kampfzone ungleich sicherer waren als jemals vorher. Neue Medikamente wie Sulfonamide und Penicillin und Insektizide wie DDT verminderten die Infektionsrisiken und veränderten über Nacht ganze Lebensräume.

Die deutschen Zwangsarbeiter- und die Vernichtungslager, in denen Millionen Juden und andere Opfer des Naziregimes dem Hungertod preisgegeben und brutal getötet wurden, bildeten ein makabres Gegenstück zu der staatlich verordneten Fürsorge in allen kriegführenden Staaten, dank der die Arbeitskräfte in mehr oder minder guter Verfassung blieben. Extreme der Unmenschlichkeit, mit den gleichen Methoden, mit denen die Kriegsmobilisierung gesteuert wurde, rationell bürokratisiert und technisiert, zeigen erschreckender als sonst ein Geschehnis in der modernen Geschichte die moralische Ambivalenz, die jeder Zunahme der Macht von Menschen innewohnt, die natürliche und soziale Umwelt zu steuern. Kriegsgefangenenlager in anderen Ländern und die massenhafte Umsiedlung mit Argwohn betrachteter ethnischer Gruppen, wie sie während des Krieges sowohl in den Vereinigten Staaten als auch in der Sowjetunion vorkam, zeigen gleichfalls die düstere Seite der administrativen Virtuosität, wie sie in den beiden großen Kriegen des 20. Jahrhunderts so üppig ins Kraut schoß.

Die Friedensplanung hingegen, die lange vor dem Ende der Feindseligkeiten so zuversichtlich in Angriff genommen wurde, zeitigte nur begrenzten Erfolg. Eine internationale Hilfsorganisation, die UNRRA, konnte in den ersten Nachkriegsmonaten zwar einer Hungersnot vorbeugen, doch den amerikanischen Hoffnungen auf wirklich effektive Mechanismen zur Friedenswahrung und auf eine liberale Ordnung des Welthandels war eine Enttäuschung beschieden. Statt dessen kehrten schon zwei Jahre nach dem Ende der Feindseligkeiten sowohl die Vereinigten Staaten wie die Sowjetunion zu einer supranationalen ökonomischen und militärischen Organisation jener Art zurück, die im Zweiten Weltkrieg ihre Wirksamkeit so überzeugend bewiesen hatte. Nachdem die Russen 1949 eine Atombombe gezündet hatten, setzte 1950 wieder ein Wettrüsten ein. Der Koreakrieg, 1950–53, fachte es zusätzlich an. Seither lebt die Welt im Schatten des Atompilzes. Die Zwangslagen unserer Gegenwart, die darauf zurückgehen, verlangen ein abschließendes Kapitel.

## 10. Kapitel

# Wettrüsten und weisungsgelenkte Wirtschaften seit 1945

Als 1945 der Zweite Weltkrieg zu Ende ging, war eine Rückkehr zu den Verhältnissen vor 1939 kein erfolgversprechendes Ideal. In vielen Gegenden der Erde waren die alten Regimes diskreditiert, unpopulär oder auch weggefegt worden. Dies galt für die besiegten Staaten und für die Mehrzahl der europäischen Kolonien, selbst dort, wo es kaum oder gar nicht zu Kampfhandlungen gekommen war. Im befreiten wie im besetzten Europa bewirkten die schweren Störungen und Verwüstungen, die der Krieg mit sich gebracht hatte, daß noch lange nach dem Ende der Feindseligkeiten Not und Elend herrschten. Auch auf Seiten der Sieger hatte die Kriegsmobilisierung ein derart extremes Ausmaß erreicht, daß an eine spontane Rückkehr zum Normalen – wie man es auch definieren mochte – nicht mehr zu denken war. Es war nicht damit getan, im Krieg verhängte Vorschriften aufzuheben; die geplante Mobilisierung verlangte eine geplante Demobilisierung und eine gesteuerte Umdisponierung der Ressourcen. Infolgedessen waren nationale wie übernationale Lenkung und weisungsgesteuerte Wirtschaften nach 1945 ebenso notwendig wie während des Krieges. Diese Lage der Dinge durchkreuzte amerikanische Bemühungen, das System des Welthandels zu liberalisieren.

Was in den Nachkriegsjahren geschah, war auf seine Weise ebenso überraschend, wie es die Leistungen in der Kriegsproduktion und der Zerstörungskapazität gewesen waren. Methoden, mit denen während des Krieges gewaltige Mengen an Panzern, Flugzeugen und anderem Kriegsmaterial aus dem Boden gestampft worden waren, verloren, als sie auf das Werk des Wiederaufbaus übertragen wurden, nur wenig von ihrer magischen Wirkung – zumindest in den ersten Jahren nach 1945, als auf der Hand lag, was getan werden mußte, und sich darüber leicht Einvernehmen herstellen ließ. Die Erholung Westeuropas mit Hilfe amerikanischer Kredite, 1948–53, vollzog sich erstaunlich rasch. Die UdSSR und Osteuropa lagen nicht allzu weit dahinter zurück, wegen ihres noch immer großen Reservoirs an Arbeitskräften und ihrer natürlichen Ressourcen, die bis dahin in nur geringem Maß für industrielle Zwecke genutzt worden waren. Auch Japan begann nach 1950 eine industrielle und kommerzielle Dynamik an den Tag zu legen, mit der es dank einer einzigartigen Anpassung traditioneller Formen gesellschaftlicher Solidarität an die industriellen und städtischen Lebensbedingungen schließlich sogar Deutschland und die Vereinigten Staaten überflügelte.

Mit der Niederlage Deutschlands und Japans traten an die Stelle der vier supranationalen Kriegswirtschaften zwei miteinander rivalisierende Blöcke. Deutschland wurde in Besatzungszonen aufgeteilt. Die während des Krieges von ihm abhängigen europäischen Gebiete teilten sich in einen von der UdSSR beherrschten östlichen und in einen westlichen Bereich, in dem schon bald die Vereinigten Staaten die Führungsrolle übernahmen. Auch Japans Großostasiatischer Wirtschaftsblock zerfiel. Das festländische China wurde 1949 kommunistisch; Korea und Indochina wurden geteilt; das übrige Ostasien, Japan selbst eingeschlossen, kam in den Einflußbereich der Vereinigten Staaten. Der Eiserne Vorhang löste in Europa lautstarke Auseinandersetzungen, doch keine militärischen Konflikte aus. Dagegen führte die Teilung des Großostasiatischen Wirtschaftsblocks zu Kriegen, die sich lange hinzogen, in China (1944–49), Korea (1950–53) und Indochina (1946–54) sowie zu bewaffneten Auseinandersetzungen kleineren Ausmaßes in Indonesien, Malaysia und Burma.

Viele frühere Kolonien gaben sich große Mühe, ihre neu errungene politische Souveränität dadurch zu sichern, daß sie eine mehr als nur marginale Verbindung zum sowjetischen oder amerikanischen Machtblock vermieden. In der Praxis jedoch waren die neuen Regierungen auf Wirtschaftshilfe und Auslandskredite angewiesen, die entweder ihre früheren Kolonialherren oder die beiden Aspiranten auf die imperiale Nachfolge, Amerika oder Rußland, gewährten. Gleichwohl war die Dritte Welt aus neuen Nationen und bündnisfreien Staaten in den Nachkriegsjahrzehnten eine Realität, die die krasse Polarität des Kalten Krieges etwas auflockerte.

Trotz großer Anfangsschwierigkeiten kehrte die Sowjetunion nach 1945 zur Autarkie zurück und löste sich aus der Abhängigkeit von amerikanischen Leih- und Pacht-Lieferungen, die sich in den letzten Kriegsphasen entwickelt hatte. Allerdings halfen die Reparationen aus dem sowjetisch besetzten Teil Deutschlands und der Handel mit osteuropäischen Ländern, der deutlich die UdSSR begünstigte, den Russen, die ersten bitterschweren Monate zu überstehen, als die Aufräumungsarbeiten erst begannen. Spannungen mit Großbritannien und später mit den Vereinigten Staaten hielten bei den kommunistischen Eliten ein Gefühl des Belagertseins wach. Stalin erklärte – und war vermutlich davon auch überzeugt –, daß zwischen Nazideutschland und den anderen kapitalistischen Staaten nur ein ,,vorübergehender politischer" Dissens bestanden habe.[1] Damit stand für den Marxismus Stalinischer Version fest, daß die Triebkräfte, die Hitler 1941 zum Angriff auf das Mutterland des Sozialismus veranlaßt hatten, innerhalb der englischen und amerikanischen Gesellschaft ebenso zwangsläufig am Werke seien. Infolgedessen hatte der Wiederaufbau der Sowjetunion von Anfang an unvermeidlich mit anhaltend hohen Militärausgaben zu konkurrieren. Insbesondere müssen Rußlands Anstrengungen, Atombomben zu entwickeln, wie die Amerikaner sie 1945 gegen Japan eingesetzt hatten, höchste Priorität genossen haben, während es zur gleichen Zeit um das Verbrauchsniveau innerhalb der Sowjetunion noch sehr kärglich bestellt war. Zudem hatte Stalin in Osteuropa so umfangreiche Streitkräfte stehen, daß amerikanische und andere Beobachter glaubten, die Rote Armee sei imstande und könnte in die Versuchung geraten, den ganzen europäischen Kontinent zu überrennen.

Zwischen 1946 und 1949 gelang es Gegenzügen der Amerikaner, eine supranationale ökonomische und militärische Machtstruktur aufzubauen und zu festigen, die, nicht ganz aufrichtig, als Freie Welt bezeichnet wurde, wenn sie auch in vieler Hinsicht freier war als die von der Sowjetunion beherrschten Gebiete. Die öffentliche Bekundung abweichender Meinungen wurde nicht systematisch unterdrückt, Arbeitskräfte, Nahrungsmittel, Brenn-, Treib- und Rohstoffe wurden nicht einmal entfernt in dem Ausmaß auf staatliche Weisung zugeteilt wie in den kommunistisch beherrschten Ländern. Die individuellen Wahlmöglichkeiten, was Arbeit, Konsum und Freizeitbeschäftigungen betraf, waren entsprechend größer als im kommunistischen Lager. Doch die Entscheidungsfreiheit von Individuen und kleinen Gruppen hatte es mit einer Gesellschaft zu tun, die von einer neuen Symbiose zwischen öffentlichen und privaten Bürokraten beherrscht wurde. In allen industriell fortgeschrittenen Ländern wurden gelenkte Wirtschaften zur Norm, und solange sich der öffentliche Konsens über die allgemeinen Ziele einer solchen Lenkung aufrechterhalten ließ, erhob niemand energischen Widerspruch. Anders gesagt, für die große Mehrheit der Amerikaner, Westeuropäer und Japaner verkümmerte ihre Freiheit zu gefügiger Anpassung an bürokratisch gesteuertes Verhalten. Die Motive für Gehorsam und Konformität in den kommunistisch beherrschten Ländern waren insofern ähnlicher Art, als die meisten Russen und Osteuropäer zusammen mit der gewaltigen Bevölkerung Chinas gleichfalls Ziele akzeptierten, die ihre beherrschenden Bürokratien setzten, und sich entsprechend verhielten. Ihre Belohnungen fielen geringer aus als im Westen oder in Japan, wo der Lebensstandard rasch anstieg und schon bald über das Vorkriegsniveau kletterte. Doch auch in den kommunistischen Ländern stieg das Konsumniveau, so daß der Unterschied nur graduell war.

Eine geringere Reglementierung der Ressourcenzuteilung durch direktes staatliches Handeln und der vergrößerte Spielraum für schwankende Preise als Regulatoren ökonomischen Verhaltens waren vermutlich die Faktoren, die die allgemeine Effizienz der Freien Welt im Vergleich zur kommunistischen hoben. Amerikanische Konzernmanager konnten zwar innerhalb ihrer Firmen den Ressourcenfluß mittels einfacher Befehle lenken, sahen sich aber ständig dem Zwang ausgesetzt, Waren und Dienst leistungen zu kaufen und zu verkaufen, ohne daß die Verkäufer oder Käufer von ihnen direkt beeinflußt werden konnten. Soweit ihre Partner bei solchen Transaktionen andere Großunternehmen und Regierungen waren, kam es zu oligopolistischen oder monopolistischen Marktkonfrontationen. In solchen Fällen wurden die Preise nicht per Konkurrenz aus irgendeinem mythischen ‚Außen' bestimmt, sondern durch diplomatische Verhandlungen. Doch bei Transaktionen mit privaten Bürgern und anderen schwach organisierten Marktteilnehmern waren Konzerne und staatliche Stellen als Käufer und Verkäufer zumeist in der Lage, die Preise in einer für sie vorteilhaften Höhe festzusetzen. Dies geschah dadurch, daß sie einfach das Angebot so steuerten, daß der Preis für das zum Kauf Angebotene auf dem für sie wünschenswerten Niveau blieb.

Solange Käufer und Verkäufer, die in einem massiven Umfang kauften oder verkauften, auf einem Markt mit schwach organisierten Marktteilnehmern operieren konnten, wurde eine bemerkenswerte Genauigkeit der Makrosteuerung möglich. Mit der Behebung der Kriegsschäden setzte eine Entwicklung zum Wohlstand ein. Neue Investitionen vervielfachten sich, und die Vollbeschäftigung wurde, zumindest annähernd, zur Realität. Die Dysfunktion der Vorkriegsdepression verschwand dank einem gedeihlichen Zusammenwirken zwischen erfahrenen Konzernmanagements und der staatlichen Finanz- und Steuerpolitik, erleuchtet von der neuen Wissenschaft der Makroökonomik und gestützt von erhöhten Rüstungs- und Sozialausgaben. Eine veritable Management-Revolution in den führenden kapitalistischen Ländern schien die Industrienationen wie nie zuvor zu Herren ihres kollektiven Schicksals gemacht zu haben. Dazu kam noch, daß die wichtigsten dieser Staaten gewählte Regierungen behielten und daß die Interessen und Bedürfnisse des Mannes von der Straße durch ein demokratisches Wahlrecht gesichert wurden.

Wenn jedoch amerikanische und europäische Konzerne in wirtschaftlich schwach organisierten fremden Ländern operierten, entzogen sie sich vielen der politischen Beschränkungen, die ihnen in ihrem Ursprungsland vertraut waren. Sowohl Agrargüter produzierende als auch Länder, die Mineralien und andere Rohstoffe lieferten, waren kaum je imstande, sich so zu organisieren, daß sie ausländischen Konzernen auch nur annähernd ebenbürtig entgegentreten konnten. Als dies 1973 ölexportierenden Ländern gelang, erlebten die in der Nachkriegszeit entstandenen weisungsgesteuerten und konzernwirtschaftlichen Strukturen nach mehr als zwei Jahrzehnten ihren ersten ernsten Schock.[2]

Unmittelbar nach dem Zweiten Weltkrieg übernahmen die Vereinigten Staaten die Führung eines supranationalen militärischen Bündnissystems, um damit die Einflußsphäre zu sichern, die ihnen mit dem Niedergang der Macht Großbritanniens zufiel. Die 1949 gegründete NATO-Allianz betraute einen amerikanischen Oberbefehlshaber mit der Aufgabe, die

Verteidigung Westeuropas gegen die Rote Armee zu organisieren. Die Sowjets sahen zunächst in ihren in osteuropäischen Ländern stationierten Truppen bessere Garanten ihrer Interessen als Streitkräfte aus diesen Staaten selbst. Doch als sich die Bundesrepublik Deutschland 1955 der NATO anschloß, reagierte die Sowjetunion mit der Gründung eines Militärbündnisses und Kommandosystems – des sogenannten Warschauer Paktes –, das ein Spiegelbild der NATO war. In anderen Weltgegenden, in Südostasien und im Nahen Osten, war den amerikanischen Bemühungen, vergleichbare regionale Verteidigungsorganisationen zu schaffen, kein sonderlicher Erfolg beschieden. Allein in Europa standen die beiden Supermächte einander längs einer klar markierten Grenzlinie gegenüber. Diesseits und jenseits dieser Grenze wurden Pläne für den Kriegsfall entworfen, führten sorgfältig zusammengesetzte multinationale Verbände militärische Übungen durch und betrieben die unterschiedlichsten Planspiele, wie es sie vor dem Krieg nur innerhalb nationaler Grenzen gegeben hatte. Damit wurden die im Zweiten Weltkrieg gewonnenen Erfahrungen mit supranationalen Organisationsstrukturen zu Zwecken der Kriegführung auch in Friedenszeiten institutionalisiert. Die nationale Souveränität, wie sie einst verstanden worden war, schwand dahin, doch dahinter stand mehr Furcht als die Überzeugung, daß die neuartige supranationale Militärorganisation überlegene Vorzüge besitze.

Bei der Erosion der nationalen Souveränität europäischer Staaten spielten wirtschaftliche und psychologische Faktoren eine Rolle, noch bedeutsamer jedoch war die schreckliche neue Gefahr, die von den Kernwaffen ausging. Die NATO entstand zunächst als Reaktion auf die Präsenz starker sowjetischer Streitkräfte in Osteuropa. Schon ihres Umfangs wegen schienen sie imstande zu sein, nach dem Belieben des Kreml den ganzen Kontinent zu überrennen, wenn nicht Amerika sich mit eigenen Truppen, abgesichert durch die Ultima ratio eines Atomschlags, auf die Dauer für die Verteidigung Europas in seiner gefährdeten Lage am Rande des sowjetischen Herrschaftsbereichs in Eurasien engagierte.

Die Russen andererseits waren keineswegs willens, auf unbestimmte Zeit amerikanischen Bombern ausgeliefert zu bleiben. Stalin scheute keine Mühe, die Fähigkeit zur nuklearen Kriegführung zu erlangen. 1949, fünf Monate nach Gründung der NATO, zündete die Sowjetunion ihren ersten nuklearen Sprengsatz. Dies löste in den Vereinigten Staaten Überraschung und Bestürzung aus, denn beinahe alle Amerikaner waren überzeugt gewesen, die Russen würden noch lange Jahre brauchen, bis sie die komplexe Kerntechnologie in den Griff bekamen. Was die Russen in Naturwissenschaft, Technik und Waffenproduktion zu leisten vermochten, zeigte sich neuerlich in der folgenden Runde des Wettrüstens nach dem Zweiten Weltkrieg. Denn 1950 reagierte die amerikanische Regierung auf den Verlust des Atommonopols mit dem – widerstrebend gefaßten – Beschluß, die Entwicklung einer noch viel grauenvolleren Waffe, der Fusions- oder Wasserstoffbombe, voranzutreiben. Die Sowjets blieben dichtauf und zündeten ihre eigene erste Wasserstoffbombe schon neun Monate, nachdem die Vereinigten Staaten auf dem pazifischen Eniwetok-Atoll zum erstenmal die Fusionsreaktion getestet hatten.

Obwohl von hochkomplexer Konstruktion, ließen sich Wasserstoff-sprengköpfe ohne viel Mühe gewichtsmäßig so verringern, daß sie viel leichter waren als die ersten ungefügen Uran- und Plutoniumbomben. Dies machte Raketen zu naheliegenden und bevorzugten Kernwaffenträgern. Es gab kein Mittel, eine ihrem Ziel entgegenrasende Rakete abzufangen, und der Einsatz der V 2 gegen England im Jahr 1944 hatte gezeigt, wie wirkungsvoll solche Waffen sein konnten. Demgemäß betrieben die Amerikaner von den frühen fünfziger Jahren an die Raketenforschung und -entwicklung mit neuem Nachdruck, doch die Russen hatten um etliche Jahre früher begonnen, zu einer Zeit, als die damals noch schwereren Atomsprengköpfe größere und stärkere Raketen erforderten.[3] Mit diesem Startvorsprung konnten die Sowjets im Oktober 1957 eine Rakete starten, deren Schubkraft hinreichte, einen kleinen Satelliten – den Sputnik – in eine Umlaufbahn zu befördern, und in den folgenden Jahren transportierten sie immer größere Nutzlasten in den Weltraum.[4]

Die Leistung der Sowjets ließ keinen Zweifel daran, daß sie technisch in der Lage waren, jedes Ziel auf der Erdoberfläche mit atomaren Sprengköpfen anzugreifen. Die amerikanischen Raketen lagen bis 1965 an Größe und Stärke hinter den sowjetischen zurück. Das bedeutete allerdings nicht, daß die Fähigkeit der Amerikaner, nukleare Sprengköpfe ins Ziel zu bringen, tatsächlich hinter der der Russen zurückblieb, denn amerikanische Bomber in bequemer Distanz zu sowjetischen Zielen sorgten zusammen mit neueren U-Boot-gestützten Raketen, die im Tauchzustand abgefeuert werden konnten, dafür, daß über sowjetischen Städten die gleiche Drohung der Auslöschung schwebte, wie seit 1958 über der Bevölkerung der Vereinigten Staaten.

Für die Amerikaner war das Bewußtsein, ihre neue Verwundbarkeit bringe sie nur auf die gleiche Stufe mit ihrem Gegner, kein Trost. Vor dem Start des Sputnik war ihr Territorium lange Generationen hindurch vor der realen Gefahr eines Angriffs von außen gesichert gewesen. Infolgedessen empfanden sie es als einen ungewöhnlich schweren Schock, als sie feststellen mußten, daß es damit vorbei war und daß die Russen das technische Können, dessen Amerika sich rühmte, zumindest in einem wichtigen Bereich übertroffen hatten.[5] So überrascht es nicht, daß die sogenannte ‚Raketenlücke‘ zu einem heißen Thema im Präsidentschaftswahlkampf 1960 wurde. Die neue demokratische Regierung, die 1961 ins Amt kam, setzte sich das Ziel, die Russen in der Raketentechnologie zu überholen, ob auf dem Mond oder auf der Erde.

Die Russen ihrerseits bemühten sich, ihren technischen Vorsprung dazu zu nutzen, überall auf der Welt mit den Vereinigten Staaten gleichzuziehen. Doch als Ministerpräsident Chruschtschow im Oktober 1962 Mittelstreckenraketen auf Kuba zu installieren versuchte, von wo aus sie die meisten amerikanischen Großstädte hätten bedrohen können, mußte er zurückstecken, da die amerikanische Kriegsmarine den Antransport eines Teils der notwendigen Ausrüstung verhinderte. Nach einer Konfrontation in äußerst gespannter Atmosphäre wichen die Sowjets zurück und fanden sich bereit, ihre Raketen von Kuba abzuziehen. Doch diese Demütigung führte zu einer gewaltigen Vergrößerung der sowjetischen Kriegsmarine während der folgenden Jahre, die eindeutig das Ziel hatte, die Macht Amerikas auf den Meeren einzuholen oder zu übertreffen.[6]

So erreichte das Wettrüsten zwischen den Vereinigten Staaten und der Sowjetunion in den sechziger Jahren eine neue und noch größere Dimension. Das Schwergewicht lag auf neuen Technologien und neuen Waffen. Forschung und Entwicklung waren wichtiger als der erreichte Stand. Ein künftiger Durchbruch, auf defensivem oder offensivem Gebiet, konnte das Gleichgewicht des Schreckens verschieben oder aufheben, das im Jahrzehnt nach 1957 entstanden war, als die beiden Supermächte Hunderte von Langstreckenraketen aufstellten und damit die Fähigkeit erwarben, die Städte des Gegners binnen weniger Minuten zu vernichten.

Die Vereinigten Staaten reagierten auf das neue Gefühl der Bedrohung damit, daß sie großzügig in Forschung und Entwicklung investierten. Nicht alles hatte militärischen Charakter, denn die Männer, die die Politik des Landes lenkten – besonders die, die von der Universität Harvard oder vom Massachusetts Institute of Technology kamen –, waren der Ansicht, der Wettstreit der amerikanischen Gesellschaft mit den Sowjets laufe letzten Endes darauf hinaus, welche der beiden Seiten in jedem Bereich die Überlegenheit zu erlangen vermochte. Wenn eine kluge und entschlossene Regierung einen solchen Wettstreit aufnahm, tue sie gut daran, ,task forces‘ aus entsprechend ausgebildeten und in hohem Maße ideenreichen Technikern damit zu beauftragen, eine neue Erfindung für friedliche und militärische Zwecke nach der anderen zu entwickeln. Dies werde Wohlstand und äußere Sicherheit garantieren. Doch der Erfolg werde sich nur dann einstellen, wenn Begabung und Können, wo sie auch zu finden seien, gepflegt und durch die Beseitigung finanzieller Schranken für Ausbildung, Forschung und Entwicklung gefördert würden.

Der Zustrom zu den Universitäten, namentlich im naturwissenschaftlichen Bereich, fand nur in der rapiden Entwicklung bei der Raumfahrt und der Elektronik seinesgleichen. Die steuernden Eliten, die während des Zweiten Weltkriegs nach vorne gedrängt hatten, fanden nun ein neues, mehr technokratisches Betätigungsfeld für ihren Ehrgeiz und ihr Können. Denn der Kampf mußte auf einer breiten Front geführt werden.

*Social engineering* zur Verbesserung der Gesellschaft zählte ebensoviel wie die Verbesserung des Kriegsmaterials.

Die herrschende Zuversicht, daß das Land es schaffen werde, alle Probleme zu lösen und sämtliche Hindernisse zu überwinden, nahm 1961 dramatische Formen an, als Präsident John F. Kennedy verkündete, daß die Vereinigten Staaten binnen eines Jahrzehnts einen Menschen auf den Mond schicken würden. Mit dieser Aufgabe wurde eine zivile Institution betraut, die NASA (National Aeronautics and Space Administration). Doch neue Technologien, die es Menschen und Maschinen ermöglichten, sich frei im Weltraum zu bewegen, zeitigten auch immer militärische Auswirkungen und Nutzungsmöglichkeiten. Dies machte die Trennung der militärischen von der zivilen Forschung und Entwicklung beinahe bedeutungslos.[7]

Die Sowjetunion gab sich jede erdenkliche Mühe, Schritt zu halten, und verkündete 1961 ein neues Parteiprogramm, das in Aussicht stellte, binnen rund zehn Jahren werde die Pro-Kopf-Produktion in der UdSSR die in den Vereinigten Staaten überholen, so daß in den achtziger Jahren die Ära des Kommunismus (jeder nach seinen Fähigkeiten, jedem nach seinen Bedürfnissen) eingeleitet werden könne. Chruschtschows technokratischer Glaube hatte tatsächlich starke Ähnlichkeit mit dem, der den Kreis von Präsident Kennedys Entscheidungshelfern beseelte. In Moskau wie in Washington stützte man sich auf die Erinnerungen an die Leistungen im und unmittelbar nach dem Zweiten Weltkrieg, um mittels sozialer und technischer Steuerung extrem hoch gesteckte Produktionsziele zu erreichen.

Die meisten anderen Staaten gaben es auf, bei dem Wettstreit mitzuhalten. Frankreich jedoch, das sich gegen eine – nach Ansicht General de Gaulles – allzu große Voreingenommenheit Amerikas für Großbritannien und Deutschland auflehnte, zog sich aus der Militärstruktur der NATO zurück und startete ein eigenes Forschungs- und Entwicklungsprogramm. Nur so war nach de Gaulles Überzeugung zu vermeiden, daß Frankreich zu einem quasi-kolonialen Anhängsel der amerikanischen (oder, alternativ, der sowjetischen) Technokratie wurde.[8] Im Fernen Osten unternahmen China wie Japan verspätete Versuche, sich am Wettlauf in der Raumfahrttechnologie zu beteiligen, doch allein die Sowjetunion verfügte über die Mittel und die Motivation, Schritt für Schritt mit den Amerikanern gleichzuziehen. Die Aufzählung der Weltraumstarts zwischen 1957 und 1972 läßt die Vorrangstellung erkennen, welche die beiden Supermächte während der ersten fünfzehn Jahre in der Raumtechnologie erlangten: Sowjetunion 612, Vereinigte Staaten 537, Frankreich 6, Japan 4, China 2 und Großbritannien 1.[9]

Während der sechziger Jahre investierte die Sowjetunion massiv in die Modernisierung ihrer Kriegsmarine wie auch in den Bau von Raketen und Raumfahrzeugen. Höchstwahrscheinlich entsprachen die von den Sowjets für die militärische Forschung und Entwicklung aufgewendeten Summen mehr oder minder den Mitteln, die in den Vereinigten Staaten für den gleichen Zweck ausgegeben wurden. Exakte Vergleiche sind jedoch wegen der budgetären Verschleierungspolitik auf beiden Seiten wie auch wegen des willkürlich festgelegten Wertes unmöglich, den die Supermächte ihrem neuen, geheimnisvollen Kriegsgerät beilegten. Wenn es für irgendeine neuartige Technologie nur einen einzigen Hersteller und einen einzigen Käufer gab, wie es beim Wettlauf im All weltweit der Fall war, wurde die Entscheidung, welche Kosten bei der Preiserrechnung für ein bestimmtes Gerät anzusetzen oder auszuschließen seien, zu einer geradezu metaphysischen buchhalterischen Übung. Es gab jedoch keinen Zweifel, daß die Aufwendungen beider Seiten die Summen, die im Zweiten Weltkrieg für technische Innovationen ausgegeben worden waren, vergleichsweise zu Bagatellen reduzierten.[10]

Die riesigen Ausgaben erbrachten außergewöhnliche Resultate. Das größte Spektakulum war ohne Zweifel die Mondlandung amerikanischer Astronauten 1969. Sonden, die zu anderen Planeten entsandt wurden, übermittelten Daten von hohem Interesse für die Astronomen auf die Erde, und Scanner-Satelliten trugen gewaltige Mengen an neuen Informationen und Erkenntnissen über die Erdoberfläche selbst zusammen. Im Rüstungsbereich gingen Science fiction und technologische Realität auf eine Weise ineinander über, die ein Nichteingeweihter nur vage zu erahnen vermag. Die Steuerungsmechanismen zur Korrektur von Raketenflugbahnen beispielsweise erreichten in den siebziger Jahren eine hochgradige Verfeinerung. Dies erschwerte das Abfangen ganz enorm, ja, es ließ sich überhaupt keine zuverlässige Methode finden, im Anflug befindliche Raketen anzugreifen. Mindestens ein Vierteljahrhundert, nachdem das Raketenwettrüsten auf Touren gekommen war, blieben Laser- und andere ,Todesstrahlen', die mit Lichtgeschwindigkeit Sprengköpfe zerstören könnten, bloße Gedankenspielereien. Das Gleichgewicht des Schreckens blieb somit mehr oder weniger erhalten, trotz aller Bemühungen der Amerikaner und der Sowjets, eine Möglichkeit zu finden, die ihnen Schutz vor dem Gespenst plötzlicher Vernichtung bieten konnte.

In einer Hinsicht wurde das Gleichgewicht des Schreckens sogar stabiler. Die Entwicklung von Spionagesatelliten seit 1960 verschaffte beiden Supermächten einen sicheren und umfassenden Zugang zu Informationen über die Anlagen für bodengestützte Raketen der anderen Seite. Dies schlug sehr zum Vorteil für die Amerikaner aus, denen es größere Mühe bereitete, Geheimnisse zu hüten, als den Russen. Vermutlich war die beiderseitige Hinnahme der Satelliten-Überwachung aus dem Weltraum ein zufälliges Nebenprodukt des Umstands, daß die Bahn des ersten von den Sowjets gestarteten Satelliten unvermeidlich staatliche Grenzen verletzte. Die sowjetische Regierung konnte mithin keine Einwände erheben, als die Vereinigten Staaten ihrem Beispiel folgten. Des weiteren führte die Tatsache, daß beide Seiten außerstande waren, gegnerische Satelliten beim Überfliegen des jeweils eigenen Territoriums abzuschießen, zu der Konsequenz, daß man sich damit abfand, da es sich ja ohnedies nicht verhindern ließ. Kurze Zeit danach wurden in den Vereinigten Staaten Satelliten mit Kameras von hohem Auflösungsvermögen entwickelt, die kleine Objekte auf der Topographie der Sowjetunion photographieren und auf die Erde übermitteln konnten. Dagegen protestierten die Russen, allerdings nur halbherzig.

Die Überwachung durch Satelliten beseitigte unverzüglich zahlreiche Ungewißheiten über die sowjetischen Raketen. Ja, als die ‚Himmelsspione' 1960 ihr Zauberwerk begannen, entdeckten amerikanische Stellen, daß die sogenannte Raketenlücke nur ein Mythos war. Tatsächlich hatten die Sowjets noch keine Mittel in kostspielige Raketenstellungen für einen Angriff auf amerikanische Städte gesteckt, obwohl sie gezeigt hatten, daß sie technisch dazu in der Lage waren. In der Folge installierten dann beide Seiten Hunderte von Raketen auf Startrampen. Doch während des ganzen Prozesses spürte die Satelliten-Überwachung jede neue Installation auf. Die Regierungen beider Supermächte konnten sich auf die Fakten verlassen, die auf diese Weise ans Licht gebracht wurden; eine vollendete Startrampe ließ sich zwar perfekt tarnen, doch mit Sicherheit waren während des Baues verräterische Anzeichen zu registrieren.

So sahen während der sechziger Jahre beide Seiten zu, wie die andere Interkontinentalraketen (ICBMs) zum Ausgleich für die installierte, die

### Tabelle 2: Kernwaffen

|  | 1970 | 1980 |
|---|---|---|
| **Langstreckenbomber** | | |
| USA | 512 | 348 |
| UdSSR | 156 | 156 |
| **U-Boot-gestützte Raketen** | | |
| USA | 656 | 576 |
| UdSSR | 248 | 950 |
| **Interkontinentalraketen** | | |
| USA | 1054 | 1052 |
| UdSSR | 1487 | 1398 |
| **Gesamtzahl der nuklearen Sprengköpfe** | | |
| USA | 4000 | 9200 |
| UdSSR | 1800 | 6000 |

*Quelle:* Internationales Stockholmer Friedensinstitut, Jahrbuch 1981, Tabelle 2.1.

man selbst in Stellung brachte. Gleichzeitig bauten und dislozierten die
Vereinigten Staaten und die Sowjetunion Unterseeboote, die wochenlang
im Tauchzustand lauern konnten, bis sie Raketen mit nuklearen Sprengköpfen abfeuerten.[11] Dieser militärische Machtaufbau führte in etwa zu
einem Stärkeverhältnis im Bereich der Atomwaffen, wie es Tabelle 2 zeigt
(s. S. 327).

Offensichtlich war zu Beginn der siebziger Jahre insofern im wesentlichen ein Gleichstand eingetreten, als beide Supermächte in der Lage waren, der anderen so ungeheuren Schaden zuzufügen, daß ein Bau weiterer
Interkontinentalraketen als pure Verschwendung erschien. Dementsprechend legte der SALT-I-Vertrag, auf fünf Jahre abgeschlossen und 1972
unterzeichnet, eine Obergrenze für strategische Waffen fest. Damit war
das Wettrüsten jedoch nicht zum Stillstand gebracht. Die Forschungs-
und Entwicklungsteams verlagerten ihre Aufmerksamkeit lediglich auf
andere Waffen, die in dem Vertrag nicht erwähnt waren – einfach, weil es
sie noch nicht gab. So befanden sich Ende der siebziger Jahre mehrere
neue Waffensysteme in der Übergangsphase zwischen Versuchslaborato-
rium und Fließbändern. Doch wie viele Waffen gebaut werden sollten
und welcher Anteil an den Ressourcen des Landes für die Eskalation des
Wettrüstens aufzubringen sei, war 1981 in den Vereinigten Staaten eine
nach wie vor umstrittene Frage. Ohne Zweifel spielten sich ähnliche
Kontroversen in der Sowjetunion ab, aber Alternativen wurden nicht
öffentlich zur Sprache gebracht, wie es in den Vereinigten Staaten notwendig war, um den Kongreß zur Bewilligung von Mitteln zu veranlassen.

Neue Versionen älterer Waffen mit verbesserten Kapazitäten waren für
die Machtrelationen schon beunruhigend genug. Die zusätzliche Möglichkeit, daß irgendeine Waffe radikal anderer Art plötzlich einen neuen
Weg für einen lähmenden Schlag bahnen könnte, hielt die Großmächte
der Welt ebenfalls davon ab, ernsthaft ein stabiles, von Vertrauen getra-
genes Übereinkommen miteinander anzustreben. Ein Durchbruch in der
chemischen oder biologischen Kriegführung konnte jederzeit das atomare Gleichgewicht des Schreckens unterlaufen. Als besonders vielversprechend für die achtziger Jahre erschienen jedoch verschiedene Arten von
‚Todesstrahlen‘ mit Lichtgeschwindigkeit. Derartige Strahlen, von
Raumfahrzeugen ausgesandt, könnten möglicherweise anfliegende Raketen abfangen oder sie schon auf ihren Startrampen zerstören. Allein die
bloße Andeutung einer solchen Möglichkeit brachte ein Element tiefer
Instabilität in das seit den sechziger Jahren bestehende Gleichgewicht des
Schreckens.

Es war eindeutig unmöglich, in einer Welt, in der rivalisierende Staaten
einander voll Furcht gegenüberstanden, den Wettlauf nach einem strategischen Vorteil zu bannen, den der Durchbruch in der Konstruktion

irgendeiner Geheimwaffe dieser oder jener Seite bringen mochte. Die Kosten, die mit jeder neuen Generation technisch immer raffinierterer Waffen anschwollen, übten immerhin eine gewisse bremsende Wirkung. Doch interessierte Kreise in den Vereinigten Staaten wie in der Sowjetunion, die es auf neue Aufträge beziehungsweise auf neue Ressourcen an Menschen und Material abgesehen hatten, konnten immer mit tiefbesorgter Miene auf Forschungs- und Entwicklungsanstrengungen der anderen Supermacht verweisen. Die politisch Verantwortlichen mußten irgendwie die Ansprüche aus der Zivilwirtschaft gegen den gefräßigen Appetit auf neue Mittel abwägen, den militärische Forschungs- und Entwicklungsteams unaufhörlich zeigten. In den Vereinigten Staaten getroffene Entscheidungen für oder gegen bestimmte Waffensysteme und Entwicklungsprogramme führten häufig zu einer spiegelbildlichen Reaktion in der Sowjetunion. Doch vieles blieb geheim, besonders in der UdSSR. Die finanziellen und moralischen Ungewißheiten ebenso wie die technologischen, die schon vor dem Ersten Weltkrieg im Zusammenhang mit dem englisch-deutschen Flottenwettrüsten aufgetreten waren und so verhängnisvolle Auswirkungen gehabt hatten,[12] machten den politischen Entscheidungsträgern zu schaffen. Der Unterschied lag darin, daß sich in den Jahrzehnten seither die Kosten von Fehlgriffen vervielfacht hatten.

Sensationelle Leistungen im Weltraum verhüllten vielleicht eher die Tatsache, daß das Wettrüsten sich nicht auf die Vereinigten Staaten und die Sowjetunion beschränkte, und ebenso wenig war es den beiden Supermächten nur um Raketen und Atomsprengköpfe zu tun. Tabelle 3 (s. u.) faßt die außerordentliche Zunahme der Militärausgaben zusammen, zu der es in den Jahrzehnten seit dem Zweiten Weltkrieg kam. Bei diesen Zahlen ist allerdings wegen budgetärer Täuschungsmanöver und der willkürlich angesetzten Währungsrelationen, die zugrunde gelegt

*Tabelle 3: Militärausgaben zu konstanten Preisen*
(in Milliarden Dollar, Stand 1978)

|  | 1950 | 1955 | 1960 | 1965 | 1970 | 1975 | 1980 |
|---|---|---|---|---|---|---|---|
| USA | 39,5 | 98,2 | 100,0 | 107,2 | 130,9 | 101,2 | 111,2 |
| NATO insgesamt | 67,3 | 142,5 | 150,3 | 168,1 | 194,0 | 184,9 | 193,9 |
| UdSSR | 37,7 | 51,2 | 48,0 | 65,9 | 92,5 | 99,8 | 107,3 |
| Warschauer Pakt | 40,7 | 54,2 | 51,3 | 71,3 | 100,8 | 110,3 | 119,5 |
| Bündnisfreie Staaten | 25,7 | 29,6 | 34,6 | 57,9 | 85,7 | 123,7 | 141 |
| Welt insgesamt | 133,7 | 226,4 | 236,2 | 297,3 | 380,5 | 418,9 | 455,3 |

*Quelle:* Internationales Stockholmer Friedensinstitut, Jahrbuch 1981, Anhang 6 A, S. 156.

werden müssen, wenn Kosten auf einen gemeinsamen Dollar-Nenner gebracht werden, mit einer gewaltigen Fehlerbreite zu rechnen. Es läßt sich nicht bezweifeln, daß die Rüstungsausgaben der Supermächte ihr Gegenstück in denen anderer Staaten hatten. Ja, die Wachstumsraten der Rüstungsausgaben in Ländern der Dritten Welt während der siebziger Jahre gingen über die der Großmächte hinaus.

Das Wettrüsten hatte also eine ansteckende Wirkung in anderen Gegenden der Welt. Ein besonderer Höhepunkt (beziehungsweise Tiefpunkt) ist im Nahen Osten zu verzeichnen, wo hohe Öleinnahmen und instabile Regimes zum Nahost-Konflikt und anderen anscheinend kaum beizulegenden lokalen Streitigkeiten hinzukommen. Die unheilvollen Entwicklungen im Vorderen Orient seit 1947 fanden nicht leicht ihresgleichen, wenn auch in Südostasien mehr Blut floß, während die Rassen- und Stammeskriege in Afrika sich in Grenzen hielten, allerdings mehr durch Armut und den darauf zurückgehenden Mangel an Waffen von hoher Zerstörungskraft als durch weise Zurückhaltung irgendwelcher Art.

Die beiden Supermächte waren in einer schlechten Position, diese Entwicklung zu steuern. In den sechziger Jahren, wenn nicht schon vorher, erkannten die amerikanische und die sowjetische Regierung, daß selbst auf einen erfolgreichen atomaren Überraschungsangriff eine grauenhafte Vergeltung folgen würde. Ihre neue Vernichtungskapazität schied damit als ein anwendbares Instrument der Politik aus. Andere Regierungen kamen schon bald zu der gleichen Erkenntnis und fühlten weniger Hemmungen als zuvor, den Vereinigten Staaten und der Sowjetunion Trotz zu bieten. Dies zeigte sich am Rückzug Frankreichs aus der Militärstruktur der NATO, 1966, und an wachsender Unruhe in Osteuropa. Je sicherer die Fähigkeit zur gegenseitigen Vernichtung wurde, desto mehr gerieten die Supermächte in die Gefahr, zu zwei Goliaths zu werden, die gerade durch das Schreckenerregende ihres Waffenarsenals behindert wurden. In paradoxer Hilflosigkeit waren sie außerstande, ihre atomaren Sprengköpfe einzusetzen, und ebenso unfähig, auf sie zu verzichten.

Eine solche Situation, in der unvorstellbar große Macht wie durch Zauberhand in ihr Gegenteil verkehrt wurde, war ohne historisches Beispiel. Und sie trat ausgerechnet in einer Zeit ein, da die Weiterverbreitung von Kernwaffen zugleich Möglichkeit und Realität war, obwohl es Geheimnis blieb, wie viele Regierungen genau über atomare Sprengköpfe oder die Mittel verfügten, sie ins Ziel zu bringen. Nur sechs Staaten hatten in aller Öffentlichkeit nukleare Sprengköpfe gezündet,[13] doch mehrere andere stehen seit langem im Verdacht, Atomwaffen zu besitzen, hergestellt mit Plutonium, das in Kernkraftwerken anfiel.[14]

In den Jahrzehnten seit 1945 haben weder der Atomschirm noch die Bemühungen internationaler friedenswahrender Organisationen verhindern können, daß wiederholt lokale Kriege und Guerillakämpfe ausbrachen. Die bewaffneten Konflikte zählten zu Hunderten, und die daran Beteiligten, in beinahe jedem Fall auf Waffenlieferungen von außen angewiesen, suchten – direkt oder indirekt – fast immer Beistand bei einer der beiden Supermächte.[15] Solchen Auseinandersetzungen gegenüber sich zurückzuhalten war schwierig. Beispielsweise nahmen amerikanische Truppen in beträchtlicher Stärke am Koreakrieg, 1950–53, teil, und später kämpften noch mehr US-Truppen vergeblich in Vietnam, 1964–73. Die Russen ihrerseits marschierten 1956 und dann noch einmal 1968 in aufbegehrende osteuropäische Länder ein und ließen 1979 die Invasion Afghanistans folgen. Den Vereinigten Staaten war in Korea ein eingeschränkter Erfolg, in Vietnam eine demütigende Niederlage beschieden. Es bleibt abzuwarten, ob auf die beschränkten Erfolge der Sowjets in Ungarn und in der Tschechoslowakei ein ähnliches Ergebnis in Afghanistan folgen wird.

Die ganz außergewöhnlichen Möglichkeiten einer technisch weit fortgeschrittenen Gesellschaft, ihren Gegnern mit überwältigender Macht zu begegnen, sind schließlich von einer Übereinstimmung abhängig, welchen Zielen Können und Kraftanstrengung des Kollektivs gewidmet werden sollen. Die Erhaltung dieses Konsensus ist keineswegs selbstverständlich und gesichert. Dies zeigte sich während des Vietnamkrieges in den Vereinigten Staaten, als die Sache, für die amerikanische Soldaten kämpften, derart ins Zwielicht geriet, daß der Abzug der Truppen zur politischen Notwendigkeit wurde. Die technische Überlegenheit der Amerikaner war außerstande, die Vietcong zu besiegen. Die angerichteten Zerstörungen hatten nur die Wirkung, daß sich die Stimmung der Vietnamesen gegen die Ausländer verhärtete. Eine weitere Eskalation bot keine Lösung, wollte man nicht eine umfassende Großoffensive gegen den Norden beginnen. Noch größere Zerstörungen im Süden hätten die meisten der Menschen zugrunde gerichtet, ihre Folgen durch die chemischen Entlaubungsmittel sind bis heute unabsehbar in einem Land, dessen Freiheit die Vereinigten Staaten zu verteidigen behauptet haben.

Dazu kam noch, daß sich in den Vereinigten Staaten eine immer breiter werdende Kluft auftat, was Klugheit und Berechtigung der bewaffneten Intervention in Vietnam betraf. Mißtrauen gegenüber den Militärs, der Hochtechnologie und den administrativ-akademisch-militärisch-industriellen Eliten, die die amerikanische Antwort auf den Sputnik-Start gesteuert hatten, breitete sich aus. Die hochfliegenden Hoffnungen und das draufgängerische Selbstbewußtsein, mit denen die amerikanische Regierung in den sechziger Jahren ihr Weltraumabenteuer begonnen hatte, verflogen und hinterließen einen schalen Nachgeschmack. Zahlreiche junge Menschen warfen sich dieser oder jener Form von Gegenkultur in die Arme und lehnten bewußt die Muster der sozialen Lenkung ab, die sich nach dem Zweiten Weltkrieg so außerordentlich entfaltet hatte.

In Extremfällen war ihre Rebellion suizidal, wie der frühe Tod zahlreicher Drogenabhängiger zeigte. Es gelang auch nicht, lebensfähige Alternativen zur bürokratisch gesteuerten Großwirtschaft zu entwickeln. Billige, in Massenproduktion erzeugte Güter erforderten eine Durchfluß-Technologie, wie sie sich nur bürokratisch organisierte Großunternehmen leisten konnten, und eine Welt, in der solche Giganten ihres Daseins sicher sein können, muß wahrscheinlich auch ihre Interaktionen in bürokratischer Weise regulieren. Spontaneität, persönliche Unabhängigkeit und Solidarität von Kleingruppen mit Menschen, die an den Rand gedrängt wurden, haben in einer solchen Gesellschaft nur geringen Entfaltungsraum. Doch die materielle Verarmung, die eine radikale Rückkehr zu irgendeinem dieser älteren Werte und Verhaltensmuster zur Konsequenz haben mußte, war ein zu hoher Preis für die meisten Rebellen, den zu zahlen sie nicht bereit waren.

Gleichwohl blieben die Durchflußtechnologien äußerst anfällig für Störungen und Lahmlegungen. Die Effizienz, die die Produktionskosten verbilligte, verlangte eine präzise Koordinierung vieler zusätzlicher Ströme. Unterbrechungen irgendwo längs der Linie konnten im Handumdrehen Effizienz in ihr Gegenteil verwandeln. Unzufriedene oder aufsässig gestimmte Gruppen vermochten daher, wenn sie entsprechend organisiert waren, den industriellen Prozeß ohne große Mühe zu blockieren, wie erfolgreiche Streiks seit den 1880er Jahren mehr als einmal demonstriert hatten.

Andererseits bestand selbst für die radikalsten revolutionären Gruppen der Preis fürs Überleben darin, sich selbst eine Macht ausübende innere Bürokratie zuzulegen.

Denn Gruppen können sich in einer bürokratisierten Welt nur dann durchsetzen, wenn sie sich bürokratisch organisieren. Dies brachte die Gegenkultur der sechziger Jahre um eine länger anhaltende Bedeutung. Doch Technokraten und Politiker in den Vereinigten Staaten mußten erkennen, daß es für ihre neue Macht der sozialen Steuerung bis dahin unvermutete Grenzen gab. Die großen administrativen Apparate, vom Nationalstaat geschaffen und zugleich sein Skelett, konnten nicht nach Belieben verfügen, welche Ziele die Gesellschaft anzustreben habe, noch wer über wen bestimmen sollte. Bei der Entscheidung über solche Fragen mußten Vernunft und kühle Berechnung hinter Idealen und Gefühlen zurückstehen. Eine manipulierende Propaganda konnte das emotionale Klima für Massengehorsam nur dadurch herstellen, daß sie sich innerhalb der Grenzen hielt, die überkommene, weithin herrschende Überzeugungen zogen. Die einer hochspezialisierten und scharf differenzierten Gesellschaft innewohnenden Spaltungstendenzen brachten für die politische

Führung enorme Belastungen. Diese Belastungen wurden nicht merklich durch den Umstand gemildert, daß Politiker und Staatsmänner sich der ausgeklügeltsten Methoden der Systemanalyse, Kosten-Nutzen-Rechnung und anderer Instrumente des modernen industriellen, großwirtschaftlichen Managements bedienen konnten.[16] Der einschneidendste Wandel in den Nachkriegsjahrzehnten bestand vielleicht darin, daß den verfassungsmäßigen öffentlichen Gewalten vielfach die Loyalität entzogen wurde. Ethnische, regionale und religiöse Gruppierungen gewannen auf Kosten des Nationalstaats an Bedeutung, während sich zugleich auch verschiedene übernationale kollektive Identitäten und administrative Strukturen stärker entwickelten denn je.

Die sowjetische Gesellschaft hatte ähnliche Probleme. Chruschtschows selbstbewußte Verheißungen aus den frühen sechziger Jahren wurden schal, als sich zeigte, daß eine Steigerung der Produktivität, von der alles abhing, nicht allein schon durch Mahnungen der Kommunistischen Partei zustande kam, fleißiger zu arbeiten, um irgendwann in der Zukunft ein besseres Leben zu genießen. Chruschtschows geheime Abrechnung mit Stalin 1956 öffnete die Schleusen für die Kritik, die sich unter den Manager-Eliten aufgestaut hatte. Die Methoden der sowjetischen Planung beispielsweise wurden unter die Lupe genommen, Diskussionen über das Thema, wie eine effizientere Nutzung der Ressourcen zu erreichen sei, mit ganz ungewohnter Offenheit geführt. In der Mitte der sechziger Jahre kam es zu Experimenten mit Verwaltungsreformen, doch wenn die Debatten allzuviel von den inneren Schwierigkeiten und Meinungsverschiedenheiten preisgaben, wurde die öffentliche Diskussion wieder abgestellt.[17] Wie schon früher in der sowjetischen (und auch in der vorrevolutionären russischen) Geschichte behinderte polizeilicher Druck die freie Bekundung abweichender Meinungen.

Doch der persönliche Mut, der notwendig war, sich der Repression zu widersetzen, gab den Stimmen, die nicht verstummen wollten, ein außergewöhnliches Gewicht. Während der gesamten Nachkriegsperiode verbreitete sich abweichendes Denken in der kommunistischen Welt, beginnend bereits im Jahr 1946, als Jugoslawien sich aus dem Block löste. Später folgten andere Nationen diesem Beispiel, vor allem China, 1962. In solchen Abspaltungen spiegelten sich Nationalgefühl und nationale Verschiedenheit. Dies galt auch für manche Bekundungen abweichender Meinungen innerhalb der Sowjetunion selbst, namentlich unter Juden und Muslimen. Doch auch einige namhafte Wissenschaftler und Schriftsteller prangerten die Unterdrückung der Wahrheit und der persönlichen Freiheit in der UdSSR an. Sie hatten die Möglichkeit, ihre Ansichten durch geheime Kanäle in der Sowjetunion zu verbreiten und sie ins Ausland zu schleusen.

Dies bewies, wenn ein Beweis nötig war, daß diejenigen, die sich dem

Parteiapparat zu widersetzen wagten, von vielen anderen unterstützt wurden. Diese Gleichgesinnten ließen die Schriften der Dissidenten von Hand zu Hand gehen und auf geheimen Wegen auch Personen zukommen, die dem Zugriff der sowjetischen Polizei entzogen waren. Ein zweites Symptom für die schwindende Überzeugungskraft der offiziellen Ideologie war die Begeisterung für die Popmusik und andere Importe aus der westlichen Jugendkultur. So bildete sich in der Sowjetunion eine reale, wenn auch nur zart sprießende Gegenkultur, die gegen die Konventionen und den Schicklichkeitskanon des sowjetischen Establishments noch radikaler verstieß, als die Aufsässigkeiten der Jugend in den Vereinigten Staaten die Werte der kapitalistischen Marktwirtschaft in Frage stellten.

Doch wenn der Konsens innerhalb eines Staates strapaziert wurde, führte dies tendenziell nur dazu, daß das Gewicht der Polizei und der Streitkräfte zunahm. Abgesehen von Frankreich und Großbritannien mußte in den Nachkriegsjahrzehnten keiner der großen Industriestaaten seine bewaffnete Macht einsetzen, um innerer Schwierigkeiten Herr zu werden. In ärmeren Ländern hingegen griff bei einer Verschärfung der Aufsässigkeit immer wieder das Militär ein. In jedem modernen Staat haben die in den Händen von Polizei und Soldaten befindlichen Waffen das letzte Wort im inneren politischen Prozeß, es sei denn, Disziplin und innerer Zusammenhalt der bewaffneten Staatsorgane brechen zusammen. Die Aufrechterhaltung der Disziplin in schwierigen Zeiten verlangt Absonderung von der zivilen Gesellschaft, besonders dann, wenn sich in der Gesellschaft ein bedenklicher Dissens ausbreitet. Die Bewahrung der notwendigen technischen Fertigkeiten erfordert andererseits eine wechselseitige Durchdringung mit zumindest einigen der technologisch qualifizierten Eliten der bürgerlichen Gesellschaft. Doch solche Eliten verlieren mit einer ineffizienten oder korrupten Regierung besonders leicht die Geduld, weil sie überzeugt sind, daß sie selbst Besseres zustande brächten. Wer über wen zu bestimmen hat und mit welcher Zielsetzung wird wahrhaft problematisch, wenn technische Eliten und solche aus dem Bereich der bewaffneten Macht mit anderen Gruppen in der Gesellschaft auf diese Weise zusammenprallen.

Führten solche Kollisionen zu einem Staatsstreich, der Militärs an die Macht brachte, war es für die neuen Herren schwierig, den Zusammenhalt und die solidarische Moral zu bewahren, die ihnen die Machtübernahme überhaupt ermöglicht hatten. Reformprogramme, so aufrichtig sie nach dem Staatstreich auch gemeint waren, ließen sich immer nur schwer in die Tat umsetzen, und wenn Gelegenheiten zu persönlicher Bereicherung und zur Befriedigung sinnlicher Bedürfnisse sich in Fülle boten, wie es Männern im Besitz politischer Macht immer widerfuhr, war es leicht um die in Kasernen und Militärakademien gepflegten Ideale geschehen.

Häufig brachte eine solche Preisgabe das Militärregime in seinen eigenen Augen und in denen anderer um seine Legitimation. Deshalb ist den meisten modernen Militärdiktaturen kein langes Leben beschieden gewesen.

Das Bündnis von Thron und Altar war in langen Epochen der Geschichte die traditionelle, altbewährte Lösung für das Problem, die Legitimität zu erhalten. Im 20. Jahrhundert bestand jedoch die Schwierigkeit darin, einen Glauben und eine Priesterschaft zu finden, die imstande waren, Regierungen zu stützen, die ohne einen klar umrissenen Konsens der Allgemeinheit regieren mußten. Symptome ließen erkennen, daß die säkularen ‚Religionen‘ des 18. und 19. Jahrhunderts in den industriell fortgeschrittenen Ländern ihre Macht einbüßten. Ja, die Schwächung des öffentlichen Konsensus war ein Gradmesser dieses Niedergangs. Marxistische und nationalistische Ideale hatten sich zwar in den ersten Nachkriegsjahrzehnten als machtvolle Faktoren erwiesen, die überwiegend bäuerliche Bevölkerungen gegen europäische Kolonialherren und ausländische Kapitalisten zu mobilisieren vermochten. Doch wenn revolutionäre Parteien die Macht übernahmen und sich vor die Aufgaben der täglichen Regierungspraxis gestellt sahen, boten nationalistische Prinzipien und der marxistische Glaube nur kläglich unzureichende Handlungsanleitungen. Daher stellten sich regelmäßig Ernüchterung und Enttäuschung ein.

In manchen Gegenden der Welt boten traditionelle Religionen, zuweilen in Sektenform, eine Alternative. Dies galt besonders für islamische Länder. Die uralte Gegnerschaft zum Christentum und zum Judaismus, die bis zur Entstehung des Islam zurückreichte, machte es leicht, korrumpierende ausländische Einflüsse anzuprangern und die Massen zur Verteidigung des wahren Glaubens aufzurütteln. Doch ein Regime, das sich getreulich an den Koran halten wollte, hatte Schwierigkeiten im Umgang mit der Technik des 20. Jahrhunderts, da diejenigen, die die Technologie des Westens beherrschten, in der Regel nicht lange fanatische Anhänger der Offenbarungsreligion Mohammeds blieben.

Ein Feind vor den Toren ist von jeher der beste Ersatz für einen spontanen Konsens im eigenen Land gewesen. Die Furcht vor dem, was ein Gegner anrichten würde, ließe man ihn die Grenze überschreiten, erzeugt oft Gehorsam, und sei es nur nach dem uralten Motto „lieber die Schurken, die man kennt, als die Geißel, die man fürchtet". Daher läßt sich annehmen, daß in jenen Gegenden Afrikas, Asiens und Lateinamerikas, wo der öffentliche Konsens schwach und brüchig ist, Kriege und Gerüchte von Kriegsvorbereitungen gegen Nachbarn ins Kraut schießen werden. Bäuerliche Lebensformen geraten überall dort unter enormen Druck, wo die Bevölkerung derart stark angewachsen ist, daß die heranwachsende Generation nicht mehr genug Boden findet, auf dem sie nach traditioneller Art leben und eine Familie großziehen kann. Die rastlose, leidenschaftliche Suche nach einem neuen politischen Glauben, neuem Land und neuen Lebensformen, die durch solche Verhältnisse ausgelöst wird, beeinträchtigt mit Sicherheit die Autorität von Regierungen jeglicher Couleur, bis irgendwann die demographische Krise abklingt. Nach der europäischen Geschichte zwischen 1750 und 1950 zu urteilen, wird dies noch lange dauern und zahlreiche Menschenleben fordern.

Kriege und Kriegsvorbereitungen werden deshalb mit Wahrscheinlichkeit auch künftig im größten Teil der Dritten Welt verbreitete Erscheinungen sein. Die gewaltige Aufrüstung, die diese Länder seit den sechziger Jahren betreiben, bezeugt dies. Wie in früheren Epochen sind solche Ausgaben aus ökonomischer Sicht nicht in jedem Fall nur pure Verschwendung. Neue Fertigkeiten, wie sie beispielsweise für die Wartung solch komplizierten Kriegsgeräts wie moderner Kampfflugzeuge gebraucht werden, lassen sich in einem größeren Bereich anwenden. Unter den richtigen Bedingungen können sie, wie im Japan des 19. Jahrhunderts, das Wachstum der Industrie fördern. Andererseits können Investitionen in Rüstungsgüter die Entwicklung in anderen Bereichen abwürgen. Insgesamt betrachtet, besteht anscheinend kein schlüssiger Zusammenhang zwischen den ökonomischen Wachstumsraten in der Dritten Welt seit 1945 und dem Anstieg der Ausgaben für militärische Zwecke.[18]

Die Unfähigkeit, den inneren Frieden aufrechtzuerhalten, ist jedoch ein sicherer Weg zum wirtschaftlichen Rückschritt. Wenn die Aufrechterhaltung der öffentlichen Ordnung problematisch wird, so daß die Regierungen ihre eigene Bevölkerung ebensosehr fürchten wie einen ausländischen Feind, oder sogar noch mehr, erhält die Ausrüstung der Polizei Vorrang. Statistiken aus jüngerer Zeit zeigen, daß neue Staaten seit Mitte der sechziger Jahre mehr für ihre Sicherheitskräfte als für Rüstungsgüter ausgegeben haben.[19] Ob eine besser organisierte Repression genügen wird, bestehende Regimes abzustützen, die nicht von einer echten Zustimmung der Regierten getragen werden, bleibt abzuwarten. Militärische Formen der Disziplin und Maßnahmen zur Absonderung der bewaffneten Organe von der übrigen Bevölkerung bieten sicher eine gewisse Erfolgsaussicht. Schließlich bedienten sich die europäischen Herrscher des Ancien régime dieses Kunstgriffs mit großem Erfolg. Da zudem die Rüstungsgüter immer kostspieliger wie auch destruktiver werden, ist zu vermuten, daß kleine Berufsarmeen die Massenheere aus Wehrdienstpflichtigen ablösen werden, die in der europäischen Kriegsführung während des 19. und 20. Jahrhunderts die dominierende Rolle spielten. Sollte es dazu kommen, können Regierungen und ihre bewaffneten Organe es sich vielleicht leisten, auf Rückhalt in der Bevölkerung überhaupt zu verzichten, und sich auf Gewaltanwendung oder -androhung mittels professionalisierter Spezialisten stützen, die von der übrigen Bevölkerung systematisch ferngehalten werden. Regimes solcher Art würden den Normen der Vergangenheit entsprechen, so wenig sie auch im Einklang mit modernen demokratischen Theorien stünden.

Andererseits wirken heutige Formen der Massenkommunikation vermutlich in entgegengesetzte Richtung, so daß eine solch altmodische Polarität zwischen einer waffengestützten Obrigkeit und einer Bevölkerung aus Untertanen hartnäckig instabil bliebe. Zwar läßt sich darauf zählen, daß eine selektive Ergänzung der Streitkräfte aus einem speziellen Segment der Bevölkerung eine soziale Distanz zwischen sie und gewöhnliche Zivilisten und Untertanen legt. Ob aber eine bewaffnete Macht dieser Art die organisierte Gewalt innerhalb der Staatsgrenzen monopolisieren kann, hängt in hohem Maße davon ab, ob revolutionäre Gruppen Zugang zu Waffen haben, und dabei kommt es wiederum auf das Verhalten anderer Regierungen wie auch auf den Fanatismus der Revolutionäre an. Solange die Erde in rivalisierende Staaten geteilt ist, haben Revolutionäre eine gute Chance, von irgendeiner ausländischen Macht gefördert und mit Waffen versorgt zu werden. Unter diesen Umständen scheint es unwahrscheinlich, daß eine Stärkung von Polizei und Armee die politische Stabilität in jenen Gegenden der Welt zu sichern vermag, wo eine rapide Zunahme der ländlichen Bevölkerung verbreitete und radikale Unzufriedenheit mit dem Zustand der Dinge schafft.

In Europa, den Vereinigten Staaten und der Sowjetunion bestehen Bevölkerungsprobleme anderer Art. Wie man mit Einwanderern oder ethnischen Sondergruppen, ob Latinos in den Vereinigten Staaten oder Muslimen in Europa und in der Sowjetunion zu Rande kommen soll, ist eine delikate Sache, deren Behandlung viel Sorgfalt verlangt. Doch das Problem gefährdet nicht die bestehende politische Ordnung. Sie wird auch nicht von den divergierenden Interessen der militärisch-technischen Elite und der übrigen Gesellschaft bedroht, mag die Konkurrenz um die Ressourcen auch real genug sein. Seit einem halben Jahrhundert haben sich die militärisch-industriellen Eliten beinahe ausnahmslos gegen Rivalen im eigenen Land ohne große Mühe durchgesetzt. Immer wieder veranlaßte die Furcht vor einem ausländischen Feind die Herrschenden und die Bevölkerung insgesamt, neue Anstrengungen zu unternehmen, um mit dem Rüstungsstand der anderen Seite gleichzuziehen oder ihn zu überholen. Das eskalierende Wettrüsten trug wiederum dazu bei, Anpassungsbereitschaft und Gehorsam im eigenen Land aufrechtzuerhalten, da eine offensichtliche Drohung von außen zu allen Zeiten das der Menschheit vertrauteste Mittel war, die Gesellschaft zusammenzuschweißen.

Doch wie weit ein solches Schattenboxen gehen kann, ist eine ernste Frage. Die Kernwaffen haben die Regeln verändert, und die Absurdität, gewaltige Ressourcen für die Schaffung von Waffen einzusetzen, von denen niemand Gebrauch zu machen wagt, liegt für alle Betroffenen auf der Hand. Das bedeutet, daß die riesigen Militärapparate, die heute die NATO und den Warschauer Pakt voreinander schützen, nicht nur in katastrophaler Weise durch den Angriff von außen, den sie überstehen sollen, sondern auch von innerem Verfall bedroht sind. Ein solcher Verfall wird dadurch begünstigt, daß althergebrachte Begriffe von Heroismus und soldatischer Berufung in technologisch hochmodernen Armeen und Flotten frustrierend sinnlos geworden sind. Der Krieg per Knopfdruck ist die Antithese zu mutvollem Einsatz der eigenen Person, und das pedantische Einerlei des bürokratischen Papierkriegs liegt nicht weniger im Widerstreit mit naiven, doch aus der Tiefe des Gefühls kommenden Auffassungen davon, was kämpfenden Männern ansteht. Solche Spannungen sind so alt wie die Bürokratisierung und Industrialisierung des Krieges, doch die Heraufkunft des Raketenzeitalters, in dem das Gewicht ganz auf den Kampf über weite Distanzen liegt und aus der das mit eigenem Einsatz kämpfende Individuum beinahe ganz ausgeschaltet ist, stellt eine ‚Mutation‘ des Krieges dar, die die Psyche der Soldaten nicht leicht zu bewältigen vermag.[20]

Gleichwohl ist, vom Fall einer militärischen Niederlage abgesehen, eine drastische Demoralisierung im Militär vielleicht unwahrscheinlich. Die traditionellen Methoden, mit denen militärische Disziplin eingeimpft und aufrechterhalten wird, zeigen sich noch immer sehr wirksam. Das stundenlange Exerzieren in geschlossener Ordnung hat nichts von seiner Kraft eingebüßt, bei Soldaten Gefühle einer elementaren Sozialität zu wecken. Daß es heute für einen militärischen Konflikt völlig unbrauchbar und belanglos geworden ist, zählt vielleicht nicht. Auch ist es möglich, daß neue Rituale und Routineprozeduren entstehen und die dauerhafte Macht entwickeln, menschliches Verhalten in den Streitkräften wie in der Gesellschaft insgesamt zu lenken und zu stabilisieren. Routine und Ritual sind der Standardersatz für einen glühenden, persönlichen und revolutionären Glauben. Wenn ein solcher Glaube – marxistisch oder liberaldemokratisch – seinen Sinngehalt verliert, blieben nur Ritual und Routine übrig.

In früheren Zeiten herrschten in den europäischen und in allen anderen Armeen Routine und Ritual vor. Technische Umwälzungen traten nicht häufig ein, so bedeutsam sie für Aufstieg und Niedergang von Völkern und die Gezeiten von Sieg und Niederlage auch waren. Vielleicht wird die außergewöhnliche Erschütterung der vergangenen anderthalb Jahrhunderte, seit die Industrialisierung des Krieges im Ernst einsetzte, schließlich gebändigt, so daß die bewaffnete Macht in aller Welt wieder in das stützende und zügelnde System immergleicher Routine zurücksinken kann.

Doch solange die Rivalität zwischen Staaten, die einander mit Argwohn betrachten, fortbesteht, dürfte die organisierte Erfindungsplanung sich behaupten, koste es, was es wolle. Nicht überschreitbare ökonomische Schranken sind praktisch nicht in Sicht. Jede produktive Ressource, die nicht für die Lebenserhaltung gebraucht wird, steht grundsätzlich für Verteidigungszwecke zur Verfügung, und die gesteigerte Produktivität automatisierter Maschinen ist so groß, daß die Grenzen für militärische Ausgaben mit denen der Effizienz menschlicher Organisation für die Kriegführung zusammenfallen. Wieder stößt man auf das Problem von Konsens und Gehorsam. Materielle Begrenzungen sind vergleichsweise unbedeutend.

Man könnte annehmen, daß die Waffenentwicklung nahe an absolute physikalische Grenzen gelangt sei. Schließlich wurde bereits 1957 bei ballistischen Raketen die ‚Fluchtgeschwindigkeit‘ erreicht. Die nächste Waffengeneration wird möglicherweise mit Lichtgeschwindigkeit aus dem Weltraum operieren, wie dies heute schon bei Steuerungs- und Lenkungssystemen der Fall ist. Doch ein Erreichen der von der Physik gezogenen absoluten Geschwindigkeitsgrenze würde rivalisierende Forschungs- und Entwicklungsteams nicht hindern, nach Wegen zu suchen, um die Steuerung und Zielgenauigkeit von Waffen zu verbessern und zugleich neue Methoden für die Abschirmung gegen Störungen von außen zu entwickeln. Eine Stabilisierung der Waffensysteme auf einer bestimmten Stufe, falls es jemals dazu kommen sollte, dürfte sich kaum daraus ergeben, daß wissenschaftliche Forschung und militärische Technik an Grenzen stoßen.

# Schluß

Den gegenwärtigen Weltzustand zu verstehen, verlangt eine kühne Anstrengung der Phantasie. Umgeben von einer Überfülle an Daten, muß man irgendwie entscheiden, worauf die Aufmerksamkeit zu richten und was als das Wichtige zu behandeln ist, selbst wenn das bedeutet, alles andere außer acht zu lassen. Eine solche Situation trägt die Möglichkeit des Irrtums in sich, doch darin unterscheidet sie sich nicht von den anderen Ungewißheiten, von denen das menschliche Leben zu allen Zeiten unvermeidlich umgeben ist. Unsere Vorfahren in der frühen Menschheitsgeschichte lernten, ihr Augenmerk auf ein winziges Segment der ihrem Zentralnervensystem zugänglichen Sinneseindrücke zu konzentrieren, wurden dadurch zu geschickten und erfolgreichen Jägern und gingen anschließend daran, die natürliche Ökologie der Erde durch eine lange Reihe von Erfindungen umzuformen, die durch eine kollektive Anstrengung verwirklicht wurden. Wörter und Symbole, die dem menschlichen Geist die Möglichkeit gaben, sich nach Belieben auf ausgewählte Aspekte einer Situation zu konzentrieren und alles übrige zu vernachlässigen, waren die hervorragendsten Instrumente, mit denen diese außergewöhnlichen Veränderungen bewirkt wurden. Wenn wir mit Hilfe von Wörtern, die gegenwärtigen Verhältnisse zu erfassen versuchen, tun wir mithin nicht mehr – und nicht weniger –, als unsere Vorfahren in vielen Jahrtausenden getan haben.

Von diesem Gedanken gestärkt, kann man sich in der Phantasie in ein künftiges Zeitalter zu versetzen versuchen, in dem unsere heutigen Probleme der politischen Rivalitäten und des Wettrüstens gelöst sein werden, ohne daß die menschliche Gesellschaft und Zivilisation vernichtet wurden. Aus der Perspektive von ein paar Hundert Jahren, so scheint es mir, werden die, die nach uns kommen, das Millenium, mit dem sich dieses Buch beschäftigt hat, wahrscheinlich als eine Periode ganz außergewöhnlicher Erschütterungen und Umbrüche betrachten. Tausend Jahre blieben politische Steuerung und staatliche Lenkung menschlicher Leistungskraft derart gravierend hinter der Entwicklung der Verkehrs- und Kommunikationsnetze zurück, daß Initiativen und Eigeninteresse von Privatpersonen und kleinen Gruppen in ganz ungewöhnlichem Maße das Alltagsverhalten bestimmten. Die unsichtbare Hand des Marktes entfaltete ihre Geltung und steuerte mittels schwankender Preise das Arbeitsleben von Millionen und Abermillionen Menschen. Neue Techniken und komplementäre Ressourcen gewannen einen unerwarteten An- und Verwendungsspielraum, was das Überleben größerer Bevölkerungen ermöglichte. Schließlich wurde sogar der Akt des Erfindens gezielt gesteuert, wurde die Produktion systematisch in immer größeren Einheiten organisiert, und im 20. Jahrhundert begannen Techniken der bürokratischen Lenkung von Menschen und Material sowie Datenabruf den Vorsprung des Verkehrs- und Kommunikationswesens einzuholen.

Als das Mögliche erst einmal Wirklichkeit geworden war, brachte eine Planung, die auch die Nebenkosten voll berücksichtigte, das halsbrecherische Tempo des technischen Wandels rasch zum Stehen. Eine gesteuerte Anpassung der Erdbevölkerung an die verfügbaren Ressourcen gewann schon bald eine ausreichende Präzision, um menschliche Enttäuschungen abzumildern, die aus Diskrepanzen zwischen den ökonomischen Erwartungen und der erlebten Realität entstanden, Friede und Ordnung wurden gestärkt, das Leben fand in geregelte Bahnen. Die Ära der Umbrüche war zu Ende gegangen. Die politische Steuerung von oben nahm, nachdem sie die öffentliche Organisation der bewaffneten Macht an sich gezogen hatte, wieder den Vorrang gegenüber individuellem Verhalten ein. Eigennutz und privates Gewinnstreben mittels Kaufen und Verkaufen gerieten an den Rand des Alltagslebens, betätigten sich innerhalb vorgeschriebener Grenzen und nach Regeln, die von den Trägern der politisch-militärischen Macht bestimmt wurden. Die menschliche Gesellschaft kehrte, kurz gesagt, zum Normalen zurück. Der gesellschaftliche Wandel nahm wieder das gemächliche Tempo der vorindustriellen, vorkommerziellen Zeiten an. Die Anpassung der Ziele an die Mittel, menschlicher Aktivitäten an die natürliche Umwelt, sowie die Abstimmung zwischen in Wechselwirkung stehenden Gruppen erreichten eine solche Präzision, daß weitere Veränderungen sowohl unnötig als auch unerwünscht wurden. Außerdem wurden sie nicht zugelassen.

Neigungen zu Wettstreit und Aggressivität konnten sich befriedigend im Sport ausleben. Die geistige und literarische Kreativität erlahmte, indes die Alltagsherrschaft von Verwaltung und Gewohnheit sich durchsetzte. Doch die Historiker und die Gesellschaft insgesamt blickten auf die Gefahren der Vergangenheit voll Staunen – vermischt mit banger Scheu – über die ungezügelten Rivalitäten und die rastlose Kreativität des Jahrtausends der Umbrüche, 1000–2000.

Für uns, die wir das 20. Jahrhundert nicht hinter uns gelassen haben, empfiehlt sich das gleiche. Noch nie in der Geschichte standen ehrfurchterweckende Macht und furchteinflößende Zwangslagen so dicht nebeneinander. Was wir glauben oder wie wir handeln, hat deshalb größeres Gewicht als in durchschnittlichen Epochen. Klareres Denken und beherztes Handeln, wie zu allen Zeiten auf unzureichende Daten angewiesen, sind unsere einzige Stütze bei allem, was die Zukunft bergen mag. Sie wird ebenso radikal anders aussehen, als irgend jemand sie haben möchte, wie die Vergangenheit, so wie sie war, nicht nach den Plänen und Wünschen unserer Vorväter ausfiel. Doch die Beschäftigung mit dieser Vergangenheit wird vielleicht die Diskrepanz zwischen Erwartung und Realität mildern, und sei es nur dadurch, daß sie uns auf Überraschungen gefaßt macht.

# Nachwort zur deutschen Ausgabe

Dieses Buch ist zugleich ein Produkt und eine Abkehr von einer Tradition der Geschichtsschreibung, die noch heute unter den Historikern an den Universitäten in Großbritannien und den Vereinigten Staaten dominiert, trotz aller modischen Wandlungen, seit Lord Acton und andere die Idee kanonisierten, die Historiographie zeichne im Grunde den Fortschritt der Freiheit durch die Epochen auf.

Historiker, die von dieser angloamerikanischen Tradition geprägt sind, betrachten den Krieg als ein sowohl beklagenswertes als auch abnormales Phänomen – als einen Zusammenbruch rechtlich geordneter Verfahren und politischer Institutionen, deren Entwicklung zu höherer Perfektion darzustellen das Amt der Geschichtsschreibung sei. Die Wirtschafts- und Technikgeschichte waren gemäß dem Denken dieser Schule von der politischen Geschichte getrennt und ihr untergeordnet, denn in der Politik zeigten sich die wirklich bedeutsamen Markierungspunkte an dem Weg, auf dem die Freiheit voranschritt. Was die Militärgeschichte betraf, war sie beinahe völlig aus den Lehrsälen verbannt und blieb entweder Populärschriftstellern oder den amtlichen Historikern der Streitkräfte überlassen.

Zwar bekennt sich heute niemand ausdrücklich zu einer solchen Denkart, doch die Verteilung der Gewichte innerhalb der historischen Fachbereiche und die Fragen, denen sich angloamerikanische Historiker widmen, sind vom liberalistischen Erbe des 19. Jahrhunderts noch immer insofern geprägt, als wir alle, auf diese oder jene Weise, zeigen wollen, inwiefern die alten Ideen nicht mehr stichhaltig sind. Das vorliegende Buch hält sich an dieses Muster, indem es sich ausführlich der Interaktion von Technik, militärischer Organisation und Politik widmet und den Standpunkt darlegt, daß Innovationen in den beiden ersten Bereichen sich vielfach in drastischer Weise auf den letzten ausgewirkt haben.

Ein zweites Moment ist gleichsam ‚revisionistischer‘ Natur. Marxistisches Gedankengut, das den ökonomischen Beziehungen den Vorrang vor allen anderen Aspekten menschlicher Interaktion einräumt, ist zwar in amerikanischen akademischen Kreisen vielleicht weniger dominant als auf dem europäischen Kontinent, hat aber gleichwohl eine beträchtliche Anhängerschaft. Ich vertrete nun hier die Auffassung, daß in den meisten geschichtlichen Epochen und Weltgegenden militärische Führer mehr Einfluß auf das öffentliche Leben gehabt haben als Industriekapitäne. Ja, die Autonomie, die zwischen dem 14. und dem 20. Jahrhundert private

Unternehmer in der europäischen Welt gewannen, war etwas ganz Außergewöhnliches, wenn man bedenkt, wie leicht zu allen Zeiten Staatsorgane öffentliche Unterstützung für konfiskatorische Maßnahmen gegen alle Elemente mobilisieren können, die durch billiges Kaufen und teures Verkaufen ungewöhnlich große Kapitalien ansammeln. Ich betrachte also den Primat der Marktbeziehungen nicht als selbstverständlich, sondern ihren Aufstieg seit dem 11. Jahrhundert als ein Phänomen, das einer Erklärung bedarf, denn er richtete sich eindeutig gegen die Wünsche und das Gerechtigkeitsempfinden der meisten Menschen. Daß italienische Kapitalisten es fertigbrachten, sich mittels einer technisch effizienten Kommerzialisierung des Krieges Schutz zu verschaffen, war von hoher Bedeutung für die Verstärkung der Marktmobilisierung, die sich im späten Mittelalter und in der frühen Neuzeit vollzog. Nach 1650 wurden ähnliche Verhältnisse nördlich der Alpen zur Norm und trugen weitere zwei Jahrhunderte eine weltweite Expansion des Marktsystems. Dann führte die anschließende Industrialisierung des Krieges, die erst gegen Ende des 19. Jahrhunderts voll in Schwung kam, zu einer Wiederaufnahme systematischer und recht erfolgreicher Bemühungen, den Markt einer politischen Lenkung unterzuordnen – die Situation, in der wir uns heute befinden.

Für ein Verständnis solch rascher und tiefgreifender Transformationen der menschlichen Gesellschaft genügt marxistisches Denken so wenig wie das angelsächsisch-liberale. Ich gebe den Vorzug einem Modell der Rückkopplungen, die über die Zeiten die mühsame Bewahrung eines instabilen Gleichgewichts ermöglichten. Zwar gingen Denken und Handeln aller Individuen ständig in dieses Interaktionsmuster ein, doch der Historiker muß aus praktischen Gründen verallgemeinern und das Verhalten unzähliger Individuen zusammenfassen, indem er vereinfachende Termini verwendet. ,,Befehls-, beziehungsweise weisungsgesteuertes Verhalten" und ,,Markt-, beziehungsweise marktgesteuertes Verhalten" sind die beiden Begriffe, für die ich mich entschieden habe, um die menschliche Variabilität auf eine Formel zu bringen.

Befehlsverhalten meint die menschliche Fähigkeit, einem Führer zu gehorchen und zu folgen, zu kooperieren, um ein (mutmaßlich) erwünschtes Resultat zu erzielen. Der Krieg ist die wichtigste Form, in der solches Verhalten zum Ausdruck kommt, aber auch monumentalen Bauprojekten, religiösen Ritualen und anderen der Gemeinschaft nützlichen Zielen kamen im Verlauf der Geschichte solche Methoden immer wieder zustatten.

Mit Marktverhalten ist die Fähigkeit des Menschen gemeint, Güter und Dienstleistungen, die für irgendeinen anderen von Nutzen sind, zu einem Preis bereitzustellen, der auf diese oder jene Weise ausgehandelt wird. Dies hat es einer großen Zahl Menschen ermöglicht, über Zeit und Raum in Formen zusammenzuwirken, die niemand beabsichtigt oder geplant hatte. Auf diese Weise überflügelte es das Befehlsverhalten in Zeiten, in denen Informationssammlung und -abruf weniger effizient waren, als sie es in unserem heutigen Computerzeitalter geworden sind. Das Marktverhalten unterschied sich vom Befehlsverhalten auch darin, daß es technische Innovationen begünstigte, die die Transport- und Produktionskosten reduzierten, während befehlsgewohnte Herrscher und ihre Beamten in der Regel nicht genötigt waren, nach neuen Methoden zu suchen, wenn es traditionell erprobte Wege gab, auf denen sich ihre Ziele erreichen ließen.

Das Wechselspiel zwischen diesen beiden Formen kollektiven Verhaltens und Veränderungen der Balance zwischen ihnen sind das zentrale Thema dieses Buches, das Wirtschafts-, Technik-, politische und Militärgeschichte enger zusammenführt, als es bis heute in der angloamerikanischen Tradition der Geschichtsschreibung üblicherweise geschehen ist. Ich versuche außerdem, Veränderungen des Markt- und Befehlsverhaltens mit bleibenden psychischen Neigungen und Sensibilitäten zu verknüpfen. Die vorliegende Arbeit ist mithin ein ehrgeiziger Versuch, den Verlauf der modernen Geschichte auf eine neue Weise verständlich zu machen.

Deutsche Leser werden vermutlich einige der geistigen Traditionen, gegen die dieses Buch sich stellt, entweder sonderbar oder nur am Rande interessant finden. Zudem sieht die deutsche nationale Geschichtsschreibung schon seit langem enge und bedeutsame Zusammenhänge zwischen militärischer Organisation und Politik. Schließlich konzentrierte sich lange vor Bismarcks Blut-und-Eisen-Politik der Große Kurfürst entschlossen auf die Schaffung eines schlagkräftigen Heeres; und seit dem Zweiten Weltkrieg ist durch Fritz Fischer und seine Schule die moderne Interaktion zwischen wirtschaftlichen und militärischen Interessengruppen energisch ausgeleuchtet worden. Ihre Sensibilität war in Reaktion gegen eine ältere, idealistische Tradition der Historiographie vielleicht etwas übersteigert, jedenfalls aber erkannte sie eine wichtige Achse im gesellschaftlichen Wandel des 20. Jahrhunderts, während die britischen Historiker sich einer entsprechenden Untersuchung ihrer eigenen nationalen Vergangenheit verschlossen haben. Dieses Buch vertritt nebenher eine These, die deutsche Leser vielleicht als eine Korrektur übersteigerter nationaler Schuldgefühle empfinden werden, zu denen die historische Schule Fischers angeregt haben mag: die These, daß der moderne militärisch-industrielle Komplex zunächst im liberalen Großbritannien, nicht im ‚militaristischen‘ Deutschland beheimatet war. Denn es läßt sich unschwer zeigen, daß die staatlichen Ausgaben für die Royal Navy von der Mitte der 1880er Jahre an als eine Art öffentlicher Fürsorgeleistung für bedrängte Industriezweige und als antizyklisches Heilmittel für die Arbeitslosigkeit in der Schwerindustrie Großbritanniens dienten, die die deutsche und amerikanische Konkurrenz unangenehm zu spüren bekommen hatte.

Eine Verständigung über Sprach- und Kulturgrenzen hinweg ist immer schwierig. Erkenntnisse ändern sich, wenn sich der Kontext verändert. Insoweit es diesem Buch gelingt, bei seinen deutschen Lesern Aufmerksamkeit zu wecken, wird die durch solchen Wandel erzwungene Emendation zugleich als Schwäche und Gewinn erscheinen.

Ich kann nur hoffen, daß meine Bemerkungen von Interesse und überzeugend für Leser sein werden, die die Welt notwendig anders erlebt haben als ein Amerikaner, der in den dreißiger Jahren erwachsen wurde und den Wandel, der seither mit den Vereinigten Staaten und der Welt vor sich gegangen ist, im Verlauf der Jahrzehnte mit wechselnden Gefühlen beobachtet hat, immer aber mit dem der Überraschung, wie rasch und unkontrollierbar sich die Dinge veränderten.

29. November 1983                                      William H. McNeill

# Anmerkungen

## 1. Kapitel

1. Könige 2, 19: 20–36.
2. G. A. Barton, ed. und trans., *Royal Suscriptions of Sumer and Akkad* (New Haven, 1929).
3. S. auch L. W. King, ed. and trans., *Chronicles concerning Early Babylonian Kings* (London 1907).
4. Die Hauptquelle für den Zug der Perser ist Herodot; seine Angaben über die Stärke der Streitkräfte des Xerxes scheinen übertrieben. Meine Informationen über die logistischen Probleme der persischen Griechenlandinvasion gehen zurück auf: G. B. Grundy: *The Great Persian Wars*, London 1901, und Charles Hignett: *Xerxes' Invasion of Greece*, Oxford 1963.
5. Bemühungen, die Götter durch prachtvollere Zeremonien günstig zu stimmen und durch gewaltigere Grabbauten die Unsterblichkeit zu sichern, zählten ebenso als gemeinnützig wie Kanal- und Deichbauten zur Ausdehnung des bewässerten Bodens. Unternehmungen dieser Art hatten eine Steigerung der Ernte zum Ziel.
6. Das Gilgamesch-Epos. Übers. und m. Anm. versehen von Albert Schott. Neuherausg. von Wolfram von Soden. Stuttgart (Reclam), 1958.

   Das Gilgamesch-Epos ist durch Fragmente mehrerer unterschiedlicher Überlieferungen bekannt, die alle aus viel späterer Zeit als die historischen Daten Gilgameschs stammen. Gleichwohl enthalten die Texte ohne Zweifel archaische Elemente und spiegeln die Verhältnisse in Sumer nahe dem Beginn der zivilisatorischen Entwicklung.
7. ebd.
8. Im Fernen Osten hingegen begründete im ersten vorchristlichen Jahrhundert das Chinesische Reich einen Brauch des ‚Tributhandels‘ mit Herrschern benachbarter Länder. Eine zentrale Rolle in einer solchen Beziehung spielte die rituelle Ehrerbietung. Tatsächlich zahlten die chinesischen Machthaber mit materiellen Gütern teuer für die zeremonielle Anerkennung ihrer Superiorität. Andererseits öffneten sich die Hsiung-nu und andere Grenzvölker, indem sie sich in unterschiedlicher Weise den höfischen Ritualen Chinas unterwarfen, selbst einer Sinisierung und zahlten damit einen hohen, wenn auch immateriellen Preis. Vgl. die Analyse dieser Beziehung in Yü Ying-shih: *Trade and Expansion in Han China: A Study in the Structure of Sino-Barbarian Economic Relations*, Berkeley und Los Angeles 1967.
9. Ein schlüssiger Beweis, wie lange Xerxes' Zug dauerte, läßt sich nicht finden, vgl. dazu aber die neueren Forschungsergebnisse bei Hignett: *Xerxes' Invasion of Greece*, app. 14, *The Chronology of the Invasion*, S. 448–57. Herodot berichtet, das persische Heer habe für den Marsch vom Hellespont bis nach Athen drei Monate gebraucht (8.51.1).

10. Siehe hierzu auch William H. McNeill: *The Rise of the West: A History of the Human Community*, Chicago 1963.

11. Ob die zusammengesetzten Bogen – die ihre zusätzliche Stärke daraus gewinnen, daß Holz auf der einen Seite mit einer dehnbaren Sehne und auf der anderen mit komprimierbarem Horn belegt wird – mit den Streitwagenkriegern aufkamen, ist umstritten. Yigael Yadin schreibt in *The Art of Warfare in Biblical Lands in the Light od Archaeological Study*, 2 Bde, New York 1963, I:57, diese Bogenart sei von den Akkadern in Sargons Zeit erfunden worden. Diese Ansicht stützt sich auf eine Stele, auf der Naramsin, Sargons Enkel und Nachfolger, mit einem Bogen dargestellt ist, dessen Form der spätere zusammengesetzte Bogen ähnelt. Aber wie man die Krümmung eines in Stein abgebildeten Bogens interpretieren soll, ist offensichtlich zweifelhaft. Zum zusammengesetzten Bogen und seinem Leistungsvermögen siehe W. F. Paterson: *The Archers of Islam* in: *Journal of the Economic and Social History of the Orient* 9 (1966) 69–87; Ralph W. F. Payne-Gallwey: *The Crossbow, Medieval and Modern, Military and Sporting: Its Construction, History and Management*, London 1903, Anhang.

12. Siehe z. B. 16. Gesang; Die Taktik, die Homer beschreibt, war vielleicht von der Zahl der Krieger und vom Terrain bestimmt. Der Erfolg eines Streitwagenangriffs hing entscheidend von der Stärke der Angreifer ab. Doch in einem überaus gebirgigen Land wie Griechenland, wo Pferdefutter knapp war, war die Zahl der Streitwagen sicher begrenzt; für den Erfolg also kaum entscheidend. Aber sie genossen nach den mit ihnen erzielten Triumphen im Vorderen Orient ein solches Ansehen, daß jeder europäische Machthaber sich einen zulegen wollte, einerlei, ob er ihn im Kampf nutzbringend einsetzen konnte oder nicht.

13. Buch der Richter 21, 25.

14. Gelegentlich ritten bereits im 14. vorchristlichen Jahrhundert Männer auf Pferden. Dies beweist eine ägyptische Statuette aus der Amarna-Zeit, heute im New Yorker Metropolitan Museum. S. Abb. in Yadin: *Art of Warfare in Biblical Lands*, 1 : 218; eine zweite Reiterfigur aus derselben Zeit, im Besitz des Britischen Museums, ist ebenda, S. 220, abgebildet. Es war jedoch sehr schwierig, sich ohne Sattel oder Steigbügel auf einem Pferderücken zu halten, namentlich wenn der Reiter gleichzeitig einen Bogen zu spannen versuchte. Deshalb blieb der Kampf zu Pferde Jahrhunderte lang ohne Bedeutung; möglich ist, daß Reiter hingegen als Kuriere eingesetzt waren. So zumindest interpretiert Yadin eine andere, aus späterer Zeit stammende Darstellung eines berittenen Kriegers auf einem ägyptischen Basrelief, das die Schlacht von Kadesch (1298 v. Chr.) schildert.

15. Abb. eines Basreliefs, das ein assyrisches Reiterpaar zeigt, sind enthalten in Yadin a. a. O., 2/385.

16. Karl Jettmar: *The Altai before the Turks*, Museum of Far East Antiquities, Stockholm, *Bulletin* 23, 1951, 154–57.

17. Dennoch wurden mindestens zweimal die Bauern von den meisten Lößböden Nordchinas vertrieben. Mongoleneinfälle im 14. und 15. Jh. und Nomadenangriffe in den Jahrhunderten nach dem Zusammenbruch der Han-Dynastie im 3. Jh. n. Chr. waren so verheerend, daß sie die bäuerliche Besiedlung weiter

Distrikte in Nordchina zerstörten – was aus der allerdings unvollkommenen Bevölkerungsstatistik hervorgeht. Vgl. Ping-ti Ho: *Studies in the Population of China*, 1368–1953, Cambridge Mass. 1959, und Hans Bielenstein: *The Census of China during the Period 2–742 n. Chr.*, Museum of Far Eastern Antiquities, Stockholm, *Bulletin* 19 (1947): 125–163.

18. Assyrische Basreliefs zeigen berittene Krieger mit Metallharnischen. Die Assyrer waren anscheinend, wie in so vielen anderen militärischen Dingen, auch die Wegbereiter der gepanzerten Reiterei.

19. Ein mit Luzerne bepflanztes Feld kostete beinahe nichts, denn Getreidefelder mußten jedes zweite Jahr brachliegen, um das Unkraut zu dezimieren. Das Anbauen von Luzerne auf sonst brachliegendem Boden lieferte eine nützliche Futterpflanze, während die Bakterientätigkeit an den Luzernenwurzeln das Erdreich mit Stickstoff anreicherte, so daß die nächste Getreideernte üppiger ausfiel, als es sonst der Fall gewesen wäre. Selbst der notwendige Saat- und Ernteaufwand war bei einem Luzernenfeld nicht merklich höher als der für das zwischenzeitliche Umpflügen, das bei einem brachliegenden Feld notwendig war, da nur auf diese Weise die natürliche Ausbreitung von Unkraut unterbrochen und das Erdreich für die Getreidesaat vorbereitet werden konnte. Die Luzerne hielt Unkraut fast ebenso gut zurück wie zwischenzeitliches Umpflügen, einfach dadurch, daß sie mit ihren Blättern den Boden beschattete.

20. John W. Eadie: *The Development of Roman Mailed Cavalry, Journal of Roman Studies* 57, 1967, 161–173.

21. Diese byzantinische Politik ähnelte der Methode, mit der das ägyptische Neue Reich die überlegene Technik des Streitwagenkampfes mit Traditionen des bürokratischen Zentralismus aus dem Alten Reich verband.

22. S. hierzu auch Lynn White jr.: *Medieval Technology and Social Change*, Oxford 1962; John Beeler: *Warfare in Feudal Europe 730–1200*, Ithaca N. Y. 1971, S. 9–30.

23. Auch im Streitwagen-Zeitalter hatten ältere Befehlsstrukturen unterschwellig fortbestanden und die Wiedererrichtung von Steinzeit-Monarchien erleichtert.

24. James Lee, Diss. unveröff., University of Chicago.

25. Vgl. Denis Twitchetts erhellende Ausführungen zur Rolle der Kaufleute in China: *Merchant Trade and Government in Late T'ang, Asia Major* 14, 1968, 63–95.

26. Ein reicher Fund von Keilschrifttafeln in Anatolien, aus der Zeit um 1800 v. Chr. stammend, zeigte florierende Händlerkolonien einer Mutterstadt – Assur –, Teile eines Handelsnetzes, das sich vom Persischen Golf nordwärts durch Mesopotamien spannte. Diese antiken assyrischen Händler transportierten Zinn nach Osten und brachten in Mesopotamien hergestellte Textilien in westlich gelegene Gegenden. Sie verhielten sich offenbar wie Privatkapitalisten, ganz im Geist mittelalterlicher Kaufleute 2000 Jahre später. Familienfirmen tauschten miteinander Briefe aus, woraus das aufgefundene Archiv entstand. Vgl. M. T. Larsen: *The Old Assyrian City-State and Its Colonies, Studies in Assyriology*, Bd. 4, Kopenhagen 1976. Offensichtlich gestatteten Herrscher und Mächtige längs der Route den Durchzug der Eselskarawanen, vielleicht wegen des strategisch wertvollen Zinns. Doch das Archiv enthält nichts über solche Abmachungen. Zu den Händlern und ihrer Rolle im antiken Mesopotamien im allgemeinen

siehe auch A. Leo Oppenheim: *A New Look at the Structure of Mesopotamian Society, Journal of the Economic and Social History of the Orient* 10, 1967, 1–16.

## 2. Kapitel

1. Dies ist die Gesamtbevölkerung, wie sie Ping-ti Ho angibt: *An Estimate of the Total Population in Sung-Chin China, Etudes Song I: Histoire et institutions,* ser. 1, Paris 1970, S. 52.

2. Stefan Balazs war der große Wegbereiter mit seinen *Beiträge zur Wirtschaftsgeschichte der T'ang Zeit, Mitteilungen des Seminars für orientalische Sprachen zu Berlin* 34, 1931, 21–25; 35, 1932, 27–73, und seinen späteren Aufsätzen, in zwei einander teilweise überlagernden Sammlungen zusammengefaßt, Etienne Balazs: *Chinese Civilization and Bureaucracy,* New Haven 1964, und *La bureaucratie céleste: Recherches sur l'économie et la société de la Chine traditionelle,* Paris 1968. Yoshinobu Shiba bietet mit *Commerce and Society in Sung China,* Ann Harbor, Mich., 1970, ein Muster neuerer historischer Forschung in Japan, von Einfluß auch auf die in John W. Haeger, Hrsg.: *Crisis and Prosperity in Sung China,* Tucson, Ariz., 1975, gesammelten Aufsätze und auf den kühnen Versuch einer Synthese in Mark Elvin: *The Pattern of the Chinese Past,* Stanford, Calif., 1973. Ein interessanter Versuch, Chinas Wirtschaftsgeschichte in den Kontext der zeitgenössischen Theorie ökonomischer 'Entwicklung' zu stellen, findet sich in Anthony M. Tang: *China's Agricultural Legacy, Economic Development and Cultural Change* 28, 1979, 1–22.

3. Robert Hartwell: *Markets, Technology and the Structure of Enterprise in the Development of the Eleventh-Century Chinese Iron and Steel Industry, Journal of Economic History* 26, 1966, 29–58; *A Cycle of Economic Change in Imperial China: Coal and Iron in Northeast China, 750–1350, Journal of Economic and Social History* (JESHO) 10, 1967, 103–59; *Financial Expertise Examinations and the Formulation of Economic Policy in Northern Sung China, Journal of Asian Studies* 30, 1971, 281–314.

4. Joseph Needham: *The Development of Iron and Steel Technology in China,* London 1958, S. 18.

5. Die Verwendung von Kohle als Brennstoff bei der Eisenherstellung hatte gleichfalls eine lange Vergangenheit, doch die Methode, die angewandt wurde, um zu verhindern, daß das Eisen durch Schwefelbestandteile der Kohle verunreinigt wurde, bestand darin, das zu schmelzende Erz in zylinderförmige Tonbehälter einzuschließen. Dies bedeutete eine Produktion in kleinem Maßstab und mit hohem Brennstoffverbrauch. Vgl. *Needham,* S. 13 und Tafel 11.

6. Hartwell: *Markets, Technology and the Structure of Enterprise,* S. 34. Wie Hartwell darlegt, bieten diese statistischen Ziffern eine Parallele zum britischen Ausstoß in den Frühphasen der industriellen Revolution. Noch 1788, als auch Großbritannien begonnen hatte, in der Eisenherstellung zur Verwendung von Koks überzugehen, lag der Gesamtausstoß in England und Wales bei nur 76000 Tonnen, gerade eben sechzig Prozent der chinesischen Gesamtproduktion sieben Jahrhunderte früher!

7. Man weiß seit langem, daß Schätzungen über die Größe der chinesischen Bevölkerung vor den gleichen Schwierigkeiten stehen.

8. Nur in Szechuan, sonst war das Münzmetall Kupfer.

9. Vgl. Esson M. Gale: *Discourses on Salt and Iron,* Leiden 1931.

10. Eisen und Stahl wurden für Brücken, Pagoden und Statuen verwendet. Vgl. Needham: *Iron and Steel Technology,* S. 19–22; Hartwell: *A Cycle of Economic Change,* S. 123–145; Hartwell: *Markets, Technology and the Structure of Enterprise,* S. 37 ff.

11. Hartwell: *Financial Expertise,* S. 304.

12. Yang Lien-sheng: *Money and Credit in China: A Short History,* Cambridge, Mass., 1952, S. 53; Robert Hartwell: *The Evolution of the Early Northern Sung Monetary System, A. D. 960–1025, Journal of the American Oriental Society* 87, 1967, 280–89. Das Papiergeld hatte anfänglich Silberdeckung. „Wenn der Strom des Papiergeldes auch nur auf das geringste Hindernis stieß, warfen die Behörden Silber auf den Markt und akzeptierten Papiergeld als Bezahlung dafür. Befürchtete man einen Verlust an Vertrauen beim Volk, wurde in der betreffenden Provinz aus den angesammelten Gold- und Silberreserven nicht einmal soviel wie der Wert eines Käsch anderswohin transportiert." Elvin: *Pattern of the Chinese Past,* S. 160, übersetzt aus Li Chien-nung: *Sung-Yüan-Ming ching-chi-shih-kao,* Peking 1957, S. 95. Eine Käsch war eine kleine Münze mit einem Loch in der Mitte, für größere Transaktionen auf Schnüre von standardisierter Länge aufgereiht.

13. Edmund H. Worthy: *Regional Control in the Southern Sung Salt Administration,* in Haeger: *Crisis and Prosperity,* S. 112.

14. Yang, *Money and Credit,* S. 18.

15. Yoshinobu Shiba: *Commercialization of Farm Products in the Sung Period, Acta Asiatica* 19, 1970; Peter J. Golas: *Rural China in the Song, Journal of Asian Studies* 39, 1980, 295–99.

16. Zitiert in Hugh Scogin: *Poor Relief in Northern Sung China, Orient extremus* 25, 1978, 41.

17. Ting-ch'iao lag in der unteren Yangtse-Region. Diese Passage, zwischen 1330 und 1332 geschrieben, stammt von einem lokalen amtlichen Zeitungsschreiber und ist nach Yoshinobu Shiba, *Urbanization and the Development of Markets on the Lower Yangtse Valley,* in Haeger: *Crisis and Prosperity,* S. 28, zitiert. Shibas Aufsatz verknüpft in bewundernswerter Weise die Kommerzialisierung spezifischer Orte mit landschaftlichen Verschiedenheiten (Hügelland und Überschwemmungsgebiete), Verkehrsnetzen und Bevölkerungswachstum. Offensichtlich war nicht ganz China so hochentwickelt wie die Region des unteren Yangtse-Tals. Doch was sich in diesem Gebiet und in den unteren Bereichen der Ebene des Gelben Flusses abspielte, bestimmte das Tempo für die neuen sozialen und ökonomischen Entwicklungen vom 11. bis zum 15. Jahrhundert.

18. Ebda, S. 36, übersetzt aus Ch'en Fu: *Treatise on Agriculture,* Erstdruck 1154.

19. Vgl. Etienne Balazs: *Une carte des centres commerciaux de la Chine à la fin du XIe siècle,* Annales: *Économies sociétés, civilisations* 12, 1957, 587–93.

20. Shiba: *Urbanization,* S. 43.

21. Eine anonymen konfuzianischen Literaten zugeschriebene Wendung aus einer Debatte über die staatliche Wirtschaftspolitik, die 81 v. Chr. stattfand. Vgl. Gale: *Discourse on Salt and Iron,* S. 74.

22. Hartwell: *A Cycle of Economic Change,* S. 147.

23. Vgl. Herbert Franke: *Siege and Defense of Towns in Medieval China*, in Frank A. Kiermann jr. und John K. Fairbank, Hrsg.: *Chinese Ways in Warfare*, Cambridge, Mass. 1074, S. 151–201.

24. Laurence J. C. Ma: *Commercial Development and Urban Change in Sung China (960–1279)*, Ann Arbor, Mich., 1971, S. 100. Eine Enzyklopädie der Sung-Periode faßte die Militärpolitik des Dynastiegründers wie folgt zusammen: ,,Er verstand, wie wertvoll es ist, die Wurzeln zu stärken und die Zweige zu schwächen." Wang Yung-lin: *Yü Hai*, zitiert in Lo Ch'iu-ch'ing: *Pei-sung pang-chih yen-chiu* (Der Kriegsdienst unter der Nördlichen Sung-Dynastie), *Hsin-ya Hsueh-pao* (New Asia Journal), 3, 1957, 180, ins Englische übersetzt von Hugh Scogin.

25. Die Gefahr einer Rebellion von Grenztruppen wurde unter den T'ang anschaulich demonstriert, als sich 755 ein Barbarengeneral erhob und die Dynastie beinahe vom Thron stieß. Die Rebellion lähmte die zivile Zentralverwaltung, was die folgenden 200 Jahre der chinesischen Geschichte zu einer Periode eines kaum verschleierten ,warlordism' machte. In Reaktion auf diese Erfahrung wurde dann die Militärpolitik der Sung konzipiert, kurz nachdem das Reich (zum größten Teil) unter einem ungewöhnlich erfolgreichen Warlord, Chao K'uang-yin, dem Gründer dieser Dynastie, wiedervereint wurde. Er ging seinerseits daran, administrative Strukturen zu schaffen, die einer bewaffneten Erhebung militärischer Befehlshaber jedes erdenkliche Hindernis in den Weg stellten. Zur T'ang-Revolte vgl. Edwin G. Pulleybank: *The Background of the Rebellion of An Lu-shan*, London 1955; zur Militärpolitik der Sung siehe Jacques Gernet: *Le monde chinois*, Paris 1972, S. 272–75; Edward A. Kracke jr.: *Cicil Service in Early Sung China*, 960–1067, Cambridge, Mass., S. 9 ff.; Karl Wittfogel und Feng Chia-sheng: *History of Chinese Society, Liao 907–1125*, Philadelphia 1949, S. 534–37.

26. Zu Details der Eroberung durch die Dschurdschen siehe Jingshen Tao: *The Jürchen in Twelfth Century China: A Study of Sinicization*, Seattle und London 1976, S. 14–24.

27. Ein chinesischer Text, *Spring and Autumn Annals of Wu and Yüeh*, schreibt die Erfindung der Armbrust einem Mann namens Ch'in zu, der sie an drei lokale Magnaten weitergab, von denen sie an Ling, den Herrscher des Staates Ch'u im südlichen Zentralchina, 541–529 v. Chr., weitergereicht wurde. Archäologische Zeugnisse scheinen diese Datierung zu stützen, denn mehrere Gräber aus dem 5. und 4. Jh. v. Chr. enthielten Armbrüste. Die erste bemerkenswerte Verbesserung an der Armbrust-Konstruktion erfolgte im 11. Jahrhundert, als Li Ting den Steigbügel erfand (c. 1068). Damit konnten die Rücken- und Beinmuskeln zum Spannen des Bogens benutzt werden. Danach ließen sich stärkere Sehnen verwenden. Ich verdanke diese Informationen persönlichen Mitteilungen von Steven F. Sagi von der Universität Hawaii und Robin Yates von der Universität Cambridge. Das publizierte Material scheint unzureichend. Vgl. C. M. Wilbur: *History of the Crossbow, Smithsonian Institution Annual Report, 1936*, Washington D. C. 1937, S. 427–38; Michael Loewe: *Everyday Life in Early Imperial China*, London 1968, S. 82–86; Noel Barnard und Sato Tomatsu: *Metallurgical Remains of Ancient China*, Tokio 1975, S. 116 f. Was die Armbrust in Europa betrifft, bietet die Arbeit von

Ralph W. F. Payne-Gallwey: *The Crossbow, Medieval and Modern, Military and Sporting: Its Construction, History and Management*, London 1903, reiche Informationen und auch einiges über die moderne chinesische Armbrust.

28. Corinna Hana: *Bericht über die Verteidigung der Stadt Tei-an während der Periode K-ai-hsi 1205–1208*, Wiesbaden 1970. In China trug die Armbrust vielleicht dazu bei, daß der Einsatz schwergepanzerter Reiterei nach persischer Art an Wirkung verlor, denn wenn ein Armbrustschütze selbst einen gepanzerten Reiter vom Pferd schießen konnte, war es sinnlos, in das Kriegsroß und die teure Rüstung zu investieren, denen die persischen Adeligen und die europäischen Ritter ihre Vorrangstellung in der Gesellschaft verdankten. Schwergepanzerte Reiterei spielte in China drei Jahrhunderte eine wichtige Rolle und verschwand dann im 7. Jahrhundert. Allerdings steht dahin, ob die chinesischen Armbrüste so stark waren, daß ihre Geschosse vor der Erfindung des Steigbügels eine Rüstung durchschlagen konnten. Vgl. Joseph Needham: *The Grand Titration: Science and Society in East and West*, London 1969, S. 168ff.

29. Eine literarische Darstellung der Bogenherstellung und Holzschnitte, die Handwerker bei der Anfertigung von Armbrüsten zeigen, finden sich in Sung Ying-Hsing: *T'ien-Kung K'ai-Wu*, ins Englische als *Chinese Technology in the 17th Century* von E-tu Zen Sun und S. C. Sun übersetzt, University Park, Pa., S. 261–67. Schwächere Bogen ließen sich aus einfacherem Material herstellen, aber solchen Waffen fehlte die Kraft, Rüstungen zu durchschlagen. Eine Darstellung chinesischer Armbrüste aus dem 19. Jahrhundert, die aus Holz gefertigt und so konstruiert waren, daß mit ihnen sehr rasch ein Magazin von Pfeilen verschossen werden konnte, gibt Payne-Gallwey: *The Crossbow*, S. 237–242. Diese schwachen, doch ingeniös erdachten Waffen (zwischen 1860 und 1870 tatsächlich gegen englische Truppen eingesetzt), verschossen vergiftete Pfeile, die gefährliche Wunden reißen sollten.

30. Sergej Aleksandrovic Skoljar: *L'artillerie de jet à l'époque Song*, in Françoise Aubin, Hrsg.: *Études Song*, Ser. 1, Paris 1978, S. 119–42; Joseph Needham: *China's Trebuchets, Manned and Counter-Weighted*, in Bert S. Hall und Delno C. West, Hrsg.: *On Pre-modern Technology and Science: A Volume of Studies in Honor of Lynn White, Jr.*, Malibu, Calif., 1976, S. 107–38.

31. Joseph Needham: *The Guns of Khaifengfu, Times Literary Supplement*, 11. Januar 1980; Herbert Franke: *Siege and Defense of Towns in Medieval China*, in Kierman und Fairbank: *Chinese Ways in Warfare*, S. 161–79; L. Carrington Goodrich und Feng Chia-sheng: *The Early Development of Firearms in China*, Isis 36, 1936, 114–23; Wang Ling: *On the Invention and Use of Gunpowder in China*, Isis 37, 1947, 160–78.

32. Zitiert aus Wang Ling: *Gunpowder*, S. 165. Wang Ling zufolge waren die Spitzen der fraglichen Brandpfeile vielleicht mit Pulver eingerieben, das beim Auftreffen explodierte.

33. Eine eingehende Schilderung, wie Maschinen und Männer für die Verteidigung einer Provinzstadt gegen die Dschurdschen mobilisiert wurden, gibt Hana: *Bericht über die Verteidigung der Stadt Tê-an*.

34. Kracke: *Civil Service in Early Sung China*.

35. Das Zitat und die Angaben zu den Kosten des Heeres sind Hsiao Ch'i Ch'ing:

*The Military Establishment of the Yüan Dynasty*, Cambridge, Mass. 1978, S. 6 f., entnommen.

36. Wolfram Eberhard: *Wang Ko: An Early Industrialist*, Oriens 10, 1957, 248–52.

37. Ma: *Commercial Development and Urban Change in Sung China*, S. 34. Das Zitat stammt aus einem 1137 erlassenen kaiserlichen Dekret.

38. Ebda, S. 38. Vgl. Lo Jung-pang: *Maritime Commerce and Its Relation to the Sung Navy*, JESHO 12, 1969, 61–68.

39. Herbert Franz Schurmann: *Economic Structure of the Yüan Dynasty*, Cambridge, Mass. 1967, S. 3 f. Herbert Franke: *Ahmed: Ein Beitrag zur Wirtschaftsgeschichte Chinas unter Qubilai*, Oriens 1, 1948, 222–36, beschreibt Aufstieg und Sturz des erfolgreichsten dieser Ausländer. Er war ein aus Transkaukasien stammender Moslem, der Chefverwalter für Salz und andere Monopole wurde. Doch die freiere Betätigung, die die Mongolen Kaufleuten gewährten, ging einher mit einer so energischen Mobilisierung der Schiffsbestände für staatliche Zwecke, daß der maritime Handel Chinas nach Lo Jung-pang: *Maritime Commerce*, S. 57–100, einen empfindlichen Rückschlag erlitt.

40. Joseph Needham: *Science and Civilization in China*, Cambridge 1971, 4, pt. 3 : 476.

41. Näheres über den Krieg zu Wasser bei José Din Ta-san und F. Olesa Muñido: *El poder naval chino desde sus origenes hasta la caida de la Dinastia Ming*, Barcelona 1965, S. 96 ff.

42. Needham: *Science and Civilization in China* 3, pt. 3, sec. 29, *Nautical Technology*, bietet eine gründliche und überzeugende Untersuchung des Schiffbaus und der Marinegeschichte Chinas. Meine Bemerkungen zur Entwicklung der Flotte stützen sich hauptsächlich auf diese Arbeit, ergänzt durch Din Ta-san und Olesa Muñido: *El poder naval chino* sowie drei Artikel von Jo Lung-pang: *China as a Sea Power*, Far Eastern Quarterly 14, 1955, 489–503; *The Decline of the Early Ming Navy*, Oriens extremus 5, 1958, 149–168; und *Maritime Commerce and Its Relation to the Sung Navy*, JESHO 12, 1969, 57–107.

43. Needham: *Science and Civilization in China* 4, pt. 3 : 484.

44. Es ist möglich, daß Cheng Hos erste Fahrt zu dem Zweck unternommen wurde, Chinas maritime Zufahrtswege zu einer Zeit zu sichern, als man auf eine Landoffensive Tamerlans gefaßt war, der 1405 inmitten der Vorbereitungen für einen Großangriff auf China starb. Zu dieser Vermutung siehe Lo Jung-pang: *Policy Formulation and Decision Making on Issues Reflecting Peace and War*, in Charles O. Hucker, Hrsg.: *Chinese Government in Ming Times: Seven Studies*, New York 1969, S. 54.

45. Zu Details über die Finanzierung des chinesischen Überseehandels und darüber, wie die Schiffe befehligt, eingesetzt und bemannt wurden, siehe Shiba: *Commerce and Society in Sung China*, S. 15–40. Eine Übersicht über die Kenntnisse chinesischer Kaufleute von der Welt jenseits der Meere gibt Chau Ju-kua: *On the Chinese and Arab Trade in the 12th and 13th Centuries*, ins Englische übersetzt von Friedrich Hirth und W. W. Rockhill, St. Petersburg und Tokio 1914.

46. August Toussaint: *History of the Indian Ocean*, Chicago 1966, S. 74–86; Paul

Wheatley: *The Golden Khersonese: Studies in the Historical Geography of the Malay Peninsula before 1500 A. D.*, Kuala Lumpur 1961, S. 292–320; K. Mori: *The Beginning of Overseas Advance of Japanese Merchant Ships, Acta Asiatica* 23, 1972, 1–24.

47. Lo Jung-pang: *The Decline of the Early Ming Navy*, S. 149–68; Kuei-sheng Chang: *The Maritime Scene in China at the Dawn of the Great European Discoveries, Journal of the American Oriental Society* 94, 1974, 347–59.
48. Vgl. John V. G. Mills, Hrsg. und Übersetzer von Ma Huan: *Ying-yai Sheng-ian: Overall Survey of the Oceans' Shores* (1433), Cambridge 1970, Einleitung.
49. Eine eingehende Darstellung dieses militärischen Unternehmens findet sich in Frederick W. Mote: *The Tu-mu Incident of 1449*, in Kierman und Fairbank: *Chinese Ways in Warfare*, S. 243–72.
50. Eine Denkschrift, verfaßt von Fan Chi und zitiert in Lo Jung-pang: *The Decline of the Early Ming Navy*, S. 167. Näheres über diese Entscheidung zum Rückzug in Lo Jung-pang: *Policy Formulation and Decision Making*, in Hukker: *Chinese Government in Ming Times*, S. 56–60.
51. Das Verbot des Überseehandels wurde 1390, 1394, 1397, 1433, 1449 und 1452 erneuert, nach Angaben von Matsui Masato in *The Wo-K'uo Disturbances of the 1550's, East Asian Occasional Pieces* 1, Asian Studies Program, University of Hawaii, Honolulu 1969, S. 97–107.
52. Jitsuzo Kuwabara: *P'u Shou-keng: A Man of the Western Regions, Memoirs of the Research Department of the Toyo Bunko* 7, 1935, 66.
53. Zu den ‚japanischen' Piraten siehe Kwan-wai So: *Japanese Piracy in Ming China during the 16th Century*, Lansing, Mich., 1975; Louis Dermigny: *La Chine et l'occident: la commerce à Canton au XVIIIe siècle*, Paris 1964, I, 95–99.
54. Zu Beispielen, allerdings aus späterer Zeit, siehe Ping-ti Ho: *Salt Merchants of Yang-chou, Harvard Journal of Asiatic Studies* 17, 1954, 130–68.
55. Archibald Lewis: *Maritime Skills in the Indian Ocean, 1368–1500*, JESHO 16, 1973, 254–58 enthält eine lange Liste der gehandelten Güter.
56. Zu Malakka siehe Wheatley: *The Golden Khersonese*, S. 306–20.
57. Dokumente aus der Sung-Epoche machen anschaulich, wie das System funktionierte. 1144 erhöhten Beamte die Einfuhrzölle auf vierzig Prozent des deklarierten Wertes, mußten aber erleben, daß der Seehandel und die Einkünfte daraus zurückgingen, was zur Folge hatte, daß 1164 der alte Zollsatz von zehn Prozent wiederhergestellt wurde. Lo Jung-pang: *Maritime Commerce*, S. 69.
58. Meine Auffassung von der Interaktion zwischen Kaufleuten und Herrschern längs der Südküsten Asiens ist weitgehend geformt von Niels Steensgard: *The Asian Trade Revolution of the Seventeenth Century: The East India Companies and the Decline of the Caravan Trade*, Chicago 1974, S. 22–111. Steensgard beschreibt eine Situation, die um das Jahr 1600 bestand, und beschäftigt sich vor allem mit dem Karawanenhandel. Doch die Strategie von Handel und Besteuerung veränderte sich seit früher Zeit bis nach 1600 vermutlich nicht sehr, und die Beziehungen der Herrscher zu den Kaufleuten, die über Land reisten, unterschied sich nicht merklich von denen zu Händlern, die auf Schiffen kamen. Der Begriff der ‚Schutzabgabe' wurde erfunden von Frederick

Lane in *Economic Consequences of Organized Violence, Journal of Economic History* 18, 1958, 401–17, und seine Untersuchungen italienischer Handelsunternehmungen im Mittelmeer lieferten mir auch ein Modell für das, was sich nach meiner Auffassung an den Küsten des Indischen Ozeans zutrug. Lewis' *Maritime Skills in the Indian Ocean* bietet einen sehr anschaulichen Überblick über das Thema, obwohl er die Frage der Beziehungen zwischen Herrschern und Kaufleuten nicht direkt behandelt.

59. Vierte Sure, 30: „O Gläubige, verschwendet euer Vermögen nicht untereinander für Eitles, doch treibt Handel in beiderseitigem Einverständnis ...", München 1959, S. 74.

60. Dies ist die Zentralthese von Stefan Balazs' *Beiträge zur Wirtschaftsgeschichte der T'ang Zeit* und Jacques Gernets *Les aspects économiques de Bouddhisme dans la société chinoise du Ve au Xe siècle*, Saigon 1956.

61. Marshall G. S. Hodgson äußerte in *The Venture of Islam*, Chicago 1974, 2, 403f., die gleiche Vermutung.

62. Vgl. William H. McNeill: *Venice: The Hinge of Europa, 1081–1797*, Chicago 1974, S. 1–39.

63. Vgl. Archibald R. Lewis: *The Northern Seas: Shipping and Commerce in Northern Europa A. D. 300–1100*, Princeton 1958.

64. Robert Lopez: *Genova Marinara nel Duecento: Benedetto Zaccaria, ammiraglio e mercanti*, Messina-Mailand 1933.

65. Für den Mittelmeerraum s. Robert S. Lopez' und Irving W. Raymonds *Medieval Trade in the Mediterranean World*, New York und London 1955. Für den Indischen Ozean gibt Michel Mollat, Hrsg.: *Sociétés et compagnies de commerce en orient et dans l'océan indien: Actes du huitième colloque internationale d'histoire maritime*, Beirut, 1966, Paris 1970, die beste heute verfügbare Zusammenstellung des wenigen, was bekannt ist. Zu China siehe Shiba: *Commerce and Society in Sung China*, S. 15–40. Interessante Aufschlüsse über den indischen Handel und die Übereinstimmung mit mediterranen Verhältnissen liefert S. D. Goitein: *Studies in Islamic History and Institutions*, Leiden 1968, S. 329–50.

66. Luc Kwanten: *Imperial Nomads: A History of Central Asia, 500–1500*, Philadelphia 1979, gibt eine Zusammenfassung des gegenwärtigen Wissensstandes.

67. Vgl. Yü Ying-shih: *Trade and Expansion in Han China: A Study in the Structure of Sino-Barbarian Economic Relations*, Berkeley and Los Angeles 1967, S. 209 und passim.

68. Nach Hsiao Ch'i Ch'ing: *The Military Establishment of the Yüan Dynasty*, S. 59f. wurden pro Jahr zwischen 200000 und 300000 Shi Getreide nach Karakorum geliefert. Ein Shi wog 157,89 englische Pfund oder soviel wie etwa drei Scheffel Hirse oder zweidreiviertel Scheffel Weizen.

69. Jacques Gernet: *Le monde chinois*, Paris 1972, S. 351.

70. Zum Bündnis zwischen Viehzüchtern und Stadtbewohnern in der islamischen Welt siehe Xavier de Planhol: *Les fondements géographiques de l'histoire de l'Islam*, Paris 1968, S. 21–35. Zum gleichen Phänomen in der Gesellschaft des christlichen Balkan siehe William H. McNeill: *The Metamorphosis of Greece since World War II*, Chicago 1978, S. 43–50.

71. Zu den Kitan als Vertretern einer neuen ‚Generation' der nomadischen Gesell-

schaft siehe Gernet: *Le monde chinois*, S. 308; zu Sklavensoldaten im Vorderen Orient siehe Patricia Crone: *Slaves on Horses: The Evolution of the Islamic Polity*, New York 1980, und Daniel Pipes: *Slave Soldiers and Islam: The Genesis of a Military System*, New Haven 1981.

72. Zu dieser Rekonstruktion s. auch William H. McNeill: *Plagues and Peoples*, New York 1976, S. 149–65, 190–96.

73. John E. Woods' *The Aqquyunlu: Clan, Confederation and Empire: A Study in 9th/15th Century Turko-Iranian Politics*, Minneapolis 1976, gibt ein Beispiel für die Interaktion zwischen urbanen und tribalen Elementen und dafür, wie sie sich (in der Regel) miteinander verbündeten und einen der zahlreichen instabilen Staaten bildeten, in welche die islamische Welt nach dem Jahr 1000 zerfiel.

74. Vgl. S. D. Goitein: *The Rise of the Near Eastern Bourgeoisie in Early Islamic Times, Journal of World History* 3, 1957, 583–604.

75. Eine Untersuchung über Klimaveränderungen im Vorderen Orient während dieser Jahrhunderte ist mir nicht bekannt. Hinsichtlich Europas siehe Emmanuel LeRoy Ladurie: *Histoire du climat depuis l'an mil*, Paris 1967.

### 3. Kapitel

1. Vgl. J. F. Fino: *Notes sur la production de fer et de la fabrication des armes en France en moyen âge, Gladius* 3, 1964, 47–66.

2. S. hierzu Georges Duby: *The Early Growth of the European Economy: Warriors and Peasants from the Seventh to the Eleventh Century*, London 1973, S. 96, 117, 163, 253 und passim.

3. Die leichte Reiterei und kleine Hakenpflüge waren billiger als ihre westdeutschen Pendants und fügten sich gut in eine Umwelt, wo die Relationen der Aussaatmenge zum Ertrag niedriger waren als im furchtbaren Westen. Die feste Bindung zwischen Grundherr und Bauer war im Osten schwächer. Adelige wie Bauern waren auch minder stark an eine bestimmte Gruppe von Feldern gebunden, weil der Ackerbau mit dem Hakenpflug es vergleichsweise leicht machte, auf neuem Boden, der durch die uralte Technik der Brandrodung für den Feldbau vorbereitet wurde, von vorne anzufangen.

4. Die engste Parallele aus der europäischen Vergangenheit führt uns ins klassische Altertum zurück, als es für griechische Söldner einen den ganzen Mittelmeerraum umspannenden freien Markt gab. Über die frühen Phasen dieser Entwicklung s. H. W. Parker: *Greek Mercenary Soldiers from the Earliest Times to the Battle of Ipsus*, Oxford 1933. Der Aufstieg Roms brachte jedoch nach 30 v. Chr. eine Monopolisierung des Mittelmeermarktes für Mietstruppen. Dies hatte den Sieg des altmodischen Befehlsprinzips zu Folge, das, nachdem im 3. Jh. n. Chr. eine Entvölkerung eingesetzt hatte, für friedliche wie für militärische Zwecke eingesetzt wurde. Es war kein Zufall, daß die große Periode der Waffenentwicklung im Mittelmeerraum während der Antike in den Jahrhunderten lag, in denen rivalisierende Herrscher für die Aufgaben der militärischen Mobilisierung kommerzielle Prinzipien anwandten. Zur bemerkenswerten Entwicklung des Kriegsmaschinenwesens in der Zeit des Hellenismus siehe E. W. Marsden: *Greek and Roman Artillery: Historical*

*Development*, Oxford 1969; Barton C. Hacker: *Greek Catapults and Catapult Technology: Science, Technology and War in The Ancient World*, *Technology and Culture* 9, 1968, 34–50; W. W. Tarn: *Hellenistic Military and Naval Development*, Cambridge 1930.

5. Vgl. William H. McNeill: *Venice: The Hinge of Europe*, Chicago 1974, S. 48–51. Auf den neuen Schiffen wurden zur Verteidigung vor allem Armbrüste eingesetzt – was vermutlich den Ausschlag für die zunehmende Verbreitung und Bedeutung dieser neuen Waffe in der mediterranen Kriegführung vom 11. Jahrhundert an gab.

6. Anscheinend liegt keine befriedigende Darstellung der europäischen Bergbautechniken vor dem 16. Jahrhundert vor. Maurice Lombards *Les métaux dans l'ancien monde du Ve au XIe siècle* bricht gerade an dem Punkt ab, als der Bergbau in Europa einen starken Aufschwung nahm. T. A. Richards *Man and Metals*, New York 1932, 2, 507–69, bietet vereinzelte Angaben; Charles Singers, Hrsg.: *A History of Technology*, Oxford 1956, bezeichnet keinen Fortschritt; John Temples *Mining: An International History*, Oxford 1956, 2, 11–24, gibt gleichfalls keine Aufschlüsse. Die Schwierigkeit liegt vermutlich darin, daß sich die Bergbautechniken auf einer handwerklichen Basis entwikkelten und offenbar erst nach 1555 schriftlich festgehalten wurden, als Georg Bauer alias Georg Agricola sein Werk *De re metallica* mit lehrreichen Illustrationen technischer Verfahren veröffentlichte.

7. Zum Übergang von der Bürgermiliz zum Söldnerwesen siehe Michel E. Mallett: *Mercenaries and Their Masters: Warfare in Renaissance Italy*, London 1974, S. 1–51; D. P. Waley: *The Army of the Florentine Republic from the 12th to the 14th Centuries*, in Nicholai Rubenstein, Hrsg.: *Florentine Studies*, London 1968, S. 70–108; Charles C. Bayley: *War and Society in Renaissance Florence: The ‚De Militia‘ of Leonardo Bruni*, Toronto 1961.

8. Eingeleitet bereits vor dem Vorstoß auf das italienische Festland durch die Anwerbung von Stratioten. Vgl. Freddy Thieret: *La Roumanie vénetienne au moyen âge*, Paris 1959, S. 402.

9. Siehe Mallett: *Mercenaries and Their Masters*, vor allem auch das Kapitel *Venice and Its Condottieri, 1404–54* in John R. Hale, Hrsg.: *Renaissance Venice*, London 1973, S. 131–45. Vgl. auch John R. Hale: *Renaissance Armies and Political Control: The Venetian Proveditorial System, 1509–29*, *Journal of Italian History* 2, 1979, 11–31, und Piero Pieri: *Il Rinascimento e la crisi militare italiana*, Turin 1952.

10. Ralph W. E. Payne-Gallwey: *The Crossbow, Medieval and Modern, Military and Sporting: Its Construction, History and Management*, London 1903, S. 62–91 und passim.

11. Vgl. L. Carrington Goodrich: *Early Cannon in China, Isis* 55, 1964, 193–95; L. Carrington Goodrich und Feng Chia-sheng: *The Early Development of Firearms in China, Isis* 36, 1946, 114–23; und Joseph Needham: *The Guns of Khaifengfu, Times Literary Supplement*, 11. 1. 1980. Siehe auch O. F. G. Hoggs *Artillery, Its Origin, Heyday and Decline*, London 1970.

12. Die Heerfolge des Lehnsadels war bereits dadurch zum Teil monetarisiert worden, daß nach einer festgelegten Frist (gewöhnlich vierzig Tage) der König seinen Rittern ein Tagegeld zahlen sollte oder mußte, damit sie unter Waffen

bleiben konnten. Da die Engländer sommers wie winters in Frankreich blieben, kam es zu einer unerträglichen Belastung des kurzzeitigen Kriegsdienstes bei den Franzosen. Bei den Engländern hatten frühere Kriege in Schottland und Wales bereits die Entwicklung eines halb professionellen königlichen Heeres aus Söldnern eingeleitet. Zur Rekrutierung der englischen Expeditionstruppen siehe Kenneth Fowler, Hrsg.: *The Hundred Years War*, London 1971, S. 78–85; H. J. Hewitt: *The Organization of War under Edward III, 1338–62*, Manchester 1966, S. 28–49.

13. Vgl. Phillipe Contamine: *Guerre, état et société à la fin du moyen âge: Études sur les armées des rois de France, 1337–1494*, Paris 1972. Zu englischen Heeren: Hewitt: *Organization of War under Edward III, 1338–62*; K. B. McFarlane: *War, Economy and Social Change: England and the Hundred Years War, Past and Present* 22, 1962, 3–17; Edward Miller: *War, Taxation and the English Economy in the Late Thirteenth and Early Fourteenth Centuries*, in J. M. Winter, Hrsg.: *War and Economic Development*, Cambridge 1975, S. 11–31; und die Aufsätze in Fowler: *The Hundred Years War* (Anm. 10 oben). Zu den ökonomischen Auswirkungen von Plünderungen vgl. Fritz Redlich: *De Praeda Militare: Looting and Booty, 1500–1800*, Wiesbaden 1956, und sein Werk *The German Military Enterpriser and His Work Force*, 2 Bde., Wiesbaden 1964, 1, 118 und passim.

14. Diese Zahlen stammen aus Contamine: *Guerre, état et société*, S. 317f. 1478 übertrafen die 4142 Greves Frankreichs die mailändischen um mehr als vier zu eins. Dies bietet einen groben Anhaltspunkt, wie die französische Monarchie bis zum Ende des 15. Jahrhunderts das militärische Aufgebot der italienischen Stadtstaaten überflügelt hatte, ebda S. 200.

15. Vgl. Thomas Esper: *The Replacement of the Longbow by Firearms in the English Army, Technology and Culture* 6, 1965, 382–93. Vermutlich verband sich von Anfang an eine sexuelle Symbolik mit den Kanonen, was weitgehend erklären könnte, warum europäische Handwerker und Herrscher sich so irrational für die frühen Feuerwaffen engagierten. Ich verdanke diese Idee Barton C. Hacker, der parallele Antriebe hinter der Entwicklung von Tanks in der Zwischenkriegszeit untersucht hat: *The Military and the Machine: An Analysis of the Controversy over Mechanization in the British Army, 1919–39* (Diss., Universität Chicago, 1968). Vgl. aber auch J. R. Hale: *Gunpowder and the Renaissance: An Essay in the History of Ideas*, in Charles H. Carter, Hrsg.: *From Renaissance to Counter-Reformation: Essays in Honor of Garret Mattingly*, London 1966, S. 133f.

16. Theodore A. Wertime: *The Coming of the Age of Steel*, Leiden 1961, S. 67ff.; H. R. Schubert: *History of the British Iron and Steel Industry from. c. 450 B. C. to A. D. 1775*, London 1957, S. 164ff. Auf dem Kontinent gab es gußeiserne Kanonen tatsächlich bereits in der Mitte des 15. Jahrhunderts, doch da sie vielfach Mängel aufwiesen, machte häufiges Versagen den Vorteil des billigeren Metalls wieder zunichte. England behielt ein halbes Jahrhundert praktisch ein Monopol auf brauchbare gußeiserne Kanonen vor allem deswegen, weil einzelne Spurenelemente in dem von den Eisenfabrikanten in Sussex verwendeten Erz dafür sorgten, daß das Metall beim Abkühlen weniger Mängel entwickelte. – Der Heeresbedarf an Kanonen sank nach 1604, als die

Engländer (und bald danach auch die Holländer) mit Spanien Frieden schlossen. Eine Brennstoffverknappung verschärfte die Depression, die damals in Sussex einsetzte: und zwei Dekaden später begannen die Schweden eiserne Kanonen von hoher Qualität zu gießen, nachdem sie wallonische Techniken des Schmelzofenbaues und des Metallgießens importiert hatten. Fortan beherrschten die Schweden den internationalen Markt für Eisenkanonen bis spät ins 18. Jahrhundert. Vgl. Eli Heckscher: *Un grand chapître de l'histoire de fer: le monopole suèdois, Annales d'histoire économiques et sociale* 4, 1932, 127–39.

17. Maurice Daumas, Hrsg.: *Histoire générale des techniques,* Paris 1965, 2, 493.

18. Vgl. Léon Louis Schick: *Un grand homme d'affaires au début du XVIe siècle: Jacob Fugger,* Paris 1957, S. 8–27.

19. Eine praktische Kurzbezeichnung für die Gebiete, welche die Herzöge von Burgund zwischen 1363 und 1477 zusammenfügten. Die Niederlande stellten den reichsten Teil des burgundischen Herrschaftsbereichs, der sich in unregelmäßiger Form südwärts bis zur Schweizer Grenze erstreckte. Ein halbes Jahrhundert vor dem Tod Karls des Kühnen, 1477, schienen die Herzöge von Burgund auf dem besten Weg, das Königreich Lotharingien wieder aufzurichten, das bei der Teilung des karolingischen Reiches 855 zwischen Frankreich und Deutschland eingeschoben wurde.

20. Daumas: *Histoire générale des techniques,* 2, 487.

21. Carlo M. Cipollas *Guns, Sails and Empires: Technological Innovation and the Early Phases of European Expansion, 1400–1700,* New York 1965, S. 1–73, gibt die bei weitem prägnanteste Darstellung der frühen Entwicklung der Artillerie in Europa, die mir bekannt ist. Im 19. Jahrhundert wurde die Literatur über das Artilleriewesen vervollkommnet durch Arbeiten wie A. Essenwein: *Quellen zur Geschichte der Feuerwaffen,* 2 Bde., Leipzig 1877, Zur Entwicklung der Artillerie in Burgund vgl. C. Brusten: *L'armée bourguignonne de 1455 à 1468,* Brüssel 1954; Claude Gaier: *L'industrie et le commerce des armes dans l'anciennes principautés belges du XIIIe à la fin du XVe siècle,* Paris 1973.

22. Christopher Duffy: *Siege Warfare: The Fortress in the Early Modern World, 1494–1660,* London 1979, S. 8 f.

23. 1477 teilten die Habsburger mit den Franzosen das burgundische Erbe auf und gelangten so in den Besitz der niederländischen Kapazitäten des Geschützgießens. Zu den Osmanen vgl. John. F. Guilmartin jr.: *Gunpowder and Galleys: Changing Technology and Mediterranean Warfare at Sea in the 16th Century,* Cambridge 1974, S. 255 f.

24. Albrecht Dürer genießt den Ruhm, das erste gedruckte Buch über das Festungswesen verfaßt zu haben, *Etliche Underricht zur Befestigung der Stett, Schloß und Flecken* (Nürnberg, 1527). Der Band ist mehr wegen der grandiosen Anlagen bemerkenswert, die Dürer als Befestigung gegen Artilleriebeschuß empfahl, als wegen der praktischen Ausführbarkeit seiner Entwürfe. Vgl. Duffy: *Siege Warfare,* S. 4–7.

25. Duffy: *Siege Warfare,* S. 15.

26. John R. Hale: *The Development of the Bastion, 1440–1534,* in John R. Hale, Hrsg.: *Europe in the Late Middle Ages,* Evanston, Ill., 1965, S. 466–94.

27. Halil Inalcik · *The Socio Political Effects of the Diffusion of Firearms in the*

*Middle East*, in V. J. Parry und M. E. Yapp, Hrsg.: *War, Technology and Society in the Middle East*, London 1975, S. 199 f.

28. Richard Hellie: *Enserfment and Military Change in Muscovy*, Chicago 1971, S. 152–68.

29. Eine Darstellung der Überlegungen, die hinter der konservativen Kampftaktik im Mittelmeer standen, gibt John F. Guilmartin jr.: *Gunpowder and Galleys*.

30. Fernand Braudel: *The Mediterranean and the Mediterranean World in the Age of Philipp II.*, 2 Bde., New York 1972, 1973.

31. Garret Mattingly: *The Defeat of the Spanish Armada*, London 1959, S. 215 f.

32. Nach ebda, S. 87, erhielten die Investoren eine Rendite von 4700 Prozent.

33. Ein Richter am Admiralsgericht schrieb 1590: ,,Ihre Majestät hat, seit diese autorisierten Kaperungen begannen [fünf Jahre vorher, 1585], an die 200000 Pfund empfangen und gespart." Kenneth R. Andrews: *Elizabethan Privateering, 1585–1603*, Cambridge 1964, S. 22. Da Elisabeths jährliche Einkünfte sich auf rund 300000 Pfund beliefen, war dies kein belangloser Zuwachs.

34. Auch andere Faktoren, namentlich die Steuersätze und die Kosten von Schiffsbauholz, wirkten sich gegen das private iberische Seeunternehmertum aus. Vgl. Andrews: *Elizabethan Privateering*.

35. Richard Bean: *War and the Birth of the Nation State, Journal of Economic History* 33, 1973, 217, hat errechnet, daß die Steuereinnahmen der westeuropäischen Zentralregierungen sich zwischen 1450 und 1500 real und pro Kopf gerechnet verdoppelten, danach jedoch langsamer anstiegen.

36. Vgl. Richard Ehrenberg: *Capital and Finance in the Age of the Renaissance*, London o. J.; Frank J. Smoler: *Resiliency of Enterprise: Economic Crisis and Recovery in the Spanish Netherlands in the Early 17th Century*, in Carter: *From Renaissance to Counter-Reformation*, S. 247–68; Geoffrey Parker: *War and Economic Change: The Economic Costs of the Dutch Revolt*, in Winter: *War and Economic Development*, S. 49–71.

37. Vgl. Geoffrey Parker: *The Army of Flanders and the Spanish Road, 1567–1659*, Cambridge 1972, S. 336–41.

38. Zu Meutereien im spanischen Heer siehe Geoffrey Parker: *Mutiny in the Spanish Army of Flanders, Past and Present* 58, 1973, 38–52, sowie *Army of Flanders*.

39. Diese Zahlen sind I. A. A. Thompsons *War and Government in Hapsburg Spain, 1550–1620*, London 1976, S. 71, 73, 103, entnommen. Zur Entwicklung der Zahl der Soldaten, die in spanischen Diensten in den Niederlanden kämpften siehe auch Geoffrey Parkers *Army of Flanders*, S. 28. Die Schwankungen von einem Jahr zum andern waren sehr groß, je nachdem, welche Operationen geplant wurden und wieviel Geld verfügbar war; doch nach der ersten Mobilmachung gegen die Aufständischen, 1572, waren die spanischen Streitkräfte in Flandern in der Regel stärker als 50000 Mann.

40. Siehe Geoffrey Parker: *The Military Revolution 1550–1660 – a Myth?, Journal of Modern History* 48, 1976, 206. Europas zweitstärkstes Heer, das französische, war 1550–60 nur ein Drittel so stark wie das spanische.

41. Thompson: *War and Government in Hapsburg Spain*, S. 72.

42. Nach Parkers *The Military Revolution 1550–60* entwickelte sich die Kopfstärke des spanischen Heeres gegenüber der französischen folgendermaßen:

|           | spanisches Heer | französisches Heer |
|-----------|-----------------|--------------------|
| 1630–40   | 300000          | 150000             |
| 1650–60   | 100000          | 100000             |
| 1670–80   | 70000           | 120000             |
| 1700–10   | 50000           | 400000             |

Andere Armeen lagen zahlenmäßig weit dahinter zurück, auch wenn sie mit der französischen und der spanischen technisch gleichauf waren. Das holländische Heer beispielsweise zählte 1630–40 nur rund 50000 und 1700–10 ca. 100000 Mann, das russische 1630–40 35000 und 1700–10 170000 Mann. Ebda. Parkers Zahlenangabe für die französische Armee in der ersten Dekade des 18. Jahrhunderts liegt allerdings sehr hoch. Andere Autoritäten schreiben Ludwig XIV. während des Spanischen Erbfolgekrieges nur 300000 Mann zu. Siehe unten, Kap. 4.

43. Vgl. Abb. in Kiyoshi Hirai: *Feudal Architecture in Japan*, New York und Tokio 1973. Allerdings war der Schutz vor Handfeuerwaffen für die Japaner wichtiger als der vor Geschützfeuer, denn den japanischen Heeren fehlten die logistischen Mittel für längere Belagerungen, bei denen Kanonen entscheidend gewesen wären. Die Wirtschaft des Landes entwickelte denn auch nicht das technische Fundament für eine Geschützproduktion, die es mit der europäischen auch nur im entferntesten hätte aufnehmen können. Die Samurai-Ideale mit ihrer hohen Bewertung des Zweikampfes haben möglicherweise Bemühungen um die Weiterentwicklung der Artillerie behindert; wichtig war vermutlich auch die Knappheit an Brennstoff. Ich verdanke diese Hinweise John F. Guilmartin jr.

44. Vgl. Jean Lejeune: *La formation du capitalisme moderne dans la principauté de Liège au XVIe siècle*, Lüttich 1939, S. 181; Claude Gaier: *Four Centuries of Liège Gunmaking*, London 1977, S. 29–31.

## 4. Kapitel

1. Wie wir gesehen haben, brachte die technisch innovative Militärmacht Spaniens die anfängliche französische Hegemonie dadurch rasch zu Fall, daß sie sich auf Handfeuerwaffen stützte und neue Taktiken entwickelte, um sie voll zu nutzen. Die Eidgenossen empfingen ihre entscheidende Niederlage in der Schlacht von Margnano (1515) von den üblicherweise mit ihnen verbündeten Franzosen, als gut postierte Kanonen mit verheerender Wirkung auf die massierten Pikeniere feuerten. Vgl. Charles Oman: *A History of the Art of War in the Middle Ages*, London 1898, 2, 279.

2. Zu den Landsknechten siehe Eugen von Frauenholz: *Das Heereswesen in der Zeit des freien Söldnertums*, 2 Bde, München 1936, 1937; Fritz Redlich: *The German Military Enterpriser and His Work Force*, 2 Bde, Wiesbaden 1964; Carl Hans Hermann: *Deutsche Militärgeschichte: Eine Einführung*, Frankfurt 1966, S. 58ff.

3. Zu Wallenstein siehe Golo Mann: *Wallenstein*, Frankfurt am Main 1971; Francis Watson: *Wallenstein: Soldier under Saturn*, New York 1938; G. Livet: *La guerre de trente ans*, Paris 1963; Fritz Redlich: *Plan for the Establish-*

ment of a War Industry in the Imperial Dominion during the Thirty Years War, Business History Review 38, 1964, 123–26.

4. *Bellum se ipse alet* lautet der lateinische Satz, der dem Schwedenkönig zugeschrieben wird. Vgl. Michael Roberts: *Essays in Swedish History*, Minneapolis 1967, S. 73.

5. Eli Heckscher: *Un grand chapître de l'histoire de fer: le monopole suèdois*, Annales d'histoire économique et sociale [4]1932, 127–39.

6. Vgl. Louis André: *Michel Le Tellier et Louvois*, 2. Aufl., Paris 1943; Louis André: *Michel Le Tellier et l'organisation de l'armée monarchique*, Montpelier 1906. Zu Masselini und seinen organisatorischen Reformen siehe Michael E. Mallett: *Mercenaries and Their Masters: Warfare in Renaissance Italy*, London 1974, S. 126 f.

7. Nach der englischen Übersetzung aus Camille Rousset: *L'histoire de Louvois*, 4 Bde, Paris 1862–64, 1, 209. Die Vorschriften für den Garnisonsdienst konzentrierten sich auf routinemäßige Exerzierübungen zweimal wöchentlich in Anwesenheit eines Offiziers, während die gesamte Garnison einmal im Monat in Kampfformation vor einem hochgestellten Offizier oder einer anderen bedeutenden Persönlichkeit paradierte. André: *Michel Le Tellier*, S. 399 ff.

8. Roberts: *Essays in Swedish History*, S. 219.

9. Älian war ein griechischer Kriegsschriftsteller, der in der Zeit Trajans, als das Römische Reich und sein Heer auf der Höhe ihrer Macht standen, ein Werk über Taktik schrieb. Es wurde 1550 ins Lateinische übersetzt und verband so die Autorität der Antike mit einer Aura des Neuartigen, als Moritz von Nassau seine Heeresreformen begann. Nach Werner Halbwegs *Die Heeresreform der Oranier und die Antike*, Berlin 1941, S. 43, lieferte Älian die wichtigste Anregung zu Moritz von Nassaus Reformen.

10. Die Muskete mußte mit Pulver gefüllt werden, dann folgte ein Stopfen, der das Pulver festdrückte. Die Kugel saß dann zwischen diesem und einem zweiten Stopfen, der sie im Lauf hielt. Schließlich mußte die Zündpfanne ebenfalls mit Pulver gefüllt werden. Die brennende Lunte (währenddessen in der linken Hand gehalten) wurde dann in zwei Klauen des Hahns eingeklemmt, womit die Muskete endlich für Zielen und Feuern bereit war. Die Lunte mußte von der Muskete abgelöst werden, bevor der ganze Vorgang wiederholt werden konnte.

11. Zu Moritz von Nassaus Reformen siehe neben Halbwegs bereits genanntem Werk die provokanten Bemerkungen M. D. Felds: *Middle Class Society and the Rise of Military Professionalism: The Dutch Army, 1589–1609, Armed Forces and Society* I, 1975, 419–42.

12. Eine Darstellung der psychischen und sozialen Auswirkungen des Exerzierens in geschlossener Ordnung auf Menschen ist mir nicht bekannt. Meine Bemerkungen gehen auf persönliche Erfahrungen aus dem Zweiten Weltkrieg zurück. – Einige Militärschriftsteller der damaligen Zeit weisen im Zusammenhang der Wirkung des Exerzierens auf seine Beziehung zum Tanz hin. Vgl. Moritz von Sachsen: *Rêveries militaires*, 1731 [dt. 1757]. Die europäische Militärmusik ging, nebenbei bemerkt, auf die osmanischen Pfeifer- und Trommlerkorps zurück. Diese wiederum waren eine Adaption von Steppentraditionen des Trommelns, die über Derwischorden junger Männer in die muslimische Welt Eingang gefunden hatten. Doch die osmanischen Truppen

exerzierten nicht ständig, wie es die christlichen zu tun begannen, und marschierten auch nicht im Gleichschritt, womit sie die emotionale Resonanz dämpften, die gleichförmige Bewegungen auslösen.

13. Jacob de Gheyn: _Wapenhandelinghe von Roers, Musquetten ende Spiessen, Achtervolgende de Ordre van Syn Excellentie Maurits, Prince von Orangie,_ Den Haag 1607. Mir lag eine Faksimileausgabe (New York 1971) mit einem Kommentar von J. B. Kist vor. Nach Kist hielt Moritz von Nassau zum erstenmal 1592 eine Parade seiner Truppen samt Feldmanövern ab. Zu dieser Zeit zählten seine Bataillone noch je 800 Mann; später reduzierte er die Stärke des Bataillons – der Grundeinheit im Manöver – auf 550 Mann, damit es im Feld beweglicher und leichter durch eine einzige Stimme zu lenken war. De Gheyns Buch erschien später häufig in Raubdrucken; in Johann Jakob Wallhausens _Kriegskunst zu Fuß_ (1614) erscheinen die gleichen Kupfer wie im Originalwerk.

14. Richard Hellie: _Enserfment and Military Change in Muscovy,_ Chicago 1971, S. 187f.

15. Zum Verzicht der Osmanen auf eine Übernahme der europäischen Ausbildungsmethoden siehe V. J. Parry: _La manière de combattre,_ in V. J. Parry und M. E. Yapp, Hrsg.: _War, Technology and Society in the Middle East,_ London 1975, S. 218–56.

16. Näheres bei James P. Lawford: _Britain's Army in India from Its Origins to the Conquest of Bengal,_ London 1978.

17. Vgl. Frauenholz: _Das Heereswesen in der Zeit des freien Söldnertums,_ 1, 36–39. Entlassene Landsknechte stellten zum Beispiel einen beträchtlichen Teil der Aufständischen im Bauernkrieg von 1525.

18. 1479 löste Ludwig XI. von Frankreich sein französisches Fußvolk auf und schloß statt dessen einen Vertrag mit den Eidgenossen. Der Ruf, den sie als die besten Pikeniere in Europa genossen, hat zweifellos diese Entscheidung beeinflußt, allerdings sicher auch der Umstand, daß sie mit den sozialen Unruhen in Frankreich nichts zu tun hatten. Vgl. Philippe Contamine: _Guerre, état et société à la fin du moyen âge: Études sur les armées des rois de France, 1337–1494,_ Paris 1972, S. 284. Zur Verwendung ausländischer Söldner im allgemeinen siehe V. G. Kiernan: _Foreign Mercenaries and Absolute Monarchy,_ in Trevor Aston, Hrsg.: _Crisis in Europe, 1560–1660,_ New York 1967, S. 117–40.

19. Beginnend mit der Dekade 1590–1600 konkurrierte die Hohe Pforte mit Venedig um die Söldnerdienste christlicher Fußsoldaten vom westlichen Balkan. Siehe Halil Inalcik: _Military and Fiscal Transformation in the Ottoman Empire, 1600–1700, Archivum Ottomanicum_ 6, 1980. Nördlich des Schwarzen Meeres hingegen begünstigten die technischen und geographischen Bedingungen zwei Jahrhunderte lang die Reiterei, nachdem auf den westeuropäischen Schlachtfeldern die entscheidende Rolle der Infanterie zugefallen war. Die Kosaken auf ihren billigen Steppenpferden spielten im Osten eine ähnliche Rolle wie die Eidgenossen im Westen. Wie diese entwickelten sie eine egalitäre militärische Gesinnung und wandten sich verschiedenen ausländischen Auftraggebern zu, nachdem man in benachbarten Staaten ihren militärischen Wert erkannt hatte. Schließlich verbanden sich die Kosaken mit den Zaren, aller-

dings um den Preis des Verrats an ihrer alten egalitären Tradition. Vgl. William H. McNeill: *Europe's Steppe Frontier, 1500–1800*, Chicago 1964.

20. Im Bereich des Islam waren ähnliche Schwierigkeiten zuweilen dadurch gelöst worden, daß man fremdländischen Soldaten den Status von Sklaven gab; aber auch ein Sklavensoldat war schwer im Zaum zu halten, und in mehreren islamischen Staaten rissen Sklavenhauptleute die Macht an sich und gründeten ‚Sklavendynastien', in denen die Macht von einem Sklavenhauptmann auf den nächsten, statt vom Vater auf den Sohn, überging. Am berühmtesten war der Staat der Mamelucken in Ägypten. Zu den Sklavensoldaten im Islam siehe David Ayalon: *Preliminary Remarks on the Mamluk Military Institution in Islam*, in Parry und Yapp: *War, Technology and Society in the Middle East*, S. 44–58; Daniel Pipes: *Slave Soldiers and Islam*, New Haven 1981; Patricia Crone: *Slaves on Horses: The Evolution of the Islamic Polity*, New York 1980.

21. Die psychische Prägung durchs Exerzieren war derart stark, daß sie Herkunft und frühe Erfahrung eines Rekruten für sein Verhalten als Soldat weitgehend belanglos war. Dies nimmt Untersuchungen über die Klassenzugehörigkeit und lokale Herkunft von Rekruten ein über Liebhaberei hinausgehendes Interesse, obwohl militärische Dokumente sich zuweilen ausgezeichnet für solche Analysen eignen. Französische Historiker, vielleicht unter marxistischem Einfluß, haben sich darin besonders hervorgetan, ohne daß dies viel Licht darauf geworfen hätte, was die französische Armee im Krieg oder Frieden tat. Das große Werk dieses Genres ist A. Corvisiers *L'armée française de la fin du XVIIe siécle au ministère de Choiseul*, 2 Bde. Paris 1964.

22. Die Standardisierung und Schablonisierung, die im 18. Jh. auf die industrielle Produktion angewandt wurden, hatten im 17. Jh. ihre Vorläufer in der Heeresorganisation und im militärischen Versorgungswesen. In beiden Fällen kam es zu ähnlichen Ergebnissen: stark erhöhte Produktivität und drastisch gesenkte Stückkosten. Dieser Punkt wird vielleicht zu stark hervorgehoben in Jacobus A. A. von Doorn: *The Soldier and Social Change: Comparative Studies in the History and Sociology of the Military*, Beverly Hills, Calif., 1973, S. 17–33; Lewis Mumford: *Technics and Civilization*, New York 1934, S. 81–106.

23. Zu der ungeklärten Lage hinsichtlich der Erfindung und Einführung der Muskete mit Bajonettring siehe David Chandler: *The Art of War of Marlborough*. New York 1976, S. 67, 83.

24. Auf die Luntenschlösser der Zeit Moritz von Nassaus folgten um 1710 Feuersteinschlösser und eine entsprechend vereinfachte Ausbildung zumindest in den bestgeführten europäischen Armeen. Das Feuersteinschloß war zwar bereits 1615 erfunden worden, zunächst aber zu teuer, um das Luntenschloß zu verdrängen, trotz höherer Feuergeschwindigkeit (etwa doppelt so hoch) und größerer Zuverlässigkeit (rund 33 Prozent Versager gegenüber fünfzig Prozent bei Luntenschlössern). Zahlenangaben bei Chandler: *The Art of War*, S. 76–79.

25. Eine strengere Definition grenzt diese konservative Periode auf die Zeit zwischen 1730–1830 ein. Näheres über die zahlreichen kleinen Abänderungen an der Konstruktion und darüber, wie das Beschaffungsamt Board of Ordnance

in Großbritannien mit unerwarteten Krisensituationen fertig wurde, wenn kurzfristig große Mengen an Musketen beschafft werden mußten, siehe in Howard L. Blackmore: *British Military Firearms*, 1670–1850, London 1961.

## 5. Kapitel

1. Die Bevölkerung Europas wuchs von ca. 118 Millionen im Jahr 1700 auf 187 Millionen im Jahr 1801 an. Die Bevölkerung von England und Wales nahm von ca. 5,8 Millionen zu Beginn des Jahrhunderts auf 9,15 im Jahr 1801 zu, und die Bevölkerung Frankreichs wuchs von 1717 bis 1789 von rund 18 auf 26 Millionen. Vgl. Jacques Godechot: *Les revolutions, 1770–1799*, Paris 1970, S. 93 ff; Phyllis Deane und W. A. Cole: *British Economic Growth, 1688–1959: Trends and Structure*, 2. Aufl., Cambridge 1967, S. 103; M. Reinhard und A. Armengaud: *Histoire générale de la population mondiale*, Paris 1961, S. 151–201. Eine Zusammenstellung der Ansichten von Demographen über die Ursachen des starken Bevölkerungswachstums im 18. Jh. findet sich in Thomas McKeown, R. G. Brown und R. G. Record: *An Interpretation of the Modern Rise of Population in Europe*, Population Studies 26, 1972, 345–82. Vielleicht war der wichtigste Einzelfaktor ein verändertes Auftreten anstek-kender Krankheiten; vgl. William H. McNeill: *Plagues and Peoples*, New York 1976, S. 240–58.

2. 1730 begann Sultan Mehmet I. mit einem Versuch, die Verteidigungskraft des Osmanischen Reiches durch die Übernahme europäischer Methoden zu ver-bessern. Ein französischer Renegat, Comte de Bonneval (1675–1747), spielte dabei die führende Rolle. Er nahm den Namen Achmed Pascha an und wurde zum Oberbefehlshaber in Rumelien ernannt, der höchste Posten in der osma-nischen Armee. Ironischerweise konnten militärische Erfolge gegen die Österreicher wie die Russen einen scharfen politischen Kurswechsel nach dem Krieg nicht verhindern. De Bonnevals unbezähmbares Temperament führte dazu, daß er 1738 in Ungnade fiel und eingekerkert wurde. Seine Beseitigung ermöglichte frommen Moslems, die sich lieber auf Allahs Willen als auf neu-modisches Kriegszeug verließen, die Rückkehr an die Macht. Ein zweiter vergeblicher Versuch zur Modernisierung wurde durch das unerwartete Er-scheinen der russischen Flotte in der Ägäis 1770 ausgelöst. Ein französisierter Ungar, Baron François de Tott (1733–93), wurde beauftragt, die Dardanellen zu blockieren. Anschließend bemühte er sich, in größerem Maßstab, um eine Verbesserung der hauptstädtischen Befestigungen und eine Modernisierung der osmanischen Artillerie und Flotte. Doch als 1774 der Krieg zu Ende ging, erlahmten diese Anstrengungen rasch. De Tott, der nicht, wie de Bonneval, zum Islam hatte übertreten müssen, war als Ausländer und Ungläubiger dop-pelt verdächtig, und nach seiner Rückkehr nach Frankreich, 1776, verkamen seine Reformversuche. Zu de Bonneval siehe Albert Vandal: *Le pacha Bonne-val*, Paris 1885; zu de Tott siehe seine eigenen *Mémoires sur les Turcs et les Tartares*, Amsterdam 1784.

3. Im Altertum eroberten Grenzmark-Staaten im Vorderen Orient mindestens dreimal ältere, kleinere politische Gebilde: Akkad (ca. 2350 v. Chr.), Assyrien (ca. 1000–612 v. Chr.) und Persien (550–331 v. Chr.) Die Geschichte des Mit-

telmeerraums bietet mehrere ähnliche Beispiele: der Aufstieg Makedoniens (338 v. Chr.) und dann Roms (168 v. Chr.) in der klassischen Antike, in der Neuzeit die Aufrichtung der spanischen Herrschaft über Italien (1557), mit der wir uns im vorhergehenden Kapitel kurz befaßt haben. Ein paralleles Muster zeigen offenbar China im Altertum (Aufstieg der Ch'in-Dynastie, 221 v. Chr.) und das alte Indien (Aufstieg des Reichs von Magadha, ca. 321 v. Chr.), sowie die indianischen Reiche in Mexiko (Azteken) und Peru (Inka). Diese Vorgänge lassen erwarten, daß ein bestimmtes Organisations- und technisches Niveau, auf eine größere territoriale Basis übertragen, höhere Resultate zeitigt. Dies war häufig an den Rändern zivilisierter Zentren mit speziellen Fertigkeiten möglich; und überall dort, wo es einem Herrscher gelang, seine Herrschaft über ein relativ umfangreiches Randterritorium zu festigen, entstand regelmäßig die oft genutzte Möglichkeit, ältere Zentren von Wohlstand und Fertigkeiten mittels einer halbbarbarischen Streitmacht zu erobern, die nach zivilisierten Vorbildern organisiert war.

4. Vgl. François Crouzet: *Angleterre et France au XVIIIe siècle: Essai d'analyse comparée de deux croissances économiques, Annales: Économies, sociétés, civilisations*, 21, 1966, 261 ff., und passim.

5. Zu Bevölkerungsphänomenen in der Neuen Welt siehe Nicholas Sanchez-Albornoz: *The Population of Latin America*, Berkeley and Los Angeles 1974, S. 104–29; Shelbourne F. Cook und Woodrow W. Borath: *Essays in Population History: Mexico and the Caribbean*, 2 Bde, Berkeley and Los Angeles 1971, 1974. Wie später bei Polynesiern und anderen Inselbewohnern im Pazifik ging der drastische Bevölkerungsrückgang, der auf die ersten Kontakte mit Weißen folgte, vor allem auf eingeschleppte Infektionskrankheiten zurück.

6. Die Royal Navy befand sich beispielsweise in der Zeit von Samuel Pepys in chronischen Geldnöten, während in den frühen Dekaden des 18. Jahrhunderts die finanziellen Tricks – Verzögerung von Zahlungen und Außerdienststellung von Schiffen über einen Teil des Jahres, die übliche Praxis im späten 17. Jahrhundert – nicht mehr notwendig waren. Vgl. Daniel A. Baugh: *British Naval Administration in the Age of Walpole*, Princeton 1965, S. 496 und passim; Robert G. Albion: *Forests and Sea Power: The Timber Problem of the Royal Navy, 1652–1862*, Cambridge, Mass., 1926, S. 66. Zu einer parallelen Verbesserung der Pünktlichkeit von Soldzahlungen in der französischen Armee und der Straffung der Finanzverwaltung im 18. Jahrhundert siehe A. Corvisier: *L'armée française de la fin du XVIIe siècle au ministère de Choiseul: le Soldat*, Paris 1964, 2, 822 ff.; Lee Kennett: *The French Armies in the Seven Years War*, Durham, N. C., 1967, S. 95.

7. Vgl. James P. Lawford: *Britain's Army in India, from Its Origins to the Conquest of Bengal*, London 1978. In der Schlacht bei Plassey befehligte Robert Clive 784 europäische Soldaten, zehn Feldgeschütze und rund 2100 Inder, nach europäischen Methoden ausgebildet und ausgerüstet. Damit schlug er ein Heer von rund 50000 Mann in die Flucht. Vgl. Mark Bence-Jones: *Clive of India*, New York 1974, S. 133–43.

8. Vgl. die Zusammenfassung der Auswirkungen des Sklavenhandels auf Afrika in Paul Bohannan und Philip Curtin: *Africa and Africans*, New York 1971, S. 273–76.

9. Eine Darstellung dieses Ringens findet sich in William H. McNeill: *Europe's Steppe Frontier*, 1500–1800, Chicago 1964, S. 126–221.

10. Vgl. Anton Zottman: *Die Wirtschaftspolitik Friedrichs des Großen mit besonderer Berücksichtigung der Kriegswirtschaft*, Leipzig 1937; W. O. Henderson: *Studies in the Economic Policy of Frederick the Great*, London 1963.

11. Vgl. Otto Büsch: *Militärsystem und Sozialleben im alten Preußen*, Berlin 1962, S. 77–99 und passim; Herbert Rosinski: *The German Army*, New York 1966, S. 21–26.

12. Die Flottentechnik war schwerer zu beherrschen, und die russischen Kriegsschiffe, die 1770 ins Mittelmeer einliefen, um die Türken anzugreifen, entsprachen keineswegs dem französischen oder englischen Standard, obwohl sie die türkische Flotte mühelos bezwangen. Dazu kam, daß die russische Kriegsmarine 1790 die schwedische dauerhaft überflügelte und sich damit zur Herrin der Ostseegewässer machte. Vgl. Nestor Monasterv und Serge Terestchenko: *Histoire de la marine russe*, Paris 1932, S. 75–80; Donald W. Mitchell: *A History of Russian and Soviet Sea Power*, New York 1974, S. 16–102.

13. Maurice de Saxe (Marschall Moritz von Sachsen) vertrat die Ansicht, kein General könne mehr als 40000 Männer im Feld wirkungsvoll kommandieren. Vgl. Eugène Carrias: *La pensée militaire française*, Paris o.J., S. 170. Jacques-Antoine Hypolite de Guibert gab 1772 in *Essai générale de tactique* 50000 als Idealgröße eines Heeres und 70000 als absolute Obergrenze an. Nur so, meinte er, ließe sich eine echte Beweglichkeit im Feld bewahren. Vgl. Robert A. Quimby: *The Background of Napoleonic Warfare: The Theory of Military Tactics in 18th Century France*, Columbia University Studies in the Social Sciences, Nr. 596, New York 1975, S. 164.

14. Christopher Duffy: *The Army of Frederick the Great*, Newton Abbot 1974, S. 135 f. Zur Begrenztheit des französischen Nachschubwesens siehe Kennett: *French Armies in the Seven Years War*, S. 100–111. Material für eine allgemeine Übersicht auch bei Martin L. van Creveld: *Supplying War: Logistics from Wallenstein to Patton*, Cambridge 1977.

15. Nach einer amtlichen Berechnung, die man bald nach dem Ende des Siebenjährigen Krieges angestellt hatte, wurden nur dreizehn Prozent der preußischen Gesamtausgaben für Kriegsmaterial aufgewendet; Waffen, Pulver und Blei nahmen insgesamt nur ein Prozent in Anspruch. Paul Rehfeld: *Die preußische Rüstungsindustrie unter Friedrich dem Großen, Forschungen zur brandenburgischen und preußischen Geschichte* 55, 1944, 30.

16. Violet Barbour: *Capitalism in Amsterdam in the 17th Century, Reprint*, Ann Arbor, Mich., S. 36–42; J. Yerneaux: *La métallurgie liègeoise et son expansion au XVIIe siècle*, Lüttich 1939; Claude Gaier: *Four Centuries of Liège Gunmaking*, London 1977.

17. Siehe auch A. Dolleczek: *Geschichte der österreichischen Artillerie*, Wien 1887.

18. Die Verwendung von Höhenlinien zur Angabe von Steigungen war eine wichtige kartographische Erfindung, ebenso wie die Symbole für die Bezeichnung von Sümpfen und anderen Hindernissen für Bewegungen in freiem Gelände. Topographische Höhenlinien wurden anscheinend zum erstenmal 1777 von einem französischen Pionierleutnant, J. B. Meusnier, vorgeschlagen; viel älter

aber war der Gebrauch von Linien zur Angabe von Wassertiefen, wie sie die Holländer schon 1584 verwendet hatten. Der Mangel an zuverlässigen Daten verzögerte den Gebrauch von Höhenlinien, die erst nach ca. 1810 auf Karten im kleinen Maßstab üblich wurden, als das Sammeln von Daten infolge einer Verbesserung der Vermessungsgeräte viel leichter wurde und rascher vor sich ging. Vgl. François de Dainville: *From the Depths to the Heights, Surveying and Mapping* 30, 1970, 389–403; Pierre Chalmin: *La querelle des Bleus et des Rouges dans l'artillerie française à la fin du XVIIIe siècle, Revue d'histoire économique et sociale* 46, 1968, 481 ff.

19. Dallas D. Irvine: *The Origins of Capital Staffs, Journal of Modern History* 10, 1938, 166 ff.; Carrias: *La pensée militaire française,* S. 176 ff.

20. Stephen T. Ross: *The Development of the Combat Division in Eighteenth Century French Armies, French Historical Studies* 1, 1965, 84–94.

21. Siehe Geoffry Symcox, Hrsg.: *War, Diplomacy and Imperialism, 1618–1763,* London 1974, S. 194. Vgl. auch Duffy: *The Army of Frederick the Great,* S. 134.

22. Freiherr vom Stein leitete als preußischer Verwaltungsbeamter die Kanalisierung der Ruhr; man erhoffte sich davon eine Vergrößerung der Kohleförderung. Vgl. W. O. Henderson: *The State and the Industrial Revolution in Prussia, 1740–1870,* Liverpool 1958, S. 20–41.

23. Mit der Verwendung von Schotter unterschiedlicher Größe in drei verschiedenen Schichten entwickelte ein französischer Ingenieur namens Pierre Trésaguet eine relativ billige Methode für den Bau von Straßen, die bei jedem Wetter benutzt werden konnten. Sie wurde nach 1764 in Frankreich in großem Umfang angewandt; andere europäische Länder schlossen sich an, bis hin nach Rußland, wo nach Trésaguets Prinzipien eine Straße von Moskau nach St. Petersburg gebaut wurde. In Großbritannien begann sich in den 1790er Jahren John Loudon McAdam für die Probleme des Straßenbaus zu interessieren und entwickelte eine ganz ähnliche Methode für die Herstellung haltbarer Straßenbeläge. McAdam benützte nur Schotter von einer einzigen Größe, was die Arbeiten vereinfachte. Vgl. Gösta E. Sandström: *Man the Builder,* New York 1970, S. 200 f.; Roy Devereux: *The Colossus of Roads: A Life of John Loudon McAdam,* New York 1936.

24. Vgl. Émile G. Leonard: *L'armée et ses problèmes au XVIIIe siècle,* Paris 1958; Louis Mention: *Le comte de Saint-Germain et ses réformes, 1775–1777,* Paris 1884; Albert Latreille: *L'armée et la nation à la fin de l'ancien régime: les derniers ministres de guerre de la monarchie,* Paris 1914; Jean Lambert Alhonse Colin: *L'infanterie au XVIIIe siècle: La tactique,* Paris 1907.

25. Großbritannien ging darin 1757 voran. Vgl. Rex Whitworth: *Field Marshal Lord Ligonier: A Story of the British Army, 1702–1770,* Oxford 1958, S. 218. Die Vereinigten Staaten taten den gleichen Schritt: sie holten 1777 Baron von Steuben ins Land, der die Ausbildung der Kontinentalarmee übernahm.

26. Zur Taktik vgl. Colin: *L'infantrie au XVIIIe siècle;* Mention: *Le comte de Saint-Germain,* S. 187–210; Quimby: *The Background of Napoleonic Warfare;* Robert R. Palmer: *Frederick the Great, Guibert, Bülow: From Dynastic to National War,* in Edward M. Earle, Hrsg.: *Makers of Modern Strategy,* Princeton 1943, S. 49–74; Henry Spenser Wilkinson: *The French Army Before*

*Napoleon*, Oxford 1915. Zur Taktik und Einhegung siehe Richard Glover: *Peninsular Preparation: The Reform of the British Army, 1795–1804*, Cambridge 1963, S. 124. Zu Franctireurs und leichter Infanterie siehe Gunther Rothenberg: *The Military Border in Croatia, 1740–1881: A Study of an Imperial Institution*, Chicago 1966, S. 18–39 und passim; Peter Paret: *Yorck and the Era of Prussian Reform, 1807–15*, Princeton 1966, S. 24–42.

27. Mehrere tausend Hinterlader-Musketen wurden hergestellt, als sich jedoch der Verschlußmechanismus als fehlerhaft erwies, nahm sich der Erfinder das Leben. Siehe Kennett: *The French Army in the Seven Years War*, S. 116, 140.

28. Nach 1794, nach der Annexion Lüttichs durch die Franzosen, wurden Kanonenproduzenten der Stadt, die erfahrensten von ganz Europa, von den neuen französischen Inspektoren gezwungen, ihre Leistung noch zu verbessern. Näheres bei Gaier: *Four Centuries of Liège Gunmaking*, S. 95 ff.

29. *Grande Encyclopédie*, s. v. Maritz, Jean; P. M. J. Conturie: *Histoire de la fonderie nationale de Ruelle, 1750–1940, et des fonderies de canons de fer de la Marine*, Paris 1951, S. 128–35.

30. 1763 holten die Preußen einen niederländischen Pyrotechniker ins Land, der in der Spandauer Waffenfabrik eine Kanonen-Bohrmaschine installieren sollte. Er wurde bei der Besetzung Berlins von den Russen gefangengenommen und überredet, in Tula das gleiche für sie zu tun. Vgl. Rehfeld: *Die preußische Rüstungsindustrie unter Friedrich dem Großen*, S. 11.

31. Clive Trebilcock: *Spin-off in British Economic History: Armaments and Industry, 1760–1914*, Economic History Review 22, 1969, 477.

32. Diagramme, die das Funktionieren von Kanonen des späten 18. Jahrhunderts illustrieren, finden sich in B. P. Hughes: *Firepower Weapons' Effectiveness on the Battlefield, 1630–1850*, London 1974, S. 15–36.

33. Nach E. W. Marsden: *Greek and Roman Artillery: Historical Development*, Oxford 1969, S. 48 f., wurden die Erfindungen vor allem am Hof Dionysius' I. von Syrakus (399 v. Chr.) und Ptolemäus' II. von Ägypten (285–246 v. Chr.) gemacht.

34. In dieser ,aristokratischen Reaktion' spiegelte sich möglicherweise unter anderem das Bevölkerungswachstum. Da mehr jüngere Söhne unterzubringen waren, hielten Adelsfamilien eifriger nach Patenten Ausschau und empfanden um so stärkeren Groll gegenüber nichtadeligen Emporkömmlingen.

35. Zu Friedrichs II. Gründen siehe Gordon Craig: *Die preußisch-deutsche Armee 1640–1945*. Frankfurt 1966. Zur aristokratischen Reaktion innerhalb der französischen Armee siehe Kennett: *The French Armies in the Seven Years War*, S. 143; David Bien: *La réaction aristocratique avant 1789: L'example de l'armée*, Annales: Économies, sociétés, civilisations 29, 1974, 23–48; David Bien: *The Army in the French Enlightenment: Reform, Reaction and Revoltion*, Past and Present, Nr. 85, 1979, 68–98.

36. Siehe Howard Rosen: *The Système Gribeauval: A Study of Technological Change and Institutional Development in Eighteenth Century France* (Diss., Universität Chicago, 1981). Einige seiner Erkenntnisse finden sich in seinem Aufsatz *Le système Gribeauval et la guerre moderne*, Revue historique des armées 1–2, 1975, 29–36. Näheres siehe Jean Baptiste Brunet: *L'artillerie française au XVIIIe siècle*, Paris 1906; zu den Auseinandersetzungen inner-

halb der Armee siehe Chalmin: *La querelle des Bleus et des Rouges,* S. 490–505.

37. Nach Gunther Rothenberg: *The Art of Warfare in the Age of Napoleon,* Bloomington, Ind., 1978, S. 122, umfaßte die französische Feldartillerie 1791 insgesamt nur 1300 Geschütze.

38. Charles K. Hyde: *Technological Change and the British Iron Industry, 1700–1870,* Princeton 1977, S. 194ff.

39. Bertrand Gille: *Les origines de la grande industrie métallurgique en France,* Paris 1947, S. 131–35 und passim; Conturie: *Histoire de la fonderie nationale de Ruelle,* S. 248–80; Theodore Wertime: *The Coming of Age of Steel,* Leiden 1961, S. 131f.; Joseph Antoine Roy: *Histoire de la famille Schneider et du Creusot,* Paris 1962, S. 11–15.

40. Gaier: *Four Centuries of Liège Gunmaking,* S. 60.

41. Die meisten der benötigten Arbeitskräfte wurden durch die Zuteilung von Leibeigenen an die neuen Unternehmen beschafft. Gearbeitet wurde hauptsächlich im Winter, wenn es auf den Feldern nichts zu tun gab, weshalb die zusätzliche Belastung die landwirtschaftliche Produktivität der Leibeigenen nur geringfügig minderte. Anders ausgedrückt: Durch reichliche Anwendung von Zwang erzielte die russische Regierung eine viel effizientere Verteilung der Arbeit übers Jahr – und legte sich für nicht viel mehr als die Kosten, die für Überwachungspersonal und ein paar ins Land geholte Meister anfielen, eine Eisenindustrie, Grundlage der Rüstungsproduktion, zu. Vgl. James Mayor: *An Economic History of Russia,* 2. Aufl., New York 1925, 1, 437f. Bis 1715 produzierten die Fabriken Peters des Großen nicht weniger als 13000 Geschütze; 1720 erreichte die Jahresproduktion an Musketen die Zahl 20000 – und hielt damit der französischen die Waage. Vgl. Arcadius Kahan: *Continuity in Economic Activity and Policy during the Post-Petrine Period in Russia,* in William L. Blackwell, Hrsg.: *Russian Economic Development from Peter the Great to Stalin,* New York 1974, S. 57.

42. Siehe oben, S. 122.

43. W. O. Henderson: *Studies in the Economic Policy of Frederick the Great,* London 1963, S. 6.

44. Trebilcock: *Spin-off in British Economic History,* S. 47.

45. Hyde: *Technological Change and the British Iron Industry,* S. 115. Da ein Teil des verkauften Eisens in Gestalt von Musketen von der Regierung Privatproduzenten abgekauft wurde, dürfte Hydes Schätzung von 17–25% staatlichem Anteil an der gesamten Eisenproduktion zu niedrig liegen. Mir scheint überhaupt, daß er die Bedeutung der Rüstungsgüter und der staatlichen Ankäufe für den Aufstieg der britischen Eisenindustrie systematisch zu gering ansetzt. Ein Beispiel: Die bahnbrechenden Eisengießereien in Wales und dann in Schottland begangen ihre Tätigkeit gestützt auf Aufträge der Royal Navy zur Herstellung von Kanonen. Vgl. Harry Scrivenor: *History of the Iron Trade,* 2. Aufl., London 1854, S. 122f.; Arthur Henry John: *The Industrial Development of South Wales,* Cardiff 1950, S. 24–36, 99ff. Ein gesicherter umfangreicher Absatzmarkt half Unternehmern, in einem zunächst fast unbesiedelten Gebiet die Anlaufkosten zu decken. Dies ist auf britischem Boden ein Beispiel eines viel größeren Phänomens, denn staatliche Rüstungsaufträge lieferten,

wie wir eben gesehen haben, ein Fundament für die Verpflanzung einer neuen und relativ kostspieligen Technologie in eine andere Gegend: in den Ural, ins preußische Spandau, in das französische Le Creusot.

46. Zur Wende in der staatlichen Politik und in den Machtrelationen siehe John Ehrman: *The Navy in the War of William III., 1689–1697: Its State and Direction,* Cambridge 1953, und Geoffrey Symcox: *The Crisis of French Sea Power, 1688–1697: From the Guerre d'Escadres to the Guerre de Course,* Den Haag 1974.

47. Damit diese großkalibrigen (und dünnwandigen) Geschütze an Bord installiert werden konnten, mußte die Treibladung verringert werden, weil sonst die Holzkonstruktion der Schiffe dem Rückstoß nicht standgehalten hätte. Dies bedeutete zwar eine geringere Anfangsgeschwindigkeit, doch das Gewicht der Geschosse wirkte gleichwohl zerstörerischer als normale Kanonenkugeln. Karronaden, zum erstenmal 1774 hergestellt, wurden anfangs für Handelsschiffe verkauft. 1779 akzeptierte sie die Royal Navy als zusätzliche Bewaffnung. Anschließend lieferte die Karronade die technische Basis für Nelsons berühmtes Gebot, dicht an den Gegner heranzugehen, denn ihr Feuer war nur auf kurze Entfernung wirkungsvoll.

48. Zu der technischen Begrenztheit von Kriegsschiffen des 17. und 18. Jahrhunderts siehe die sehr lehrreichen Seiten in Ehrmann: *The Navy in the War of William III.,* S. 3–37; G. J. Marcus: *Heart of Oak: A Survey of British Seapower in the Georgian Era,* London 1975, S. 8f., 39 und passim. Der Schiffsbau blieb eine Sache handwerklichen Könnens. Bemühungen, auf theoretischem Weg Rumpf und Besegelung in das beste Verhältnis zu bringen, führten nicht weit, obwohl die Franzosen erste derartige Versuche bereits 1681 unternahmen.

49. Vgl. Vaubans Denkschrift von 1695 an Ludwig XIV.: „... Flotten auszurüsten hat enorme Summen verschlungen; und diese Ausgaben waren allesamt verloren." Zitiert aus Symcox: *War, Diplomacy and Imperialism,* S. 240.

50. Holzlieferanten von der Ostseeküste gaben den Engländern vor den Franzosen den Vorzug, weil die Franzosen unzuverlässige Zahler waren. Dies vermehrte die strategischen Schwierigkeiten der Franzosen, Schiffsbauholz an ihren holländischen und britischen Gegnern vorbeizupraktizieren. Vgl. Paul Walden Bamford: *Forests and French Sea Power, 1660–1789,* Toronto 1956.

51. Im ‚War of Jenkin's Ear' beispielsweise stieg der Mannschaftsbestand der Royal Navy von knapp 10000 im Jahr 1738 auf über 40000 im Jahr 1741 und erreichte einen Gipfel 1748 mit 60000 Mann. Nach dem Krieg wurde er bis 1749 wieder auf 20000 verringert. Daniel A. Baugh: *British Naval Administration in the Age of Walpole,* Princeton 1965, S. 205.

52. Vgl. Ehrmann: *The Navy in the War of William III,* S. 171: „Der Seekrieg half ihm [Großbritannien] nicht nur, zu Wohlstand zu kommen, sein Fortgang mehrte unmittelbar den Reichtum, und die teure Flotte erschöpfte Handel und Industrie nicht... Macht und Wohlstand wirkten wechselseitig aufeinander, und den steigenden Kosten traten wachsende Ressourcen gegenüber."

53. Die öffentliche Reaktion auf die Niederlagen der Flotte im Siebenjährigen Krieg ermöglichte es dem Marineminister, Herzog von Choiseul, 1761–66, sechzehn neue Kriegsschiffe mittels mehr oder minder freiwilliger Subskrip-

tionen verschiedener begüterter Gruppen zu finanzieren – Steuerpächter, Grundbesitzer, Pariser Kaufleute etc. Vgl. die Liste der per Subskription gebauten Schiffe in E. H. Jenkins: *A History of the French Navy*, London 1973, S. 142.

54. Symcox: *The Crisis of French Sea Power*, S. 221 ff., vertritt überzeugend diese These.

55. Die Herstellung von Musketen war in vier Zentren organisiert, wo eine Handvoll ‚Unternehmer' in staatlichem Auftrag für die Lieferung einer spezifizierten jährlichen Menge von Gewehren sorgte. Die Musketen wurden tatsächlich von Handwerkern hergestellt, die auf Weisung der Unternehmer arbeiteten, und den ganzen Prozeß überwachte ein Offizier, der dafür zu sorgen hatte, daß jede Muskete den amtlichen Vorgaben entsprach. Die beste Darstellung der französischen Gewehrproduktion, die ich gefunden habe, gibt Louis Joseph Gras: *Historique de l'armurerie stéphanoise*, St. Etienne 1905, S. 36–40, 59 und passim. Die Produktion schwankte zwischen 10000 und 26000 Musketen pro Jahr während der zweiten Hälfte des 18. Jahrhunderts – keine unbeträchtliche Zahl, doch sie blieb weit hinter dem Umfang der Produktion in Lüttich zurück, wo nach Gaier, *Four Centuries of Liège Gunmaking*, S. 42, jährlich rund 200000 Musketen hergestellt wurden.

56. Zu Brotlieferanten der Armee und ihrer Tendenz, Truppenbewegungen im Feld zu diktieren, siehe Kennett: *The French Armies in the Seven Years War*, S. 97–104. Zum Nichtvorhandensein einer landesweiten Integration des Handels siehe Edward Fox: *History in Geographic Perspective: The Other France*, New York, 1971.

57. P. K. Crimmin: *Admiralty Relations with the Treasury, 1783–1806: The Preparation of Naval Estimates and the Beginnings of Treasury Control*, Mariner's Mirror 53, 1967, 63–72; Bernard Pool: *Navy Board Contracts, 1660–1832*, Hamden, Conn., 1966, S. 111–15; Albion: *Forests and Sea Power*, S. 45 ff. Eine Reform der britischen Armee mußte im großen und ganzen bis 1795 warten. Siehe Richard Glover: *Peninsular Preparation, 1795–1809*, Cambridge 1963.

58. Zu den logistischen Anstrengungen der Briten während des Amerikanischen Unabhängigkeitskrieges siehe Piers Mackesy: *The War for America, 1775–1783*, Cambridge, Mass., 1964; David Syrett: *Shipping and the American War, 1775–1783: A Study of British Transport Organization*, London 1970; R. Arthur Bowler: *Logistics and the Failure of the British Army in America, 1775–1783*, Princeton 1975. Dazu auch Norman Baker: *Government and Contractors: The British Treasury and War Suppliers, 1775–1783*, London 1971.

59. A. H. John: *War and the English Economy, 1700–1763*, Economic History Review, 2. Serie 7, 1954–55, 329–44.

## 6. Kapitel

1. Diese Argumentation wird, so weit es die unvollkommenen Daten gestatten, in W. H. McNeills *Plagues and Peoples*, New York 1967, S. 240–56, entwickelt.

2. George Rudè: *Paris and London in the Eighteenth Century: Studies in Popular Protest,* New York 1971, S. 35 f.; Jacques Godechot: *La prise de la Bastille,* Paris 1965, S. 75.

3. Oliver F. Hufton: *The Poor of Eighteenth Century France, 1750–1789,* Oxford 1974, gibt eine ausgezeichnete Übersicht.

4. Y. LeMoigne: *Population et subsistence à Strasbourg au XVIIIe siècle,* in M. Bouloiseau u. a.: *Contributions à l'histoire demographique de la révolution française, Commission d'histoire économique et sociale de la révolution,* Nr. 14, Paris 1962, S. 15, 44.

5. Zu den Gordon-Unruhen vgl. Rudé: *Paris and London,* S. 268–92. Rudé weist mit Bedacht darauf hin, daß die Volksmassen in London sich gegen Persönlichkeiten des öffentlichen Lebens wandten, die der Katholikenemanzipation das Wort geredet hatten, nicht jedoch die armen Iren in London attackierten. So war das soziale Element der Unruhen von dem der Revolution in Paris nicht so sehr verschieden.

6. Die minoische Kultur auf Kreta konzentrierte anscheinend in Knossos die Ressourcen mehr mittels des Handels als durch bewaffnete Überfälle. Ebenso verhielten sich maritime Reiche auf Java und Sumatra im 1. Jahrtausend n. Chr. Doch Inseln, auf denen politische Herrscher miteinander rivalisierten – wie Japan während des größten Teils seiner Geschichte –, hielten sich charakteristischerweise an kontinentale Formen der Mobilisierung, bei denen das Befehlsverhalten eine ausgeprägtere Rolle spielt und die des Marktes untergeordnet bleibt.

7. Der Einsatz regulärer Truppen gegen Menschenansammlungen war für die Heere des 18. Jahrhunderts eine heikle Sache, vgl. Tony Haytor: *The Army and the Crowd in Mid-Georgian England,* London 1978. Eine Musketensalve auf kurze Distanz hatte eine mörderische Wirkung, doch eine andere Taktik stand nicht zur Verfügung. Methoden für den Umgang mit Menschenansammlungen wurden von der Polizei der europäischen Staaten erst in den 1880er Jahren systematisch entwickelt. Mit dem Londoner Hafenarbeiterstreik 1889 setzte sich das Prinzip des 'Weitergehen bitte' durch, nach dem Märsche und friedliche Demonstrationen nach vorheriger Absprache durch genau bezeichnete Straßen möglich wurden. Hier ist die Wiege der modernen Methoden zu sehen, die es ermöglichen, daß eine aufgeputschte Menge ihre Energien auf unschädliche Weise durch Muskelbetätigung und Schreien los wird, ohne daß sie durch Anwendung roher Gewalt zerstreut werden muß. Doch solche verfeinerten Methoden lagen 1789 noch weit in der Zukunft, und das gleiche galt übrigens auch für eine disziplinierte Polizei. Zur Pariser Polizei siehe Godechot: *La prise de la Bataille,* S. 95–115.

8. A. Corvisier: *L'armée française de la fin du XVIIe siècle au ministère de Choiseul,* Paris 1964, S. 784–90.

9. Siehe hierzu vor allem Samuel F. Scott: *The Response of the Royal Army to the French Revolution, 1787–1793,* New York 1978, S. 26, 34.

10. Godechot: *La prise de la Bastille,* S. 289 ff.

11. Scott: *Response of the Royal Army,* S. 17, 45.

12. Louis Gottschalk und Margaret Maddox: *Lafayette in the French Revolution: Through the October Days,* Chicago 1969, S. 159–90, 256–340.

13. Scott: *Response of the Royal Army*, S. 98–120; Henry S. Wilkinson: *The French Army before Napoleon*, Oxford 1915, S. 99–143.

14. Das Wahlprinzip für Offiziere der unteren Ränge wurde nicht völlig aufgegeben, aber das Recht der Abstimmung über eine neue Ernennung auf die Inhaber des betreffenden Ranges beschränkt. Dazu kam, daß dreiunddreißig Prozent aller vakanten Posten mittels Beförderung auf Grund des Dienstalters besetzt werden sollten. Scott: *Response of the Royal Army*, S. 157, 166, 180. 1795 wurde die Offizierswahl abgeschafft.

15. Jean-Paul Bertaud: *Voies nouvelles pour l'histoire militaires de la révolution*, Annales historique de la révolution française 47, 1975, 83.

16. Zit. n. W. Grab: *Die Französische Revolution, Eine Dokumentation*. München, 1973.

17. Richard Cobb: *Les armées révolutionaires: Instrument de la Terreur dans les départements, avril 1793–floreal an II*, 2 Bde, Paris 1961, bietet eine Fülle an Details.

18. Diese Umstände ermutigten auch Akte der Gegenrevolution, so beispielsweise in Lyons, Toulon und in der Vendée. 1793 war es eine Zeitlang unsicher, welche Reaktion sich durchsetzen werde. Den Ausschlag gaben am Ende dieses Jahres die überlegenen organisatorischen Anstrengungen, die Paris, insbesondere der Wohlstandsausschuß, unternahm.

19. Im Juni teilte ein amtlicher Berichterstatter dem Konvent mit, die französische Armee sei dreimal so groß wie im Vorjahr, koste jedoch nur die Hälfte. S. J. Watson: *Carnot*, London 1954, S. 88. Zum Militärdienst und zu den Armeen siehe Alan Forrest: *The French Revolution and the Poor*, Oxford 1981, S. 138–67.

20. Georges Lefebvre: *The French Revolution from 1793 to 1799*, London 1964, S. 145. Zur Schwächung von Massenaktionen durch den Abzug junger Männer in die Armee siehe ebda, S. 80. Jacques Godechot: *Les révolutions, 1770–1799*, Paris 1970, S. 94f.

21. Lefebvre: *French Revolution*, S. 315.

22. Nach Gunther Rothenberg: *The Art of Warfare in the Age of Napoleon*, Bloomington, Ind., 1978, S. 120f., waren zwischen 1778 und 1783 100000 Musketen aus französischen Arsenalen an die Amerikaner geliefert worden.

23. 1789 besaß die französische Armee nur 1300 von Gribeauvals neuen Feldgeschützen; diese Zahl verdoppelte sich beinahe bis 1795 dank einer intensiven revolutionären Kraftanstrengung. Als wichtigster Rohstoff dienten eingeschmolzene Kirchenglocken. Ebda, S. 123.

24. Theodore Wertime: *The Coming of Age of Steel*, Leiden 1961, S. 249, schreibt, in Paris unter dem Regime des Wohlfahrtsausschusses seien täglich 1100 Musketen produziert worden.

25. Diese Zahlen entstammen Louis Joseph Gras' *Historique de l'armurerie stéphanoise*, St. Etienne 1905, S. 99, 225ff.

26. *Grande Encyclopédie*, s. v. LeBlanc, Carny.

27. Lefebvre: *French Revolution*, S. 101ff.; Shepard B. Clough: *France: A History of National Economics*, New York 1939, S. 51.

28. 1694 betrug die Gesamtstärke der Armee Ludwigs XIV. ca. 300000 Mann, die höchste Zahl seiner Regierungszeit, nach David Chandler: *The Art of War in*

*the Age of Marlborough,* New York 1976. Die Angabe über die Größe der Revolutionsarmee habe ich Lefebvres *French Revolution,* S. 81, entnommen.

29. Auch andere Gründe gaben Anlaß zu dieser Entscheidung, vor allem die hohe Zahl von Krankheitsfällen in der preußischen Armee. Curt Jany: *Geschichte der Königlich-Preußischen Armee,* Berlin 1928–37, 3, 257, schreibt, daß am 20. Oktober 1792 von 15 068 Gemeldeten 12 864 Mann krank gewesen seien. Allgemein betrachtet, waren Preußen und Österreich außerstande, ihre Aufmerksamkeit auf Frankreich zu konzentrieren, da die endgültige Teilung Polens noch im Gange war (1793, 1795). Gleichwohl ist es symbolisch für die militärische Kontinuität vom Ancien régime zur revolutionären Kriegführung, daß ihr erster Erfolg gegen die gefürchtete preußische Armee durch die überlegene Bewaffnung, ein Erbe von Gribeauvals Reformen, gesichert wurde. Auch die Rückeroberung von Toulon (1793), wo Napoleon zum erstenmal ins Rampenlicht trat, wurde durch die Genauigkeit und Feuergeschwindigkeit der neuen französischen Feldartillerie bewirkt.

30. Marcel Reinhard: *Le grand Carnot,* Paris 1952, 2, 81 f.

31. Die Überlegenheit der römischen Legionen über die griechisch-makedonische Phalanx beruhte auf einer ähnlichen Anpassungsfähigkeit der römischen Kohorten an hügeliges Gelände. In dieser und in anderer Hinsicht identifizierten sich die französischen Revolutionäre bewußt mit römisch-republikanischen Vorbildern.

32. Wie zu allen Zeiten vor dem 20. Jh. kamen viel mehr Soldaten durch Krankheiten als durch Feindeinwirkung ums Leben, doch Aufzeichnungen über Todesfälle durch Krankheiten wurden nicht geführt, so daß diese sich nicht rekonstruieren lassen.

33. Diese wurden manchmal in natura, das heißt, durch ein militärisches Kontingent, und zuweilen in bar geleistet. 1804 beispielsweise preßte Napoleon Holland 16 000 Soldaten ab und ließ außerdem noch auf niederländischen Werften zahlreiche der Prähme bauen, die seine Truppen über den Ärmelkanal schaffen sollten. Spanien nötigte er eine hohe Geldsumme ab, wenn es auch eines Ultimatums bedurfte, um die spanische Regierung zur Zahlung zu zwingen. Georges Lefebvre: *Napoleon,* Paris 1947, S. 165.

34. Ebda, S. 191, 195, 379, 513 f. Nach Lefebvre umfaßte die Grande Armée insgesamt 700 000 Mann, von denen 611 000 die russische Grenze überschritten. Davon waren nur 300 000 Franzosen, von denen wiederum nur 230 000 aus dem ‚alten Frankreich' kamen. Eine wirklich massive Aushebung traf Frankreich erst 1812/13, als Napoleon mehr als eine Million neuer Soldaten einziehen ließ und rund 41% der beim Kriegsministerium registrierten Männer mobilisieren konnte. Zum Bevölkerungsdruck in Deutschland und wie er sich politisch manifestierte, siehe Karl H. Wegert: *Patrimonial Rule, Popular Self-Interest and Jacobinism in Germany, 1763–1800, Journal of Modern History* 53 1981, 450 ff.

35. Alexander war in die Ermordung seines Vaters Paul verstrickt, und schon bald nach seiner Thronbesteigung trat seiner Begeisterung für Ideen der französischen Aufklärung ein Streben nach mystischer Vereinigung mit Gott gegenüber. Seine Purzelbäume von einer Allianz mit Frankreich zu einem Bündnis mit Großbritannien und umgekehrt waren oft mit geistigen Schwankungen

verbunden, schon bevor, wie auch nachdem, die frömmelnde Mystikerin Frei-in von Krüdener ihn 1815 zu pietistischen Idealen bekehrt hatte. Vgl. Alan Palmer: *Alexander I: Tsar of War and Peace*, New York 1974.

36. L. Bergeron: *Problèmes économiques de la France Napoleonienne, Annales historiques de la révolution française* 42, 1970, 89.

37. Der Abstand wurde allerdings oft übertrieben. Napoleon hatte keine Schwie-rigkeiten, seine Armeen mit Schießeisen auszurüsten, so viele die Soldaten nur tragen konnten. Die Jahresproduktion an Eisengeschützen stieg von 900 auf 13000 pro Jahr, und siebzehn neue Gießereien stellten, nach Clough, *France*, S. 49, nicht weniger als 14000 Bronzegeschütze jährlich her. Nach einer zeit-genössischen Berechnung produzierten die Franzosen zwischen 1803 und 1815 3,9 Millionen Musketen, Gewehre, Karabiner und Pistolen, Großbritan-nien dagegen während derselben Periode nur 3,1 Millionen. F. R. C. Dupin: *Military Force of Great Britain*, London 1822, zitiert in Richard Glover: *Peninsular Preparation in 1795–1809*, Cambridge 1963, S. 47. Damit wird die britische Produktion möglicherweise zu niedrig veranschlagt. Allein Birming-ham belieferte zwischen 1804 und 1815 das Board of Ordnance mit 1743383 Handfeuerwaffen und 3037644 Geschützrohren (Angaben nach William Pa-ge, Hrsg.: *The Victoria History of the County of Warwick* II, London 1908, *The Gun Trade of Birmingham*, S. 226–232. – Die französischen und von Frankreich beherrschten Gebiete Europas erlebten auch Vorstöße privater Unternehmer in neue Wirtschaftszweige wie die Baumwollspinnerei. Vgl. Fernand Lelux: *A l'aube du capitalisme et de la révolution industrielle: Lieven Bauwens, industriel Gaulois*, Paris 1969. Doch da Baumwolle nicht regelmä-ßig zur Verfügung stand, mußten diese Unternehmen Rückschläge einstecken, wie überhaupt die Industriezweige zu leiden hatten, die auf Güter aus Übersee angewiesen waren. Ja, die Kriegsjahre hatten vor allem die Wirkung, daß den am Atlantik gelegenen Teilen wirtschaftlich die Luft abgeschnürt, während die Industrie an Rhein und Rhone gefördert wurde. Vgl. François Crouzet: *Wars, Blockade and Economic Change in Europe, 1792–1815, Journal of Eco-nomic History* 24, 1964, 567–88; Bertrand Gille: *Les origines de la grande industrie métallurgique en France*, Paris 1947, S. 206ff.

38. Experimente, die später Bedeutung gewannen, wurden mit Zuckerrüben un-ternommen und ebenso Baumwollanpflanzungen in der Po-Ebene eingeleitet, doch ließ sich längst nicht die Lücke schließen, die die unterbrochene Zufuhr von Kolonialwaren gerissen hatte. Dieser Schwäche seiner Position bewußt, hielt Napoleon an der Hoffnung fest, es doch noch mit Großbritannien auf den Meeren aufnehmen zu können. Nachdem die französische Flotte durch die Seeschlacht bei Trafalgar (1805) auf ganze dreißig Linienschiffe reduziert worden war, ließ er ein Neubauprogramm anlaufen. 1814 waren dann 103 Linienschiffe und 65 Fregatten zum Auslaufen bereit. Doch die neuen Einhei-ten lagen ungenützt in den Häfen, und 1812 gliederte Napoleon zahlreiche Besatzungsmitglieder in die Armee für die Invasion Rußlands ein, womit er stillschweigend eingestand, daß er zumindest vorläufig außerstande war, sei-nem Rivalen zur See erfolgreich entgegenzutreten. Vgl. Johannes Tramond: *Manuel d'histoire maritime de la France: Des origines à 1815*, Paris 1947, S. 772ff.

39. Die spanischen Partisanen zusammen mit den regulären spanischen und portugiesischen Truppen unter Wellingtons Kommando waren eine erhebliche Unterstützung für das britische Expeditionsheer. Ohne sie hätte Wellington mit seiner altmodischen Taktik vielleicht nicht so viele Siege errungen. Zum Peninsularkrieg siehe Charles W. C. Oman: *A History of the Peninsular War*, 3 Bde, Oxford 1902–08.

40. Zu den Nachschubvorkehrungen, die Napoleon für die Invasion Rußlands traf, siehe David G. Chandler: *The Campaigns of Napoleon*, New York 1966, S. 757ff.

41. Eine Darstellung über die Nachschuborganisation der russischen Truppen 1812 gibt es wahrscheinlich nicht. Doch die Karte zeigt, daß ihre Rückzugs- und Vormarschlinie eine Reihe von Flüssen überquerte, deren Ufer zu beiden Seiten der Marschroute fest in russischer Hand waren. Anzunehmen ist deshalb, daß der Nachschub über die Flüsse ging. Und selbst wenn die Zufuhren schlecht organisiert waren, wie anzunehmen ist, waren sie doch eindeutig dem französischen Nachschubsystem überlegen. Daß die russische Armee intakt blieb und während der ganzen Wintermonate der Grande armée auf dem Rückzug mit Ermüdungsangriffen zusetzen konnte, beweist diese wichtige Tatsache.

42. Dies war die zentrale These von Phyllis Deane und W. A. Cole: *British Economic Growth, 1688–1959*, Cambridge 1962, und von W. A. Cole: *Eighteenth Century Economic Growth Revisited, Explorations in Economic History* 10, 1973, 327–48, bekräftigte diesen Gedanken noch einmal. Vgl. auch H. J. Habakkuk: *Population Growth and Economic Development since 1750*, New York 1971, S. 48 und passim; D. E. C. Eversley: *The Home Market and Economic Growth in England, 1750–80*, in E. L. Jones und G. E. Mingay, Hrsg.: *Land, Labour and Population in the Industrial Revolution*, London 1967, S. 206–59.

43. Vielleicht verdient es Interesse, eine wie dichte Parallele zwischen dieser Entwicklung – zusammen mit dem gleichzeitigen Aufstieg der Koks- und Kohletechnologie in Großbritannien – und der viel früheren im China bestand, von der im 2. Kapitel die Rede war.

44. Robert R. Palmer: *The Age of the Democratic Revolution: A Political History of Europe and America, 1760–1800*, 2 Bde, Princeton 1959, 1964.

45. Diese Zahl stammt aus Glenn Hueckel: *War and the British Economy, 1793–1815: A General Equilibrium Analysis, Explorations in Economic History* 10, 1972, 371. Patrick Colquhoun: *A Treatise on the Wealth, Power and Resources of the British Empire*, London 1814, S. 47, gibt Zahlen an, die sich auf 511679 summieren.

46. Auf beiden Seiten des Atlantiks wurden keine amtlichen Statistiken geführt, doch Historiker vertreten die Ansicht, daß zwischen 1718 und 1775 insgesamt ca. 225000 Menschen aus Ulster in Amerika eintrafen und daß nach 1783 der Emigrationsstrom etwas schwächer war als vor dem Amerikanischen Unabhängigkeitskrieg. Vgl. H. J. M. Johnston: *British Emigration Policy, 1815–1830*, Oxford 1972, S. 6f. Die Anfänge der Auswanderung nach Kanada und Nord- und Süd-Carolina aus den schottischen Highlands datieren aus der Zeit nach dem Siebenjährigen Krieg, als entlassenen Soldaten Land in der

Neuen Welt angeboten wurde. Vgl. Helen I. Cowan: *British Emigration to British North America: The First Hundred Years*, revidierte Auflage, Toronto 1961, S. 3–64. Der zahlenmäßige Umfang dieser Migrationsbewegung war allerdings zu gering, um in der Heimat eine starke demographische Wirkung auszulösen.

47. Benannt nach dem Ort, wo sich 1795 Friedensrichter aus Berkshire versammelten, um einen Plan für häusliche Fürsorgeleistungen zu entwerfen, der in den folgenden Jahren zu einem weithin nachgeahmten Modell wurde. Siehe Michael E. Rose: *The English Poor Laws, 1780–1930*, New York 1971, S. 18 ff.

48. John U. Nef: *War and Human Progress*, Cambridge, Mass., 1950 äußert vielleicht eine extreme Ansicht, doch W. W. Rostow: *War and Economic Change: The British Experience, The Process of Economic Growth*, 2. Aufl., Oxford 1960, S. 144–67, gelangt zu einer ähnlichen Schlußfolgerung. Phyllis Deane: *War and Industrialization*, in J. M. Winter, Hrsg.: *War and Economic Development*, Cambridge 1975, S. 101, zieht das Resümee, der Krieg von 1793–1815 habe „an Tempo und Umfang der industriellen Revolution in Großbritannien anscheinend nicht mehr als oberflächliche Fluktuationen ausgelöst."

49. Die Staatsausgaben im Jahr 1814 betrugen nicht weniger als 29% des geschätzten Bruttosozialprodukts; so nach Alan T. Peacock und Jack Wiseman: *The Growth of Public Expenditure in the United Kingdom*, Princeton 1961, S. 37.

50. John T. Sherwig: *Guineas and Gunpowder: British Foreign Aid 1793–1815*, Cambridge, Mass., 1969, S. 345.

51. Zeitgenossen entging dies nicht. Joseph Lowe: *The Present State of England in Regard to Agriculture, Trade and Finance*, London 1833, S. 29 ff., schreibt Großbritanniens Prosperität während des Krieges der Vollbeschäftigung zu. Sie sei das Ergebnis der Besteuerung und der staatlichen Kreditaufnahme gewesen, deren anregende Wirkung „über das ganze Land verteilt wurde, da unsere staatlichen Gesamtausgaben ... mit geringfügigen Ausnahmen, im Inland in Umlauf gebracht wurden" (S. 33).

52. J. L. Anderson: *Aspects of the Effects on the British Economy of the War against France, 1793–1815*, Australian Economic History Review 12, 1972, 1–20. Die kurzen, überschweren Kanonen, die mit größerer Wirkung auf Nelsons Schiffen bei Trafalgar eingesetzt wurden, die Karronaden, waren nach der schottischen Gießerei Carron benannt, wo sie entworfen wurden, und die Pier in Cardiff, wo die Produkte der Eisenwerke von Süd-Wales verladen wurden, heißt noch heute Kanonenpier. So spiegelte sich im volkstümlichen Idiom die Bedeutung der Rüstung für die neue britische Eisenindustrie. Selbst die von Abraham Darby in Coalbrookdale gegründete Quäker-Firma produzierte in der Mitte des 18. Jahrhunderts Kanonen, ging aber vor 1792 davon ab. Vgl. Arthur Raistrick: *The Coalbrookdale Ironworks: A Short History*, Telford 1975, S. 5.

53. Wilkinsons Kanonenbohrmaschine kam Watts Dampfmaschine zugute: Sie ermöglichte es, Kolben präzise in Zylinder einzuschleifen. Vgl. Clive Trebilcock: *Spin-off in British Economic History: Armaments and Industry, 1760–1914*, Economic History Review 22, 1969, 477.

54. Dies tut Phyllis Deane: *The First Industrial Revolution*, Cambridge 1965,

S. 110. Vgl. auch die Arbeit von Charles K. Hyde: *Technological Change and the British Iron Industry, 1700–1870*, Princeton 1970, S. 129: Eine besonders sorgfältige Bewertung der Auswirkungen des Krieges auf die britische Eisenindustrie gibt Alan Birch: *The Economic History of the British Iron and Steel Industry, 1784–1879: Essays in Industrial and Economic History with Special Reference to the Development of Technology*, London 1967, S. 47–56.

55. Die Staatsausgaben stiegen in der Periode 1792–1815 von 22 auf 123 Millionen Pfund, also beinahe auf das Sechsfache.

56. Die Zahlenangaben stammen aus Deane und Cole: *British Economic Growth*, S. 8.

57. Jacques Dupaquier und Christine Berg-Hamon: *Voies nouvelles pour l'histoire démographique de la révolution française: Le mouvement de la population de 1795 à 1800, Annales historiques de la Révolution française* 47, 1975, 8, setzen die Gesamtzahl der französischen Kriegsverluste auf 1,3 Millionen Mann an; aber wenn man Lefebvres Gesamtzahl von 600000 Kriegstoten für die Jahre 1792–99 mit einer neuen Gesamtzahl von 900000 Kriegstoten während des Kaiserreichs addiert, auf die J. Houdaille in *Pertes de l'armée de terre sous le premier Empire, Population* 27, 1972, 42, kommt, gelangt man zu einer Gesamtziffer von 1,5 Millionen. Da Houdailles Daten und Methoden früheren Berechnungen eindeutig überlegen sind, ist die höhere Ziffer wahrscheinlich korrekt. Houdaille schätzt, daß nicht weniger als 20,5 Prozent aller zwischen 1790 und 1795 inklusive geborenen männlichen Franzosen vor 1816 an kriegsbedingten Ursachen starben. Dies waren die am schwersten betroffenen Jahrgänge. Ebda, S. 50.

58. Aus welchem Grund die französischen Geburtenraten sich von denen des übrigen Europa so stark abhoben, ist eine der Hauptfragen der historischen Demographie. Das Vorwiegen bäuerlichen Grundeigentums muß eine Rolle gespielt haben; das Hinausschieben der Heirat, bis das Erbe in Form von Grund für die Neuverheirateten in Sicht war, könnte in beträchtlichem Maß das Bevölkerungswachstum verlangsamt haben, wie die Geschichte Irlands nach der Hungersnot von 1845 zeigt. Doch die Franzosen müssen auch eine bewußte Geburtenkontrolle in einem Ausmaß betrieben haben, das sich bei anderen europäischen Völker erst im 20. Jahrhundert durchsetzte. Es scheint denkbar, daß die Erfahrungen französischer Soldaten, die sie im Krieg mit Prostituierten machten, die Vertrautheit mit Methoden der Empfängnisverhütung unter den Franzosen erweitert haben. Dies im Verein mit der allgemeinen Verweltlichung und der Abkehr von katholischen Lehren, welche die Revolution brachte, erklärt vielleicht den Rückgang der französischen Geburtenraten. Jacques Dupaquier: *Problèmes démographiques de la France napoléonienne, Annales historiques de la Révolution française* 42, 1970, 21, erkennt, so weit ich sehe, als einzige Autorität in den sexuellen Erfahrungen während des Krieges einen möglicherweise bedeutenden Grund für die französische Familiengröße nach 1800 an; aber jeder Veteran der Kriege im 20. Jahrhundert kann bestätigen, daß diese Vermutung einleuchtend ist.

59. Zit. nach Karl Demeter: *Das deutsche Heer und seine Offiziere*, Berlin 1930.

60. In Scharnhorsts Ideen spiegelte sich seine bürgerliche Herkunft ebenso wie sein Soldatenberuf. Er war Artillerist.

61. Preußische Beamte waren seit dem 17. Jh. an den deutschen Universitäten rekrutiert worden und mußten seit 1770 den Erfolg ihres Studiums in einer Prüfung nachweisen. Daher paßte das Dekret von 1808 Bestallung und Beförderung der Offiziere nur den Verhältnissen im Staatsdienst an.

62. Samuel F. Scott: *The Response of the Royal Army to the French Revolution, 1787–1793*, Oxford 1978, S. 153, 161. Für die Artilleristen und Pioniere blieb es bei den Prüfungen wie im Ancien régime.

63. Die preußische Armee war 1808 auf Napoleons Geheiß auf eine Größe von 42000 Mann begrenzt worden. 1814 betrug ihre Feldstärke 358000 Mann, wozu noch rund 30000 im Hinterland kamen, die verschiedene unterstützende Funktionen wahrnahmen. Die Zahlen entstammen Jany: *Geschichte der Königlich-Preußischen Armee*, IV, 114.

64. Die preußische Reformära war lange ein Lieblingsgebiet deutscher Patrioten. Der kleine Aufsatz von Friedrich Meinecke *Das Zeitalter der deutschen Erhebung, 1795–1815* (1906) gibt eine elegante Zusammenfassung der allgemeinen Denkart. Im militärischen Bereich sind besonders informativ neben Gordon Craigs bereits erwähntem Werk William Shanahan: *Prussian Military Reforms, 1786–1813*, New York 1945, und Peter Paret: *Yorck and the Era of Prussian Reform, 1807–1815*, Princeton 1966, der Shanahan in einigen kleineren Details korrigiert.

65. Diese Waffen wurden von dem Engländer William Congreve (1772–1828) in der ersten Dekade des 19. Jahrhunderts erfunden. Er wurde dazu durch Berichte angeregt, daß der indische Fürst Tipoo Sahib 1792 und 1799 gegen britische Soldaten Raketen eingesetzt hatte. Congreves Brandraketen hatten ungefähr die doppelte Reichweite der Feldartillerie seiner Zeit. Sie wurden mit beträchtlicher Wirkung 1806 gegen Boulogne eingesetzt (nach einem Fehlschlag im Vorjahr), wie auch in späteren Angriffen auf Kopenhagen (1807), Danzig (1813) sowie in der Schlacht bei Leipzig (1813). Eine hervortretende Rolle spielten sie auch im englisch-amerikanischen Krieg von 1812, was in ‚The Star-Spangled Banner‘ eingegangen ist. Vielleicht haben sie es den Briten sogar ermöglicht, die neue amerikanische Hauptstadt Washington zu erreichen und niederzubrennen. – In den meisten europäischen Armeen wurden nach 1813 Raketenkorps geschaffen; doch nach den 1840er Jahren ließen neue Entwicklungen auf dem Gebiet der Artillerie Raketen als nicht mehr lohnend, weil zu ungenau, erscheinen. Gegen Ende des 19. Jahrhunderts verschwanden sie von den Kriegsschauplätzen, und erst im Zweiten Weltkrieg erlebten sie eine Wiederkehr im großen Maßstab. Vgl. Willy Ley: *Rockets, Missiles and Man in Space*, New York 1968, S. 61–75; Wernher von Braun und Frederick I. Ordway III: *Rocketry and Space Travel*, New York ³1975, S. 30–34. Zur Ablehnung der Congreveschen Brandraketen durch Wellington siehe Glover: *Peninsular Preparation*, S. 68–73.

66. Der Zar strebte praktisch danach, den ‚Zwei-Mächte-Standard‘ der britischen Flottenpolitik damit zu erreichen, daß er eine Armee unterhielt, die ebenso groß war wie die Streitkräfte zweier beliebiger europäischer Mächte zusammengenommen. Um die Kosten zu verringern, griff Alexander I. auf sogenannte Militärkolonien zurück, in denen ungefähr ein Drittel seiner Armee in Friedenszeiten ein ähnliches Alltagsleben führte wie die Kleinbauern. Zu den

russischen Militärkolonien siehe Alan Palmer: *Alexander: Tsar of War and Peace*, New York 1974, S. 344–48.

67. Douglas Porch: *Army and Revolution: France, 1815–1848*, London 1974, S. 138f. und passim.

## 7. Kapitel

1. Vgl. Alfred D. Chandler: *The Visible Hand: The Managerial Revolution in American Business*, Cambridge, Mass., 1977.

2. Die Zuschüsse für den Posttransport, die zwischen 1839 und 1860 über die Admiralität gingen, wurden nur für Schiffe gewährt, die potentiell zum Kriegseinsatz taugten. So wurde zum Beispiel verlangt, daß auf den Postdampfern notfalls Geschütze installiert werden konnten. Bis die Erfahrungen aus dem Krimkrieg das Gegenteil bewiesen, nahm man an, daß kommerzielle Dampfschiffe sich rasch in Kriegsschiffe verwandeln ließen. Dies war eine Wiederholung der Situation zwischen 1300 und 1600, als solide gebaute Handelsschiffe ganz selbstverständlich auch die Rolle von Kriegsschiffen übernahmen. Im 19. Jahrhundert hatte die Annahme, die neuen Dampfer ließen sich in Kriegsschiffe verwandeln, keine zwei Jahrzehnte Bestand – woran sich das gesteigerte Tempo des technischen Wandels nach 1800 ermessen läßt. Zu Dampfern als Kriegsschiffreserve siehe David B. Tyler: *Steam Conquers the Atlantic*, London 1939, S. 77–81, 170ff, 231f.

3. Diese Zahlenangaben entstammen W. A. Baker: *From Paddle Steamer to Nuclear Ship: A History of the Engine-Powered Vessel*, London 1965, S. 41–58. Vgl. Francis E. Hyde: *Cunard and the North Atlantic: A History of Shipping and Financial Management*, London 1975; Tyler: *Steam Conquers the Atlantic*.

4. Zit. aus Michael Lewis: *The History of the British Navy*, Baltimore 1957, S. 224.

5. Bereits 1827 hatten private Initiative und britischer Philohellenismus ein Dampfschiff mit einer von Paixhans' Kanonen ausgerüstet, das im griechischen Unabhängigkeitskampf gegen die Türken eingesetzt werden sollte. Dieses Schiff, die *Karteria*, verschaffte den griechischen Aufständischen zwar die Herrschaft über die Ägäis, aber es wurde nie auf die Probe gestellt, da britische, französische und russische Kriegsschiffe alter Konstruktion in der Seeschlacht bei Navarino die türkisch-ägyptische Flotte vernichtet hatten, ehe die *Karteria* auf dem Schauplatz erschien. Vgl. Christopher J. Bartlett: *Great Britain and Sea Power: 1815–1853*, Oxford 1963, S. 200.

6. Vgl. Stephen S. Roberts: *The Introduction of Steam Technology in the French Navy, 1818–1852* (Diss., Universität Chicago, 1976).

7. Zu der technischen Revolution, die *La Gloire* auslöste, siehe Paul Gille: *Le premier navire cuirassé: ‚La Gloire'* in Michel Mollat, Hrsg.: *Les origins de la navigation à vapeur*, Paris 1970, S. 43–57.

8. Zusätzlich zu den bereits angeführten Werken über die französisch-britische Rivalität auf den Meeren in der Mitte des 19. Jahrhunderts siehe James Phinney Baxter: *The Introduction of the Ironclad Warship*, Cambridge, Mass., 1933; Bartlett: *Great Britain and Sea Power*; Oscar Parkes: *British Battleships, ‚Warrior' to ‚Valiant'*, revid. Aufl., London 1970, S. 2–217; Barnard Brodie: *Sea Power in the Machine Age*, 2. Aufl., Princeton 1942; Wilhelm

Treue: *Der Krimkrieg und die Entstehung der modernen Flotten,* Göttingen 1954; William Hovgaard: *Modern History of Battleships,* London 1920.

9. Ihre Gesamtstärke betrug vor dem Ausbruch der Feindseligkeiten 1853 980000 Mann und stieg bis zum Kriegsende auf nicht weniger als 1 802 500 Mann, trotz der rund 450000 Mann hohen Verluste. John Shelton Curtis: *Russia's Crimean War,* Durham, N. C., 1979, S. 470.

10. Zahlenangaben s. Curtiss, ebda, S. 339f, 448.

11. Howard L. Blackmore: *British Military Fire-arms, 1650–1850,* London 1961, S. 229–33; O. F. G. Hogg, *The Royal Arsenal: Its Background, Origin and Subsequent History,* London 1963, 2, 736–40; James E. Hicks: *Notes on French Ordnance, 1717–1936,* Mt. Vernon, N. Y., S. 24.

12. Dennis Showalter: *Railroads and Rifles: Soldiers, Technology and the Unification of Germany,* Hamden, Conn., S. 81, 96–98.

13. Solche Maschinen waren nicht besonders schwierig zu konstruieren. Das Prinzip war das gleiche wie heute bei der Anfertigung eines Zweitschlüssels nach einem Originalschlüssel: Das heißt, mechanische Gelenke zwangen ein Schneidgerät, einer von einem Stahlstift gezogenen Bahn zu folgen, die sich längs der Umrisse einer Schablone bewegte. Dieses Pantograph-Prinzip war schon in der Zeit des Hellenismus bekannt, als solche Geräte in Alexandria dazu benutzt wurden, Statuen in Massenproduktion für den Export herzustellen. Vgl. Gisela M. A. Richter: *The Sculpture and Sculptors of the Greeks,* 4. Aufl., New Haven 1970, S. 246. Diese Maschinen wurden in den Vereinigten Staaten zum Teil deswegen entwickelt, weil es an geschulten Büchsenmachern fehlte, und zum Teil, weil nach dem Krieg von 1812 die amerikanische Regierung durch langfristige Aufträge an Lieferanten umfangreichere Kapitalinvestitionen förderte. Vgl. Felicia Johnson Deyrup: *Arms Makers in the Connecticut Valley,* Smith College Studies in History, Nr. 33, Northampton, Mass., 1948.

14. Zur amerikanischen Waffenproduktion siehe neben Deyrup Merritt Roe Smith: *Harpers Ferry Armory and the New Technology,* Ithaca, N. Y., 1977; Robert J. Woodbury: *The Legend of Eli Whitney and the Interchangeability of Parts, Technology and Culture* 1, 1960, 235–51. Zum englischen Waffengewerbe und zu der Umwälzung, die sich damit in den 1850er Jahren vollzog, siehe Nathan Rosenberg, Hrsg.: *The American System of Manufacture: The Report of the Committee on the Machinery of the United States, 1855, and the Special Report of George Wallis and Joseph Whitworth, 1854,* Edinburgh 1969, Einleitung; H. J. Habakkuk: *American and British Technology in the Nineteenth Century,* Cambridge 1961; A. Ames and Nathan Rosenberg: *Enfield Arsenal in Theory and History, Economic Journal* 78, 1968, 825–42; Russell I. Fries: *British Response to the American System: The Case of the Small Arms Industry after 1850, Technology and Culture* 16, 1975, 377–403.

15. O. F. G. Hogg: *Royal Arsenal* 2, 783, 792.

16. S. B. Saul: *The Market and the Development of the Mechanical Engineering Industries in Britain, Economic History Review* 20, 1967, 111–30; Fries: *British Response to the American System,* Conrad Gill: *History of Birmingham: Manor and Borough to 1865,* London 1952, S. 295.

17. So behauptet jedenfalls Charles H. Fitch: *Report on the Manufacture of Inter-*

*changeable Mechanisms*, U. S. Congress, *Miscellaneous Documents of the House of Representatives*, 4th Congress, 2d sess. 1882, 13, pt. 2: 613–14. Fitch macht keine näheren Angaben; Belege von sämtlichen Käufern waren nicht zu finden.

18. Vgl. Claude Gaier: *Four Centuries of Liège Gunmaking*, London 1977, S. 122.
19. Ebda, S. 190–95.
20. Dennis Showalter: *Railroads and Rifles*, S. 81 f, 95–98; Curt Jany: *Geschichte der Königlich Preußischen Armee*, Berlin 1928–37, 4, 199–202.
21. John D. Goodman: *The Birmingham Gun Trade*, in Samuel Timmins, Hrsg.: *History of Birmingham and the Midland Hardware*, London 1866, S. 415. Im gleichen Jahr produzierte das Waffengewerbe in Birmingham 460140 und in London 210181 Geschützrohre, von denen die meisten nach Übersee verkauft, während nur 19263 staatlich geprüft und akzeptiert wurden.
22. Napoleon III. reagierte auf den preußischen Sieg über Österreich mit dem Auftrag, ein neues Arsenal in Puteaux zu errichten, das imstande war, pro Jahr 360000 neue Chassepôt-Gewehre zu produzieren. 1870 hatten sich mehr als eine Million der neuen Gewehre in den Vorratslagern angesammelt, siehe Louis César Alexandre Randon: *Mémoires*, Paris 1877, 2, 236–242. Diese außergewöhnliche Leistung kam allerdings nur dadurch zustande, daß Büchsenmacher in Birmingham, Lüttich und Brescia Aufträge zur Ergänzung der Produktion in Puteaux erhielten. Vgl. François Crouzet: *Recherches sur la production d'armement en France, 1815–1913*, *Révue historique* 252, 1974, 54. Preußen legte sich 1869 auf ein neues Modell, das Mauser-Gewehr, fest. Seine Produktion konnte nicht mehr vor dem Ausbruch des Krieges mit Frankreich aufgenommen werden. Die neue Waffe war dann 1873 zur Auslieferung an die inzwischen vergrößerte deutsche Armee bereit. Zur Übernahme amerikanischer Maschinen in Deutschland nach 1869 siehe Ernst Barth: *Entwicklungslinien der deutschen Maschinenbauindustrie von 1870 bis 1914*, Berlin 1973, S. 48 f. Die Österreicher gingen nach 1862 zum ,amerikanischen System' der automatischen Herstellung von Handfeuerwaffen über, siehe Gunther Rothenberg: *The Army of Francis Joseph*, West Lafayette, Ind., 1976, S. 43. Zu Rußland siehe J. G. Purves: *Nineteenth-Century Russia and the Revolution in Military Technology*, in J. G. Purves und D. A. West, Hrsg.: *War and Society in the Nineteenth-Century Russian Empire*, Toronto 1972, S. 7–22.
23. Das britische Patentamt erteilte zwischen 1617 und 1850 insgesamt rund 300 Patente für Erfindungen, die sich auf Feuerwaffen bezogen, aber mehr als 600 allein in der Dekade 1850–60; Siehe Rosenberg: *American System of Manufacture*, S. 29.
24. Hogg: *Royal Arsenal* 2, 756–60.
25. Sir Henry Bessemer: *An Autobiography*, London 1905, S. 130–42, gibt eine anschauliche, wenn auch vielleicht unvollständige und einseitige Schilderung seiner Entdeckung. Theodore A. Wertime: *The Coming of Age of Steel*, London 1961, bietet eine Darstellung der Geschichte der Metallurgie, die auch für Nichtfachleute verständlich ist. Was den Widerstand gegen die Verwendung von Stahlgeschützen betrifft, ist der preußische Fall am aufschlußreichsten. Vgl. W. A. Boelke: *Krupp und die Hohenzollern in Dokumenten*, Frankfurt am Main 1970, S. 106, 123.

26. J. D. Scott: *Vickers,* London 1962, S. 25.
27. Armstrongs Geschütz wurde nicht in einem Stück gegossen, wie es seit dem 15. Jahrhundert bei großen Kanonen geschah, sondern um einen Kern herum gebaut, entweder so, daß Eisenbänder (später Stahlbänder) um die stählerne Rohrauskleidung gewickelt wurden oder durch ‚Auflöten‘ von Ringen aus Eisen um den Kern; so entstand das Geschützrohr gewissermaßen aus Schichten. Das ‚Auflöten‘ meint die Praxis, einen Metallring zu erhitzen, damit er sich ausdehnte, und ihn dann um die bereits montierten Teile des Geschützes zu legen. Der erhitzte Ring zog sich beim Abkühlen zusammen, aber nicht auf seine Dimensionen bei Normaltemperatur. Durch die Innenspannung wurde das äußere Band dann dicht an die inneren Schichten gedrückt, wodurch eine Gegenkraft gegen die expandierende Gewalt der Pulverexplosion im Geschütz geschaffen wurde. Auf diese Weise konnte ein Geschütz von einem bestimmten Gewicht stärker als alles gemacht werden, was sich aus einem homogen gegossenen Metallblock formen ließ. Armstrongs System hatte den weiteren Vorteil, daß es eine rasche Steigerung der Größe zuließ, da es möglich war, Einzelteile von Geschützen, die für einen Guß als ein einziges Stück viel zu groß waren, herzustellen und zusammenzusetzen.
28. Whitworth verband als Unternehmer in einem ganz ungewöhnlichen Maß wissenschaftlich-technische mit pekuniären Talenten und pflegte Beziehungen zu liberalen, wie Armstrong zu konservativen Politikern. Whitworth erprobte verschiedene Formen von Geschossen systematischer, als andere dies getan hatten, und es gelang ihm, ein an der Spitze abgeflachtes, längliches panzerbrechendes Projektil zu entwickeln, das in der Tat allen anderen überlegen war. Vgl. James E. Tennant: *The Story of the Guns,* London 1864, und David Dougan: *The Great Gunmaker: The Story of Lord Armstrong,* Newcastle-on-Tyne, o. J.
29. Whitworths Geschütze hatten ovale oder polygonale Bohrungen, die ein längliches Geschoß in eine rotierende Bewegung versetzten. Ihre Herstellung, präzise genug, um einen glatten Durchlauf des Geschosses beim Laden und Feuern zu gewährleisten, war eine imponierende Leistung für die damaligen Methoden der Metallverarbeitung. Whitworths dauerhafter Ruhm gründet sich auf die Erfindung von Möglichkeiten, Metall viel akkurater zu formen, als es bis dahin möglich gewesen war.
30. Vgl. Peter Padfield: *Guns at Sea,* New York 1973, S. 174ff; Ian V. Hogg: *A History of Artillery,* London 1974, S. 59–70; O. F. G. Hogg: *Royal Arsenal,* 2, 773–78, 812ff.; Charles E. Caldwell und John Headlam: *The History of the Royal Artillery from the Indian Mutiny to the Great War,* 2 Bde., Woolwich o. J., 1, 151ff.
31. Comité des Forges de France: *La sidérurgie française, 1864–1914,* Paris o. J., S. 310.
32. Stanley Sandler: *The Emergence of the Modern Capital Ship,* Newark 1979, gibt eine Darstellung dieser Entwicklungen; Parkes: *British Battleships, ‚Warrior‘ to ‚Vanguard‘* ist das Standardwerk über Schiffe der Royal Navy und liefert ausführliche technische Daten. Brodie: *Sea Power in the Machine Age* gibt eine kürzere, knapper gefaßte Darstellung.
33. Die Österreicher, voller Eifer, die Stärke ihrer neuen Waffen auszunutzen,

feuerten auf extreme Schußweite, womit sie wenig Wirkung erzielten. Ihre aufeinanderfolgenden Salven lagen über den Köpfen der angreifenden Franzosen. Dennoch erlitten diese bei Solferino und Magenta hohe Verluste, und als Napoleon III. die beiden Schlachtfelder besichtigte, erhielt seine Kriegsbegeisterung einen nachhaltigen Dämpfer. Zur österreichischen Armee im Jahr 1859 siehe Rothenberg: *The Army of Francis Joseph*, S. 34–83.

34. Pierre Chalmin: *L'officier français de 1815 à 1870*, Paris 1957.

35. Zur französischen Armee unter Napoleon III. siehe Ludovic Jablonsky: *L'armée française à travers les âges*, Paris o. J., Bd. 4 und 5; Chalmin: *L'officier français de 1815 à 1870*; David B. Ralston: *The Army of the Republic: The Place of the Military in the Political Evolution of France, 1871–1914*, Cambridge, Mass., 1967, Kap. 1; Alphonse Favé: *The Emperor Napoleon's New System of Field Artillery*, übersetzt von William H. Cox, London 1854; Raoul Girardet: *La société militaire dans la France contemporaine, 1815–1939*, Paris 1953; und Joseph Montheilhet: *Les institutions militaires de la France, 1814–1924*, Paris 1932.

36. Die Österreicher hatten 736 neue gezogene Geschütze und 58 alte glattgebohrte im Vergleich zu 492 gezogenen und 306 glatten auf preußischer Seite, nach Gordon Craig: *The Battle of Königgrätz*, Philadelphia 1974, S. 8.

37. Mit dem Zündnadelgewehr Dreyses ließen sich pro Minute fünf bis sieben Schüsse abgeben: damit war es mehr als doppelt so schnell wie das Minié-Gewehr. Vgl. Peter Young: *The Machinery of War*, New York 1973, S. 73–76.

38. An diesem Aspekt der geplanten Reformen nahm der Landtag besonderen Anstoß. Die Liberalen argwöhnten, das wahre Motiv bestehe darin, die Landwehr in den Dienst der Reaktion zu stellen, so daß die Armee gefahrlos zur Unterdrückung revolutionärer Aktivitäten im Land eingesetzt werden könnte. Vgl. Gordon Craig: *Die preußisch-deutsche Armee 1640–1945*. Frankfurt 1966, S. 138–148.

39. Moltke befürchtete, zu viele Befehle aus der Etappe könnten seine Kommandeure im Feld behindern, und griff deshalb nur maßvoll ein. Vgl. Dennis Showalter: *Soldiers into Postmasters? The Electric Telegraph as an Instrument of Command in the Prussian Army*, Military Affairs 27, 1973, 48–51. Jedenfalls verlor Moltke just vor dem Beginn der Schlacht bei Königgrätz den telegraphischen Kontakt mit der Armee des Kronprinzen und mußte deshalb einen Kurier losschicken, um die Armee des Prinzen zum Schlachtfeld zu dirigieren. Craig: *Königgrätz*, S. 98.

40. Der systematische Einsatz der verfügbaren Mittel unter voller Auslastung ihrer Kapazität war nach Chandler, *The Visible Hand*, S. 259, das wichtigste Geheimnis eines erfolgreichen Industrie-Managements in den 1880er Jahren. Die Stabsoffiziere und Industriekapitäne hatten mehr gemeinsam, als beiden bewußt war, als sie in der zweiten Hälfte des 19. Jahrhunderts lernten, planende Techniken auf die parallelen Probleme von Zerstörung und Produktion anzuwenden. In diesem Zusammenhang ist der Hinweis angebracht, daß die Produktion eines Gutes die Zerstörung eines anderen bedingte. Der Verbrauch von Brenn- und Rohstoffen in der Schwerindustrie läßt sich bis ins Detail mit dem Verbrauch von Ressourcen im Krieg vergleichen; selbst das Schicksal der betroffenen ‚Arbeitskräfte' bietet interessante Parallelen.

41. Martin Van Creveld: *Supplying War: Logistics from Wallenstein to Patton,* Cambridge 1977, S. 79–82; Craig: *Königgrätz,* S. 49.

42. Zum Chassepôtgewehr und zur Mitrailleuse siehe Maréchal Randon: *Mémoires,* 2, 234 ff; E. Ann Pottinger: *Napoleon III and the German Crisis, 1865–66,* Cambridge, Mass., 1966, S. 94–97; G. S. Hutchison: *Machine Guns: Their History and Tactical Employment,* London 1938, S. 9–15; Louis Étienne Dussieux: *L'armée en France: histoire et organisation,* Versailles 1884, 3, 233; Michael Howard: *The Franco-Prussian War: The German Invasion of France,* London 1961, S. 56.

43. Howard: *The Franco-Prussian War.* Alistair Horne: *The Fall of Paris,* New York 1961, gibt ein anschauliches Bild der Pariser Kommune. Vgl. auch Melvin Kranzberg: *The Siege of Paris,* Ithaca, N. Y. 1950.

44. Vgl. Martin Kitchen: *The German Officer Corps, 1890–1914,* Oxford 1968; Girardet: *La société militaire,* S. 198–291. Der Umstand, daß sowohl die deutsche als auch die britische Armee in Regimenter mit einem jeweiligen lokalen Standort gegliedert waren, verlieh ihrem Korpsgeist eine erhebliche Bedeutung in der zivilen Gesellschaft.

45. Vgl. Brian Bond, Hrsg.: *Victorian Military Campaigns,* London 1967, S. 7 f.; Philip Mason: *A Matter of Honour: An Account of the Indian Army, Its Officers and Men,* London 1974. Die Cardwell-Reformen in der britischen Armee, 1870–74, stellten eine Art Mittelding zwischen der Tradition langdienender Soldaten im Ancien régime, die bis zu dieser Zeit geherrscht hatte, und dem kontinentalen Einberufungs- und Reservistensystem dar, das Preußen eingeführt hatte.

46. Bond: *Victorian Military Campaigns ,* S. 309 ff., kommt auf nicht weniger als 72 verschiedene englische Feldzüge während der Regierungszeit Victorias, mithin mehr als einen pro Jahr.

47. B. R. Mitchell: *Abstract of British Historical Statistics.*

48. Vgl. Daniel R. Headrick: *The Tools of Empire: Technology and European Imperialism in the Nineteenth Century,* New York 1981.

49. Vgl. John Bushnell: *Peasants in Uniform: The Tsarist Army as a Peasant Society, Journal of Social History* 13, 1980, 565–76; John Bushnell: *The Tsarist Officer Corps 1881–1914: Customs, Duties, Inefficiency, American Historical Review* 86, 1981, 753–80.

50. Auswanderung und Ansiedlung in Übersee als Sicherheitsventil für die Bevölkerung Großbritanniens und anderer europäischer Länder wurden dadurch enorm erleichtert, daß weiträumige und fruchtbare Regionen der Erde drastisch entvölkert wurden, als Zivilisationskrankheiten die einheimische Bevölkerung in Australien, Südafrika, Nord- und Südamerika heimsuchten. Infolgedessen wurde es möglich, diese fast menschenleeren Gegenden zu besiedeln und zu erschließen, ohne mehr als minimale militärische Macht zu gebrauchen. Die Expansion Rußlands nach Zentralasien erforderte mehr militärischen Einsatz, da sie auf Bevölkerungen traf, die bereits an Zivilisationskrankheiten gewöhnt waren; das gleiche galt für andere muslimische Gebiete, ob in Afrika oder im Nahen Osten. Zu Krankheiten und europäischer Expansion siehe W. H. McNeill: *Plagues and Peoples,* New York 1976, Kapitel 5.

51. Eine adäquate Darstellung der europäischen Migrationsbewegungen im 19. Jh.

– hinsichtlich industrieller Techniken wie Menschen – steht noch aus, vgl. aber D. F. Macdonald: *The Great Migration*, in C. J. Bartlett, Hrsg.: *Britain Preeminent: Studies of British World Influence in the Nineteenth Century*, New York 1969, S. 54–75. Dort findet sich eine kurze Übersicht über die eine Hälfte des Phänomens. Macdonald schätzt, daß zwischen 1750 und 1900 23 Millionen Menschen aus Europa nach Übersee auswanderten, von denen 10 Millionen von den Britischen Inseln kamen.

## 8. Kapitel

1. Schnelle Kreuzer mit schwerer Artillerie ließen sich sehr gut verkaufen. Armstrong baute zwischen 1884 und 1914 nicht weniger als achtundvierzig Kriegsschiffe für zwölf verschiedene ausländische Regierungen. Im Verlauf dieser dreißig Jahre zwang mehr als einmal eine neue technische Entwicklung die Royal Navy, nachzuziehen und die entsprechenden Verbesserungen an ihren Einheiten in Auftrag zu geben. Das bekannteste Beispiel dieser Zwangslage lieferten neben dem Kreuzer für Chile die 20,5-cm-Geschütze, die Armstrong für den russischen Kreuzer *Rurik* (Stapellauf 1890) lieferte. Vgl. David Dougan: *The Great Gunmaker: The Story of Lord Armstrong*, Newcastle-on-Tyne o. J., S. 138–44; Donald W. Mitchell: *A History of Russian and Soviet Sea Power*, New York 1974, S. 193.

2. Die Weizenpreise fielen zwischen 1877 und 1894 von 56 Schilling, neun Pence pro Quarter (2,91 hl) auf einen Tiefpunkt von 22 Schilling, zehn Pence. Die Weizenanbaufläche sank zwischen 1872 und dem Jahrhundertende um rund fünfzig Prozent; die Pachten gingen zurück, allerdings nicht im gleichen Verhältnis; die Auswanderung auf dem flachen Land nahm beinahe katastrophale Ausmaße an. Hingegen stiegen die Reallöhne zwischen 1860 und 1890 um ca. 77 Prozent. Zahlenangaben siehe R. C. K. Ensor: *England, 1870–1914*, Oxford 1936, S. 115f., 275, 284ff.

3. Volkmar Bueb: *Die ‚Junge Schule‘ der französischen Marine: Strategie und Politik 1875–1900*, Boppard/Rhein 1971, gibt die beste Darstellung, die mir bekannt ist. Aus französischer Sicht siehe Henri Salaun: *La marine française*, Paris 1932, S. 18ff. Der Kurswechsel in der Marinepolitik zwischen 1881 und 1887 schloß sich einem wiederholten Verzicht auf einen umfassenden Wettstreit mit England an, und die Gründe waren weitgehend ähnlicher Natur: Widerstand der französischen Steuerzahler gegen die extremen Kosten der Flottenrüstung (vgl. 5. Kapitel). Zu Reaktionen auf britischer Seite siehe Brian Raft: *The Protection of British Seaborne Trade and the Development of Systematic Planning for War, 1860–1906*, in Brian Raft, Hrsg.: *Technical Change and British Naval Policy, 1860–1939*, London 1977, S. 1–22.

4. Die Bezeichnung ‚Torpedo‘ bezog sich ursprünglich auf jede Sprengladung, die ein Schiff unterhalb der Wasserlinie treffen sollte. Da Wasser viel dichter als Luft ist, traf eine solche Explosion die Schiffswand mit ungleich größerer Wucht. Dadurch hatten Torpedos eine besonders destruktive Wirkung. Als Torpedos mit Eigenantrieb eine gewisse Treffgenauigkeit erreichten, verdrängten sie alle anderen Typen. Zur Geschichte der Torpedos siehe Edwin A. Gray: *The Devil's Device*, London 1975.

5. R. F. Mackay: *Fisher of Kilverstone*, Oxford 1973, S. 144 f.; William Manchester: *The Arms of Krupp*, Boston 1964; Ian V. Hogg: *A History of Artillery*, London 1974, S. 82–92.

6. Vgl. Mackay: *Fisher of Kilverstone*, S. 187.

7. *Pall Mall Gazette*, 18. September 1884, S. 6.

8. ebda, 8. Dezember 1884, S. 1.

9. Zu Cooper Keys Ansichten siehe Richard Hough: *First Sea Lord: An Authorized Biography of Admiral Lord Fisher*, London 1969, S. 83.

10. *The Daily Telegraph*, zitiert in *Pall Mall Gazette*, 11. Oktober 1884.

11. *Hansard*, 2. Dezember 1884, Spalte 410. Der Earl of Northbrook sprach während seiner Rede an vier Stellen von Privataufträgen und erwähnte in einer Entgegnung auf kritische Bemerkungen die Absicht der Regierung, Woolwich nicht die Kapazitäten für die Produktion des neuen Geschützmetalls zu geben, um damit „die großen Stahlproduzenten" zu ermutigen.

12. 1914 zahlte weniger als ein Siebentel der Arbeitnehmer in Großbritannien Einkommens- (Lohn-)Steuer, nach Arthur Marwick: *The Deluge: British Society and the First World War*, London 1965, S. 21.

13. Die Konservativen traten zwar entschiedener als die Liberalen für Verteidigungsausgaben ein, waren aber beunruhigt vom Trend zu einer progressiven Besteuerung als Mittel zur Finanzierung von mehr Gewehren und Geschützen. Lord Salisbury drängte in einem vertraulichen Brief an den Schatzkanzler, das in diesem Jahr erhöhte Budget der Navy durch eine Erhöhung der Einfuhrabgaben wie der Grundsteuer zu decken, denn es sei „gefährlich, bei Schwierigkeiten nur auf Grundbesitz zurückzugreifen, weil die Eigentümer so schwach sind, daß die verderbliche Gewohnheit sicher zunehmen wird." Zitiert aus Gwendolyn Cecil: *Life of Robert, Marquis of Salisbury*, London 1932, 4, 192.

14. J. D. Scott: *Vickers: A History*, London 1962, S. 34–44. Krupp hatte sich auf Feldartillerie konzentriert und die Produktion von Schiffsgeschützen stillschweigend den Briten überlassen. Seine großen Geschütze von 1878/79 drohten diese Aufteilung des Marktes durcheinanderzubringen. Dies erklärt Armstrongs energische Reaktion.

15. Auf Privatfirmen entfielen zwischen 1881 und 1890 nur 35,7 Prozent der Gesamtausgaben der Royal Navy für Rüstungsgüter, doch der Anteil der Aufträge an die Privatindustrie nahm stetig zu, und betrug 1890–1900, 46,1 und 1900–1910 58,5 Prozent. Clive Trebilcock: *Spin-off in British Economic History: Armaments and Industry, 1760–1914*, Economic History Review 22, 1969, 480.

16. Gray: *The Devil's Device*, S. 71, 88. Whitehead gründete später eine eigene Firma in England zur Herstellung von Torpedos für ausländische Abnehmer. Sie wurde 1906 von Vickers übernommen.

17. Vgl. John Ellis: *The Social History of the Machine Gun*, London 1975, S. 79–109. Angesichts der Geschehnisse 1914–18 ist es leicht zu spotten, aber eine Armee, die nach Mobilität im Feld strebte, was auf alle europäischen Armeen vor 1914 zutraf, besaß einfach nicht die Transportkapazität, um ihre Truppen mit mehr als einer symbolischen Zahl von Maschinengewehren auszurüsten, die pro Minute 600 Schuß Munition verfeuerten.

18. Der Wandel, gemessen an älteren Normen, war bescheiden nur im Vergleich zu der stürmischen Entwicklung im Flottenbereich. Messingpatronen (nach 1867), Stahlgeschütze (1883), Magazingewehre (1888) und Leit- und Kommunikationsgeräte, die ein zielgenaues indirektes Feuer ermöglichten (von 1906 an) ergaben zusammengenommen eine Revolution in Taktik und Feuerkraft. Vgl. Arthur Forbes: *A History of the Army Ordnance Services*, London 1929, 3, 112–34; Charles E. Caldwell und John Haadlam: *The History of the Royal Artillery from the Indian Mutiny to the Great War*, 2 Bde, Woolwich o. D., 2, 105 und passim.

19. In W. A. Boelke: *Krupp und die Hohenzollern in Dokumenten*, Frankfurt am Main 1970, S. 104 ff., 123, ist dokumentiert, wie hartnäckig die deutschen Heeresoffiziere sich von einer Zusammenarbeit mit privaten Waffenproduzenten zurückhielten, obwohl Wilhelm I. wie Wilhelm II. persönliche Beziehungen zu Alfred Krupp und seinem Erben unterhielten. Sonderbarerweise stellen Bewunderer wie Kritiker des Hauses Krupp die Beziehungen zwischen deutschen Heeresoffizieren und der Firma schief dar. Vgl. Wilhelm Berdrow: *The Krupps: 150 Years of Krupp History, 1787–1937*, Berlin 1937, und William Manchester: *The Arms of Krupp*, Boston 1964. Gert von Klass: *The Story of an Industrial Empire*, London 1954, zeigt dagegen die gesellschaftliche Distanziertheit und das wechselseitige Mißtrauen zwischen Käufern und Verkäufer.

20. Vgl. Frederick Manning: *The Life of Sir William White*, London 1923.

21. Sir Percy, ebenso erfindungsreich wie streitsüchtig, verklagte 1920 mit Erfolg die Firma Vickers, weil sie ihm Patentgebühren vorenthalten hatte. Vgl. Peter Padfield: *Aim Straight: A Biography of Admiral Sir Percy Scott*, S. 262–68.

22. Der Zwei-Mächte-Standard wurde William Pitt dem Älteren zugeschrieben, was ihm eine erlauchte Herkunft verlieh. Er war aber, im Gegensatz zu den Behauptungen seiner Verfechter im Jahr 1889, in den dazwischenliegenden Jahren kein Leitprinzip der britischen Marinepolitik gewesen.

23. *Hansard*, 14. Mai 1888, Bd. 326, Spalte 100.

24. Cecil: *Life of Robert, Marquis of Salisbury*, 4, 186.

25. In Erinnerungen, die er nach dem Ersten Weltkrieg niederschrieb, bemerkte Lloyd George: „Die starke Vermehrung der Wahlberechtigten durch die Reform Bill von 1884 hatte die alte knauserige und schäbige Politik der Manchester-Schule weitgehend weggefegt. Zwar entging die große Masse der neuen Wähler der direkten Besteuerung, aus der neue Ausgabenlasten vor allem bestritten wurden, aber von diesem persönlichen Punkt abgesehen, sind die Klassen der Lohnempfänger auf die Navy sehr stolz." *Lord George Hamilton, Parliamentary Reflections 1886–1906*, London 1922, S. 220 f.

26. Arthur J. Marder zitiert in *The English Armaments Industry and Navalism in the Nineties, Pacific Historical Review* 7, 1938, 241–53, Sprecher der Industrie, die sich zu diesem Punkt äußerten. Erwähnenswert ist vielleicht, daß bei den Schiffen, die gemäß der Vorlage von 1889 für die Royal Navy gebaut wurden, zum erstenmal eine Panzerung aus Nickelstahl und reiner Dampfantrieb zur Verwendung kamen. Auch die Umrüstung älterer Schiffe, wobei Masten und Takelage entfernt wurden, bildete einen wichtigen (und kostspieligen) Teil des Flottenbauprogramms von 1889.

27. Das Marinebudget wurde zwischen 1905 und 1908 beträchtlich gekürzt, von 36,8 auf 31,1 Millionen Pfund. B. R. Mitchell: *British Historical Statistics*, Cambridge 1971, S. 397 f.

28. Philip Noel-Baker: *The Private Manufacture of Armaments*, London 1936, 1, 449 ff., schildert, daß der drohende Auftragsmangel der Coventry Ordnance Works den Direktor des Unternehmens veranlaßte, eine Angstkampagne zu entfesseln und politische Beziehungen spielen zu lassen. Das Ergebnis war, daß das acht Dreadnoughts umfassende Bauprogramm tatsächlich seine Firma mit den neuen Aufträgen versorgte, die sie brauchte.

29. Winston S. Churchill: *The World Crisis*, gekürzte und überarbeitete Auflage, London 1931, S. 39.

30. Die Vorgaben schlossen ein: Eine dreiköpfige Bedienungsmannschaft, ein 2,7 kg schweres Geschoß, Gesamtgewicht nicht über 454 kg. etc. Siehe William Laird Clowes: *The Royal Navy: A History from Earliest Times to the Death of Queen Victoria*, London 1903, 7, 48.

31. Mackay: *Fisher of Kilverstone*, S. 252.

32. Vgl. Stanley Sandler: *The Emergence of the Modern Capital Ship*, Newark, N. Y., 1979, S. 306–13.

33. Eine nützliche Übersicht gibt Hugh Lyon: *The Relations between The Admiralty and Private Industry in the Development of Warships*, in Ranft: *Technical Change and British Naval Policy*, S. 37–64.

34. Auch ausgefeilte und leistungsstarke Geräte zum Richten und Laden der großen Geschütze mußten entwickelt und laufend verbessert werden. 1914 reichten die gewaltigen drehbaren Geschütztürme tief ins Innere des Schiffes. Innerhalb jedes Turms bewegten sich die Ladevorrichtungen mit den Geschützen, so daß diese in jedem Höhen- und Seitenwinkel geladen werden konnten.

35. Oscar Parkes: *British Battleships: ‚Warrior‘ to ‚Vanguard‘*, überarbeitete Aufl., London 1970; Clowes: *The Royal Navy*, 7, 39, 54.

36. In der Manilabucht erbrachten 5 895 Schüsse nur 142 Treffer, in der Santiagobucht lagen von 8 000 Schüssen nur 121 im Ziel, wie offizielle Berechnungen nach den Kämpfen ergaben. Donald W. Mitchell: *History of the Modern American Navy from 1883 through Pearl Harbor*, London 1947, S. 73, 105.

37. Parkes: *British Battleships*, S. 461.

38. Zur Dreadnought-Revolution im Kriegsschiffbau siehe ebda, S. 466–86; Arthur Marder: *The Anatomy of British Sea Power: A History of British Naval Policy in the Pre-Dreadnought Era, 1800–1905*, New York 1940, S. 505–43; Arthur Marder: *From Dreadnought to Scapa Flow*, Bd. 1, *The Road to War, 1905–14*, London 1961, S. 43–70; Mackay: *Fisher of Kilverstone*, S. 293 ff.; Richard Hough: *First Sea Lord: An Authorized Biography of Admiral Lord Fisher*, London 1969, S. 252 ff.

39. Parkes: *British Battleships*, S. 560, 592; Peter Padfield: *Guns at Sea*, New York 1974, S. 195–252, Elting E. Morrison: *Men, Machines and Modern Times*, Cambridge, Mass., 1966, enthält Bemerkungen über die Belastungen, die die erste Phase dieser Revolution im Schiffsartilleriewesen für ältere Beziehungsmuster auf den Schiffen brachte.

40. Eine Tabelle garantierter Leistungsniveaus, die die Whitehead-Torpedofabrik

für ihre Modelle mit maximaler Schußweite herausgab, zeigt die rasante Entwicklung:

| Jahr | Torpedoschußweite (in Yards) |
|------|------------------------------|
| 1866 | 220 |
| 1876 | 600 |
| 1905 | 2190 |
| 1906 | 6560 |
| 1913 | 18590 |

Diese Zahlen stammen aus Gray: *The Devil's Device*, Anhang.

41. Ich habe keine wirklich befriedigende Darstellung der französischen Marinepolitik zwischen 1884 und 1914 finden können, siehe jedoch Ernest H. Jenkins: *A History of the French Navy*, London 1973, S. 303 ff.; Bueb: *Die ,Junge Schule' der französischen Marine;* Joannès Tramond und André Reussner: *Éléments d'histoire maritime et coloniale contemporaine, 1815–1914*, Neuaufl., Paris 1947, S. 652 ff.; Salaun: *La marine française*, S. 1–75.

42. Gray: *The Devil's Device*, S. 206.

43. Trebilcock: *Spin-off in British Economic History*, S. 474–80.

44. W. Ashworth: *Economic Aspects of Late Victorian Naval Administration*, *Economic History Review* 22, 1969, 492.

45. Marder: *Anatomy of British Sea Power*, S. 25–37. Wahrscheinlich zu hoch angesetzt, ich habe jedoch keine zuverlässige ökonometrische Berechnung finden können. Siehe auch William Ashworth: *An Economic History of England, 1870–1939*, London 1960, S. 236 f. zur wirtschaftlichen Rolle der Royal Navy.

46. Scott: *Vickers*, S. 81.

47. Solche Restriktionen gewannen zunehmend an Bedeutung. Ja, es kam die Tendenz auf, daß die Geheimhaltung das Patentieren als Mittel zum Schutz einer neuen Technologie verdrängte. Dies schon, weil die amtliche Hinterlegung von Plänen und Zeichnungen, die für eine Patenterteilung erforderlich war, es konkurrierenden Firmen und Ländern ermöglichte, sich zu borgen, was ihnen gefiel (vielleicht mit geringfügigen Abänderungen, um Patentverletzungen juristisch vertretbar zu machen), oder dank voller Kenntnis der Leistungsmerkmale des Produkts eines Rivalen ein besseres Gerät zu entwickeln.

48. Scott: *Vickers*, S. 20, 42.

49. Zwei hervorragende Bücher liefern die Hauptbasis für diese Bemerkungen – Scott: *Vickers* und Clive A. Trebilcock: *The Vickers Brothers: Armaments and Enterprise, 1854–1914*, London 1977. Noel-Baker: *Private Manufacture of Armaments*, Bd. 1, und Helmut Carl Engelbrecht und F. C. Hanighen: *Merchants of Death: A Study of the International Armaments Industry*, New York 1934, behandeln die streit- und skandalsüchtige Einstellung, die in den dreißiger Jahren herrschte; Dougan: *The Great Gunmaker: The Story of Lord Armstrong* hingegen reiht sich in die apologetische Tradition ein, doch alle drei Arbeiten enthalten relevante, wenn auch zuweilen unzuverlässige Informationen.

50. Trebilcock: *The Vickers Brothers* schildert besonders klar, wie die Manager von Privatunternehmen bestrebt waren, Risiken zu vermindern und rational auf den Markt zu reagieren, den sie belieferten. In seiner Reihe von Artikeln

befaßte er sich konziser und allgemeiner mit den gleichen Themen: *Legends of the British Armaments Industry: A Revision, Journal of Contemporary History* ry 5, 1970, 2–19; *A ‚Special Relationship' – Government, Rearmament and the Cordite Firms, Economic History Review* 19, 1966, 364–79; und *British Armaments and European Industrialization, 1890–1940, Economic History Review* 26, 1973, 254–72. Der letzte Artikel ist besonders bemerkenswert. Trebilcock argumentiert darin, daß Umfang und wirtschaftliche Bedeutung öffentlicher Rüstungsinvestitionen zwischen 1890 und 1914 sich mit den früheren Bemühungen von Regierungen um den Eisenbahnbau vergleichen ließen. Beide Modernisierungsstrategien lenkten massive Investitionen mittels staatlicher Kreditaufnahme in neue Richtungen, die Privatkapital von sich aus nicht eingeschlagen hätte. Er meint sogar, daß das Rüstungswesen als Nebenprodukt die lokale Wirtschaft fast ebenso stark angeregt habe wie früher der Eisenbahnbau. Er schätzt, daß auf dem Höhepunkt der staatlichen Bemühungen, neue Rüstungstechnologien ins Land zu holen, Spanien 1906 zwei Prozent des Nationaleinkommens dafür verwandte, Japan 1903 sogar volle 10,3 Prozent. Andere Länder, die diesen Weg gingen, lagen zwischen diesen beiden Extremen, doch in jedem Fall hatten die Bemühungen starke Auswirkungen auf die Volkswirtschaft insgesamt, weil sie neue berufliche Fertigkeiten, neuen Bedarf und neue öffentliche Kredit- und Steuerströme schufen.

51. Die Persönlichkeit von Tom Vickers, dem Ingenieur-Unternehmer, der hinter dem Aufstieg der Firma Vickers stand, zeigt, wie die Technik zum Selbstzweck werden kann. Tom Vickers ging ganz in seiner Arbeit auf. Wohlstand, Besitz und Statussymbole bedeuteten ihm wenig oder gar nichts. Vgl. Trebilcock: *The Vickers Brothers*, S. 33.

52. Vgl. die sarkastischen Bemerkungen von Peter Wiles: *War and Economic Systems*, in *Science et conscience de la société: Mélanges en honneur de Raymond Aron*, Paris 1971, 2, 269–97.

53. Auch in diesem Fall mußte die Admiralität, in der Skagerrakschlacht 1916, zu ihrem Bedauern feststellen, daß Granaten, die in spitzem Winkel auf eine gepanzerte Fläche treffen, eine geringere Wirkung haben als wenn sie frontal auftreffen. Die Tests hatten sich immer nur auf Einschläge im rechten Winkel bezogen. Die Folge war, daß viele panzerbrechende Granaten der Briten, die deutsche Schiffe auf eine viel größere Distanz trafen, als vorher angenommen worden war, einfach abprallten oder explodierten, bevor sie die Panzerung durchschlugen.

54. Eine königliche Kommission konstatierte 1926 diese Verletzung von Patentrechten und sprach Pollen eine Entschädigungssumme von 30000 Pfund zu. Vgl. Anthony Pollen: *The Great Gunnery Scandal: The Mystery of Jutland*, London 1980, S. 145. Dieses vom Sohn des Erfinders verfaßte Buch korrigiert in polemischer Form frühere Fehlinformationen über Pollens Arbeit. Ein unverantwortlicher Umgang mit Patentrechten von Privatpersonen war schon öfter vorgekommen. Admiral Fisher selbst schickte Kopien von Alfred Yarrows Kessel-Entwürfen für die neuen Zerstörer konkurrierenden Schiffsbaufirmen zu. Yarrow ersuchte durch Zeitungsinserate um Informationen, die zur Entdeckung des Schuldigen führen könnten. Die Navy sprach eine öffentliche Entschuldigung aus, stellte jedoch Fisher niemals bloß. Hough: *First Sea*

*Lord*, S. 101; Eleanor C. Bernes: *Alfred Yarrow, His Life and Work*, London 1923, S. 102–05.

55. *Parliamentary Debates*, Unterhaus, 30. Juni 1913, Bd 54, Spalte 1478.

56. Pollen war mit Admiral Beresford befreundet. Das machte ihn zur *persona non grata* für Fisher und seine Parteigänger, die nach 1906 in der Admiralität das Heft in der Hand hatten.

57. Nach der Entscheidung gegen Pollens Feuerleitgeräte, 1912, wurde die von ihm gegründete Firma von der Liste der Zulieferer gestrichen, mit denen die Admiralität zu geschäftlichen Verhandlungen ermächtigt war. Wie Armstrong 1863 versuchte Pollen daraufhin, sein Produkt anderen Flotten zu verkaufen, wozu es im Fall Rußlands kam. Wie sein Sohn jedoch vermerkt, bot Pollen aus patriotischer Gesinnung sein Know-how nicht den Deutschen an. Andererseits führte Pollen Unterhandlungen mit der Marine der Vereinigten Staaten, Brasilien, Chile, Österreich und Italien, wodurch die Grundzüge seiner Feuerleitgeräte für deutsche Marineexperten sicher leicht zugänglich wurden, wenn sie daran interessiert waren. Pollen: *The Great Gunnery Scandal*, S. 96, 108, 114. Pollens Firma geriet in schwere finanzielle Bedrängnis, als die Vorschußzahlungen der Admiralität eingestellt wurden – eine Geschichte, die zeigt, wie gefährlich es für eine kleine Firma war, ins Rüstungsgeschäft einsteigen zu wollen.

58. Ebda, S. 116.

59. Parkes: *British Battleships*, S. 486.

60. Stephen Roskill: *Admiral of the Fleet Lord Beatty: The Last Naval Hero*, London 1980, S. 59–72.

61. Meine Sicht dieser Kontroversen um die Feuerleitgeräte stützt sich auf Jon T. Sumida: *British Capital Ships and Fire Control in the ,Dreadnought'-Era: Sir John Fisher, Arthur Hungerford Pollen and the Battle Cruiser, Journal of Modern History* 51, 1979, 205–30, und seine Dissertation *Financial Limitation, Technological Innovation and British Naval Policy, 1904–1910*, Universität Chicago 1982.

62. Persönliche Auswahl, Ausbildung und Beförderung erlebten in den stürmischen Jahrzehnten des radikalen technischen Wandels in der Kriegsmarine eine systematische Rationalisierung. Vgl. Paul M. Kennedy: *The Rise and Fall of British Naval Mastery*, New York 1976, und Michael A. Lewis: *The History of the British Navy*, Harmondsworth 1957.

63. Ein ähnliches Paradox wohnte den zeitgleichen Triumphen des Industriemanagements inne. Von den 1880er Jahren an gingen die großen Unternehmen zur Produktionsplanung über und konnten mittels eines ungestörten Durchflusses der entsprechenden Produktionsfaktoren durch die Maschinenwerkstätten, Stahlwerke und Montagebänder enorme Einsparungen erzielen; vor dem Zweiten Weltkrieg erfaßte die rationelle Steuerung in ihrem eigenen Bereich jedoch nicht die Wirtschaft als Ganzes. Dort begannen verordnete Preise für Industrieprodukte vermutlich die dysfunktionale Wirkung des Konjunkturverlaufs nach der Wirtschaftskrise von 1873 zu verstärken.

64. Duncan L. Burn: *The Economic History of Steel Making, 1867–1939: A Study in Competition*, Cambridge 1940, S. 52 f.

65. James Dredge, *Modern French Artillery*, London 1892, verkündete der englischsprachigen Welt die französischen technischen Errungenschaften.

66. 1893 brachte Schneider-Creusot das berühmte Schnellfeuer-Feldgeschütz, Kaliber 0.75 cm heraus. Es revolutionierte wegen seiner noch nicht dagewesenen Stabilität die Geschützkonstruktion. Trotz ihres leichten Gewichts, das einen raschen Einsatz ermöglichte, blieb die 0,75-cm-Kanone Schuß für Schuß zielgenau, ohne daß sie neu eingestellt werden mußte. Infolgedessen konnte sie ungefähr viermal so schnell feuern wie andere Geschütze – bis zu zwanzig Schuß pro Minute –, ohne an Genauigkeit einzubüßen. Das Geheimnis war ein exaktes Gleichgewicht zwischen der Rückstoßenergie und der Kraft der komprimierten Luft, die die Kanone in die Feuerstellung zurückbrachte. Die Konstruktionen Krupps blieben dagegen mehrere Jahre im Rückstand. Vgl. Bernhard Menne: *Krupp, or the Lords of Essen*, London 1937, S. 237. Die britische Artillerie blieb während des ganzen Ersten Weltkriegs unterlegen. Vg. O. G. F. Hogg: *The Royal Arsenal*, London 1963, 2, 1421; I. V. Hogg: *A History of Artillery*, S. 95 ff.

67. Joseph A. Roy: *Histoire de la famille Schneider et du Creusot*, Paris 1962, S. 89 f., schreibt, daß Schneider-Creusot zwischen 1885 und 1914 die Hälfte seiner Geschütze und beinahe die Hälfte der produzierten Panzerplatten ins Ausland verkaufte. Fünfzehn Länder kauften Panzerplatten. Spanien und Rußland waren die führenden Kunden. Dreiundzwanzig Staaten kauften Geschütze, Rußland mit weitem Abstand an der Spitze. Zu Zahlenangaben über das Wachstum der metallurgischen Produktion in Frankreich siehe Comité des Forges: *La sidérurgie française, 1864–1914*, Paris o. J. Neu erschlossene Kohleflöze bei Briey nahe der deutschen Grenze trugen zum Aufstieg der französischen Stahlproduktion bei.

68. Raymond Poidevin: *Les relations économiques et financières entre la France et l'Allemagne de 1898 à 1914*, Paris 1969, S. 290–98, 709–11, 811; René Girault: *Emprunts russes et investissements français en Russie, 1887–1914*, Paris 1973, S. 435–44, 536–40; Herbert Feis: *Europe, the World's Banker, 1870–1914*, New Haven 1930, S. 212–31; Ronco E. Cameron: *France and the Economic Develoment of Europa, 1800–1914: Conquests of Peace and Seeds of War*, Princeton 1961, S. 494–501; Trebilcock: *British Armaments and European Industrialization*, S. 254–72.

69. W. A. Boelke: *Krupp und die Hohenzollern in Dokumenten*, Frankfurt am Main 1970, Anhang.

70. Hartmut Pogge von Strandmann: *Vita Rathenau, Grand Master of Capitalism* (in Vorb.) korrigiert spätere Schätzungen der Kruppschen Rüstungsexporte in den Vorkriegsjahrzehnten, wie sie sich finden in Gert von Klass: *Krupp*, S. 308, und Boelcke: *Krupp und die Hohenzollern*, S. 178–84. Zu Schneider-Creusots Auslandsverkäufen siehe Roy: *Histoire de la famille Schneider et du Creusot*, S. 89; zu Vickers siehe Trebilcock: *The Vickers Brothers*, S. 20 ff.

71. Vgl. die eingehende Untersuchung von Poidevin: *Les relations économiques et financières entre la France et l'Allemagne de 1898 à 1914*, die das Ende des politisch nicht beeinflußten internationalen Kreditgeschäfts auf 1911 datiert.

72. Paul Allard, zitiert in Noel-Baker: *The Private Manufacture of Armaments*, 1, 57.

73. François Crouzet: *Recherches sur la production d'armements en France, 1815–1913*, Révue historique 251 (1974), 50. Alan S. Milward und S. B. Saul: *The Development of the Economies of Continental Europa, 1850–1914*, London 1977, verweisen auf die Bedeutung der Rüstungsgüter in der Ausdehnung der metallurgischen Produktion in Frankreich kurz vor dem Ersten Weltkrieg.

74. Näheres siehe Donald W. Mitchell: *History of the Modern American Navy from 1883 through Pearl Harbor*, London 1947.

75. Vgl. Denkschrift für das Kabinett, abgedruckt in Kenneth Bourne: *The Foreign Policy of Victorian Britain, 1830–1902*, Oxford 1970, S. 461.

76. Eine Zusammenfassung bietet Volker R. Berghahn: *Der Tirpitzplan: Genesis und Verfall einer innenpolitischen Krisenstrategie unter Wilhelm II.*, Düsseldorf 1971. Berghahn veröffentlichte auch eine Zusammenfassung seiner Ansichten in Geoffrey Best und Anthony Wheatcroft, Hrsg.: *War, Economy and the Military Mind*, London 1976, S. 61–88. Holger H. Herwig: *,Luxury Fleet': The Imperial German Navy, 1888–1918*, London 1980, bietet eine Darstellung der technischen Seite der deutschen Marineorganisation.

77. Der Gedanke, daß sich im deutschen Flottenbauprogramm innere Spannungen spiegelten, wurde zum erstenmal vorgetragen von Eckhardt Kehr: *Schlachtflottenbau und Parteipolitik, 1894–1901*, Berlin 1930. Kehrs Ideen, Anathema für die Nazis, haben deutsche Historiker seit dem Zweiten Weltkrieg stark geprägt. Ich habe jedoch den Eindruck, daß die deutsche Geschichtswissenschaft in ihrer Reaktion auf ältere, idealistische Traditionen eine entgegengesetzte Extremposition einnimmt, wenn sie Interessen ausschließlicher hervorhebt, als sie es verdienen. Der Glaube, nationale Größe und Wohlstand der Nation ließen sich nur durch einen Krieg erringen, verengte vor 1914 in vielen europäischen Ländern den staatlichen Handlungsspielraum. Wenn sich wirtschaftliche Eigeninteressen an eine solche Idee hefteten, entstand ein berauschendes Gebräu, aber die Idee behielt gewiß eine halb-autonome Lebenskraft und beeinflußte das Verhalten von Millionen Deutschen, die kein eindeutiges und direktes Interesse daran hatten, die Kriegsmarine zu stärken. Jonathan Steinberg: *Yesterday's Deterrent: Tirpitz and the Birth of the German Battle Fleet*, New York 1965, betont die gezielte Manipulation der öffentlichen Meinung stärker, als deutsche Historiker es zu tun scheinen, doch auch er legt mehr Gewicht auf wirtschaftliches Eigeninteresse und pekuniäre Rationalität, als es meiner Ansicht nach die Sachlage eigentlich rechtfertigt.

78. Kehr: *Schlachtflottenbau und Parteipolitik*, S. 101. Vgl. Wilhelm Diest: *Flottenpolitik und Flottenpropaganda: Das Nachrichtenbureau des Reichsmarineamtes, 1897–1914*, Stuttgart 1976.

79. Fritz Fischer: *War of Illusions: German Policies from 1911 to 1914*, London 1975, dt: *Krieg der Illusionen*, Düsseldorf 1969, S. 116ff. Vgl. die interessante Analyse des Dilemmas, in der sich die deutsche Armee befand, in Bernd E. Schulte: *Die deutsche Armee, 1900–1914, zwischen Beharren und Verändern*, Diss., Universität Hamburg 1976.

80. Zum Schlieffenplan siehe Gerhard Ritter: *Der Schlieffen-Plan: Kritik eines Mythos*, München 1956.
81. Gordon A. Craig: *Die preußisch-deutsche Armee 1640–1945*. Frankfurt 1966, S. 193–216.

## 9. Kapitel

1. Marc Ferro: *La Grande Guerre*, Paris 1969, und Emmanuel Todd: *Le fou et le proletaire*, Paris 1979, beschäftigen sich in eindrucksvoller Weise mit dieser Frage. So heißt es bei Todd, die Klasse der Handwerker und Ladenbesitzer vor 1914 habe unter besonderem Druck gestanden und habe sexuelle wie wirtschaftliche Frustrationen durch eine Übertragung ihrer Haßgefühle auf den ausländischen Feind sublimiert.
2. Siehe hierzu Ludwig Wilhelm Dehio: *Gleichgewicht oder Hegemonie. Betrachtungen über ein Grundproblem der neueren Staatsgeschichte*. Krefeld, o. J. Eine mehr philosophische Studie gibt Martin Wright: *Power Politics*, Harmondsworth 1979.
3. Lenin wie Wilson lehnten die Politik des Gleichgewichts der Mächte als verderblich und veraltet ab. Selbst Hitler mißachtete die Spielregeln, am markantesten 1941, als er Roosevelt aus einem sonst unlösbaren Dilemma befreite, indem er nach dem japanischen Überfall auf Pearl Harbor den Vereinigten Staaten den Krieg erklärte. Die Amerikaner erklärten dann am 10. Dezember Deutschland den Krieg und konnten so der strategischen Formel „Deutschland zuerst" folgen, auf die man sich mit Großbritannien geeinigt hatte. Hätte Hitler jedoch nicht die Initiative ergriffen, ist schwer vorstellbar, wie Roosevelt den Kongreß zur Kriegserklärung an Deutschland hätte auffordern können, solange die japanische Offensive im Pazifik noch nicht pariert war.
4. Zum Begriff einer „vitalen Revolution" siehe K. F. Helleiner: *The Vital Revolution Reconsidered*, in D. V. Glass und D. E. C. Eversley: *Population in History*, London 1965, S. 79–86; Ralph Tomlinson: *Population Dynamics: Causes and Consequences of World Demographic Change*, New York 1965, S. 14ff.
5. Einen Überblick über die Bevölkerungsphänomene der Kriegszeit gibt Eugene M. Kulischer: *Europe on the Move: War and Population Changes, 1917–1947*, New York 1948.
6. Die Katastrophe der Kartoffelfäule und die anschließende Hungersnot 1845/46 lösten zwar das irische Problem für Großbritannien nicht, doch das Bevölkerungswachstum wurde abrupt gebremst. Grund dafür waren eine verstärkte Auswanderung und ein Hinausschieben des Heiratsalters, bis die betreffenden Paare Grund erbten. Nach 1845 wurden die politischen Spannungen in Irland nicht mehr durch das Bevölkerungswachstum geschürt, aber durch die zeitlich verlängerte sexuelle Frustration verschärft, die zum normalen Los irischer Bauernsöhne gehörte, die erst ihr Erbe an Grund abwarteten, ehe sie zu heiraten wagten. Zu den psychologischen und soziologischen Auswirkungen des demographischen Verhaltens, das in Irland nach der Hungersnot herrschte, siehe Conrad Arensburg: *The Irish Countryman*, London 1937.
7. Ersparnisse eines erfolgreichen Auswanderers, mit denen die Emigration von

Verwandten finanziert wurde, machte es in statistisch signifikantem Umfang sogar für die Ärmsten möglich, den Ozean zu überqueren. Die Auswanderung von den Britischen Inseln erreichte ihren Höchststand 1911–13. Vgl. R. C. K. Ensor: *England, 1870–1914*, Oxford 1936, S. 500.

8. Marcel Reinhard, André Armengaud und Jacques Dupaquier: *Histoire générale de la population mondiale*, Paris ³1968, S. 401, 470; Donald W. Treadgold: *The Great Siberian Migration*, Princeton 1957, S. 33 ff.

9. Zwischen 1880 und 1914 verließen fast eine halbe Million Landarbeiter Ostdeutschland. Nach William W. Hagen: *Germans, Poles and Jews: The National Conflict in the Prussian East, 1772–1914*, Chicago 1980, betrug die Gesamtzahl 482062.

10. Seit Fritz Fischers Büchern *Griff nach der Weltmacht* (Düsseldorf 1961) und *Krieg der Illusionen* (Düsseldorf 1969) ist unter deutschen Historikern zum Standardthema geworden, wie der „archaische" Charakter der politischen Führung Deutschlands am Vorabend des Krieges mit dazu beitrug, die Katastrophe herbeizuführen.

11. Parallelerscheinungen fanden sich auf den Britischen Inseln in Regionen wie den schottischen Highlands und Südirland.

12. Zwischen 1900 und 1914 wanderten rund vier Millionen Menschen aus der k. u. k. Monarchie nach Übersee aus. Die Auswanderung aus den westlichen Provinzen Rußlands umfaßte ca. 2,5 Millionen, und in Italien war sie so umfassend, daß im Süden ganze Dörfer entvölkert wurden. Eine Tabelle in Reinhard u. a.: *Histoire générale*, S. 400f., gibt Zahlen über die Emigration aus Westeuropa für die Jahrzehnte vor dem Ersten Weltkrieg an.

13. In Serbien schuf die 1879 gegründete Radikale Partei eine ländliche Organisation und ein Agitationsnetz, die innerhalb eines runden Jahrzehnts das politische Fundament des Landes veränderten. Vgl. Alex N. Dragnich: *Serbia, Nikola Pašić and Yugoslawia*, New Brunswick N. Y. 1974, S. 17–22. Zu Bulgarien siehe Cyril Black: *The Establishment of Constitutional Government in Bulgaria*, Princeton 1943, S. 39 ff.

14. Bei den Bauern und ehemaligen Bauern in Osteuropa fand der Nationalismus mehr Anklang als der Sozialismus, denn er ließ sich so interpretieren, daß er die Enteignung volksfremder Grundbesitzer und städtischer Hauseigentümer bedeutete, ohne daß das bäuerliche Eigentum auch nur im geringsten angetastet wurde. Aus diesem Grund ging die Radikale Partei in Serbien, als sie bei den Bauern Rückhalt gewann, vom sozialistischen Gedankengut ihrer Gründer ab. Zu den sozialistischen Anfängen der Radikalen siehe Woodford D. McClellan: *Svetozar Marković and the Origins of Balkan Socialism*, Princeton 1964.

15. Diese Zahl bleibt übrig, wenn die französischen und britischen Kriegsverluste von der Gesamtzahl der Menschenverluste im Ersten Weltkrieg abgezogen werden. Als Gesamtzahl gibt Reinhard u. a.: *Histoire générale*, S. 488, dreizehn Millionen an. Doch die Schätzungen sind wohl nicht sehr exakt, denn in allen besiegten Ländern brach die amtliche Zählung zusammen und Typhus- und Grippeepidemien töteten zahlreiche Zivilisten wie Soldaten. Solche Todesfälle werden manchmal als kriegsbezogen klassifiziert, in andern Fällen jedoch nicht.

16. Ebda S. 573. Die Fehlerbreite ist für den Zweiten Weltkrieg sogar noch größer als für den Ersten, schon aus dem Grund, daß mehr als die Hälfte der Verluste Zivilpersonen betrafen.

17. Vgl. Ansley J. Coale u. a.: *Human Fertility in Russia since the Nineteenth Century*, Princeton 1979; David M. Heer: *The Demographic Transition in the Russian Empire and the Soviet Union, Journal of Social History* I, 1968, 193–240; Reinhard u. a.: *Histoire générale*, S. 610.

18. Mit Ausnahme Albaniens und der albanischen Volksgruppe in Jugoslawien; dort bewirkten das muslimische Erbe und die Ansiedlung in Gebirgsgegenden, daß die sexuellen und Fortpflanzungsgewohnheiten nach der Tradition erhalten blieben. Vgl. John Salt und Hugh Clout: *Migration in Post-war Europa: Geographical Essays*, Oxford 1976, S. 13. Politische Manifestationen des daraus entstehenden Bevölkerungsdrucks bereiteten 1981 den jugoslawischen Behörden Schwierigkeiten.

19. Im Verlauf des Aufstandes kamen rund vierzig Millionen Chinesen um, weitere acht Millionen wanderten in den folgenden Jahrzehnten in Grenzgebiete ab oder emigrierten nach Übersee. Nach Reinhard u. a.: *Histoire générale*, S. 476, sank die Bevölkerung Chinas von 1850 bis 1870 von 430 auf nur noch 400 Millionen.

20. Zu China vgl. M. P. Redfield, Hrsg.: *China's Gentry: Essays in Rural-Urban Relations by Hsiao-tung Fei*, Chicago 1953.

21. Der Anstieg der japanischen Bevölkerung

|        | Gesamtzahl      | Zuwachs | Prozent |
|--------|-----------------|---------|---------|
| 1880   | 36,4 Millionen  | –       | –       |
| 1890   | 40,5            | 4,1     | 11      |
| 1900   | 44,8            | 4,3     | 11      |
| 1910   | 50,9            | 6,1     | 14      |
| 1920   | 55,9            | 5,0     | 10      |
| 1930   | 64,4            | 8,5     | 15      |
| 1940   | 73,1            | 8,7     | 13,5    |
| 1950   | 83,2            | 10,1    | 14      |

Quelle: Reinhard u. a.: *Histoire générale*, S. 479, 566, 640.

22. Zum Wachstum der ländlichen Bevölkerung Japans und sozialen Protestbekundungen siehe Takehiho Yoshihashi: *Conspiracy at Mukden: The Rise of the Japanese Military*, New Haven 1963; Tadashi Fukutate: *Japanese Rural Society*, Tokio 1967; Ronald P. Dore: *Land Reform in Japan*, London 1959; Cyril E. Black u. a.: *The Modernization of Japan and Russia*, New York 1975, S. 179–85; Carl Mosk: *Demographic Transition in Japan, Journal of Economic History* 37, 1977, 655–74.

23. Nach Samuel J. Hurwitz: *State Intervention in Great Britain: A Study of Economic Control and Social Response, 1914–19*, New York 1949, S. 63.

24. Vor dem Krieg war in der französischen Armee die Offensive zu einem Kult entwickelt worden. Das führte dazu, daß Sturmangriffe in offenem Gelände unter feindlichem Trommel- und Maschinengewehrfeuer zwischen dem 1. August und dem 1. Dezember 1914 rund 640000 Mann das Leben kosteten. Siehe Joseph Montheilet: *Les institutions militaires de la France, 1814–1924*,

Paris 1932, S. 350. Dieses Blutbad zu Kriegsbeginn forderte beinahe die Hälfte der französischen Gesamtverluste im Ersten Weltkrieg.

25. Nicht weniger als 64 Prozent der französischen Roheisenkapazität und 26 Prozent der Stahlkapazität, zusammen mit 85 von insgesamt 170 Hochöfen befanden sich in deutscher Hand. Vgl. Robert Pinot: *Le Comité des Forges en service de la nation*, Paris 1919, S. 76.

26. Die Vorkriegsplanungen sahen für Kriegszeiten eine Produktion von täglich 10 000 bis 12 000 7,5-cm-Granaten vor. Deshalb wurden bei der Mobilmachung 7600 Arbeiter zurückgehalten, die übrigen Rüstungsarbeiter, 45 000 bis 50 000 Mann, hingegen eingezogen. In Le Creusot blieben nach der Mobilmachung 1914 6600 der insgesamt 13 000 Arbeitskräfte zurück. Diese Zahlen entstammen Gerd Hardach: *La mobilisation industrielle en 1914–18: Production, planification et idéologie*, in Patrick Fridenson, Hrsg.: *1914–18: L'autre front*, Paris 1977, S. 83.

27. In allen vorhergegangenen Kriegen brauchte die Feldartillerie beinahe die ganze Zeit dafür, in Feuerstellung zu kommen. Der aktive Beschuß des Feindes dauerte nur ein paar Stunden, so daß der Munitionsverbrauch relativ bescheiden blieb. Der Grabenkrieg 1914-18 kehrte die Situation um, denn die Geschütze befanden sich ständig in Feuerstellung, und feindliche Ziele waren immer in Reichweite. Daher begrenzte der Nachschub an Granaten (und auch an Munition für die Handfeuerwaffen) praktisch das Ausmaß der Operationen. Die Logistik und schließlich die industrielle Kapazität zur Produktion von Geschützen und Munition wurden ausschlaggebend. Alle kriegführenden Staaten wurden sich bis zum Frühjahr 1915 dieser gänzlich unerwarteten Industrialisierung des Krieges bewußt.

28. Erst im August 1915 regelte ein Gesetz den Status der Arbeiter, die aus der Armee in die Kriegsproduktion entlassen wurden. Sie blieben militärischem Kommando unterstellt, erhielten aber Löhne, trugen ein eigenes Abzeichen und konnten eingesetzt werden, wo der größte Bedarf herrschte, ohne das Recht, irgendeine Arbeit abzulehnen. Siehe Gilbert Harry: *Renault: Usine de guerre, 1914–18* o. J., S. 79, 92 f.

29. Die erste dieser Konferenzen fand am 20. September 1914 statt. Auf ihr setzte der Kriegsminister ein tägliches Produktionsziel von 100 000 7,5-cm-Granaten fest. Die Sitzungen anschließend fanden erst allwöchentlich, dann alle zwei Wochen und schließlich allmonatlich statt; und nach dem Mai 1915 übernahm ein neuer Rüstungsminister die Zuständigkeit. Drei klarsichtige Darstellungen der französischen Kriegsmobilisierung erläutern, wie die Dinge abliefen – Arthur Fontaine: *French Industry during the War*, New Haven 1926; John F. Godfrey: *Bureaucracy, Industry and Politics in France during the First World War* (Diss., St. Anthony's College, Oxford, 1974); und Étienne Clémentel: *La France et la politique économique interalliée, New Haven 1931*. Empfohlen werden kann auch Gerd Hardachs oben angeführter kurzer Aufsatz.

30. Das berühmteste und umstrittenste Werk war eine neue staatliche Waffenfabrik in Roanne, im September 1916 geplant und unvollendet geblieben. Näheres bei Godfrey: *Bureaucracy*, S. 314-33. Eine unterhaltsame Beschreibung eines ähnlichen Projekts, das kaum in Gang kam, gibt Albert C. Stern in:

*Tanks, 1914–18: The Logbook of a Pioneer.* London 1919, S. 185–201. Stern baute eine Fabrik auf französischem Boden und beschäftigte Arbeitskräfte aus Annam. Mit importierten Motoren aus den Vereinigten Staaten und Stahlplatten aus England sollte das Werk pro Monat 300 Tanks produzieren.

31. Zwei Werke beschreiben das Wachstum der Firma Renault: Harry: *Renault;* Patrick Fridenson: *Histoire des usines Renault,* Bd. 1, *Naissance de la grande entreprise, 1898–1939,* Paris 1972. Zu ähnlichen Erfolgen Citroëns und anderer Firmen siehe Gerd Hardach: *Französische Rüstungspolitik 1914–18* in H. A. Winkler, Hrsg.: *Organisierter Kapitalismus,* Göttingen 1974, S. 102 ff.

32. Gerd Hardach: *The First World War, 1914–18,* Berkeley und Los Angeles 1977, S. 86, gibt folgende Übersicht über die Arbeiterschaft in den französischen Rüstungswerken im November 1918: 497 000 Soldaten, 430 000 Frauen, 425 000 männliche französische Zivilisten, 169 000 Ausländer und Personen aus den Kolonien; 137 000 Jugendliche im noch nicht wehrpflichtigen Alter, 40 000 Kriegsgefangene, 13 000 verwundete Veteranen – insgesamt 1 711 000.

33. B. W. Schapers Biographie *Albert Thomas: Trente ans de réformisme social,* Assen 1959, ist im Ton zwar apologetisch, aber sehr informativ.

34. 1917 sank die französische Getreideernte von ihrem Durchschnitt von 8,5 Millionen Tonnen 1909–13 auf ganze 3,1 Millionen. Einmal wurde die Situation so kritisch, daß die Armee nur noch Getreidevorräte für zwei Tage hatte, einer Katastrophe wurde aber dadurch vorgebeugt, daß Schiffe für Zufuhren aus Übersee umdisponiert wurden. Dann strömte amerikanisches Getreide ins Land, und zu Jahresbeginn 1918 waren die Nahrungsmittelvorräte wieder ausreichend. Siehe Clémentel: *La France et la politique économique interalliée,* S. 233.

35. Praktisch alle Geschütze und Tanks der amerikanischen Expeditionstruppen waren französische Produkte, ebenso 4791 von den insgesamt 6287 Flugzeugen, die die Amerikaner einsetzten, ganz abgesehen von zehn Millionen 7,5-cm-Granaten. Vgl. André Kaspi: *Le temps des Américains: Le concours américain à la France,* 1917–1918, Paris 1976, S. 244 f.

36. Siehe Produktionsziffern für verschiedene Waffen in Hardach: *The First World War,* S. 87. Nach dieser Sammlung war Frankreich unter den Alliierten führend in jeder Kategorie außer Gewehren und Maschinengewehren. In manchen Produktionszweigen, zum Beispiel bei Flugzeugen, übertraf Frankreich sogar Deutschland. Siehe James M. Laux: *Gnôme et Rhône: Une firme des moteurs d'avion durant la Grande Guerre* in Fridenson: *1914–1918: L'autre front,* S. 186.

37. Vor der Heeresreform von 1913 wurden in Deutschland nur 53,12 Prozent der jeweiligen Jahrgänge eingezogen, in Frankreich hingegen 82,96 Prozent, das heißt, sämtliche Tauglichen. Diese Zahlen sind übernommen aus Hans Herfeld: *Die deutsche Rüstungspolitik vor dem Weltkrieg,* Bonn-Leipzig 1923, S. 9.

38. Die Planung vor dem Krieg hatte dieses Problem nicht ganz ignoriert, aber man hatte angenommen, holländische Firmen wären in der Lage, alles Notwendige auf Schiffen unter amerikanischer Flagge in deutsche Häfen zu transportieren. In Erinnerung an den Krieg von 1812 gingen die Deutschen davon aus, daß die Briten es nicht wagen würden, amerikanische Schiffe auf hoher

See abzufangen. Vgl. Egmont Zechlin: *Deutschland zwischen Kabinettskrise und Wirtschaftskrieg, Historische Zeitschrift* 199, 1964, 389 f. Tatsächlich aber konnten die Briten die Amerikaner veranlassen, einer Fernblockade Deutschlands zuzustimmen, wenn auch Reibereien über Details der Durchführung der Blockade die englisch-amerikanischen Beziehungen belasteten, bis die Amerikaner in den Krieg eintraten. Über die Blockade und ihre Komplikationen siehe den amtlichen britischen Bericht, A. C. Bell: *A History of the Blockade of Germany, Austria-Hungary, Bulgaria and Turkey, 1914–1918*, London 1961; M. C. Siney: *The Allied Blockade of Germany, 1914–1916*, Ann Arbor 1967; Hardach: *The First World War*, S. 11–34.

39. Walther Rathenau: *Tagebuch, 1907–1922*, Düsseldorf 1967, S. 186 ff. Nach L. Burchardt: *Walther Rathenau und die Anfänge der deutschen Rohstoffbewirtschaftung im Ersten Weltkrieg, Tradition* 15, 1970, 169–96 war der eigentliche Initiator der Kriegsrohstoffabteilung ein bei der AEG beschäftigter Ingenieur namens Richard von Möllendorf.

40. Ernst von Wrisberg: *Wehr und Waffen, 1914–1918*, Leipzig 1922, S. 86–92. Wrisberg war im Kriegsministerium für das Nachschubwesen verantwortlich und schrieb das Buch, um sein Ansehen gegen nach dem Krieg erhobene Vorwürfe zu verteidigen, er habe zuviel ‚business as usual‘ betrieben.

41. Der rumänische König war als Hohenzoller eng mit dem Kaiser verwandt. Sein Verrat an einem Verwandten ließ die deutsche Reaktion besonders scharf ausfallen.

42. Vgl. Clive Trebilcock: *War and the Failure of Industrial Mobilization, 1899 and 1914*, in J. M. Winter, Hrsg.: *War and Economic Development*, Cambridge 1975, S. 139–64.

43. Der Geist des neuen Regimes spiegelte sich in der Lloyd George zugeschriebenen Bemerkung: ,,Nehmen Sie Kitcheners Maximum, quadrieren Sie es, nehmen Sie das Resultat mal zwei, und wenn Sie so weit sind, verdoppeln Sie es noch einmal, um auf sicher zu gehen." R. J. Q. Adams: *Arms and the Wizard: Lloyd George and the Ministry of Munitions, 1915–1916*, College Station, Tex. 1978, S. 174.

44. An die 50000 Gefallene am ersten Tag, nach amtlicher Zählung insgesamt 419652. John Keegan: *The Face of Battle*, New York 1977, S. 204–80, gibt eine vorzügliche Analyse des britischen Fehlschlags an der Somme und erklärt nebenher die Realitäten des Grabenkrieges während der ganzen Periode 1915–18 konziser und erhellender, als es sonst jemand vermocht hat.

45. 1915 beginnende Verhandlungen zwischen Großbritannien und den Niederlanden, der Schweiz und skandinavischen Staaten begrenzten deren Einfuhren auf das mutmaßliche Niveau des heimischen Verbrauchs.

46. Vgl. aber Robert J. Wegs: *Die österreichische Kriegswirtschaft 1914–1918*, Wien 1979, wo dargestellt wird, was doch geleistet wurde.

47. Norman Stone: *The Eastern Front*, New York 1975, S. 149–52 und passim, entkräftet die Vorstellung, die russischen Armeen hätten im Ersten Weltkrieg unter schweren Verknappungen an Kriegsmaterial zu leiden gehabt.

48. Die folgenden Zahlenangaben zeigen, was geschah:

| Getreideernte (in Millionen Pud*) | | In Städte geliefert (in Millionen Pud) | |
|---|---|---|---|
| 1914 | 4309 | 1913–14 | 390 |
| 1915 | 4659 | 1915–16 | 330 |
| 1916 | 3916 | 1916–17 | 295 |
| 1917 | 3809 | | |

*Vierzig Pud = 16,36 kg

| Preisniveau in Rußland | | Index der Industrieproduktion | |
|---|---|---|---|
| Juni 1914 | 100 | 1913 | 100 |
| Juni 1915 | 115 | 1914 | 101,2 |
| Juni 1916 | 141 | 1915 | 113,7 |
| Dez. 1916 | 398 | 1916 | 121,5 |
| Juni 1917 | 702 | 1917 | 77,3 |
| Dez. 1917 | 1172 | | |

Quelle: Stone: *The Eastern Front*, S. 209, 287, 295.

49. Eine aufschlußreiche Zahl: Die russischen Gewehre verfeuerten pro Mann und Monat 125 Schuß, die Franzosen nur dreißig und die Briten fünfzig. Ebda, S. 135. Im Hinblick auf Tarnung und indirektes Feuer, 1915 an der Westfront Normalität geworden, erschienen die artilleristischen Methoden der Russen veraltet. Mit Hilfe dieser Techniken fiel es den deutschen Kanonieren nicht schwer, die russischen Batterien auf große Reichweite zum Schweigen zu bringen. Russische Infanterieoffiziere führten die sich daraus ergebende schwache Artillerieunterstützung gern auf die Stümperei von Zivilisten in der Etappe zurück, während in Wahrheit Ausbildungsmängel viel dazu beitrugen, daß die echten Erfolge der russischen Industrie bei der Ausdehnung der Kriegsproduktion zunichte wurden.

50. Louis Renault führte nach einem Besuch in den Vereinigten Staaten 1911 sein Fließbandsystem für Karosserien ein. Dies führte zu einem Streik, gegen den er sich durchsetzte. Damit legte er die Grundlage für die rasche Expansion während der Kriegsjahre, als alle Produktionsphasen bei Autos, Lastwagen und Flugzeugen auf Montagebänder abgestellt wurden. Vgl. Harry: *Renault: Usines de guerre*, S. 15; Fridenson: *Histoire des usines Renault*, Bd. I, S. 73 ff.

51. Basil Lidell Harts *The Tanks: History of the Royal Tank Regiment and its Predecessors*, 2 Bde, London 1959, ist eine offiziöse Darstellung. Vgl. auch J. F. C. Fuller: *Tanks in the Great War, 1914–1918*, London 1920; und zum ‚Plan 1919‘ R. M. F. Cruttwell: *A History of the Great War, 1914–1918*, 2. Auflage, Oxford 1936, S. 547.

52. Zu Renaults Bemühungen in dieser Richtung siehe Harry: *Renault: Usines de guerre*, S. 94–102.

53. Dies ist ein Hauptthema in Gerald Feldman: *Army, Industry and Labor in Germany 1914–1918*, Princeton 1966.

54. Zu Renaults Schwierigkeiten mit den Gewerkschaften, die 1917 begannen, vgl. Harry: *Renault: Usines de guerre*, S. 119–145. Hinsichtlich der Vereinigten Staaten bringt David M. Kennedys *Over Here: The First World War and American Society*, New York 1980, S. 70–73, 258–64 und passim, viel Interessantes über die Rolle, die die Gewerkschaftsführer der rivalisierenden AFL

und IWW während des Krieges spielten. Zu Rußland siehe Isaac Deutscher: *Soviet Trade Unions*, London 1950, S. 1–17.

55. Schätzungen der Zahl der Grippetoten 1918/19 beginnen bei einundzwanzig Millionen, nach oben unbegrenzt. Dies war mehr als das Doppelte derer, die in den Schlachten des Ersten Weltkriegs umkamen. Vgl. Alfred W. Crosby, jr.: *Epidemic and Peace*, Westport Conn., 1976, S. 207. Auch Geschlechtskrankheiten nahmen in der britischen Armee epidemische Ausmaße an, zum Teil deswegen, weil sie nicht als ein medizinisches, sondern als ein moralisches Problem behandelt wurden.

56. Rivalisierende Industriellengruppen reagierten in vielfältiger Weise auf die Ausdehnung der Rüstungsproduktion und profitierten in ebenso mannigfacher Art davon. Zu einer interessanten Analyse der Spaltungen innerhalb der Industrie siehe Hartmut Pogge von Strandmann: *Widersprüche im Modernisierungsprozeß Deutschlands*, in Bernd Jürgen Wendt u. a.: *Industrielle Gesellschaft und politisches System*, Bonn 1978, S. 225–40. Heeresoffiziere teilten mit Gewerkschaftsführern und Sozialisten einen tiefen Widerwillen gegen das Gelddenken der Industriellen. Als in der Schlußphase des Krieges die Moral der Arbeiter ins Wanken geriet, spielte Ludendorff mit dem Gedanken, die Gewinne in den Rüstungsfirmen durch ihre Verstaatlichung abzuschaffen. Vgl. Gerald Feldman: *Army, Industry and Labor in Germany, 1914–1918*, Princeton 1966, S. 494ff. Die marxistische Auffassung, die Wirtschaft habe den Offizieren den Ton vorgegeben, vertritt beispielsweise J. Martin Kitchen: *The Silent Dictatorship: The Politics of the German High Command under Hindenburg and Ludendorff, 1916–1918*, London 1976, erscheint naiv und verfehlt – ein Festhalten an Vorstellungen aus dem 19. Jahrhundert, die Marktbeziehungen hätten auch in einer Zeit die Hauptrolle gespielt, als sie dem uralten Prinzip der Befehlsmobilisierung untergeordnet wurden.

57. August Skalweit: *Die deutsche Kriegsernährungswirtschaft*, Berlin 1927, gibt zahlreiche Details über dirigistische Mängel im Bereich der Landwirtschaft.

58. Daß die alliierte Blockade nach dem Waffenstillstand, in den schlimmsten Hungermonaten des Winters 1918/19, fortgeführt wurde, ließ den verständlichen Vorwurf entstehen, sie sei an der Ernährungskrise schuld gewesen. Aber Deutschland wäre imstande gewesen, sich mit Nahrungsmitteln zu versorgen, wenn dafür Vorsorge getroffen worden wäre.

59. Ludwig Wartzbacker: *Die Versorgung des Heeres mit Waffen und Munition*, in Max Schwarz, Hrsg.: *Der große Krieg*, Leipzig 1921, 8, 129. Von Wrisberg: *Wehr und Waffen, 1914–1918*, S. 57, 84, äußert sich zwar bitter über das Hindenburgprogramm, bilanziert aber stolz, die letzte deutsche Offensive sei durch Mangel an Menschen und Pferden, nicht aber an Artillerie und anderem Kriegsmaterial behindert worden.

60. Zu Clémentels Ideen und dem Einfluß des Handelsministeriums auf die Kriegsanstrengungen Frankreichs siehe Godfrey: *Bureaucracy, Industry and Politics in France during the First World War*, S. 95–215. Clémentels eigenes Buch, *La France et la politique économique interalliée*, wurde für die Carnegie Corporation in New York geschrieben und beschreibt die nicht verwirklichten Hoffnungen auf eine gegen Deutschland und Amerika gerichtete europäische Gemeinschaft begreiflicherweise mit Diskretion.

61. J. Arthur Salter: *Allied Shipping Control: An Experiment in International Administration*, Oxford 1921, schildert eingehend, wie der Vorsitzende des Council über seine Leistungen dachte. Zur französischen Seite siehe Jean Monnet: *Mémoires*, Paris 1976, S. 59–89.

62. Hardach: *The First World War*, S. 123–31. Die hohe Priorität, die in Großbritannien der Landwirtschaft eingeräumt wurde, stand in scharfem Kontrast zur deutschen (und französischen) Politik. Der Unterschied erklärt sich offensichtlich aus der britischen Verwundbarkeit im agrarischen Versorgungssektor.

63. William Beveridge: *British Food Control*, London 1928, S. 217–32.

64. In Frankreich behandelte man die Landwirtschaft genauso nachlässig wie in Deutschland, wenn nicht noch nachlässiger. Vgl. Clémentel: *La France et la politique économique interalliée*, S. 233. Nach William C. Mallendore: *History of the United States Food Administration, 1917–1919*, Stanford 1941, S. 42, schickten die Vereinigten Staaten zwischen 1914 und 1924 nicht weniger als 8,42 Millionen Tonnen Nahrungsmittel nach Frankreich.

65. Godfrey: *Bureaucracy, Industry and Politics in France during the First World War*, S. 84ff.; Clémentel: *La France et la politique économique interalliée*, S. 321.

66. Das Bruttosozialprodukt der Vereinigten Staaten stieg während des Ersten Weltkriegs annähernd auf das Doppelte; und der Zensus von 1920 stellte zum erstenmal fest, daß mehr als die Hälfte der Bevölkerung in großen Städten lebte. Das vielleicht wichtigste Ergebnis des Ersten Weltkriegs bestand in dem Anstoß, den er für den Wandel von Familienbetrieben zu Agrofirmen in der amerikanischen Landwirtschaft gab. Von der Regierung garantierte hohe Preise führten zu einem starken Aufschwung der Produktion und förderten hohe Investitionen in Traktoren und anderen landwirtschaftlichen Maschinen. Zum Wandel des ländlichen Lebens in den Vereinigten Staaten während des Krieges siehe David Danbom: *The Resisted Revolution: Urban America and the Industrialization of Agriculture, 1900–1930*, Ames, Iowa, 1979, S. 97–109.

67. John Ericson: *The Soviet High Command: A Military-Political History*, London 1962, S. 303–06.

68. John Scott: *Behind the Urals: An American Worker in Russia's City of Steel*, London 1942, S. 8f.: „Seit ca. 1931 herrscht Krieg in der Sowjetunion ... Menschen wurden verwundet und getötet, Millionen verhungerten, Tausende wurden während der Kollektivierungs- und Industrialisierungskampagnen von Kriegsgerichten abgeurteilt und erschossen. Ich möchte wetten, daß Rußlands metallurgische Schlacht allein mehr Opfer gefordert hat als die Schlacht an der Marne." Zu den Fünfjahresplänen als Spielarten einer Kriegswirtschaft siehe Moshe Lewin: *Political Undercurrents in Soviet Economic Debates from Bukharin to the Modern Reformers*, Princeton 1974, S. 102–12.

69. F. C. Jones: *Manchuria since 1931*, London 1949, S. 140–160. 1936 stellten die Japaner in bewußter Nachahmung des sowjetischen Modells einen Fünfjahresplan für Mandschukuo auf.

70. Jerome B. Cohen: *Japan's Economy in War and Reconstruction*, Minneapolis 1949, S. 2.

71. Ericson: *The Soviet High Command*, S. 494–99, 517–22, 532–37, gibt eine klare Darstellung dieser nur wenig bekannten Schlachten.

72. Diese Abkommen nahmen auch einer beginnenden angloamerikanischen Rivalität die Spitze. Japan kündete sie 1934 formell und 1936 praktisch auf. Deshalb kam es zu einer scharfen Steigerung des maritimen Wettrüstens von 1937 an. Vgl. Stephen Roskill: *Naval Policy between the Wars*, Bd. 1, *The Period of Anglo-American Antagonism*, London 1968, und Bd. 2, *The Period of Reluctant Rearmament, 1930–1939*, London 1976.

73. Vgl. Edwin O. Reischauer: *Japan Past and Present*, New York 1964, S. 158–68. Innerhalb der japanischen Inseln selbst breiteten sich die Japaner in einem jahrhundertelangen Prozeß der Eroberung und Kolonisierung von ihrem ursprünglichen Siedlungsgebiet im Süden aus. Hokkaido im Norden wurde sogar erst im 19. und frühen 20. Jahrhundert intensiv besiedelt.

74. Yoshihashi: *Conspiracy at Mukden*, S. 116 ff.

75. Vgl. B. A. Carroll: *Design for Total War: Arms and Economics in The Third Reich*, Den Haag 1968. Eine eindringliche Untersuchung der politischen Haltung der Reichswehrführung gibt Michael Geyer: *Rüstung oder Sicherheit: Die Reichswehr in der Krise der Machtpolitik, 1924–36*, Wiesbaden 1980, S. 489–505 und passim.

76. Ellis W. Hawley: *The New Deal and Business*, in John Braeman, Hrsg.: *The New Deal: The National Level*, Columbus, Ohio, 1975, S. 61; William E. Leuchtenburg: *The New Deal and the Analogue of War* in John Braeman u. a., Hrsg.: *Change and Continuity in Twentieth Century America*, Columbus, Ohio 1964, S. 82–143; John A. Garraty: *The New Deal, National Socialism, and the Great Depression*, American Historical Review 78, 1973, 907–44.

77. John F. Milson: *Russian Tanks, 1900–1920*, London 1970, S. 59–64. Von den im Juni 1941 einsatzbereiten rund 24000 russischen Panzern waren nur 967 von einer neuen Konstruktion und den deutschen Panzern der Zeit gleichwertig oder überlegen. Vgl. Andreas Hillgruber: *Hitlers Strategie: Politik und Kriegführung 1940–41*, Frankfurt am Main 1965, S. 509.

78. Eine informative Arbeit ist D. C. Watt: *Too Serious a Business: European Armed Forces and the Approach of the Second World War*, London 1975. Siehe auch M. M. Postan: *British War Production*, London 1952, S. 9–114; Robert Paul Shaw jr.: *British Rearmament in the Thirties: Parties and Profits*, Princeton 1977; Walther Bernhardt: *Die deutsche Aufrüstung 1934–1938: Militärische und politische Konzeptionen und ihre Einschätzung durch die Alliierten*, Frankfurt am Main, 1969; Edward L. Homze: *Arming the Luftwaffe: The Reich Air Ministry and the German Aircraft Industry, 1919–1939*, Lincoln, Neb., 1976. Es war mir nicht möglich, irgendeine vergleichbare Übersicht über die französische Aufrüstung zu finden

79. Eine ausgezeichnete offizielle historische Darstellung, die kritische politische Entscheidungen herausarbeitet, ist W. K. Hancock und M. M. Gowing: *British War Economy*, London 1949. Eine offizielle Übersicht über die Rüstungsproduktion gibt Postmans *British War Production*.

80. Ericson: *Soviet High Command*, S. 575–83.

81. Alan S. Milward: *The German Economy at War*, London 1965, S. 43 ff; Barry

A. Leach: *German Strategy against Russia, 1939–1941,* Oxford 1973, S. 133–46 und passim; B. Klein: *Germany's Economic Preparation for War,* Cambridge, Mass., 1959; Andreas Hillgruber: *Hitlers Strategie: Politik und Kriegführung, 1940–1941,* Frankfurt am Main 1965, S. 155–66 und passim.

82. Edward L. Homze: *Foreign Labor in Nazi Germany,* Princeton 1967, S. 232.

83. Albert Speer: *Erinnerungen,* Berlin 1969; Milward: *German Economy at War;* Alan S. Milward: *The New Order and the French Economy,* London 1970; Friedrich Forstmeier und Hans-Erich Volkmann, Hrsg.: *Kriegswirtschaft und Rüstung, 1939–1945,* Düsseldorf 1977; und aus marxistischer Perspektive Dietrich Eicholtz: *Geschichte der deutschen Kriegswirtschaft, 1939–45,* Berlin 1969.

84. Cohen: *Japan's Economy in War and Reconstruction,* S. 56, 267.

85. Die folgenden Zahlenangaben zeigen, was geschah: (Index: 1940 = 100)

| | 1941 | 1942 | 1943 | 1944 |
|---|---|---|---|---|
| Gesamterzeugung der Industrie | 98 | 77 | 90 | 104 |
| davon Kriegsmaterial | 140 | 186 | 224 | 251 |
| Gesamterzeugung der Landwirtschaft | 62 | 38 | 37 | 54 |

Quelle: Alec Nove: *An Economic History of the USSR,* Harmondsworth, S. 272.

86. Zusätzlich zu Nove, oben angeführt, siehe Nikolai Voznesensky: *The Economy of the USSR during World War II,* Washington D. C. 1948, und Roger A. Clarke: *Soviet Economic Facts, 1917–1970,* London 1972. Beide Arbeiten geben eine sehr praktische Zusammenfassung der veröffentlichten amtlichen Statistiken.

87. Amtliche Zahlen finden sich in: U. S. Civilian Production Administration, *Industrial Mobilization for War: History of the War Production Board and Predecessor Agencies, 1940–45,* Washington D. C., 1947. Eine sehr persönliche Darstellung gibt der Leiter des War Production Board, Donald M. Nelson: *Arsenal of Democracy,* New York 1946.

88. Jean Monnet, der 1917 seine Karriere als französischer Repräsentant im Allied Maritime Transport Council begonnen hatte, hatte führenden Anteil daran, daß die Vereinigten Staaten 1941 das Victory Program aufstellten. Vgl. seine *Mémoires,* S. 179–212. Auch John Maynard Keynes spielte eine wichtige Rolle. Er stellte den Amerikanern makroökonomische Planungen und seinen wissenschaftlichen Sachverstand zur Verfügung. Vgl. Roy F. Harrod: *The Life of John Maynard Keynes,* London 1951, S. 505–14, 525–623.

89. Über die strategische Steuerung der Alliierten im Zweiten Weltkrieg sind zahlreiche Bücher geschrieben worden. Robert E. Sherwoods *Roosevelt and Hopkins: An Intimate History,* New York 1948, bot als erstes einen Blick hinter die Kulissen und gehört heute noch zu den interessantesten. William H. McNeills *America, Britain and Russia: Their Cooperation and Conflict, 1941–1946,* London 1953, war eine frühe Analyse und Interpretation. Die Öffnung von Archiven hat am Gesamtbild nicht sehr viel verändert. Hier sei auf ein Werk wie John Lewis Gaddis' *The United States and the Origins of the Cold War. 1941–1947,* New York 1972, verwiesen.

90. Philip Mason: *A Matter of Honour: An Account of the Indian Army, Its*

*Officers and Men*, London, 1974, S. 495–522; Bisheshwar Prasad, Hrsg.: *Expansion of the Armed Forces and Defense Organization, 1939–1945* (1956).

91. R. F. Mackay: *Fisher of Kilverstone*, Oxford 1973, S. 506–9; Richard Hough: *First Sea Lord*, London 1969, S. 238.

92. Vgl. L. F. Haber: *Gas Warfare, 1916–1945: The Legend and the Facts*, London 1976, S. 8. Warum im Zweiten Weltkrieg kein Giftgas eingesetzt wurde, obwohl man allgemein während der ersten Stunden der Kämpfe einen mörderischen Gasangriff aus der Luft erwartet hatte, ist eine interessante und wichtige Frage. Der psychologisch begründete Widerwille gegen eine Waffe, die irgendwie heimtückisch und unheroisch wirkte, mag eine Rolle dabei gespielt haben, daß die Militärs ihre Aufmerksamkeit vom Gas ab- und den Panzern und Flugzeugen zuwandten. Barton C. Hacker: *The Military and the Machine: An Analysis of the Controversy over Mechanization in the British Army, 1919–1939* (Diss., Universität Chicago, 1968) bietet eine überzeugende psychologische Interpretation dieser Entscheidung. Zu Überlegungen deutscherseits siehe Rolf-Dieter-Müller: *Die deutschen Gaskriegsvorbereitungen, 1919–1945: Mit Giftgas zur Weltmacht?*, *Militärgeschichtliche Mitteilungen* I, 1980, 25–54.

93. Zur britischen Seite siehe John M. Sanderson: *The Universities and British Industry*, 1850–1975, S. 228 ff; zur amerikanischen Daniel Kevles: *The Physicists*, New York 1978, S. 117–38.

94. M. M. Postan u. a.: *Design and Development of Weapons: Studies in Government and Industrial Organization*, London 1964, beschränkt sich zwar auf Großbritannien, macht aber den Umfang und den systematischen Charakter der Beteiligung von Wissenschaftlern an der Waffenkonstruktion klar, besonders S. 433–58, 472–85. James Phinney Baxter III: *Scientists against Time*, Boston 1946, ist eine offizielle Darstellung für die Vereinigten Staaten. Eine persönlichere Sicht bietet P. M. S. Blackett: *Studies of War, Nuclear and Conventional*, Edinburgh 1962, S. 101–19 und 205–34. In noch persönlicherer Form beschreibt Reginald Victor Jones in *Most Secret War*, London 1978 Coups der Gegenspionage. Seriöse Darstellungen der wissenschaftlichen Mobilisierung auf deutscher, japanischer und russischer Seite habe ich nicht finden können.

95. Alan S. Milward: *War Economy and Society, 1939–1945*, Berkeley 1977, S. 184–93; Postan: *British War Production*. An der *Spitfire* wurden zwischen 1938 und 1945 mehr als tausend technische Verbesserungen vorgenommen, wodurch sich die Geschwindigkeit der Maschine um hundert Meilen in der Stunde erhöhte.

96. Vgl. Walter Dornberger: *V 2*, London 1954, S. 93, 100; Dwight D. Eisenhower: *Crusade in Europe*, New York 1948, S. 260.

97. Martin J. Sherwins: *A World Destroyed: The Atomic Bomb and the Grand Alliance*, New York 1975, ist eine gut lesbare wie auch umsichtige Darstellung. Eine ausgezeichnete offizielle historische Darstellung gibt Margaret Gowings *Britain and Atomic Energy, 1939–1945*, London 1964.

98. 1943 wurde in Neapel eine Typhusepidemie durch eine umfassende Entlausungsaktion mit DDT im Keim erstickt, und in Nordafrika wurden zwei Ausbrüche der Beulenpest durch Ärzteteams der Alliierten ebenso prompt

entschärft. Vgl. Harry Wain: *A History of Preventive Medicine*, Springfield, Ill., 1970, S. 306.

## 10. Kapitel

1. So äußerte sich Stalin in einem Gespräch mit dem amerikanischen Politiker Harold Stassen am 9. April 1947, das am 4. Mai 1947 in der *New York Times* veröffentlicht wurde. Eine Sammlung von Stalins bemerkenswertesten Äußerungen über den unvermeidlichen Endkonflikt zwischen Kapitalismus und Sozialismus findet sich in: *Stalin on Revolution, Foreign Affairs* 27, 1949, 175 ff.

2. Vgl. Robert Gilpin: *United States Power and the Multinational Corporation*, New York 1975; Charles E. Londblom: *Politics and Market: The World's Political-Economic Systems*, New York 1977; Gavin Kennedy: *The Economics of Defense*, London 1975.

3. Am Ende des Zweiten Weltkrieges schufen die Vereinigten Staaten eine strategische Bomberflotte und bald danach wurden Stützpunkte errichtet, von denen aus die Bomber Atombomben in jeden Teil der Sowjetunion transportieren konnten. Danach behinderten starke Gruppeninteressen an bemannten Flugzeugen die Forschung und Entwicklung von Langstreckenraketen in Amerika. Vgl. Edmund Beard: *Developing the ICBM: A Study in Bureaucratic Politics*, New York 1967.

4. Der erste Sputnik wog 84 Kilo, ein zweiter, einen Monat später gestartet, 508 Kilo, und 1965 schickten die Russen eine Nutzladung von nicht weniger als 12200 Kilo auf Umlaufbahnen. Vgl. Charles S. Sheldon: *Review of the Soviet Space Program with Comparative United States Data*, New York 1968, S. 47 ff.

5. Robert A. Divine untersucht in *Blowing in the Wind: The Nuclear Test Ban Debate, 1954–63* in überzeugender Weise diese politischen und psychologischen Belastungen.

6. Donald W. Mitchell: *A History of Russian and Soviet Sea Power*, New York 1974, S. 518 f. Zu einer praktischen Zusammenfassung divergierender Interpretationen der Kubakrise siehe Robert A. Divine, Hrsg.: *The Cuban Missile Crisis, Chicago* 1971.

7. John M. Logsdon: *The Decision to Go to the Moon: Project Apollo and the National Interest*, Cambridge, Mass., 1970; Charles Bernard Lovell: *The Origins and International Economics of Space Exploration*, Edinburgh 1973.

8. Robert Gilpin gibt in *France in the Age of the Scientific State* eine verständnisvolle Analyse der französischen Reaktion gegen das amerikanische Vorbild während der sechziger Jahre. Viel verdanke ich auch zwei unveröffentlichten Referaten von Walter A. McDougall, *Technology and Hybris in the Early Space Age* und *Politics and Technology in the Space Age – Towards the History of a Saltation*.

9. A. C. B. Lovell: *The Origins and International Economics of Space Exploration*, Edinburgh 1973, S. 28.

10. Eine schwedische Schätzung der Forschungs- und Entwicklungsausgaben kam bezüglich der sowjetischen militärischen Ausgaben 1972 auf eine Zahl zwi-

schen 4,1 und 6,1 im Vergleich zu 7,2 Milliarden Dollar auf amerikanischer Seite. Internationales Stockholmer Friedensinstitut: *Resources Devoted to Military Research and Development*, Stockholm 1972, S. 58. In diesen Zahlenvergleich nicht eingeschlossen waren die Aufwendungen der NASA, obwohl zahlreiche NASA-Programme militärisch relevant waren. In ziviler Tarnung erscheinende militärische Ausgaben im sowjetischen Staatshaushalt waren vermutlich ebenso umfangreich, wenn nicht umfangreicher. Die zusätzliche Schwierigkeit, amerikanische mit sowjetischen Preisen gleichzusetzen, macht einen Vergleich so gut wie unmöglich, was die Autoren dieser Untersuchung auch einräumen.

11. Das steigende Tempo des technischen Fortschritts war das Ergebnis umfangreicher und systematischer Forschungs- und Entwicklungsprogramme. Dies zeigt sich daran, daß zwischen 1866, als die Torpedos mit Eigenantrieb erfunden wurden, und 1905 sich die Schußweite von 220 auf 2190 Yards vergrößerte, aber bis 1913 schon auf 18590 Yards stieg. Die Reichweite der Polaris-Raketen, zum erstenmal 1959 auf amerikanischen Unterseebooten installiert, stieg in ganzen fünf Jahren von 1200 auf 2500 Meilen. Zu den Reichweiten der Torpedos siehe Edwin A. Gray: *The Devil's Device*, London 1975, Anhang; zu Polaris-Reichweiten siehe SIPRI-Jahrbuch 1968–69, London 1969, S. 98.

12. Siehe oben, 8. Kapitel.

13. Zwischen dem 16. Juli 1945 und dem 31. Dezember 1979 wurden folgende Atomexplosionen bekannt: USA 667, UdSSR 447, Frankreich 97, Vereinigtes Königreich 33, China 26 und Indien 1. SIPRI-Jahrbuch 1981, Anhang 11B, S. 382.

14. 1979 gab es auf dem Gebiet von nicht weniger als sechsunddreißig Staaten Kernkraftwerke, die spaltbares Material produzieren konnten. Die Bemühungen, die die Vereinigten Staaten und andere Lieferländer zur Kontrolle der Verwendung dieses Materials unternahmen, waren bestenfalls halbherzig. Einige Länder (beispielsweise Israel) hatten vermutlich entsprechende Vorschriften übertreten. Doch wenn es so war, blieb die Sache geheim, und möglicherweise haben Gerüchte die wahre Lage aufgebauscht.

15. In der Freien wie in der kommunistischen Welt blieben internationale Waffenverkäufe nach dem Zweiten Weltkrieg unter der Kontrolle der Regierungen. Umgehungen der amtlichen Vorschriften kamen zwar vor, blieben aber Randerscheinungen. Eine klare Darstellung geben John Stanley und Maurice Pearton: *The International Trade in Arms*, London 1972.

16. Zwei Bücher illustrieren diese verfahrene Lage: Alain C. Enthovens und K. Wayne-Smiths *How Much is Enough? Shaping the Defense Program, 1961–1969*, New York 1971, und Don K. Prices *The Scientific Estate*, Cambridge, Mass., 1965.

17. Eine fesselnde Übersicht gibt Moshe Lewin: *Political Undercurrents in Soviet Economic Debates from Bukharin to the Modern Reformers*, Princeton 1974.

18. Vgl. Gavin Kennedy: *The Military in the Third World*, London 1974, S. 174–89.

19. Morris Janowitz schreibt in *Military Institutions and Coercion in the Developing Nations*, Chicago 1977, S. 35, daß die Ausgaben für die Polizei in Afrika

von 1966 bis 1975 um 144 Prozent, die für die Armeen während des gleichen Jahrzehnts nur um vierzig Prozent gestiegen seien. Seine Zahlen zeigen, daß fast jede Regierung der Erde die Ausgaben für die Sicherheitskräfte rascher gesteigert hat als die für andere Verteidigungszwecke. Einiges spricht auch dafür, daß die Konsolidierung der Polizei Putsche erschwerte, so daß ihre Zahl in den siebziger geringer war als in den sechziger Jahren. Ebda, S. 42, 70.

20. Über den Konflikt zwischen der heroischen und der technokratischen Rolle siehe Bemerkungen bei Jacques van Doorn, Hrsg.: *Military Profession and Military Regimes: Commitments and Conflicts*, Den Haag 1969.

*Buchanzeigen*

# Weitere Bücher zum Thema

*Günter Baadte / Armin Boyens / Ortwin Buchbender (Hrsg.)*
Frieden stiften. Die Christen zur Abrüstung
Eine Dokumentation
1984. 244 Seiten. Paperback
(Beck'sche Schwarze Reihe Band 287)


*Ernst Lutz*
Lexikon zur Sicherheitspolitik
1980. 345 Seiten. Paperback
(Beck'sche Schwarze Reihe Band 216)


Die UNO-Studie: Kernwaffen
Aus dem Englischen von Detlev-Lothar Baehren, Jürgen Kuhlmann,
Siegfried Petrelli und Mathias Schönborn
1982. 255 Seiten mit 18 Abbildungen, Karten und Tabellen. Broschiert


*Daniel Frei*
Der ungewollte Atomkrieg
Eine Risiko-Analyse
1983. 136 Seiten mit zahlreichen Abbildungen und Tabellen. Paperback
(Beck'sche Schwarze Reihe Band 282)


*Albert Schweitzer*
Friede oder Atomkrieg
Vier Schriften
Mit einem Vorwort von Erhard Eppler
3. Auflage. 1984. 100 Seiten. Paperback
(Beck'sche Schwarze Reihe Band 241)


*Herrad Schenk*
Frauen kommen ohne Waffen
Feminismus und Pazifismus
1983. 212 Seiten. Paperback
(Beck'sche Schwarze Reihe Band 274)

Verlag C. H. Beck München

Günther Anders – »Das Gewissen des Atomzeitalters«
*Der Stern*

## Werke von Günther Anders im Verlag C. H. Beck

### Die Antiquiertheit des Menschen

*Erster Band*
Über die Seele im Zeitalter der zweiten industriellen Revolution
6. Auflage. 1983. IX, 353 Seiten. Broschiert

*Zweiter Band*
Über die Zerstörung des Lebens im Zeitalter der
dritten industriellen Revolution
3. Auflage. 1984. 465 Seiten. Broschiert

»Man sollte die zwei Bände der ›Antiquiertheit des Menschen‹ atombombensicher
deponieren. Irgendwann einmal mag sie dann auf diesem verödeten Planeten einer
finden und erkennen, daß man es doch zumindest vorher hätte wissen können.«
*Frankfurter Allgemeine*

### Hiroshima ist überall

Dieser Sammelband enthält die Schriften: »Der Mann auf der Brücke.
Tagebuch aus Hiroshima und Nagasaki.« (1959),
»Off limits für das Gewissen. Der Briefwechsel zwischen dem
Hiroshima-Piloten Claude Eatherly und Günther Anders« (1961),
»Die Toten. Rede über die drei Weltkriege« (1965)
1982. 394 Seiten mit 3 Abbildungen. Broschiert

### Die atomare Bedrohung

Radikale Überlegungen
4., durch ein Vorwort erweiterte Auflage von »Endzeit und Zeitende«.
1983. XVI, 224 Seiten. Paperback
(Beck'sche Schwarze Reihe Band 238)